DICTADURA JUDICIAL Y PERVERSIÓN DEL ESTADO DE DERECHO

La Sala Constitucional y la destrucción de la democracia en Venezuela

COLECCIÓN ESTUDIOS POLÍTICOS
Títulos publicados

1. *Democracia y reforma del Estado.* Entrevistas de Alfredo Peña, 1ra Edición, 1978, 669 pp.
2. *Procesos de decisión política,* Leandro Area, 1ra Edición, 1984, 116 pp.
3. *Problemas del Estado de partidos.* Allan Brewer-Carías, 1ra Edición, 1988, 339 pp.
4. *El control institucional de la participación en la democracia venezolana.* Crisp Brian F., 1ra Edición, 1997, 367 pp.
5. *Una carta para la democracia.* Gustavo Briceño Vivas, 1ra Edición, 2012, 225 pp.
6. *Historia InConstitucional de Venezuela 1999-2012,* Asdrúbal Aguiar, 2012, 589 páginas.
7. *El golpe de enero en Venezuela (Documentos y testimonios para la historia).* Asdrúbal Aguiar, 1ra Edición, 2013, 316 pp.
8. *El golpe a la democracia dado por la Sala Constitucional,* Allan R. Brewer-Carías, 1ra Edición, 2014, 354 pp.: 2ª Edición, 2015, 426 pp.
9. *Memoria de la Venezuela enferma 2013-2014,* Asdrúbal Aguiar, 2015, 257 pp.
10. *La mentira como política de Estado, Crónica de una crisis política permanente. Venezuela 1999-2015,* Allan R. Brewer-Carías, 1ra. Edición, 2015, 478 pp.
11. *Evolución del Estado venezolano (1958-2015), de la conciliación de intereses al populismo autoritario,* Manuel Rachadell, 2015, 550 páginas.
12. *La ruina de la democracia. Algunas consecuencias (Venezuela 2015),* Allan R. Brewer-Carías, 2015, 694 páginas.
13. *Dictadura Judicial y perversión del Estado de derecho. La Sala Constitucional y la destrucción de la democracia en Venezuela,* Primera edición, Caracas / New York 2016, 454 pp.; segunda edición: Caracas / New York 2016, 488 pp.

Allan R. Brewer-Carías

Profesor de la Universidad Central de Venezuela

DICTADURA JUDICIAL Y PERVERSIÓN DEL ESTADO DE DERECHO

La Sala Constitucional y la destrucción de la democracia en Venezuela

2ª Edición actualizada

Editorial Jurídica Venezolana International

Caracas / New York

2016

©   Allan R. Brewer-Carías
Email: allan@brewercarias.com
Hecho el depósito de Ley
Depósito Legal: lf54020163401808
ISBN: 978-980-365-342-2
Primera edición, junio 2016
Segunda edición, septiembre 2016

Editorial Jurídica Venezolana
Avda. Francisco Solano López, Torre Oasis, P.B.,
Local 4, Sabana Grande,
Apartado 17.598 – Caracas, 1015, Venezuela
Teléfono 762.25.53, 762.38.42. Fax. 763.5239
Email fejv@cantv.net
http://www.editorialjuridicavenezolana.com.ve

Impreso por: Lightning Source, an INGRAM Content company
para Editorial Jurídica Venezolana International Inc.
Panamá, República de Panamá.
Email: editorialjuridicainternational@gmail.com

Diagramación, composición y montaje
por: Francis Gil, en letra Time New Roman 12
Interlineado Exacto 12, Mancha 18 x 11.5

CONTENIDO GENERAL

PREFACIO DEL AUTOR

I

Durante los últimos lustros en Venezuela se ha producido una *perversión diabólica del Estado de derecho*, lo que se ha manifestado con consternación extrema en los primeros meses de 2016, como consecuencia de la labor de la Sala Constitucional del Tribunal Supremo de Justicia, actuando como Juez Constitucional sometido al control político por parte del Poder Ejecutivo, convertido en el agente más artero al servicio del autoritarismo.[1]

Con ello se ha trastocado todo el sistema de justicia constitucional que tantos años costó concebir y desarrollar en el pasado, pasando ahora a funcionar más bien como un sistema de "in" justicia inconstitucional,[2] que ha distorsionado la propia la Jurisdicción Constitucional[3] al haber quedado convertida en el principal instru-

---

1 Véase sobre ello Allan R. Brewer-Carías, "El juez constitucional al servicio del autoritarismo y la ilegítima mutación de la Constitución: el caso de la Sala Constitucional del Tribunal Supremo de Justicia de Venezuela (1999-2009)", en *Revista de Administración Pública*, N° 180, Madrid 2009, pp. 383-418; y en *IUSTEL, Revista General de Derecho Administrativo*, N° 21, junio 2009, Madrid.

2 Véase Allan R. Brewer-Carías, *Crónica sobre la "In" Justicia Constitucional. La Sala Constitucional y el autoritarismo en Venezuela*, Colección Instituto de Derecho Público. Universidad Central de Venezuela, N° 2, Editorial Jurídica Venezolana, Caracas 2007.

3 Véase Allan R. Brewer-Carías, *Práctica y distorsión de la justicia constitucional en Venezuela (2008-2012)*, Colección Justicia N° 3, Acceso a la Justicia, Academia de Ciencias Políticas y Sociales, Universidad Metropolitana, Editorial Jurídica Venezolana, Caracas 2012; La patología de la Justicia Constitucional, Editorial Jurídica Venezolana, tercera edición, Caracas, 2015.

mento para destruir la democracia.[4] Ello ha dado origen a un perverso sistema de *dictadura judicial*, que funciona en el marco de la fachada de un "Estado de derecho," ahora ya totalmente vaciado de contenido democrático, lo que incluso ha llevado a un antiguo miembro de la Asamblea Constituyente, sin fundamento alguno e ignorando lo que establece la Constitución, a afirmar irresponsablemente que el sistema de gobierno en Venezuela "no es parlamentario, [ni] … es presidencialista, es semi-presidencialista, porque en nuestro régimen *todo el poder está en la Sala Constitucional.*"[5] Con eso, este sujeto lo que hizo fue una pobre apología de la "peligrosa doctrina" que Thomas Jefferson identificó hace cerca de doscientos años, la de que "considerar a los jueces como los últimos árbitros de todas las cuestiones constitucionales," a lo que conduce es a "colocarnos bajo el despotismo de una oligarquía."[6]

Aparte de que la afirmación, como se dijo, demuestra una ignorancia supina de lo que establece la Constitución, lo cierto es que, en todo caso, contra sus previsiones y dando un *golpe de Estado*, la Sala Constitucional en los últimos lustros se ha arrogado efectivamente todo el poder, estando a la vez siempre controlada por el Poder Ejecutivo. Todo ello se acrecentó después del triunfo de la oposición en las elecciones parlamentarias de diciembre de 2015, precisamente con la misión de impedir que la representación popular encarnada en la Asamblea Nacional ejerza sus funciones constitucionales, y terminar de destruir lo que quedaba de democracia.

---

4   Véase Allan R. Brewer-Carías, *El golpe a la democracia dado por la Sala Constitucional (De cómo la Sala Constitucional del Tribunal Supremo de Justicia de Venezuela impuso un gobierno sin legitimidad democrática, revocó mandatos populares de diputada y alcaldes, impidió el derecho a ser electo, restringió el derecho a manifestar, y eliminó el derecho a la participación política, todo en contra de la Constitución)*, Colección Estudios Políticos N° 8, Editorial Jurídica Venezolana, segunda edición, (Con prólogo de Francisco Fernández Segado), Caracas, 2015.

5   Véase Isaías Rodríguez, "Sala Constitucional tiene poder absoluto sobre la AN," en *Últimas Noticias*, Caracas 4 de agosto de 2016, en http://www.ultimasnoticias.com.ve/noticias/politica/isaias-rodriguez-afirma-la-sala-constitucional-poder-absoluto-la-an/

6   Véase Thomas Jefferson, "Letter to William Jarvis," Sept. 28, 1820, en Dr. Robert A. J. Gagnon, "Thomas Jefferson on Judicial Tyranny," en http://www.robgagnon.net/JeffersonOnJudicialTyranny.htm

II

Al estudio de esa persistente y sistemática acción inconstitucional de la Sala Constitucional expresada en sus sentencias[7] es que se dedica este libro, la cual motivó la adopción por a la Asamblea Nacional el 10 de mayo de 2016, de un histórico Acuerdo[8] cuyo texto se publica como Apéndice a este libro, en el cual se denunció la ruptura del orden constitucional y democrático en el país, precisamente por obra de la acción del Juez Constitucional y del Poder Ejecutivo, que han desconocido la soberanía popular. Dicho Acuerdo de la Asamblea Nacional fue además específicamente analizado por los 22 expresidentes latinoamericanos que integran la *Iniciativa Democrática de España y las Américas (IDEA)*, en una Declaración de fecha 13 de mayo de 2016, en la cual destacaron lo siguiente:

En primer lugar, "que el Presidente de la República gobierna por decreto, haciendo valer un estado de emergencia que no ha autorizado el Poder Legislativo como lo manda la Constitución, y el Tribunal Supremo de Justicia, además de declarar inconstitucionales todas las leyes dictadas por la Asamblea desde su instalación el pasado 5 de enero, pretende imponerle reglas para deliberar y sujeta la labor legislativa a la previa iniciativa del gobierno."

En segundo lugar, que "se le exige al Presidente de Venezuela, que respete sin restricciones el mandato de cambio democrático y constitucional que decidió la mayoría del pueblo de Venezuela el 6 de diciembre de 2015 y lo exhorta a que no utilice a los demás poderes del Estado para impedir u obstaculizar las acciones que adelanta constitucionalmente la Asamblea Nacional para resolver la grave crisis que aqueja al país."

En tercer lugar, que "rechaza el activismo político partidista del Tribunal Supremo de Justicia, que pretende desconocer la autoridad del Poder Legislativo mediante limitaciones y condiciones al ejerci-

---

7   Los comentarios a las sentencias del Tribunal Supremo de Justicia se incluyen en este libro. Posteriormente, en su mayoría se incluirán, como es usual, en la sección de "Comentarios Jurisprudenciales," de *la Revista de Derecho Público*, N° 145-146, primer semestre de 2016, Editorial Jurídica Venezolana, Caracas 2016.

8   Véase "Acuerdo exhortando al cumplimiento de la Constitución, y sobre la responsabilidad del Poder Ejecutivo Nacional, del Tribunal Supremo de Justicia y del Consejo Nacional Electoral para la preservación de la paz y ante el cambio democrático en Venezuela," 10 de mayo de 2016, disponible en http://www.asambleanacional.gob.ve/uploads/documentos/doc_d75ab-47932d0de48f142a739ce13b8c43a236c9b.pdf

cio de sus funciones, entre otras las amenazas de acciones penales contra los diputados que han acudido ante las organizaciones internacionales a denunciar las violaciones al Estado de derecho, a quienes el gobierno ha tildado de "traidores a la patria."

En cuarto lugar, que se exige al Consejo Nacional Electoral, "que asuma su obligación constitucional de generar condiciones favorables para el ejercicio del derecho fundamental a la participación política de los venezolanos, a través de los mecanismos constitucionales del referendo, consulta popular y revocatoria de mandato, pero por sobre todo, que actúe como un órgano imparcial de modo que, en 2016, el pueblo de Venezuela pueda expresar libremente su voluntad de cambio democrático a través de un referéndum revocatorio presidencial."

En quinto lugar, se hace "un llamado a las instituciones internacionales para que se pronuncien al respecto y adopten las medidas tendientes a exigir al gobierno y los poderes públicos a su servicio, garantizar la vigencia efectiva de los derechos fundamentales en Venezuela, recordándoles que la separación de poderes constituye un principio fundamental de funcionamiento del Estado y que las reglas del buen gobierno democrático les imponen la obligación de respetar las decisiones que la Asamblea Nacional adopte en el ámbito de sus competencias."

Y en sexto lugar, "denuncia el desconocimiento por el Ejecutivo Nacional y por el Tribunal Supremo de Justicia, de la autoridad de la Asamblea Nacional, cuerpo representativo del pueblo venezolano, cuya legitimidad deriva de la expresión mayoritaria del electorado y de la soberanía popular."[9]

Unas semanas después, sin embargo, la Sala Constitucional al conocer de un disparatada acción de amparo constitucional intentada por el Procurador General de la República (es decir, por la República misma !!) contra la Asamblea Nacional, mediante sentencia Nº 478 de 14 de mayo de 2016,[10] decidió mediante una medida cautelar pronunciada de oficio, suspender "los efectos jurídicos" de dicho Acuerdo, tal como se comenta en este libro, lo que conceptualmente es un disparate y una violación flagrante de la libertad de

---

9   Véase IDEA, "Declaración sobre la ruptura del orden constitucional y democrático en Venezuela," 13 de mayo de 2016, disponible en http://www.fundacionfaes.org/es/preview/no-ticias/45578.

10   Véase en http://historico.tsj.gob.ve/decisiones/scon/junio/188339-478-146-16-2016-16-0524.HTML.

expresión del pensamiento de los diputados que garantiza la Constitución (art. 57).

III

En todo caso, fue con base en lo acordado públicamente por la Asamblea Nacional, que IDEA y los ex presidentes iberoamericanos hicieron constar "que Venezuela atraviesa la peor crisis económica, social y de gobernabilidad de su historia republicana," todo lo cual llevó al Secretario General de la Organización de Estados Americanos, Luis Almagro, el 30 de mayo de 2016 a dirigirse al Presidente del Consejo Permanente de la Organización solicitando la convocatoria del mismo conforme al procedimiento previsto en el artículo 20 de la Carta Democrática Interamericana, [11] al considerar que en Venezuela se han producido una alteración del orden constitucional que ha afectado gravemente su orden democrático. [12]

En sus propias palabras, *"en la situación actual que vive Venezuela, no se puede más que concluir que estamos ante alteraciones graves al orden democrático* tal como se ha definido en numerosos instrumentos regionales y subregionales," [13] de manera que después de constatar, entre múltiples hechos, que por ejemplo *"no existe en Venezuela una clara separación e independencia de los poderes públicos, donde se registra uno de los casos más claros de cooptación del Poder Judicial por el Poder Ejecutivo,"* [14] presentó su amplio *Informe* con una serie de ideas con el objeto:

---

11 Véase la comunicación del Secretario General de la OEA de 30 de mayo de 2016 con el *Informe sobre la situación en Venezuela en relación con el cumplimiento de la Carta Democrática Interamericana,* en oas.org/documents/spa/press/OSG-243.es.pdf.

12 Ello, por supuesto no es nada nuevo, como lo observamos ya en 2002: Allan R. Brewer-Carías, *La crisis de la democracia venezolana. La Carta Democrática Interamericana y los sucesos de abril de 2002,* Los Libros de El Nacional, Colección Ares, Caracas 2002. Véase además un resumen de las violaciones a la Carta Democrática hasta 2012 en Allan R. Brewer-Carías y Asdrúbal Aguiar, en, *Historia Inconstitucional de Venezuela. 1999-2012,* Editorial Jurídica Venezolana, Caracas 2012, pp. 511-534.

13 Véase la comunicación del Secretario General de la OEA de 30 de mayo de 2016 con el *Informe sobre la situación en Venezuela en relación con el cumplimiento de la Carta Democrática Interamericana,* p. 125. Disponible en oas.org/documents/spa/press/OSG-243.es.pdf.

14 *Idem.* p. 73. Disponible en oas.org/documents/spa/press/OSG-243.es.pdf.

"de devolver a la normalidad algunas situaciones que, analizadas del modo más objetivo, *no resultan compatibles* con lo previsto en la Carta de la OEA, en la Convención Americana de Derechos del Hombre y Convenciones Interamericanas de Derechos Humanos así como en la Carta Democrática Interamericana.

El funcionamiento democrático normal debe ser subsanado de modo urgente y en forma consistente con los elementos esenciales y los componentes fundamentales de la democracia representativa expresada en los artículos 3 y 4 de la Carta Democrática Interamericana. Sin la solución de estos principales asuntos no hay solución institucional posible para Venezuela." (pp. 125-126).[15]

Por ello, en particular, el Secretario General de la Organización de Estados Americanos, en su *Informe*, se refirió a lo que es precisamente el objeto principal de estudio en este libro, al expresar, específicamente que:

"La continuidad de las violaciones de la Constitución, especialmente en lo que se refiere a equilibrio de poderes, funcionamiento e integración del Poder Judicial, violaciones de derechos humanos, procedimiento para el referéndum revocatorio y su falta de capacidad de respuesta respecto a la grave crisis humanitaria que vive el país lo cual afecta el pleno goce de los derechos sociales de la población, todo ello implica que la responsabilidad de la comunidad hemisférica es asumir el compromiso de seguir adelante con el procedimiento del artículo 20 de una manera progresiva y gradual que no descarte ninguna hipótesis de resolución, ni las más constructivas ni las más severas."[16]

Y con base en ello, fue que el Secretario General luego de analizar la situación institucional y constitucional del país, expresó:

"5. Exhortamos al Poder Ejecutivo de la República Bolivariana de Venezuela a eliminar toda forma de incumplimiento de los preceptos constitucionales y políticos respecto al equilibrio de poderes del Estado. En ese sentido se solicita se detenga inmediatamente el ejercicio de bloqueo permanente del Poder Ejecutivo respecto de las leyes aprobadas por la Asamblea Nacional. Así como asegurar la vigencia de las leyes que han sido aprobadas hasta ahora.

---

15 *Idem*, pp. 125-126. Disponible en oas.org/documents/spa/press/OSG-243.es.pdf.

16 *Idem*, p. 128. Disponible en oas.org/documents/spa/press/OSG-243.es.pdf.

6. Solicitamos una nueva integración del Tribunal Supremo de Justicia [...] dado que la actual integración está completamente viciada tanto en el procedimiento de designación como por la parcialidad política de prácticamente todos sus integrantes."[17]

La situación de la democracia en Venezuela, ciertamente es precaria, tal como lo hemos denunciado y analizado desde hace años,[18] la cual fue progresivamente desmantelada y demolida desde 1999, precisamente utilizando los instrumentos de la democracia,[19] con el objeto final de establecer de un régimen autoritario de gobierno en el marco de un Estado totalitario en desprecio de la Constitución y de a la ley.[20]

Con tal propósito, el instrumento más artero utilizado desde el poder para la perversión del Estado de derecho y la destrucción de la democracia ha sido precisa y contradictoriamente, un Juez Constitucional, es decir, la Sala Constitucional del Tribunal Supremo de Justicia sometida al Poder Ejecutivo,[21] que ha sido el arma más atroz para imponer un sistema de "in" justicia inconstitucional para lo contrario para lo que fue establecida, es decir, es decir, lejos de garantizar la vigencia de la Constitución, para asegurar la violación impune de la misma,[22] y para destruir y golpear los principios y valores de la democracia,[23] dando origen a una "dictadura judicial."

---

17 *Idem*, p. 127. Disponible en oas.org/documents/spa/press/OSG-243.es.pdf.

18 Véase Allan R. Brewer-Carías, *La ruina de la democracia. Algunas consecuencias. Venezuela 2015,* (Prólogo de Asdrúbal Aguiar), Colección Estudios Políticos, N° 12, Editorial Jurídica Venezolana, Caracas 2015.

19 Véase Allan R. Brewer-Carías, *Dismantling Democracy. The Chávez Authoritarian Experiment*, Cambridge University Press, New York 2010.

20 Véase Allan R. Brewer-Carías, *Estado totalitario y desprecio a la ley. La desconstitucionalización, desjuridificación, desjudicialización y desdemocratización de Venezuela*, Fundación de Derecho Público, Editorial Jurídica Venezolana, segunda edición, (Con prólogo de José Ignacio Hernández), Caracas 2015; *Authoritarian Government v. The Rule Of Law. Lectures and Essays (1999-2014) on the Venezuelan Authoritarian Regime Established in Contempt of the Constitution*, Fundación de Derecho Público, Editorial *Jurídica Venezolana,* Caracas 2014.

21 Véase Allan R. Brewer-Carías, *La patología de la justicia constitucional*, Tercera edición ampliada, Fundación de Derecho Público, Editorial Jurídica Venezolana, 2014.

22 Véase Allan R. Brewer-Carías, *Crónica sobre la "in" justicia constitucional. La Sala Constitucional y el autoritarismo en Venezuela*, Colección Instituto de Derecho Público, Universidad Central de Venezuela, N° 2, Caracas 2007; *Práctica y distorsión de la justicia constitucional en Venezuela (2008-2012),*

Por ello no puede extrañar que el 23 de junio de 2016, el Secretario General de la Organización Luis Almagro hubiera expresado ante el Consejo Permanente de la Organización de Estados Americanos, al resumir su *Informe* del 30 de mayo de 2016, en relación con la situación de la "alteración del orden constitucional que trastoca el orden democrático" de Venezuela, opiniones y criterios como estos:

"Lo que hemos atestiguado en Venezuela es la pérdida del propósito moral y ético de la política. El Gobierno se ha olvidado defender el bien mayor, el bien colectivo [...].

El pueblo venezolano se enfrenta a un Gobierno que ya no le rinde cuentas. Un Gobierno que ya no protege los derechos de los ciudadanos. Un Gobierno que ya no es democrático [...]

En Venezuela hemos sido testigos de un esfuerzo constante por parte de los poderes ejecutivo y judicial para impedir e incluso invalidar el funcionamiento normal de la Asamblea Nacional. El Ejecutivo repetidamente ha empleado intervenciones inconstitucionales en contra de la legislatura, con la connivencia de la Sala Constitucional del Tribunal Supremo de Justicia. Las evidencias son claras [...]

Estos ejemplos demuestran claramente la falta de independencia del poder judicial. El sistema tripartito de la democracia ha fracasado y el poder judicial ha sido cooptado por el ejecutivo [...][24]

Todavía más expresiva y trágica fue lo que expresó el Secretario General Almagro en la carta abierta que envió a Leopoldo López el día 22 de agosto de 2016, luego de la sentencia que confirmó su

---

Colección Justicia Nº 3, Acceso a la Justicia, Academia de Ciencias Políticas y Sociales, Universidad Metropolitana, Editorial Jurídica Venezolana, Caracas 2012.

23   Véase Allan R. Brewer-Carías, *El Golpe a la democracia dado por la Sala Constitucional (De cómo la Sala Constitucional del Tribunal Supremo de Justicia de Venezuela impuso un gobierno sin legitimidad democrática, revocó mandatos populares de diputada y alcaldes, impidió el derecho a ser electo, restringió el derecho a manifestar, y eliminó el derecho a la participación política, todo en contra de la Constitución)*, Colección Estudios Políticos Nº 8, Editorial Jurídica Venezolana, Caracas 2014.

24   Véase el texto de la exposición del Secretario General Luis Almagro ante el Consejo Permanente de la OEA, 23 de junio de 2016, en:http://www.el-nacional.com/politica/PresentacindelSecretarioGeneraldelaOEAante_NACFI L20160623_0001.pdf. Véase igualmente el texto en los Apéndices a este libro.

detención como preso político, refiriéndose al "horror político" que vive el país, le dijo que en su criterio, dicha:

"sentencia que reafirma tu injusta condena marca un hito, *el lamentable final de la democracia en Venezuela.* Párrafo a párrafo es, asimismo, la *terminación del Estado de Derecho.* En esa sentencia queda claramente establecido que en Venezuela hoy no rige ninguna libertad fundamental y ningún derecho civil o político y que estos han expresamente quedado sin efecto en la conducción de los asuntos de gobierno."

En la misma carta abierta, Luis Almagro al constatar que en Venezuela "se ha traspasado un umbral, que significa que es *el fin mismo de la democracia,*" expresó que:

"Ningún foro regional o subregional puede desconocer la realidad de que *hoy en Venezuela no hay democracia ni Estado de Derecho.* El MERCOSUR, constituye hoy el mejor ejemplo a seguir y la aplicación de las cláusulas internacionales que condenan actos de ruptura del orden constitucional y del sistema democrático se hace cada vez más necesaria." [25]

Finalmente, refiriéndose al procedimiento iniciado por la oposición, conforme a la Constitución, para la realización de un referendo revocatorio del mandato del Presidente de la República, indicó:

"Seguir un procedimiento previsto en la Constitución no es un golpe de Estado; Por el contrario, negar, postergar u obstruir este proceso por cualquier vía es un abuso de poder y un trastorno patente del orden democrático [...]

La celebración del referendo revocatorio en 2016 es la única manera constitucional de resolver la crisis política en Venezuela [...]"[26]

Lo importante de estas apreciaciones, que resumen la trágica realidad política y constitucional del país que tanto y tantos hemos

---

25 Véase el texto de la carta abierta del Secretario General Luis Almagro a Leopoldo López, de 22 de agosto de 2016, en *Lapatilla.com*, 23 de agosto de 2016, en http://www.lapatilla.com/site/2016/08/22/almagro-a-leopoldo-lopez-tu-injusta-sentencia-marca-un-hito-el-lamentable-final-de-la-democracia-carta/.

26 Véase el texto de la exposición del Secretario General Luis Almagro ante el Consejo Permanente de la OEA, 23 de junio de 2016, en:http://www.el-nacional.com/politica/PresentacindelSecretarioGeneraldelaOEAante_NACFI L20160623_0001.pdf. Véase igualmente el texto en los Apéndices a este libro.

denunciado en los últimos años, es que fueron expresadas oficialmente por el Secretario General de la OEA ante los representantes permanentes de los Estados americanos miembros de la Organización,[27] a pesar y en contra de la oposición que formuló el gobierno de Venezuela a través de su Embajador, quien aparentemente sin haberse leído el artículo 20 de la Carta Democrática Interamericana, no sólo le negó legitimación al Secretario General para presentar su *Informe* ante el Consejo Permanente, sino que llegó a afirmar que la invocación de la Carta ante dicho órgano solo podía hacerse por parte del propio Estado involucrado, y que ni el Secretario General ni el Consejo Permanente podían evaluar y considerar que en el país había ocurrido, como en efecto ha sucedido, una alteración del orden constitucional que trastoca el orden democrático por obra del propio gobierno que representa.[28]

Esa pretensión fue rechazada por el propio Consejo Permanente con el voto de 20 Estados Miembros, entrando a considerar el *Informe* que describe la grave situación de la democracia Venezuela, donde se evidencia, sin duda, la situación de *golpe de Estado permanente y continuo* que se ha venido dando en Venezuela por el Poder Ejecutivo, en colusión con el Tribunal Supremo, contra la Constitución y contra la Asamblea Nacional como la legítima representación popular electa en diciembre de 2016.

Un golpe de Estado ocurre, en efecto, no solo cuando unos militares deponen a un gobierno electo sino como bien lo destacó el profesor Diego Valadés, cuando se produce "el desconocimiento de

---

27 Como hoy mismo lo expresó José Miguel Vivancos de Human Rights Watch: "Tras la histórica sesión del Consejo Permanente de hoy, donde una mayoría de países rechazó el intento de Venezuela para cerrar la discusión internacional sobre la situación en el país, el Presidente Maduro quedó bajo la mira de la OEA. El secretario general sobresalió con una valiente y honesta intervención sobre la gravísima crisis que aqueja a Venezuela, legitimando a la OEA como foro para fiscalizar el cumplimiento de Venezuela con sus obligaciones jurídicas internacionales en materia de derechos humanos y democracia. Maduro deberá ahora corregir sus prácticas y mostrar resultados concretos en el marco del proceso de la Carta Democrática."Véase en @HRW_Venezuela; y en "Human Rights Watch celebró votación en la OEA sobre Venezuela," en *Diario de la Américas*, 24 de junio de 2016, en http://www.diariolasamericas.com/4848_venezuela/3896835_human-rights-watch-celebro-votacion-en-oea-sobre-venezuela.html

28 Véase la carta de 20 de junio de 2016 del Embajador de Venezuela Bernardo Álvarez al Consejo Permanente de la OEA en https://www.scribd.com/doc/316-293813/Carta-del-Gobierno-de-Venezuela-a-la-OEA

la Constitución por parte de un órgano constitucionalmente electo,"[29] como en el caso de Venezuela donde han sido quien ejerce la Presidencia de la República en colusión con el Tribunal Supremo, quienes han sido los golpistas pues desconociendo la Constitución, han sido quienes han alterado el orden constitucional y trastocado el orden democrático del país, y destruyendo el Estado de derecho.

IV

En efecto, un Estado de derecho existe cuando la organización política de una sociedad está regida por una Constitución como ley suprema; que ha sido adoptada por el pueblo como pacto político en ejercicio de su soberanía a través de sus representantes electos; quienes tienen que gobernar sometidos a los límites y controles constitucionales derivados del sistema de separación de poderes previsto en la Constitución; conforme al cual se define el sistema de gobierno y la relación entre los diversos poderes públicos autónomos e independientes; en un marco en el cual todos deben actuar con sujeción al derecho, prevalezca la primacía de la dignidad humana y la garantía de los derechos del hombre, y los ciudadanos siempre tengan la posibilidad de controlar judicialmente el ejercicio del poder, mediante un Juez Constitucional autónomo e independiente.[30]

Por tanto, la Justicia Constitucional, es decir, la existencia de un sistema de control judicial de la constitucionalidad de los actos de los órganos del Estado es, sin duda, la garantía última del Estado de derecho, el cual como es bien sabido tiene su origen en los principios que conformaron el constitucionalismo moderno derivados de las Revoluciones Norteamericana (1776), Francesa (1789) e Hispanoamérica (1810),[31] el cual está formalmente regulado en muchas

---

29 Véase Diego Valadés, *Constitución y democracia*, UNAM, México 2000, p. 35; y "La Constitución y el Poder" en Diego Valadés y Miguel Carbonell (Coordinadores), *Constitucionalismo Iberoamericano del siglo XXI*, Cámara de Diputados, UNAM, México 2000, p. 145.

30 Véase Allan R. Brewer-Carías, *Principios del Estado de derecho. Aproximación histórica*, Cuadernos de la Cátedra Mezerhane sobre democracia. Estado de derecho y derechos humanos, Miami Dade College. Programa Goberna Las Américas, Editorial Jurídica Venezolana International, Miami-Caracas, 2016.

31 Véase Allan R. Brewer-Carías, *Reflexiones sobre la Revolución americana (1776) y la Revolución francesa (1789) y sus aportes al constitucionalismo moderno*, (Cuadernos de la Cátedra Allan R. Brewer-Carías, de Derecho Administrativo, Universidad Católica Andrés Bello, N° 1, Editorial Jurídica

Constituciones contemporáneas como es el caso de la Constitución de Venezuela de 1999.

Las declaraciones formales en las Constituciones no bastan para que quede un Estado configurado como Estado de derecho, siendo lo primero que tiene que existir para caracterizarlo, el hecho de que tiene que estar efectivamente regido por una Constitución, que como ley suprema contenga normas de aplicación directa e inmediata tanto para las autoridades como para los ciudadanos.

Como en su momento lo señaló Mauro Cappelletti: la Constitución tiene que ser concebida "no como una simple pauta de carácter político, moral o filosófico, sino como una ley verdadera, positiva y obligante, con un carácter supremo y más permanente que la legislación positiva ordinaria;"[32] o como más recientemente lo puntualizó Eduardo García de Enterría al iniciarse el proceso democrático en España en las últimas décadas del siglo pasado, las Constituciones son normas jurídicas efectivas, que prevalecen en el proceso político, en la vida social y económica del país, y que sustentan la validez a todo el orden jurídico.[33]

Es decir, se debe tratar, siempre, de una ley suprema, real y efectiva, que contenga normas directamente aplicables tanto a los órganos del Estado como a los individuos, no limitándose a regular la sola organización del Estado o algunos principios generales sobre su funcionamiento, sino a proclamar y garantizar los derechos fundamentales de los individuos. Por ello, la preeminencia de la Constitución significa no sólo la estricta observancia de las normas y procedimientos establecidos para la organización del Estado, sino también el respeto de los derechos fundamentales de los ciudadanos, declarados o implícitos en la misma.

Venezolana, Caracas 1992. Una segunda edición ampliada fue publicada con el título: *Reflexiones sobre la Revolución Americana (1776), la Revolución Francesa (1789) y la Revolución Hispanoamericana (1810-1830) y sus aportes al constitucionalismo moderno*, Serie de Derecho Administrativo N° 2, Universidad Externado de Colombia, Bogotá 2008.

32 Véase Mauro Cappelletti, *Judicial Review of Legislation and its Legitimacy. Recent Developments. General Report. International Association of Legal Sciences.* Uppsala, 1984 (mimeo), p. 20; también publicado como "Rapport général" en L. Favoreu y J.A. Jolowicz (ed), *Le contrôle juridictionnel des lois Légitimité, effectivité et développements récents*, París 1986, pp. 285–300.

33 Véase Eduardo García de Enterría, *La Constitución como norma y el Tribunal Constitucional*, Madrid, 1981, pp. 33, 39, 66, 71, 177 y 187.

Por tanto, a la Constitución tiene que está sujeto y la debe aplicar, el Congreso o Asamblea Legislativa cuando sanciona una ley; el Presidente de la República cuando dicta un acto de gobierno; el propio Presidente y todos los funcionarios públicos cuando dictan actos administrativos; y el Tribunal Supremo y todos los jueces al decidir las causas en sus sentencias, en estos dos últimos casos aplicando también todas las leyes y reglamentos que rigen su actuación.

Pero además de ser un Estado sometido a una Constitución, el Estado de derecho es necesariamente un Estado democrático, en el sentido de que los gobernantes tienen que tener su fuente de legitimidad en la elección popular basada en el sufragio universal y secreto; Estado en cuyo funcionamiento deben concurrir necesaria y acumulativamente los elementos esenciales definidos por ejemplo, en la *Carta Democrática Interamericana* de 2001,[34] que son: 1) el respeto a los derechos humanos y las libertades fundamentales; 2) el acceso al poder y su ejercicio con sujeción al Estado de derecho; 3) el régimen plural de partidos y organizaciones políticas y 5) la separación e independencia de los poderes públicos (art. 3), en especial del poder judicial; y además, deben concurrir una serie de componentes fundamentales, que son: 1) la transparencia de las actividades gubernamentales; 2) la probidad y la responsabilidad de los gobiernos en la gestión pública; 3) el respeto de los derechos sociales; 4) el respeto de la libertad de expresión y de prensa; 5) la subordinación constitucional de todas las instituciones del Estado incluyendo los militares a la autoridad civil legalmente constituida y 6) el respeto al Estado de derecho de todas las entidades y sectores de la sociedad (art. 4).

No hay duda, por tanto, que en el mundo contemporáneo el Estado democrático de derecho es mucho más que la sola elección de representantes, en el sentido de que los mismos además tienen que ejercer sus funciones conforme al principio de la separación de poderes para asegurar la limitación y control del poder, de cuya existencia puede decirse que dependen todos los otros elementos y componentes señalados, pues en definitiva, solo controlando el po-

---

34 La Carta fue adoptada en Lima por la Organización de los Estados Americanos, coincidencialmente, el mismo día en que ocurrieron los ataques terroristas en Nueva York y Washington. Véase en http://www.oas.org/charter/docs_es/resolucion1_es.htm. Véase mis primeros comentarios sobre la misma en Allan R. Brewer-Carías, *La Crisis de la democracia venezolana. La Carta Democrática Interamericana y los sucesos de abril de 2002*, Los Libros de El Nacional, Colección Ares, Caracas 2002.

der es que puede haber elecciones libres y justas, así como efectiva representatividad democrática; solo controlando el poder es que puede haber pluralismo político; solo controlando el poder es que puede haber efectiva participación democrática en la gestión de los asuntos públicos; solo controlando el poder es que puede haber transparencia administrativa en el ejercicio del gobierno, así como posibilidad de rendición de cuentas por parte de los gobernantes; solo controlando el poder es que puede haber un efectivo acceso a la justicia de manera que ésta pueda funcionar con efectiva autonomía e independencia; solo controlando el poder es que puede haber real y efectiva garantía de respeto a los derechos humanos; y, en fin, solo controlando el poder es que se puede asegurar un gobierno sometido a la Constitución y las leyes, es decir, ajustado al principio de legalidad. [35]

V

Como en su momento lo razonó el Juez John Marshall en el conocido caso *Marbury vs Madison* resuelto por la Corte Suprema de los Estados Unidos en 1803, y que originó el sistema de justicia constitucional en el constitucionalismo moderno:

> "¿Con qué propósito se limitan los poderes y dichas limitaciones se establecen por escrito, si esos límites, en cualquier momento, pueden ser traspasados por aquellos a quienes debían supuestamente limitar? La diferencia entre un gobierno con poderes limitados y uno con poderes ilimitados deja de existir, cuando las limitaciones no

---

35 Véase sobre la democracia y el control del poder, en Allan R. Brewer-Carías, "Los problemas del control del poder y el autoritarismo en Venezuela", en Peter Häberle y Diego García Belaúnde (Coordinadores), *El control del poder. Homenaje a Diego Valadés,* Instituto de Investigaciones Jurídicas, Universidad Nacional Autónoma de México, Tomo I, México 2011, pp. 159-188. Autónoma de México, tomo I, México, 2011, pp. 159-188; "Sobre los elementos de la democracia como régimen político: representación y control del poder", en *Revista Jurídica Digital IUREced,* Edición 01, Trimestre 1, 2010-2011, en http://www.mega-upload.com/?d=ZN9Y2W1R; "Democracia: sus elementos y componentes esenciales y el control del poder", en *Grandes temas para un observatorio electoral ciudadano,* tomo I, *Democracia: retos y fundamentos, (compiladora Nuria González Martín),* Instituto Electoral del Distrito Federal, México 2007, pp. 171-220; "Los problemas de la gobernabilidad democrática en Venezuela: el autoritarismo constitucional y la concentración y centralización del poder", en Diego Valadés (coord.), *Gobernabilidad y constitucionalismo en América Latina,* Universidad Nacional Autónoma de México, México, 2005, pp. 73-96.

obligan a las personas sobre las cuales se imponen y cuando los actos prohibidos y los permitidos son de igual obligatoriedad."[36]

Y la forma de hacer que las limitaciones obliguen a los órganos del Estado es, precisamente, mediante el aseguramiento de diversas formas de control del ejercicio del Poder Público, o de garantías del mismo, pues, en definitiva, nada se lograría con limitar en la Constitución a los poderes del Estado, establecer el principio de su supremacía y de la legalidad y declarar formalmente los derechos y libertades fundamentales, si no existiesen los medios para garantizar el respeto de dichas limitaciones, el sometimiento de los órganos del Estado a la legalidad y el goce efectivo por parte de los ciudadanos de los derechos y libertades.

Por ello es que en el Estado de derecho, cuando se considera que la Constitución es la ley suprema de un país, o norma de normas, ello implica que en caso de que haya un conflicto entre una ley y la Constitución, ésta debe prevalecer, considerándose como un deber de todo juez el poder decidir cuál debe ser la norma aplicable en el caso concreto que debe resolver.

Como lo señaló el Juez William Paterson en una de las más antiguas decisiones de la Corte Suprema de los Estados Unidos de América sobre la materia, en el caso *Vanhorne's Lessee v. Dorrance* (1795) referido a leyes estadales:

"... si un acto legislativo se opone a un principio constitucional, el primero debe dejarse de lado y rechazarse por repugnante. Sostengo que es una posición clara y sonora que, en tales casos, es un deber de todo tribunal el adherirse a la Constitución y declarar tal acto nulo y sin valor."[37].

---

36 *Marbury vs. Madison*, 5. U.S. (1 Cranch) 137; 2 L, Ed. 60 (1803). Véase el texto en R. A. Rossum and G. A. Tarr, *American Constitutional Law, Cases and Interpretation*, Nueva York 1983, p. 70. Véase sobre los antecedentes británicos, en Allan R. Brewer-Carías, "Control de la constitucionalidad. La justicia constitucional" en *El Derecho Público de finales de Siglo. Una perspectiva iberoamericana*, Fundación BBV, Editorial Civitas. Madrid, 1996, pp. 517-570; y *Judicial Review. Comparative Constitucional Law Essays, Lectures and Courses (1985-2011)*, Fundación de Derecho Público, Editorial Jurídica Venezolana, Caracas, 2014.

37 *Vanhorne's Lessec v. Dorrance*, 2 Dallas 304 (1795). Véase el texto S.I. Kutler (ed), *The Supreme Court and the Constitution, Readings in American Constitutional History*, N.Y. 1984, p. 8.

O como fue definitivamente establecido por el Juez Marshall en el antes mencionado caso *Marbury v. Madison* (1803), decidido por la misma Corte Suprema y referido a leyes federales:

"Aquellos que aplican las normas a casos particulares, deben necesariamente exponer e interpretar aquella regla, de manera que si una Ley se encuentra en oposición a la Constitución, la Corte debe determinar cuál de las reglas en conflicto debe regir el caso: Ésta es la real esencia del deber judicial. Si en consecuencia, los tribunales deben ver la Constitución, y la Constitución es superior a cualquier acto ordinario de la Legislatura, es la Constitución, y no tal acto ordinario, la que debe regir el caso al cual ambas se aplican."[38]

Desde entonces, la supremacía constitucional y el poder de todo juez de controlar la constitucionalidad de las leyes han sido conceptos que han estado esencialmente vinculados en el constitucionalismo moderno,[39] habiendo tenido a la vez su fundamento en la llamada "cláusula de supremacía" del artículo VI, Sección 2 la Constitución de los Estados Unidos de 1787, respecto de las leyes de los Estados, en la cual se dispuso que:

"Esta Constitución, y las leyes de los Estados Unidos que se expidan con arreglo a ella, y todos los Tratados celebrados o que se celebren bajo la autoridad de los Estados Unidos, serán la suprema Ley del país y los jueces de cada Estado estarán obligados a observarlos, a pesar de cualquier cosa en contrario, que se encuentre en la Constitución o las leyes de cualquier Estado."

La norma, incluso, tuvo su repercusión inmediata en la primera Constitución dictada en el mundo hispanoamericano, que fue la Constitución Federal de los Estados de Venezuela de 1811, en cuyo artículo 227 se estableció, en una forma más amplia, que:

"La presente Constitución, las leyes que en consecuencia se expidan para ejecutarla y todos los Tratados que se concluyan bajo la autoridad del Gobierno de la Unión serán la Ley Suprema del Estado en toda la extensión de la Confederación, y las autoridades y habitantes de las Provincias estarán obligados a obedecerlas y observarlas re-

---

38. *Marbury v Madison*, 1 Cranch 137 (1803). Véase el texto en S.I. Kutler (ed), *op. cit.*, p. 29.

39 Véase en particular A. Hamilton, *The Federalist* (ed. B. F. Wright), Cambridge Mass. 1961, *letter* N° 78, pp. 491–493. Véanse además, los comentarios de Alexis de Tocqueville, *Democracy in America* (ed. J. P. Mayer and M. Lerner), London, 1968, vol. I, p. 120.

ligiosamente sin excusa ni pretexto alguno; *pero las leyes que se expidieren contra el tenor de ella no tendrán ningún valor*, sino cuando hubieren llenado las condiciones requeridas para una justa y legítima revisión y sanción."

Se destaca de esta norma que no sólo se recogió el principio del artículo VI, 2 de la Constitución Americana 1787, sino la doctrina jurisprudencial que ya se había establecido en la sentencia de 1803, en el sentido de que no sólo existía el principio de la supremacía constitucional, sino su consecuencia, es decir, la garantía objetiva de la nulidad absoluta de las leyes contrarias a la Constitución, al agregar que las mismas "no tendrán ningún valor." Es decir, como lo afirmó el Juez Marshall en la sentencia antes citada:

"No cabe la menor duda de que todos los que tienen una Constitución escrita y estable la consideran como la ley fundamental y suprema de la nación, y por consiguiente, para estos gobiernos, un acto legislativo contrario a la Constitución es nulo."[40]

Ello incluso se estableció todavía más expresamente en la misma Constitución venezolana de 1811 en relación con los derechos fundamentales, al prever el último de los artículos del Capítulo relativo a los derechos del hombre, que para precaver toda transgresión a los derechos declarados, se los consideró "exentos y fuera del alcance del Poder general ordinario del gobierno" agregando que "toda ley contraria a ella que se expida por la legislatura federal, o por las provincias *será absolutamente nula y de ningún valor"* (art. 199).

VI

En consecuencia, el Estado de Derecho, con todas sus características, sólo existe en la medida en la cual la garantía del mismo esté asegurada mediante diversos mecanismos de control y particularmente por parte del Poder Judicial, considerado por lo demás, como el "menos peligroso"[41] de los Poderes del Estado.[42] Por ello, en el Estado de Derecho, los tribunales deben tener esencialmente la

---

40   Marbury vs Madison, 5.U.S. (1 Cranch), 137, 2 L, Ed. 60, 1803.

41   Véase A. Bickel, *The Least Dangerous Branch. The Supreme Court at the Bar of Politics,* Indianapolis, 1962.

42   Véase en general, H. Kelsen, "La garantie juridictionnelle de la Constitution (La justice constitutionnelle)", *Revue du Droit Public et de la Science Politique en France et à l'étranger,* T. XLV, París 1928, pp. 197-257.

posibilidad de garantizar la efectividad de las limitaciones impuestas a los órganos del mismo, asegurando su sometimiento a la norma constitucional y al principio de legalidad, así como el goce de los derechos y libertades fundamentales de los individuos, entre otros, mediante el conocimiento y decisión de los recursos judiciales que los ciudadanos pueden ejercer.

De acuerdo con todo lo anteriormente indicado, la principal limitación impuesta en el esquema de funcionamiento del Estado de derecho es, por tanto, la necesidad de que sus órganos siempre actúen con sujeción estricta al derecho que en cada caso les es aplicable, cuyo ámbito, sin embargo, no es el mismo para todos los órganos del Estado.

Es decir, el ámbito del derecho aplicable a los órganos del Estado, y en particular a los actos estatales que los mismos dicten, varían según la relación directa o indirecta que tengan respecto de la Constitución en un sistema jurídico caracterizado por la producción escalonada de normas jurídicas, todo lo cual condiciona las modalidades de control judicial sobre los mismos.[43]

Por ello, para determinar cuáles son las garantías judiciales en el Estado de derecho para asegurar su sometimiento al derecho, siempre resulta necesario precisar cuál es la jerarquía que ocupa cada órgano del Estado en el proceso de formación del ordenamiento jurídico por grados, partiendo siempre de la constatación de que la Constitución está ubicada en la cúspide del mismo. Ello permite apreciar que, por ejemplo, el derecho que rige el proceso de formación y sanción de las leyes por el órgano legislativo (Parlamento o Congreso), o la emisión de decretos leyes o de actos de gobierno por el Jefe del Poder Ejecutivo, que se dictan siempre en ejecución directa e inmediata de atribuciones insertas en las Constituciones, es el derecho que básicamente está establecido en la propia Constitución que se ejecuta. En cambio, el ámbito del derecho que por ejemplo rige en la emisión de una sentencia por un tribunal o de un acto administrativo por cualquier funcionario público de la Administración, es distinto, pues en este caso ambos se dictan en ejecución y aplicación directa e inmediata de la legislación y de todo el ordenamiento jurídico restante que les sea aplicable, básicamente establecido (además de en la Constitución) en leyes y reglamentos.

---

43   Véase en general, Allan R. Brewer-Carías, *Los principios fundamentales del derecho público*, Investigaciones Jurídicas, San José Costa Rica 2012, pp. 53 ss.

En otras palabras, si bien la Constitución como ley suprema siempre está en el vértice del ordenamiento jurídico, por lo que en definitiva rige para todos los actos estatales, en todos los sistemas jurídicos dotados de Constituciones escritas y rígidas se puede distinguir siempre un sistema jerarquizado de normas y actos jurídicos, que origina diversos actos jurídicos con niveles distintos en el proceso de creación de normas jurídicas. Así, por ejemplo, existen actos que se dictan en ejecución directa e inmediatamente la Constitución y que por tanto sólo están sujetos a esta norma suprema, y hay otros que en cambio ejecutan directa e inmediatamente a las leyes y los actos de ejecución directa de la Constitución, siendo de segundo grado en la jerarquía de las fuentes, de manera que solo ejecutan la Constitución de manera indirecta. Entre los primeros se encuentran, básicamente, las leyes formales, los otros actos del Parlamento, incluyendo los *interna corporis*, y los actos de gobierno dictados de conformidad con los poderes constitucionales que le han sido conferidos al Jefe de Gobierno. Entre los segundos se encuentran los actos administrativos y los actos judiciales.

De ello resulta entonces que si bien todos órganos del Estado y a los actos que dicten están sometidos al derecho establecido en la Constitución, el ámbito del derecho que les es aplicable varía por el grado que tengan en la ejecución del orden jurídico, por lo que, en los segundos, al ser dictados en ejecución directa de la legislación e indirecta de la Constitución el ámbito del derecho que les es aplicable es más amplio, pues además de la Constitución, incluye a todas las otras fuentes del derecho.

Por ello, precisamente, para asegurar el sometimiento al derecho, la garantía judicial del Estado de derecho ha dado origen básicamente a tres sistemas clásicos de control judicial de la conformidad de los actos estatales con el derecho que son: primero, el *sistema de justicia constitucional* o de control de constitucionalidad de las leyes destinado a controlar la conformidad con la Constitución de las leyes y demás actos estatales dictados de ejecución directa e inmediata de la misma, y que por ello, solo están sometidos a la Constitución;[44] segundo, el *sistema de justicia administrativa* o de

---

44 Por eso Jean Rivero estimó que el último paso en la construcción del Estado de derecho, es que el Legislador mismo esté sometido a una norma superior, la Constitución, en "Rapport de Synthèse", en L. Favoreu (ed.), *Cours constitutionnelles européennes et droits fondamentaux,* París, 1982, p. 519. Así mismo P. Lucas Murillo de la Cueva, calificó a la justicia constitucional como "la culminación de la construcción del Estado de derecho", en "El

control judicial contencioso administrativo que tiene por objeto asegurar el sometimiento al derecho de los actos administrativos dictados por la Administración Pública y por los demás órganos y entes del Estado en ejercicio de la función administrativa, que además de estar sometidos a la Constitución, esencialmente están sometidos a la legalidad general, por lo que siempre son de rango sublegal; y tercero, *el sistema de control judicial de las decisiones de los propios tribunales de justicia*, destinado a controlar la conformidad con el derecho de las sentencias, a través de los procesos judiciales de apelación, revisión y de casación respecto de las sentencias y demás actos judiciales.

Además, en cuarto lugar, se podría distinguir en muchos países un cuarto sistema garantista de control judicial de la las actuaciones del Estado y en muchos casos de los particulares, establecido específicamente para la *protección o amparo de los derechos fundamentales* de las personas, a través de los procesos judiciales de amparo, tutela o protección constitucional de los mismos.

El primero de dichos sistemas, sea que se implemente a través de la aplicación del método difuso o concentrado de control, y en éste último caso, sea que se asigne a la Corte Suprema de un país o a un Tribunal Constitucional, en todo caso es considerado como la garantía fundamental de la Constitución y del Estado de derecho, correspondiéndoles ser los "intérpretes supremos de la Constitución" (art. 1, Ley Orgánica que creó el Tribunal Constitucional en España)[45] o los "guardianes de la Constitución."[46] Por ello, Eduardo García de Enterría, al hablar del Tribunal Constitucional español, lo calificó con razón como el "comisario del poder constituyente, encargado de defender la Constitución y de velar por que todos los órganos constitucionales conserven su estricta calidad de poderes constituidos;"[47] y el antiguo presidente de ese mismo Tribunal español, Manuel García Pelayo vio en él "un órgano constitucional instituido y directamente estructurado por la Constitución" y que:

Examen de la Constitucionalidad de las Leyes y la Soberanía Parlamentaria", en *Revista de Estudios Políticos,* N° 7, Madrid, 1979, p. 200.

45   Art. 1. Ley Orgánica del Tribunal constitucional. Oct. 1979, *Boletín Oficial del Estado,* N° 239.

46   Véase G. Leibholz, *Problemas fundamentales de la Democracia,* Madrid, 1971 p. 15.

47   Véase E. García de Enterría, *La Constitución como norma y el Tribunal constitucional,* Madrid, 1985, p. 198.

"Como regulador de la constitucionalidad de la acción estatal, está destinado a dar plena existencia al Estado de derecho y a asegurar la vigencia de la distribución de poderes establecida por la Constitución, ambos componentes inexcusables, en nuestro tiempo, del verdadero "Estado constitucional."[48].

VII

Es inconcebible por tanto, en ese esquema, que un Juez Constitucional pueda llegar a ser el instrumento para lo contrario de aquello para lo cual fue concebido, y que llegue a configurarse, arrogándose todo el poder del Estado, como el instrumento para garantizar la violación impune de la Constitución por los otros órganos del Estado, para asegurar la destrucción del Estado de derecho o el desmantelamiento de la democracia, o incluso para convertirse en el instrumento para implementar y sostener un régimen autoritario.

Como lo observó atinadamente en Secretario General de la Organización de Estados Americanos, Luis Almagro, al dirigirse al Presidente del Consejo Permanente de la Organización el 30 de mayo de 2016 solicitando la convocatoria del mismo conforme al procedimiento previsto en el artículo 20 de la Carta Democrática Interamericana,[49] en su *Informe* sobre Venezuela:

---

48 Véase M. García Pelayo, "El Status del Tribunal constitucional", en *Revista Española de Derecho Constitucional,* Nº 1, Madrid, 1981, p. 15.

49 *"Artículo 20*: En caso de que en un Estado Miembro se produzca una alteración del orden constitucional que afecte gravemente su orden democrático, cualquier Estado Miembro o el Secretario General podrá solicitar la convocatoria inmediata del Consejo Permanente para realizar una apreciación colectiva de la situación y adoptar las decisiones que estime conveniente. / El Consejo Permanente, según la situación, podrá disponer la realización de las gestiones diplomáticas necesarias, incluidos los buenos oficios, para promover la normalización de la institucionalidad democrática. / Si las gestiones diplomáticas resultaren infructuosas o si la urgencia del caso lo aconsejare, el Consejo Permanente convocará de inmediato un período extraordinario de sesiones de la Asamblea General para que ésta adopte las decisiones que estime apropiadas, incluyendo gestiones diplomáticas, conforme a la Carta de la Organización, el derecho internacional y las disposiciones de la presente Carta Democrática./ Durante el proceso se realizarán las gestiones diplomáticas necesarias, incluidos los buenos oficios, para promover la normalización de la institucionalidad democrática." Véase sobre ello Pedro Nikken, "Análisis de las definiciones conceptuales básicas para la aplicación de los mecanismos de defensa colectiva de la democracia previstos en la Carta Democrática Interamericana," en el libro: Pedro Nikken y Carlos Ayala, *Defensa Colectiva de la Democracia: definiciones y mecanismos.* Comisión Andina de Juristas/The Carter Center.

"Hoy en día, a cada ley aprobada por el Parlamento, el Gobierno opone su mayoría en la Sala Constitucional, la cual se ha convertido en la instancia que puede desactivar los efectos de cualquier instrumento jurídico emanado del Congreso contrario a sus intereses."[50]

Precisamente sobre ello, el lector encontrará en este libro una buena parte del "expediente" que soporta todo lo que expresó el Secretario General de la OEA en su *Informe*, por lo que se refiere a la alteración del orden constitucional que ha trastocado el orden democrático en el país y sus causantes y responsables, y que con mentiras, como ha sido la política del régimen no se podrá borrar.[51]

La primera edición de este libro salió con fecha 23 de junio de 2016 para las librerías globales; el mismo día en el cual el Secretario General de la Organización Luis Almagro presentó si Informe sobre Venezuela ante el Consejo Permanente de la Organización de Estados Americanos, al resumir su *Informe* del 30 de mayo de 2016. Desde esa fecha la Sala Constitucional del Tribunal Supremo no ha

---

Lima 2006. Sin duda, el Secretario General tenía toda la legitimación necesaria para plantear la solicitud ante el Consejo Permanente, así como para apreciar la situación de "alteración del orden constitucional que afecta gravemente el orden democrático del país," no teniendo fundamento alguno la solicitud que con fecha 20 de junio de 2016 el Embajador de Venezuela ante la OEA, Sr. Bernardo Álvarez Herrera, formuló al Consejo Permanente de la Organización solicitando "desconvocar" la sesión que se había fijado para el 23 de junio de 2016. Véase el texto de la carta en: https://www.scribd.com/doc/3162-93813/Carta-del-Gobierno-de-Venezuela-a-la-OEA.

50   Véase la comunicación del Secretario General de la OEA de 30 de mayo de 2016 con el Informe sobre la situación en Venezuela en relación con el cumplimiento de la Carta Democrática Interamericana, p. 125. Disponible en oas.org/documents/spa/press/OSG-243.es.pdf.

51   Véase Allan R. Brewer-Carías, *La mentira como política de Estado. Crónica de una crisis política permanente. Venezuela 1999-2015,* Editorial Jurídica Venezolana, (Con prólogo de Manuel Rachadell), Caracas 2015. Así, por ejemplo, después de más de seis meses de sistemático ataque desarrollado entre enero y agosto de 2016 por el Poder Ejecutivo y el Poder Judicial contra la Asamblea Nacional, al punto de ahogarla y eliminarle sus competencias, el Vicepresidente Ejecutivo, Aristóbulo Istúriz, llegó a afirmar sin ningún rubor y con mucho cinismo que: "En Venezuela no hay una confrontación de poderes, sino un Poder [refiriéndose a la Asamblea Nacional] que está alzado frente al resto. Nosotros hacemos un llamado patriótico a funcionar dentro de la Constitución, con la colaboración de poderes que se armonicen y respeten unos a otros, respetemos la autonomía de cada uno y podamos, juntos, en un juego democrático, trabajar en función de los intereses de la patria y unir esfuerzos todos." Véase en (@VTVcanal8 /) "Istúriz: En Venezuela hay un Poder que está alzado," Caracas, agosto 11 / Mariela Vázquez

cesado de dictar sentencias coartando las funciones de la Asamblea Nacional, tarea a la cual se sumó la Sala Electoral.

El estudio de estas últimas sentencias se ha incorporado en esta segunda edición de la obra, en la cual también se incluyen los tres estudios elaborados con ocasión de la primera edición "A manera de presentación": por los distinguidos juristas Asdrúbal Aguiar, José Ignacio Hernández y Jesús María Alvarado Andrade, a quienes de nuevo quiero agradecer el honor que me han hecho en escribir esos ensayos.

Esta segunda edición, en todo caso, sale ahora publicada, también para las librerías globales, después de realizarse la denominada "Toma de Caracas," la cual puede considerarse como la concentración política o manifestación de fuerza popular de oposición pacífica al gobierno más multitudinaria que en una sola cuidad haya ocurrido en todo el Continente. La misma se efectuó el 1º de septiembre de 2016,[52] con el objetivo de exigir el cumplimiento de los lapsos para la efectiva realización del referendo revocatorio del mandato de Nicolás Maduro[53] con el objeto de sacarlo a él y a su régimen

---

[52] Véase Nicholas Casey y Patricia Torres, "Thousands of Venezuelans March for President's Ouster," en *The New York Times*, New York, 2 de septiembre d 1016, p. A 4.; "Multitudinaria marcha en Venezuela a favor del referendo," en *El Nuevo Herald*, Miami, 1º de septiembre de 2016, disponible en http://www.elnuevoherald.com/noticias/mundo/article99222082.html; "Más de medio millón de venezolanos protestaron contra Nicolás Maduro en la "Toma de Caracas," en *La Nación*, Buenos Aires, 1º de septiembre de 2016, en http://www.lanacion.com.ar/1933646-toma-de-caracas-oposicion-marcha-nicolas-maduro

[53] La movilización popular convocada por la oposición fue calificada por el Presidente de la República como nuevo "plan golpista" contra su gobierno. Véase "Maduro denuncia planes de derrocamiento contra gobiernos de izquierda en América Latina," en spanish.peopledaily.com, 28 de agosto de 2016 en http://spanish.peopledaily.com.cn/n3/2016/0828/c31617-9106554.html; y por el Vicepresidente Ejecutivo, igualmente, conforme al mismo *script* como "un plan desestabilizador, golpista para buscar tumbar a Maduro." Véase "Aristóbulo Istúriz denunció que la oposición intenta derrocar al presidente Nicolás Maduro," Noticiero Venevisión, 28 de agosto de 2016 en http://www.noticierovenevision.net/politica/2016/agosto/28/167263=aristobulo-isturiz-denuncio-que-la-oposicion-intenta-derrocar-al-presidente-nicolas-maduro-. No sin antes haber deportado a la candidata a la presidencia de Ecuador, diputada Cynthia Viteri, y su comitiva que estaban de visita en el país, acusándola de realizar "actividades proselitistas y desestabilizadoras" Véase el "Comunicado" del Gobierno venezolano en "Gobierno venezolano ordenó deportación de Viteri por actividades desestabilizadoras (Comunicado)."en *La patilla.com*, Caracas 27 de agosto de 2016, en http://www.lapatilla.com/si-

del poder;[54] así como para exigir del Consejo Nacional Electoral la realización de las votaciones para elegir gobernadores y miembros de los Consejos Legislativos de los Estados que corresponde realizar en 2016.

En la víspera de dicha convocatoria, el Gobierno formuló toda suerte de amenazas represivas imaginables contra la oposición, apresando a líderes políticos sin motivo, o con motivos falsos, y trasladado presos políticos arbitrariamente de sus lugares de detención, al punto de que ante la negativa del Estado de aceptar una misión de observación y acompañamiento que le formuló la Secretaria General de la Organización de Estados Americanos al gobierno, el Dr. Luis Almagro tuvo que advertirle al Gobierno en comunicación del 30 de agosto de 2016 que hacía "responsable al Gobierno de Venezuela de asegurar al pueblo su derecho a manifestarse pacíficamente, su derecho de asociación y su derecho de libre expresión sin sufrir ningún tipo de violencia e intimidación," manifestándole:

"su preocupación por lo ocurrido estos días previos al llamado de la oposición democrática venezolana del 1º de septiembre, donde se han recibido denuncias que demuestran el recrudecimiento de la represión y de las violaciones de Derechos Humanos. Se pretende criminalizar la protesta, se amenaza con inhabilitar a partidos políticos, y se criminaliza la actuación de diputados de la Asamblea Nacional y activistas de la sociedad civil, acciones que dejan serias dudas de que al gobierno venezolano le interese un diálogo serio y constructivo para salir de la crisis en la que ha sumergido a Venezuela.[55]

En las semanas anteriores a estos acontecimientos, y después de la aparición de la primera edición de este libro, la conducta del Tribunal Supremo para desmantelar la democracia y el Estado de derecho, imponiendo la "dictadura judicial" se había detenido, y basta

---

te/2016/08/27/gobierno-venezolano-ordeno-deportacion-de-viteri-por-actividades-desestabilizadoras-comunicado/

54 Como lo expresó Enrique Aristiguieta Gramcko: "el objetivo no debe limitarse a exigir una fecha para el referendo revocatorio, sino a lograr un cambio de gobierno." Véase "Aristeguieta Gramcko: La Toma de Caracas debe ser un nuevo 23 de enero," en *Lapatilla.com*, 21 de agosto en https://www.lapatilla.com/si-te/2016/08/21/aristeguieta-gramcko-la-toma-de-caracas-debe-ser-un-nuevo-23-de-enero/

55 Véase en: *Mensaje de la Secretaría General de la OEA en ocasión de las manifestaciones del 1 de septiembre*, Luis Almagro, 30 de agosto de 2016, en http://www.oas.org/es/centro_noticias/comunicado_prensa.asp?sCodigo=C-090/16

para constatarlo la sentencia de la Sala Electoral del Tribunal Supremo Nº 108 de 1º de agosto de 2016, [56] mediante la cual quizás se quiso preparar el camino para la adopción de un acto más irresponsable y definitivo en la confrontación de poderes del Estado, [57] consistente en la posible "disolución" de hecho de la Asamblea Nacional, al declarar no sólo que la nueva juramentación de los diputados electos por el Estado Amazonas efectuada ante la Asamblea el 28 de julio de 2016, "carece de validez, existencia y no produce efecto jurídico alguno" por haber sido la proclamación de los mismos "suspendida" judicialmente desde el 30 de diciembre de 2015; sino que a partir de dicho día 1º de agosto de 2016, también decidió la Sala que "carecen de validez, existencia y no producen efecto jurídico alguno" todos "aquellos actos o actuaciones *que en el futuro* dictare la Asamblea Nacional" con la participación de los diputados juramentados. Se trató, así, de una nulidad declarada sobre actos inexistentes y desconocidos, por ser futuros e inciertos, lo que fue un soberano, arbitrario y peligroso disparate. Ello, además, fue ratificado por la Sala Constitucional en sentencia No. 808 de 2 de septiembre de 2016, que declaró la nulidad de la Ley Reserva al Estado las Actividades de Exploración y Explotación de Oro sancionada unas semanas antes. [58]

En todo caso, si los diputados fueron juramentados fue para que participaran en las labores legislativas, lo que significó bajo el criterio de la Sala, que todo lo que ha decidido y decida la Asamblea Nacional a partir del 1º de agosto de 2016 carecería de validez, existencia y no produciría efecto jurídico alguno. Y como la decisión se adoptó en el marco de un amparo cautelar –aun cuando sin identificarse el supuesto derecho fundamental lesionado ni citarse a los supuestos agraviantes–, entonces, con la misma también se abrió la puerta para que la Sala Constitucional pudiera en el futuro avocarse al conocimiento del asunto por simple "notoriedad judicial," y pudiera proceder a aplicar la inconstitucional doctrina que sentó en 2014, en el caso de los Alcaldes de los Municipios San Diego del

---

56   Véase   en   http://www.tsj.gov.ve/decisiones/scon/marzo/162025-138-17314-2014-14-0205.HTML

57   Véase sobre este proceso lo expuesto por Ernesto Estévez León, "El enfrentamiento de poderes," en *La Caja de Pandora*, 5 de agosto de 2016, en https://cajadepandora49.wordpress.com/2016/08/05/el-enfrentamiento-de-poderes/

58   Véase   en   http://historico.tsj.gob.ve/decisiones/scon/septiembre/190395-808-2916-2016-16-0831.HTML

Estado Carabobo y San Cristóbal del Estado Táchira,[59] y terminando entonces decretando la "cesación" de las funciones de los diputados que incurrieran en desacato, y con ello proceder a "disolver" de hecho la Asamblea, como se ha venido anunciando en forma desvariada.[60]

La decisión de la Sala Constitucional también abrió la puerta para que otros órganos depredadores del poder público pudieran también contribuir a cerrar la Asamblea Nacional, como fue lo anunciado del Poder Ejecutivo, de proceder a ahogarla presupuestariamente para, de hecho, tratar de impedir que funcione,[61] lo que efectivamente comenzó a ocurrir al terminar las sesiones ordinarias de la Asamblea el 15 de agosto de 2016.[62]

En fin, de lo que se trata en la "dictadura judicial" que tenemos es de desplazar a los representantes de la voluntad popular del marco institucional del Estado, como la culminación del proceso de demolición de la democracia, lo que incluso fue ya formalmente "anunciado" por el Presidente de la República, sin duda en respuesta a la multitudinaria manifestación popular de rechazo a su Gobierno del 1º de septiembre de 2016, al declarar que:

---

59 Véase sobre esas sentencias los comentarios en Allan R. Brewer-Carías, *El golpe a la democracia dado por la Sala Constitucional* (*De cómo la Sala Constitucional del Tribunal Supremo de Justicia de Venezuela impuso un gobierno sin legitimidad democrática, revocó mandatos populares de diputada y alcaldes, impidió el derecho a ser electo, restringió el derecho a manifestar, y eliminó el derecho a la participación política, todo en contra de la Constitución)*, Colección Estudios Políticos N° 8, Editorial Jurídica venezolana, segunda edición, Caracas 2015, pp. 115 ss.

60 La única posibilidad constitucional que existe en la Constitución para que el Presidente de la República pueda disolver la Asamblea Nacional es cuando en un mismo período constitucional se remueva al Vicepresidente Ejecutivo tres veces como consecuencia de la aprobación por la Asamblea de tres mociones de censura (art. 240). Por tanto, para que ese supuesto se pueda llegar a producir, es porque la voluntad de la Asamblea de que la disuelvan.

61 Véase Yelesza Zavala, "Maduro: Si la AN está fuera de ley yo no puedo depositarle recursos," en *NoticieroDigital.com* , 2 de agosto de 2016, en http://www.noticierodigital.com/forum/viewtopic.php?t=38621

62 Véase las declaraciones del Presidente de la Asamblea: "Ramos Allup: Gobierno suspendió salario a diputados opositores," en *El Tiempo*, Puerto La Cruz, 24 de agosto de 2016, disponible en *El Tiempo.com.ve*, en http://eltiempo.com.ve/venezuela/gobierno/ramos-allup-gobierno-suspendio-salario-a-diputados-opositores/227363

"Le he pedido a un grupo de juristas, al Procurador General, que en el marco del Decreto de Emergencia Económica y Estado de Excepción, me preparen un decreto constitucional para consultarle a la Sala Constitucional para levantar la inmunidad a todos los cargos públicos, empezando por la inmunidad parlamentaria en Venezuela, si fuese necesario." [63]

Como bien lo observó José Ignacio Hernández:

"Esta amenaza podría ser preludio de un nuevo episodio del conflicto contra la Asamblea Nacional, que incorporaría un elemento sumamente peligroso para el orden democrático y constitucional: desconocer la inmunidad parlamentaria con base en argumentos jurídicos bastante primitivos, permitiendo no sólo el enjuiciamiento sino, además, la privación de libertad de diputados, como consecuencia de una acción de retaliación política." [64]

Ello por supuesto sería absolutamente inconstitucional pues conforme al artículo 200 de la Constitución la inmunidad parlamentaria, como privilegio de los diputados, solo puede ser allanada en los casos de comisión de delitos por el Tribunal Supremo de Justicia, "única autoridad que podrá ordenar, previa autorización de la Asamblea Nacional, su detención y continuar su enjuiciamiento," luego de realizado el antejuicio de méritos correspondiente (art. 266.3). Como lo observó María Alejandra Correa Martín:

"La Constitución no confiere al Presidente de la República atribución alguna para instar al Tribunal Supremo de Justicia para allanar la inmunidad parlamentaria, ni para dictar decretos que la condicionen o excluyan. Ni siquiera en el marco de un Estado de Excepción, porque durante la vigencia de éstos no se afecta el funcionamiento de

---

63   Véase "Maduro pide evaluar levantamiento de inmunidad a parlamentarios en Venezuela," en *El Espectador*, Bogotá, 1 de septiembre de 2016, disponible en http://www.elespectador.com/noticias/elmundo/maduro-pide-evaluar-levantamiento-de-inmunidad-parlamen-artículo-652327. El primer Vicepresidente de la Asamblea Nacional Enrique Márquez consideró con razón que "Es un golpe de Estado que Maduro pretenda levantar la inmunidad a los parlamentarios," Caracas 1° de septiembre de 2016. Véase en http://unidadvenezuela.org/2016/09/42810/

64   Véase José Ignacio Hernández, " ¿Qué puede pasar con la inmunidad parlamentaria, tras el anuncio de Maduro?", en *Prodavinci*, 1° de septiembre de 2016, en http://prodavinci.com/blogs/que-puede-pasar-con-la-inmunidad-parlamentaria-tras-el-anuncio-de-maduro-por-jose-i-hernandez/

los demás Poderes Públicos (artículo 339, último aparte de la Constitución)."[65]

Lo cierto, en todo caso, es que la intención del Gobierno y de la Sala Constitucional, como ha sido anunciado, es acabar definitivamente con la Asamblea Nacional y la representación popular, buscando la expresada inconstitucional y tortuosa vía para quizás, alegando el desacato de los diputados a cumplir con las inconstitucionales sentencias del Tribunal Supremo de Justicia que le han cercenado las facultades constitucionales a la Asamblea, proceder a "allanarle" la inmunidad parlamentaria a los diputados con la sola intervención de dicho Tribunal Supremo, al considerar que la "autorización" que la Constitución exige que deba dar la propia Asamblea Nacional para ello, no es posible que pueda ser emitida, ya que sus Salas decidieron en sus sentencias recientes, como la N° 108 de 1° de agosto de 2016 de la Sala Electoral, y la No. 808 de 2 de septiembre de 2016 de la Sala Constitucional, antes indicadas, que todos los actos de la Asamblea "carecen de validez, existencia y no producen efecto jurídico alguno." O sea, tan simple y burdo como esto: como la Asamblea Nacional no puede decidir nada válidamente, porque así lo decidió el Tribunal Supremo, entonces no puede autorizar el allanamiento de la inmunidad parlamentaria de los diputados como lo exige la Constitución, pudiendo entonces ello ser decidido con la sola participación del Tribunal Supremo.

Y mientras todo esto quizás se estaba preparando tras bastidores, la persecución política continuó, y muestra de ello fue el inconstitucional secuestro y detención del periodista Braulio Jatar, [66] por supuestamente haber difundido legalmente un video con imágenes verídicas de una manifestación callejera en la cual vecinos del barrio Villa Rosa en las afueras de Porlamar, en la Isla de Margari-

---

65 Véase María Alejandra Correa Martin, "Inmunidad parlamentaria incomoda al Ejecutivo Nacional,"1 de septiembre de 2016, disponible en http://www.allanbrewercarias.com/Content/449725d9-f1cb-474b-8ab2-41efb849fec2/Content/MAC..%20Inmunidad%20parlamentaria.pdf

66 Véase el reportaje: publicado en el diario *El Nacional*, se dónde se informó que: "Un Mundo sin mordaza rechazó la detención del director del portal Reporte Confidencial, Braulio Jatar, por publicar videos de habitantes de Nueva Esparta caceroleando en contra del presidente Nicolás Maduro, durante una visita a la comunidad de Villa de Rosa. Véase *El Nacional*, Caracas 3 de septiembre de 2016, disponible en http://www.el-nacional.com/libertad_de_expresion/Mundo-Mordaza-detencion-Braulio-Jatar_0_914908609.html.

ta, participaban legítimamente, y entre ellos, muchas señoras mayores amas de casa que blandían cacerolas como única "arma" para expresar su descontento, y que tuvieron que enfrentar a un irresponsable Presidente quién en una insólita bravuconada pretendió mezclarse con los manifestantes queriendo él solo callar el ensordecedor ruido de las cacerolas de las amas de casa,[67] lo que por supuesto no sólo no logró, sino que no logrará de ahora en adelante.

New York, 6 de septiembre de 2016

---

67 Véase Nicholas Casey, "Venezuelan Show Anger By Chasing President," en *The New York Times*, New York, 4 de septiembre de 2016, p. 8.

TRES ESTUDIOS A MANERA DE PRESENTACIÓN

Por: Asdrúbal Aguiar, José Ignacio Hernández G. y
Jesús María Alvarado Andrade

LA RUPTURA DE LA DEMOCRACIA

Por: Asdrúbal Aguiar
Profesor de la Universidad Católica Andrés Bello
Director de la Iniciativa Democrática de España y
las Américas (IDEA)
Miembro de la Real Academia Hispanoamericana
de Ciencias, Artes y Letras de España

Este nuevo libro, *Dictadura Judicial y perversión del Estado de Derecho*, escrito por nuestro buen amigo, colega e importante epígono del Derecho público hispanoamericano, Allan R. Brewer Carías, hace parte del conjunto de sus disciplinadas publicaciones sobre un período de oscurantismo institucional, constitucional y político, que se inicia en Venezuela a partir de 1999, sumándose aquél y éstas a su ya apreciada obra de Historia Constitucional, publicada en dos volúmenes.

Uno y otras se refieren a ese tiempo durante el que se da y experimenta, también en Hispanoamérica y con amagos en la propia España, una suerte de maridaje de experiencias políticas decimonónicas y de "ideas muertas": caudillismo, marxismo, militarismo, populismo, recreado y escondido tras el andamiaje digital y de redes que facilita la globalización y le permite rebautizarse con el nombre de Socialismo del siglo XXI. Como tal, luego hace de la tríada Estado de Derecho, derechos humanos, democracia – he aquí lo distintivo y ominoso – un instrumento o forma, acaso prescindible, pero sí mudable o amoldable, ajustable a conveniencia según sean los cometidos arbitrarios de ese régimen resurrecto y engañoso.

Fuera de los hechos jurídicos constitucionales que describe y analiza por sus palmarias inconstitucionalidades –marcándole un punto final a la democracia venezolana– y que ocurren en sede de la Sala Constitucional del Tribunal Supremo de Justicia luego del 6 de diciembre del pasado año, cuando la tozudez democrática del pueblo venezolano desafía con las armas del voto a la vesania oficial de las armas, el texto que introducen estas páginas señala un verdadero hito. Establece un parteaguas histórico. Aún más, fija como enseñanza lo central y más delicado a resolver una vez como la normalidad regrese a Venezuela y que preocupara desde antiguo al poeta Juvenal: *Quis custodiet ipsos custodes*?

Lo cierto es que, luego de las elecciones parlamentarias ocurridas en la fecha citada, conocida la voluntad soberana democratizadora de las mayorías venezolanas, se desata una crisis terminal de constitucionalidad. Queda al desnudo y se hace evidente el fingimiento constitucional, hasta entonces sostenido y que ya dura tres lustros y algo más en el país bajo los gobiernos de Hugo Chávez Frías y Nicolás Maduro Moros.

La Asamblea Nacional fenecida, bajo control del Teniente Diosdado Cabello, el mismo día en que cesan sus sesiones ordinarias, el 15 de diciembre, crea una suerte de parlamento paralelo, constitucionalmente inexistente, el Parlamento Comunal. Al mismo le hace entrega, simbólicamente, de un área de sesiones dentro de su sede, la del Capitolio Federal.

Seguidamente, durante las dos semanas que la separan de la instalación de la nueva Asamblea electa por mayoría opositora, ilegítimamente y contando con el respaldo que sin reservas le otorga la Sala Constitucional del Tribunal Supremo, ya desapoderada convoca a sesiones extraordinarias y adopta decisiones orientadas a montar un andamiaje *ad hoc*, con abierto fraude a la Constitución, para impedir el cabal funcionamiento del parlamento sucedáneo. Así, "fidelizando" políticamente a los jueces constitucionales y para hacerlos sirvientes de tal desiderátum, el 23 de diciembre designa, obviando los pasos reglamentarios y requisitos constitucionales, 13 magistrados y 21 suplentes en ese Supremo Tribunal, reintegrándolo hasta con ex diputados oficialistas quienes votan por su propia elección como administradores de Justicia.

La diarquía cívico militar gobernante –¿acaso un triunvirato, una tetrarquía, o una pentarquía?, se pregunta Henry Ramos Allup, presidente de la Asamblea Nacional electa– hace cesar sin pudor, haciéndole decir a la Constitución por voz de jueces serviles lo que no dice, el conjunto de los elementos esenciales de la democracia y los componentes fundamentales de su ejercicio. El cesarismo democrático imperante hasta la muerte del causante, Chávez Frías, se vuelve, sucesivamente, despotismo iletrado y disolvente, con sus dañinas consecuencias sobre la república y la ética política. Los días que siguen al 6D muestran en su crudeza el impúdico deslave destructivo de la juridicidad nacional que ocurre, sin paralelos.

No se reducen las enseñanzas del presente libro, por ende, al conocimiento o crónica de otra crisis constitucional o a la explicación de un choque entre poderes del Estado, que en hipótesis amerite ser resuelta imparcial y constitucionalmente por los jueces constitucionales si acaso fueren imparciales y no militantes en el incordio que hoy hace presa de todos los venezolanos.

Al reseñar el conjunto o la suma de las sentencias que dicta esa espuria Sala, escribanía del gobierno organizada por el propio gobierno, el autor le da soporte factual, constitucional y narrativo, a dos documentos políticos fundamentales que refiere en su texto y son de fecha reciente.

Uno es el acuerdo de 10 de mayo pasado que adopta el poder parlamentario en estreno para denunciar "la ruptura del orden constitucional y democrático en Venezuela", obra de una colusión de poderes controlados por el régimen imperante. Otro es el Informe sobre Venezuela que elabora el Secretario General de la OEA, Luis Almagro, y que consigna el 30 de mayo ante el Presidente del Consejo Permanente, para movilizar la aplicación del artículo 20 de la Carta Democrática Interamericana y exigir de dicho órgano su apreciación colectiva y autónoma acerca de las alteraciones graves del orden constitucional y democrático allí constatadas.

La ficción de juridicidad, en efecto, llega a su final en esta república históricamente admirada por sus luchas por la libertad, pero concluye de un modo vergonzoso. Y ese es el asunto a considerar. Se sucede de la peor manera, para frustración de todos y no solo de los que han puesto, de buena fe, sus esperanzas en el proyecto posmoderno de redención popular revolucionaria denominado Socialismo del siglo XXI y que, al cabo, termina como un vulgar contrabando de engaños.

Las primeras sentencias del recompuesto y obsecuente Tribunal Supremo, cabalmente partidista, avanzan sin piedad ni recato en la realización del cometido que le imponen tanto el Presidente de la República como el cesado militar que funge como cabeza del parlamento rechazado abrumadoramente por el pueblo.

Previamente, la Sala Electoral le da acelerado curso y en días judicialmente inhábiles, el 28 y 29 de diciembre, antes de la instalación de la Asamblea opositora electa, que tiene lugar el 5 de enero de 2016, a varias acciones propuestas por el oficialismo y orientadas a desconocer un grupo de diputados electos y ya proclamados por el Consejo Nacional Electoral. Rebanar la mayoría calificada opositora se le hace agonal al régimen. Y en sentencia clandestina que dicta dicha Sala el 30 de diciembre y que apenas se conoce el día anterior a la juramentación de los neo diputados, el 4 de enero, la misma ordena suspender la proclamación de los representantes del Estado Amazonas, en número de 4, 3 opositores, 1 oficialista, obviando sus condiciones de parlamentarios proclamados e investidos constitucionalmente de inmunidad.

Fue pírrico lo así ejecutado, como lo refiere el profesor Brewer Carías, pues la mayoría calificada de la Asamblea instalada y de oposición hace relación con el número efectivo de los miembros incorporados; pero uno de los Estados de la República, arbitrariamente se queda sin representación por obra de ese "golpe judicial" electoral.

Lo insólito, a todas estas, es que dicha Sala Electoral, de cara a su sentencia írrita, visto que mal puede suspender los efectos de una proclamación de diputados ya realizada a menos que valga el contra sentido, y visto que la nueva directiva de la Asamblea Nacional decide incorporarlos a su seno, no se le ocurre otra cosa que decretar, el 11 de enero, la nulidad de los actos dictados por el cuerpo legislativo hasta tanto acate la desincorporación de los mencionados representantes amazonienses.

El Presidente de la República, obligado a acudir ante la Asamblea el 15 de enero para presentar su Mensaje Anual conforme a la Constitución, se aprovecha del conflicto y trata de no cumplir con su mandato; lo usa como amenaza contra el parlamento. Al cabo, la solución adquiere un contenido político al margen del ordenamiento constitucional, ya vapuleado por los hechos.

La Asamblea decide, motu proprio, desincorporar a los diputados de Amazonas juramentados, y la Sala Constitucional, a pedido del gobierno, sentencia que, habiendo cesado la omisión inconstitucional de la directiva parlamentaria, el Presidente no tiene impedimentos para dirigirse y presentar su cuenta ante los diputados representantes del pueblo.

Nada que agregar a lo indicado, salvo subrayar lo que más tarde desborda, a saber, las sentencias de la Sala Constitucional, de 11 de febrero y 17 de marzo, en las que autoriza al Presidente de la República para gobernar mediante decreto y al amparo de una suspensión de garantías constitucionales que le ha sido rechazada por la Asamblea Nacional, tanto en su dictado como en su posterior renovación. Otro golpe judicial, por consiguiente, anula la competencia constitucional privativa del parlamento y destinada al ejercicio de su control político sobre los decretos de emergencia constitucional, autorizándolos o no, e incluso, haciendo cesar o no, en caso de negativa, la necesidad del posterior control jurídico que corresponde a la Sala mencionada.

La dictadura, en pocas palabras, llega, se instala y purifica de manos de los jueces constitucionales; lo que a la sazón y sucesivamente se agrava, al determinar *in extensu* la Sala mencionada, en su última sentencia mencionada, que el control parlamentario que pretenda ejercer la Asamblea sobre los funcionarios del Poder Ejecutivo, ha de ser previamente convenido y autorizado por el Vicepresidente de la República.

Llega a su final, así, el principio de separación e independencia de los poderes y la misma existencia del Poder Legislativo en Venezuela, como lo refiere apropiadamente el autor; lo que se consuma con la asunción por los jueces constitucionales, mediante sentencia de 21 de abril, de la atribución también privativa de la Asamblea de dictar su propio reglamento interior y de debates. En el caso lo reforma mediante sentencia y ordena su acatamiento por los diputados, fijándole como obligaciones.

Desde entonces hasta ahora, la Sala Constitucional, reforzando *in extremis* el presidencialismo y sometiéndose a los dictados del mismo, declara inconstitucionales todas las leyes sancionadas por la susodicha Asamblea Nacional. Todavía más, el Presidente y Jefe del Ejecutivo, mediante Decreto Ley y apoyado en la emergencia constitucional que decreta y valida la Sala Constitucional, el 2 de mayo restringe los efectos ejecutivos de las censuras que dicte la Asamblea en ejercicio de su control político, contra los ministros del gobierno, haciéndolos inamovibles en contravención de lo dispuesto por el propio texto constitucional; se abroga a sí mismo la potestad de legislar al amparo de la emergencia económica que decreta; proscribe toda intervención de la Asamblea en cuanto al manejo de las finanzas públicas; elimina la competencia constitucional de ésta para aprobar los contratos de interés nacional; suspende las sanciones políticas que reciban los funcionarios del Poder Ejecutivo por sus desempeños durante la emergencia; proscribe los financiamientos extranjeros a personas naturales o jurídicas que los utilicen para fines políticos; en fin, criminaliza a la oposición al señalarla de propósitos desestabilizadores por impulsar la revocación de su mandato.

El 14 de junio, por último, la Sala Constitucional le impone al poder legislativo una nueva restricción, suspendiendo los acuerdos que este dictara el de 10 de mayo de 2016 supra indicado y en el que "denuncia la ruptura del orden democrático y constitucional en Venezuela" e insta a los organismos internacionales a pronunciarse al respecto, y el de 31 de mayo, saludando los pedidos de diálogo que hacen distintos organismos internacionales para resolver sobre la crisis democrática y constitucional venezolana y respaldando la actuación de Luis Almagro, Secretario General de la OEA. Todo ello tiene lugar a pedido del Poder Ejecutivo y para que se le ordene a la directiva de la Asamblea Nacional no inmiscuirse en las relaciones internacionales de la República.

En suma, como lo advierte el propio Secretario de la OEA en su Informe sobre Venezuela, es evidente que "se ha disparado el activismo del Tribunal Supremo desde febrero a marzo de 2016, comparado con el 2015, al pasar de dos casos a 252. Entre el 5 de enero y el 24 de mayo se registraron nueve apelaciones. Todas las decisiones se han dispuesto a favor del poder ejecutivo".

La democracia y el Estado de Derecho, en síntesis, fenecen por obra de golpes judiciales respaldados por la Fuerza Armada y su Comandante en Jefe, Maduro Moros.

El fallecimiento del último gendarme, Chávez Frías, y el final de la riqueza petrolera que hace posible sostener el mito de El Dorado, al paso y al término deja filas de hambrientos desdentados y violencia civil armada en toda la geografía; y los humores putrefactos de la corrupción, con sus efectos disolventes de la ciudadanía, se hacen insoportables y son el contexto que explica lo inverosímil, a saber, el desprecio de la ley por quienes están llamados a cuidar de su vigencia y efectividad.

Es manifiesta la colusión de algunos actores oficiales y militares con la criminalidad global y el narcotráfico, creándose, de suyo, un clima abiertamente incompatible con el sostenimiento y la vigencia del Estado de Derecho. No se trata, esta vez, de atentados repetidos y sistemáticos a la constitucionalidad que escruta cotidianamente la mano experta del profesor Brewer y que, en lo personal, asimismo describo en mis libros *Historia inconstitucional de Venezuela* (2012) y *El golpe de enero en Venezuela* (2013); se trata de algo más grave, es decir, de lo que queda por vía de consecuencias y en su dilemática ejemplaridad.

Agotada la fuente de la legitimidad de origen de un poder que se ejerce fingidamente en nombre de la democracia y del Estado de Derecho, vaciándoselos progresivamente de formas y contenido, sostenerlo como finalidad se hace ahora obsesión de sobrevivencia en sus detentadores. De allí que, en la hora, el lenguaje político degradado y oportunista, no pocas veces procaz, en lo adelante toma el puesto de la sagrada ritualidad constitucional. La argumentación de utilidad política factual y prostituida sustituye al razonamiento lógico y normativo en las decisiones que adopta la Justicia constitucional. El presente libro es un testimonio elocuente.

Así las cosas, lo real es que quedan como producto del entuerto, de un lado, quienes justificándolo todo a nombre de una manida revolución y a costa de prosternar el constitucionalismo democrático y de aniquilar el principio de la alternabilidad, osan calificar de golpistas a los que defienden la ortodoxia democrática y protestan el amoral comportamiento de la Sala Constitucional. ¡Y es que hacen de sus fines utopías utópicas, si cabe morigerar el análisis, cuyo logro no depende más de los medios ni de su legitimidad!

Entre tanto, del otro lado y del lado de las víctimas de la crisis humanitaria e institucional que padece Venezuela se encuentran los hijos de la modernidad, en sus distintas vertientes ideológicas; defienden en común y con diversidad de tácticas, la moral democrática, pues creen que es la puerta para la solución integral de los males que aquejan al país: medios legítimos para fines legítimos. !He aquí otro de los motivos que le dan significación a la memoria jurídica que nos entrega el profesor Brewer!

No huelga reseñemos, en estas páginas liminares, que 36 ex Jefes de Estado y de Gobierno, desde Iniciativa Democrática de España y las Américas (IDEA), en declaraciones recurrentes han expresado su mortificación al respecto y llaman a la sindéresis; no tanto al presidente Maduro sino a sus pares de las Américas, por mirar de lado o no reaccionar adecuadamente, mientras el clima de atrocidades y la violencia oficial se engullen a una de las patrias de mayor prestigio durante la última mitad del siglo XX.

Varias veces nos hemos referido, en nuestras columnas semanales para la prensa nacional y extranjera, al ominoso final del llamado Socialismo del siglo XXI y cuyo rostro no es nada distinto –salvo su empaque globalizador– del que antes se oculta en la Unión Soviética previa al Glasnost, a saber y como antes lo hemos dicho, la demencial corrupción de su nomenklatura, la colusión con la criminalidad, sobre todo su exponencial capacidad para multiplicar la pobreza.

Para algunos miopes de conveniencia, sin embargo, la cuestión se reduce a un hecho pendular. Apenas terminaría un ciclo generacional – de casi 20 años – de dominio de las izquierdas y se abre otro con sesgo de derechas, si cabe la terminología de estirpe revolucionaria francesa y demodé. De allí que, ante el desmoronamiento de esos regímenes controlados por la izquierda más "ultrosa" o militarizada – en abierto desafío de la Justicia, como acontece en Brasil – y la creencia de una vuelta al ruedo del "capitalismo salvaje", del denostado "neoliberalismo" cuyos dolorosos programas de ajuste rigen a finales del siglo XX, algunos socialistas "democráticos" prenden las alarmas y mantienen celosa vigilia, y hasta matizan sus críticas a los primeros.

Lo cierto es que no existe en la región, así lo creemos o intuimos, un antagonismo verdadero entre el Socialismo del siglo XXI y las denostadas "derechas imperiales" que tanto causan ojeriza a no pocos líderes en España e hispano-américa. Se da, como lo creemos, otra línea divisoria de muy añeja data, en renacimiento y es lo que se dilucida con la crisis constitucional venezolana descrita por el profesor Brewer.

Carl Schmitt – escribano del nazismo hasta que éste lo purga, en 1936 – cultiva el *nomos* europeo, que es anterior a 1945 y al Holocausto: la centralidad de la soberanía, la delimitación e intangibilidad de los espacios de gobierno, el gobernante constituyente, en definitiva, la legitimidad de tener enemigos con quienes se confronta o amigos que fraguan alrededor de dichos intereses y su preservación; de allí la relevancia del melifluo lenguaje diplomático clásico que en la hora y a propósito de Venezuela reivindica el ex presidente español José Luis Rodríguez Zapatero, propiciador, junto a sus pares Leonel Fernández, Martín Torrijos y Ernesto Samper, Secretario de la UNASUR, de un diálogo sin término y sin destino, que preserve al gobernante Maduro y a los suyos por encima de todo.

El caso es que otro paradigma, hijo de la Segunda Gran Guerra, predica la moralidad en la política y la primacía de la dignidad de la persona humana – que objeta Schmitt porque mata, según él, el sentido de la política – y que fija la diferencia, no ya entre amigos vs. enemigos sino entre el delincuente y la ley. La neutralidad social pierde su sentido y las obligaciones de respeto a los derechos humanos – entre éstos el derecho a la democracia – adquieren validez universal. El lenguaje ambiguo cede en las relaciones entre gobernantes y de éstos con sus sociedades y adquiere obligatoriedad la transparencia: al pan, pan, al vino, vino. Al ladrón, ladrón, pues éste no es un justo adversario.

Así se entiende, no de otra manera, que el *ethos* de la UNASUR – de los Samper y los Maduro con sus cabezas de playa – o la entente USA-Cuba o Colombia-FARC, bajo patrocinio del Vaticano, encuentre una racionalidad histórica; pero está llena, cuesta decirlo, de vergüenza suma. El *ethos* de quienes, como el Secretario Almagro, hacen valer, incluso a contra corriente, la efectividad de la Carta Democrática Interamericana en el marco de la OEA, a fin de cauterizar las alteraciones graves del orden constitucional tratadas por el profesor Brewer y denunciadas por la Asamblea Nacional venezolana, en defecto del anterior *ethos* predica salvaguardar, a toda costa, los valores éticos de la política y de la democracia, sin dejarle espacios al relativismo tan en boga y de factura global, que tacha Benedicto XVI.

Sea lo que fuere y al ser inexcusable en todo demócrata apelar al diálogo como medio, cabe precisar que todo diálogo democrático debe ser legítimo; es decir, ha de servir a la verdad, usar un lenguaje compartido, y fundarse sobre el respeto de mínimos democráticos, para que no derive en diálogo de sordos y tampoco sirva de táctica disuasiva favorecedora de los enemigos de la democracia.

La política, como señalan los entendidos, es manejo de realidades y solución eficaz de sus planteamientos, lo que no discutimos y antes bien comprendemos inspirados en el magisterio de Francisco: "Pasar del nominalismo formal que estanca los conceptos a la objetividad armoniosa de toda palabra, camino de creatividad", es su pedido como Cardenal. Pero la política de reciedumbre democrática, a la par de administrar circunstancias y procurar resultados orientados al Bien Común, que nos lleve a la trascendencia que funda, se apuntala sobre valores éticos irrenunciables: "Desde el desarraigo retomar las raíces constitutivas", ajusta Jorge Mario Bergoglio, en su opúsculo *La nación por construir* (2005).

El maquiavelismo se mira en el ombligo, es presa de la cultura del presente, es circunstancial y utilitario, en tanto que la ética democrática es como el dios de las puertas, Jano, que mira a la vez hacia el comienzo y hacia los finales. Aprende de su pasado y conserva sus raíces, para que al manejar lo cotidiano deje un campo fértil para las generaciones futuras. De allí que, a la legitimidad de los medios, en la democracia, le venga aparejada la legitimidad de los fines y viceversa, como cabe reiterarlo.

La referencia viene al caso a propósito de lo dicho, de la ruptura que del orden democrático y constitucional y de la crisis humanitaria y de salud declara la Asamblea Nacional, con mayoría calificada de las fuerzas democráticas opositoras al régimen y cuyos efectos, creyendo ocultar la realidad, suspende y desconoce la Sala Constitucional. Y vale aún, pues de no jerarquizarse la política en Venezuela y en las Américas a propósito del caso de Venezuela, el quehacer político de trinchera, bajo el ruido de los disparos o el silencio cómplice de los observadores, puede mudar en traición a la propia democracia y a las víctimas de su desconocimiento.

En una votación 20-12 a favor de la aprobación del orden del día, el Consejo Permanente de la OEA, en sesión que realiza en la misma fecha en la que avanzamos hacia la finalización de este prólogo y bajo la protesta del gobierno de Maduro, en aplicación del artículo 20 invocado por el Secretario Almagro y mencionado al inicio, decide recibir el informe de éste sobre las alteraciones graves del orden democrático ocurridas en Venezuela y someterlo a una apreciación colectiva.

Más allá de la victoria diplomática que ello significa y en justicia celebran las fuerzas de oposición venezolanas, mostrando que un giro geopolítico favorable a la democratización se opera en las Américas y en España, no cabe duda que dicha votación – al margen de las motivaciones clientelares – indica la presencia, en el mismo seno de la OEA, de esas cosmovisiones explicadas con anterioridad y que antagonizan acerca del hecho democrático; y son irreconciliables, salvo que medie un sincretismo de laboratorio: una es cesarista, otra es libertaria o humana a secas.

La cuestión es que parte de los actores "democráticos" – incluidos algunos líderes opositores venezolanos – aún creen que la democracia es cosa de los gobiernos y de los partidos. Por ello la queja del gobierno de Venezuela que tanto sensibiliza a 12 de sus pares. Mas, la democracia que predica la Carta – he ahí la ruptura epistemológica – es derecho de los pueblos, derecho humano a la democracia que los gobiernos deben respetar. Así reza el artículo 1, y es la tesis que acompañan otros 20 gobiernos de la región.

Una última consideración.

Truenos y centellas ha anunciado el presidente Maduro si la Organización de Estados Americanos decide, en sede de su Consejo Permanente, aplicar las consecuencias sancionatorias prevista por la Carta Democrática para facilitar, en caso de rebeldía, el restablecimiento de la normalidad democrática alterada en Venezuela. Y sus áulicos, por ende, no hacen más que desfigurar realidades, interpretar a su antojo las normas de este instrumento que, en su fase de redacción, intenta frenar Hugo Chávez Frías, pero que, llegado el momento de la adopción, en 2001, cuenta con el ucase meritorio de su Canciller, Luis Alfonso Dávila.

No es del caso recordar que la citada Carta es el producto de una larga evolución histórica en las tesis democráticas latinoamericanas, siendo su penúltimo hito la Declaración de Santiago de 1959, que enuncia los componentes de toda democracia a fin de que sea considerada como tal y sin adjetivos. Pero es aquella, a la vez, una suerte de línea divisoria. Hasta su adopción la democracia encuentra como su opuesto las dictaduras militares, los golpes de Estado clásicos.

En lo adelante, observándose la experiencia del gobierno de Alberto Fujimori, en Perú, se advierte otro signo de distinto tenor al apenas finalizar el siglo XX. Como lo recordara hace poco el ex presidente Alejandro Toledo, es mal hábito de ahora usar la puerta de los votos para la elección de gobernantes que, en su ejercicio, trastocan los elementos esenciales de la democracia – derechos humanos, estado de Derecho, separación de poderes, pluralismo, libertad de prensa, voto libre – para luego prosternar el principio de la alternabilidad y asegurarse mandatos perpetuos. Chávez, en efecto, es hijo legítimo de Fujimori y Maduro su causahabiente.

La abogada que funge como órgano de las relaciones exteriores venezolanas, en la actual circunstancia y ante el Informe que sobre el régimen de Maduro elabora y presenta ante el Consejo Permanente el Secretario de la OEA, opta, desesperada, por el fraude jurídico a conveniencia. Afirma que Almagro abusa, al no pedir autorización previa de su gobierno para invocarla y que, a todo evento, no media en la hipótesis la presencia de un golpe de Estado en Venezuela.

El artículo 20, cabe insistir en ello, se refiere, antes bien, a las alteraciones graves del orden constitucional y democrático, a saber, las que ocurren cuando son desconocidos por gobiernos originariamente democráticos los elementos esenciales de la misma democracia. De allí la novedad normativa de la llamada Constitución de las Américas para el siglo XXI. Y en el supuesto citado, justamente, ésta le ordena al Secretario General informar de aquello al Consejo Permanente y a éste decidir sobre las medidas de intensidad creciente que permitan el restablecimiento de lo alterado, en cualquier país de la OEA, sin su permiso. Las providencias en cuestión no son otras que las gestiones diplomáticas, los buenos oficios, las negociaciones, las mediaciones, etc. Se trata de algo nada diferente a lo que, nominal y coloquialmente, pero como burladero, propone el gobierno ladino de Maduro, con apoyo del Secretario de la UNASUR, Samper.

La cuestión de fondo es que si su gobierno continúa relajando los elementos esenciales de la democracia – destruyéndola de raíz – en la fase de acompañamiento institucional por parte de la OEA y se comporta de mala fe, u obstaculiza la normalización democrática pretendida, al término puede ser sancionado. Es la última instancia.

De allí que pueda decirse que sólo un diálogo soportado por la OEA tiene destino. En tanto que el diálogo organizado unilateralmente por Maduro y su canciller, con ex presidentes a su medida y como facilitadores, carece de propósito democratizador. Si fracasa - que ya ha fracasado sin siquiera comenzar– nada pasa y todo pasa. Se gasta el tiempo; ese que buscan manejar a su favor Maduro y sus adláteres para impedir que el pueblo decida en las urnas, en 2016, y ejerza su derecho al referendo revocatorio de la dictadura que le humilla y hasta le quita el pan.

Los ex presidentes miembros de IDEA y ya reseñados, en misiva del pasado 17 de junio le han expresado al Secretario Almagro su respaldo por el coraje de honrar sus obligaciones y dar prueba de compromiso con la ética de la democracia.

Almagro, por lo visto, no es lacayo del Socialismo del siglo XXI. De allí la rabieta que provoca en el Palacio de Miraflores y en la Casa Amarilla de Caracas, pues se han topado con un honesto "esclavo del Derecho".

Saludo, así, la cuidadosa y devota labor del profesor Allan R. Brewer Carías, quien a diario evita con sus escritos que la historia política y constitucional de Venezuela se vea reescrita y deformada a conveniencia, a manos de la felonía.

Caracas, 23 de junio de 2016.

EL ASEDIO A LA ASAMBLEA NACIONAL

José Ignacio Hernández G.

*Profesor de Derecho Administrativo en la
Universidad Central de Venezuela y la
Universidad Católica Andrés Bello*

*Director del Centro de Estudios de Derecho Público
de la Universidad Monteávila*

"Donde reina el poder arbitrario son sinónimos
el derecho y la fuerza,"

Juan Germán Roscio,
El triunfo de la libertad sobre el despotismo, 1817.

I. EL GOLPE DE ESTADO PERMANENTE A LA ASAMBLEA NACIONAL

En las elecciones parlamentarias del 6 de diciembre de 2015, la organización política de oposición *Mesa de la Unidad Democrática* (MUD) obtuvo 112 diputados, es decir, las dos terceras partes de la Asamblea Nacional, compuesta por 167 diputados. Tras quince años bajo el dominio del partido político de Gobierno, la Asamblea Nacional pasaba a estar controlada por la oposición.

Muy pronto quedó en evidencia la intención política de desconocer los efectos prácticos de esas elecciones. La Asamblea Nacional electa en 2010, en las últimas semanas de su período, adoptó diversas decisiones orientadas a reducir la capacidad de acción de la nueva Asamblea. Por su parte, el Tribunal Supremo de Justicia, primero a través de su Sala Electoral y luego, a través de su Sala Constitucional, dictó varias sentencias que restringieron, progresivamente, las funciones constitucionales de los diputados electos el 6 de diciembre. También el Presidente de la República dictó diversas

Decretos con el propósito de suspender el ejercicio de competencias constitucionales de la Asamblea.

Todo ello configura el *asedio a la Asamblea Nacional,* es decir, el cerco institucional que, mediante diversas decisiones y de manera progresiva, ha desnaturalizado las funciones constitucionales de la Asamblea como órgano de representación nacional. Por ello, en su conjunto, esas decisiones pueden ser calificadas como un *golpe de Estado permanente*, es decir, el conjunto de actuaciones que los Poderes Públicos llevan a cabo para desnaturalizar a la Asamblea Nacional electa democráticamente, en una violación continua y sistemática de la Constitución[1].

Este concepto exige atender a la esencia de las instituciones constitucionales, y no solo a su aspecto meramente formal. Así, las consecuencias jurídicas y políticas de la elección del 6 de diciembre de 2015 implicaban el deber de los Poderes Públicos de permitir, formalmente, la instalación y actuación de la nueva Asamblea Nacional. Pero además, esas consecuencias exigían, por parte de los otros Poderes Públicos, respetar el efectivo ejercicio de las funciones constitucionales de la Asamblea Nacional, en su condición de órgano de representación nacional.

La realidad, como apuntamos, fue otra. La saliente Asamblea Nacional, el Tribunal Supremo de Justicia y el Presidente de la República han dictado un conjunto de decisiones que han vaciado de contenido efectivo las funciones constitucionales de la Asamblea Nacional.

De todas estas decisiones, destacan las sentencias dictadas por la Sala Constitucional del Tribunal Supremo de Justicia que, en claro exceso de poder, han desnaturalizado el contenido efectivo las competencias de la Asamblea Nacional, impidiendo el ejercicio de la representación nacional.

Este proceso de sistemático desconocimiento de la Asamblea Nacional ha sido magníficamente estudiado por el profesor Allan R. Brewer-Carías en este libro *La Dictadura Judicial y la perversión del Estado de Derecho,* cuyo contenido presentamos en estas breves reflexiones. Nadie mejor que el profesor Brewer-Carías para efectuar ese estudio. En efecto, desde el plano teórico y práctico, el pro-

---

1   El concepto de *golpe de Estado permanente,* como es sabido, fue acuñado por Mitterrand. Véase sobre ello a Mejía, José Armando, "La ruptura del hilo constitucional", en *Revista de Derecho Público* N° 112, Caracas, 2007, pp. 47 y ss.

fesor Allan R. Brewer-Carías ha venido estudiando el proceso que, en los últimos lustros, ha degenerado a la justicia constitucional y, con ello, a la propia Constitución[2].

Dentro de este proceso degenerativo debemos ubicar lo que aquí hemos calificado de asedio a la Asamblea Nacional. Tal y como resume el propio autor en el libro que comentamos:

> "En particular, es precisamente ese rol que ha reasumido la Sala Constitucional del Tribunal Supremo de Justicia en Venezuela después del triunfo de la oposición en las elecciones parlamentarias de diciembre de 2015, controlada como está por el Poder Ejecutivo, con la misión de impedir que la representación popular encarnada en la Asamblea Nacional ejerza sus funciones constitucionales, y terminar de destruir lo que queda de democracia…".

No se trata, quiere advertirse, del comentario crítico que pueda hacerse a sentencias de la justicia constitucional que asumen un control excesivo del Poder Legislativo. Ciertamente, uno de los problemas más agudos de la justicia constitucional, en modelos como el venezolano que asumen el control concentrado de la Constitución, es el conflicto que existe entre el control de la Constitución y la fundamentación democrática y plural del Poder Legislativo. Admitir el control judicial de todas las actuaciones y omisiones del Poder Legislativo implica un claro riesgo, pues podría el juez constitucional sustituirse en valoraciones políticas privativas del Poder Legislativo[3].

---

2   Sería imposible citar todos los estudios que, desde 1999, el profesor Brewer-Carías ha dedicado a la teoría y práctica de la justicia constitucional venezolana. Baste con referir, por ello, a algunos de estos estudios, de especial interés para la mejor comprensión del libro que analizados en este ensayo: *El sistema de justicia constitucional en la Constitución de 1999*, Editorial Jurídica Venezolana, Caracas 2000, pp. 7 y ss.; *Golpe de estado y proceso constituyente en Venezuela,* Universidad Nacional Autónoma de México, México, 2002, pp. 181 y ss.; *Crónica sobre la "In" Justicia Constitucional. La Sala Constitucional y el autoritarismo en Venezuela*, Editorial Jurídica Venezolana, Caracas, 2007, pp. 11 y ss.; *El golpe a la democracia dado por la sala constitucional,* Editorial Jurídica venezolana, Caracas 2014; pp. 13 y ss.; *Práctica y distorsión de la justicia constitucional en Venezuela (2008-2012),* Editorial Jurídica Venezolana, Caracas 2012, pp. 13 ss. ; y *La patología de la justicia constitucional,* tercera edición ampliada, Editorial Jurídica Venezolana, Caracas, 2014, pp. 13 y ss. Más adelante citaremos otros trabajos del profesor Brewer-Carías.

3   Sobre este conflicto, entre otros, *vid.* Ferreres Comella, Víctor, *Justicia constitucional y democracia*, Madrid, Centro de Estudios Políticos y Consti-

No es ése, se insiste, el enfoque que el profesor Brewer-Carías ha asumido en su trabajo. En realidad, su análisis apunta a mucho más que un conjunto de comentarios críticos a sentencias de la justicia constitucional. Lo que demuestra el profesor Brewer-Carías en el libro que presentamos es un caso de *desviación de poder de la justicia constitucional*, que lejos de defender la Constitución, se ha dedicado a desnaturalizar a la Asamblea Nacional electa el pasado 6 de diciembre de 2015. Una desviación que, como vimos, puede ser catalogada como un golpe de Estado permanente en contra de la Asamblea[4].

II. EL LARGO CAMINO AL GOLPE DE ESTADO PERMANENTE CONTRA LA ASAMBLEA NACIONAL

El conjunto de sentencias de la Sala Constitucional adoptadas a partir del 6 de diciembre de 2015, y que han configurado un golpe de Estado permanente y en evolución, son consecuencia de un largo camino que se inició con el propio proceso constituyente que, en 1999, culminó con la Constitución vigente. Así, la Asamblea Nacional Constituyente de 1999 –electa en violación a la entonces vigente Constitución de 1961– se excedió del mandato que los electores le habían dado, a fin de configurar un ilegítimo *régimen transitorio* que desembocó en la eliminación, de hecho, del principio de separación de poderes[5].

---

tucionales, 2007, pp. 197 y ss. Para el caso venezolano véase a Casal, Jesús María, "Algunos cometidos de la jurisdicción constitucional en democracia", en *La jurisdicción constitucional, Democracia y Estado de Derecho*, Caracas, Universidad Católica Andrés Bello, 2005, pp. 105 y ss.

4   La Asamblea Nacional, como órgano de representación nacional, cuenta con un contenido institucional básico previsto en la Constitución con el propósito de proteger efectivamente el ejercicio de tal representación. Es por ello que consideramos aplicable la figura de la *garantía institucional*, es decir, que la autonomía y perfiles básicos de la Asamblea, al estar establecidos en la Constitución, no pueden ser desconocidos o desnaturalizados por ningún órgano del Poder Público, ni siquiera, por la Sala Constitucional. Por el contrario, en el conjunto de decisiones estudiadas por el profesor Brewer-Carías en su obra que comentamos, la Sala Constitucional desnaturalizó la Asamblea Nacional, al desconocer el conjunto básico de atributos que, conforme a la Constitución, debe tener el Poder Legislativo.

5   Brewer-Carías, Allan, *Golpe de estado y proceso constituyente en Venezuela*, cit. Sobre la patología de la separación de poderes en el Derecho Público venezolano, *vid.* Tarre, Gustavo, *Solo el poder detiene al poder*, Editorial Jurídica Venezolana, Caracas, 2014, pp. 221 y ss. De especial interés resulta también la referencia a Rachadell, Manuel, *Evolución del*

En este contexto, la Sala Constitucional del Tribunal Supremo de Justicia, creada en la Constitución de 1999, ha jugado un rol determinante. Desde su primera sentencia, la Sala Constitucional trastocó el sistema de justicia constitucional, usurpando la condición de "máximo y último intérprete de la Constitución" y configurándose, *de facto,* como un Tribunal superior al propio Tribunal Supremo de Justicia[6].

Fue así cómo la Sala Constitucional, excediéndose de las amplias atribuciones que le asignó el Texto de 1999[7], creó nuevos y amplios mecanismos de "control judicial" de la Constitución, como es el caso, por ejemplo, del "recurso de interpretación abstracto de la Constitución"[8]. Asimismo, la Sala Constitucional, excediendo el sentido del control concentrado de la Constitución, actuó como *legislador positivo,* no solo para sustituirse en la labor legislativa de

---

Estado venezolano, Editorial Jurídica-Venezolana-FUNEDA, Caracas, 2015, pp. 295 y ss.

6   Véase a Brewer-Carías, Allan, *Crónica sobre la "In" Justicia Constitucional. La Sala Constitucional y el autoritarismo en Venezuela,* cit. Véase nuestro reciente artículo sobre este tema en Hernández G., José Ignacio, "Constitución y control judicial del poder en Venezuela. Breves reflexiones sobre el olvido de Locke", en *Revista de Derecho Público* N° 142, Caracas, 2015, pp. 65 y ss.

7   En nuestra opinión, los excesos en los que ha incurrido la Sala Constitucional fueron facilitados, en parte, por un indebido marco institucional, que no delineó con claridad las atribuciones de esa Sala ni estableció reglas claras para la designación de sus Magistrados. Sin embargo, en modo alguno cabe concluir que la actuación de la Sala ha sido consecuencia de la aplicación de la Constitución. Todo lo contrario: la Sala, en su actuación, ha desconocido la Constitución. Sobre los perfiles de la justicia constitucional en la Constitución de 1999, entre otros, vid. Brewer-Carías, Allan, *El sistema de justicia constitucional en la Constitución de 1999, cit.* y Casal, Jesús María, *Constitución y justicia constitucional,* Caracas, Universidad Católica Andrés Bello, 2004, pp. 17 y ss.

8   La Sala Constitucional creó un "recurso de interpretación abstracto de la Constitución", en virtud del cual puede conocer y decidir solicitudes autónomas de interpretación de la Constitución e incluso de Leyes en función a su relación con la Constitución. Este mecanismo ha sido empleado para ratificar, convalidar o asentar, por vía de "interpretaciones abstractas", decisiones políticas. *Cfr.:* Allan R. Brewer-Carías, *Crónica sobre la "In" Justicia Constitucional. La Sala Constitucional y el autoritarismo en Venezuela,* cit., pp. 52 y ss.

la Asamblea Nacional, sino también, para sustituirse en sus funciones de control[9].

Sin embargo, mientras la Asamblea Nacional estuvo controlada por el partido de Gobierno, la Sala Constitucional mantuvo cierta deferencia en cuanto al control judicial de las Leyes de la Asamblea e incluso, en cuanto al alcance de las interpretaciones autónomas de la Constitución. Por ejemplo, en no pocas ocasiones la Sala Constitucional reconoció –sin mucha precisión- la deferencia a favor de la Asamblea. Así, la Sala Constitucional ha reconocido, en sentencia N° 1718/2000, lo siguiente:

> "en razón de lo dicho, es necesario insistir en que el principio de división en ramas del Poder Público que detenta el Estado no sólo es un principio dogmático (de técnica fundamental) del Estado democrático consagrado por el Texto Constitucional (artículo 2), que afirma una identidad absoluta entre la separación en ramas del Poder Público (que en definitiva es expresión de la soberanía del pueblo venezolano) y la garantía de la libertad frente a la arbitrariedad, sino que también es un postulado del Estado de Derecho consagrado en la Carta Magna, en la medida en que, a su través, se garantizan el imperio de la ley, el equilibrio de las actuaciones de los órganos y entes que integran las diferentes ramas en que se divide el Poder Público (tanto a nivel nacional como a nivel político-territorial) y la legalidad de la actividad de la Administración, lo cual significa que, particularmente, en relación con el Órgano Legislativo Nacional, *el control jurisdiccional de la constitucionalidad de los actos dictados con o sin forma de ley, en ejecución directa e inmediata de la Norma Suprema por esta Sala Constitucional, así como de la conformidad con aquella de la actuación parlamentaria mediante la sujeción a las normas que la Asamblea Nacional se da a sí misma, únicamente podría justificarse para proteger objetivamente los principios (como son el democrático, el de responsabilidad social, de preeminencia de los derechos humanos, del pluralismo político, etc.) y normas contenidas en el Texto Constitucional (según su artículo 335) o para brindar tutela a los derechos y garantías individuales inherentes a la persona humana, según la propia Constitución o los Tratados Internacionales de Protección de los Derechos Humanos, tal y como ha sido reconocido*

---

9   Brewer-Carías, Allan, *Constitutional Courts as Positive Legislators. A comparative Law Study*, Cambridge, 2011, pp. 5 y ss. Sobre la Sala Constitucional como legislador positivo, vid. Urosa Maggi, Daniela, *La Sala Constitucional del Tribunal Supremo de Justicia como legislador positivo*, Academia de Ciencias Políticas y Sociales, Caracas, 2011, pp. 100 y ss.

pacíficamente en otros ordenamientos jurídicos por los órganos constitucionales encargados de garantizar la preeminencia de la Norma Suprema, entendida como norma jurídica, en el Estado constitucional de Derecho" (destacado nuestro).

De hecho, al analizar el alcance del llamado "recurso de interpretación" la Sala llegó a advertir que la interpretación de la Constitución no puede entorpecer el funcionamiento del Parlamento. En sentencia N° 165/2003, afirmó, así, lo siguiente:

> *"(...) No puede olvidarse que el hecho de que esta Sala pueda anular sus* actos no implica bajo ningún concepto una superioridad: Poder Ejecutivo, Legislativo, Judicial, Ciudadano y Electoral comparten jerarquía. Todos son igualmente constitucionales y entre todos ejercen Poder Público, si bien ha sido a esta Sala del Máximo Tribunal a la que ha correspondido la última palabra, toda vez que incluso en el más paritario de los sistemas algún órgano ha de tenerla, siendo que lo contrario –la separación absoluta de cada órgano– tendría efectos tan indeseables como el de la reunión del poder.
>
> *Por ello esta Sala ha rechazado todo recurso por el que se pretende, con carácter previo, obtener una decisión –así sea mero declarativa- que esté dirigida al resto de los órganos que ejercen el Poder Público.* La separación de los órganos no es absoluta; por el contrario, se exige la colaboración entre ellos e incluso se admite el control de unos sobre otros. *Ahora bien, ese control sólo puede fundarse en expresa atribución constitucional, pues de otra manera constituiría invasión.*
>
> *Una sentencia interpretativa sobre el ejercicio del poder parlamentario sería una especie de control preventivo que no está autorizado por el Texto Fundamental.* Es sabido que de por sí el recurso de interpretación no está recogido en la Constitución, pero que se desprende de su contenido, pero nunca para vincular, de antemano, a los órganos de rango constitucional (destacado nuestro).

Estos criterios deben ser tomados en cuenta dentro del contexto político del momento. En áreas ajenas a la zona de interés político del Gobierno, la Sala Constitucional –como regla- mantuvo la deferencia hacia la Asamblea Nacional, bajo el control del partido de Gobierno. Pero cuando el interés político lo ameritaba, la Sala Constitucional no dudó en apartarse de su propia doctrina para sustituirse en la Asamblea Nacional. El mejor ejemplo fue la designación de rectores del Consejo Nacional Electoral –en dos oportunidades- invocando la tesis de la "demanda por omisión legislativa", todo lo cual implica negar cualquier deferencia hacia el Legislador[10].

Otro ejemplo relevante fue el rol de la Sala Constitucional en la crisis política generada en 2013 con la muerte del Presidente de la República. Fue la Sala Constitucional, así, la que permitió obviar las formalidades constitucionales asociadas al inicio del período presidencial el 10 de enero de 2013. La Sala, igualmente, permitió al entonces Vicepresidente de la República encargarse de la Presidencia pese a que el Presidente electo no había tomado posesión del cargo. Cuando se convocó la elección presidencial para el 14 de abril de 2013, la Sala permitió que el Presidente encargado se postulara al cargo de Presidente sin separarse del cargo. Finalmente, cuando se formularon varias impugnaciones contra la elección del 14 de abril ante la Sala Electoral, fue la Sala Constitucional la que se avocó al conocimiento de todos los recursos contencioso-electorales, para declararlos inadmisibles[11].

---

10   En dos oportunidades la Sala Constitucional ha designado a los Rectores del Consejo Nacional Electoral -cuya designación es competencia privativa de la Asamblea- considerando que el Poder Legislativo ha omitido llevar a cabo esa designación (sentencias N° 2341/2003, de 25 de agosto, y N° 1865/2014, de 26 de diciembre). Sobre la figura de la demanda por omisión legislativa, puede verse a Casal, Jesús María "La protección de la Constitución frente a las omisiones legislativas", en *Revista de Derecho Constitucional N° 4*, Caracas, 2001, pp. 141 y ss., y Urosa Maggi, Daniela, "Control judicial de las omisiones legislativas a la luz de la jurisprudencia constitucional", en *Revista de Derecho Público N° 101*, Caracas, 2005, pp. 7 y ss.

11   Este episodio ha sido analizado por nosotros en tres artículos publicados en la *Revista de Derecho Público*, que partieron de trabajos previos publicados en Prodavinci: "El abuso y el poder en Venezuela. Primera parte: de cómo se violó el régimen constitucional de las faltas y ausencias presidenciales, entre el 9 de diciembre de 2012 y el 11 de marzo de 2013", en *Revista de Derecho Público N° 133*, Caracas, 2013, pp. 45 y ss.; "El abuso y el poder en Venezuela. Segunda parte: de cómo se consumaron hechos de corrupción electoral en la elección del 14 de abril de 2013", en *Revista de Derecho Público N° 134*, Caracas, 2013, pp. 51 y 61 y "El abuso y el poder en Venezuela. Tercera y última parte: de cómo la Sala Constitucional, arbitrariamente, inadmitió los recursos contencioso-electorales relacionados con la elección del 14 de abril de 2013", en *Revista de Derecho Público N° 135*, Caracas, 2013, pp. 35 y ss. Véase también, sobre ello, la recopilación de trabajos (incluyendo estudios del profesor Brewer-Carías), contenidos en la obra preparada por Asdrúbal Aguilar, *Historia InConstitucional de Venezuela 1999-2012*, Editorial Jurídica Venezolana, Caracas, 2012.

Este proceso de deformación de la justicia constitucional, minuciosamente estudiado por el profesor Brewer-Carías[12], constituye el antecedente inmediato que permite comprender el conjunto de decisiones que, a partir del 6 de diciembre de 2015, configuraron el golpe de Estado permanente contra la Asamblea Nacional.

III. EL FRAUDE CONSTITUCIONAL CONTRA LA ASAMBLEA NACIONAL ELECTA EL 6 DE DICIEMBRE

Poco después de la elección del 6 de diciembre de 2015, la saliente Asamblea Nacional adoptó un conjunto de decisiones que solo pueden comprenderse en función al propósito de coartar la acción de la Asamblea Nacional electa el 6 de diciembre, y que debía iniciar sus funciones el 5 de enero de 2016[13]. Para lograr ese cometido fue necesario contar con el "aval" de la Sala Constitucional, que desnaturalizando el régimen de sesiones de la Asamblea, habilitó a la saliente Asamblea Nacional para continuar sesionando más allá del 15 de diciembre de 2015, a fin de debatir sobre asuntos que en modo alguno cabía catalogar de extraordinarios. Ello fue resultado de un "recurso interpretación" propuesto ante la Sala por el Presidente de la saliente Asamblea Nacional. Este episodio es analizado en el libro que comentamos, en el cual el profesor Brewer-Carías concluye lo siguiente:

---

12 De sus últimas obras, véase *La patología de la justicia constitucional*, cit. Asimismo. vid. *Práctica y distorsión de la justicia constitucional en Venezuela (2008-2012)*. Colección Justicia N° 3, Acceso a la Justicia, Academia de Ciencias Políticas y Sociales, Universidad Metropolitana, Editorial Jurídica Venezolana. Caracas, 2012, así como *Concentración y centralización del poder y régimen autoritario*, *Colección Tratado de Derecho Constitucional*, Tomo IX, Fundación de Derecho Público, Editorial Jurídica Venezolana, Caracas, 2015. Asimismo, del autor, vid. *El golpe a la democracia dado por la Sala Constitucional (De cómo la Sala Constitucional del Tribunal Supremo de Justicia de Venezuela impuso un gobierno sin legitimidad democrática, revocó mandatos populares de diputada y alcaldes, impidió el derecho a ser electo, restringió el derecho a manifestar, y eliminó el derecho a la participación política, todo en contra de la Constitución)*, Editorial Jurídica Venezolana, Caracas, 2014, especialmente pp. 21 y ss.

13 Dentro de estas acciones para desconocer el resultado del 6 de diciembre, el Gobierno llegó incluso a plantear la conformación del "Parlamento Comunal Nacional", figura inexistente en el –inconstitucional- régimen del Poder Popular. Nunca llegó a materializarse esa propuesta. Como afirma el profesor Brewer-Carías en el libro que se comenta *"ello, en todo caso, hay que tomarlo como lo que fueron, pura y simplemente: signos terminales de un régimen político que el pueblo rechazó"*.

"Para ello, para buscar "legitimar" las arbitrariedades que se proponía, fue que el Presidente de la Asamblea que fenecía acudió ante la Sala Constitucional el mismo día en el cual finalizó el período ordinario de sesiones de la Asamblea, y con ello, los períodos ordinarios de la misma para todo su período constitucional, para pedir una "interpretación constitucional" precisamente del artículo 220 de la Constitución antes mencionado, que nada tiene de ambiguo u oscuro, para pretender seguir gobernando, a pesar de su situación terminal. Fue así cómo la saliente Asamblea Nacional, obviando el procedimiento constitucional y legal, procedió a designar a trece Magistrados de la Sala Constitucional que, de otro modo, debieron ser designados por la nueva Asamblea. Igualmente, la Asamblea modificó el régimen jurídico de la defensoría pública, eliminando las facultades de control que hasta entonces se habían reconocido a la Asamblea"

Haciendo uso de esa "interpretación", la saliente Asamblea Nacional, obviando el procedimiento constitucional y legal, procedió a designar a trece Magistrados del Tribunal Supremo de Justicia que, de otro modo, debieron haber sido designados por la nueva Asamblea[14]. Igualmente, la Asamblea modificó el régimen jurídico de la defensoría pública, eliminando las facultades de control que hasta entonces se habían reconocido a la Asamblea[15].

El Presidente de la República también participó en ese fraude constitucional. En ejercicio de la Ley Habilitante que expiró el 31 de diciembre de 2015, fueron dictados diversos Decretos-Leyes que redujeron las facultades de control de la Asamblea, por ejemplo,

---

14   Todo lo cual constituyó un fraude a la Constitución, como explica el profesor Brewer-Carías en el libro objeto de los presentes comentarios. Puede incluso afirmarse que tal designación efectuada por la Asamblea Nacional es inexistente, en tanto no fue consecuencia del procedimiento aplicable de acuerdo con la Constitución y la Ley Orgánica del Tribunal Supremo de Justicia, sino que fue resultado de un procedimiento creado por la Asamblea Nacional para poder designar a esos Magistrados antes de la instalación de la nueva Asamblea.

15   Al aprobar la reforma de la Ley Orgánica de la Defensa Pública (*Gaceta Oficial* N° 6.207 extraordinario de 28 de diciembre de 2015). Por ello, como bien concluye el profesor Brewer-Carías en su reciente libro que comentamos, "*las sesiones extraordinarias de la Asamblea Nacional, convocadas desde el 22 de diciembre de 2015, y que se extendieron hasta el 4 de enero de 2016, además, fueron ilegítimamente utilizadas con abuso y desviación de poder por la feneciente Asamblea Nacional, para legislar desenfrenadamente, emitiendo sobre todo leyes y reformas de leyes para bloquear o menoscabar los poderes de la nueva Asamblea Nacional*".

sobre el Banco Central de Venezuela, así como en materia presu-puestaria[16]. En palabras del profesor Brewer-Carías, en la obra que comentamos, la Ley Habilitante, con evidente desviación de poder:

> "se utilizó en los últimos días de diciembre de 2015 por el Presi-dente de la República, para dictar toda suerte de decretos leyes, cuyo contenido fue contrarió abiertamente el motivo y propósito de la Ley Habilitante, lo que las hizo totalmente inconstitucionales, pues por más amplio que pudo haber sido el enunciado de las normas de la Ley, todos los decretos leyes habilitados debían siempre respetar el propósito y rezón de la habilitación legislativa que se plasmó en la Exposición de Motivos de la Ley"

Lo que cabía esperar, con todos estos antecedentes, era que la Sala Constitucional ejerciera sus atribuciones con el solo propósito de reducir el ejercicio de las competencias de la nueva Asamblea, tal y como sucedió[17].

IV. EL ILEGÍTIMO INTENTO DE DESCONOCER LA MA-YORÍA CALIFICADA DE LA OPOSICIÓN

El esperado conflicto constitucional comenzó, en todo caso, an-tes de la instalación de la nueva Asamblea Nacional. Así, en las últimas semanas de diciembre fueron presentados varios recursos contencioso-electorales contra la elección del 6 de diciembre. La existencia del breve lapso de caducidad previsto a tales efectos en la Ley Orgánica de Procesos Electorales fue burlado por la Sala Elec-toral, al decidir suspender sus días de despacho de manera intermi-tente, con lo cual, el lapso para impugnar esas elecciones se exten-dió más allá de lo normal.

Fue así cómo, el 30 de diciembre de 2015, la Sala Electoral ad-mitió uno de esos recursos contencioso-electorales, acordando co-mo medida cautelar la suspensión de efectos del acto de totaliza-ción, adjudicación y proclamación de los diputados del estado

---

16 Los comentarios a esos Decretos-Leyes pueden revisarse en el número especial de la *Revista de Derecho Público* N° 144, Caracas, 2015.

17 Así lo advertimos en noviembre de 2015 en Prodavinci, al explicar cómo la Sala Constitucional podía llegar a suprimir, en la práctica, a la Asamblea Nacional: http://prodavinci.com/blogs/puede-la-sala-constitucional-del-tsj-anular-a-la-asamblea-nacional-por-jose-ignacio-hernandez-g/   [Consulta 14.06.16].

Amazonas[18]. Basta la lectura del recurso contencioso-electoral para comprobar el error en el que incurrió el recurrente, quien solicitó la suspensión de la proclamación de esos diputados que, a su decir, sería efectuada el 5 de enero de 2016. En realidad, ya esos diputados habían sido proclamados, siendo que el 5 de enero debían tomar posesión del cargo para el cual fueron electos.

Es por ello que la sentencia de la Sala Electoral era inejecutable: mal puede suspenderse los efectos de un acto que, como la proclamación, ya se había consumado. Por ello, la Sala Electoral, al adoptar esa decisión, ignoró el precedente que la Sala Constitucional había establecido, al señalar que no es posible suspender a un funcionario electo popularmente[19].

Cabe advertir que esta sentencia de la Sala Electoral tenía un claro significado político: dentro de los diputados cuya "suspensión" fue acordada, se encontraban tres diputados de la MUD, lo que implicaba que de los 112 diputados electos de esa organización, solo podrían asumir el ejercicio del cargo 109.

Luego de su instalación, sin embargo, los tres diputados cuya "suspensión" había acordado la Sala Electoral fueron juramentados. No cabe hablar, allí, de incumplimiento a la sentencia de la Sala Electoral pues, como se dijo, tal sentencia era inejecutable. Sin em-

---

18   Sentencia N° 260/2015 de 30 de diciembre de la Sala Electoral. Su dispositivo fue el siguiente: "*ORDENA de forma provisional e inmediata la suspensión de efectos de los actos de totalización, adjudicación y proclamación emanados de los órganos subordinados del Consejo Nacional Electoral respecto de los candidatos electos por voto uninominal, voto lista y representación indígena en el proceso electoral realizado el 6 de diciembre de 2015 en el estado Amazonas para elección de diputados y diputadas a la Asamblea Nacional*".

19   La Sala Constitucional, en sentencia N° 95/2000 de 4 de agosto, señaló que "*la proclamación de un candidato en un determinado cargo, así no sea de carácter público sino de los existentes en los órganos enumerados en el artículo 293, ordinal 6 de la Constitución de la República Bolivariana de Venezuela, no puede ser suspendida o controlada a través de una acción de amparo constitucional otorgada a favor de quien lo pretende*". A ello debemos agregar la siguiente observación del profesor Brewer-Carías, en el libro que comentamos: "*el error de la sentencia de la Sala Electoral, además, se agravó, porque la misma desconoció que conforme a la Constitución solo la propia Asamblea Nacional tiene la potestad privativa de calificar a sus integrantes (art. 187.20), y que los diputados desde su proclamación gozan de inmunidad parlamentaria (art. 200), pudiendo solo perder su investidura mediante revocación popular de su mandato (arts. 72, 198)*".

bargo, con rapidez, la propia Sala Electoral calificó tal incumplimiento y declaró la nulidad de cualquier decisión que pudiera adoptar la Asamblea, lo que carece de sentido, pues la Sala Electoral no puede declarar la nulidad de los actos de la Asamblea. Asimismo, diputados del bloque oficialista presentaron, ante la Sala Constitucional, una demanda por omisión legislativa en contra de la Asamblea, alegando –confusamente- que tal Asamblea estaba constituida indebidamente[20].

En todo caso, esta maniobra judicial no podía afectar la mayoría calificada de la oposición en la Asamblea, pues de aceptarse la eficacia de la "suspensión" ordenada por la Sala Electoral, ello debía conducir a una composición "temporal" de la Asamblea Nacional de 163 diputados, ante la "suspensión" de cuatro diputados. Con lo cual, los diputados de la oposición (109), en esta composición temporal de la Asamblea, equivalían a las dos terceras partes de 163. Como concluye el profesor Brewer-Carías en el libro que comentamos:

> "Así, si se analiza la integración de la Asamblea Nacional luego de la sentencia de la Sala Electoral del 30 de diciembre de 2015, lo cierto es que con la misma se mutiló "provisionalmente" la representación popular en la misma, al "suspenderse" la proclamación de cuatro diputados; pero con la misma en realidad no se afectó en forma alguna la mayoría calificada que tenía la MUD en la Asamblea. Es decir, lo que perseguían los impugnadores con las demandas, y lo que quizás persiguió la sentencia de la Sala Electoral, de afectar la mayoría calificada que ganó la oposición democrática en la Asamblea no lo lograron. Por ello hablamos de "golpe judicial pírrico."

Poco después los tres diputados de la coalición de oposición optaron por solicitar su desincorporación, lo que impidió nuevas sentencias de la Sala Electoral y de la Sala Constitucional. Cabe observar que estos diputados, de considerarlo conveniente, podrán incorporarse a la Asamblea Nacional como diputados electos, proclamados y juramentados, actos que en modo alguno podrían ser enerva-

---

20 La Sala Electoral declaró el "desacato" de la Asamblea en sentencia N° 1/2016, de 11 de enero. Por su parte, la Sala Constitucional -luego de la desincorporación de los Diputados de Amazonas- declaró que había cesado la omisión legislativa que había motivado la demanda presentada por el Poder Ejecutivo Nacional en contra de la Asamblea (sentencia N° 3/2016, de 14 de enero). La declaratoria de "cese" de esa omisión implica reconocer que hubo, en efecto, omisión por parte de la Asamblea.

dos por la Sala Electoral del Tribunal Supremo de Justicia, pues la sentencia que acordó la "suspensión" de los actos de totalización, adjudicación y proclamación es inejecutable.

V. LAS SENTENCIAS DE LA SALA CONSTITUCIONAL QUE DESNATURALIZARON LAS FUNCIONES DE LA ASAMBLEA NACIONAL

Luego de este episodio, la Sala Constitucional del Tribunal Supremo de Justicia dictó un conjunto de decisiones que han reducido notablemente las funciones constitucionales de la Asamblea, al punto de desnaturalizarlas. Así, como se ha señalado, la Asamblea Nacional cumple básicamente tres funciones: *(i)* la función deliberativa, para la discusión y debate de asuntos políticos de interés nacional; *(ii)* la función legislativa y *(iii)* la función de control sobre los otros órganos del Poder Público[21]. Esas tres funciones conforman la autonomía de la Asamblea Nacional como órgano de representación nacional, autonomía que es una institución constitucionalmente garantizada. En su condición de garantía institucional, esa autonomía no puede ser desnaturalizada por ningún Poder Público, ni siquiera, por la Sala Constitucional[22].

Sin embargo, la Sala Constitucional desnaturalizó esa autonomía, la cual fue vaciada de todo contenido útil, al punto de que en virtud de sus sentencias, la Sala Constitucional ha enervado la validez y eficacia de las funciones propias de la Asamblea Nacional.

Estas decisiones, cuidadosamente estudiadas por el profesor Allan R. Brewer-Carías en el libro que presentamos, configuran el golpe de Estado permanente contra la Asamblea, golpe que está todavía en pleno desarrollo, pues es más que razonable esperar nuevas sentencias de la Asamblea Nacional orientadas a agravar la crisis constitucional.

---

21 Sobre las funciones de la Asamblea Nacional, véase, entre otros, a Aveledo, Ramón Guillermo, *Curso de Derecho Parlamentario*, Caracas, Universidad Católica Andrés Bello, 2013, pp. 71 y ss. Del profesor Brewer-Carías, vid. *La Constitución de 1999. Derecho Constitucional Venezolano,* Tomo I, Editorial Jurídica Venezolana, Caracas, 2009, 439 y ss.

22 Puede verse sobre ello a Matheus, Juan Miguel, *La Asamblea Nacional: cuatro perfiles para su reconstrucción constitucional,* Centro de Estudios de Derecho Público de la Universidad Monteávila-Editorial Jurídica Venezolana-Instituto de Estudios Parlamentarios Fermín Toro, Caracas, 2013, pp. 45 y ss.

De esa manera, en cuanto a las *funciones deliberativas,* la Sala Constitucional, en sentencia N° 269/2016, procedió a modificar el Reglamento Interior y de Debates de la Asamblea, usurpando la función privativa de la Asamblea Nacional de dictar su propio reglamento interno[23]. Así, desconociendo sus propios precedentes, la Sala Constitucional suspendió distintos artículos del Reglamento de 2010 (más de cinco años después de que su nulidad fuese invocada por entonces diputados de la oposición). En realidad, sin embargo, más que suspender normas, la Sala Constitucional creó nuevas normas, cambiando así el régimen de las sesiones de la Asamblea y el procedimiento de formación de Leyes, para lo cual incluso llegó a crear un control inexistente en la Constitución, cual es la necesidad de conciliar, con el Poder Ejecutivo, la viabilidad económica de los Proyectos de Ley.

Con lo cual, no solo la Sala Constitucional se sustituyó en la Asamblea al dictar sus normas internas de procedimiento, sino que además, pretendió subordinar la Asamblea al control político del Presidente. Con razón, el profesor Brewer-Carías concluye en el libro que comentamos que esta sentencia es inconstitucional pues la Sala impuso normas de funcionamiento interno a la Asamblea, cuando de conformidad con el numeral 19 del artículo 187 de la Constitución, solo la Asamblea puede regular su funcionamiento interno.

Esta ilegítima sustitución de la Sala Constitucional contradijo su propia doctrina, en la cual se había afirmado que *"la Asamblea Nacional tiene plena autonomía e independencia normativa y organizativa frente a los órganos de las demás ramas del Poder Público Nacional para establecer la forma de su estructura interna"* (sentencia N° 1718/2003 de 20 de agosto). Muy por el contrario, la Sala desnaturalizó esa autonomía al pretender imponer a la Asamblea normas de funcionamiento interno.

Cuando la Asamblea Nacional, invocando la usurpación de funciones de la Sala Constitucional, optó por sujetar su actividad al Reglamento Interior y de Debates de 2010 (y no, por ello, a las normas ilegítimamente dictadas en la citada sentencia N°

---

23 Sentencia N° 269/2016, de 21 de abril. La sentencia fue consecuencia de la admisión del recurso de nulidad que los entonces diputados de oposición interpusieron contra el Reglamento Interior y de Debates aprobado en 2010. Que la Sala Constitucional haya más de tardado cinco años en admitir ese recurso, y que solo lo haya admitido luego del cambio de composición política de la Asamblea, es índice revelador de una desviación de poder.

269/2016), la Sala Constitucional decidió no solo ratificar las medidas cautelares dictadas, sino que además, emplazó a la Asamblea Nacional a acreditar el cumplimiento de tales medidas, bajo el riesgo de declarar el incumplimiento de esa decisión, procediendo conforme a lo dispuesto en el artículo 122 de la Ley Orgánica del Tribunal Supremo de Justicia[24].

En cuanto a la *función legislativa,* la Sala Constitucional –en ejercicio del control previo de constitucionalidad- ha declarado contrarias al Texto de 1999 cinco de las seis Leyes sancionadas a la fecha por la Asamblea. Y respecto de la única Ley que, según la Sala, sí se ajusta a la Constitución, se anuló la disposición que ordenaba su entrada de vigencia inmediata. Por ello, en la práctica, la Sala Constitucional ha impedido la aplicación de todas las Leyes que, a la fecha, ha dictado la Asamblea Nacional[25].

Esto implica no solo un súbito cambio en las estadísticas de la Sala Constitucional, hasta entonces favorables a la Asamblea[26]. Además, con esas sentencias la Sala Constitucional olvidó sus precedentes sobre la deferencia al Poder Legislativo.

Estos excesos de la Sala Constitucional son particularmente evidentes en dos casos. El primero es la nulidad de la *Ley de reforma del Decreto con rango, valor y fuerza de la Ley del Banco Central de Venezuela de 2015*, que era en realidad la reproducción del Decreto-Ley dictado en 2014. Ignorando ello, la Sala declaró la

---

24   Sentencia N° 473/2016, de 14 de junio.

25   La relación de sentencias y Leyes es la siguiente: *(i)* sentencia N° 259/2016 de 31 de marzo, que declaró inconstitucional la *Ley de Reforma Parcial del Decreto N° 2.179 con Rango, Valor y Fuerza de Ley de Reforma Parcial de la Ley del Banco Central de Venezuela; (ii)* 264/2016 de 11 de abril, que declaró la inconstitucionalidad de la *Ley de Amnistía y Reconciliación Nacional; (iii)* 341/2016 de 5 de mayo, por medio de la cual se declaró la inconstitucionalidad de la *Ley de Reforma Parcial de la Ley Orgánica del Tribunal Supremo de Justicia; (iv)* 343/2016 de 6 de mayo, que declaró la inconstitucionalidad de la *Ley de Otorgamiento de Títulos de Propiedad a Beneficiarios de la Gran Misión Vivienda Venezuela y otros Programas Habitacionales del Sector Público* y *(v)* 60/2016, de 9 de junio, en la cual la *Ley especial para atender la crisis nacional de salud* fue declarada inconstitucional. La única Ley considerada conforme al Texto de 1999 es la *Ley de bono para alimentos y medicinas a pensionados y jubilados,* la cual, sin embargo, fue declarada "inaplicable" (sentencia N° 327/2016 de 28 de abril).

26   Véase esas estadísticas en Canova, Antonio y otros, *El TSJ al servicio de la revolución*, Editorial Galipán, Caracas, 2014, pp. 115 y ss.

nulidad de esa Ley al considerar que mediante ella se pretendía subordinar el Banco Central de Venezuela a la Asamblea, cuando lo que se hizo, en realidad, fue reproducir el contenido del Decreto-Ley de 2014.

El segundo caso es la nulidad de la *Ley de Amnistía*, pues la Sala Constitucional cuestionó la oportunidad de la amnistía, pese a que la amnistía es una competencia exclusiva de la Asamblea que no admite control judicial en cuanto a su oportunidad y mérito. Sobre este último caso, comenta el profesor Brewer-Carías en la obra que analizamos, lo siguiente:

"Es decir, con esta sentencia, el Juez Constitucional puso fin a la posibilidad del ejercicio de uno de los privilegios más exclusivos y tradicionales de cualquier órgano legislativo, que en Venezuela ejerció legítima y constitucionalmente la Asamblea Nacional, y que hizo, además, en ejecución de la oferta política que llevó a la oposición política al gobierno, a controlar a la Asamblea Nacional al obtener la contundente mayoría parlamentaria que resultó de la votación efectuada el 6 de diciembre de 2015"

Estas decisiones, además, han desvirtuado el concepto de "iniciativa legislativa" del artículo 204, a fin de considerar que la Asamblea Nacional no puede ejercer su función legislativa respecto de Leyes cuya iniciativa, conforme a esa norma, corresponde a otro órgano del Poder Público[27].

Incluso, también la Sala Constitucional, separándose de sus precedentes, ejerció el control previo sobre el proyecto de enmienda constitucional aprobado por la Asamblea para —entre otros propósitos- reducir el período presidencial. Según la Sala, la reducción del período presidencial no podía ser aplicada de manera inmediata al período en curso[28].

---

27   Esta fue una de las causas que llevó a la Sala Constitucional a cuestionar la *Ley de Reforma Parcial de la Ley Orgánica del Tribunal Supremo de Justicia*, en sentencia N° 341/2016 de 5 de mayo. Igualmente, frente al Proyecto de Ley Orgánica de Referendo aprobado por la Asamblea Nacional en primera discusión, el Consejo Nacional Electoral opinó que era necesaria la iniciativa de ese órgano para que la Asamblea pudiera legislar en la materia.

28   Sentencia N° 274/2016 de 21 días de abril. En la práctica, la Sala ejerció el control previo sobre el proyecto de enmienda constitucional aprobado por la Asamblea Nacional en primera discusión, pese a que, con anterioridad, había negado todo control previo sobre la enmienda, con ocasión a la enmienda aprobada en 2009 para la reelección de los cargos de elección popular (entre

Por último, la *función de control* ha sido también desnaturalizada, al considerar la Sala Constitucional –en el marco de un recurso de interpretación– que el control sobre el Decreto que declara el estado de excepción no tiene relevancia jurídica[29]. Asimismo, la Sala Constitucional –al decidir otro recurso de interpretación– redujo el alcance de las funciones de control e investigación del Poder Legislativo, considerando que tales funciones solo podían ejercerse frente a ciertos funcionarios del Poder Ejecutivo Nacional. Además, la Sala restó toda eficacia práctica a la competencia de la Asamblea

---

otras, sentencia N° 958/2009 de 14 de julio). El proyecto de enmienda puede consultarse   aquí: http://www.asambleanacional.gob.ve/uploads/botones/botfa1a7d73d8c9146e2c22c58f0e37661f6d19d40e.pdf   [Consulta 16.06.16].

29   El Decreto N° 2.184, *mediante el cual se declara el Estado de Emergencia Económica en todo el Territorio Nacional, de conformidad con la Constitución de la República Bolivariana de Venezuela y su ordenamiento jurídico, por un lapso de sesenta (60) días, en los términos que en él se indican* (*Gaceta Oficial* N° 6.214 extraordinario de 14 de enero de 2016) fue sometido al control posterior de la Sala Constitucional y de la Asamblea Nacional. La Sala, en sentencia N° 184/2016 de 20 de enero, avaló la constitucionalidad del Decreto. La Asamblea Nacional, sin embargo, el 22 de enero, improbó el Decreto. A pesar que de acuerdo con la Constitución y la Ley Orgánica sobre los Estados de Excepción, tal improbación implicaba la extinción inmediata del Decreto, la Sala Constitucional, al resolver el recurso de interpretación interpuesto, concluyó que el control de la Asamblea sobre el Decreto que declara el estado de excepción es político, no jurídico (sentencia N° 184/2016, de 11 días de febrero). Ha sido con base en ese criterio que se han ignorado los efectos jurídicos de las decisiones de la Asamblea Nacional de *(i)* improbar la prórroga del Decreto N° 2.184 (prorrogado mediante Decreto N° 2.270, publicado en la *Gaceta Oficial* N° 6219 extraordinario de 11 de marzo de 2016, cuya constitucionalidad fue avada por sentencia de la Sala Constitucional N° 184/2016, de 17 de marzo), y de *(ii)* improbar el Decreto N° 2.323, publicado en la Gaceta Oficial N° 6.227 de 13 de mayo de 2016, que declaro el estado de excepción y de emergencia económica. En este caso, el Decreto fue improbado mediante Acuerdo de la Asamblea de 17 de mayo de 2016 (http://www.asambleanacional.gob.ve/uploads/actos_legislativos/doc_b26c86ccf5e1c7ab16f698b3 ef75493f7a871839.pdf, Consulta 16.06.16), y su constitucionalidad fue avalada posteriormente por la Sala, en sentencia N° 411/2016 de 19 de mayo. Tal sentencia no solo ignoró los efectos jurídicos del control ejercido por la Asamblea dos días antes, sino que además cuestionó la improbación, al considerar que la Asamblea debió pronunciarse, como máximo, el domingo 15 de mayo, a pesar de que la Gaceta Oficial en la cual fue publicado el Decreto N° 2.323, fue divulgada el 16. En la obra que comentamos, el profesor Brewer-Carías realiza un minucioso análisis de todas estas decisiones.

para acordar la interpelación de tales funcionarios[30]. Esta decisión (N° 9/2016) es, sin duda, una de sentencias más graves dictadas por la Sala en este conflicto, pues cercenó previamente las facultades de investigación y control de la Asamblea Nacional. Como señala el profesor Brewer-Carías:

"En efecto, la Sala Constitucional del Tribunal Supremo, mediante sentencia N° 9 del 1° de marzo de 2016 dictada con ocasión de un "Recurso de interpretación" abstracta de los artículos 136, 222, 223 y 265 la Constitución intentado por un grupo de ciudadanos, en violación de las más elementales y universales principios que rigen la administración de justicia, procedió a cercenar y restringir las potestades de control político de la Asamblea Nacional, sobre el Gobierno y la Administración Pública, materialmente liberando a los Ministros de su obligación de comparecer ante la Asamblea cuando se les requiera para investigaciones, preguntas e interpelaciones; y adicionalmente como se verá más adelante, negándole a la Asamblea su potestad de auto control sobre sus propios actos parlamentarios"

Como extensión de este criterio, la Sala Constitucional, al admitir la acción autónoma de amparo constitucional interpuesta por el Poder Ejecutivo Nacional en contra de la Asamblea -acción que fue "convertida" por la Sala, sin embargo, en una demanda de conflicto constitucional- ordenó a la Asamblea Nacional "*abstenerse de pretender dirigir las relaciones exteriores de la República*", negando toda competencia de la Asamblea en materia de política internacional[31].

La violación sistemática de las funciones de control de la Asamblea Nacional ha llegado al punto de obviar su competencia para acordar voto de censura de Ministros y aprobar, con las tres quintas partes de los diputados, su destitución[32]. El Presidente de la República, en todo caso, ha intentado derogar la Constitución a fin de suspender el ejercicio de esas competencias de control de la Asamblea en el marco del estado de excepción. En concreto, ha pretendido suspender la competencia de la Asamblea de aprobar votos de censura; la competencia para autorizar previamente contra-

---

30 Sentencia N° 9/2016, de 1 de marzo.

31 Sentencia N° 478/2016, de 14 de junio.

32 El 28 de abril de 2016 la Asamblea Nacional, invocando el numeral 10 del artículo 187 de la Constitución, aprobó la moción de censura presentada en contra del Ministro Marcos Torres, y además, acordó su destitución.

tos de interés público y la competencia de la Asamblea para autorizar operaciones de crédito público[33].

De allí que es pertinente la conclusión final que sobre este aspecto formula el profesor Brewer-Carías, comentando el último de los Decretos dictados en este sentido por el Presidente de la República:

"A partir de este Decreto, ya nada le quedó por hacer a la Asamblea Nacional en Venezuela, salvo rebelarse constitucionalmente contra la usurpación de la voluntad popular que han ejecutado tanto el Poder Ejecutivo como el Poder Judicial a través de la Sala Constitucional del Tribunal Supremo"

Otro aspecto relacionado con las funciones de investigación y control de la Asamblea en los cuales la Sala Constitucional ha participado, tiene que ver con la ilegítima designación de magistrados efectuada por la anterior Asamblea, en diciembre de 2015. La Asamblea Nacional aprobó la creación de una Comisión para investigar tales designaciones y posteriormente, otra Comisión para adoptar las medidas conducentes a restablecer la autonomía del Poder Judicial. Empero, la Sala Constitucional ha considerado –anticipándose a cualquier decisión que pueda adoptarse– que la Asamblea no puede controlar o investigar tales designaciones y, mucho menos, podría declarar su nulidad, desconociendo con ello anteriores decisiones en las que había avalado tal competencia[34].

---

33 Mediante Decreto N° 2.309, publicado en la *Gaceta Oficial* N° 6.225 de 2 de mayo de 2016, se acordó restringir y limitar el ejercicio de la competencia de la Asamblea Nacional establecida en el numeral 10 del artículo 187 de la Constitución. Tal Decreto fue dictado en ejecución del citado Decreto N° 2.184. Posteriormente, el Decreto N° 2.323 pretendió habilitar al Presidente de la República para limitar otras funciones de control de la Asamblea.

34 En sentencias N° 09/2016 de 1 de marzo y 225/2016, de 29 de marzo, la Sala Constitucional ha concluido que "*la Asamblea Nacional no está legitimada para revisar, anular, revocar o de cualquier forma dejar sin efecto el proceso interinstitucional de designación de los magistrados y magistradas del Tribunal Supremo de Justicia, principales y suplentes, en el que también participan el Poder Ciudadano y el Poder Judicial (este último a través del comité de postulaciones judiciales que debe designar –art. 270 Constitucional), pues además de no estar previsto en la Constitución y atentar contra el equilibrio entre Poderes, ello sería tanto como remover a los magistrados y magistradas sin tener la mayoría calificada de las dos terceras partes de sus integrantes, sin audiencia concedida al interesado o interesada, y en casos de supuestas faltas –graves no calificadas por el Poder Ciudadano, al margen de la ley y de la Constitución (ver art. 265*

Es importante recordar que dentro de las Leyes declaradas inconstitucionales, encontramos la Ley de reforma de la Ley Orgánica del Tribunal Supremo de Justicia, la cual pretendió aumentar el número de magistrados de la Sala. De allí que al impedir esta reforma y la revisión de las designaciones realizadas en diciembre de 2015, la Sala Constitucional pretende bloquear las vías constitucionales para restablecer el sistemático desconocimiento de la Asamblea a través de la justicia constitucional.

VI. EL DESCONOCIMIENTO DE LA ASAMBLEA NACIONAL Y LA ALTERACIÓN DEL ORDEN DEMOCRÁTICO Y CONSTITUCIONAL

El número de decisiones dictadas en contra de la Asamblea Nacional, desde el 30 de diciembre de 2015 a la presente fecha, como puede verse, es sin duda elevado. Gracias al profesor Allan R. Brewer-Carías, esas decisiones no se han perdido en el laberinto de las muchas sentencias dictadas por la Sala Constitucional, pues su estudio sistemático ha quedado minuciosamente registrado.

Es importante insistir que estas sentencias no se cuestionan en un intento por crear una suerte de inmunidad a favor de la Asamblea Nacional. No se discute, así, que las Leyes –como todo acto del Poder Público– deben quedar sometidas al control judicial. Como tampoco debe perderse de vista que tal control, de no estar sometido a límites muy precisos, podrá degenerar en la indebida sustitución del Juez constitucional en decisiones propias de la deliberación política del Poder Legislativo.

En realidad, tras las críticas del profesor Brewer-Carías en esta obra *La dictadura judicial y la perversión del Estado de Derecho,* subyace otro tipo de consideración: la Sala Constitucional se ha excedido en el ejercicio del control judicial que le corresponde efectuar con base en el artículo 336 de la Constitución, con el propósito de reducir sistemáticamente las funciones deliberativas, legislativas y de control de la Asamblea Nacional.

Tal exceso de poder es, en cierta forma, la culminación de un largo proceso iniciado en el año 2000, y en el cual la Sala Constitucional amplió considerablemente el catálogo de sus competencias y

---

Constitucional)". Sin embargo, en sentencia N° 2230/2002, la Sala Constitucional había afirmado que "*la Asamblea Nacional puede investigar, lo concerniente a la elección, y si fuere el caso, en caso de faltas graves calificadas por el Poder Ciudadano, la remoción de Magistrados*".

se auto-atribuyó la condición de máximo y último intérprete de la Constitución. Partiendo de ese carácter, la Sala Constitucional ha optado no solo por controlar los Leyes de la Asamblea Nacional -para impedir su aplicación- sino que además, en el marco de "interpretaciones abstractas", ha establecido diversas limitaciones previas a la actuación de la Asamblea, al punto que las funciones de ese órgano han quedado desnaturalizadas, en lo que puede catalogarse como un golpe de Estado permanente.

Ahora bien, todas esas sentencias comentadas por el profesor Brewer-Carías en esta obra, giran en torno a un conjunto de principios que han sido afirmados por la Sala Constitucional, y que suponen una grave alteración al orden democrático y constitucional. En resumen, podemos ubicar cuatro granes principios:

El *primer* principio defendido por la Sala Constitucional consiste en la exacerbación del régimen presidencialista, al hacer pivotar todo el sistema político en torno a las competencias del Presidente de la República, muy especialmente, en el contexto del estado de excepción. Ello desconoce que el centro del sistema democrático venezolano, con fundamento en el artículo 5 de la Constitución, debe ser la Asamblea Nacional, en su condición de órgano de representación nacional.

En *segundo* lugar, la Sala Constitucional ha invertido la relación constitucional del Gobierno y de la Asamblea Nacional. A tenor del artículo 141 constitucional, el Gobierno debe subordinarse a las Leyes dictadas por la Asamblea Nacional, como natural manifestación del principio de representación. Para la Sala, por el contrario, es la Asamblea la que se subordina al Poder Ejecutivo Nacional, en materias tales y como régimen de comparecencia e interpelación; proceso de formación de Leyes y adopción de decisiones en el orden socioeconómico.

En *tercer* lugar, la Sala Constitucional ha trastocado la fundamentación democrática del Estado venezolano y con ello, el propio concepto de soberanía. Así, la Sala niega toda legitimidad democrática a la Asamblea Nacional, pretendiendo fortalecer con ello los privilegios y prerrogativas del Poder Ejecutivo Nacional. Esto desconoce, se insiste, que el único órgano que ejerce la representación nacional del pueblo venezolano es la Asamblea Nacional.

Por último, y en *cuarto* lugar, de manera expresa la Sala Constitucional ha negado que la Asamblea Nacional electa el 6 de diciembre de 2015 sea un órgano de representación nacional, pues según la Sala, se trataría de un órgano dominado por una "mayoría" que pretende imponer un orden contrario a la Constitución. Así, al declarar la nulidad de la *Ley de Amnistía y Reconciliación Nacional*, la Sala Constitucional, en sentencia N° 264/2016 de 11 de abril, señaló lo siguiente:

"Ello es así, porque la idea de la partición política no tiene carácter fundamental en lo que se refiere a la constitucionalidad de la amnistía, en el sentido que se superponga y domine los principios, derechos y garantías consagrados en la Constitución, ya que someter la validez de las amnistías exclusivamente al grado de legitimidad de las mismas, es abrir un espacio a la arbitrariedad y al desconocimiento de los elementos estructurales del Estado y de la concepción de la Constitución como garantía de los derechos fundamentales, abriendo un espacio para el desarrollo de posiciones de poder e influencia política tanto de las minorías activas como centros de poder para legitimar sus actividades al margen del ordenamiento jurídico, como de las mayorías que circunstancialmente puedan adherirse a tales posiciones en desconocimiento del Estado democrático y social de Derecho y de Justicia"

La misma Sala Constitucional que en el pasado había exacerbado el rol de la mayoría parlamentaria, ahora reduce el resultado del 6 de diciembre a una "mayoría circunstancial", negándole toda legitimidad al considerar que tal mayoría pretende violentar el orden constitucional que la propia Sala ha definido en sentencias que, de *facto*, han modificado a la propia Constitución[35].

Este desconocimiento a la Asamblea Nacional es reiterado por el Presidente de la República en su Decreto N° 2.323, que justificó el estado de excepción y emergencia económica en las supuestas agresiones de la *"oposición política venezolana"* realizadas a través de la Asamblea Nacional. Como explica el profesor Brewer-Carías:

"En todo caso, lo grave de todo el contenido del decreto de estado de excepción y emergencia económica, es que a juicio del Presidente de la República, pura y simplemente en Venezuela no puede haber oposición a las políticas del Gobierno, acusándose a la oposición de todos los males del país, incluso de estar combinada con supuestos "grupos criminales armados y paramilitarismo extranjero." Esta fase de criminalización de la oposición, por ser oposición, es lo

---

35 Véase, sobre la exaltación a las mayorías por parte de la Sala Constitucional, a Nohlen, Dieter y Nohlen, Nicolas, "El sistema electoral alemán y el Tribunal Constitucional Federal (La igualdad electoral en debate-con una mirada a Venezuela)", en *Revista de Derecho Público* N° 109, Caracas, 2007, pp. 7 y ss.

que se refleja en la denuncia que el Presidente hizo en los "Considerandos" del decreto, al expresar que fue a partir de 5 de enero de 2016, cuando se instaló la nueva Asamblea Nacional electa en diciembre de 2015, que la misma pasó a estar controlada por: "representantes políticos de la oposición a la Revolución Bolivariana, quienes desde su oferta electoral y hasta sus más recientes actuaciones con apariencia de formalidad, han pretendido el desconocimiento de todos los Poderes Públicos y promocionando particularmente la interrupción del período presidencial establecido en la Constitución por cualquier mecanismo a su alcance, fuera del orden constitucional, llegando incluso a las amenazas e injurias contra las máximas autoridades de todos los Poderes Públicos."

Esas expresiones, se insiste, no solo afectan a los diputados de la Asamblea Nacional individualmente considerados. En realidad, tales expresiones desconocen el resultado electoral de 6 de diciembre de 2015 y la representación nacional del pueblo venezolano que ejerce por mandato la Asamblea. Lo paradójico, además, es que el Poder Ejecutivo que niega la legitimidad de la Asamblea Nacional tiene una muy cuestionada legitimidad de origen, en contraposición a la clara y contundente legitimidad de origen de la Asamblea[36].

Es por ello que la Asamblea Nacional, en Acuerdo de 10 de mayo de 2016, declaró la *"ruptura del orden constitucional y democrático en Venezuela, materializado en la violación a las disposiciones constitucionales por parte del Poder Ejecutivo Nacional, del Tribunal Supremo de Justicia y del Consejo Nacional Electoral"*[37]. Y es por ello, también, que el Secretario General de la Organización de Estados Americanos, en comunicación de 30 de mayo de 2016, solicitó al Consejo Permanente convocar una sesión especial para debatir las violaciones a la Carta Democrática Interamericana, causadas no solo por las decisiones que hemos comentado, sino además, por la grave crisis económica y social por la que atraviesa el país.

---

36   No nos referimos solo a las obscuras condiciones bajo las cuales fue electo el Presidente de la República, sino a la legitimidad de esa elección. La elección presidencial de 2013 se resolvió por una diferencia inferior a 1,5 puntos, mientras que la elección parlamentaria del 2015 se resolvió por una diferencia cercana a 32 puntos.

37   El texto del Acuerdo, y sus comentarios, puede consultarse al final del libro del profesor Brewer-Carías. El Acuerdo, asimismo, puede ser visto en la página de la Asamblea: http://www.asambleanacional.gob.ve/uploads/actos_legislativos/doc_4a8238c36cbfecbadcff3b7c3c435c192459d5f3.pdf [consulta 16.06.16].

Frente a estas decisiones ha reaccionado la Sala Constitucional, en la sentencia comentada N° 478/2016, de 14 de junio, en la cual *(i)* negó a la Asamblea Nacional toda competencia en materia de política internacional, con el probable propósito de impedir la participación de la Asamblea Nacional en los debates que se llevarán a cabo en el seno de la Organización de Estados Americanos, y *(ii)* suspendió los efectos del citado Acuerdo de 10 de mayo, así como del Acuerdo del 31 de mayo, que exaltaba la participación de organismos internacionales en la crisis venezolana[38].

Por ello, como concluye el profesor Brewer-Carías, estamos ante el desconocimiento, *de facto,* de la Asamblea Nacional, la cual ha sido prácticamente disuelta por un conjunto de sentencias de la Sala Constitucional que, en claro exceso y abuso de poder, han desnaturalizado el rol que le corresponde cumplir a la Asamblea según el Texto de 1999. Según concluye el profesor Brewer-Carías en la obra comentada:

> "Como sucede en esos supuestos, a pesar de que se trate de una sentencia dictada una Sala del Tribunal Supremo, mediante ella no se puede cambiar ilegítimamente el texto de la Constitución, ni se pueden derogar sus normas, de manera que si ello ocurre, como ha sucedido con muchas de estas sentencias, como lo indica la misma norma constitucional, "todo ciudadano investido o no de autoridad, tendrá el deber de colaborar en el restablecimiento de su efectiva vigencia;" deber que tienen, ante todo y en primer lugar, los diputados electos por el pueblo que representan la soberanía popular que integran la Asamblea Nacional, y que en nombre del pueblo que los eligió deben rechazar las mutaciones y cambios ilegítimos a la Constitución, y hacer lo que está en sus manos conforme a sus propias atribuciones para restablecer su efectiva vigencia".

Frente a la conclusión del profesor Brewer-Carías, la Sala Constitucional –como se acredita en su comentada sentencia N° 473/2016– pretende imponer coactivamente la obediencia a sus decisiones. Sin embargo, la esencia del sistema republicano venezolano, presente en la Constitución de 1999, cuestiona toda obediencia ciega a los actos del Poder Público, pues esa obediencia ciega abri-

---

38   El texto de ese Acuerdo puede ser consultado en: http://www.asambleana-
      cional.gob.ve/uploads/actos_legislativos/doc_7110e441941d844160a8a-
      60fe2bb02fcbcddf9bb.pdf [Consulta 16.06.16]. La Sala, con esta decisión,
      demuestra un claro exceso de poder, pues los Acuerdos de la Asamblea cu-
      yos efectos fueron suspendidos, no generan en realidad consecuencias jurí-
      dicas, al ser demostraciones políticas de quien ejerce la representación del
      pueblo venezolano.

ría las puertas al despotismo. Como resumió Juan Germán Roscio en el Capítulo XXX de su obra *El triunfo de la libertad sobre el despotismo,* de 1817.

> "una obediencia ciega, una obediencia obscura, bien presto abriría el camino a la tiranía y destruiría la libertad".

Este libro del profesor Allan R. Brewer-Carías que comentamos, analiza con detalle y rigor las decisiones que han materializado el desconocimiento de la Constitución y de la soberanía popular, y señala los pasos para salir, en palabras de Roscio, del camino de la tiranía.

Caracas, Junio 16, 2016

SOBRE LA DESTRUCCIÓN DEL "ESTADO DE DERECHO" (RULE OF LAW) Y LA DEMOCRACIA

Jesús María Alvarado Andrade
Profesor de la Universidad Francisco Marroquín
y de la Universidad Central de Venezuela

En las últimas dos décadas, destacados juristas en Venezuela han publicado densos estudios en relación al deplorable funcionamiento del Tribunal Supremo de Justicia, con un arsenal de críticas dogmáticas, teóricas y argumentativas[1], revelando el escaso compromiso de los jueces con el «Estado de Derecho» (*rule of law*) y la democracia. Dentro de este esfuerzo, el profesor Allan R. BREWER-CARÍAS ha descollado, en tanto se ha propuesto un programa de investigación dirigido a evidenciar cómo la Sala Constitucional del Tribunal Supremo de Justicia de Venezuela –en lo sucesivo SC/TSJ– desde sus inicios, ha contribuido a la mutación ilegítima del texto de 1999[2], en procura de hacerlo compatible con el desi-

---

1   ABACHE CARVAJAL, Serviliano, *Sobre falacias, justicia constitucional y Derecho Tributario: del gobierno de las leyes al gobierno de los hombres: más allá de «la pesadilla y el noble sueño»*, Librería Álvaro Nora, Caracas, 2015.

2   Constitución de la República Bolivariana de Venezuela, *Gaceta Oficial* N° 36.860 de fecha 30 de diciembre de 1999, reimpresa –con una exposición de motivos inconstitucional- en *Gaceta Oficial* N° 5.453 de fecha 24 de marzo de 2000, enmendada en los artículos 160, 162, 174, 192 y 230, *Gaceta Oficial* N° 5.908 Extraordinario de fecha 19 de febrero de 2009. Véase BREWER-CARÍAS, Allan R., «Comentarios sobre la ilegítima «Exposición de Motivos» de la Constitución de 1999 relativa al sistema de justicia constitucional» en *Revista de Derecho Constitucional*, N° 2, Editorial Sherwood, Caracas, 2000, pp. 47-59; y, «El juez constitucional al servicio del autoritarismo y la ilegítima mutación de la Constitución: el caso de la

derátum inconstitucional de un «Estado socialista» promovido desde el poder político.

La afirmación anterior puede resultar escandalosa para cualquier estudioso del Derecho comparado y de la «judicial review» occidental, dado el gran acuerdo en relación a la importancia que tiene y debería tener el control judicial de la constitucionalidad para la pervivencia del «Estado de Derecho» (*rule of law*) y la democracia luego de las guerras europeas y las experiencias dictatoriales en la región latinoamericana. Sin embargo, ha sido precisamente ese acuerdo general occidental el que se ha roto en Venezuela, al punto que puede aseverarse que la ruptura con el Derecho constitucional liberal y democrático ha sido el rasgo característico del proceso político-venezolano (1999 al 2016).

Durante este proceso socio-político cuyas repercusiones han sido parcialmente conocidas en el mundo, la SC/TSJ instituida en el documento de 1999 (arts. 7, 335 y 336) ha venido asumiendo competencias que no tiene y un papel preponderante en la demolición institucional, al punto de arrogarse hercúleos poderes con el fin de favorecer los objetivos políticos del proyecto socialista con vocación totalitaria en curso. En efecto, con la maestría que le caracteriza, el profesor BREWER-CARÍAS, experto conocedor e investigador del Derecho constitucional mundial, analiza en detalle el rol que ha cumplido la SC/TSJ como cortesana de la «dictadura socialista», luego de que abjurara con facilidad su deber de independencia e imparcialidad[3].

Diseccionando las diversas sentencias proferidas en los primeros seis meses del 2016, la reciente obra de BREWER-CARÍAS acota su ámbito de estudio al período que va del 6 de diciembre de 2015 a la actualidad, fecha inicial en el que se produjo una de las votaciones más importantes en Venezuela en favor de la democracia y del «Estado de Derecho» (*rule of law*), con un casi 75% de participación ciudadana, resultado de las ansias por vivir en libertad del pueblo de Venezuela. En dicho análisis, al modo de cirujano, el autor disecciona las sentencias revelando todas las aviesas estrategias del Go-

---

Sala Constitucional del Tribunal Supremo de Justicia de Venezuela (1999-2009)», en *Revista de Administración Pública*, N° 180, Centro de Estudios Políticos y Constitucionales, Madrid, 2009, pp. 383-318.

3   VV.AA, *Independencia Judicial*, Colección Estado de Derecho, Tomo I, Academia de Ciencias Políticas y Sociales, Acceso a la Justicia org., Fundación de Estudios de Derecho Administrativo (Funeda), Universidad Metropolitana (Unimet), Caracas 2012.

bierno y del poder judicial como su secuaz, para maniatar a la Asamblea Nacional integrada por sectores democráticos, con el objetivo de mantener la hegemonía política, social, cultural y económica de las fuerzas «revolucionarias».

El libro no es una «crónica» periodística o un recordatorio de lo que ya aconteció en estos meses sin trascendencia para el futuro. Se trata al contrario, de un estudio jurídico al modo de crítica jurisprudencial extensa, que toma debida cuenta del «frío laboratorio de los acontecimientos pretéritos»[4] como destacaría el insigne TOCQUEVILLE. De hecho, puede decirse que ésta obra forma parte de una zaga de obras precedentes[5] que explican exhaustivamente el rol que ha jugado el poder judicial en el afianzamiento de la «tiranía tropical»,

---

4   CARRIÓN MORILLO, David, *Tocqueville: la libertad política en el Estado social*, Delta Ediciones, Madrid, 2010, p. 25.

5   A título enunciativo: BREWER-CARÍAS, Allan R., *Crónica sobre la «in» Justicia Constitucional. La Sala Constitucional y el autoritarismo en Venezuela*, Colección Instituto de Derecho Público. Universidad Central de Venezuela, N° 2, Editorial Jurídica Venezolana, Caracas 2007; *Dismantling Democracy. The Chávez Authoritarian Experiment*, Cambridge University Press, New York, 2010; *Práctica y distorsión de la justicia constitucional en Venezuela (2008-2012)*, Colección Justicia N° 3, Acceso a la Justicia, Academia de Ciencias Políticas y Sociales, Universidad Metropolitana, Editorial Jurídica Venezolana, Caracas, 2012; *Authoritarian Government v. The Rule of Law. Lectures and Essays (1999-2014) on the Venezuelan Authoritarian Regime Established in Contempt of the Constitution*, Fundación de Derecho Público, Editorial Jurídica Venezolana, Caracas, 2014; *El Golpe a la democracia dado por la Sala Constitucional (De cómo la Sala Constitucional del Tribunal Supremo de Justicia de Venezuela impuso un gobierno sin legitimidad democrática, revocó mandatos populares de diputados y alcaldes, impidió el derecho a ser electo, restringió el derecho a manifestar, y eliminó el derecho a la participación política, todo en contra de la Constitución)*, Colección Estudios Políticos N° 8, Editorial Jurídica venezolana, Caracas, 2014; *Estado totalitario y desprecio a la ley. La desconstitucionalización, desjuridificación, desjudicialización y desdemocratización de Venezuela*, Fundación de Derecho Público, Editorial Jurídica Venezolana, Caracas, 2014; *La patología de la Justicia Constitucional*, 3° edición, Editorial Jurídica Venezolana, Caracas, 2015; *La ruina de la democracia. Algunas consecuencias. Venezuela 2015*, Colección Estudios Políticos, N° 12, Editorial Jurídica Venezolana, Caracas, 2015; *La mentira como política de Estado. Crónica de una crisis política permanente*. Venezuela 1999-2015, Editorial Jurídica Venezolana, Caracas, 2015; *Concentración y Centralización del Poder y Régimen Autoritario*, Colección Tratado de Derecho Constitucional, Tomo IX, Fundación de Derecho Público-Editorial Jurídica Venezolana, Caracas, 2015 y *Golpe de Estado Constituyente, Estado Constitucional y Democracia*, Colección Tratado de Derecho Constitucional, Tomo VIII, Fundación de Derecho Público-Editorial Jurídica Venezolana, Caracas, 2015.

luego del «golpe de Estado» que se produjo con el fraude llamado «proceso constituyente» de 1999[6] en el que se derogó por medios inconstitucionales la Constitución válida y vigente para esa fecha (1961) con la cual murió toda «Constitución»[7].

Mediante un estudio exhaustivo de cada una de las sentencias proferidas por la SC/TSJ, el autor critica las diversas y discutibles interpretaciones efectuadas, haciendo notar las falencias, falacias, manipulaciones, mentiras e intereses en juego, así como los efectos que las mismas tienen en el proceso de demolición institucional cada vez mas agravado en el país. No es un trabajo sobre las causas que explican la «tragedia» que padece Venezuela, sino los efectos que padece la sociedad entera producto de los sucesivos «golpes de Estado» producidos por el régimen para reescribir el Derecho que históricamente se había dado la sociedad venezolana, tierra en la cual se aprobó la primera Constitución (1811) en lengua castellana, y que hoy en día atraviesa una crisis singular que parece no despertar el más mínimo interés por parte de los estudiosos y amantes de la libertad[8].

La obra de BREWER-CARÍAS no es coyuntural como puede sugerir una lectura apresurada. Es un tomo de la «historia constitucional» de Venezuela en caliente, pero a la vez, un vaticinio que deberían tomarse en serio aquellas sociedades en América española que creen estar exoneradas o alejadas de este experimento socio-

---

6 NIKKEN, Claudia, «Sobre la invalidez de una constitución» *El derecho público a comienzos del siglo XXI: estudios en homenaje al profesor Allan R. Brewer Carías*, (Coord. ARISMENDI A., Alfredo & CABALLERO ORTIZ, Jesús) Vol. 1, Editorial Civitas, Madrid, 2003, pp. 205-218; HERNÁNDEZ CAMARGO, Lolymar, «El poder constituyente como principio legitimador de la constitución» en *El derecho público a comienzos del siglo XXI: estudios en homenaje al profesor Allan R. Brewer Carías*, (Coord. ARISMENDI A., Alfredo & CABALLERO ORTIZ, Jesús) Vol. 1, Editorial Civitas, Madrid, 2003, pp. 113-132; y, HERNÁNDEZ CAMARGO, Lolymar, *El Proceso Constituyente Venezolano de 1999*, Academia de Ciencias Políticas y Sociales, Caracas, 2008.

7 PACE, Alessandro, «Muerte de una Constitución (Comentario a la Sentencia de la Corte Suprema de Venezuela, N° 17, del 19 de enero de 1999)» en *Revista Española de Derecho Constitucional*, N° 57, Centro de Estudios Políticos y Constitucionales, Madrid, 1999, pp. 271-283

8 La salvedad reciente está en el histórico documento de ALMAGRO, Luis, «Comunicación del Secretario General de la OEA de 30 de mayo de 2016 con el Informe sobre la situación en Venezuela en relación con el cumplimiento de la Carta Democrática Interamericana», Organización de Estados Americanos (OEA), Washington, D.C, 2016.

político. De hecho, en donde exista fragilidad institucional endémica e ingenua fe en una tabla de salvación como la «judicial review» sin reparar en el estado del sistema político-constitucional en conjunto, existe la posibilidad de que la «judicial review» se convierta en el instrumento más artero y eficaz para instaurar un nuevo régimen[9] violando la Constitución, o en la perpetuación de cualquier proyecto autoritario.

La inexistencia de un tejido institucional además de ausencia de fuertes convicciones morales en la sociedad en favor de la libertad, favorece indudablemente un esquema de debilitamiento de las instituciones político-constitucionales liberales, las cuales declinarán paulatinamente en favor de cantos de sirenas autoritarios. En esta obra de BREWER-CARÍAS, se completa su estudio de las Constituciones de Venezuela con un intenso examen jurisprudencial de la SC/TSJ en su fase de instrumento de destrucción de todos los valores occidentales en favor de la adopción inconstitucional de regímenes socialistas pasados. El análisis se centra en el derecho en acción, es decir, en el derecho que va surgiendo de las interpretaciones de los aplicadores del Derecho, en este caso, el surgido en las sentencias que ha venido dictando el foro político en qué se ha convertido el recinto de la Esquina de «Dos Pilitas» en Caracas.

Es cierto que el autor es un insigne defensor de la «judicial review»[10], pero cabe destacar que no ha sido nunca un jurista ingenuo encerrado en una burbuja específica del Derecho público. El «dominio sin parangón del Derecho constitucional latinoamericano»[11] que posee, sin menoscabo del dominio disciplinas no jurídicas, le vacunaron desde temprana edad con cualquier ingenuidad en el tratamiento del Derecho público[12]. Es precisamente por ello, que, en el

---

9 BREWER-CARÍAS, Allan R., *Historia Constitucional de Venezuela*, Colección Tratado de Derecho Constitucional, Tomo I, Fundación Editorial Jurídica Venezolana Internacional, Caracas, 2014.

10 ALVARADO ANDRADE, Jesús María, «Prólogo» al libro *Derecho Procesal Constitucional. Instrumentos para la Justicia Constitucional*, 3° Ed. ampliada, Colección Centro de Estudios de Derecho Procesal Constitucional, Universidad Monteávila, N° 2, Caracas, 2014, pp. 13-58.

11 FERNÁNDEZ SEGADO, Francisco, «Allan R. Brewer-Carías: Derecho Procesal Constitucional. Instrumentos para la justicia constitucional» en *Anuario Iberoamericano de Justicia Constitucional*, N° 19, Centro de Estudios Políticos y Constitucionales, Madrid, 2015, p. 638.

12 ALVARADO ANDRADE, Jesús María, «Sobre el Derecho Público iberoamericano a propósito del «Tratado de Derecho Administrativo» de

estudio teórico y práctico del Derecho, vio desde el primer momento en Venezuela las consecuencias desastrosas que tendría el funesto «proceso constituyente» y el rol que tendría esa «judicial review» que se inauguraba prometedora en lo formal con la carta de 1999, que en criterio de quien escribe no puede catalogarse de Constitución[13].

Con meridiana claridad, el autor avizoraba que la «judicial review» en Venezuela, rápidamente estaba distanciándose del cometido que ésta tiene en cualquier sociedad civilizada, es decir, el de hacer valer la Constitución entendida como norma jurídica obligatoria para gobernantes como gobernados, en procura de una simple labor de legitimación de los actos del poder político.

La cuestión antes advertida no era baladí, por cuanto el autor sabía que el Derecho constitucional y público en general en Venezuela ha navegado por senderos de un estéril formalismo y un desdén pavoroso por los asuntos políticos, pese haber contado con la presencia por muchas décadas del insigne constitucionalista Manuel GARCÍA PELAYO. La conclusión de esto ha ocasionado, que el gremio jurídico nacional, observe el fenómeno «constitucional» en curso con simple asombro, estupor y poca comprensión.

Frente a ello, la obra de BREWER-CARÍAS ha sido una vacuna, dado que en su preocupación teórica como práctica, ha dado importancia a las sentencias emanadas de la SC/TSJ, advirtiendo como se ha reescrito el ordenamiento jurídico positivo en éstas décadas de edificación del Estado socialista (1999-2016). La cuestión es de vieja data en el país, y sus influencias provienen como no podría ser de otro modo, de ideas jurídicas a las cuales no se les prestó mucha atención, como fue la teoría de procurar una «producción jurídica originaria» que retara «la construcción dogmática del derecho público y la filosofía política tradicionales»[14].

Allan R. Brewer-Carías», en *Revista de Administración Pública*, N° 193, Centro de Estudios Políticos y Constitucionales, Madrid, 2014, pp. 423-464.

13   ALVARADO ANDRADE, Jesús María, «Aproximación a la tensión Constitución y libertad en Venezuela» en *Revista de Derecho Público*, N° 123, Editorial Jurídica Venezolana, Caracas, 2010, pp. 17-43

14   DELGADO OCANDO, José Manuel, *Discurso de Orden Apertura de las Actividades Judiciales del Año 2001*, Tribunal Supremo de Justicia, Caracas, 2001. De igual forma, y con mucho provecho para entender su proceder en la Sala Constitucional, es imperioso leer su trabajo «Revolución y Derecho» en *Estudios sobre la Constitución. Libro Homenaje a Rafael Caldera*, Tomo

A tal efecto, el libro reciente de BREWER-CARÍAS resulta revelador, por cuanto muestra cómo la SC/TSJ ha «interpretado» el Derecho con el objetivo más que obvio de que el proyecto político socialista en curso, ajeno a lo previsto en la carta de 1999 no sea obstaculizado. De hecho, la labor de la SC/TSJ en este contexto ha sido el de pasar el Derecho existente –pasado y presente- por el tamiz ideológico de los requerimientos de una «revolución legal». De ahí el énfasis en la llamada «revolución pacífica» que no es otra cosa que hacer la «revolución» por métodos «estatalmente legales»[15], aun cuando de manera burda como muestra el autor.

La promesa de una SC/TSJ, así como el desarrollo de principios, garantías e institutos procesales dirigidos a favorecer la supremacía constitucional, era un anhelo de muchos juristas en Venezuela, pero también una deuda histórica que se tenía, dado que había antecedentes históricos de esa preocupación[16]. Si bien Venezuela contaba históricamente con la previsión de la consecuencia inmediata de la vulneración de la Constitución, a saber, la nulidad de toda ley que contradijera la *lex superior* en la Constitución de 1811 (art. 227), la «acción popular» (1858) y el control difuso de la constitucionalidad (1893), tales mecanismos se ampliaron en 1999 en lo formal, aun cuando en la realidad, tal sistema fuera regentado por personas bastante peculiares para ejercer tan prístina función, a veces incluso, usurpando la soberanía popular[17], en procura de hacer posible los designios políticos de quien detente la silla presidencial.

La integración del TSJ por personas de dudosa moralidad, provenientes del partido de gobierno, ha tenido como misión el afianzar el control de la justicia, lo cual ha permitido que la labor jurisdiccional devenga siempre en provecho del régimen, al amparo de la inexistencia de responsabilidad de los jueces, los cuales incluso han inventado una pretendida labor legislativa usurpando la volun-

---

IV, Facultad de Ciencias Jurídicas y Políticas, Universidad Central de Venezuela, Caracas, 1979, 2595-2600.

15 SCHMITT, Carl, «La revolución legal mundial» en *Revista de Estudios Políticos*, N° 10, Centro de Estudios Políticos y Constitucionales, Madrid, 1979, pp. 5-24.

16 FERNÁNDEZ SEGADO, Francisco, «El Control de Constitucionalidad en Latinoamérica: del control político a la aparición de los primeros Tribunales Constitucionales» en Derecho PUCP: Revista de la Facultad de Derecho, N° 52, Pontificia Universidad Católica del Perú, Lima, 1999, pp. 409-465

17 DE VEGA, Pedro, *La Reforma Constitucional y la Problemática del Poder Constituyente*, Madrid, Tecnos, 1988, p. 114.

tad popular cuando el Derecho existente no sea favorable a los intereses políticos en juego. Como refiere BREWER-CARÍAS, con tal proceder se hace nugatorio pensar en la posibilidad remota de independencia e imparcialidad judicial, y mucho que menos de «judicial review» como un mecanismo de garantía a la supremacía constitucional.

La obra de BREWER-CARÍAS desmantela un mito que aún pervive, como es el hecho de que en Venezuela existen tribunales independientes inmunes a influencias extrañas al Derecho provenientes desde fuera del proceso jurisdiccional, en este caso frente al Estado y al partido de gobierno. De la misma manera, refuta por entero, la perniciosa y falsa idea según la cual existen tribunales imparciales, puesto que a todas luces como se puede evidenciar en su obra, los jueces favorecen estadísticamente siempre a una de las partes en los conflictos sometidos a su conocimiento, todo lo contrario, a lo que puede esperarse de un auténtico Tribunal[18].

Por ello, es que las mutaciones ilegítimas y fraudulentas de la carta de 1999, el incumplimiento de las sentencias de la Corte Interamericana de Derechos Humanos,[19] el desconocimiento de los derechos humanos[20], y de los principios más elementales del Derecho

---

18   Para corroborar tal aserto, por todos: ARIAS CASTILLO, Tomás. A., «Los actos de apertura de año judicial en Venezuela (1999-2012): De la relativa solemnidad a la política descarnada» en *Crisis de la función judicial*, Colección Estado de Derecho. Serie Primera, Tomo IX, Academia de Ciencias Políticas y Sociales; Acceso a la Justicia; Fundación Estudios de Derecho Administrativo; Universidad Metropolitana, Caracas, 2012, p. 99-167.

19   AYALA CORAO, Carlos, *La «inejecución» de las sentencias internacionales en la jurisprudencia constitucional de Venezuela (1999-2009)*, Fundación Manuel García-Pelayo, Caracas, 2009.

20   Véase Sala Constitucional/Tribunal Supremo de Justicia n° 1309, *Caso: Hermann Escarrá*, N° Expediente: 01-1362, Magistrado Ponente: José Manuel DELGADO OCANDO, en el que se sostenía que «los estándares para dirimir el conflicto entre los principios y las normas deben ser compatibles con el proyecto político de la Constitución (Estado Democrático y Social de Derecho y de Justicia) y no deben afectar la vigencia de dicho proyecto con elecciones interpretativas ideológicas que privilegien los derechos individuales a ultranza o que acojan la primacía del orden jurídico internacional sobre el derecho nacional en detrimento de la soberanía del Estado [...] no puede ponerse un sistema de principios supuestamente absoluto y suprahistórico por encima de la Constitución [...] son inaceptables las teorías que pretenden limitar so pretexto de valideces universales, la soberanía y la autodeterminación nacional»

constitucional occidental perpetuados por la SC/TSJ, son síntomas de lo que el autor ha llamado con razón «patología de la justicia constitucional».

Esta extraña enfermedad jurídica tiene su causa entre otros factores en la ausencia de independencia e imparcialidad judicial y en la equívoca idea según la cual, no importa que haya convicciones morales subyacentes en la sociedad en favor del Estado de Derecho, sino que con «judicial review» la Constitución estará salvada.

Superar constituciones «semánticas» o «nominales»[21] con un control judicial de la constitucionalidad reforzado, indudablemente no deja de ser una paradoja, pues pareciera construirse la casa por el tejado. La institución de un Tribunal, Corte o Sala Constitucional, como suprema instancia normativista en un sistema constitucional basado en una jerarquía de normas y «valores» con cartas de derechos amplísimos, corre el riesgo siempre en devenir en una instancia que se erija en «supremo legislador»[22], lo que en Venezuela ha sido bautizado como «jurisdicción normativa»[23].

Con un poder así, no solo es posible violar la Constitución impunemente, sino que también es posible encontrar sentencias calificadas con razón por el autor como «barbaridades jurídicas», «aberraciones jurídicas», «manipulaciones jurídicas», cuando no de cinismo abierto etc.

Solo una concepción bastante provinciana y no cosmopolita del mundo puede no interesarse por éste tema que plantea BREWER-CARÍAS. En el ámbito de América española, este fenómeno debería ser de gran interés, toda vez que cualquier país puede estar sometido a algo similar. De hecho, todo indica que, desde una perspectiva histórica, pareciera que Venezuela experimenta un peculiar proceso socio-político de decadencia de su «sistema populista de concilia-

21 LOEWENSTEIN, Karl, «Constituciones y Derecho constitucional en Oriente y Occidente» en *Revista de Estudios Políticos*, N° 164, Centro de Estudios Políticas y Constitucionales, Madrid, 1969, pp. 5-56.

22 SCHMITT, Carl, «La revolución legal mundial» en *Revista de Estudios Políticos*, N° 10, Centro de Estudios Políticos y Constitucionales, Madrid, 1979, pp. 5-24.

23 Véase SC/TSJ, sentencia N° 85, N° Expediente: 01-1274, Caso: *ASODEVIPRILARA*, de fecha 24 de enero de 2002, Magistrado Ponente: Jesús E. CABRERA ROMERO.

ción de élites»[24], pero también del resultado, de haber creído exorcizados demonios pasados que nunca ejercieron el poder, retrotrayéndonos a una discusión política que en países europeos se vio a inicios del siglo pasado.

Si en el siglo XIX una élite de venezolanos[25] con sapiencia y acción procuró la independencia en América española, y en el siglo XX, un selecto grupo de personas tuvieron la convicción de instaurar un país democrático -cuyo país tenía el record histórico de menor tradición democrática, promoviendo la democracia en la región- no cabe duda de que hoy en día la sociedad venezolana puede estar gestando de sus entrañas un proceso socio-político que se esté adelantando a muchos procesos traumáticos en la región, aun cuando exija una solidaridad internacional en momentos aciagos.

La decadencia que padece Venezuela en todos sus ámbitos, no debería ser ajena ni a los venezolanos ni a los amantes de la libertad. Sin libros como los de BREWER-CARÍAS sería difícil de comprender la situación político-jurídica que padece la pequeña Venecia, pese a que se habla tanto a veces demagógicamente de la era digital, aun cuando paradójicamente sigue habiendo una desinformación colosal sobre lo que pasa allende nuestras fronteras, mucho peor que en tiempos remotos.

La situación de decadencia del «Estado de Derecho» (*rule of law*) y la democracia, así como la pretendida sustitución por el socialismo de manera inconstitucional, no es una exageración, sino el regreso de un «espectro» que nunca gobernó y que congelado en el tiempo regresó con una táctica novedosa, a saber, la de usar el sistema político-democrático para destruirlo desde dentro. La gravedad de la situación no solo tiene como responsable a quienes han detentado el poder ejecutivo, sino que se extiende al poder judicial el cual ha devenido en un gran actor.

De hecho BREWER-CARÍAS menciona en este libro con acierto, que su trabajo puede servir para un expediente necesario en el presente y en el futuro para la comprensión de la situación, pero también para el momento en que sea necesario exigir las responsabilidades correspondientes a quienes acabaron con el «Estado de Dere-

---

24 REY, Juan Carlos, «La democracia venezolana y la crisis del sistema populista de conciliación» en *Revista de Estudios Políticos*, N° 74, Centro de Estudios Políticos y Constitucionales, Madrid, 1991, pp. 533-578

25 PI SUNYER, Carlos, *Patriotas americanos en Londres: Miranda, Bello y otras figuras*, Monte Avila Editores, Caracas, 1978.

cho» (*rule of law*) y la democracia en el país. Si se toma en cuenta que las revoluciones contemporáneas no se hacen en abierta violación al Derecho, sino que se maquillan y se fortalecen con leyes *ex post facto*, o sentencias que legitimen los actos revolucionarios, entonces el libro del autor es una pieza capital para comprender un hecho concreto de ese proceder.

Como bien refería SCHMITT, «Quien trabaja legalmente, no es ni trastornador, ni agresor, ni saboteador».[26] La idea de un «espectro» socialista que se manifiesta en un mundo post-caída Muro de Berlín, que quiere perpetrarse por medio de una revolución legal, ha sido una de las cuestiones centrales en el proceso socio-político venezolano. En efecto, desde el mismo instante en que fuerzas democráticas en el país conquistaron la mayoría de dos tercios en la Asamblea Nacional luego de una contundente victoria el 15 de diciembre de 2015, la SC/TSJ se encargó raídamente de minar las competencias de la Asamblea Nacional, tanto en el ámbito legislativo como de control político.

Este proceso bastante peculiar, se da paradójicamente en un tiempo en el que la región batalla por tratar de encauzar sus sistemas político-constitucionales al amparo del ideal político del «Estado de Derecho» (*rule of law*) y la democracia. De hecho, basta recordar que durante el octavo período extraordinario de sesiones en fecha 11 de septiembre de 2001 en Lima-Perú se aprobó la llamada Carta Democrática Interamericana, precisamente el día en que una serie de atentados terroristas en los Estados Unidos causaron la muerte de miles de seres humanos, inaugurando una etapa de guerra no convencional en la civilización occidental nunca conocida, que ha afectado de paso el disfrute de la libertad individual y los derechos humanos.

Estos funestos ataques desviaron la atención de lo que también estaba ocurriendo en América. Basta recordar que luego de décadas de luchas contra dictaduras –de derecha y de izquierda-, los Jefes de Estado y de Gobierno de las Américas habían adoptado en la Tercera Cumbre de las Américas, en fecha 20 al 22 de abril de 2001 en la ciudad de Quebec, una cláusula democrática que luego cristalizó en la Carta Democrática Interamericana. En dicha declaración se afirmaba: «Hemos adoptado un Plan de Acción para fortalecer la de-

---

26 SCHMITT, Carl, «La revolución legal mundial» en *Revista de Estudios Políticos*, N° 10, Centro de Estudios Políticos y Constitucionales, Madrid, 1979, p. 13

mocracia representativa, promover una eficiente gestión de gobierno y proteger los derechos humanos y las libertades fundamentales»

Esta Declaración de Quebec, fue rápidamente criticada por el Gobierno de Venezuela, al punto de que la delegación reservó su posición en lo que respecta a los párrafos 1 y 6 debido a que la democracia debía ser entendida según el régimen de Venezuela, en su sentido más amplio y no únicamente en su carácter representativo. La idea era reducir el método democrático a la participación de los ciudadanos en la toma de decisiones minando la democracia liberal representativa. Tales reservas mostraban tempranamente las convicciones del régimen de Venezuela, de hostilidad creciente para con el sistema liberal democrático, cuyas consecuencias padece el país en la actualidad.

Luego de diecisiete años de «revolución», luce menester adentrarse en obras como la de BREWER-CARÍAS, en el que se analiza el comportamiento de los jueces en la destrucción del «Estado de Derecho» (*rule of law*) y la democracia. Si bien guarda diferencias con el proceso nazi, el proceso de socialismo posmoderno guarda similitudes con aquel, en lo atinente al rol que los jueces tienen[27], lo que evidencia además el estado de la cultura jurídica imperante y los valores a los cuales se adhiere a la judicatura en esta parte del mundo.

En efecto, para apreciar como la SC/TSJ como instrumento servil del poder, decide declarar inconstitucional todos los actos y legislaciones proferidas por la Asamblea Nacional afianzando la «tiranía tropical»[28], luce pertinente adentrarse en el examen pormeno-

---

27   MULLER, Ingo, *Juristas del Horror. La «justicia» de Hitler: el pasado que Alemania no puede dejar atrás,* Álvaro Nora Librería Jurídica; Caracas, 2009.

28   Como bien ha destacado LILLA, «Tarde o temprano, el lenguaje del antitotalitarismo tendrá que abandonarse y estudiarse de nuevo el problema clásico de la tiranía. Esto no quiere decir que los conceptos antiguos de tiranía puedan extrapolarse en general en el pensamiento de hoy, aunque asombra cuántos malos regímenes de hoy exhiben patologías que los pensadores políticos de la Antigüedad y de los inicios de la Europa moderna conocían muy bien: el asesinato político, la tortura, la demagogia, los estados de excepción maquinados, el cohecho, el nepotismo y todo lo demás», LILLA, Mark, «La nueva era de la tiranía» en *Letras libres*, Año N° 4, N° 47, Letras Libres Internacional, Madrid, 2002, p. 103. La afirmación del autor se comprende mas cuando afirma que « paradoja del discurso político de Occidente desde la Segunda Guerra Mundial: mientras más nos sensibilizamos ante los horrores de las tiranías totalitarias, menos sensibles somos con respecto a la tiranía en sus formas más moderadas» (p. 102)

rizado de sentencias que se hace en el libro comentado. Ello además requiere ser conocido internacionalmente para que se tome conciencia de cómo se materializa una «dictadura judicial» por quien tenía la obligación de hacer valer la Constitución, elevándose la desobediencia como único recurso posible cuando las vías constitucionales se encuentran cercenadas, pues como apuntó un célebre jurista:

> [...] si en su función interpretativa de la Constitución el pueblo, como titular del poder constituyente, entendiese que el Tribunal había llegado a una conclusión inaceptable (o porque se tratase de una consecuencia implícita en la Constitución de que el constituyente no hubiese tenido consciencia clara y que al serle explicitada no admite, o bien –hipótesis no rechazable como real- porque entendiese que la decisión del Tribunal excede del marco constitucional), podrá poner en movimiento el poder de revisión constitucional y definir la nueva norma en el sentido que el constitucionalismo decida, según su libertad incondicionada.[29]

Guatemala, 23 de junio de 2016.

---

29 GARCÍA DE ENTERRÍA, Eduardo, *La Constitución como Norma y el Tribunal Constitucional*, Editorial Civitas Madrid, 2001, p. 201.

PRIMERA PARTE

LA REBELIÓN POPULAR DEMOCRÁTICA CONTRA EL AUTORITARISMO CON LA ELECCIÓN PARLAMENTARIA DEL 6 DE DICIEMBRE DE 2015

I. EL MANDATO DADO A LA NUEVA ASAMBLEA NACIONAL EN DICIEMBRE DE 2016 PARA RESTABLECER LA DEMOCRACIA

En Venezuela, el 6 de diciembre de 2015 se produjo una rebelión popular que se manifestó democráticamente mediante el sufragio para la elección de los diputados a la Asamblea Nacional.

Fue una rebelión contra un régimen político autoritario que conformaron quienes asaltaron el poder a partir de 1999, manipulando las instituciones de la democracia para demolerla como régimen político, sustituyendo el Estado de derecho por un Estado Totalitario, en contra de lo establecido en la Constitución.[1]

Esa rebelión popular expresó directamente la firme decisión y voluntad del pueblo de terminar con ese régimen totalitario, y sustituirlo por un régimen democrático, desalojando del poder a quienes lo conducen. Por eso, por voluntad popular, dicho régimen autoritario, a pesar del control que ha tenido sobre las instituciones, y del apoyo ha tenido de los militares, la verdad es que puede considerarse que entró en su etapa terminal. Sus dirigentes tienen ya sus días finales contados, y a pesar de sus aspavientos, para ellos, simplemente, la función terminó; bajo el telón, y sus actores deben ya desalojar el escenario. Ya es tiempo de que comiencen a tomar con-

---

1 Véase Allan R. Brewer-Carías, *La ruina de la democracia.* Editorial Jurídica Venezolana, Caracas 2015.

ciencia de su final, para que al ser barridos de las posiciones que han usurpado, salgan con cierto orden, democráticamente, respetando el clamor de paz expresado mayoritariamente por el pueblo, y así evitar que la comedia que representaron se pueda convertir en una tragedia.

Para ello tienen que entender, y no olvidar, que mediante ese voto popular del 6 de diciembre, el pueblo efectivamente y en forma masiva manifestó su decisión de rebelarse contra la usurpación y concentración del poder; contra la centralización; contra la ausencia de medios para controlar el ejercicio del poder; contra la burla a la Constitución y a las leyes; y en particular, contra la sumisión del Poder Judicial a la política, particularmente del Juez Constitucional que pasó a ser el principal agente del autoritarismo; contra la estatización de la economía; contra el supuesto socialismo del siglo XXI que arruinó al país y a sus habitantes; contra la dictadura comunicacional; contra el capitalismo ineficiente de Estado; contra la impunidad; contra la masacre cotidiana de ciudadanos inermes; contra la ausencia de protección y seguridad ciudadana; contra la burocracia ineficiente y corrupta; en fin, contra quienes han conducido los órganos del Estado totalitario que durante tres lustros los venezolanos hemos padecido. Esa rebelión popular expresada entonces mediante el voto, tuvo como único objetivo cambiar ese régimen, y desalojar del poder a sus representantes. Eso es lo que no hay que olvidar.[2]

---

2   Como lo resumió Claudio Fermín: "La voluntad mayoritaria quedó claramente expresada. Nada pudo la regaladera, las amenazas ni la multimillonaria campaña propagandística. Diarias cadenas presidenciales y minicadenas llamadas Noticiero de la Patria tampoco convencieron a los venezolanos de que somos una potencia en la que reímos de felicidad. / Queremos que se acabe la impunidad con que malandros, traficantes y sicarios diezman el país. Ya son 27.000 asesinatos al año. Las bandas se multiplican. Los pranes se jactan de su poder. Las policías y los tribunales corrompidos. / El Gobierno nada ha hecho contra esa peste y las masacres se multiplican en todas partes. La nueva Asamblea tiene que aprobar soluciones para enfrentar y vencer la inseguridad. / Largas colas para comprar alimentos han mantenido secuestradas a millones de amas de casa desde hace dos años. Y todo porque expropiaron fincas y empresas, persiguieron y matraquearon comerciantes. Arrinconaron a la gente de trabajo y hoy no se produce casi nada. Todo se compra afuera. Para ñapa, desaparecieron los dólares y no hay con qué importar. / Hay colas porque no hay producción. La nueva Asamblea Nacional está obligada a aprobar condiciones para que se creen empresas, para que renazca la producción, para que haya abastecimiento y mejore la calidad de vida. / Ahora resulta que el Gobierno - que no ha sido capaz de garantizar seguridad ni abastecimiento- se dedica a

El 6 de diciembre de 2015, en efecto, se produjo una de las votaciones más participativas de los últimos lustros de cerca de 75% (es decir, solo 25% de abstención), siendo esa manifestación el primer gran paso que el pueblo dio para buscar la reconstrucción de la democracia en el país, después de que la misma sufrió quince años de destrucción sistemática,[3] ejecutada por un gobierno que definió a la mentira como política de Estado,[4] que trastocó el régimen del Estado democrático y social de derecho y de justicia del cual habla la Constitución, erigiendo en su lugar y en fraude a la Constitución y a la voluntad popular, un Estado Totalitario por el cual nadie nunca votó,[5] y más bien, el pueblo rechazó masivamente en el referendo desaprobatorio de la reforma constitucional de 2007.[6]

---

sabotear la instalación de la Asamblea y a desconocer la voluntad popular. Ni lavan ni prestan la batea." Claudio Fermín, "Ni lavan ni prestan la batea," en *Últimas Noticias*, 31 de diciembre de 2015, en http://linkis.com/com.ve/HOi7e; y en http://www.ultimasnoticias.com.ve/opinion/firmas/claudio-fermin--1-/ni-lavan-ni-prestan-la-batea.aspx#ixzz3vtuNDd17.

3 Véase Allan R. Brewer-Carías, *Dismantling Democracy. The Chávez Authoritarian Experiment*, Cambridge University Press, New York, 2010.

4 Véase Allan R. Brewer-Carías, *La mentira como política de Estado. Crónica de una crisis política permanente. Venezuela 1999-2015*, Editorial Jurídica Venezolana, (Con prólogo de Manuel Rachadell), Caracas 2015.

5 Véase Allan R. Brewer-Carías, *Estado totalitario y desprecio a la ley. La desconstitucionalización, desjuridificación, desjudicialización y desdemocratización de Venezuela*, Fundación de Derecho Público, Editorial Jurídica Venezolana, segunda edición (Con prólogo de José Ignacio Hernández), Caracas 2015.

6 Véase Allan R. Brewer-Carías, "La proyectada reforma constitucional de 2007, rechazada por el poder constituyente originario", en *Anuario de Derecho Público 2007*, Año 1, Instituto de Estudios de Derecho Público de la Universidad Monteávila, Caracas 2008, pp. 17-65; y "La desconstitucionalización del Estado de derecho en Venezuela: del Estado Democrático y Social de derecho al Estado Comunal Socialista, sin reformar la Constitución," en *Libro Homenaje al profesor Alfredo Morles Hernández, Diversas Disciplinas Jurídicas*, (Coordinación y Compilación Astrid Uzcátegui Angulo y Julio Rodríguez Berrizbeitia), Universidad Católica Andrés Bello, Universidad de Los Andes, Universidad Monteávila, Universidad Central de Venezuela, Academia de Ciencias Políticas y Sociales, Vol. V, Caracas 2012, pp. 51-82, reproducido en Carlos Tablante y Mariela Morales Antonorzzi (Coord.), *Descentralización, autonomía e inclusión social. El desafío actual de la democracia*, Anuario 2010-2012, Observatorio Internacional para la democracia y descentralización, En Cambio, Caracas 2011, pp. 37-84.

Por tanto, esa elección popular de los diputados de diciembre de 2015 hay que verla como el mandato que se dio a los diputados electos para iniciar el proceso de reconstrucción de los dos principios básicos de la democracia, que están íntimamente imbricados, y que fueron progresivamente demolidos. Estos son, por una parte, la legitimidad democrática de la elección de los gobernantes, y por la otra, el funcionamiento del Estado conforme al principio de la separación de poderes; ambos desmantelados y trastocados en los últimos años[7] por el régimen que ahora está extinguiéndose.

Lo importante de ese mandato popular otorgado a los diputados electos y que conformaron la nueva Asamblea Nacional, fue que los mismos, además de tener que ejercer sus actividades ordinarias como representantes populares, tenías por sobre todo la obligación ineludible de asumir el proceso de cambio del régimen totalitario que se instaló en el país en violación de la Constitución, revalorizando la Constitución y restableciendo la democracia.[8]

La primera tarea que tenía la mayoría calificada de los partidos y grupos de oposición agrupados en la Mesa de la Unidad Democrática (MUD) luego de la elección de diciembre de 2015 era, por tanto, proceder a comenzar a la reconstrucción de la democracia, de manera que una vez asegurada la legitimidad democrática otorgada popularmente al órgano político por excelencia en un Estado de derecho que es el Parlamento, poder asumir el mandato popular

---

7   Véase Allan R. Brewer-Carías, *La ruina de la democracia,* Editorial Jurídica Venezolana, (Con prólogo de Asdrúbal Aguiar), Caracas 2015.

8   Como lo ha expresado Monseñor Padrón, Presidente de la Conferencia Episcopal Venezolana: "El 6 de diciembre la gente envió un mensaje de cambio, también de paz. El acto mismo de la votación fue un mensaje de que la mayoría del país quiere un cambio pacífico y que ese cambio se genere a través de un método democrático. El pueblo está cansado de una diatriba y un enfrentamiento", señaló. / Monseñor Padrón lamentó que el gobierno aplique maniobras que pretenden desconocer la voz del pueblo que se expresó el 6-D. "Si el gobierno desoye al pueblo, deshonra su voluntad", aclaró. / Recordó que a pesar de las amenazas del oficialismo de salir a las calles el día de la elección, se impuso la actitud pacífica del pueblo, llena de serenidad, tranquilidad y cercanía. / "A pesar de nuevos llamados a la calle, pedimos que el 5 de enero sea un día de paz para Venezuela. Esas amenazas no tienen ningún fundamento y no serán atendidas: la línea del pueblo es contraria a la violencia, que rechazamos. Pedimos al pueblo asumir una actitud de paz", indicó." Reseña en El Nacional, 31 de diciembre de 2015, en http://www.el-nacional.com/politica/gobierno-desoye-pueblo-deshonra-voluntad_0_766123537.html.

para buscar asegurar la misma legitimidad democrática de los otros poderes del Estado.

Ese proceso de reconstrucción de la democracia, en todo caso, no es ni ha sido tarea fácil, como quedó demostrado en el proceso político del primer semestre de 2016, habiendo tenido la nueva Asamblea Nacional que enfrentar, como lo indicó Luis Almagro, Secretario general de la Organización de Estados Americanos, todas las "estratagemas de dudosa juridicidad" que han desplegado, y continúan desplegando quienes se resisten a entender la voluntad popular. Ello lo dijo el 31 de diciembre de 2015, precisamente ante argucias institucionales desplegadas por quienes se resistieron a creer que fueron rechazados por el pueblo, en el sentido de que en Venezuela:

> "nadie distorsione la voz del pueblo y su expresión más genuina, que son los resultados electorales, con estratagemas de dudosa juridicidad, ni reclamando decisiones viciadas de parcialidad a organismos reconstituidos para la ocasión. Que no se apela a la prepotencia tampoco, sino que haya diálogo y paz, y que el derecho a denunciar irregularidades no se sostenga en la parcialidad de órganos con nuevos integrantes de reconocida filiación política."[9]

Y efectivamente, lo que los venezolanos comenzaron a percibir después de la elección o rebelión popular del 6 de diciembre, como conducta del gobierno y de su instrumento servil, el Tribunal Supremo de Justicia, fueron toda suerte de estratagemas que la nueva Asamblea Nacional ha tenido que enfrentar, desarrolladas por el gobierno para resistir el cambio. Esas manifestaciones, evidenciadas en diversos hechos, actuaciones y decisiones adoptadas en particular por el Juez Constitucional, en todo caso, forman parte del "expediente" necesario para en su momento exigir las responsabilidades correspondientes a quienes acabaron con la democracia y el Estado de derecho en el país.

Todos estos signos comenzaron a manifestarse en la propia Asamblea Nacional anterior, que el 15 de diciembre de 2015 estaba terminando sus sesiones ordinarias y que además terminaba su período constitucional el 4 de enero de 2016. A pesar de ello, algunos de sus integrantes mostraron pretensiones de querer seguir gober-

---

9`   Véase el mensaje de Fin de Año del secretario general de la OEA, de 31 de diciembre de 2015, en https://sieteclicks.com/2015/12/31/oea-lanza-un-torpedo-de-fin-de-ano-a-maduro-y-diosdado/

nando durante el propio mes de diciembre de 2015 y más allá, en sesiones extraordinarias, para mediante actos nada "extraordinarios," sino más bien ordinarios que antes no habían podido o querido adoptar, tratar de minar las actuaciones de la nueva Asamblea Nacional que se debía instalar a partir de enero de 2016.

En ese contexto se destacó la bizarra iniciativa del Presidente saliente de la vieja Asamblea Nacional, al querer implantar en la misma sede histórica de la representación popular (el Palacio Federal Legislativo) en Caracas, un parapeto institucional llamado "Parlamento Comunal" nacional, por supuesto no regulado constitucionalmente y ni siquiera legalmente, pretendiendo incluso que usurpara espacios políticos que solo correspondían a la nueva Asamblea Nacional.

Pero donde se comenzaron a evidenciar los más importantes signos de agonía, fue en las actuaciones del Tribunal Supremo de Justicia, totalmente controlado por el Poder Ejecutivo. Fue efectivamente, la Sala Constitucional del Tribunal Supremo la que se encargó de darle el recibimiento a los nuevos diputados, al haber procedido en diciembre de 2015, a darle a la Asamblea Nacional saliente, sin fundamento constitucional alguno, una especie de "cheque en blanco" para que procediera a actuar fuera de su período ordinario, en supuestas sesiones llamadas extraordinarias, y así comenzar a minar la actuación de la futura Asamblea Nacional para cuando se instalara. Y fue posteriormente la misma Sala Constitucional, la que luego, a partir de enero 2016, procedió a cercenar progresiva y sucesivamente los poderes de legislar, y de control y actuación política de la Asamblea Nacional.

Por otra parte; fue el mismo Tribunal Supremo, a través de su Sala Electoral, el instrumento para darle otra bienvenida a los nuevos diputados, al prestarse para usurpar la voluntad popular, "suspendiendo" las proclamaciones de los diputados que habían sido electos en uno de los Estados de la República (Amazonas), y así buscar minar - aun cuando inútilmente - la mayoría calificada que el pueblo le dio a la oposición democrática en la nueva Asamblea Nacional.

A todo ello se agregó la propia nueva composición del Tribunal Supremo, en particular de su Sala Constitucional, decidida por la vieja Asamblea Nacional en dichas sesiones extraordinarias de 2015, conformándolo con magistrados con evidente y manifiesta militancia política, violando todas las normas constitucionales aplicables y usurpando la voluntad popular.

A esos signos terminales de la vieja Asamblea Nacional y del Tribunal Supremo, se unieron además, la actitud de quien desde 2013 ejercía ilegítimamente la Presidencia de la República, quien quizás consciente de su ilegítima juramentación por el tema de su doble nacionalidad no permitida constitucionalmente, no quiso darse cuenta de que había perdido las elecciones, y además, todo el pretendido apoyo popular que antaño pudo haber tenido su predecesor mediante la política de la mentira, que a éste sin embargo no le funcionó. Así, el Sr. Maduro quiso incluso seguir gobernando y legislando sin tener poder alguno para ello, apelando, primero, a una Ley habilitante que solo tuvo un objeto vinculado con la seguridad exterior con motivo de las sanciones impuestas por un Estado extranjero a personas que resultaron ser funcionarios del gobierno, por diversos delitos; y después, a sucesivos decretos de emergencia económica que ni siquiera fueron tales, y que nada resolvieron de la crisis económica del país que es culpa y obra de las propias políticas gubernamentales.

Este libro, como dijimos, es el análisis constitucional de los últimas maniobras de perversión del Estado de derecho y de la democracia, realizadas diabólicamente por el órgano que debía garantizar su vigencia, es decir, la Sala Constitucional del Tribunal Supremo, y además, las actuaciones del gobierno que se resiste a reconocer su fin, aspecto que la nueva Asamblea Nacional ha tenido que enfrentar desde enero de 2016. Para dicho análisis hemos identificado de manera precisa todas las actuaciones inconstitucionales y violatorias del principio democrático por parte del gobierno autoritario, y en particular, por parte de dicho Juez Constitucional, todo lo cual consolida la posición de Venezuela, lamentablemente, al margen de los principios y postulados de la Carta Democrática Interamericana.

Ahora bien, antes de dar cuenta de esas manifestaciones de resistencia inconstitucional al cambio, estimamos necesario puntualizar cuál era el sentido del mandato popular democrático otorgado a los diputados de la nueva Asamblea Nacional, en cuanto a la necesidad de reconstrucción y restablecimiento de la democracia en el país, que en nuestro criterio debió haber sido el objetivo central de la acción de la misma.

II. EL CONTROL POLÍTICO DE LA ASAMBLEA NACIONAL POR LA OPOSICIÓN DEMOCRÁTICA Y EL NECESARIO RESTABLECIMIENTO DE LA DEMOCRACIA

El pueblo venezolano, al darle la mayoría abrumadora a la oposición en la elección parlamentaria del 6 de diciembre de 2015, puede considerarse que votó masivamente por la democracia, es decir, porque se reconstruyera el andamiaje democrático del país y se la restableciera como régimen político en el marco del Estado de derecho. Ello implicaba el restablecimiento de la legitimidad democrática de la elección de los titulares de los poderes públicos; el restablecimiento de la separación de poderes como exigencia para restablecer la democracia; el restablecimiento de la descentralización política del Estado y el sometimiento de las instancias del llamado Estado Comunal o del Poder Popular al ámbito de gobierno democrático de los Estados y Municipios; y el restablecimiento de la democracia mediante la reasunción por la Asamblea Nacional de sus funciones esenciales: legislar y controlar.

1. *El restablecimiento de la legitimidad democrática de la elección de los titulares de los poderes legislativo y ejecutivo*

La legitimidad democrática de los gobernantes como primer elemento de la democracia consiste, en primer lugar, en la *elección directa* por el pueblo de los mismos, lo que está previsto en la Constitución solo respecto de los titulares de dos de los cinco Poderes Públicos que distingue la misma,[10] de los Poderes Legislativo (diputados a la Asamblea Nacional), y Ejecutivo (Presidente de la República), en ambos casos mediante elecciones "periódicas, libres, justas y basadas en el sufragio universal y secreto," como expresión de la soberanía del pueblo.

El primer signo de renovación y de reconstrucción de la legitimidad democrática frente al Estado totalitario fue precisamente la elección el 6 de diciembre de 2015 de los diputados a la Asamblea Nacional, la que puede considerarse como la manifestación más contundente de ejercicio de la soberanía a través de quienes representan el pueblo. Este le otorgó a una mayoría de la oposición, su representación, y los diputados electos tenían el deber de responder a esa elección y al mandato popular que ella significó.

---

10   Artículo 136. "El Poder Público se distribuye entre el Poder Municipal, el Poder Estadal y el Poder Nacional. El Poder Público Nacional se divide en Legislativo, Ejecutivo, Judicial, Ciudadano y Electoral."

Una tarea pendiente del pueblo, sin embargo, es el restablecimiento de la legitimidad democrática en la elección del órgano del Poder Ejecutivo, es decir, del Presidente de la República, cuya elección en abril de 2013, luego de argucias legales desplegadas por la Sala Constitucional ignorando la Constitución[11] con motivo del fallecimiento del anterior Presidente de la República,[12] quedó signado por toda suerte de ilegitimidades,[13] a lo que se suma la imprecisión de su doble nacionalidad lo que le impediría ejercer el cargo.

El cambio democrático en la Asamblea Nacional, y la voluntad popular de restablecer la legitimidad democrática de la elección presidencial, abrió por supuesto toda una gama de alternativas constitucionales y democráticas que se han despejado progresivamente, desde la renuncia del propio Presidente de la República, por el fracaso monumental del régimen en atender las más elementales necesidades de la población; la revocación de su mandato por decisión del pueblo mediante referendo revocatorio cuya convocatoria se ha

---

11   Véase Allan R. Brewer-Carías, "Crónica sobre las vicisitudes constitucionales con ocasión de la instalación de la Asamblea Nacional el 5 de enero de 2013, y, las perspectivas subsiguientes," en Asdrúbal Aguiar (Compilador), *El Golpe de Enero en Venezuela (Documentos y testimonios para la historia),* Editorial Jurídica Venezolana, Caracas 2013, pp. 85-90

12   Véase Allan R. Brewer-Carías, "Crónica sobre el significado constitucional del fin del período constitucional (2007–2013) y del inicio del nuevo período constitucional (2013–2019) el 10 de enero de 2013, la necesaria toma de posesión del presidente electo mediante su juramento ante la Asamblea, y los efectos de su no comparecencia," en Asdrúbal Aguiar (Compilador), *El Golpe de Enero en Venezuela (Documentos y testimonios para la historia),* Editorial Jurídica Venezolana, Caracas 2013, pp. 97-106; "Crónica sobre la anunciada sentencia de la Sala Constitucional del Tribunal Supremo de 9 de enero de 2013 mediante la cual se conculcó el derecho ciudadano a la democracia y se legitimó la usurpación de la autoridad en golpe a la Constitución," en Asdrúbal Aguiar (Compilador), *El Golpe de Enero en Venezuela (Documentos y testimonios para la historia),* Editorial Jurídica Venezolana, Caracas 2013, pp. 133-148; "Crónica sobre la consolidación, de hecho, de un gobierno de sucesión con motivo del anuncio del fallecimiento del Presidente Chávez el 5 de marzo de 2013," en Asdrúbal Aguiar (Compilador), *El Golpe de Enero en Venezuela (Documentos y testimonios para la historia),* Editorial Jurídica Venezolana, Caracas 2013, pp. 199-218.

13   Véase Allan R. Brewer-Carías, "Crónica sobre las vicisitudes de la impugnación de la elección presidencial de 14 de abril de 2013 ante la Sala Electoral, el avocamiento de las causas por la Sala Constitucional, y la ilegítima declaratoria de la "legitimidad" de la elección de Nicolás Maduro mediante una "Nota de prensa" del Tribunal Supremo," en Asdrúbal Aguiar (Compilador), *El Golpe de Enero en Venezuela (Documentos y testimonios para la historia),* Editorial Jurídica Venezolana, Caracas 2013, pp. 297-314.

iniciado en mayo de 2016 una vez cumplida la mitad de su mandato, con todas las trabas y obstáculos imaginables; o su remoción del poder junto con todos los otros titulares de los Poderes Judicial, Electoral y Ciudadano mediante la convocatoria de una Asamblea Nacional Constituyente; todas las cuales conducirían a la realización de una nueva elección presidencial para restablecer la legitimidad democrática de la misma.

En el ínterin, por supuesto, ha quedado pendiente la resolución de la legitimidad democrática de la elección presidencial de Nicolás Maduro efectuada en abril de 2013, en lo concerniente al cumplimiento de las condiciones elementales establecidas en la Constitución para la misma relativas a la nacionalidad del electo. La Constitución exige que solo pueda ser electo Presidente de la República quien sea venezolano por nacimiento y no tenga otra nacionalidad (art. 41). Tener doble nacionalidad es un derecho de los ciudadanos conforme a la Constitución, pero no para poder ser electo Presidente de la República, por lo que quien tenga doble nacionalidad y aspire ser Presidente debe renunciar a la segunda nacionalidad. El tema se planteó desde los días de la elección presidencial de 2013, pero las instancias competentes del Estado totalitario se negaron a siquiera revisar el asunto.

El tema también se planteó formalmente ante la Asamblea Nacional mediante peticiones ciudadanas para que determinase el cumplimiento de la Constitución en el caso de la elección presidencial de 2013;[14] de lo que podría plantearse la necesidad de proceder a una nueva elección para legitimar la representatividad democrática en lo que concierne al Jefe del Poder Ejecutivo.[15]

---

14   Véase la petición dirigida al Presidente de la Asamblea Nacional, firmada por Enrique Aristiguieta Gramcko y otros en "Venezolanos piden a Ramos Allup investigar nacionalidad de Maduro," en *Diario Las Américas*, 1 de febrero de 2016, en http://www.diariolasamericas.com/4848_venezuela/3597370_carta-publica-venezolanos-piden-investigar-nacionalidad-maduro.htmle. El planteamiento también lo formuló ante la Asamblea Nacional, la ex magistrada Blanca Rosa de Mármol. Véase en: "Blanca Mármol de León: Doble nacionalidad de Maduro crearía un conflicto de poderes," en Noticierodigital.com, 1 de marzo de 2016, en http://www.noticierodigi-tal.com/2016/03/blanca-marmol-de-leon-doble-nacionalidad-de-maduro-crearia-un-conflicto-de-poderes/

15   La Sala Constitucional del Tribunal Supremo en un juicio de amparo en el cual trató el tema del derecho a la doble nacionalidad de una menor, mediante sentencia Nº 300 de 27 de abril de 2016, al anular una decisión judicial que ignoró la nacionalidad venezolana de la menor, a los efectos de la emi-

2. El restablecimiento de la legitimidad democrática de la elección de los titulares de los poderes judicial, electoral y ciudadano

Pero aparte de los supuestos de elección popular directa respecto de los titulares de los Poderes Ejecutivo (Presidente de la República) y Legislativo (diputados a la Asamblea Nacional), la legitimidad democrática como condición indispensable para restablecer el régimen democrático en el país, también tenía que asegurarse, como lo exige la Constitución, respecto de la *elección popular indirecta* de los titulares de los otros poderes públicos como son los del Poder Judicial (Magistrados del Tribunal Supremo), los del Poder Ciudadano (Fiscal General de la República, Contralor General de la República, Defensor del Pueblo) y los del Poder Electoral (rectores del Consejo Nacional Electoral).

Estos funcionarios, conforme a la Constitución, no son simplemente nombrados o designados por la Asamblea Nacional, sino que los mismos también son electos por el pueblo aun cuando en forma indirecta. Es decir, la legitimidad democrática de los mismos, conforme a la Constitución, está asegurada mediante su elección popular en segundo grado, que debe realizar la Asamblea Nacional, actuando como Cuerpo elector que es (no actuando como cuerpo legislativo), con las garantías de participación política que establece la Constitución.

---

sión de su documento de identidad, dando preferencia a otras nacionalidades que tenía, resolvió carácter vinculante que "ante el supuesto de que una persona ostente múltiples nacionalidades y una de ellas sea la venezolana, será ésta la que tenga prevalencia en todo lo concerniente al régimen jurídico aplicable a la misma." Véase en http://histo-rico.tsj.gob.ve/decisiones/scon/abril/187471-300-27416-2016-15-0235.HTML. Esta decisión, se consideró como un pronunciamiento aplicable al caso de la doble nacionalidad del Presidente de la República, que obviaría la necesidad de que debió haber renunciado a la segunda nacionalidad para haber sido postulado y electo como Presidente. Véase lo expuesto por José Vicente Haro, en el reportaje "TSJ faculta a personas con varias nacionalidades a ejercer cargos públicos en Venezuela," en *El Nacional*, Caracas 26 de mayo de 2016, en http://www.el-nacio-nal.com/politica/Sentencia-TSJ-nacionalidades-prevalecera-venezolana_0_854914580.html. Con razón, sin embargo, como lo observó José Ignacio Hernández, dicha decisión nada resolvió en tal sentido. Véase José Ignacio Hernández, "¿Qué fue lo que dijo la Sala Constitucional sobre la nacionalidad de Maduro?," en *Prodavinci*, Caracas 26 de mayo de 2016, en http://prodavinci.com/blogs/que-fue-lo-que-dijo-la-sala-constitucional-sobre-la-nacionalidad-de-maduro-por-jose-i-hernandez-2/.

Por tanto, para completar la legitimidad democrática de los gobernantes como lo exige la Constitución y lo exigió el pueblo el 6 de diciembre de 2015, luego de la elección popular de los diputados a la Asamblea Nacional, ya instada la Asamblea Nacional desde el 5 de enero de 2016, estos tenían la obligación de ejecutar ese mandato popular que recibieron, procediendo como Cuerpo elector, con el voto de la mayoría calificada de los 2/3 de sus miembros a elegir en segundo grado a los otros mencionados titulares de los Poderes Públicos, quienes en diciembre de 2014 y en diciembre de 2015 no fueron electos conforme a la Constitución.

Para ello, la Asamblea Nacional, como cuerpo elector, debió proceder a revocar todos los írritos actos de "nombramiento" o "designación" de los titulares de los Poderes Públicos que se efectuaron en diciembre de 2014 por una Asamblea Nacional que actuó en esos casos, no como Cuerpo elector con la mayoría calificada requerida constitucionalmente, sino como cuerpo legislativo con el voto de la simple mayoría requerida para sancionar leyes.[16] Igualmente, esa revocación y la subsiguiente legítima elección popular de segundo grado de titulares del Poder Público también tenía que producirse, respecto de las inconstitucionales designaciones efectuadas por la Asamblea Nacional que fenecía antes de concluir su mandato el 5 de enero de 2015, en particular, la designación inconstitucional efectuada sin cumplirse con las exigencias constitucionales y legales requeridas respecto de magistrados del Tribunal Supremo.[17] Sin embargo, como se verá más adelante, la Sala Constitucional del Tribunal Supremo impidió a la Asamblea Nacional durante los primeros meses de 2016, no sólo ejercer su función de legislar y controlar, sino de revisar sus propios actos írritos.

El aseguramiento de la elección popular de todos los titulares de los Poderes Públicos en los términos establecidos en la Constitu-

---

16   Véase lo expuesto en Allan R. Brewer-Carías, "El golpe de Estado dado en diciembre de 2014, con la inconstitucional designación de las altas autoridades del Poder Público," en *Revista de Derecho Público,* Nº 140 (Cuarto Trimestre 2014, Editorial Jurídica Venezolana, Caracas 2014, pp. 495-518.

17   Véase lo expuesto en Allan R. Brewer-Carías, "El irresponsable intento de "golpe judicial" electoral, y la necesaria revocación inmediata de la inconstitucional "designación" de los Magistrados de la Sala Electoral efectuada por la Asamblea moribunda," 4 de enero de 2016, en: http://www.allan-brewercarias.com/Content/449725d9-f1cb-474b-8ab2-41efb849fea3/Content/LA%20IRRESPONSABILIDAD%20EN%20EL%20GOLPE%20JUDICIAL%20ELECTORAL%20Y%20LA%20REVOCACIÓN%20DE%20LOS%20JUECES%2004-01-2016.pdf

ción, que el mandato popular que recibieron los diputados electos el 6 de diciembre los obligaba a asegurar, era lo único que podía garantizar la efectiva vigencia de todos los otros elementos esenciales de la democracia, que además de la elección, como es bien sabido, conforme a la *Carta Democrática Interamericana*, son el respeto a los derechos humanos y las libertades fundamentales; al acceso al poder y su ejercicio con sujeción al Estado de derecho; la existencia de un régimen plural de partidos y organizaciones políticas, y la separación e independencia de los poderes públicos (art. 3).

3. *El restablecimiento de la separación de poderes como exigencia para restablecer la democracia*

Y este último es, precisamente, el segundo pilar de la democracia que la nueva Asamblea Nacional electa el 6 de diciembre estaba obligada a reconstruir luego de la elección en segundo grado a los titulares de los otros poderes públicos, para asegurar su independencia y autonomía, ya que solo la efectiva vigencia de un sistema de separación e independencia de los poderes públicos que permita el control de los mismos, es lo que puede asegurar la existencia de los componentes esenciales de la democracia a los que alude la misma *Carta Democrática Interamericana*, que son la posibilidad real de exigir la transparencia y probidad de las actividades gubernamentales, y la responsabilidad de los gobernantes en la gestión pública; el efectivo respeto de los derechos sociales, y la libertad de expresión y de prensa; la subordinación de todas las autoridades del Estado, incluyendo la militar, a las instituciones civiles del Estado; y el respeto al Estado de derecho.

Y por supuesto, para esto, ante todo debía comenzar a estructurarse un Poder judicial autónomo e independiente, aplicando la Constitución que en esta materia ha sido, desde el inicio, sistemáticamente violada. Sin Poder Judicial independiente y autónomo, simplemente no puede existir separación de poderes ni control del ejercicio del poder y, por supuesto, régimen democrático.

4. *El restablecimiento de la descentralización política del Estado y el sometimiento de las instancias del llamado Estado Comunal o del Poder Popular al ámbito de gobierno democrático de los Estados y Municipios*

Esa separación de poderes que debe garantizarse y que debía comenzar con la elección popular indirecta de los titulares de los diversos Poderes Públicos, la Asamblea Nacional tenía además que asegurarla en sentido vertical, con la efectiva distribución del Poder

Público en el territorio, entre los Estados y Municipios, para hacer realidad la estructura del Estado descentralizado del que habla la Constitución.

Para ello, la otra tarea inmediata y prioritaria que tenía por delante la nueva Asamblea Nacional, era la reforma de las Leyes Orgánicas del Poder Popular, de las Comunas, de los Consejos Comunales, de la Economía Comunal, de la Contraloría Social, para ubicar dicha organización dentro del Estado Constitucional y por debajo de los Estados y Municipios, y no en la forma paralela fuera de los mismos como se organizó al llamado Poder Popular en 2010; configurando esas instancias comunales como instancias democráticas, conducidas por personas electas mediante sufragio, y no simplemente designadas por el partido de gobierno en asambleas controladas desde el Poder Ejecutivo, como fueron configuradas en las mencionadas inconstitucionales leyes orgánicas del poder popular. En definitiva, se trata de establecer la legitimidad democrática de los instrumentos comunales para que puedan ser efectivamente mecanismos que aseguren la participación ciudadana en un marco de la descentralización política del Estado constitucional.

5. *El restablecimiento de la democracia mediante la reasunción por la Asamblea Nacional de sus funciones esenciales: legislar y controlar*

La Asamblea Nacional tenía que tomar conciencia de su poder en la estructura general del Estado, y asumirlo. Se trata del órgano político de representación popular, con funciones electorales, de control y legislativas, siendo entonces uno de los órganos del Estado de mayor relevancia, si no el más relevante.

Antes nos referimos a la función de Cuerpo elector de segundo grado que tiene la Asamblea Nacional para elegir al Fiscal General, al Contralor General, al Defensor del Pueblo, a los rectores del Consejo Nacional Electoral, y a los magistrados del Tribunal Supremo, en estos casos con el voto de las 2/3 partes de sus miembros; función que en los últimos años hasta diciembre de 2015 se ejerció en violación a la Constitución, y que la nueva Asamblea estaba obligada a asumir, conforme a la Constitución. Sin embargo, como se verá más adelante, la Sala Constitucional del Tribunal Supremo le ha impedido a la Asamblea Nacional durante los primeros meses de 2016, ejercer su función de revisar sus propios actos y actuar como Cuerpo elector.

La Asamblea Nacional, además, tiene la función de control político sobre el Gobierno y la Administración Pública, la cual también la anterior Asamblea había renunciado a ejercer, no habiendo nunca controlado en los últimos 15 años a los otros órganos del Estado. En tal sentido, por ejemplo, además de los controles sobre la Administración y en materia de gasto público, a los que había renunciado totalmente, la nueva Asamblea Nacional debía comenzar a ejercer el control político por ejemplo sobre la actuación internacional de la República, y proceder a revisar todos los acuerdos, convenios y tratados internacionales suscritos durante estos últimos quince años, con los cuales se ha afectado gravemente la soberanía nacional. Como se verá más adelante, con ocasión del estado de excepción dictado a comienzos de 2016, el Presidente de la República le cercenó las potestades de control político y administrativo a la Asamblea Nacional.

Además, entre las funciones legislativas de la Asamblea Nacional, está la de sancionar las leyes, que también en los últimos quince años la anterior Asamblea Nacional había renunciado a ejercer, al haber delegado en el Ejecutivo la legislación básica del país. Esta función legislativa en todo caso es plena, por lo que la nueva Asamblea Nacional podía derogar y reformar todas las leyes, sin más límites que seguir el procedimiento constitucional de formación de las leyes.

La revisión de la legislación dictada a la carrera durante los últimos días de diciembre de 2015, tanto mediante leyes sancionadas por la Asamblea que fenecía como por los decretos leyes emitidos por el Ejecutivo, cercenándole incluso atribuciones a la Asamblea Nacional, era una tarea inmediata que tenía que asumir la nueva Asamblea Nacional, y proceder a reformar o derogar esas leyes. Las leyes se derogan o se reforman por otras leyes, dice la Constitución, y ello no tiene límite alguno. El trámite es el procedimiento ordinario de formación de las leyes, que no es nada complejo, y menos cuando se controlan los 2/3 de la Asamblea. Sin embargo, como se verá más adelante, la Sala Constitucional del Tribunal Supremo le ha impedido a la Asamblea Nacional durante los primeros meses de 2016, ejercer su función de legislar, declarando inconstitucionales todas las leyes sancionadas y exigiendo el previo visto bueno del Vicepresidente Ejecutivo para poder poner en vigencia leyes.

La Asamblea Nacional, además, tiene a su cargo ejercer las competencias que le son privativas y exclusivas, como por ejemplo dictar decretos de amnistía, que como acto parlamentario que incluso puede tener la forma de ley (aun cuando no es imperativo constitucionalmente), es un acto de carácter político, que no puede ser vetado por el Presidente de la República.

A tal efecto, la Asamblea Nacional sancionó efectivamente a comienzos de 2016 una Ley de amnistía, la cual al remitirla al Presidente para su promulgación, éste no la vetó ni le solicitó a la Asamblea que la modificara, sino que lo que hizo fue someterla al conocimiento de la Sala Constitucional para que de acuerdo con el artículo 241 de la Constitución revisara su constitucionalidad. La Sala Constitucional, como se verá más adelante, declaró la inconstitucionalidad de la ley negándole a la Asamblea Nacional la potestad misma de decretar amnistías, violando la Constitución.

Respecto de una Ley de amnistía, en realidad, el Presidente solo la podría objetarla por razones de inconstitucionalidad, únicamente basado en el argumento de que los delitos que se despenalizaran son delitos de lesa humanidad, violaciones graves a los derechos humanos y crímenes de guerra, en cuyo caso el asunto debía ser remitido para ser resuelto por la Sala Constitucional del Tribunal Supremo de Justicia. Ese no fue el caso, y a pesar de que ninguno de esos delitos se despenalizaban, la Sala Constitucional declaró la inconstitucionalidad de la Ley de amnistía aprobada.

A los efectos de implementar toda esa inmensa tarea que tenía la Asamblea Nacional que se instaló en Venezuela en enero de 2016, la misma, por supuesto, ha debido enfrentar a las estructuras de un Estado totalitario que controla al resto de los Poderes Públicos, y por tanto, se ha enfrentado con innumerables obstáculos y reacciones de quienes se han negado a entender que perdieron el respaldo popular, si es que alguna vez lo tuvieron efectivamente, y que se han manifestado y de manifestarán en las más variadas formas.

Esa ha sido la situación de lo ocurrido en Venezuela durante el primer semestre de 2016, de enfrentamiento entre una estructura de Estado totalitario y una nueva representación popular de oposición, en el cual el Juez Constitucional ha sido el diabólico instrumento del primero para destruir lo que quedaba de democracia en el país. En tal sentido, como se ha indicado, en Venezuela ha venido ocurriendo un proceso de perversión del Estado de derecho, ejecutado básicamente por el Juez Constitucional, configurándose una dictadura judicial como nunca se había visto en el derecho constitucional comparado.

SEGUNDA PARTE

LAS PRIMERAS HOSTILIDADES POLÍTICO-CONSTITUCIONALES CONTRA LA NUEVA ASAMBLEA NACIONAL ELECTA EN DICIEMBRE DE 2015

I. LA PRETENDIDA CREACIÓN DE UN PARAPETO OBSTRUCCIONISTA Y ANTIDEMOCRÁTICO LLAMADO "PARLAMENTO COMUNAL"

Lo primero que hay que recordar en el proceso antidemocrático de reacción de las estructuras del Estado totalitario contra la voluntad popular expresada en diciembre de 2015 como rechazo contra el régimen autoritario, fue la obsesión insana del Presidente de la entonces feneciente Asamblea Nacional, de tratar de resistirse a dejar el ejercicio del poder omnímodo que había ejercido durante años, y que con la finalización de las sesiones ordinarias de la Asamblea Nacional en diciembre de 2015, cesaría.

Y así, el 15 de diciembre de 2015, el mismo día en el cual cesaban las sesiones ordinarias de la Asamblea, al entonces presidente de la misma, sin renunciar a querer seguir presidiendo una Asamblea activa mediante la convocatoria a sesiones extraordinarias de la misma, no se le ocurrió otra cosa que no fuera la de "crear" un parapeto institucional que denominó "Parlamento Comunal," para entregarle ilegalmente a un supuesto grupo de voceros de Consejos Comunales, en ocupación ilegal y en manifiesto peculado de uso, el antiguo hemiciclo del Senado en el Palacio Federal Legislativo, y así seguir pretendiendo campear por interpósita organización, en sus predios.

Ello lo decidió el mismo día cuando concluyeron las sesiones ordinarias de la Asamblea,[1] por supuesto, sin base legal alguna, y sin que existiera norma alguna que regulara la composición y funcionamiento de ese llamado "Parlamento Comunal," ya que los Parlamentos Comunales que estaban reglados en la Ley Orgánica de las Comunas de 2010,[2] solo supuestamente debían existir a nivel de cada Comuna, no existiendo norma alguna que regulase algún Parlamento Comunal "nacional" como el que inventó el antiguo presidente de la entonces feneciente Asamblea Nacional.

En efecto, la figura del "Parlamento Comunal" solo está regulada en la inconstitucional Ley Orgánica de las Comunas de 21 de diciembre de 2010, como "la máxima instancia del autogobierno en la Comuna" (art. 21), con funciones "normativas para la regulación de la vida social y comunitaria, coadyuvar con el orden público, la convivencia, la primacía del interés colectivo sobre el interés particular y la defensa de los derechos humanos;" y para dictar "actos de gobierno sobre los aspectos de planificación, coordinación y ejecución de planes y proyectos en el ámbito de la Comuna." Se trata, por tanto, de un órgano que se pretendía fuera a la vez, "legislador" y de gobierno comunal.

Sobre la pretendida función normativa atribuida a los Parlamentos Comunales, en cada Comuna, en su momento expresamos que:

> "ello es inconstitucional pues de acuerdo con la Constitución y las leyes de la República, normas que pretendan regular esos ámbitos que inciden en los derechos humanos sólo pueden ser producto de órganos representativos y no pueden ser dictados por cuerpos que no son representativos en el sentido de que no estén integrados por representantes electos mediante sufragio universal, directo y secreto. Por ello, la Constitución sólo atribuye la potestad legislativa a la Asamblea Nacional (art. 187.1), a los Consejos Legislativos de los Estados (art. 162.1) y a los Concejos Municipales de los Municipios (art. 175), de manera que toda otra "legislación" que se adopte por cuerpos no democráticamente representativos como serían estos Par-

---

1   Véase: "Venezuela: chavismo instala Parlamento Comunal después de perder mayoría en la Asamblea Nacional," en *BBCMundo*, 15 de diciembre de 2015, en http://www.bbc.com/mundo/noti-cias/2015/12/151215_venezuela_parlamento_comunal_dp.

2   Véase en *Gaceta Oficial* Nº 6.011 Extra. de 21 de diciembre de 2010. Véase sobre dicha Ley los comentarios en Allan R. Brewer-Carías, *Ley Orgánica de Consejos Comunales,* Editorial Jurídica Venezolana. Caracas 2010.

lamentos Comunales regulados en la Ley Orgánica de las Comunas, no sería otra cosa que fruto de una usurpación de autoridad, y por tanto nulos de nulidad absoluta en los términos indicados en el artículo 138 de la Constitución."[3]

En todo caso, en el ámbito de cada Comuna, el artículo 22 de la Ley definió las atribuciones de los Parlamentos Comunales "en el ejercicio del autogobierno," y entre ellas, las de aprobar el Plan de Desarrollo Comunal; sancionar las Cartas comunales, previo debate y aprobación por las asambleas de ciudadanos de las comunidades integrantes de la Comuna; y debatir y aprobar los proyectos de solicitudes formuladas a los entes político-territoriales del Poder Público, de transferencias de competencias y servicios a la Comuna. De acuerdo con la Ley Orgánica, las decisiones del Parlamento Comunal "que posean carácter vinculante para los habitantes" de la Comuna, así como todos aquellos actos que requieran para su validez la publicación en dicho instrumento, deben publicarse en la *Gaceta Comunal* (art. 4.11).

En todo caso, en esa organización del Poder Popular, el Parlamento Comunal de cada Comuna no está conformado, en absoluto, por representantes que pudieran ser electos mediante sufragio directo, universal y secreto por todos los ciudadanos con derecho a voto de una Comuna, como sería el caso de tratarse de un cuerpo democráticamente representativo, sino que están integrados, conforme se indica en el artículo 23 de la Ley, por una serie de personas denominadas "voceros" designadas por otros órganos del Poder Popular, así: un vocero y su respectivo suplente electo por cada Consejo comunal de la Comuna; tres voceros y sus respectivos suplentes electos por las organizaciones socio-productivas, y un vocero y su respectivo suplente en representación del Banco de la Comuna.

Como se ve de estas normas, nada en esa regulación legal, aun siendo inconstitucional, podía ni puede ser el fundamento para el establecimiento en la sede de la Asamblea Nacional del mencionado Parlamento Comunal nacional, que el saliente presidente de la Asamblea Nacional pretendió insertar en el esquema parlamentario en diciembre de 2015, en definitiva, quizás, con el único propósito de seguir actuando, comandando dicho parapeto institucional, en

---

3   Véase en Allan R. Brewer-Carías *et al.*, *Leyes Orgánicas del Poder Popular y el Estado Comunal (Los consejos comunales, las comunas, la sociedad socialista y el sistema económico comunal)*, Editorial Jurídica Venezolana, Caracas 2011, pp. 130 ss.

paralelo a la nueva Asamblea Nacional, y así buscar bloquear desde el inicio de sus funciones su desarrollo.[4] Dicho órgano, en todo caso, fue la pieza que faltó estructurar en el inconstitucional esquema de las Leyes Orgánicas del Poder Popular de 2010, que seguramente no se llegó a implementar por no haber sido entonces necesario por haber tenido el gobierno, hasta diciembre de 2015, el control total de la Asamblea Nacional.[5]

El entonces Presidente de la Asamblea Nacional, sin embargo, no se atrevió a proponer a la Asamblea que fenecía algún proyecto de Ley que regularizara el Parlamento Comunal nacional, lo que no impidió que quien ejerce la presidencia de la República, en ejecución de una ley habilitante que no lo autorizaba para ello, decretara el 30 de diciembre de 2015 un inconstitucional Decreto Ley N° 2161, contentivo de una Ley de los Consejos Presidenciales de Gobierno del Poder Popular.[6]

---

4   Como lo observó el Editorial de El País: El Parlamento Comunal es "Un organismo del que el chavismo no se acordó mientras tuvo mayoría en la Asamblea pero que ahora pretende convertir en la verdadera cámara legislativa del país, algo posible desde el punto de vista retórico del *número dos* del régimen, Diosdado Cabello, pero no desde el legal." Véase "*Las trampas de Maduro. El presidente venezolano tiene que aceptar la voluntad de cambio expresada en las urnas,*", *El País*, 28 de diciembre de 2015, en http://elpais.com/elpais/2015/12/28/opinion/1451328465_078648.html
     Véase igualmente en: http://www.lapatilla.com/site/2015/12/29/editorial-el-pais-espana-las-trampas-de-maduro/

5   La figura, en todo caso, es inconstitucional, como lo observó Luis Raffalli: "Lo que establece la ley de las comunas es algo que se puede aplicar en casos muy puntuales de lugares específicos. En el aspecto jurídico, imponer un organismo por encima de la AN es inconstitucional [...] el nombramiento de un Parlamento Comunal Nacional, que aun no ha sido instalado, violaría el artículo 187 de la Constitución que establece las funciones de la Asamblea Nacional. También dijo que a pesar de no estar establecido en las normas legislativas, el gobierno nacional estaría buscando la manera de establecer este "parlamento" con el mismo método que el Plan de Patria, que no está establecido como una ley." Véase en Álvaro Pulido, "Parlamento Comunal Nacional no puede atribuir competencias por encima de la AN," Juan Manuel Rafalli aseguró que "en ninguna ley" esclarece que en materia legislativa puede haber un organismo por encima de Asamblea Nacional", *El Nacional*, 16 de diciembre de 2015, en http://www.elnacional.com/politica/Imposicion-Parlamento-Comunal-Nacional-instituciones_0_757724325.html.

6   Véase en *Gaceta Oficial* N° 40.818 de 30 de diciembre de 2015.

Ello, en todo caso, hay que tomarlo como lo que fueron, pura y simplemente: signos terminales de un régimen político que el pueblo rechazó.

II. LA INVERSIÓN DE ROLES DE LA SALA CONSTITUCIONAL DEL TRIBUNAL SUPREMO: DE ÓRGANO DE CONTROL A ASESOR LEGAL DEL GOBIERNO QUE LA CONTROLA

Entre esos signos terminales de los órganos del régimen, hay que comenzar mencionando los que han sido los más dramáticos, por provenir del órgano que supuestamente estaba llamado a impartir justicia, es decir, del Tribunal Supremo de Justicia, y que como se verá en las páginas sucesivas, ha sido el artífice de la demolición de lo que debía ser un proceso de reconstrucción de la democracia.

Y la verdad es que dicho órgano, lamentablemente, desde hace años ya había dejado de cumplir con lo que era su función vital esencial, que es la de garantizar la supremacía e integridad de la Constitución.[7] Ésta, la Constitución, en el ámbito de los órganos del Estado, en los últimos años lamentablemente no ha tenido quien le asegure su vigencia, y más bien ha encontrado en la Sala Constitucional el órgano encargado de asegurar su violación impune, habiendo quedado solo en manos del pueblo que la sancionó en su momento, buscar velar por su integridad.

El Tribunal Supremo, como Juez Constitucional y Juez contencioso administrativo, en Venezuela en los últimos años dejó de cumplir su tarea primordial que es la de controlar la constitucionalidad de las leyes y la legalidad de los actos administrativos, y ello no ya por descuido o exceso de trabajo, sino por decisión unánime de sus magistrados, sometidos y controlados por el Poder Ejecutivo, de abstenerse, sumisos, de decidir las demandas o acciones populares de inconstitucionalidad o acciones contencioso administrativas de anulación que durante los últimos años los ciudadanos intentaron contra leyes y decretos leyes contrarios a la Constitución, y actos administrativos contrarios al ordenamiento jurídico.[8] Ello ocurrió,

---

7   Véase Jesús María Alvarado Andrade, "Reflexiones sobre la Justicia Constitucional como Función Republicana. ¿Es la Justicia Constitucional un instrumento para la Democracia?," en *Libro Homenaje a Josefina Calcaño de Temeltas,* Fundación de Estudios de Derecho Administrativo (FUNEDA), Caracas 2009, pp. 363-396.

8   Véase entre otros: Antonio Canova González, *La realidad del contencioso administrativo venezolano (Un llamado de atención frente a las desoladoras*

por ejemplo, con las leyes que sistemáticamente desquiciaron y desconstitucionalizaron al propio Estado constitucional, como fueron las llamadas Leyes Orgánicas del Poder Popular, "creadoras" del Estado Comunal, como parapeto establecido en paralelo al mismo, pero para ahogarlo,[9] y cuya última manifestación sin siquiera base legal, fue el antes mencionado llamado "Parlamento Comunal," que no fue más que un mal y deforme fantasma de los Soviets Supremos de la Unión Soviética que se quiso mostrar para atemorizar. Dichas leyes fueron impugnadas apenas fueron publicadas, en 2011, pero las demandas aún esperan por que el Juez Constitucional se digne a admitirlas.

La Sala Constitucional también dejó de cumplir con su otra tarea primordial que es la de asegurar que los órganos del Estado cumplan con sus obligaciones constitucionales, al haberse negado a impartir justicia y a decidir las acciones por omisión o carencia intentadas por los ciudadanos contra las abstenciones de los órganos del Estado; o al haber simplemente decidido las acciones intentadas, pero para, al contrario de lo demandado, avalar violaciones de la Constitución por la omisión, e incluso la violación de derechos fundamentales de los ciudadanos, liberando a los órganos estatales de alguna obligación legal. Patética fue, por ejemplo, la liberación judicial por orden de la Sala Constitucional, de la obligación legal del Banco Central de Venezuela, nada menos que de publicar los indicadores económicos del país.[10]

A esos signos terminales, que ya definitivamente eran signos patológicos de la Justicia Constitucional, se unieron nuevas y gra-

---

estadísticas de la Sala Político Administrativa en 2007 y primer semestre de 2008), Funeda, Caracas 2008; Rafael J. Chavero Gazdik, *La Justicia Revolucionaria. Una década de reestructuración (o involución) Judicial en Venezuela*, Editorial Aequitas. Caracas 2011.

9   Véase Allan R. Brewer-Carías, "La Ley Orgánica del Poder Popular y la desconstitucionalización del Estado de derecho en Venezuela," en *Revista de Derecho Público*, N° 124, (octubre-diciembre 2010), Editorial Jurídica Venezolana, Caracas 2010, pp. 81-101.

10 Véase Allan R. Brewer-Carías, "El secreto y la mentira como política de Estado y el fin de la obligación de transparencia. De cómo el Tribunal Supremo de Justicia liberó inconstitucionalmente al Banco Central de Venezuela de cumplir su obligación legal de informar al país sobre los indicadores económicos, arrebatándole a los ciudadanos sus derechos a la trasparencia gubernamental, de acceso a la justicia y de acceso a la información administrativa," en *Revista de Derecho Público*, N° 143, Editorial Jurídica Venezolana, Caracas 2015.

ves manifestaciones producto de la distorsión o inversión del rol que le corresponde cumplir en el Estado al Tribunal Supremo de Justicia, como garante de la constitucionalidad; que de órgano de control de la actuación de los demás poderes del Estado, particularmente del Ejecutivo, pasó a asumir el deleznable rol de un mal y deshonesto "abogado" de los mismos, "asesorándolos" directamente para encubrir sus arbitrariedades, dispuesto siempre y en forma servil a avalar las actuaciones inconstitucionales de los mismos, pretendiendo cubrirlas con un barniz de legalidad que no resiste el menor análisis. De allí que la justicia constitucional se haya convertido en Venezuela en un sinfín de "in" justicias inconstitucionales, [11] habiéndose tornado en una especie de justicia "a la carta," trastocada y distorsionada, [12] demoledora de la democracia, [13] al punto de que su estudio en Venezuela no es más que el estudio de la patología de la justicia constitucional. [14]

Para todo ello, entre las iniciativas de la Sala Constitucional para ponerse al servicio del autoritarismo, [15] estuvo la de "inventar" una acción de interpretación constitucional[16] que ha puesto funda-

---

11   Véase Allan R. Brewer-Carías, *Crónica sobre la "in" justicia constitucional. La Sala Constitucional y el autoritarismo en Venezuela*, Colección Instituto de Derecho Público, Universidad Central de Venezuela, Nº 2, Caracas 2007.

12   Véase Allan R. Brewer-Carías, *Práctica y distorsión de la justicia constitucional en Venezuela (2008-2012)*, Colección Justicia Nº 3, Acceso a la Justicia, Academia de Ciencias Políticas y Sociales, Universidad Metropolitana, Editorial Jurídica Venezolana, Caracas 2012.

13   Véase Allan R. Brewer-Carías, *El golpe a la democracia dado por la Sala Constitucional (De cómo la Sala Constitucional del Tribunal Supremo de Justicia de Venezuela impuso un gobierno sin legitimidad democrática, revocó mandatos populares de diputada y alcaldes, impidió el derecho a ser electo, restringió el derecho a manifestar, y eliminó el derecho a la participación política, todo en contra de la Constitución)*, Colección Estudios Políticos Nº 8, Editorial Jurídica venezolana, Caracas 2014.

14   Véase Allan R. Brewer-Carías, *La patología de la justicia constitucional*, Tercera edición ampliada, Fundación de Derecho Público, Editorial Jurídica Venezolana, Caracas 2014.

15   Véase Allan R. Brewer-Carías, "El juez constitucional al servicio del autoritarismo y la ilegítima mutación de la Constitución: el caso de la Sala Constitucional del Tribunal Supremo de Justicia de Venezuela (1999-2009)", en *Revista de Administración Pública*, Nº 180, Madrid 2009, pp. 383-418.

16   Véase Allan R. Brewer-Carías, "*Quis Custodiet Ipsos Custodes*: De la interpretación constitucional a la inconstitucionalidad de la interpretación", en *Revista de Derecho Público*, Nº 105, Editorial Jurídica Venezolana,

mentalmente a disposición de los órganos del propio Estado, en particular, del abogado del Estado que es el Procurador General de la República, para que este pueda acudir ante la Sala Constitucional y solicitarle "interpretaciones" abstractas de la Constitución, aún ante normas que son claras y nada de ambigüedad tienen, solo para que el Juez constitucional avale de antemano la actuación arbitraria e inconstitucional que se proyectaba realizar. Y no en pocas ocasiones, la Sala misma fue la que se sirvió del recurso de interpretación usando la firma servil de algún abogado desocupado, para encubrir mediante el "ejercicio" de un "recurso," lo que en realidad fueron actuaciones de oficio.

Ello ha dado lugar a la mencionada especie de "in" justicia constitucional que se ha manifestado en múltiples casos, los cuales incluso llegaron a dar origen, en unos aupuwatoa, a mutaciones ilegítimas y fraudulentas de la Constitución adoptadas por la Sala Constitucional para satisfacer los caprichos del Ejecutivo,[17] y en otros casos, convirtiéndose en un mecanismo diabólico del Estado para incluso zafarse inconstitucionalmente de cumplir sentencias condenatorias que se han dictado contra el mismo por la Corte Interamericana de Derechos Humanos, por violaciones a los derechos humanos.[18]

Para ello, el Procurador General de la República más de una vez acudió ante su "asesor legal" servil, que ha sido la Sala Constitucional, para que ésta declarara expresamente lo que el Estado quería que le dijeran, que era que esas sentencias internacionales fueran consideradas "inejecutables" en el país, como en efecto lo decidió

Caracas 2006, pp. 7-27. Publicado en *Crónica sobre la "In" Justicia Constitucional. La Sala Constitucional y el autoritarismo en Venezuela*, Colección Instituto de Derecho Público. Universidad Central de Venezuela, N° 2, Editorial Jurídica Venezolana, Caracas 2007, pp. 47-79.

17   Véase en general Allan R. Brewer-Carías, *Crónica sobre la "In" Justicia Constitucional. La Sala Constitucional y el autoritarismo en Venezuela*, Colección Instituto de Derecho Público, Universidad Central de Venezuela, N° 2, Caracas 2007; *Práctica y Distorsión de la Justicia Constitucional en Venezuela (2008-2012)*, Colección Justicia N° 3, Acceso a la Justicia, Academia de Ciencias Políticas y Sociales, Universidad Metropolitana, Editorial Jurídica Venezolana, Caracas 2012; *La Patología de la Justicia Constitucional*, Tercera edición ampliada, Fundación de Derecho Público, Editorial Jurídica Venezolana, 2014.

18   Véase Carlos Ayala Corao, *La "inejecución" de las sentencias internacionales en la jurisprudencia constitucional de Venezuela (1999-2009)*, Fundación Manuel García-Pelayo, Caracas 2009.

en cuestión de días,[19] exhortando al Ejecutivo a denunciar la Convención Americana de Derechos Humanos, lo que luego ejecutó en una especie de colusión espuria en septiembre de 2012.

La última de estas actuaciones de la Sala Constitucional como "asesor legal" del Estado durante 2015, y no como contralor judicial del mismo, fue la solicitud de interpretación constitucional del artículo 220 de la Constitución que regula las sesiones extraordinarias de la Asamblea que el Presidente de la Asamblea Nacional le formuló por escrito el día 15 de diciembre de 2015, que fue el último día de las sesiones ordinarias de la Legislatura que se había iniciado el 5 de enero de 2011, y que fue resuelta por la Sala solo una semana después, mediante sentencia N° 1.758 de 22 de diciembre de 2015.[20]

Con ello, el presidente de la Asamblea buscó que la Sala Constitucional, actuando como "consultor jurídico" de los órganos del Estado, le dijera al Presidente de la Asamblea lo que quería oír, que era que la Asamblea Nacional que estaba terminando su período constitucional, que ya había terminado sus sesiones ordinarias y que solo debía concluir su mandato constitucional el 5 de enero de 2015 por la elección de los nuevos diputados ocurrida el día 6 de diciembre de 2015; durante el interregno de dos semanas que quedaba entre dicha elección y el inicio del nuevo período constitucional del Poder Legislativo, mientras los nuevos diputados tomasen posesión de sus cargos, dicha Asamblea feneciente podía hacer lo que le viniera en ganas. Y eso fue lo que la Sala Constitucional resolvió, por supuesto, satisfaciendo lo requerido e incluso dando más de lo pedido.

---

19 Véase en general Allan R. Brewer-Carías, "El carácter vinculante de las sentencias de la Corte Interamericana de Derechos Humanos y su desprecio por los tribunales nacionales: los casos del Perú, Venezuela y de República Dominicana," en *Revista Iberoamericana de Derecho Procesal Constitucional*, N° 22, Julio diciembre 2014, Instituto Iberoamericano de Derecho Procesal Constitucional, Editorial Porrúa, México, 2014, pp. 77-119; "La incompetencia de la Administración Contralora para dictar actos administrativos de inhabilitación política restrictiva del derecho a ser electo y ocupar cargos públicos (La protección del derecho a ser electo por la Corte Interamericana de Derechos Humanos en 2011, y su violación por la Sala Constitucional del Tribunal Supremo al declarar la sentencia de la Corte Interamericana como "inejecutable"),Estudio elaborado para la obra colectiva coordinada por Jaime Rodríguez Arana, *El Derecho Administrativo en Perspectiva. Libro Homenaje a José Luis Meilán Gil*, La Coruña 2011.

20 Véase en http://historico.tsj.gob.ve/decisiones/scon/diciembre/184220-1758-221215-2015-2015-1415.HTML.

III. EL ABUSO DE PODER DE LA ASAMBLEA NACIONAL QUE CONCLUÍA, CON OCASIÓN DE LAS SESIONES EXTRAORDINARIAS AVALADAS *EX ANTE* POR LA SALA CONSTITUCIONAL EN DICIEMBRE DE 2015

1. El aval del Juez Constitucional para el abuso del ejercicio del Poder Legislativo una vez concluida la legislatura ordinaria

En efecto, a la petición de "interpretación" formulada por el presidente de la Asamblea Nacional que finalizó sus sesiones ordinarias el 15 de diciembre de 2015, la Sala Constitucional del Tribunal Supremo, mediante sentencia N° 1.758 de 22 de diciembre de 2015[21] resolvió lo que el saliente Presidente de la misma había pedido, en la solicitud que le había formulado el 15 de diciembre de 2015, y que era que a pesar de que las sesiones ordinarias de la Asamblea Nacional habían finalizado el mismo día de su solicitud, ello supuestamente nada impedía para que la Comisión Delegada pudiera convocar a la Asamblea Nacional que fenecía a sesiones extraordinarias, para que siguiera reuniéndose y funcionando en lo que restaba del su período constitucional. Ello, a pesar de que ya estaban electos los diputados de la nueva Asamblea Nacional, y así la Asamblea que fenecía y que el solicitante presidía, pudiera hacer lo que le viniera en ganas, ni siquiera hasta que terminara su mandato, sino "hasta que la nueva Asamblea se instalara," lo que efectivamente ocurrió hasta el 4 de enero de 2015.

Ello, por supuesto, como lo entiende hasta un lego, no fue nada constitucional y más bien fue contrario a todos los principios del Estado democrático de derecho, pues es contrario al régimen de democracia representativa, que rige tanto para los sistemas parlamentarios[22] como para los presidenciales respecto de la actuación

---

21 Véase en http://historico.tsj.gob.ve/decisiones/scon/diciembre/184220-1758-221215-2015-2015-1415.HTML.

22 En los sistemas parlamentarios, en principio, el mandato del viejo parlamento, cuando ha sido disuelto y convocadas nuevas elecciones generales, termina, y los asuntos en trámite decaen. Sin embargo, para asegurar la continuidad de la institución, en algunos países como Francia, Bélgica y Portugal, el extinto Parlamento podría volver a reunirse antes de la instalación del siguiente solo si se presentan casos extraordinarios; en Italia, se considera que se produce la prórroga del Parlamento disuelto hasta la formación del nuevo que resulte electo; y en España, lo que pervive en una cada Cámara es una comisión extraordinaria o Diputación permanente, encargada de asumir ciertas competencias en el período que se extiende desde la disolución hasta la reunión del nuevo Parlamento (artículo 78 de la Constitución). En todo caso, sin embargo, la regla general es que en ese

de los órganos representativos del pueblo, en el sentido de que un parlamento ya en su fase de disolución no debe comprometer con sus decisiones al nuevo Parlamento en fase de constitución.

En Venezuela, dentro del sistema presidencial de gobierno que nos rige, los períodos constitucionales de los Poderes Públicos, cuando tienen su origen en elecciones directas como es el caso del Poder Ejecutivo y del Poder Legislativo, tienen fecha fija de comienzo y de terminación, de manera que el Presidente de la República en funciones, cesa en su cargo al terminar su período constitucional, oportunidad en la cual el nuevo Presidente que sea electo inicia su mandato. Así, en Venezuela siendo el período presidencial de seis años (art. 230), el mismo se inicia el día "diez de enero del primer año de su período constitucional, mediante juramento ante la Asamblea Nacional" (art. 231). Durante el tiempo que transcurre desde la elección del nuevo Presidente, generalmente en diciembre del año precedente, hasta la toma de posesión del cargo el 10 de enero, el Presidente saliente ciertamente continúa en su cargo, pero la más elemental norma democrática representativa impone que cualquier decisión que pueda comprometer al nuevo gobierno debe ser consultada con el Presidente electo. Ello sería el caso, por ejemplo, de la declaratoria de estados de excepción o de la declaratoria de la restricción de garantías constitucionales (art. 236.7). En una sociedad democrática, sería inconcebible que el Presidente saliente, pudiera adoptar esas decisiones ignorando al Presidente electo.

Los mismos principios se aplican en relación con el Poder legislativo. De acuerdo con la Constitución, los diputados a la Asamblea Nacional tienen un período constitucional de cinco años (art 192), que se inicia el día 5 de enero del año inmediatamente siguiente al de la elección, que es el día en el cual comienza el primer período anual de las sesiones ordinarias de la Asamblea Nacional, que dura hasta el quince de agosto. Como lo indica la Constitución, esas sesiones las inician los diputados sin convocatoria previa, el "cinco de enero de cada año o el día posterior más inmediato posible" (art. 219).

En cuanto al segundo período anual de sesiones de la Asamblea Nacional, el mismo comienza el quince de septiembre o el día posterior más inmediato posible y termina el quince de diciembre de

---

período, en general establecida como norma no escrita o convención constitucional, es que el viejo Parlamento nunca puede comprometer la actuación del nuevo Parlamento.

cada año (art. 219), por lo que el último año de período constitucional de la Asamblea, sus sesiones ordinarias terminan el 15 de diciembre. Para ese momento ya los nuevos diputados en todo caso han sido electos, por lo que en principio la Asamblea que termina a partir del 15 de diciembre no tiene más sesiones ordinarias.

Por supuesto, la Asamblea, durante los recesos, siempre puede ser convocada para sesiones extraordinarias, entre otros órganos, por su Comisión Delegada, "para tratar las materias expresadas en la convocatoria y las que les fueren conexas," *necesariamente "cuando así lo exija la importancia de algún asunto"* (art. 196.1), pudiendo además "considerar las que fueren declaradas *de urgencia* por la mayoría de sus integrantes" (art. 220). Son por supuesto situaciones extraordinarias para tener que tratarse en sesiones extraordinarias, razón por la cual, lo lógico es que tengan que tener una justificación extraordinaria. De lo contrario, no se trataría de sesiones "extraordinarias."

Pues bien, en virtud de que el partido de gobierno y el gobierno mismo perdieron abrumadoramente la elección parlamentaria del 6 de diciembre de 2015, y con ello perdieron la mayoría que tuvieron durante cinco años en la Asamblea Nacional, el Presidente de la misma, quién actuó impunemente y sin control alguno durante todo ese período, en diciembre de 2015 pretendió que la Asamblea que fenecía hiciera, en pocos días, lo que no hizo en años, todo para tratar de evitar o anular la actuación que correspondía a la nueva representatividad democrática.

Para ello, para buscar "legitimar" las arbitrariedades que se proponía, fue que el Presidente de la Asamblea que fenecía acudió ante la Sala Constitucional el mismo día en el cual finalizó el período ordinario de sesiones de la Asamblea, y con ello, los períodos ordinarios de la misma para todo su período constitucional, para pedir una "interpretación constitucional" precisamente del artículo 220 de la Constitución antes mencionado, que nada tiene de ambiguo u oscuro, para pretender seguir gobernando, a pesar de su situación terminal.

La motivación de la solicitud formulada por dicho Presidente de la Asamblea saliente ante la Sala Constitucional, fue una supuesta e inocente "duda razonable" que le surgió al mismo, precisamente en relación con el "alcance de las materias que pudieran ser tratadas para el supuesto de convocatoria a sesiones extraordinarias," así como:

"sobre la oportunidad máxima en que la Asamblea Nacional podría realizar este tipo de sesiones, tomando en cuenta, como ya aquí se ha comentado, que esta es la última etapa de funciones correspondiente al actual periodo legislativo constitucional que fuera iniciado el pasado 05 de enero de 2011."

En consecuencia, el Presidente de la Asamblea solicitó de la Sala Constitucional que determinara: *primero*, si la Asamblea estaba facultada "para convocar sesiones extraordinarias que tengan por objeto ejercer cualquiera de las atribuciones establecidas en su artículo 187 y demás normas constitucionales y legales contenidas en el ordenamiento jurídico venezolano," o "si las atribuciones constitucionales y legales del Parlamento nacional con ocasión de convocatorias a sesiones extraordinarias se verían de algún modo mermadas por encontrarse en la etapa final del periodo constitucional para el cual fue electo;" y s*egundo*, si dichas sesiones extraordinarias "dada la particularidad del presente caso, se mantiene hasta tanto se verifique la primera sesión ordinaria anual de la Asamblea Nacional, que deberá ser instalada para su próximo periodo Constitucional."

El Presidente de la Asamblea Nacional saliente, por supuesto, sabía qué era lo que iba a decidir la Sala Constitucional, al punto de haberse anunciado ya desde el 20 de diciembre que la Comisión Delegada iba a convocar a sesiones extraordinarias a la Asamblea Nacional para seguir actuando.[23]

En todo caso, a pesar de haber ya decidido el saliente Presidente de la Asamblea Nacional convocar a las sesiones extraordinarias, en virtud de la "duda razonable" que el mismo le planteó a la Sala Constitucional, la misma procedió a "decidir sin más trámites el presente asunto," es decir, sin oír a todos los otros diputados que pudieran haber tenido interés en la petición, violando el derecho al debido proceso, resolviendo pura y simplemente - repitiendo lo que dice el artículo interpretado, que por ello no requería de interpretación - que la Comisión Delegada de la Asamblea Nacional, conforme a los artículos 195 y 196 de la Constitución, tenía competencia

---

23 Véase por ejemplo, "Venezuela: Parlamento chavista convoca sesiones extraordinarias para nombrar magistrados. La mayoría parlamentaria afín al Gobierno del presidente Nicolás Maduro, que cesará funciones el 4 de enero para que al día siguiente asuma una mayoría opositora, convocó a cuatro sesiones extraordinarias el martes y miércoles próximo para nombrar a jueces del Tribunal Supremo de Justicia (TSJ), por *EFE / TF*, 20/12/2015, en http://www.miamidiario.com/politica/asamblea-nacional/venezuela/oposicion/magistrados/diosdado-cabello/tsj/351421.

para convocar la Asamblea Nacional a sesiones extraordinarias "cuando así lo exija la importancia de algún asunto" (artículo 196.1), para "tratar las materias expresadas en la convocatoria y las que les fueren conexas;" así como también "considerar las materias que fueren declaradas de urgencia por la mayoría de sus integrantes" (artículo 220); concluyendo que por cuanto:

> "los diputados y diputadas de la actual Asamblea Nacional se encuentran dentro del período constitucional para el cual fueron electos, no existe restricción para convocar a sesiones extraordinarias -de acuerdo al artículo 220 constitucional- y ejercer las atribuciones que le confiere la Constitución."

Concluyó la Sala, además, para decidir ignorando la exigencia del artículo 196.1 de la Constitución al disponer que en todo caso la convocatoria solo procedía *"cuando así lo exija la importancia de algún asunto,"* afirmando falsamente, no solo que la Constitución "no limita las atribuciones de la Asamblea Nacional ni las materias a tratar por ella, ni al tipo sesión ni a la oportunidad en la que se efectúen," sino que como la Asamblea tenía competencia en "todo lo demás que le señalen esta Constitución y la ley" (art. 185.6), entonces "todas esas atribuciones de la Asamblea Nacional podrán ser tratadas tanto en sesiones ordinarias como en sesiones extraordinarias de la Asamblea Nacional."

La Sala Constitucional, además, consideró que:

> "el período constitucional de la Asamblea Nacional es de cinco (5) años, e inicia el 5 de enero posterior a la elección o el día posterior más inmediato posible, y ejerce plenamente sus atribuciones y competencias hasta el 4 de enero posterior a los comicios que elija a la siguiente Asamblea, o hasta que, en fin, se instale la nueva Asamblea, tomando en consideración que el artículo 219 Constitucional alude al cinco de enero de cada año o el día posterior más inmediato posible."

Y ese fue todo el "razonamiento" "interpretativo" de la sentencia, concluyendo la decisión "frente a las *dudas interpretativas* expresadas por el Presidente de la Asamblea Nacional," en síntesis, con las siguientes decisiones:

> 1.- "Que la Asamblea Nacional no se encuentra impedida constitucionalmente para convocar sesiones extraordinarias una vez finalizado el segundo periodo de sesiones ordinarias del último año de su respectivo ciclo constitucional;" y

2.- "Que el alcance de las materias que pudieran ser tratadas para el supuesto de convocatoria a sesiones extraordinarias de la Asamblea Nacional, está determinado por todas las expresadas en la convocatoria y las que fueren declaradas de urgencia por la mayoría de sus integrantes, así como también las que les fueren conexas, dentro del ámbito de todas las atribuciones que el orden constitucional y jurídico en general le asigna a la Asamblea Nacional, señaladas en el artículo 187 de la Constitución de la República Bolivariana de Venezuela."

Y todo ello, además, la Sala resolvió que se podía hacer "con independencia que esta fuera la "última etapa de funciones correspondiente al actual periodo legislativo constitucional que fuera iniciado el pasado 5 de enero de 2011," con el agregado de que:

"la Asamblea Nacional actual está en pleno ejercicio de sus potestades y debe continuar ejerciendo las atribuciones que le son propias *hasta el día inmediatamente anterior al que se instale la nueva Asamblea Nacional*, dado que el periodo para el cual fueron electos sus integrantes se mantiene vigente."

2. La inconstitucional designación de los Magistrados del Tribunal Supremo por la Asamblea Nacional que concluía en sesiones extraordinarias

En esta forma, con el "aval" jurídico dado *ex ante* por la Sala Constitucional mediante la sentencia N° 1.758 de 22 de diciembre de 2015, la Comisión Delegada de la Asamblea debió haber resuelto convocar a sesiones extraordinarias quizás el mismo día de la sentencia, el 22 de diciembre de 2015, para que la Asamblea que finalizaba procediera de inmediato a tomar toda suerte de decisiones. Dicho Acuerdo de convocatoria, sin embargo, no apareció publicado en la *Gaceta Oficial*, razón por la cual los ciudadanos simplemente desconocieron cuál habría sido el alcance de los actos que la misma se había llamado a sí misma a adoptar.

Este fue el primer vicio que afectó la actuación "extraordinaria" de la Asamblea Nacional.

Luego de la sentencia de la Sala Constitucional, y de haber comenzado la Asamblea que finalizaba sus sesiones extraordinarias, la primera *Gaceta Oficial* que circuló, fue la N° 40.815 de fecha 23 de diciembre de 2015, en la cual se dio cuenta de que en ese mismo día, la Asamblea había adoptado un Acuerdo procediendo en "sesión extraordinaria" a "designar" a 13 magistrados principales y 19 magistrados suplentes de las diversas Salas del Tribunal Supremo de Justicia. [24]

Como acertadamente se indicó en el Editorial del diario *El País*, del 29 de diciembre de 2015:

> "El que uno de los últimos actos de una Asamblea que ya no goza del mandato popular, sea fidelizar políticamente al máximo órgano judicial, no responde precisamente al buen uso democrático de aceptar la derrota electoral. Que el régimen además haya presionado a jueces del Supremo para conseguir sus jubilaciones anticipadas -o también para que aquellos juristas cuyo mandato vencía en el futuro inmediato renunciaran- es una ilegalidad y una muestra de que Maduro sigue sin querer entender que los venezolanos han encargado a la oposición que elabore las leyes y que su deber es respetar este encargo."[25]

Esta decisión de la Asamblea que terminaba, sin duda, fue inconstitucional, primero y ante todo, porque la Asamblea Nacional no tiene ni tenía competencia alguna para "designar" magistrados del Tribunal Supremo, y menos actuando como cuerpo legislador, es decir, con el voto de la mayoría de los diputados presentes en la sesión respectiva. Lo que asigna la Constitución a la Asamblea Nacional es la competencia para "elegir" a dichos Magistrados ("serán electos" dice el artículo 264) del Tribunal Supremo, lo cual sólo puede hacer actuando como Cuerpo elector indirecto, de segundo grado, que solo puede cumplir su misión mediante el voto de la mayoría de las 2/3 partes de sus miembros, y asegurando mediante un Comité de Postulaciones integrado con representantes de diversos sectores de la sociedad (art. 270), la participación ciudadana.

Este vicio esencial de inconstitucionalidad que hizo que el acto de "designación" de los magistrados fuera nulo, con vicio de nulidad absoluta, por haber usurpado la Asamblea Nacional actuando como cuerpo legislador la autoridad y voluntad popular que solo

---

24 Véase el "Acuerdo mediante el cual se designa a los Magistrados y Magistradas Principales y Suplentes del Tribunal Supremo de Justicia, en *Gaceta Oficial* N° 40.816 de 23 de diciembre de 2015; y el "Acuerdo mediante el cual se corrige por error material el Acuerdo de fecha 23 de diciembre de 2015, donde se designa a los Magistrados y Magistradas Principales y Suplentes del Tribunal Supremo de Justicia," en *Gaceta Oficial* N° 40.818 de 29 de diciembre de 2015.

25 Véase en http://www.lapatilla.com/site/2015/12/29/editorial-el-pais-espana-las-trampas-de-maduro/

podía representar como Cuerpo electoral, debía ser corregido obligatoriamente por la nueva Asamblea Nacional que se instaló el 5 de enero de 2016, la cual podía, pura y simplemente, revocar dicho acto parlamentario inconstitucional, y proceder a "elegir" como Cuerpo Elector de segundo grado, a los nuevos Magistrados del Tribunal Supremo conforme a la Constitución. Ello, sin embargo, le fue negado por la Sala Constitucional a comienzos de 2016; y aún cuando fue posteriormente decidido mediante Acuerdo de julio de 2016, ello fue anulado por la misma Sala Constitucional, como se verá más adelante.[26]

En todo caso, en el mismo vicio, por supuesto, había ya incurrido la Asamblea Nacional en la "designación" de otros magistrados del Tribunal Supremo que se había efectuado, también inconstitucionalmente, en diciembre de 2014. [27]

Pero la "designación" de los magistrados del Tribunal Supremo efectuada el 23 de diciembre de 2015, adicionalmente estuvo viciada de inconstitucionalidad, por constituir un fraude a la Constitución, como lo destacaron José Ignacio Hernández, [28] la Academia de Ciencias Políticas y Sociales, y el Grupo de Profesores de Derecho Público de Venezuela,[29] en síntesis, por los siguientes motivos:

En primer lugar, por la inconstitucional conformación del llamado Comité de Postulaciones Judiciales, el cual a pesar de que conforme al artículo 270 de la Constitución debe ser un órgano asesor del Poder Judicial integrado exclusivamente por representantes de los diferentes sectores de la sociedad, se configuró como un

---

26 Véase lo que hemos expuesto en Allan R. Brewer-Carías, "La participación ciudadana en la designación de los titulares de los órganos no electos de los Poderes Públicos en Venezuela y sus vicisitudes políticas", en *Revista Iberoamericana de Derecho Público y Administrativo*, Año 5, Nº 5-2005, San José, Costa Rica 2005, pp. 76-95.

27 Véase lo que hemos expuesto en Allan R. Brewer-Carías, "El golpe de Estado dado en diciembre de 2014, con la inconstitucional designación de las altas autoridades del Poder Público," en *Revista de Derecho Público,* Nº 140 (Cuarto Trimestre 2014, Editorial Jurídica Venezolana, Caracas 2014, pp. 495-518.

28 Véase José Ignacio Hernández, "5 violaciones cometidas durante la designación de los magistrados del TSJ," en *Prodavinci*, 23 de diciembre de 2015, en http://prodavinci.com/blogs/5-violaciones-cometidas-durante-la-designacion-de-los-magistrados-del-tsj-por-jose-i-hernandez/.

29 Véase en http://cidep.com.ve/files/documentos/ComunicadoGPDPmagistrados.pdf; y en http://www.el-nacional.com/politica/Profesores-Derecho-Publico-nombramiento-TSJ_0_766123520.html.

órgano dependiente y asesor de la Asamblea, integrado además, por diputados quienes por esencia son representantes de la sociedad política, y con manifiestas inclinaciones político partidistas a favor del partido de gobierno, el cual, además, no aseguró el derecho ciudadano a participar en el proceso de selección de magistrados, en violación del 164 de la Constitución.

En segundo lugar, porque para el momento en el cual la Asamblea dio inicio al proceso de selección de magistrados, en octubre de 2015, no existían vacantes en el Tribunal Supremo para ser llenadas, anunciándose, en fraude a la ley, que sin embargo supuestamente se producirían jubilaciones de magistrados pero sin precisión alguna sobre quién tenía derecho a ello.[30] Se buscó forzar así la salida de algunos magistrados para que la Asamblea que finalizaba pudiera hacer nuevas designaciones, anticipándose a la debacle electoral que se sabía que para el gobierno se produciría el 6 de diciembre de 2015, y que luego iba a impedir al partido de gobierno colocar sus fichas en el Tribunal Supremo.

En tercer lugar, porque a pesar de que la Ley Orgánica del Tribunal Supremo de Justicia dispone que el lapso de postulación ante el Comité *"no será mayor de treinta días continuos"* (art. 70), como se estableció en una "reforma legal" que se efectuó mediante la ilegítima "reimpresión" de la Ley en *Gaceta Oficial* en diciembre

---

30 Por ello, los Colegios de Abogados de Amazonas, Anzoátegui, Apure, Aragua, Barinas, Carabobo, Cojedes, Delta Amacuro, Distrito Capital, Falcón, Guárico, Lara, Mérida, Miranda, Monagas, Nueva Esparta, Portuguesa, Sucre, Táchira y Zulia, n Pronunciamiento de diciembre de 2015 expresaron el criterio de que: "en violación del ordenamiento constitucional de la República, la mayoría oficialista desde el mes de octubre pasado, en previsión de la derrota en las elecciones parlamentarias del 6 de diciembre, inició el proceso de nombramiento de nuevos magistrados cuyos períodos no se habían vencido. A estos efectos, el régimen exigió a un importante grupo de esos funcionarios que solicitaran anticipadamente su jubilación, para hacer nuevos nombramientos y garantizar de esta manera doce años más con magistrados sometidos al actual partido de gobierno. Esta conducta desconoce la voluntad popular que se expresó el 6 de diciembre pasado, que exige un cambio en la manera totalitaria de conducir los asuntos públicos por parte de un régimen no interesado en respetar la dignidad de la persona humana, ni el carácter apartidista que deben tener los órganos del Estado y, en particular, del Poder Judicial. La maniobra a que nos referimos, además de ser una burla a la soberanía del pueblo, demuestra el propósito bastardo que persigue el régimen, evidenciado en la violación de normas constitucionales, de la Ley Orgánica del Tribunal Supremo de Justicia y del Reglamento Interno del Comité de Postulaciones Judiciales de la Asamblea Nacional."

de 2010, el Comité, en violación a la misma, otorgó sucesivas prórrogas que excedieron dicho "lapso máximo" y se extendieron hasta el 8 de diciembre, es decir, hasta después de conocerse los resultados de la elección de los diputados a la nueva Asamblea Nacional, que fue cuando se publicó la lista de los postulados; todo lo cual vició el procedimiento, y con ello, la decisión del Comité. Durante esos días, por ello, la Facultad de Ciencias Jurídicas y Políticas de la Universidad Central de Venezuela, el 19 de diciembre de 2015, expresó en Comunicado que:

"Toda esta prisa por designar los magistrados del TSJ por una Asamblea Nacional cuyo mandato legislativo está a pocos días de vencer, en violación flagrante y grotesca de las regulaciones constitucionales y legales sobre la materia, constituye prueba fehaciente que se pretende desconocer el sagrado principio democrático según el cual la soberanía reside en el pueblo. Es claro que los venezolanos expresaron el 6D su más categórico rechazo a la gestión parlamentaria que está por fenecer. El Estado de Derecho significa límites jurídicos al Poder; por eso, toda autoridad usurpada es ineficaz y sus actos son nulos. En Democracia los objetivos no se alcanzan como sea, sino respetando la voluntad popular expresada mediante los cauces legalmente establecidos.[31]

Con ello, la Asamblea que estaba terminando, en virtud de que sus sesiones ordinarias concluyeron el 15 de diciembre de 2015, y ya no podía en ellas nombrar a los magistrados a su gusto, comenzó a preparar el camino para proceder a designarlos en sesiones extraordinarias, a pesar de que ello no podía calificarse de nada extraordinario, y menos para una Asamblea que estaba culminando su período. Todo lo cual evidenció, como lo destacó el *Grupo de Profesores de Derecho Público*, que la verdadera intención de la saliente Asamblea "era asumir ella, directa, desesperada y abusivamente, decisiones que debieron ser consideradas por la Asamblea que se instalará el 5 de enero de 2016."

En cuarto lugar, por violación del procedimiento establecido para la preselección de los candidatos a magistrados por el Comité de Postulaciones, y ello ocurrió, primero, porque la publicación de los preseleccionados efectuada por la Asamblea el 8 de diciembre

---

31 Véase "Designación precipitada de Magistrados del TSJ en contra de la soberanía popular," Caracas 19 de diciembre de 2015, en http://www.ucv.ve/fileadmin/user_upload/facultad_ciencias_juridicas/edrecho/Designaci%C3%B3n__Magistrados_TSJ_2015-.pdf.

de 2015 no hizo mención alguna respecto de cuáles eran las vacantes de magistrados que iban a ser cubiertas, ni sobre cuál era el origen de las postulaciones; segundo porque, debiendo haberse vencido el lapso de impugnaciones de 15 días que se inició con dicha publicación, el día 23 de diciembre, ya la Asamblea, el mismo día 22, constituida en sesión extraordinaria, inició las deliberaciones violando dicho lapso de impugnaciones; tercero, porque el Comité nunca se pronunció sobre las impugnaciones formuladas el día 19 de diciembre, ni por tanto, se le dio el lapso de tres días que los impugnados tenían para responderlas después de vencido el lapso de impugnación. Todo ello implicó la prescindencia total y absoluta del procedimiento prescrito, lo cual vicia el acto de selección de nulidad absoluta.

En quinto lugar, por violación del procedimiento establecido para la selección definitiva de postulados, primero, porque el baremo que el Comité de Postulaciones Judiciales debía aprobar para efectuar una primera preselección, no fue adoptado; segundo, porque dicha primera lista debía conformarse "en orden alfabético" por "cada una de las Salas que conforman el Tribunal Supremo de Justicia," lo que no se hizo; y porque la misma debía haber sido remitida al Comité de Evaluación de Postulaciones del Poder Ciudadano, el cual, dentro de los diez días continuos siguientes a la recepción de la documentación debía haber remitido al Comité una segunda preselección que debía presentarse ante la Asamblea Nacional para la selección definitiva, lo que tampoco se hizo. Todo ello, igualmente implicó la prescindencia total y absoluta del procedimiento prescrito, lo cual vicia el acto de selección de nulidad absoluta, pues sin siquiera esperar al vencimiento del lapso de impugnación, como se dijo, la Asamblea comenzó el 22 de diciembre a deliberar sobre la designación de magistrados.

En sexto lugar, por violación del procedimiento de formación del acuerdo parlamentario para la designación de los magistrados, que en los términos (aún inconstitucionales) de la Ley Orgánica del Tribunal Supremo de Justicia, si no se logra elegirlos con el voto de las 2/3 partes de los diputados, debe convocarse una nueva sesión luego de tres días hábiles. En violación de la Ley, la Asamblea, el día 22 de diciembre, que fue el mismo día de la sentencia de la Sala Constitucional, procedió a convocar dos sesiones extraordinarias por día (cuando conforme al Reglamento debe haber al menos 24 horas entre una y otra) para ser celebradas cada una en dos días: una el mismo día 22 de diciembre (a las 4:00 pm y 8:00 pm) y el 23 de diciembre (a las 9:00 am y 1:00 pm).

La "designación" de magistrados en esa forma, en consecuencia, constituyó un acto nulo, viciado de nulidad absoluta, al haber sido emitido por la Asamblea en violación de la Constitución, de la Ley Orgánica del Tribunal Supremo de Justicia, y además, dictado en fraude a la Constitución y a la voluntad popular, que por tanto, debió ser revocado por la nueva Asamblea Nacional que se instaló el 5 de enero de 2015. La Sala Constitucional, sin embargo, como se verá más adelante, se anticipó a cercenarle inconstitucionalmente a la Asamblea su propio poder de auto-tutela para poder revocar sus actos viciados de nulidad absoluta.

3. ***La legislación apresurada de fin de período con el objetivo fundamental de cercenar las atribuciones a la nueva Asamblea Nacional***

Las sesiones extraordinarias de la Asamblea Nacional, convocadas desde el 22 de diciembre de 2015, y que se extendieron hasta el 4 de enero de 2016, además, fueron ilegítimamente utilizadas con abuso y desviación de poder por la feneciente Asamblea Nacional, para legislar desenfrenadamente, emitiendo sobre todo leyes y reformas de leyes para bloquear o menoscabar los poderes de la nueva Asamblea Nacional; y otro tanto se hizo desde el Poder Ejecutivo, mediante decretos leyes delegados.

A. ***La legislación de última hora sancionada por una Asamblea que fenecía.***

Esa legislación sancionada comprendió las siguientes leyes según aparecieron publicadas en la *Gaceta Oficial*, sin que nadie se hubiese enterado de cuándo, cómo, y en cuales días, en medio de las fiestas navideñas, fueron elaboradas y menos discutidas, sancionadas y promulgadas; y sin que en forma alguna se hubiese dado cumplimiento al artículo 211 de la Constitución que impone a la Asamblea, durante el procedimiento de discusión y aprobación de los proyectos de leyes, el consultar "a los ciudadanos y a la sociedad organizada para oír su opinión sobre los mismos."

Así, en la *Gaceta Oficial* N° 40.817 de 28 de diciembre de 2015, se informó sobre las siguientes once (11) leyes que aparecerían publicadas en la *Gaceta Oficial* Extraordinaria N° 6207 de esa fecha: Código Orgánico Penitenciario; Ley de Telesalud; Ley Orgánica de Recreación; Código de Ética del Juez Venezolano y

Jueza Venezolana; Ley de Creación de la Comisión Nacional de Derecho Internacional Humanitario; Ley de Protección al Nombre y Emblema de la Cruz Roja; Ley de Calidad de las Aguas y del Aire; Ley Orgánica del Servicio de Bombero y de los Cuerpos de Bomberos y Bomberas y Administración de Emergencias de Carácter Civil; Ley de Comunicación del Poder Popular; Ley de Semillas; Ley de Reforma Parcial de la Ley Orgánica de la Defensa Pública; Ley de Disciplina Militar.

Igualmente se informó sobre la sanción de quince (15) leyes aprobatorias de Protocolos, Memorándum de Entendimiento, Convenios y Acuerdos internacionales que aparecerían publicadas en la *Gaceta Oficial* Extraordinaria N° 6208 de la misma fecha del 28 de diciembre de 2015.

Posteriormente, en *Gaceta Oficial* N° 40.819 de 30 de diciembre de 2015, se anunció la sanción y promulgación de otras ocho (8) leyes, igualmente aprobatorias de Acuerdos, Protocolos, Memorándum de Entendimiento y Convenciones internacionales.

B. *La legislación delegada (decretos leyes) apresurada para complementar el cercenamiento de atribuciones a la nueva Asamblea Nacional*

Durante los últimos días de diciembre de 2015, igualmente, quien ejerce la Presidencia de la República, de manera desesperada, como si nunca antes hubiera legislado por decreto en virtud de sucesivas delegaciones legislativas de la entonces servil y feneciente Asamblea Nacional, o consciente de que la posibilidad de "gobernar" sin control podía tener sus días contados después de años de desgobierno, emitió una serie de decretos leyes inconstitucionales sin habilitación legislativa alguna.

Los decretos leyes, en efecto, fueron dictados en supuesta ejecución de la llamada "Ley Habilitante antiimperialista para la Paz," es decir, de la "Ley que autoriza al Presidente de la República para dictar decretos con rango, valor y fuerza de ley en las materias que se delegan para la garantía reforzada de los derechos de soberanía y protección del pueblo venezolano y el orden constitucional de la República,"[32] cuya motivación no autorizaba al Presidente para legislar en diciembre como lo hizo.

En efecto, dicha Ley Orgánica fue sancionada en marzo de 2015 en un marco específico de carácter político internacional, co-

---

32   Véase en *Gaceta Oficial* N° 6178 Extra de 15-3-2015.

mo consecuencia de la adopción por el Presidente de los Estados Unidos de América, Barak Obama, de una Orden Ejecutiva estableciendo una serie de sanciones, no contra Venezuela, sino contra un grupo de funcionarios públicos venezolanos.[33] Como protesta ante esa decisión, quien ejerce la Presidencia de la República presentó ante la Asamblea Nacional el proyecto de dicha Ley, instándola a dictar una Ley Orgánica que lo habilitara a dictar leyes para la defensa de la soberanía nacional y la protección del pueblo venezolano, que fue la que se sancionó.

Dicha Ley estuvo precedida de una Exposición de Motivos que repitiendo y transcribiendo los principios relativos a la República y al Estado insertos en el articulado de la Constitución de 1999, se refirió a lo que consideró como "un hecho sin precedentes en la historia republicana contemporánea de Venezuela," como había sido la amenaza de "la tranquilidad de la República mediante una legislación foránea injerencista, completamente contraria a nuestro marco constitucional y ajena al derecho Internacional Público que rige las relaciones entre los Estados," proferida por:

"la insólita declaratoria decretada por la presidencia de los Estados Unidos de América que pretende excusar su actuación imperialista, injerencista y lesiva, en la insólita e inconsistente especie según la cual Venezuela constituiría una amenaza inusual y extraordinaria a la seguridad nacional y política exterior de los Estados Unidos."

Dicha "amenaza," a juicio de la Asamblea Nacional, teniendo en cuenta las obligaciones del Presidente de la República, fue lo que justificó la necesidad de sancionar la mencionada Ley habilitante "con el propósito de asegurar el cumplimiento más eficaz del orden constitucional ante tales circunstancias extraordinarias," considerando que frente a los logros democráticos y civilizatorios de los países y sus soberanías:

"irrumpen fuerzas maniqueas a la zaga de formas opacas del orden financiero mundial o de carácter belicista transfronteras, que actúan mediante factores externos o internos, con el pretendido fin de debilitar las soberanías nacionales mediante atentados contra proce-

---

33 Véase sobre ello los comentarios de J. Gerson Revanales M., "Comentarios sobre la Orden Ejecutiva 13.692 del Presidente de los Estados Unidos de América de fecha 8 de marzo de 2015, sobre sanciones a funcionarios venezolanos (un expediente en defensa de la democracia)," en *Revista de Derecho Público*, N° 141, Editorial Jurídica Venezolana, Caracas 2015, pp. 137 ss.

sos constitucionales populares de auténtico talante democrático de libertad e independencia."

Luego, al referirse de nuevo a los principios constitucionales sobre el orden internacional para la preservación de la paz, considerando que el respeto mutuo entre los países "es un escudo para la paz y ante el abuso es deber constitucional hacerlo real," en la Exposición de Motivos de la Ley Orgánica se argumentó sobre "la falsa excusa, increíble de suyo, de que Venezuela pudiere llegar a ser amenaza a la seguridad de cualquier país y mucho menos de uno como Estados Unidos de América," considerando que ello no resistía "el más mínimo análisis" advirtiendo "cómo cualquier atentado imperialista contra cualquier país de la región, en este caso contra Venezuela, constituye un grave atentado contra la paz en la región y atenta contra el mantenimiento de la paz mundial."

Por lo anterior, se consideró necesario conforme a lo dispuesto en la Constitución activar "medidas precautelares y asegurativas de carácter legislativo" consistente en una "*normativa extraordinaria necesaria como consecuencia de la necesidad de aportar una garantía reforzada ante las circunstancias extraordinarias planteadas por esta amenaza explícita dirigida contra el país y sus consecuencias humanas y sociales.*" De allí la solicitud ejecutiva de que se sancionase una ley habilitante para en definitiva, supuestamente aplicar la Constitución particularmente en materia de relaciones internacionales, para lo cual de nuevo se repitieron y copiaron los principios fundamentales que establece, y además, y quizás aquí la esencia de la delegación delegada:

> "normar las directrices dirigidas al fortalecimiento del sistema de responsabilidades civiles, administrativas y penales a que hubiere lugar en resguardo de los principios, valores y reglas constitucionales enunciados."

Con ello, como se repitió en la Exposición de Motivos, lo que se buscó fue establecer, mediante la Ley habilitante dictada como "urgencia nacional" y "de conformidad con el orden constitucional," fue una delegación legislativa en el Ejecutivo Nacional autorizándolo a establecer:

> "normativas dirigidas al establecimiento administrativo y/o judicial conformes con el orden constitucional de las responsabilidades civiles, administrativas y penales de todos los que hayan incurrido o incurran en ilícitos que hayan afectado o afecten el patrimonio de la República, el orden constitucional y de los derechos humanos y sobe-

ranos del pueblo venezolano, así como su seguridad alimentaria, energética, ambiental, humana, y del ejercicio de sus derechos y deberes vinculados, así como al establecimiento de directrices en tales materias."

Con tales motivos, la "Ley Habilitante Antiimperialista para la Paz," en definitiva, autorizó al Presidente de la República en su artículo 1, para "dictar o reformar leyes en el ámbito de la libertad, la igualdad, justicia y paz internacional, la independencia, la soberanía, la inmunidad, la integridad territorial y la autodeterminación nacional," es decir, la Asamblea Nacional delegó en el Presidente de la República la potestad legislativa para dictar o reformar leyes en materialmente todos, absolutamente todos los ámbitos regulados en la Constitución, siempre por supuesto sujeto a la motivación de la Ley, es decir, la "*garantía reforzada ante las circunstancias extraordinarias planteadas por esta amenaza explícita dirigida contra el país y sus consecuencias humanas y sociales,*" desde el día 15 de marzo hasta el 31 de diciembre de 2015, enumerándose además, las siguientes materias que de nuevo, si bien se refieren materialmente a todo lo que se regula en la Constitución, están circunscritas a las circunstancias que motivaron la Ley conforme se expresa en la Exposición de Motivos:

1. Reforzar la garantía del ejercicio de los principios constitucionales de soberanía y autodeterminación de los pueblos; protección contra la injerencia de otros estados en asuntos internos de la República, acciones belicistas, o cualquier actividad externa o interna, que pretenda violentar la paz, la tranquilidad pública y el funcionamiento de las instituciones democráticas, por un mundo más seguro.

2. Protección del Pueblo y de todo el Estado frente a actuaciones de otros países o entes económicos o financieros transnacionales, o de factores internos, dirigidas a perturbar o distorsionar la producción, el comercio el sistema socioeconómico o financiero, así como los derechos y garantías asociados.

3. Eficacia del principio democrático de participación protagónica y el valor de la solidaridad colectiva en la defensa y prevención del orden constitucional, contra tales amenazas, acciones y sus posibles consecuencias, en garantía de los derechos de todos los habitantes de la República.

4. Fortalecer las alianzas estratégicas de la República Bolivariana de Venezuela con los países hermanos de la América Latina y el Caribe, estableciendo coaliciones que consoliden la soberanía regional,

en resguardo a la dignidad de todos los pueblos del continente americano.

5. Normar las directrices dirigidas al fortalecimiento del sistema de responsabilidades civiles, administrativas y penales a que hubiere lugar en resguardo de los principios, valores y reglas constitucionales enunciados en esta Ley.

De todas estas materias, llama la atención la amplia delegación legislativa para establecer supuestos de responsabilidad civiles, incluso distintos a los previstos en el Código Civil; y de faltas administrativas que originen responsabilidades administrativas, distintas incluso a las previstas en la Ley sobre el Estatuto de la Función Pública; y tipos penales, es decir delitos, originadores de responsabilidades penales, con las sanciones correspondientes en cada caso. Esta fue la verdadera esencia de la Ley, que la convertía en un instrumento peligroso en manos de un gobierno autoritario, pues era una carta blanca para sancionar a los ciudadanos, precisamente vulnerando todos los principios, valores y reglas constitucionales que se repiten una y otra vez en el texto de la Ley y de su Exposición de Motivos.

Tres meses después de sancionada la Ley habilitante, el Presidente de la República dictó el primero de los Decretos Leyes habilitados, el Decreto Ley N° 1860 contentivo de la "Ley para la soberanía territorial y la paz" de 6 de julio de 2015, la cual aun cuando fue publicada en *Gaceta Oficial* de 13 de julio de 2015, en su propio texto se dispuso que había entrado en vigencia a partir del 6 de julio del año 2015,[34] es decir, con carácter retroactivo, lo que la hizo inconstitucional *in limene*.

A pesar de lo peligroso de la Ley Habilitante, sin embargo, este primer decreto ley no pasó de ser un texto legal absolutamente inútil, pues para regular lo que contiene, que fue la creación de una Comisión o Consejo Permanente para la coordinación de políticas públicas, no era necesario dictar una "ley," y bastaba recordarse que los artículos 72 y 73 de la Ley Orgánica de la Administración Pública atribuyen esa competencia al Presidente de la República para ser ejercida mediante decreto.

La Ley habilitante de marzo de 2015, sin embargo, no volvió a utilizarse, y en evidente desviación de poder, se utilizó en los últimos días de diciembre de 2015 por el Presidente de la República,

---

34   Véase *Gaceta Oficial* N° 40.701 del 13 de julio de 2015.

para dictar toda suerte de decretos leyes, cuyo contenido fue contrario abiertamente al motivo y propósito de la Ley Habilitante, lo que las hizo totalmente inconstitucionales, pues por más amplio que pudo haber sido el enunciado de las normas de la Ley, todos los decretos leyes habilitados debían siempre respetar el propósito y razón de la habilitación legislativa que se plasmó en la Exposición de Motivos de la Ley.

Dichas leyes habilitadas, dictadas mediante decretos leyes, a la carrera, en los últimos días de diciembre fueron, en efecto, las siguientes:

Según se informó en la *Gaceta Oficial* N° 40817 de 28 diciembre de 2015, se anunció la publicación en la *Gaceta Oficial* Extraordinaria N° 6.207 de la misma fecha, de la Ley de Inamovilidad Laboral (Decreto Ley N° 2.158).

Posteriormente, luego de anuncios públicos efectuados el 29 de diciembre de 2015,[35] en *Gaceta Oficial* N° 40.818 de ese mismo día 29 diciembre de 2015, se anunció que en la *Gaceta Oficial* N° 6.209 Extraordinaria, se publicarían los siguientes Decretos ley: Ley de los Consejos Presidenciales de Gobierno del Poder Popular. (Decreto ley N° 2.161);[36] Ley para la Preservación del Cuartel de la Montaña y su Memoria Histórica (Decreto ley N° 2.164); y Ley Orgánica de Seguridad Social de la Fuerza Armada Nacional Bolivariana, Ley Negro Primero (Decreto ley N° 2.166).

Luego, en la *Gaceta Oficial* N° 40.819 del 30 de diciembre de 2015, se anunció que en *Gaceta Oficial* Extraordinaria N° 6210 de

---

35 Véase la noticia en "Estos fueron los Decretos Leyes promulgados por Maduro este 29 D." *Maduro indicó que la nueva Asamblea Nacional iba a atentar contra los beneficios de los trabajadores, por lo que blindó los beneficios destinados al pueblo venezolano.* En http://www.ultimasnoticias.com.ve/noticias/actualidad/politica/estos-fueron-los-decretos-leyes-promulgados-por-ma.aspx#ixzz3vp0503mu

Leer más en: http://www.ultimasnoticias.com.ve/noticias/actualidad/politica/estos-fueron-los-decretos-leyes-promulgados-por-ma.aspx#ixzz3vpLohKrI

36 Llamó la atención que en la información sobre la emisión de este decreto ley quien ejerce la presidencia hubiese dicho: "Ley de Consejos Presidenciales Populares: "Esta instancia es más que un Consejo de Ministros. En este Decreto ley está Contemplado el Consejo Popular de Estado que empodera al pueblo y cuya definición jurídica pidió a la Primera Combatiente Cilia Flores, quien es abogada, y al abogado constitucionalista Hermann Escarrá." Véase en *Idem*. Esto significó que al anunciarse el Decreto en la propia Gaceta, el contenido del mismo aún no estaba definido

la misma fecha se publicarían los siguientes Decretos Leyes: Ley de Reforma Parcial del Decreto con Rango Valor y Fuerza de Ley de Impuesto Sobre la Renta (Decreto ley N° 2.163); Ley Orgánica que Reserva al Estado las Actividades de Exploración y Explotación del Oro y demás Minerales Estratégicos (Decreto ley N° 2.165); Ley del Régimen Cambiario y sus Ilícitos (Decreto ley N° 2.167); Ley de Impuesto a las Grandes Transacciones Financieras (Decreto ley N° 2.169); Ley Orgánica de Fronteras (Decreto ley N° 2.170); Ley Orgánica para el Desarrollo de las Actividades Petroquímicas (Decreto N° 2.171); Ley Orgánica de la Procuraduría General de la República (Decreto ley N° 2.173); Ley Orgánica de la Administración Financiera del Sector Público (Decreto ley N° 2.174); Ley del Estatuto de la Función Policial (Decreto ley N° 2.175); y Ley de Mercado de Valores (Decreto ley N° 2.176).

En la misma *Gaceta Oficial* N° 40.819 del 30 de diciembre de 2015, se anunció que en *Gaceta Oficial* Extraordinaria N° 6211 de la misma fecha se publicarían los siguientes Decretos Leyes: Ley del Servicio Nacional Integrado de Administración Aduanera y Tributaria (SENIAT).- (Decreto ley N° 2.177); Ley de la Actividad Aseguradora (Decreto ley N° 2.178); y Ley Orgánica de Reforma de la Ley del Banco Central de Venezuela (Decreto ley N° 2.179)[37].

Como se dijo, en buena parte, toda esta apresurada legislación tuvo por objeto eliminar competencias que en las leyes se habían atribuido a la Asamblea Nacional, lo que por ejemplo, resultó claro en la última de las leyes mencionadas, la del Banco Central de Ve-

---

37   Gustavo Linares Benzo expresó: "La reforma, publicada hace dos días, prescinde de la obligatoriedad de la Asamblea Nacional de nombrar a los dos directores del BCV que por ley tenía entre sus deberes y deja esta facultad en manos del presidente de la República. También estipula que la información de los índices macroeconómicos del país podrá ser secreta o confidencial si así lo consideraran las autoridades del BCV. También abre la facultad de que el instituto emisor sea utilizado como financista del gobierno sin control de ningún órgano contralor. Linares Benzo afirmó que la reforma contradice lo establecido en la Constitución, pues la carta magna expresa en la disposición transitoria 4° en el tercer párrafo del numeral 8 lo siguiente: "La ley establecerá que al Poder Ejecutivo corresponderá, la designación del presidente o presidenta del Banco Central de Venezuela y, al menos, de la mitad de sus directores o directoras; y establecerá los términos de participación del Poder Legislativo nacional en la designación y ratificación de estas autoridades". "Reforma de la Ley del BCV es inconstitucional", en *Capriles.TV Noticias*, 6 de enero de 2016, en http://caprilesnoticias.com/index.php/noticias/economia/item/10460?platform=hootsuite

nezuela, tal como lo reseñó, incluso la prensa extranjera,[38] y se comenta más adelante.

Sin embargo, ninguna de esas leyes dictadas por decreto ley guardó relación alguna con el propósito y razón de la Ley Habilitante de marzo de 2015 ("Ley Habilitante Antiimperialista para la Paz"), dictada como reacción a la sanción que un órgano de un Estado extranjero impuso a un grupo de funcionarios venezolanos. Ello, sólo, las vició de inconstitucionalidad; vicio que sin embargo fue imposible de poder ser denunciado ni controlado, por la sumisión total de la Sala Constitucional al gobierno.

---

38 En *El País*, por ejemplo, se informó que "Solo un día antes de que tomara posesión la nueva Asamblea Nacional, en la que la oposición venezolana goza de mayoría abrumadora, el presidente, Nicolás Maduro, apuró los poderes que le había facilitado el anterior Parlamento chavista para reformar la Ley del Banco Central. Según la medida adoptada por el mandatario, la institución perderá la poca independencia con la que contaba y pasará a depender directamente del Gobierno y no de la Cámara, como hasta ahora. [...] La reforma adoptada *in extremis* por el Gobierno chavista también ha arrebatado a la nueva Asamblea Nacional la facultad de elegir al presidente o al directorio de la institución. Ahora, será el presidente del país quien designe, para un periodo de siete años, al responsable del Banco Central." Véase en "Maduro arrebata poderes al Parlamento sobre el Banco Central," *El País*, 5 de enero de 2016, en http://internacional.elpais.com/internacional/2016/01/05/actualidad/1451989098_660950.html#?ref=rss&format=sim ple&link=link Igualmente en "Maduro elimina facultades del Parlamento a la hora de nombrar directores del Banco Central," *ABC Internacional*, 5 de enero de 2016, en http://www.abc.es/internacional/abci-maduro-elimina-facultades-parlamento-hora-nombrar-directores-banco-central-201601052000_noticia.html.

TERCERA PARTE
EL DESCONOCIMIENTO JUDICIAL DE LA ELECCIÓN POPULAR DE DIPUTADOS

I. "GOLPE JUDICIAL" PÍRRICO DADO CONTRA LA MAYORÍA CALIFICADA DE LA OPOSICIÓN EN LA NUEVA ASAMBLEA NACIONAL

1. El intento de golpe judicial electoral

Con la decisión de la Sala Constitucional No. 1.758 de 22 de diciembre de 2015, antes comentada, de interpretar el alcance de la "extensión" de las actuaciones de la Asamblea Nacional en sesiones extraordinarias, la misma, en realidad, se adelantó a los acontecimientos que habían sido anunciados por diversos personeros del gobierno en el sentido de que se buscaría obstaculizar la instalación de la nueva Asamblea nacional el 5 de enero de 2016.

Para ello, en la antes mencionada sentencia de la Sala Constitucional Nº 1.758 de 22 de diciembre de 2015[1] se procedió a "decretar" de antemano la posibilidad inconstitucional de una especie de "extensión" del período constitucional de la feneciente Asamblea Nacional - que era fijo y que terminaba el 4 de enero de 2016 - sugiriendo que podía hasta ser más allá de esa fecha, hasta "el día inmediatamente anterior al que se instale la nueva Asamblea Nacional."

Ello incluso dejó abierto un margen de maniobra para tratar de impedir que la nueva Asamblea Nacional se llegase a instalar, por la petición que formularon miembros del partido de gobierno el día 28 de diciembre de 2015, ante la Sala Electoral del Tribunal Supremo de Justicia, impugnando las elecciones parlamentarios en siete cir-

---

1   Véase en http://historico.tsj.gob.ve/decisiones/scon/diciembre/184220-1758-221215-2015-2015-1415.HTML.

cuitos electorales en los cuales los candidatos a diputados de la oposición habían ganado por estrecho margen (Circunscripción 01 del estado Amazonas, la Circunscripción 02 en el estado Yaracuy, para la representación indígena de la región Sur y para la Circunscripción 02, 03 y 04 del estado Aragua),[2] y el día 29 de diciembre de 2015, al impugnarse la totalidad de la elección de diputados en el Estado Amazonas.[3]

Para materializar las aviesas intenciones del gobierno, la Sala Electoral del Tribunal Supremo integrada en su totalidad por magistrados miembros del partido oficial (alguno, incluso recién nombrado, luego de ser candidato perdedor de dicho partido en las elecciones del 6 de diciembre)[4] que había entrado en vacaciones judiciales luego de las elecciones parlamentarias, resolvió como por arte de magia suspender "sus vacaciones para recibir los recursos del Partido Socialista Unido de Venezuela," y proceder a dar despacho "los días 28, 29 y 30 de diciembre;" todo ello a los efectos de admitir las acciones interpuestas y proceder a decidir sobre los amparos cautelares y medida de suspensión de efectos formulados contra los actos de votación de las elecciones de diputados en los circuitos impugnados

Como consecuencia de las impugnaciones mencionadas, la Sala Electoral según se anunció en la página web del Tribunal Supremo de Justicia, el 30 de diciembre de 2015 en horas de la tarde, procedió a dictar las sentencias N° 254 (Caso: *Pedro Luis Cabello Hermoso, Elecciones diputados en la Circunscripción Electoral N° 1 Estado Amazonas*), N° 255 (Caso: *Néstor Francisco León Heredia, Elecciones Diputados en la Circunscripción Electoral N° 2, Estado Yaracuy*), N° 256 (Caso. *Esteban Argélio Pérez Ramos, Elecciones Diputados, por la representación indígena a la Asamblea Nacional Región Sur*); N° 257 (Caso: *Sumiré Sakura del Carmen Ferrara Molina y Pedro Luis Blanco Gutiérrez, Elecciones de Diputados Circunscripción Electoral N° 2, Estado Aragua*); N° 258 (Caso:

2　　Véase en http://www.notiminuto.com/noticia/psuv-introdujo-nuevos-recursos-ante-el-tsj-por-resultado-del-6d/#

3　　Véase en http://www.lapatilla.com/site/2015/12/30/nueva-impugnacion-se-suma-a-recursos-del-psuv-contra-resultados-del-6d/260　　(Caso　*Estado Amazonas*).

4　　En la Sala Electoral se designó como magistrado al ex diputado por el Partido Socialista Unido de Venezuela, Christian Zerpa. Véase en http://versionfinal.com.ve/politica-dinero/calixto-ortega-y-christian-zerpa-entre-magistrados-principales-del-tsj/.

Rosa Del Valle León Bravo, Elecciones de Diputados, Circunscripción Electoral Nº 3, Estado Aragua); Nº 259 (Caso: *Elvis Eduardo Hídrobo Amoroso e Hipólito Antonio Abreu Páez, Elecciones de Diputados, Circunscripción Electoral Nº 4, Estado Aragua*); y Nº 260 (Caso: *Nícia Marina Maldonado, contra el acto de votación de las elecciones parlamentarias del estado Amazonas*) mediante las cuales admitió los recursos interpuestos.

En los siete primeros casos, siempre según los anuncios, la Sala Electoral declaró improcedente la solicitud de medida cautelar de suspensión de efectos; pero en cambio, en el último de los recursos, el relativo a las elecciones en el Estado Amazonas, en relación con la solicitud de amparo cautelar, la Sala Electoral mediante la mencionada sentencia Nº 260 de 30 de diciembre de 2015 (Caso: *Nicia Marina Maldonado Maldonado vs. Elecciones Estado Amazonas*)[5] la declaró procedente (declarando a la vez inoficioso el pronunciamiento respecto de la solicitud de suspensión de efectos), ordenando en consecuencia, "de forma provisional e inmediata la suspensión de efectos de los actos de totalización, adjudicación y proclamación" dictados por los órganos electorales respecto de todos los diputados electos en el Estado[6] que fueron cuatro, tres por la oposición democrática y uno por el oficialismo.

Las sentencias fueron totalmente clandestinas, no sólo porque su texto no se conoció sino hacia mediodía del día 4 de enero de 2016, sino porque ni siquiera las demandas se pudieron conocer por los interesados representantes de la Mesa de la Unidad Democrática.[7] Ésos, en efecto, acudieron incluso ante la Sala Electoral pero no

---

5   Véase en http://historico.tsj.gob.ve/decisiones/selec/diciembre/184227-260-301215-2015-2015-000146.HTML.

6   Véase en http://historico.tsj.gob.ve/decisiones/selec/diciembre/184227-260-301215-2015-2015-000146.HTML. Véase sobre esta sentencia Nº 260 los comentarios en Allan R. Brewer-Carías, "El "golpe judicial" pírrico, o de cómo la oposición seguirá controlando la mayoría calificada de la Asamblea Nacional, 31 de diciembre de 2015, véase en http://www.allanbrewercarias.com/Content/449725d9-f1cb-474b-8ab2-41efb849fea3/Content/Brewer.%20EL%20%E2%80%9CGOLPE%20JUDICIAL%E2%80%9D%20P%C3%8DRRICO.%2031-12-2015, pdf.

7   La sentencia salió sin que los representantes de la Mesa de la Unidad Democrática siquiera hubiesen sido recibidos por los magistrados de la Sala Electoral, los cuales incluso fueron recusados antes de dictar sentencia; recusación que fue ignorada en la misma. Véase en "MUD recusó a magistrados de la Sala Electoral en el caso de impugnaciones," en Beatriz Arias Contreras, *El Nuevo País. Zeta*, 30 de diciembre de 2015, en http://enpaiszeta.com/11669-2/. Con razón podía hasta dudarse no sólo sobre

fueron atendidos por los Magistrados,[8] lo que permitía dudar del hecho mismo de que los mismos hubiesen retornado de sus vacaciones para impartir la "justicia vacacional" que se anunció.

En todo caso, como consecuencia de estas impugnaciones, el Secretario General de la Mesa de la Unidad Democrática se dirigió al Secretario General de la Organización de Estados Americanos, mediante comunicación del mismo día 30 de diciembre de 2015, denunciando la maniobra, y advirtiéndole que el camino pacífico que se había seguido con el triunfo electoral, a pesar de todas las ventajas del oficialismo, estaba en peligro, colocándose "al país entero al filo del desastre" ante lo que calificó como un "golpe de Estado judicial," agregando que:

> "Desafiando la voluntad del pueblo expresada en las urnas, y utilizando un poder judicial colonizado por el partido de gobierno, el oficialismo hoy pretende desconocer los resultados electorales que ellos mismos reiteradamente llamaron a respetar. Incumpliendo lapsos, violentando instancias, poniendo a decidir a magistrados que son al mismo tiempo juez y parte, el oficialismo pretende impugnar un grupo de diputados, alterando así la composición que el Soberano decidió que tuviera el nuevo Parlamento."[9]

En todo caso, la reacción inicial ante el anuncio que aparecía en la página web del Tribunal Supremo sobre que se había suspendido la proclamación de los diputados ya proclamados en el Estado Amazonas, fue su total improcedencia e inejecutabilidad porque los efectos ya cumplidos de unos actos no pueden "suspenderse," por-

---

si las sentencias en realidad existían, sino sobre si efectivamente los magistrados volvieron de sus vacaciones.

8 El diputado Ismael García indicó que tras horas de espera ningún magistrado del Tribunal Supremo de Justicia atendió a los representantes de la MUD que se acercaron para pedir copia de los recursos suspensión de efectos contra el acto de votación de las elecciones parlamentarias en circuitos de Aragua, Amazonas, Yaracuy y la representación indígena de la región sur. "Nos retiramos del TSJ sin ser atendidos por ningún magistrado de la Sala electoral y sin conocer el expediente. ¿Cuál Justicia?", manifestó el parlamentario a través de su cuenta en Twitter. Yalezsa Zavala / Véase en "Magistrados de la Sala Electoral del TSJ no atendieron a representantes de la MUD. En Noticiero Digital.com. 30 dic 2015, en http://www.noticierodigital.com/2015/12/magistrados-de-la-sala-electoral-del-tsj-no-atendieron-a-representantes-de-la-mud/

9 Véase en https://www.yahoo.com/news/venezuela-opposition-warns-judicial-coup-maduro-185351061.html

que en definitiva, como con razón se dijo, en realidad ya no habría "efectos que suspender."[10] Sin embargo, lo cierto fue que judicialmente la decisión lo que pretendió crear fue un vacío en la representación democrática, así fuera "provisional," respecto de cuatro diputados, similar al que se produciría cuando se decreta la nulidad de la elección. Por ello, la Mesa de la Unidad Democrática, frente a este atropello, se pronunció expresando lo siguiente:

"*Un TSJ vacacional no puede* mutilar *la representación nacional elegida por el pueblo soberano.* Una Sala Electoral con la mayoría de sus miembros titulares de viaje [ausentes], incorporando a otros de reciente y aún más dudosa legitimidad en su designación, no está en capacidad de vulnerar, modificar o cercenar al Poder Legislativo escogido mediante el voto popular. La insólita decisión del TSJ que deja sin representación parlamentaria a todo el Estado Amazonas es una declaración de rebeldía de la burocracia derrotada frente a la legítima decisión del pueblo. Es esa burocracia derrotada la que se ha colocado al margen de la Ley, de la Constitución y del mismo sentido común. Aquí no estamos en presencia de un enfrentamiento entre el Poder Judicial y el Poder Legislativo. Aquí lo que está en abierto conflicto es el Poder del Pueblo que con sus votos decidió que quiere cambio, y el declinante poder de una burocracia que antes no tenía pueblo y ahora tampoco tiene legitimidad.

La Mesa de la Unidad Democrática ratifica al pueblo venezolano que no permitiremos que su voluntad y su voto sea irrespetado. Todos los diputados de la Unidad Democrática han sido electos por el Soberano, mientras que alguno de los magistrados que perpetró esta agresión a la voluntad del pueblo se eligió a sí mismo. Esto da una idea de la inmensa crisis de ilegitimidad que atraviesa el régimen. Reiteramos que con la fuerza de la Constitución, con la fuerza de la Ley y la fuerza del pueblo, los 112 diputados de la Unidad Democrática tomarán posesión el próximo 5 de Enero."[11]

---

10 Por ello José Ignacio Hernández agregó que: "la Sala Electoral no puede, en virtud de una medida cautelar, modificar los efectos jurídicos de esa proclamación y "suspender" el mandato popular de representación ya perfeccionado, pues los efectos de la proclamación ya se cumplieron." Véase "Luego de los 4 diputados suspendidos por el TSJ: ¿Qué va a pasar?," en *Prodavinc*i, 30 de diciembre de 2015, en http://proda-vinci.com/blogs/luego-de-los-4-diputados-suspendidos-por-el-tsj-que-va-a-pasar-por-jose-ignacio-hernandez/

11 Véase en http://www.lapatilla.com/site/2015/12/30/mud-rechaza-sentencia-del-tsj-la-burocracia-derrotada-se-declara-en-rebeldia-ante-decision-del-

En todo caso, lo importante frente a la decisión de la Sala Electoral, considerando que no era más que otro signo de la crisis terminal del régimen que había que enfrentar en todos los terrenos democráticos, porque no se podía cercenar la voluntad popular expresada por el pueblo en las elecciones, y dejar a un Estado de la República sin representación en la Asamblea; era determinar cuáles eran efectivamente los efectos jurídicos de la decidida *"suspensión de efectos de los actos de totalización, adjudicación y proclamación* en el Estado Amazonas," que no eran definitivamente los que buscó la "burocracia derrotada," para usar la expresión de la MUD.

Lo decidido por la Sala Electoral, en realidad, en cuanto a sus efectos jurídicos, en la práctica equivalía a una especie de "revocación provisional" del mandato popular de los diputados, que dejaba "provisionalmente" sin representación en la Asamblea a todo el Estado Amazonas. Independientemente de que ello era inadmisible pues era contrario el principio democrático, se trataba de una medida que producía un efecto similar -aun cuando "provisional"- al de la anulación de la elección que pudiera decidir la Sala Electoral. En esos casos de anulación, mientras se produce una nueva elección y se restablece la totalidad del número de representantes previstos legalmente, el cuerpo representativo de que se trate tiene que funcionar con los que lo integran efectivamente como consecuencia de la elección; siendo en relación con esa integración como tenían en este caso que calcularse las mayorías requeridas para su funcionamiento.

Y así, si se analiza la integración de la Asamblea Nacional luego de la sentencia de la Sala Electoral del 30 de diciembre de 2015, lo cierto es que con la misma se mutiló "provisionalmente" la representación popular en la misma, al "suspenderse" la proclamación de cuatro diputados; pero con la misma, en realidad no se afectó en forma alguna la mayoría calificada que tenían los partidos agrupados en la MUD en la Asamblea. Es decir, lo que perseguían los impugnadores con las demandas, y lo que quizás persiguió la sentencia de la Sala Electoral, de afectar la mayoría calificada que ganó la oposición democrática en la Asamblea no lo lograron. Por ello hablamos de "golpe judicial pírrico."

---

pueblo-comunicado/. Igualmente véase el Comunicado en "MUD: Los 112 diputados tomarán posesión el 5 de enero," en *El Nacional*, 31 de diciembre de 2105, en http://www.el-nacional.com/politica/MUD-diputados-tomaran-posesion-enero_0_766723344.html

En efecto, según el resultado de las elecciones del 6 de diciembre, de los 167 diputados electos, la MUD sacó 112 y el gobierno 55 diputados. Esa integración fue la que fue afectada por la sentencia, de manera que como consecuencia de la misma, si era acatada después de la instalación de la Asamblea Nacional el 5 de enero de 2016, el número total de diputados como consecuencia de la "suspensión provisional" de la representación del Estado Amazonas decretada judicialmente sería de 163 diputados y no de 167, que fueron los originalmente electos. Y sobre esa cifra que es la totalidad de los diputados electos, excluyendo los electos en el Estado Amazonas, cuya proclamación fue suspendida, es que entonces debía calcularse la mayoría calificada, resultando entonces que la oposición democrática, con 109 diputados en relación a los 54 del gobierno, continuaba controlando la mayoría calificada de la Asamblea que el pueblo le dio.

2. *La consecuencia del irresponsable intento de "golpe judicial" electoral, y la necesaria revocación inmediata de la inconstitucional "designación" de los magistrados de la Sala Electoral efectuada por la Asamblea moribunda*

Lo que ocurrió con el intento fallido de "golpe judicial" electoral que pretendió afectar la instalación de la Asamblea Nacional el 5 de enero de 2016, con el "anuncio" publicado el miércoles 30 de diciembre de 2015 en la página web del Tribunal Supremo de Justicia, sobre la supuesta sentencia emitida por la Sala Electoral N° 260 (Caso: *Nicia Marina Maldonado vs. el acto de votación de las elecciones parlamentarias del Estado Amazonas*), como antes expresamos, no fue más que un signo más, evidente, de que la primera tarea que tenía por delante la nueva Asamblea Nacional, era el restablecimiento de la institucionalidad democrática del país[12] mediante la

---

12   Véase Allan R. Brewer-Carías, "El primer paso para la reconstrucción de la democracia: El restablecimiento de la legitimidad democrática de todos los poderes públicos. Sobre porqué la nueva Asamblea Nacional debe proceder a revocar los írritos actos de nombramiento de los titulares del Poder Ciudadano (Fiscal General, Contralor General, Defensor del Pueblo), del Poder Judicial (magistrados del Tribunal Supremo y del Poder Electoral (rectores del Consejo Nacional Electoral), y proceder, elegir como Cuerpo Electoral de segundo grado" New York, 10 de diciembre 2015, en http://www.allanbrewercarias.com/Content/449725d9-f1cb-474b-8ab2-41efb849fea3/Content/Brewer.%20PRIMER%20PASO%20%20RECONST RUCCI%C3%93N%20DE%20LA%20DEMOCRACIA.%20ELECCI%C3 %93N%20DE%20LOS%20TITULARES%20DE%20LOS%20PODERES% 20P%C3%9ABLICOS.%20dic%202015.pdf

necesaria "elección" popular de los titulares de los Poderes Públicos, por la propia Asamblea actuando como Cuerpo Elector de segundo grado con el voto de la mayoría calificada que exige la Constitución.

Y ello lo debió haber comenzado a realizar la Asamblea, en forma ineludible y urgente, con la previa revocación de la inconstitucional "designación" efectuada por la anterior Asamblea ya feneciente de dichos Magistrados del Tribunal Supremo de Justicia, tanto en diciembre de 2014 y diciembre de 2015.[13]

Ese intento de golpe judicial anunciado en forma por demás irresponsable por la Sala Electoral el 30 de diciembre de 2015, por supuesto no fue más que una muestra adicional de la permanente e inconstitucional intervención y "depuración" del Poder Judicial venezolano conducida a mansalva desde el gobierno durante los quince años precedentes, comenzando por el Tribunal Supremo, que es lo que ha originado la irregular situación de politización del mismo.

No debe extrañar, por tanto, que por ello, los magistrados de la Sala Electoral del Tribunal Supremo, todos, o eran militantes abiertos del partido oficialista de gobierno o en todo caso, estaban sometidos totalmente al control político del mismo, en una forma como nunca antes se había visto, habiendo perdido totalmente todo vestigio de independencia, autonomía e imparcialidad.[14] Por eso, con razón, el *Grupo de Profesores de Derecho Público*, al considerar que con la sentencia de la Sala Electoral, se configuró "plenamente el intento de *Golpe Judicial* contra la voluntad popular expresada el pasado 6 de diciembre" expresó:

---

13   Véase Allan R. Brewer-Carías, "El golpe de Estado dado en diciembre de 2014 en Venezuela con la inconstitucional designación de las altas autoridades del Poder Público," en *El Cronista del Estado Social y Democrático de Derecho,* N° 52, Madrid 2015, pp. 18-33.

14   Véase Allan R. Brewer-Carías, "Sobre la ausencia de independencia y autonomía judicial en Venezuela, a los doce años de vigencia de la constitución de 1999 (O sobre la interminable transitoriedad que en fraude continuado a la voluntad popular y a las normas de la Constitución, ha impedido la vigencia de la garantía de la estabilidad de los jueces y el funcionamiento efectivo de una "jurisdicción disciplinaria judicial"), en *Independencia Judicial*, Colección Estado de Derecho, Tomo I, Academia de Ciencias Políticas y Sociales, Acceso a la Justicia org., Fundación de Estudios de Derecho Administrativo (Funeda), Universidad Metropolitana (Unimet), Caracas 2012, pp. 9-103.

"su más categórico rechazo a dicho fallo por constituir el mismo una evidente, grosera e inmoral manipulación de la justicia, que evidencia que, en la actualidad, el Poder Judicial en Venezuela es un simple operador político dispuesto a cumplir los designios de la facción a la que le sirve." [15]

Ello es lo que la nueva Asamblea Nacional, por sobre todo, no podía tolerar. En la situación en la que estaba y está integrado el Tribunal Supremo y sus Salas, no es posible para nadie esperar justicia, siendo más bien lo que se puede esperar, la emisión servil de órdenes políticas con forma de sentencias, como precisamente sucedió con el irresponsable "anuncio" del miércoles 30 de diciembre de 2015 mediante la cual se pretendió afectar arteramente los resultados de la elección parlamentaria del 6 de diciembre de 2015. Y ello, nada menos, que mediante la material "eliminación," es decir, "borrando" así fuera "provisionalmente" a todos los diputados electos y proclamados en el Estado Amazonas, buscando con ello, en alguna forma, pretender afectar las circunstancias mismas de la instalación de la nueva Asamblea Nacional que estaba prevista para el 5 de enero de 2016, lo que no se logró.

En todo caso, lo más grave de la irresponsabilidad judicial de los insensatos jueces a los que se atribuyó el desaguisado, fue que en este caso, la supuesta sentencia "dictada," como indicamos, permaneció totalmente clandestina durante cinco días, pues después de anunciada en horas de la tarde del 30 de diciembre de 2015, solo fue el lunes 4 de enero de 2016 en horas del mediodía, es decir, en el día de la víspera de la instalación de la nueva Asamblea Nacional que se quería afectar; cuando el país, es decir, todos los venezolanos, y en especial los ciudadanos del Estado Amazonas, se enteraron sobre cuál había sido el texto mismo de la demanda intentada que habría originado la "sentencia" clandestina, y pudieron enton-

---

15 Agregaron los Profesores que las circunstancias en que fue dictada la sentencia N° 260, "muestran que no hubo transparencia, ni imparcialidad ni independencia, ni igualdad de trato, ni debido proceso, ni respeto al derecho a la defensa en la actuación de la Sala Electoral, violando así entre otros, el artículo 26 de la Constitución que prevé el acceso a la justicia, el artículo 49 constitucional que establece el debido proceso, el artículo 21 de la Constitución que prevé el derecho a la igualdad de trato ante la ley y el artículo 256 que prohíbe que los magistrados y jueces lleven a cabo activismo político." Véase "Comunicado del Grupo de Profesores de Derecho Público de las Universidades venezolanas ante la sentencia de la Sala Electoral que pretendió desconocer la voluntad del pueblo del Estado Amazonas," 5 de enero de 2016.

ces saber qué era lo que se había denunciado y demandado, que ameritaba tan grave decisión, adoptada en el texto de la insensata sentencia, que así fue cómo se conoció.

Es decir, como antes comentamos, al inicio del día 4 de enero de 2015, en Venezuela nadie sabía a ciencia cierta si los magistrados que supuestamente habrían "firmado" la decisión, habían regresado efectivamente ese día de las vacaciones de las cuales disfrutaban,[16] y si efectivamente acudieron físicamente a la sede del Tribunal Supremo a conocer de un expediente de una demanda intentada el día anterior, a discutir el caso y a elaborar la decisión, a pesar de que habían sido recusados;[17] o si solo fueron unos "fantasmas" los que actuaron. En todo caso, es obvio que la sentencia anunciada no existía, pues de lo contrario hubiese sido publicada, y si algo de ello existía, quizás los que la anunciaron pasaron todo el fin de semana, incluidos los días feriados de fin y comienzo de Año, para maquillarla.

En todo caso, era para corregir esa "justicia" que la nueva Asamblea tenía el mandato popular necesario para actuar; pues no era posible admitir que unos irresponsables magistrados, o "alguien" actuando en nombre de ellos, el 30 de diciembre de 2015, en un asunto tan grave como cuestionar una elección popular de representantes del pueblo, se hubiera limitado a poner un anuncio en la

---

16 Como lo reseño la prensa el mismo 30 de diciembre de 2015: "El diputado Ismael García indicó que tras horas de espera ningún magistrado del Tribunal Supremo de Justicia atendió a los representantes de la MUD que se acercaron para pedir copia de los recursos suspensión de efectos contra el acto de votación de las elecciones parlamentarias en circuitos de Aragua, Amazonas, Yaracuy y la representación indígena de la región sur. / "Nos retiramos del TSJ sin ser atendidos por ningún magistrado de la Sala electoral y sin conocer el expediente. ¿Cuál Justicia?", manifestó el parlamentario a través de su cuenta en Twitter." Véase en Yalezsa Zavala, "Magistrados de la Sala Electoral del TSJ no atendieron a representantes de la MUD. En *Noticiero Digital.com*, 30 dic 2015, en http://www.noticierodigital.com/2015/12/magistrados-de-la-sala-electoral-del-tsj-no-atendieron-a-representantes-de-la-mud/.

17 El anuncio sobre la sentencia salió, en efecto, sin que los representantes de la Mesa de la Unidad Democrática que acudieron antes ante la Sala Electoral hubiesen sido siquiera recibidos por los magistrados de la misma, los cuales incluso fueron recusados antes de que supuestamente dictaran la sentencia; recusación que fue ilegalmente ignorada. Véase en "MUD recusó a magistrados de la Sala Electoral en el caso de impugnaciones," en Beatriz Arias Contreras, *El Nuevo País. Zeta*, 30 de diciembre de 2015, en http://enpaiszeta.com/11669-2/

página web del Tribunal Supremo indicando que Nicia Marina Maldonado habría intentado un *"recurso contencioso electoral conjuntamente con amparo cautelar y medida de suspensión de efectos contra el acto de votación de las elecciones parlamentarias del pasado 06 de diciembre de 2015 del estado Amazonas,"* pero sin indicar de qué recurso se trataba, y sin que nadie pudiera haber conocido el texto de la demanda, que permaneció siendo clandestina.

Nada se supo, por tanto, si de lo que se trataba era de una acción de nulidad de las elecciones en todo el Estado, de nulidad de votaciones puntuales en alguna mesa electoral, o de otras irregularidades electorales; siendo lo más cuestionable de todo, el hecho de que a renglón seguido del anuncio ambiguo sobre la demanda, en la misma página web del Tribunal se hubiese anunciado, pura y simplemente, que se había dictado la sentencia N° 260, mediante la cual, la supuesta y clandestina Sala Electoral había ordenado:

> "de forma provisional e inmediata *la suspensión de efectos de los actos de totalización, adjudicación y proclamación emanados de los órganos subordinados del Consejo Nacional Electoral respecto de los candidatos electos por voto uninominal, voto lista y representación indígena en el proceso electoral realizado el 6 de diciembre de 2015 en el estado Amazonas para elección de diputados y diputadas a la Asamblea Nacional."*

O sea, los venezolanos, y en particular los votantes en el Estado Amazonas, de ese texto críptico del anuncio en la página web del Tribunal Supremo que originó la información sobre la "suspensión" de los efectos de los actos electorales para la elección de diputados en el Estado Amazona,[18] aún sin que nadie conociera el texto de la sentencia, si es que existía, tuvieron que deducir que la Sala Electoral lo que había hecho en la práctica, para lo cual carecía de competencia, era "suspender la proclamación" de los cuatro (4) diputados electos en el Estado Amazonas, que ya habían sido proclamados y gozaban incluso de inmunidad parlamentaria (art. 200).

En realidad, lo que la decisión significó, así fuera "provisionalmente, fue que el pueblo del Estado Amazonas había quedado sin representación popular, lo que de por sí era contrario al principio democrático, pues el pueblo del Estado había efectivamente

---

18 Véase por ejemplo la reseña de William Neuman y Patricia Torres, "Venezuelan Court Blocks 4 Lawmakers," en *The New York Times*, 31 de diciembre de 2015, p. A9.

votado y elegido dichos diputados, los cuales además, como se dijo, habían sido proclamados por las autoridades electorales.

Por ello, con razón, luego del anuncio en la página web del Tribunal Supremo de la decisión, personas incluso afectas al régimen denunciaron la actuación de la "Sala Electoral en vacaciones integrada por unos magistrados recién nombrados en forma ilegal" como el gran "escándalo judicial de 2015," impulsada por "el ala más corrupta del alto gobierno" con una decisión "pre-elaborada."[19] Todo ello, como también se denunció, fue el resultado de haber tomado "por asalto descaradamente el Tribunal Supremo de Justicia con argumentos leguleyos, con militantes del Partido Socialista Unido de Venezuela [...], y con estas fichas descaradamente ilegítimas, decidir de inmediato impugnaciones a los resultados del 6 de diciembre."[20]

Fue por todo ello, además, que la Mesa de la Unidad Democrática calificó a las impugnaciones formuladas que originaron la supuesta sentencia anunciada, como un "golpe judicial" contra la democracia venezolana, considerando que con ello lo que se buscaba era poner en peligro la mayoría calificada que había logrado la oposición democrática en la Asamblea Nacional, como consecuencia de la elección de 6 de diciembre de 2015, indicando que:

> "Desafiando la voluntad del pueblo expresada en las urnas, y utilizando un poder judicial colonizado por el partido de gobierno, el oficialismo hoy pretende desconocer los resultados electorales que ellos mismos reiteradamente llamaron a respetar. Incumpliendo lapsos, violentando instancias, poniendo a decidir a magistrados que son al mismo tiempo juez y parte, el oficialismo pretende impugnar un grupo de diputados, alterando así la composición que El Soberano decidió que tuviera el nuevo Parlamento."[21]

---

19 Véase Edgar Perdomo Arzola "TSJ: ¿Hamponato judicial electoral?, *Aporrea*, 31 de diciembre de 2015, en http://www.aporrea.org/actualidad/a220231.html.

20 Véase José Alfredo Guerrero Sosa, "¡Nubarrones de guerra! ¡General en jefe Vladimir Padrino tiene la palabra!, en *Aporrea*, 1 de enero de 2016, en http://www.aporrea.org/actualidad/a220315.html.

21 Véase "La MUD denuncia "golpe judicial" ante la ONU, OEA, Unasur y la Unión Europea," en *Noticiero Digital.com*, 312 de diciembre de 2015, en http://www.noticierodigital.com/2015/12/la-mud-denuncia-golpe-judicial-ante-la-oea-unasur-y-la-union-europea/

En sentido similar se pronunció el *Grupo de Profesores de De-recho Público*, al constatar que lo que tenemos en Venezuela es:

"tenemos una Sala Electoral con jueces nombrados violando la Constitución, y que hasta hace poco eran activistas del partido de gobierno, una Sala que viola sus propios criterios sobre vacaciones judiciales, una Sala que no permite el acceso a los expedientes, una Sala que no decide sobre las recusaciones que se le interponen, que anuncia sus decisiones con días de anticipación pero no las publica, sino sólo un día antes de la juramentación de los diputados. Todo esto resulta en una evidente muestra de todos y cada uno de los problemas de los que adolece el poder judicial venezolano.

Lo expuesto, por su crudeza, dada la grosera manera en que se están tomando las decisiones judiciales, pone en evidencia, por una parte, que el poder judicial debe ser conformado de acuerdo con las pautas constitucionales, y mientras esto no suceda, la justicia en nuestro país, no pasará de una ilusión."[22]

Hemos ya señalado, en todo caso, que el "golpe judicial" electoral que se pretendió dar tan burdamente, en esencia, no fue más que un golpe pírrico,[23] pues a pesar de que con el mismo lo que se quería era arrebatarle a la oposición democrática, para el momento de la instalación de la Asamblea Nacional el 5 de enero de 2016, la mayoría calificada que logró en las elecciones de 112 diputados de un total de 167, frente a 55 del gobierno; si la sentencia llegaba a ser acatada, la oposición quedaba con 109 diputados de un total de 163, frente a 54 del gobierno, lo que implicaba que la oposición democrática seguiría teniendo la misma mayoría calificada de la Asamblea.[24]

---

22   Véase "Comunicado del Grupo de Profesores de Derecho Público de las Universidades Venezolanas ante la sentencia de la Sala Electoral que pretendió desconocer la voluntad del pueblo del Estado Amazonas," 5 de enero de 2016.

23   Del diccionario: "Se aplica a la victoria o al triunfo que ocasiona un grave daño al vencedor y casi equivale a una derrota."

24   Véase Allan R. Brewer-Carías, *El "golpe judicial" pírrico, o de cómo la oposición seguirá controlando la mayoría calificada de la Asamblea Nacional,"* New York, 31 de diciembre de 2015, en http://www.allanbrewercarias.com/Content/449725d9-f1cb-474b-8ab2-41efb849fea3/Content/Brewer.%20EL%20%E2%80%9CGOLPE%20JUDICIAL%E2%80%9D%20P%C3%8DRRICO.%2031-12-2015,.pdf.   Véase además, "Lectura Obligada! Golpe Judicial: ¿Perdió la MUD la mayoría calificada?, por José Ignacio Hernández" 2 de enero de 2016, en

La maniobra política, por ello, en realidad no afectó en forma alguna el acto de instalación de la Asamblea, pero lo que si puso en evidencia fue lo que expresamos desde el inicio en el sentido de que la primera decisión política que debía adoptar la nueva Asamblea Nacional en representación del mandato de cambio democrático que le confirió el pueblo el 6 de diciembre, era le revocación de las inconstitucionales designaciones de magistrados y su subsecuente elección por la Asamblea nueva, en segundo grado, mediante el voto de la mayoría calificada de los diputados que la componen.

Ello debió hacerlo la Asamblea, además, por la tremenda irresponsabilidad en la cual incurrieron los magistrados de la Sala Electoral al supuestamente haber tomado una decisión tan grave y trascendental como "suspender" algo ya ejecutado y por tanto que era "insuspendible," como es una proclamación de una elección ya consumada,[25] y hacerlo mediante una sentencia clandestina, que solo reflejó ignorancia en derecho, que puso en evidencia que nunca debieron haber sido designados para tan alto cargo.

De todo lo anterior quedó claro que por ningún respecto la Asamblea Nacional debía posponer dicha decisión tendiente a comenzar a restablecer el principio de separación de poderes en el país, abriendo la posibilidad de controlar el ejercicio del poder, sin lo cual simplemente no hay democracia. De lo contrario corría el riesgo de que el "hamponato judicial,"[26] bloquease sus actuaciones y detuviera la necesaria reconstrucción del régimen democrático,

---

https://d3k4qfi1qkst3y.cloudfront.net/lectura-obligada-golpe-judicial-perdio-la-mud-la-mayoria-calificada-por-jose-ignacio-hernandez/

25   Por ello, José Ignacio Hernández con razón insistió en señalar que "esa sentencia de suspensión es inejecutable." La "suspensión de efectos" es una medida cautelar que pretende impedir el cumplimiento de las consecuencias derivadas de un acto, pero si esas consecuencias son inmediatas, no es posible ya suspender sus efectos. Una vez proclamados los diputados no existe tal cosa como una "desproclamación." Sería tan absurdo como, por ejemplo, pretender suspender un acto de graduación ya realizado." Véase en "¿Qué puede pasar el #5E, día de la instalación de la Asamblea Nacional?, en *Prodavinci*, 2 de enero de 2016, en http://prodavinci.com/blogs/que-puede-pasar-el-5e-dia-de-la-instalacion-de-la-asamblea-nacional-por-jose-ignacio-hernandez/?utm_source=feedburner&utm_medium=email&utm_campaign=Feed:+Prodavinci+(Prodavinci).

26   Véase Edgar Perdomo Arzola | "TSJ: ¿Hamponato judicial electoral?, *Aporrea*, 31 de diciembre de 2015, en http://www.aporrea.org/actualidad/a220231.html

que fue lo que el pueblo le impuso como mandato en la elección del 6 de diciembre, y fue lo que ocurrió en los primeros meses de 2016.

La decisión que debió haber tomado la Asamblea Nacional al instalarse no iba a originar confrontación de poderes alguna, pues la confrontación ya se había iniciado con las decisiones de la Asamblea Nacional feneciente nombrando en forma inconstitucional a los magistrados, pretendiendo arrebatarle sus poderes a la nueva Asamblea; y con el irresponsable anuncio de estos, sobre la supuesta sentencia con la cual se quería afectar la instalación de la nueva Asamblea. La nueva Asamblea no debió ignorar esto; y al contrario tenía la obligación de ejercer sus poderes constitucionales y cumplir el mandato popular que resultó de su elección, ante un Tribunal Supremo inconstitucionalmente designado, que pretendía desconocer la voluntad popular. Y efectivamente comenzó a hacerlo designando una Comisión para estudiar la revocación de las inconstitucionales designaciones de magistrados, la cual como se verá más adelante, fue anulada por la Sala Constitucional; al igual que ocurrió con el Acuerdo de la Asamblea de revocar las designaciones adoptado en julio de 2016, el cual también fue anulado por la Sala Constitucional, como se comenta igualmente más adelante.

3. *La inconstitucional, delictiva e inejecutable sentencia de la Sala Electoral "suspendiendo" la elección de los diputados del Estado Amazonas*

En todo caso, como se dijo, el texto de la esperada y clandestina sentencia Nº 260 del 30 de diciembre de 2015 de la Sala Electoral del Tribunal Supremo, publicada a mediodía del 4 de enero de 2016,[27] dictada con ocasión de la demanda intentada por Nicia Marina Maldonado Maldonado el día 29 de diciembre de 2015 contra el acto de votación de las elecciones de diputados efectuadas en el Estado Amazonas el día 6 de diciembre de 2015; confirmó la tremenda irresponsabilidad e ignorancia de quienes la redactaron, lo que abonaba aún más la tesis de que la nueva Asamblea Nacional

---

27 Véase en http://www.tsj.gob.ve/en/decisiones#3. Véase además, Allan R. Brewer-Carías, "La inconstitucional y delictiva sentencia de la Sala Electoral pretendiendo "suspender" las elecciones de diputados el Estado Amazonas es inejecutable," 4 de enero de 2016, en http://www.allanbrewercarias.com/Content/449725d9-f1cb-474b-8ab2-41efb849fea3/Content/LA%20INCONSTITUCIONAL,%20DELICTIVA%20E%20INEJECUTABLE%20SENTENCIA%20DE%20LA%20SALA%20ELECTORAL%20%204-1-2016.pdf.

no podía dejar de revocar las inconstitucionales designaciones de los magistrados que integran dicha Sala. [28]

Por el texto de la sentencia, en efecto, cinco días después de haber sido "dictada," los venezolanos pudieron constatar no solo la magnitud de la ilegalidad cometida por los irresponsables "jueces" que integran la Sala Electoral al dictar la sentencia, sino a través de la misma, conocer, primero, el texto de la demanda que la motivó, intentada por una "candidata a Diputada de la Asamblea Nacional por el estado Amazonas, postulada por el Partido Socialista Unido de Venezuela (PSUV) y otras organizaciones," quien por supuesto no había salido electa; y segundo, el objeto de la misma intentada contra "el acto de votación" de dichas elecciones parlamentarias, siendo la solicitud formulada que:

> "se anule la elección de los cargos a diputados a la Asamblea Nacional por el Estado Amazonas, que implica: i) el acto de votación; ii) el acto final de escrutinio; iii) el acto de totalización; y iv) el acto de proclamación de los ganadores de los curules correspondientes."

Es decir, la sentencia se dictó con ocasión de una demanda de nulidad de las elecciones parlamentarias efectuadas en el Estado Amazonas el 6 de diciembre pasado, la cual, de declararse con lugar, conforme al artículos 170 de la misma Ley Orgánica sobre los Procesos Electorales, implicaría que el Consejo Nacional Electoral tendría que convocar "un nuevo proceso electoral" en el Estado. Pero como ello seguramente no interesaba al Partido de gobierno, la demanda, en realidad hay que deducir que fue intentada, no para que se anulase la elección, sino para obtener una medida cautelar vacacional, que suspendiese *sine die* la proclamación de los diputados.

Precisamente por la consecuencia que tendría legalmente una declaratoria de la nulidad, el artículo 215 de la Ley Orgánica sobre Procesos Electorales es tan preciso en establecer las causas de nulidad de una elección, que solo pueden ser:

---

28 Véase Allan R. Brewer-Carías, "El irresponsable intento de "golpe judicial" electoral, y la necesaria revocación inmediata de la inconstitucional "designación" de los magistrados de la Sala Electoral efectuada por la asamblea moribunda," 4 de enero de 2016, en: http://www.allanbrewercarias.com/Content/449725d9-f1cb-474b-8ab2-41efb849fea3/Content/LA%20IRRESPONSABILIDAD%20EN%20EL%20GOLPE%20JUDICIAL%20ELECTORAL%20Y%20LA%20REVOCACI%C3%93N%20DE%20LOS%20JUECES%2004-01-2016.pdf

"1. Cuando se realice sin previa convocatoria del Consejo Nacional Electoral.

2. Cuando hubiere mediado fraude, cohecho, soborno o violencia, en la formación del Registro Electoral, en las votaciones o en los escrutinios y dichos vicios afecten el resultado de la elección de que se trate.

3. Cuando el Consejo Nacional Electoral o el órgano judicial electoral correspondiente determine que en la elección realizada no se ha preservado o se hace imposible determinar la voluntad general de los electores y las electoras."

Según lo reseñó la sentencia, parecería que la demanda se basó en el segundo ordinal del artículo 215, aun cuando curiosamente dicho artículo ni siquiera se citó a lo largo de la sentencia, al informarse que la demanda se intentó:

"contra el acto de votación de las elecciones Parlamentarias celebradas el pasado 6 de diciembre de 2015, por estar viciado de NULIDAD ABSOLUTA, al ser producto de la manipulación de la votación libre y secreta de los electores del Estado Amazonas y que en su conjunto constituyen un fraude estructural y masivo que afecta al sistema electoral venezolano (...)" (sic) (resaltado del original)."

Es decir, en este caso, se trataría de un alegato basado en lo que quizás sea el más grave de los vicios que puedan achacarse a una elección, que es el "fraude" electoral "estructural y masivo," lo que sin duda para que cualquier demanda pudiera prosperar, requeriría no sólo de la precisión sobre en qué consistió la conducta del engaño o aprovechamiento del error de alguien por parte del autor del fraude para obtener un provecho en beneficio propio o de un tercero, capaz de haber afectado "el resultado de la elección," sino por sobre todo, requeriría de una prueba sólida y fehaciente de dicho fraude.

El recurso de nulidad, tal como se reseñó en la sentencia, estuvo basado únicamente en el supuesto hecho de que una alta funcionaria de la Gobernación del Estado Amazonas (Secretaria de la Gobernación), habría pagado "diversas cantidades de dinero a los electores para votar por candidatos opositores," quien además, habría condicionado "la entrega de beneficios económicos a cambio de un voto favorable para los candidatos opositores," agregándose que dicha funcionaria habría dirigido "acciones destinadas a manipular el voto asistido de los ciudadanos adultos mayores o aquellos que por alguna condición física o cualquier otro impedimento le dificultaba ejercer su derecho al sufragio (…)." En síntesis, se afirmó en el recurso, según la sentencia, que:

> "la secretaria de la Gobernación del mencionado Estado, Victoria Franchi Caballero" ofrecía entre Dos Mil Bolívares (Bs. 2.000,00) y Cinco Mil Bolívares (Bs. 5.000,00), a los habitantes de Amazonas para que votaran por la mesa de la Unidad Democrática (MUD) o ayudaran a desviar el voto de las personas que por razones físicas u otro impedimento realizaran su votación de forma asistida."

De ello, concluyó la demandante, según la reseña de la demanda que se hizo en la sentencia, que "los ciudadanos y ciudadanas que ejercieron su derecho al sufragio durante este proceso electoral en el Estado Amazonas, no lo hicieron de manera libre y voluntaria, sino bajo la presión y coaccionados por acciones de la tolda opositora que la Ley especial denomina como 'fraude, cohecho, soborno o violencia' lo cual afectó los resultados del proceso electoral parlamentario."

La única prueba que la recurrente presentó del supuesto "fraude estructural y masivo" ante la Sala Electoral, según lo reseñó la sentencia, fue el texto de una grabación en la cual se podría escuchar una conversación que habría sostenido la mencionada Secretaria de la Gobernación del Estado Amazonas, "con otra persona anónima," en la cual se habrían hecho las afirmaciones antes destacadas; grabación que "en fecha 16 de diciembre de 2015, fue difundida por los medios de comunicación social."

Una demanda o recurso con ese sólo fundamento genérico, basado en una supuesta conversación privada sostenida por un funcionario público con una "persona anónima," que constaría de una grabación ilegal, por supuesto no resiste el menor análisis ni consideración, y lo que debió haber hecho la Sala Electoral al recibirla, lejos de admitirla, era declarar el recurso como inadmisible, pues como resulta de la reseña que se hace en la sentencia, no solo la recurrente no acompaño prueba alguna de la certeza de la supuesta conversación, ni de que la misma realmente hubiera tenido lugar, sino que tampoco acompañó prueba alguna de que, por ejemplo, algún votante hubiera efectivamente recibido algún dinero para votar el 6 de diciembre de 2015 a favor de algún candidato, de manera que el "fraude estructural y masivo" se hubiese producido en el Estado.

De lo anterior resulta, por tanto, como lo reseñó la Sala Electoral, que en el expediente no hay prueba alguna de que en las elecciones parlamentarias del Estado Amazonas hubiese ocurrido algún fraude estructural y masivo, y lo único que se alegó fue que en una conversación privada entre dos personas, se habló de pagos a electores para que fueran a votar, pero sin identificarse ni siquiera uno en todo el Estado. Ello, se insiste, bastaba para declarar inadmisible la demanda; pero no, la Sala Electoral prefirió dictar "justicia [cautelar] a la carta"[29] como se le habría ordenado.

Por ello, como lo dijo el Secretario General de la Organización de Estados Americanos en carta que le dirigió a quien ejerce la Presidencia de la República en Venezuela en fecha 12 de enero de 2016, la Sala Electoral atendió "aparentemente, tan solo a la urgencia de la necesidad política que la medida cautelar pretende satisfacer," destacando al referirse a esta sentencia de la Sala Electoral, entre otros aspectos, que era absolutamente improcedente "la aplicación de una medida cautelar invalidando un acto electoral y los efectos jurídicos de la proclamación del Consejo Nacional Electoral," agregando que:

> "Los derechos a salvaguardar son los de los electores, que en este caso son dejados de lado por una grabación anónima, aun cuando ya se había producido su proclamación y reconocimiento por parte del CNE. Considerar que una grabación anónima tenga más fuerza que las conclusiones del llamado antes del 6 de diciembre "el sistema electoral más perfecto del mundo" es intolerable e insostenible jurídicamente.
>
> Pero además la debida investigación de si esa grabación constituye también evidencia de espionaje electoral a la oposición, elemento hoy esencial para también poder juzgar sobre la verdad material del caso y saber con certeza respecto a las acusaciones realizadas, algo que obviamente debe ser el centro de los esfuerzos de todos: conocer la verdad.
>
> Esa verdad requiere algo más que un procedimiento como el realizado, la medida cautelar tomada es resultado de un proceso probatorio extraordinariamente frágil, sin sustanciación.

---

29   Véase Laura Louza, La "justicia a la carta" de la sala Electoral. *Sobre la suspensión de los diputados del estado Amazonas, 5 de enero de 2016,* en http://www.accesoalajusticia.org/noticias/detalle.php?notid=13501#.VowQnfnhBdg

Así en un par de días se dejaron sin efecto los resultados de proclamación del CNE."[30]

Por ello, lo más grave de la insensatez cometida por la Sala Electoral, al admitir la demanda, fue que tanto a la recurrente como a la propia Sala Electoral se les olvidó - o ignoraban de su existencia- que el artículo 49.1 de la Constitución declara "nulas las pruebas obtenidas mediante violación del debido proceso," lo que significa que ningún proceso en Venezuela puede fundarse sobre pruebas ilícitas, que son aquellas obtenidas en violación de los derechos fundamentales.

En Venezuela, la Constitución protege el derecho de las personas a la "confidencialidad" (art. 6), y garantiza en el artículo 48 "el secreto e inviolabilidad de las comunicaciones privadas en todas sus formas" prohibiendo que puedan ser "interferidas sino por orden de un tribunal competente, con el cumplimiento de las disposiciones legales y preservándose el secreto de lo privado que no guarde relación con el correspondiente proceso."[31]

Ello, además, está regulado con detalle en la Ley sobre protección a la privacidad de las comunicaciones,[32] que la sentencia también ignoró, que fue dictada en 1991, precisamente con el objeto de "proteger la privacidad, confidencialidad, inviolabilidad y secreto de las comunicaciones que se produzcan entre dos o más personas," en la cual se tipifica como delito castigado con prisión de tres a cinco años, a quien "arbitraria, clandestina o fraudulentamente grabe o se imponga de una comunicación entre otras personas" (art 2). La Ley, además, dispone que en dicha pena también incurre, "quien revele, en todo o en parte, mediante cualquier medio de información, el contenido de las comunicaciones" (art. 2), e incluso, castiga con prisión de seis a treinta meses, a quien "perturbe la tranquilidad de otra persona mediante el uso de información obtenida por procedimientos condenados por esta Ley y creare estados de angustia, incertidumbre, temor o terror" (art. 5).

---

30   Véase   en   http://www.oas.org/documents/spa/press/CARTA.A.PRESI-DENTE.MADURO.12.01.16.pdf

31   Véase en el mismo sentido, lo indicado por José Ignacio Hernández, "¿Qué dijo la Sala Electoral para "suspender" a los diputados de Amazonas?," en *Prodavinci*, 4 de enero de 2016, en http://prodavinci.com/blogs/que-dijo-la-sala-electoral-para-suspender-a-los-diputados-de-amazonas-por-jose-i-hernandez/

32   Véase en *Gaceta Oficial* Nº 34.863 de 16 de diciembre de 1991.

En consecuencia, el sólo hecho de que una persona hubiera acudido ante la Sala Electoral con una demanda basada en una grabación ilegal de una conversación privada entre dos personas, para alegar un "fraude electoral estructural y masivo," bastaba no solo para declarar la inadmisibilidad de la demanda, sino para requerir el enjuiciamiento de la recurrente ante el Ministerio Público, por pretender fundamentar una demanda en un hecho delictivo. Al no hacerlo y admitir la demanda y aceptar como único medio de prueba de la misma una grabación ilegal, los señores jueces de la Sala Electoral, a su vez, incurrieron en delito al ser cómplices del delito cometido.

La sentencia Nº 260, por tanto, está viciada de inconstitucionalidad e ilegalidad, siendo el contenido de la misma en sí mismo un acto delictivo, que ameritaba que quienes la firmaron fueran enjuiciados, aun cuando en dicha sentencia no se hubiera resuelto el fondo de asunto planteado, que fue la declaratoria de nulidad de las elecciones en el Estado Amazonas, sino solo una medida cautelar, pues ésta estaba basada en una prueba ilegal.

En efecto, la sentencia, como acto delictivo, se limitó a considerar y decidir, sin que los jueces recibieran por supuesto los antecedentes administrativos y el informe sobre los aspectos de hecho y de derecho relacionados con el recurso que la Sala Electoral solicitó al Consejo Nacional Electoral, sobre la específica solicitud formulada por la recurrente, de que la Sala dictase una medida cautelar consistente en el:

> "amparo temporal de los derechos constitucionales previstos en los artículos 62 y 63 de la Constitución de la República Bolivariana de Venezuela, violentados por las toldas opositoras, como medio definitivo para establecer la situación jurídica, ya que se está vulnerando de manera flagrante, grosera, directa e inmediata los derechos constitucionales de los electores y electoras del Estado Amazonas, siendo que de esta forma se mantengan en la misma situación fáctica que tenían antes de la violación, hasta tanto sea decidido el presente recurso."

Por supuesto, para poder considerar la medida cautelar solicitada, la Sala Electoral, como lo expresó en su sentencia, ineludiblemente no solo tuvo que apreciar en el caso "la presunción del derecho reclamado (*fumus boni iuris*)," y que la medida fuera "necesaria a fin de evitar perjuicios irreparables o de difícil reparación por la sentencia definitiva (*periculum in mora*)," sino "los elementos probatorios que acrediten la existencia de presunción los requisitos anteriores," es decir, la Sala tuvo que haber valorado la viciada prueba aportada, es decir, la grabación ilegal de una supuesta conversación privada entre dos personas.

Pero lejos de considerar esa circunstancia de ilegalidad, al contrario, la Sala Electoral la valoró totalmente, e incluso, como el único fundamento de lo alegado por la recurrente de considerar, irresponsablemente, que:

> "(...) los diputados electos en el circuito electoral del Estado Amazonas carecen de legitimidad, siendo que además no representan la voluntad del pueblo del Estado Amazonas, por lo tanto al asumir los cargos el próximo 05 de enero de 2016 los candidatos elegidos por dicho Estado en la Asamblea Nacional, podría existir el riesgo que los mismos tomen decisiones sin tener la representatividad del pueblo amazonense."

Esa valoración de la prueba ilegal para acordar la medida preventiva, por otro lado, la hizo la Sala solo atendiendo al argumento de la recurrente de que como la grabación ilegal de la conversación privada había sido divulgada en los medios - lo que en sí mismo era un delito - entonceš se trataba de un supuesto *"hecho notorio comunicacional"* respecto del cual según la sentencia, *"la parte que lo alega está exenta de cumplir con la carga de su demostración."*

Tan simple y burdo como lo que queda dicho, que no es otra cosa que decir que si se obtiene una grabación ilegal de una conversación, sin siquiera saberse si la misma es cierta, y no es un montaje, sin embargo si se la divulga en los medios de comunicación -cometiéndose un delito-, ello entonces convierte el delito y el contenido de lo supuestamente dicho en un "hecho notorio comunicacional," que tiene que tomarse por cierto, sin que nada tenga que probarse. Mayor aberración jurídica es ciertamente imposible de concebir.

Y eso fue lo que resolvió la irresponsable Sala Electoral, apelando a una cuestionable decisión de la Sala Constitucional (sentencia N° 98 del 15 de marzo del 2000),[33] que lejos de avalar lo decidi-

---

33   Véase Allan R. Brewer-Carías, "Sobre el llamado 'hecho comunicacional' como fundamento de una acusación penal", en *Temas de Derecho Penal Económico, Homenaje a Alberto Arteaga Sánchez* (Compiladora Carmen Luisa Borges Vegas), Fondo Editorial AVDT, Obras colectivas OC N° 2, Caracas 2007, pp. 787-816; y "Consideraciones sobre el "hecho comunicacional" como especie del "Hecho Notorio" en la doctrina de la Sala

do por la Sala Electoral, impedía adoptar la decisión, pues dicha sentencia en lo que insistió fue que lo que podía dar origen a un "hecho notorio comunicacional" era un "hecho" suceso o acaecimiento publicitado, y no un "testimonio" de una conversación sobre hechos que es lo que contenía la grabación ilegal.

Por ejemplo, de acuerdo con la sentencia de la Sala Constitucional citada, un "hecho público comunicacional" serían los ataques terroristas del 13 de noviembre de 2015 ocurridos en Paris, que no requerirían de prueba, pues como lo dice la sentencia de la Sala Electoral constan de "grabaciones o videos, por ejemplo, de las emisiones radiofónicas o de las audiovisuales, que demuestren la *difusión del hecho*, su uniformidad en los distintos medios y su consolidación; es decir, lo que constituye la noticia." Esos "hechos" son distintos a los "testimonios" que pudieron darse sobre esos hechos, contentivos en declaraciones publicitadas, que nunca podrían ser el tal "hecho notorio comunicacional."

En los mismos términos, como lo resolvió la propia Sala Electoral en la sentencia N° 145 del 27 de octubre de 2010, ratificada en la N° 58 del 9 de julio de 2013, que se cita en la misma sentencia que comentamos, lo publicitado *"debe tratarse de hechos y no de opiniones o testimonios, de eventos reseñados por los medios como noticia (…)* (destacado del original)."

Sin embargo, en el caso decidido por la Sala Electoral, en la grabación de una conversación privada que supuestamente sería la prueba de un fraude, en realidad no hay ningún "hecho" publicitado -salvo la grabación ilegal en sí misma- que se configure como hecho notorio comunicacional, sino que lo que hay solo sería un "testimonio" de alguna persona sobre hechos. Por ello, si la sentencia hubiese sido dictada para enjuiciar a los responsables del delito de divulgación de conversaciones privadas, el "hecho" de la grabación en cuestión difundida en los medios habría sido prueba suficiente del delito; pero en este caso, no se estaba juzgando el "hecho" de que se divulgó una grabación ilegal, sino un supuesto hecho que era un "fraude" que supuestamente solo constaba de "testimonios" expresados en una conversación.

La propia Sala Electoral confesó en su sentencia que solo apreció:

Constitucional del Tribunal Supremo" en *Revista de Derecho Público*, N° 101, enero-marzo 2005, Editorial Jurídica Venezolana, Caracas 2005, pp. 225-232.

"la uniformidad en diversos medios impresos y digitales de comunicación social del día 16 de diciembre de 2015, de *un hecho noticioso consistente en la difusión de grabación del audio de una conversación* entre la ciudadana Victoria Franchi Caballero, Secretaria
de la Gobernación del estado Amazonas, y persona no identificada
(anónima) en la cual se refiere la práctica de compra de votos y pago
de prebendas a electores para votar por la denominada Mesa de la
Unidad Democrática (MUD) o ayudar a desviar la voluntad de las
personas que requerían asistencia para el acto de votación."

Es decir, el hecho noticioso para la Sala Electoral fue solo la difusión de la grabación ilegal, no el contenido de la misma, que no
era más que un testimonio, y que por supuesto nunca podría ser un
"hecho notorio comunicacional." Es decir, si la grabación constituía
una prueba de algo, solo era de la comisión de un delito, pero no de
alguna violación electoral.

Por ello, aplicar la tesis del "hecho notorio comunicacional" para eximir a la recurrente de la carga de probar un hecho tan grave
como es un "fraude estructural y masivo" en una elección popular,
no sólo violó la garantía del debido proceso,[34] sino que fue una aberración jurídica imperdonable, y lo menos que ameritaría es retro-
traer a estos magistrados a que comenzaran a estudiar derecho, que
por lo visto nunca hicieron. Y no bastaba para justificar el error de
derecho cometido, argumentar que alguien hubiese solicitado el
inicio de alguna investigación por el contenido de la grabación, o de
que la persona que habría supuestamente dado un testimonio hubiese sido aprehendida. Ello solo demostró el hecho de que se produjo
un delito que fue la divulgación de una grabación ilegal, que la Sala
Electoral estaba en la obligación de procurar que se sancionara.

---

34 Como lo observó el Secretario General de la OEA Luis Almagro, en su
    comunicación de 30 de mayo de 2016 con el Informe sobre la situación en
    Venezuela en relación con el cumplimiento de la Carta Democrática
    Interamericana, al referirse a dicha sentencia: "basar en esto la suspensión de
    los efectos de los actos de totalización, adjudicación y proclamación
    emanados del Consejo Nacional Electoral, sin escuchar previamente a dicho
    Consejo, violó de manera flagrante las garantías del debido proceso," p. 50.
    En igual sentido, indicó: "basar en esto la suspensión de los efectos de los
    actos de totalización, adjudicación y proclamación emanados del Consejo
    Nacional Electoral, sin escuchar previamente a dicho Consejo, y los
    descargos de los diputados electos en cuestión, viola las garantías del debido
    proceso." p. 53. Véase en oas.org/documents/spa/press/OSG-243.es.pdf.

La fundamentación de la declaración de procedencia de la medida de amparo cautelar que se había solicitado, por tanto, basada solo en la divulgación de una grabación ilegal, fue contraria a la Constitución, a la ley y a la propia jurisprudencia de la Sala, al igual que fue contrario a derecho lo decidido en la sentencia al ordenar, como se anunció en la página web de la Sala en 30 de diciembre de 2015:

> "de forma provisional e inmediata la suspensión de efectos de los actos de totalización, adjudicación y proclamación emanados de los órganos subordinados del Consejo Nacional Electoral respecto de los candidatos electos por voto uninominal, voto lista y representación indígena en el proceso electoral realizado el 6 de diciembre de 2015 en el estado Amazonas para elección de diputados y diputadas a la Asamblea Nacional, hasta que se dicte sentencia definitiva en la presente causa."

Es asombroso constatar, cómo una Sala del Tribunal Supremo, al suspender los efectos ya cumplidos y por tanto "no suspendibles" de unos actos como los impugnados, y así privar de representación popular a todo un Estado del país en la Asamblea Nacional no hizo el más mínimo esfuerzo por valorar y ponderar en forma alguna los intereses en juego, que eran, por una parte el interés particular de la recurrente, quien no había sido electa, y por el otro, el interés colectivo de toda la población del Estado Amazonas en tener representación en la Asamblea Nacional, lo que de por sí vició la decisión en su motivación que estaba ausente.

Además, en todo caso, la "suspensión" de efectos en este caso, como se dijo, era imposible, pues como bien se ha dicho,[35] la suspensión de efectos de determinados actos solo se puede pronunciar cuando los dichos efectos no se han producido o están cumpliéndose. Por ejemplo, en una demanda contencioso administrativa de nulidad contra un permiso de construcción, se puede dictar la suspensión de efectos del acto recurrido siempre que la edificación permisada no hubiese comenzado, o si estuviese en curso la edificación, paralizando en consecuencia la obra. Pero si la obra se terminó

---

35 Véase José Ignacio Hernández, "¿Qué puede pasar el #5E, día de la instalación de la Asamblea Nacional?, en *Prodavinci*, 2 de enero de 2016, en http://prodavinci.com/blogs/que-puede-pasar-el-5e-dia-de-la-instalacion-de-la-asamblea-nacional-por-jose-ignacio-hernandez/?utm_source=feedburner&utm_medium=email&utm_campaign=Feed:+Prodavinci+(Prodavinci).

y la edificación está completa, no habría nada que suspender. La suspensión de efectos en esos casos es simplemente imposible.

Ello mismo ocurrió en este caso: la elección de los diputados del Estado Amazonas ya se había efectuado hacía un mes, en diciembre de 2015, y todos los actos "de totalización, adjudicación y proclamación" de esa elección se habían efectuado totalmente, habiendo comenzando los proclamados a gozar de la inmunidad que le garantizaba las Constitución (art. 200).[36] No era jurídicamente posible entonces en ese caso "suspender" los efectos de un acto que ya se cumplieron. La sentencia, por tanto, era simplemente inejecutable.[37]

Es decir, en resumen, la sentencia de la Sala Electoral del Tribunal Supremo de Justicia N° 260, tan esperada durante los días de fin y comienzo de año 2015-2016, no fue más que un bodrio incons-

---

36   Como lo resumió con precisión el profesor Alberto Arteaga: "Un tribunal, por más supremo que sea, no puede desconocer la voluntad del pueblo que ha elegido a sus representantes y le ha otorgado, con la proclamación, la investidura parlamentaria, con la coraza de protección de la inmunidad, que lo sustrae, precisamente, de cualquier acción temeraria o aventurada de desconocimiento de su condición y que pueda intentarse desde el Gobierno o por cualquier otro francotirador, destinada a provocar una decisión que, por vía provisional o cautelar, pretende dejar sin efecto la expresión de la voluntad soberana. / Una vez proclamado un diputado, goza de inmunidad, prerrogativa funcional y no personal que no permite que sea coartado en el ejercicio de sus funciones y, por tanto, no puede ser impedida la formalidad de la juramentación y posterior asunción de todas sus obligaciones y derechos. / A tal punto es trascendente esta inmunidad, que lo coloca a salvo de decisiones del máximo tribunal que, inclusive, en el caso en que el Tribunal Supremo de Justicia declare, en un antejuicio, por la presunta comisión de un delito, que hay mérito para el enjuiciamiento penal de un diputado, no se puede proceder ni llevar a cabo el juicio si la Asamblea no lo autoriza o allana la inmunidad, decisión de naturaleza política en salvaguarda de la representación popular que podría resultar afectada. / Corresponde a la Asamblea y no al Tribunal Supremo de Justicia la calificación de sus miembros y, eventualmente, su separación, pero no puede admitirse que por una maniobra leguleyesca o componenda procesal, mediante una decisión evidentemente sin fundamento, se pretenda afectar el funcionamiento del poder más importante en un Estado de Derecho." En Alberto Arteaga, "¿Diputados "desproclamados?", El Nacional, 5 de enero de 2016, en http://www.el-nacional.com/opinion/Diputados-desproclamados_0_769123191.html#.VouyuE4cqOI.gmail.

37   En igual sentido, véase José Ignacio Hernández, "¿Qué dijo la Sala Electoral para "suspender" a los diputados de Amazonas?," en Prodavinci, 4 de enero de 2016, en http://prodavinci.com/blogs/que-dijo-la-sala-electoral-para-suspender-a-los-diputados-de-amazonas-por-jose-i-hernandez/.

titucional, de contenido delictivo, e inejecutable que no podía ser acatada; un signo más de la fase terminal de un régimen que no respeta la soberanía popular.

4. El rechazo de la oposición a la medida cautelar de suspensión de efectos de la proclamación de los diputados electos y proclamados en el Estado Amazonas

Contra la decisión cautelar contendida en la sentencia N° 260 del 30 de diciembre de 2015, el 13 de enero de 2016, tres de los cuatro diputados afectados por la misma, y además, un grupo de ciudadanos electores del Estado, formularon oposición solicitando su revocatoria. Igualmente lo hicieron, el 18 de enero de 2016, los miembros de la Junta Directiva de la Asamblea Nacional en tal carácter y en representación de la Asamblea Nacional, solicitando "la intervención en este proceso de la Junta Directiva de la Asamblea Nacional y de la misma Asamblea Nacional, por nosotros representada."

Dichas oposiciones fueron resueltas por la Sala Electoral mediante sentencia No. 126 del 11 de agosto de 2016,[38] declarándola sin lugar, para lo cual lo primero que hizo la Sala fue negarle a la Junta Directiva de la Asamblea Nacional la posibilidad misma de poder alegar y argumentar en el proceso de amparo, a pesar de sentar el principio de que"

"en el procedimiento contencioso electoral pueden intervenir como terceros adhesivos quienes detenten un interés jurídico (legítimo o simple) y pretendan coadyuvar a vencer en el proceso a alguna de las partes, sin sustituirse -en principio, en la condición de ésta. No obstante, la situación jurídica del tercero respecto al caso concreto puede conllevar a calificarlo como "tercero verdadera parte"."

A pesar de ello, la Sala Electoral, luego de admitir en el proceso "como tercero verdadera parte" a los diputados opositores afectados, y como "terceros adhesivos" a los ciudadanos electores que suscribieron la oposición, le negó en efecto a los diputados miembros de la Junta Directiva de la Asamblea Nacional, y a la propia Asamblea representada por los mismos, la posibilidad de participación en el proceso.

---

38   Véase en http://historico.tsj.gob.ve/decisiones/selec/agosto/190168-126-11816-2016-2016-X-000003.HTML

Para justificar su condición de terceros intervinientes en el proceso, los diputados miembros de la Junta Directiva de la Asamblea y a la Asamblea misma, habían invocado el artículo 27 .1 del Reglamento Interior y Debates que atribuye al Presidente de la Asamblea Nacional el ejercicio de la representación de la misma. La Sala no consideró dicha representación suficiente, argumentando que "se encuentra vinculada con la dirección de la actividad parlamentaria que comprende la organización y ejecución de las sesiones o debates para tratar los asuntos objeto de conocimiento, discusión y aprobación del Pleno de la Asamblea Nacional," y no para la intervención en el proceso contencioso electoral.

La Sala estimó que tal representación debía "resultar del acuerdo previo de los diputados miembros de la Asamblea Nacional, a los fines de hacer valer en juicio el interés legítimo sobre la validez del proceso electoral impugnado," concluyendo que "la representación en juicio de la República, por órgano de la Asamblea Nacional, no puede subsumirse en el artículo 27.1 del Reglamento Interior y de Debates," razón por la cual no admitió la oposición formulada el 18 de enero de 2016 los miembros de la Junta Directiva de la Asamblea Nacional.

La Asamblea Nacional, en efecto, es un órgano del Poder Público, y los miembros de su Directiva son sus titulares, y tratándose de una medida cautelar de amparo, y por tanto, un procedimiento regido por los principios de la Ley Orgánica de Amparo sobre Derechos y Garantías Constitucionales, no hay duda que dicho órgano y los miembros de su Junta Directiva por supuesto que pueden tener el carácter de terceros interesados en un proceso en el cual se cuestionaba precisamente el carácter de miembro de la Asamblea de unos diputados. La decisión de la Sala Electoral, por tanto, violó el derecho de dicho órgano y de sus representantes, e participar y alegar en un proceso en el cual indudablemente tenía interés, vulnerándose así el derecho al debido proceso de los intervinientes.

Ahora bien, entre los alegatos formulados en la oposición a la medida cautelar, los oponentes argumentaron que lo decidido implicaba suspender la "inmunidad parlamentaria" que los intervinientes alegaron tenían desde que fueron proclamados por el Órgano Electoral, argumentando que la misma "solo podría ser objeto de suspensión por decisión de la propia Asamblea Nacional" no pudiendo ser "suspendida" por una decisión judicial.

Frente a ello, sin embargo, la Sala argumentó que lo que se había impugnado era "el proceso electoral de las elecciones parlamentarias celebradas el 6 de diciembre de 2015, en el circuito electoral del Estado Amazonas para el período constitucional 2016-2021," considerando entonces que todos los actos "que integran las fases del proceso electoral subsiguientes al acto de votación" eran susceptibles de control por la jurisdicción contencioso electoral ejercida por la Sala, y por tanto, también todos ellos podían ser "objeto de suspensión cautelar."

Sobre el cuestionamiento formulado sobre la improcedente "suspensión" de la inmunidad parlamentaria, la Sala se limitó a considerar que ello no constituía el objeto de la decisión cautelar que ordenó la inejecución temporal del acto de proclamación, argumentando simplemente que no era competencia de la "Sala Electoral determinar el alcance o interpretación del artículo 200 de la Constitución," y determinar "en consecuencia, si los oponentes gozan o no del mencionado privilegio." La Sala, sin embargo, al desestimar el alegato sin mayor argumentación, se pronunció sobre el tema solo citando la sentencia Nº 612 de la Sala Constitucional del 15 de julio de 2016, en la cual supuestamente el Tribunal Supremo se había pronunciado "sobre los límites de la inmunidad parlamentaria" solo citando un párrafo de la sentencia Nº 7 del 5 de abril de 2011 de la Sala Plena del Tribunal Supremo de Justicia, en la cual a su vez, se citó otro párrafo de la sentencia Nº 59 de 26 de octubre de 2010 (publicada el 9 de noviembre de 2010) de la misma Sala Plena en la cual se indicó que:

> "hay prerrogativa en tanto se ejerza la función" y "cuando no se desempeña el cargo no se goza de la prerrogativa procesal", porque lo que priva es una concepción de la inmunidad como garantía del buen funcionamiento de la Asamblea Nacional."

De las sentencia citadas, en efecto se puede "deducir" el argumento formulado en su momento por la Sala Plena respecto de los diputados electos en diciembre de 2010, en el sentido de que el día en el cual los mismos comenzaron "a gozar de la prerrogativa de la inmunidad parlamentaria es el día 5 de enero de 2011, o el más inmediato posible" (artículo 219, Constitución), a lo que agregó lo expresado en otra sentencia también citada por la Sala Electoral, No 58 de la misma Sala Plena de 9 de noviembre de 2010, referida a la inmunidad que protege a los parlamentarios "en el ejercicio de su función parlamentaria" y con ocasión del "ejercicio de sus funciones." Solo con estas referencias a referencias de sentencias citadas, la Sala Plena, sin motivación alguna en el texto, simplemente desestimó el alegato de oposición formulado sobre el tema de la violación de la inmunidad de los diputados una vez proclamados.

Otro alegato de oposición que se formuló fue el de "la inejecutabilidad e improcedencia" de la medida cautelar decretada, considerando los intervinientes, con razón, que la misma carecía "de eficacia y ejecución, en virtud que los efectos de los actos de totalización, adjudicación y proclamación […] *ya habían sido ejecutados y agotados* en su totalidad," considerando además que el acto de proclamación había sido "de cumplimiento instantáneo." Sobre ello, la Sala Electoral, lejos de considerar que el acto de proclamación es un acto de cumplimiento instantáneo que produce efectos de inmediato, los cuales se agotan con su emisión, citando unas sentencias anteriores N° 3 del 29 de enero de 2007 y N° 24 del 16 de febrero de 2012, indicó al contrario que:

> "la ejecución del acto de proclamación de los candidatos electos (hoy oponentes) no se consumó de forma automática o inmediata, sino que estaba condicionada al cumplimiento de actos posteriores a su emisión, tales como la juramentación y la posesión efectiva del cargo, los cuales no se habían producido en la oportunidad de dictarse la sentencia N° 260 de fecha 30 de diciembre de 2015 que ordenó la suspensión de efectos de los actos de totalización, adjudicación y proclamación."

Por ello, ratificó que la decisión cautelar que había dictado "ordenó suspender los efectos de los actos de totalización, adjudicación y proclamación dictados en el proceso electoral realizado el 6 de diciembre de 2015" con lo cual se había originado "la inejecución temporal de las consecuencias jurídicas y materiales que de ellos se derivan," notificándose a la Asamblea Nacional "a los fines de abstenerse de realizar actos que impliquen la eficacia o ejecución de los mencionados actos."

Por último, sobre el argumento formulados por los oponentes de que el único alegato que sustentó la demanda principal de nulidad de las votaciones de Diputados en el Estado Amazonas con la cual se formuló la petición de amparo cautelar, había sido un fraude electoral basado en la mencionada "grabación ilegal," que no podía constituir prueba lícita alguna a los fines de evidenciar la apariencia o indicio grave de violación de derechos constitucionales ni configurar presunción alguna de buen derecho para otorgar la medida cautelar. Frente a ello, sin embargo, la Sala solo se limitó a señalar que la exigencia procesal del *fumus boni iuris* "no implica pronunciamiento adelantado sobre el fondo del asunto objeto del recurso principal, pues luego de la sustanciación del proceso el juez decidirá conforme a los hechos alegados por las partes y con vista a las pruebas del expediente."

La Sala solo dijo, que la solicitud cautelar se había fundamentado en "la presunción de buen derecho" que supuestamente derivaba de la violación de la "libertad del elector en la expresión de sus preferencias políticas y la veracidad o fidelidad del escrutinio, ello a cambio de beneficios económicos por un voto a favor de los candidatos de oposición;" todo lo cual, a juicio de la Sala solo fue apreciado "preliminarmente con base en la constatación de un hecho noticioso señalado por la recurrente y conocido de forma notoria por esta Sala, en virtud de su difusión pública y uniforme en medios de comunicación."

Y nada más, de manera que fue con base en ello solo, que la Sala había ordenado "suspender la ejecución provisional de los actos de totalización, adjudicación y proclamación de los candidatos electos a los fines de la protección cautelar de los derechos fundamentales de naturaleza política de los electores del Estado Amazonas;" declarando al final, sin lugar la oposición a la dicha medida cautelar.

II. LA SALA ELECTORAL VS. LA VOLUNTAD POPULAR: LA PROHIBICIÓN DEL FUNCIONAMIENTO Y ACTUACIÓN DEL PARLAMENTO POR ORDEN JUDICIAL DE LA SALA ELECTORAL DEL TRIBUNAL SUPREMO DE JUSTICIA

La decisión de la Sala Electoral del Tribunal Supremo de Justicia, contenida en la sentencia N° 260 de 30 de la diciembre de 2015 (Caso: *Nicia Marina Maldonado Maldonado vs. Elecciones Estado Amazonas*),[39] suspendiendo la proclamación efectuada por el Consejo Nacional Electoral de la elección de los diputados electos 6 de diciembre de 2015 en el Estado Amazonas, fue un evidente desconocimiento de la voluntad popular expresada en dicho Estado Amazonas, privándolo de representación en la Asamblea. Lo resuelto, además, fue un evidente error judicial, inexcusable, pues a pesar de que se pretenda lo contrario, jurídicamente no es posible suspender

---

39 Véase en http://historico.tsj.gob.ve/decisiones/selec/diciembre/184227-260-301215-2015-2015-000146.HTML.

los efectos de actos ya cumplidos, razón por la cual la decisión podía considerarse como inejecutable,[40] pues no podía ser cumplida, y no era susceptible de ser acatada por nadie.

El error de la sentencia de la Sala Electoral, además, se agravó, porque la misma desconoció que conforme a la Constitución solo la propia Asamblea Nacional tiene la potestad privativa de calificar a sus integrantes (art. 187.20), y que los diputados desde su proclamación gozan de inmunidad parlamentaria (art. 200), pudiendo solo perder su investidura mediante revocación popular de su mandato (arts. 72, 198).

La sentencia, dictada por una de las Salas del Tribunal Supremo, en todo caso, abrió las puertas para el inicio de un conflicto institucional que afectó el funcionamiento de la nueva Asamblea Nacional. Esta, en efecto, se instaló el día 5 de enero de 2016, con la juramentación de 163 de los 167 diputados electos, sin que participaran en dicha instalación los diputados electos por el Estado Amazonas. Por ello, ante una denuncia de desacato de la sentencia 260 de 30 de diciembre de 2015, la Sala Electoral del Tribunal Supremo en sentencia Nº 1 de 11 de enero de 2016,[41] expresó que dicho acto de instalación de la Asamblea se había verificado "en acatamiento de la sentencia número 260 del 30 de diciembre de 2015 dictada por esta Sala Electoral."

Ahora bien, una vez instalada la Asamblea Nacional como representación de la soberanía popular, su directiva, integrada por los diputados Henry Ramos Allup, Enrique Márquez y José Simón Calzadilla, procedieron al día siguiente, 6 de enero de 2016, a juramentar como Diputados a los ciudadanos Nirma Guarulla, Julio Haron Ygarza y Romel Guzamana quienes habían sido electos en el Estado Amazonas, en virtud de que los mismos habían sido debidamente proclamados por las autoridades electorales, hecho que se consideró no constituía desacato a lo resuelto por el Tribunal Supremo. Como lo expresó el diputado Henry Ramos Allup, Presidente de la Asamblea Nacional, según se reseñó sobre ello en la sentencia Nº 1 de 11 de enero de 2016:

---

40   En igual sentido, véase José Ignacio Hernández, "¿Qué dijo la Sala Electoral para "suspender" a los diputados de Amazonas?," en *Prodavinci*, 4 de enero de 2016, en http://prodavinci.com/blogs/que-dijo-la-sala-electoral-para-suspender-a-los-diputados-de-amazonas-por-jose-i-hernandez/

41   Véase en http://historico.tsj.gob.ve/decisiones/selec/enero/184253-1-11116-2016-X-2016-000001.HTML.

"No se puede considerar en desacato a quienes califican a sus propios miembros. Para ejercer nuestros derechos constitucionales no pasamos por el tamiz de ningún otro poder. Los dos únicos órganos elegidos por sufragio son el presidente y la Asamblea Nacional."[42]

Por su parte, el diputado Enrique Márquez, Primer Vicepresidente de la Asamblea Nacional, igualmente declaró:

"No la podemos acatar, estaríamos entrando en desacato de la voluntad popular y la Constitución, algo que no vamos a hacer. Una vez proclamados nadie puede detener su juramentación." [43]

Sin embargo, esa no fue la apreciación de la candidata a diputado que no había resultado electa el 6 de diciembre de 2016 y quién había impugnado la elección de los diputados en el Estado Amazonas ante la Sala Electoral de Tribunal Supremo y quien acudió además para peticionar -a lo que se unieron unos diputados a la Asamblea Nacional miembros del partido de gobierno que actuaron como coadyuvantes interesados- , que la sentencia N° 260 de 30 de diciembre de 2016 fuera "acatada," solicitándole a la Sala que se pronunciase "en forma inmediata sobre la inconstitucionalidad de la juramentación írrita efectuada en el hemiciclo legislativo el día 6 de enero de 2016."

Por su parte los terceros interesados fueron más allá en sus peticiones, alegando ante la Sala Electoral, que la Junta Directiva de la Asamblea Nacional al no haber "acatado la antes referida decisión de la Sala Electoral," había violado:

"los principios de jurisdicción, división de los Poderes Públicos y supremacía constitucional, previstos en los artículos 253, 136, 138, 139 y 7 de la Constitución de la República Bolivariana de Venezuela, la cual, por tratarse de un evidente abuso y desviación de poder, expresado a través de una pretendida usurpación de poder, determina la nulidad absoluta de tal actuación antijurídica y, por ende, su ineficacia plena, así como la nulidad de las actuaciones subsiguientes en las que intervengan los juramentados al margen del derecho."

---

42 Según nota de prensa publicada en el portal web del diario *El Nacional*, 7 de enero de 2016, en http://www.el-nacional.com/politica/Ramos-Allup-Asamblea-Nacional-tamiz_0_770923076.html

43 Según nota en *Globovisión*, 8 de enero de 2016, en http://globovision.com/article/marquez-decision-del-tsj-sobre-diputados-de-amazonas-es-inacatable.

Adicionalmente, los terceros intervinientes alegaron que los actos de la Asamblea Nacional, luego de la incorporación "de los diputados cuya proclamación fue suspendida, resultan nulos e ineficaces, y desde luego afectan el funcionamiento adecuado, normal y pacífico de la Asamblea Nacional, de la cual formamos parte," concluyendo con la petición que formularon ante la Sala Electoral, que se pronunciase "sobre la inconstitucionalidad e ilegitimidad" de la juramentación de los diputados por el Estado Amazonas ante la Junta Directiva de la Asamblea Nacional, considerando "que la misma carece de todo efecto jurídico y nula e ineficaz, y por ello debe ser considerada inexistente."

De todo ello, concluyeron los peticionantes, todos diputados miembros del partido de gobierno, solicitando, entre otras cosas, que:

"2. Declare la nulidad, por razones de inconstitucionalidad e ilegalidad de la juramentación de los ciudadanos Nirma Guarulla, Julio Ygarza y Romel Guzamana, efectuada el día 6 de enero de 2016, por la junta directiva de la Asamblea Nacional.

3. Ordene a la junta directiva de la Asamblea Nacional que se abstenga de considerar válida la participación como integrantes del Órgano Legislativo Nacional, de los prenombrados ciudadanos, cuyo acto de proclamación fue suspendido por virtud de la sentencia n° 260 de fecha 30 de diciembre de 2015 de la Sala Electoral del Tribunal Supremo de Justicia, dado que los mismo no ostenta la cualidad de diputados proclamados (…)

4. Declare la nulidad de cualquier decisión tomada por la Asamblea Nacional.

5. Ordene a los órganos administrativos de la Asamblea Nacional se abstenga de incorporar a la nómina de pago a los ciudadanos incluidos en el amparo, so pena de incurrir en el desacato correspondiente. Tanto en el ámbito legislativo como de control político que se apruebe en el parlamento nacional mientras dichos ciudadanos no sean desincorporados.

6. Los ciudadanos Nirma Guarulla, Julio Ygarza y Romel Guzamana no cumplen con los extremos legales para ostentar a la condición de parlamentarios por lo tanto no gozan de la 'Inmunidad Parlamentaria' en ese sentido su presentación ante el parlamento para juramentarse constituye flagrantemente el desacato a la sentencia n° 260 de fecha 30 de diciembre de la Sala Electoral del Tribunal Supremo de Justicia (…)."

7. Que se ordene al Ejecutivo Nacional, la prohibición de publicar en *Gaceta Oficial* cualquier acto tanto legislativo como de control político que apruebe la Asamblea nacional mientras estos ciudadanos estén incorporados como diputados (sic) (destacado del original)."

En criterio de la Sala Electoral, las solicitudes tenían por objeto que la misma conociera de un desacato de su sentencia N° 260 el 30 de diciembre de 2015, considerando, para decidir, todos los hechos denunciados como "hechos notorios comunicacionales" los cuales en criterio de la Sala no requerían de actividad probatoria alguna, y que evidenciaban a juicio de la Sala, que había habido un:

> "incumplimiento del mandato constitucional cautelar ordenado en la sentencia número 260 del 30 de diciembre de 2015, referido a la juramentación de los ciudadanos Nirma Guarulla, Julio Haron Ygarza y Romel Guzamana en los cargos de diputados a la Asamblea Nacional por el estado Amazonas los dos primeros, y por la Región Sur el último de los nombrados."

Esta sola "motivación" de la sentencia, por supuesto, la hacía nula de nulidad absoluta, pues en la sentencia N° 260 de 30 de diciembre de 2016, en ninguna página, párrafo o frase hay pronunciamiento alguno en relación con la "juramentación" de los mencionados diputados. Nada se dice en la sentencia sobre ello, no hay mandato constitucional alguno que haya ordenado nada referido a la juramentación de los mencionados diputados. Es más, en la sentencia ni siquiera se usa en ninguna línea, párrafo o página las palabras *"juramentación"* o *"juramento."*

La sentencia, por ello, por motivación falsa, estaba viciada de nulidad absoluta.

Con base en esa falsa motivación, sin embargo, la Sala en la sentencia N° 1 pasó a argumentar que la Asamblea Nacional debía "acatar las disposiciones y decisiones que el resto de los poderes del Estado dicten o sancionen en función de sus propias atribuciones constitucionales y legales," pues en caso contrario, "surgiría el riesgo de la *'anomia'* constitucional y la inestabilidad para el Estado y su gobierno;" y considerando que existían "suficientes elementos de convicción para decidir la solicitud de desacato como si se tratara de un asunto de mero derecho," constató que "la Junta Directiva de la Asamblea Nacional integrada por los Diputados Henry Ramos Allup, Enrique Márquez y José Simón Calzadilla, *al proceder con la juramentación* como Diputados de los ciudadanos Nirma Guarulla, Julio Haron Ygarza y Romel Guzamana, *incurrió en desacato* de la sentencia número 260, del 30 de diciembre de 2015;" y que igualmente "los ciudadanos Nirma Guarulla, Julio Haron Ygarza y Romel Guzamana, con su *participación en el acto de juramentación*, igualmente incurrieron en desacato de la mencionada sentencia" concluyendo con la ratificación de lo que había decidido en la sentencia N° 260 de 30 de diciembre de 2015, "a los fines de su inmediato cumplimiento."

De todo lo anterior, la Sala Electoral concluyó su razonamiento expresando que:

> "*con la referida juramentación* como diputados del órgano legislativo nacional, los ciudadanos Nirma Guarulla, Julio Haron Ygarza y Romel Guzamana incurren en el supuesto establecido en el artículo 138 de la Constitución de la República Bolivariana de Venezuela, al usurpar el ejercicio del referido cargo legislativo en desacato de la sentencia número 260 citada, norma constitucional que preceptúa que toda autoridad usurpada es ineficaz y sus actos son nulos, se encuentran viciados de nulidad absoluta y por tanto resultan inexistentes aquellas decisiones dictadas por la Asamblea Nacional a partir de la incorporación de los mencionados ciudadanos. Así se decide."

O sea de un solo plumazo la Sala Electoral echó por el suelo todos los principios más elementales sobre el concepto de *usurpación de autoridad* como vicio de los actos estatales establecidos en Venezuela desde tiempos del inicio de la República, y que preceptúan, como lo recordó la Sala Político Administrativa del mismo Tribunal Supremo, unos meses atrás, en sentencia N° 494 de 6 de mayo de 2015 (Caso*: Wiliem Asskoul Saab vs. Comisión Judicial del Tribunal Supremo de Justicia*) que "la usurpación de autoridad ocurre cuando un acto es dictado por quien carece en absoluto de investidura pública."[44]

De acuerdo con ello, y esto es elemental, usurpación de autoridad en este caso solo hubiera podido ocurrir si la Junta Directiva de la Asamblea hubiese juramentado como diputado a una persona que no hubiese sido electa o que no hubiese siquiera participado en el proceso electoral, es decir, sin investidura alguna. Ese hubiese sido el único caso de alguien juramentado que careciese en absoluto de investidura; pero ese vicio nunca podría darse respecto de diputados efectivamente electos, y proclamados por las autoridades electorales

---

44   Véase en *Revista de Derecho Público*, N° 142, Editorial Jurídica Venezolana, Caracas 2015, pp. 162 ss.

competentes, y que constitucionalmente desde ese momento gozaban de inmunidad.

Partiendo entonces del falso supuesto de que en la sentencia N° 260 de 30 de diciembre de 2015 se hubiese resuelto algo sobre la "juramentación" de los diputados electos por el Estado Amazonas, y del nuevo error en que incurrió la Sala al pretender calificar su juramentación como un acto viciado de "usurpación de autoridad," la Sala concluyó declarando que "los ciudadanos Nirma Guarulla, Julio Haron Ygarza y Romel Guzamana efectivamente *incurrieron en desacato* de la medida cautelar de amparo decretada por esta Sala, y subvirtieron la autoridad y el correcto funcionamiento de la Administración de Justicia," ordenando entonces "a la Junta Directiva de la Asamblea Nacional, *la desincorporación inmediata"* de los mismos, ordenando incluso la forma de proceder por la Asamblea para ello, indicando que "deberá verificarse y dejar constancia de ello en Sesión Ordinaria de dicho órgano legislativo nacional." Y finalmente, la Sala Electoral, nada menos que declaró:

> "*nulos absolutamente* los actos de la Asamblea Nacional que se hayan *dictado o se dictaren*, mientras se mantenga la incorporación de los ciudadanos sujetos de la decisión N° 260 del 30 de diciembre de 2015 y del presente fallo."

En definitiva, como lo observó el Secretario General de la Organización de Estados Americanos Luis Almagro, en carta enviada el 12 de enero de 2016 a quien ejerce la Presidencia de la República, Nicolás Maduro:

> "Los resultados de las elecciones legislativas en el Estado de Amazonas fueron cuestionados a través de un recurso contencioso electoral presentado por el PSUV ante la Sala Electoral del TSJ que ordenó la suspensión de los efectos de los actos de totalización, adjudicación y proclamación emanados de los órganos subordinados del CNE.

> Esta determinación contradice la voluntad de la ciudadanía manifestada en la elección del pasado 6 de diciembre y anula la proclamación ya realizada por el CNE.

> La Asamblea Nacional, un día después de instalada, decidió juramentar a los tres diputados del Estado de Amazonas.

> A raíz de este acto, ayer 11 de enero el TSJ declaró en desacato a la junta directiva de la Asamblea Nacional y ordenó la inmediata separación de los tres diputados.

Extralimitándose en sus funciones, declaró que los actos de esta Asamblea Nacional serán nulos mientras estén en funciones los tres diputados de Amazonas." [45]

Mayor conflicto entre los poderes públicos en Venezuela era difícil de imaginar, pues con la sentencia N° 1 de 11 de enero de 2016 de la Sala Electoral del Tribunal Supremo, con falsa motivación y errada en derecho, sin embargo simplemente se buscó paralizar al órgano legislativo.

No hay otra forma de entender esta sentencia, por supuesto, que no sea entendiendo que en Venezuela no existía un sistema de gobierno basado en el principio de la separación de poderes, que ante todo exige que el órgano judicial sea realmente independiente y autónomo.

En contraste con estos hechos, al mismo tiempo de emisión de la sentencia N° 1 del 11 de enero de 2016, el día 13 de enero de 2016, aparecía publicado en la edición del *The Wall Street Journal*, una nota reseñando el discurso anual del Presidente Barack Obama sobre *The State of the Union* que había pronunciado el día anterior, en la cual se destacaba el hecho de que en el podio en el Congreso estaba el Presidente Obama, de pie, y el senador Paul Ryan, sentado, todo lo cual - decía el reportaje - estaba "diseñado para mostrar que las ramas del gobierno de los Estados Unidos funcionan juntas incluso cuando las mismas están controladas por diferentes partidos políticos."[46]

Y ello es así, como sucede en todos los sistemas democráticos montados sobre el principio de la separación de poderes, donde el gobierno funciona aun cuando las ramas legislativa y ejecutiva estén controladas por partidos diferentes, pero con un elemento adicional que no se mencionó en la reseña periodística - porque en los Estados Unidos ello está sobreentendido -, que es que fundamentalmente existe otra rama del poder público, que es el poder judicial, que necesariamente es autónomo e independiente, y está fuera del control de los partidos políticos.

---

45   Véase   en   http://www.oas.org/documents/spa/press/CARTA.A.PRESI-DENTE.MADURO.12.01.16.pdf

46   Véase Siobhan Hughes, "Obama, Ryan Size Each Other Up," al expresar que la ubicación estaba "designated to show that the branches of the U.S. government function together even when they are controlled by different political parties," en *The Wall Street Journal*, January, January 13, 2016, p. A4.

Si el poder judicial no fuera la balanza entre los dos primeros, y estuviera controlado por alguna de las dos ramas, ningún gobierno podría funcionar adecuadamente como una democracia. Es decir, como el mismo día se destacó en el Editorial del edición del *The New York Times*, titulado *"Poland Deviates From Democracy,"* lo contrario era lo que estaba ocurriendo en Polonia, donde el primer ministro se había "movido rápidamente en su agenda conservadora, incluyendo llenar la alta corte de jueces maleables e imponiendo mayor control del gobierno sobre los medios de comunicación gubernamentales."[47]

Es decir, en cualquier país, el funcionamiento de un sistema democrático, depende de la existencia de autonomía e independencia de la Corte Suprema. Los Poderes Legislativo y Ejecutivo pueden estar controlados por los parridos políticos, y ello es lo que normalmente ocurre en una democracia; pero el poder judicial no puede estar controlado por los partidos, y menos por alguno de los que controlan a los dos otros poderes, porque de lo contrario, simplemente no existiría un sistema democrático. Y esa era precisamente la situación que existía en Venezuela después de la elección parlamentaria del 6 de diciembre de 2016 que le había dado la mayoría parlamentaria a los partidos de oposición, con las decisiones adoptadas por la Asamblea Nacional saliente, llenando las Salas del Tribunal Supremo con miembros del partido que controla el Poder Ejecutivo. Pasando en esa forma a que el Tribunal Supremo estuviese totalmente controlado por el Poder Ejecutivo y por el partido de gobierno.

Una Corte o Tribunal Supremo en el mundo contemporáneo, como ya lo advirtió Alexis de Tocqueville desde el inicio del constitucionalismo moderno hace casi dos siglos, refiriéndose precisamente a la Corte Suprema de los Estados Unidos, no sólo es depositaria de "un inmenso poder político"[48] sino que es "el más importante poder político de los Estados Unidos," [49] al punto de considerar que "no había cuestión política en los Estados Unidos que tarde

---

47 Véase el Editorial "Poland Deviates From Democracy," donde se indica que el primer ministro de Polonia "has moved rapidly on its conservative agenda, including packing the highest court with maleable judges and imposing greater government control over the state owned media," en The New York Times, 13 January 2016, p. A20.

48 Véase Alexis De Tocqueville, *Democracy in America* (Ed. by J.P. Mayer and M. Lerner), The Fontana Library, London, 1968, p. 122, 124.

49 *Ibid.*, p. 120.

o temprano no se convirtiera en una cuestión judicial."[50] Por ello, para de Tocqueville, en los poderes de la Corte Suprema "continuamente descansa la paz, la prosperidad y la propia existencia de la Unión," agregando que sin los jueces autónomos e independientes de la Corte Suprema:

> "la Constitución sería letra muerta; es ante ellos que apela el Ejecutivo cuando resiste las invasiones del órgano legislativo; el legislador para defenderse contra los actos del Ejecutivo; la Unión para hacer que los Estados le obedezcan; los Estados para rechazar las exageradas pretensiones de la Unión; el interés público contra el interés privado; el espíritu de conservación contra la inestabilidad democrática."[51]

En consecuencia, todo el mecanismo de balance y contrapesos del sistema de separación de poderes, que por lo demás tuvo su primera aplicación constitucional práctica en los Estados Unidos, puede decirse que descansa en la Corte Suprema y en el poder de los jueces para poder ejercer el control de constitucionalidad de la legislación; lo que por supuesto se puede decir, de todas las Cortes Supremas y Tribunales Constitucionales.

Por esos poderes, por tanto, para que funcione un sistema de separación de poderes, y consecuentemente un régimen democrático, incluso cuando los poderes legislativo y ejecutivo estén controlados por partidos diferentes, la elección de los jueces que deben integrar esos altos tribunales es vital para el funcionamiento del sistema democrático, pues por esencia se trata de órganos que en sí mismos no están sujetos a control alguno, de manera que cualquier distorsión o abuso por parte de los mismos queda exento de revisión; como ha sido precisamente el caso de la sentencia No. 1 de 11 de enero de 2016 dictada por la Sala Constitucional del Tribunal supremo venezolano.

De allí que George Jellinek dijo con razón que la única garantía respecto de los tribunales supremos o cortes constitucionales como guardianes de la Constitución, en definitiva descansa en la "conciencia moral,"[52] y Alexis de Tocqueville, más precisamente, en su

---

50 *Ibid.*, p. 184.

51 *Ibid.*, p. 185.

52 Véase George Jellinek, *Ein Verfassungsgerichtshof fur Österreich*, Alfred HOLDER, Vienna 1885, citado por Francisco Fernández Segado, "Algunas reflexiones generales en torno a los efectos de las sentencias de inconstitucionalidad y a la relatividad de ciertas fórmulas estereotipadas vinculadas

observación sobre el sistema constitucional norteamericano dijo, que:

"los jueces federales no sólo deben ser buenos ciudadanos y hombres con la información e integridad indispensable en todo magistrado, sino que deben ser hombres de Estado, sabios para distinguir los signos de los tiempos, que no tengan miedo para sobrepasar con coraje los obstáculos que puedan, y que sepan separase de la corriente cuando amenace con doblegarlos.

El Presidente, quien ejerce poderes limitados, puede errar sin causar graves daños al Estado. El Congreso puede decidir en forma inapropiada sin destruir la unión, porque el cuerpo electoral en el cual el Congreso se origina, puede obligarlo a retractarse en sus decisiones cambiando sus miembros. Pero si la Corte Suprema en algún momento está integrada por hombres imprudentes o malos, la Unión puede ser sumida en la anarquía o la guerra civil."[53]

En el mismo sentido, Alexander Hamilton, en la discusión sobre el texto de la Constitución norteamericana antes de su sanción, luego de advertir sobre "la autoridad de la propuesta Corte Suprema de los Estados Unidos," y particularmente de sus:

"poderes para interpretar las leyes conforme al espíritu de la Constitución, lo que habilita a la Corte a moldearlas en cualquier forma que pueda considerar apropiada, especialmente porque sus decisiones no serán en forma alguna sometidas a revisión o corrección por parte del órgano legislativo,"

concluyó afirmando que:

"Las legislaturas de varios Estados, pueden en cualquier momento rectificar mediante ley las objetables decisiones de sus respectivas cortes. Pero los errores y usurpaciones de la Corte Suprema de los Estados Unidos serán incontrolables e irremediables."[54]

a ellas," en *Anuario Iberoamericano de Justicia Constitucional*, Centro de Estudios Políticos y Constitucionales, N° 12, 2008, Madrid 2008, p. 196.

53 Véase Alexis de Tocqueville, *Democracy in America*, ch. 8, "The Federal Constitution," traduc. Henry Reeve, revisada y corregida, 1899, http://xroads.virgi-nia.edu/HYPER/ DETOC/1_ch08.htm Véase también, Jorge Carpizo, *El Tribunal Constitucional y sus límites*, Grijley, Lima 2009, pp. 46–48.

54 Véase Alexander Hamilton, N° 81 de *The Federalist*, "The Judiciary Continued, and the Distribution of the Judiciary Authority"; Clinton Rossiter (Ed.), *The Federalist Papers*, Penguin Books, New York 2003, pp. 480.

Esto es lo que hay que tener en mente cuando a las Cortes Supremas se las llega a integrar con personas inmorales, imprudentes o malas, o con miembros de partidos políticos, que pasan a estar controladas por alguno de los que controla a alguno de los otros poderes del Estado, pasando a convertirse incluso, a veces, en legisladores o peor aún, en constituyentes, sin estar sujetos a responsabilidad alguna, trastocándose, en la penumbra de los límites entre interpretación y jurisdicción normativa, "de guardianes de la Constitución en soberanos,"[55] usurpando la propia voluntad popular.

En definitiva, como lo expresó el Secretario General de la Organización de Estados Americanos en carta del 12 de enero de 2016, dirigida a quien ejerce la presidencia de la República

"Los jueces y el poder judicial deben ser libres y actuar sin influencias o control de los poderes ejecutivo y-o legislativo.

Cuando se eligen integrantes de la judicatura que arrastran en sus espaldas militancia política, incluso participación política en cargos electivos, se vulnera la esencia del funcionamiento de separación de poderes y nos lleva a presuponer que las decisiones que se toman tienen no solamente un contenido jurídico sino político."[56]

Agregó el Secretario General de la OEA, que todo ello , y especialmente, "la utilización del poder público para silenciar y acosar a la oposición, la violación de los frenos y contrapesos propios de la separación e independencia de los poderes, el nombramiento oportunista de miembros del poder judicial, la injerencia en distintos poderes del Estado," constituye lo que la doctrina conoce como *erosión de la democracia*, que contraviene no solo los pilares fundamentales de la Organización de Estados Americanos, sino los "principios establecidos claramente en su tratado fundacional y en la Carta Democrática Interamericana."[57]

Y no otra cosa fue lo que ocurrió con la integración de la Sala Electoral del Tribunal Supremo por la Asamblea Nacional saliente y feneciente en diciembre de 2015, con magistrados todos integrantes

---

55   Véase Francisco Fernández Segado, "Algunas reflexiones generales en torno a los efectos de las sentencias de inconstitucionalidad y a la relatividad de ciertas fórmulas estereotipadas vinculadas a ellas," *Anuario Iberoamericano de Justicia Constitucional*, Centro de Estudios Políticos y Constitucionales, N° 12, 2008, Madrid 2008, p. 161.

56   Véase en http://www.oas.org/documents/spa/press/CARTA.A.PRESIDEN-TE.MADURO.12.01.16.pdf.

57   *Idem.*

del partido de gobierno. Como lo observó el Secretario General de la Organización de Estados Americanos, Luis Almagro en la carta enviada a Nicolás Maduro el 12 de enero de 2016:

> "Lamentablemente su Gobierno decidió integrar las instituciones en función de la política partidaria, para el CNE, para el TSJ y para cada organismo de control. Esto nos hace presuponer que las decisiones que se tomen tienen no solamente un contenido jurídico sino además otro de carácter político. La trayectoria política de los funcionarios es incompatible con la imparcialidad y objetividad para juzgar que requiere el ejercicio de la justicia. El Estado de Derecho pierde credibilidad con un sistema judicial percibido como parcial.
>
> Cuando un poder, se confiere a si mismo condiciones para controlar, incidir, decidir, anular o manipular las competencias o facultades del Estado, la situación más allá de ser preocupante, pone en riesgo el equilibro de los poderes del Estado."[58]

En consecuencia, al controlar la oposición la nueva Asamblea Nacional, no había sino que esperar para constatar cómo los magistrados sumisos y maleables al servicio del Ejecutivo y del partido de gobierno, nombrados en sesiones extraordinarias en diciembre de 2015, comenzarían a decidir conforme a las peticiones del partido de gobierno, como ocurrió con la sentencia N° 1 de la Sala Electoral, mediante la cual con motivación falsa y errada, el Tribunal Supremo irrumpió contra la voluntad popular, desconociéndola; privó a un Estado de la Republica de representación en la Asamblea Nacional; la paralizó totalmente al declarar nulos todos sus actos pasados y futuros que pudieran haber sido o fueran dictados con los diputados cuestionados; obligando a la Asamblea a "desincorporar" a los diputados que habían sido juramentados, dejando sin efecto la juramentación por un supuesto desacato de la sentencia N° 260 de 30 de diciembre de 2016, cuando en la misma no aparece siquiera la palabra "juramentación," ni orden alguna respecto a alguna "juramentación," razón por la cual ninguna "juramentación" podía considerarse que podría desacatar la sentencia. En fin, como lo observó acertadamente el Secretario General de la Organización de Estados Americanos, "La Sala Electoral en su aplicación jurídica hizo retroceder dramáticamente el derecho al siglo XIX."[59]

---

58   Véase en http://www.oas.org/documents/spa/press/CARTA.A.PRESIDEN-TE.MADURO.12.01.16.pdf

59   *Idem*

En esta forma, a pesar de que la Sala Electoral, como parte que es del Tribunal Supremo, en el orden interno no tiene quien la controle, al menos se evidenció que si hay un instrumento en el ámbito internacional americano que establece las bases para controlar sus actuaciones, que es la Carta Democrática Interamericana de 2001, como lo expresó quien tiene a su cargo velar porque la misma se respete, que es el Secretario General de la Organización de Estados Americanos.

Y efectivamente, éste, en la referida extraordinaria carta de fecha 12 de enero de 2016 dirigida al Presidente de la República, Nicolás Maduro, le expresó todo lo que solo un Secretario General de dicha Organización Internacional le podía decir cumpliendo con la obligación que le impone dicha Carta Democrática Interamericana, particularmente cuando "se producen situaciones que pueden afectar el normal desarrollo del proceso político institucional democrático," y en particular, con la obligación de "velar por el buen cumplimiento" de lo dispuesto en los artículos 2 a 7 de dicha Carta.

A tal efecto, el Sr. Almagro le indicó al Jefe de Estado venezolano entre muchas consideraciones, las siguientes:

"Todo aquello que signifique impedir a un solo diputado a asumir su banca es un *golpe directo a la voluntad del pueblo*. Es un concepto esencial de democracia que el único soberano legítimo es el pueblo y, por lo tanto, interpretar y-o distorsionar lo que este ha expresado en las urnas, afecta directamente la voluntad popular [...]

La democracia, entre otras cosas, es un ejercicio de traspaso de poder de determinados dirigentes políticos a otros, por lo cual aceptar y respetar los resultados de elecciones libres, transparentes y justas es fundamental.

La acción de alterar la representación política luego de un pronunciamiento tan claro del cuerpo electoral se constituye en un atentado, cuando las garantías de justicia parecen esfumarse. [...]

La Sala se apartó del objeto último del Derecho electoral: preservar la voluntad de los electores. Esa voluntad pretende así ser vulnerada cuando la Sala Electoral intenta desconocer los efectos jurídicos ya consumados de la proclamación."[60]

La sentencia de la Sala Electoral del Tribunal Supremo, en todo caso, por la parálisis inconstitucional que en la práctica provocó en

---

60   Véase en http://www.oas.org/documents/spa/press/CARTA.A.PRESIDENTE.MADURO.12.01.16.pdf

el país al materialmente impedir que la Asamblea Nacional pudiera funcionar, condujo a que la misma, como órgano político, con el objeto de desbloquear la parálisis institucional impuesta, terminara aceptando la decisión de los diputados electos por el Estado Amazonas que se habían juramentado de dejar sin efecto la juramentación que habían hecho. Ello ocurrió el 13 de enero de 2016 al realizarse una sesión ordinaria de la Asamblea, en la cual se dejó sin efecto la juramentación de los tres diputados del Estado Amazonas.

El Gobierno había forzado dicha decisión, por la amenaza que había sido expresada en el sentido de que el Presidente de la República no acudiría ante la Asamblea a presentar su Mensaje anual que se había fijado conforme a la Constitución para el 15 de enero de 2106, para lo cual, como ha solido hacer en el pasado, acudió ante la Sala Constitucional para que como "consultor jurídico" o "abogado" sumiso y servil, le dijera lo que quería oír, y así terminar de paralizar al Poder Legislativo.

III. LA SALA CONSTITUCIONAL AL SERVICIO DEL EJECUTIVO CONTRA LA ASAMBLEA NACIONAL: EL CASO DE LA DECISIÓN DE UN BIZARRO RECURSO DE INCONSTITUCIONALIDAD CONTRA UNA SUPUESTA Y FUTURA OMISIÓN LEGISLATIVA

En efecto, entre el elenco de decisiones de la Sala Constitucional en su "nuevo" rol de asesor del Poder Ejecutivo, se destaca la sentencia Nº 3 del 14 de enero de 2016,[61] emitida con ocasión de las secuelas que resultaron de la anteriormente analizada decisión de la Sala Electoral del mismo Tribunal Supremo de Justicia, dictada mediante sentencia Nº 260 (Caso: *Nicia Marina Maldonado, contra el acto de votación de las elecciones parlamentarias del estado Amazonas*) de 30 de diciembre de 2015, a través de la cual la Sala Electoral, al admitir el recurso, ordenó "de forma provisional e inmediata la suspensión de efectos de los actos de totalización, adjudicación y proclamación" de los órganos electorales respecto de todos los cuatro diputados que habían sido electos en el Estado Amazonas;[62] en las elecciones del 6 de diciembre de 2015.

---

61 Véase en http://historico.tsj.gob.ve/decisiones/scon/enero/184316-03-14116-2016-16-0003.HTML

62 Véase en http://www.tsj.gob.ve/en/decisiones#3. Sobre ello, véase José Ignacio Hernández quien afirmó que "la Sala Electoral no puede, en virtud de una medida cautelar, modificar los efectos jurídicos de esa proclamación y "suspender" el mandato popular de representación ya perfeccionado, pues

Como se ha dicho, dicha proclamación no podía ser "suspendida" ni siquiera provisionalmente, pues ya había ocurrido, y sus efectos se habían agotado. Sólo se pueden suspender, incluso provisionalmente, los efectos de los actos cuando aún no ha ocurrido, para que no ocurran; o los efectos que están en curso de ocurrir, para evitar que ocurran; pero no se pueden suspender los que ya ocurrieron. Así, se puede suspender el embarazo de una mujer antes de que ocurra o durante la gestación, pero una vez nacido el niño, ni el embarazo ni el nacimiento pueden ser "suspendidos."

Por tanto, la sentencia N° 260 de 30 de la diciembre de 2015 simplemente, por errada - errada de un error judicial inexcusable - era inejecutable,[63] o sea, no podía ser cumplida, y por tanto no era susceptible de ser acatada por nadie.[64] En realidad, la misma equivalía a una sentencia de nulidad de la elección lo que solo podía ser dictada en la sentencia final del juicio y nunca como "medida cautelar," y en todo caso respetando la garantía del debido proceso y en particular el derecho a ser oído de los diputados involucrados.[65]

Como señalamos, sin embargo, en virtud de que a pesar de dicha decisión N° 260 de 30 de diciembre de 2015, la Junta Directiva de la nueva Asamblea después de instalarse procedió a juramentar a los diputados mencionados que ya habían sido proclamados por las

---

los efectos de la proclamación ya se cumplieron." Véase en "Luego de los 4 diputados suspendidos por el TSJ: ¿Qué va a pasar?," en Prodavinci, 30 de diciembre de 2015, en http://prodavinci.com/blogs/luego-de-los-4-diputados-suspendidos-por-el-tsj-que-va-a-pasar-por-jose-ignacio-hernandez/

63   En igual sentido, véase José Ignacio Hernández, "¿Qué dijo la Sala Electoral para "suspender" a los diputados de Amazonas?," en *Prodavinci*, 4 de enero de 2016, en http://prodavinci.com/blogs/que-dijo-la-sala-electoral-para-suspender-a-los-diputados-de-amazonas-por-jose-i-hernandez/

64   Véase Allan R. Brewer-Carías, "La inconstitucional, delictiva e inejecutables sentencia de la Sala Electoral pretendiendo "suspender" las elecciones de diputados el Estado Amazonas,' 4 de enero de 2016, en http://www.allan-brewercarias.com/Content/449725d9-f1cb-474b-8ab2-41efb849fea3/Content/LA%20INCONSTITUCIONAL,%20DELICTIVA%20E%20INEJECUTABLE%20SENTENCIA%20DE%20LA%20SALA%20ELECTORAL%20%204-1-2016.pdf

65   Como lo observó el Secretario General de la OEA Luis Almagro, en su comunicación de 30 de mayo de 2016 con el Informe sobre la situación en Venezuela en relación con el cumplimiento de la Carta Democrática Interamericana: "en derecho no se puede anular ningún acto mediante una medida cautelar, y tampoco actos a futuro. Estos se puede hacer luego de un juicio en el que se respete el debido proceso y en el que las partes presenten sus pruebas," p. 53. Véase en oas.org/documents/spa/press/OSG-243.es.pdf.

autoridades electorales, y gozaban de inmunidad, con ocasión de
una denuncia de "desacato" de dicha sentencia formulada por
miembros del partido de gobierno, la Sala Electoral del Tribunal
Supremo dictó la antes mencionada nueva sentencia N° 1 de 11 de
enero de 2016, [66] en la cual, en definitiva, resolvió que la Junta Directiva de la Asamblea había incurrido en desacato de su anterior
sentencia (N° 260, del 30 de diciembre de 2015), e igualmente los
diputados "suspendidos" con su *participación en el acto de juramentación*, igualmente habían incurrido en desacato de la mencionada sentencia. La Sala Electoral, además, como se ha dicho, decidió que la juramentación de dichos diputados estaba viciada de nulidad absoluta por "usurpación de autoridad," ordenando *"la desincorporación inmediata"* de los mencionados diputados, y declarando *"nulos absolutamente* los actos de la Asamblea Nacional" que se
hubiesen dictado o se dictaren *en el futuro*, mientras dichos diputados estuviesen incorporados.

Ahora bien, en esa situación de conflicto de poderes, y en vista
de que días después (15 de enero) el Presidente estaba obligado a
acudir ante la Asamblea Nacional a presentar su Mensaje Anual,
con el propósito de justificar su no comparecencia ante la misma, el
día 12 de enero de 2016, es decir, al día siguiente de haberse dictado la sentencia N° 1 de la Sala Electoral mediante la cual la misma
había paralizado hacia futuro el funcionamiento de la Asamblea
Nacional; la Procuraduría General de la República en representación y por órdenes del Ejecutivo Nacional, acudió ante la Sala
Constitucional del Tribunal Supremo, interponiendo un extraño
"recurso de inconstitucionalidad por omisión legislativa [...] como
consecuencia de la nulidad absoluta de las actuaciones de la Asamblea Nacional declarada por la Sala Electoral de ese Tribunal Supremo de Justicia en sentencia N° 1 de fecha 11 de enero de 2016,"
alegando que el Ejecutivo Nacional supuestamente se encontraba
"imposibilitado" para cumplir con el mandato constitucional de
presentar su Mensaje Anual.

Se trató entonces, de un recurso de inconstitucionalidad por
omisión, *pero no de una omisión que ya había ocurrido*, sino de
una que supuestamente podía eventualmente ocurrir en el futuro, es
decir, de una futura posible omisión, que era la supuesta imposibili-

---

66 Véase en http://historico.tsj.gob.ve/decisiones/selec/enero/184253-1-11116-
2016-X-2016-000001.HTML

dad de la Asamblea para recibir, en el futuro, el mensaje anual del Presidente, alegando que:

> "la Asamblea Nacional no está en condiciones de dictar actos válidos, hasta tanto no desincorpore a los ciudadanos Julio Haron Ygarza, Nirma Guarulla y Romel Guzamana, pues se encuentra en desacato de un mandamiento de amparo cautelar, lo que la imposibilita para sesionar, convocar y recibir al Primer Mandatario del Ejecutivo Nacional para que haga presencia a los fines del cumplimiento de lo previsto en el artículo 237 constitucional (…)."

El Procurador, como asesor jurídico del Poder Ejecutivo, que en definitiva es quien asesora, defiende y representa judicial y extrajudicialmente los bienes, derechos e intereses de la República, le consultó así a la Sala Constitucional, a la vez como si fuera otro "asesor jurídico" del Ejecutivo, "su parecer" sobre si el Presidente de la República cumplía con la obligación constitucional de comparecer ante el órgano legislativo nacional, con ello "estaría validando actos que han sido declarados como absolutamente nulos por el Poder Judicial (…);" indicándole entonces a la Sala Constitucional que sin embargo, el Presidente sí estaba dispuesto a "presentar el referido mensaje ante el Poder Judicial, Electoral y Ciudadano y ante el Pueblo Soberano, representado por los Consejos Presidenciales del Gobierno Popular y el Parlamento Comunal (…);" lo que por supuesto era evidentemente contrario a la Constitución, pues en ningún caso la Sala Constitucional podía atender siquiera al planteamiento, por ser abiertamente inconstitucional.

Sin embargo, la Sala Constitucional procedió a estudiar la "consulta," dictando para evacuarla la sentencia N° 3 del 14 de enero de 2016,[67] precisando que "el objeto de la solicitud" no era precisamente declarar la inconstitucionalidad de una omisión ya ocurrida, sino de una que podía ocurrir en el futuro, en el sentido de:

> "la declaratoria de la omisión inconstitucional de la Asamblea Nacional para recibir el mensaje anual del Presidente de la República Bolivariana de Venezuela (Poder Ejecutivo) previsto en el artículo 237 de la Constitución de la República Bolivariana de Venezuela, ya que el órgano parlamentario (Junta Directiva), de acuerdo a la sentencia N° 1 dictada por la Sala Electoral el 11 de enero de 2016, incurrió en desacato a la medida cautelar acordada por ese mismo órgano ju-

---

67   Véase en http://historico.tsj.gob.ve/decisiones/scon/enero/184316-03-14116-2016-16-0003.HTML

risdiccional en sentencia N° 260 dictada el 30 de diciembre de 2015; y, por lo tanto, está inhabilitada para ejercer sus atribuciones constitucionales de control político de gestión."

En otras palabras, que como la Asamblea Nacional, al haber juramentado tres diputados electos en el Estado Amazonas habría incurrido en desacato de lo ordenado en la sentencia N° 1 de la Sala Electoral del 11 de enero de 2016, mediante la cual, ésta, materialmente había prohibido al Parlamento poder funcionar, y como ello implicaba entonces, hacia el futuro, que el Presidente supuestamente no podía presentar ante la Asamblea su Mensaje, entonces se le pedía a la Sala Constitucional que decidiese sobre ese futura posible omisión de la Asamblea de sesionar para recibir el mensaje Anual del Presidente, solicitándole entonces que fuera la Sala Constitucional la que "supliera la aludida omisión" futura.

Aparte de que el recurso de inconstitucionalidad por omisión regulado en la Constitución (art. 336.7) solo se refiere a omisiones ya ocurridas del poder legislativo "cuando haya dejado de dictar" una medida, sin embargo, con base en lo alegado sobre omisiones futuras, la Sala Constitucional procedió a decidir, como suele hacer en casos similares, violando "discrecionalmente" los principios del debido proceso al no oír los intereses contrapuestos, particularmente de la Asamblea Nacional y sus diputados, considerando el asunto como de mero derecho, "sin necesidad de abrir procedimiento alguno," por estimar que la causa "no requería la comprobación de asuntos fácticos."

Sin embargo, después de afirmar - y decidir, porque así lo dio por sentado - que la situación planteaba en la solicitud "incapacitaba al Poder Legislativo para ejercer sus atribuciones constitucionales de control político de gestión," la Sala en definitiva no se pronunció sobre lo solicitado, es decir, la posible y "futura omisión legislativa," al constatar como "hecho notorio comunicacional" que el día en que estaba dictando la sentencia, es decir, el mismo día 13 de enero de 2016:

"la Junta Directiva de la Asamblea Nacional *acató la orden impartida por la Sala Electoral del Tribunal Supremo de Justicia* a través de las sentencias N° 260/2015 y 1/2016, procediendo en consecuencia, a realizar una sesión ordinaria en la cual dejó sin efecto la sesión celebrada el día 6 de enero de 2016, desincorporando a los ciudadanos Nirma Guarulla, Julio Haron Ygarza y Romel Guzamana como candidatos electos por voto uninominal, voto lista y representación indígena en el proceso electoral realizado el 6 de diciembre de 2015 en el estado Amazonas para elección de diputados y diputadas a la Asamblea Nacional. Igualmente, de manera expresa se decidió *dejar sin efecto la juramentación de los mismos, así como también "las decisiones tomadas desde la instalación del Parlamento."*

En consecuencia, dijo la Sala Constitucional, que como "la omisión inconstitucional de la Asamblea Nacional cesó al haber cumplido con la orden impartida por Sala Electoral del Tribunal Supremo de Justicia," a pesar de que en realidad, como se trataba de una solicitud respecto de una omisión "futura," que no había ocurrido y que por tanto no podía haber cesado, sino que lo que podía haber ocurrido era que no se produciría; la Sala Constitucional estimó "que no existe actualmente impedimento alguno para que el Presidente de la República Bolivariana de Venezuela (Poder Ejecutivo) proceda a dar cuenta ante el Poder Legislativo de los aspectos políticos, económicos, sociales y administrativos de su gestión durante el año 2015, tal como lo ordena el artículo 237 del Texto Fundamental," concluyendo con la decisión que:

> "*Cesó* la omisión inconstitucional por parte de la Asamblea Nacional, para que el Presidente de la República dé cuenta de los aspectos políticos, económicos, sociales y administrativos de su gestión durante el año 2015."

Decisión que, como se dijo, era totalmente incongruente porque no se puede afirmar ni en lógica ni en derecho que algo que aún no había ocurrido haya cesado. Tan simple como eso, una omisión futura, no puede decirse que haya cesado, y la Constitución no permite recursos por omisión que puedan intentarse contra la Asamblea, por supuestas omisiones en las que pueda incurrir en el futuro.

En todo caso, como consecuencia de haber cesado la supuesta futura omisión inconstitucional en la que supuestamente podía incurrir a futuro la Asamblea Nacional, al haberse dejado sin efecto las juramentaciones de los diputados por el Estado Amazonas, el Presidente de la República efectivamente acudió ante la Asamblea Nacional a presentar su Memoria anual.

Otro asunto fue que en lugar de presentar dicha Memoria, en realidad lo que hizo fue presentar ante la Asamblea Nacional el texto de un "decreto de Estado de Emergencia Económica," para enfrentar una supuesta "guerra económica" contra el país, que solo su gobierno y su antecesor habían declarado contra el pueblo de Venezuela, hasta sumirlo en la miseria.

IV. LA NUEVA JURAMENTACIÓN DE LOS DIPUTADOS POR EL ESTADO AMAZONAS EN JULIO DE 2016 Y LA NUEVA PARALIZACIÓN JUDICIAL DEL PARLAMENTO POR LA SALA ELECTORAL.

A pesar de la medida cautelar ordenada mediante la sentencia N° 260 de fecha 30 de diciembre de 2015 de la Sala Electoral del Tribunal Supremo de Justicia, el 28 de julio de 2016 la Junta Directiva de la Asamblea Nacional acordó la incorporación y juramentar a los diputados electos y proclamados por el Estado Amazonas, Julio Ygarza, Nirma Guarulla y Romel Guzamana, cuya "juramentación" se había suspendido mediante medida cautelar dictada en dicha sentencia.

En esa misma fecha, una de las recurrentes en el juicio solicitó de la Sala Electoral que proveyera:

"lo conducente conforme a derecho para que frente a esta actitud contumaz, sea acatado las citadas decisiones judiciales y se inicie el procedimiento correspondiente, así como también se pronuncie en forma inmediata en relación a la inconstitucionalidad de la juramentación írrita efectuada el día de hoy".

Muy diligentemente, los magistrados acordaron "asumir el asunto como Ponencia Conjunta," recibiendo escrito de otros ciudadanos el 19 de julio de 2016, solicitando que se declarase "el desacato de la Asamblea Nacional [...] en la persona de cada uno de los diputados que aprobaron la incorporación como diputados, de los ciudadanos Julio Ygarza, Nirma Guarulla y Romer Guzamana," de lo dispuesto en la antes mencionada sentencia N° 260 de fecha 30 de diciembre de 2015, y además, de lo dispuesto en la sentencia N° 1 de fecha 11 de enero de 2016 de la misma Sala en la cual se había ya declarado el desacato de la anterior sentencia, y la desincorporación de la Asamblea de los referidos candidatos, pidiendo además que la Sala se pronunciase sobre la inconstitucionalidad de la juramentación efectuada, para lo cual arguyeron que:

"Es incuestionable, además, la flagrancia y contumacia con la que han actuado la mayoría de los diputados de la Asamblea Nacional, al desafiar la autoridad del máximo tribunal de la República; colocándose de esta manera, totalmente al margen del orden constitucional vigente, en procura de un estado de anarquía" (sic).

Con base en lo alegado, pasó la Sala a conocer las solicitudes de desacato formuladas, en las cuales se argumentó que dichos diputados habrían incurrido "en el supuesto establecido en el artículo 138 de la Constitución de la República Bolivariana de Venezuela, al usurpar el ejercicio del referido cargo legislativo en desacato de la sentencia número 260 citada," dictando en consecuencia la sentencia N° 108 de 1° de agosto de 2016 [68].

Para decidir, la Sala resumió el contenido de las decisiones adoptadas en las sentencias N° 260 de 30 de diciembre de 2015 y N° 1 de 11 de enero de 2016, considerando que con la convocatoria y juramentación por la Junta Directiva de la Asamblea Nacional de los mencionados diputados a los fines de su incorporación en la misma, se habría producido un "incumplimiento del mandato constitucional cautelar ordenado en la sentencia N° 260 del 30 de diciembre de 2015, por lo cual la Sala, reproduciendo lo declarado en la sentencia N° 1 de 11 de enero de 2016, consideró que la Asamblea, no podría "incurrir en usurpación de autoridad o funciones o desviación de poder" desacatando fallos judiciales" ni podría "violar o menoscabar los derechos garantizados por el sistema constitucional," decidiendo en consecuencia que se encontraban

"viciados de nulidad absoluta y por tanto resultan inexistentes aquellas decisiones dictadas por la Asamblea Nacional a partir de la incorporación de los mencionados ciudadanos." Así se decide."

La Sala Electoral también observó que mediante sentencia No 9 del 1° de marzo de 2016, la Sala Constitucional había considerado que:

"La usurpación de autoridad, consistente en la invasión del Poder Público por parte de personas que no gocen de la investidura pública, se considera ineficaz y los actos dictados se consideran nulos."

Como consecuencia de todo lo anterior, la Sala Electoral concluyó determinando que en este caso, había ocurrido un "desacato en el cumplimiento de las decisiones dictadas por la Sala Electoral N° 260 del 30 de diciembre de 2015 y N° 1 del 11 de enero de 2016," declarando en consecuencia, que

---

68   Véase en http://www.tsj.gov.ve/decisiones/scon/marzo/162025-138-17314-2014-14-0205.HTML

"en virtud de la violación flagrante del orden público constitucional, es imperativo para esta Sala reiterar la nulidad absoluta por su objeto del acto realizado en sesión del 28 de julio de 2016, por el cual la Junta Directiva de la Asamblea Nacional procedió a la juramentación de los ciudadanos Julio Ygarza, Nirma Guarulla y Romel Guzamana en el cargo de Diputados del órgano legislativo nacional, por lo que dicho acto carece de validez, existencia y no produce efecto jurídico alguno, así como aquellos actos o actuaciones que dictare la Asamblea Nacional con la juramentación de los prenombrados ciudadanos (*vid.* sentencia de la Sala Electoral número 1 del 11 de enero de 2016 y sentencia de la Sala Constitucional número 614 del 19 de julio de 2016). Así se declara."

Lo curioso de la decisión fue que al final, la Sala declaró como si fuera un alegato formulado por una de las partes en juicio, que "en caso de mantenerse el desacato de las referidas decisiones, *se reservan todas aquellas acciones o procedimientos judiciales a que haya lugar,*" pero sin indicar en favor de quién se reservan tales supuestas acciones o recursos.

Finalmente la sentencia ordenó finalmente notificar de la decisión no sólo a los diputados juramentados, sino "a la Asamblea Nacional y a la ciudadana Fiscal General de la República;" y remitir copia "a la Presidencia de la República Bolivariana de Venezuela, Consejo Nacional Electoral, Contraloría General de la República, Procuraduría General de la República y Defensoría del Pueblo." ¿Para qué? Nada se dijo.

Fue extraño sin embargo que la Sala Electoral no hubiera dispuesto dirigir también formalmente copia a la Sala Constitucional para quizás aligerarle la tarea de lo que seguramente podía hacer (quizás por "notoriedad judicial"), y era avocarse al conocimiento del asunto para resolver sobre el desacato a una medida de amparo cautelar, tema sin duda del mayor interés, y aplicar entonces la doctrina del caso de los Alcaldes Vicencio Scarano Spisso y Daniel Ceballo, iniciada con la sentencia N° 138 de 17 de marzo de 2014,[69] y completada con la sentencia N° 263 de 11 de abril de 2014,[70] en la

---

69 Véase en http://www.tsj.gov.ve/decisiones/scon/marzo/162025-138-17314-2014-14-0205.HTML

70 Véase en http://www.tsj.gov.ve/decisiones/scon/abril/162992-263-10414-2014-14-0194.HTML. Véase sobre estas sentencias: Allan R. Brewer-Carías, "La ilegítima e inconstitucional revocación del mandato popular de Alcaldes por la Sala Constitucional del Tribunal Supremo, usurpando competencias de la Jurisdicción penal, mediante un procedimiento "sumario de

cual la Sala, usurpando las competencias de la Jurisdicción Penal, se arrogó la potestad sancionatoria penal en materia de desacato a decisiones de amparo, violando todas las garantías más elementales del debido proceso, ordenando su detención y "cesando" definitivamente a los Alcaldes "en el ejercicio de sus funciones," que no fue otra cosa que una inconstitucional revocatoria judicial de un mandato popular.

V. LA RATIFICACIÓN POR LA SALA CONSTITUCIONAL DE LA PARALIZACIÓN DE LA ASAMBLEA NACIONAL, Y LA AMENAZA PARA EL ENJUICIAMIENTO POR DESACATO DE LOS DIPUTADOS

A los pocos días, sin embargo, resultó evidente que no era necesario que la Sala Electoral le remitiera a la Sala Constitucional copia de la sentencia Nº 108 de 1º de agosto de 2016, ni que esta se avocara al conocimiento del asunto, pues tuvo ocasión de decidir sobre ello en su sentencia No. 808 de 2 de septiembre de 2016[71], al ejercer el "control previo de constitucionalidad" solicitado por el Presidente de la República, respecto de la "Ley de Reforma Parcial del Decreto Nº 2165 con Rango y Fuerza de Ley Orgánica que Reserva al Estado las Actividades de Exploración y Explotación de Oro así como las Conexas y Auxiliares a Éstas," que la Asamblea Nacional había sancionado el 9 de agosto de 2016.

La solicitud del Presidente no tuvo por objeto revisar la constitucionalidad de las normas de esta Ley de reforma, sino solo expresar a la Sala que tenía "serias dudas acerca de la validez y eficacia del acto de sanción de la Ley," en virtud, precisamente, de que la Sala Electoral del Tribunal Supremo mediante sentencia Nº 108 de 1 de agosto de 2016 había declarado: *primero*, el desacato de las anteriores mencionadas sentencias de la Sala Electoral Nº 260 de 30 de diciembre de 2015 y Nº 1 del 11 de enero de 2016; y *segundo*, "la invalidez, inexistencia e ineficacia jurídica" de las decisiones de la Asamblea Nacional que se dictasen con posterioridad a la juramentación de los mencionados diputados por el Estado Amazonas; todo lo cual, a juicio del Presidente hacía que el acto de sanción de la ley se estuviese "viciado de nulidad absoluta y por lo tanto es

---

condena y encarcelamiento. (El caso de los Alcaldes Vicencio Scarno Spisso y Daniel Ceballo)," en *Revista de Derecho Público,* Nº 138 (Segundo Trimestre 2014, Editorial Jurídica Venezolana, Caracas 2014, pp. 176-213 .

71 Véase en http://historico.tsj.gob.ve/decisiones/scon/septiembre/190395-808-2916-2016-16-0831.HTML.

inválido, inexistente e ineficaz, por mandato expreso del fallo antes citado".

Después de transcribir parte de las sentencia N° 260 de 30 de diciembre de 2015, N° 1 del 11 de enero de 2016 y N° 108 del 1° de agosto de 2016, todas dictadas por la Sala Electoral y comentadas en este libro, la Sala Constitucional apreció que "de manera enfática, categórica y expresa," dicha Sala Electoral había ratificado su decisión de que con "la juramentación de los ciudadanos Julio Ygarza, Nirma Guarulla y Romel Guzamana en el cargo de Diputados de la Asamblea Nacional," los mismos habían usurpado el ejercicio del referido cargo legislativo "en desacato" a sus sentencias, resultando por tanto "inexistentes aquellas decisiones dictadas por la Asamblea Nacional a partir de la incorporación de los mencionados ciudadanos".

De esas sentencias de la Sala Electoral, y en particular de la N° 108 de 1° de agosto de 2016, la Sala Constitucional concluyó entonces que las mismas:

> "no dejan las más mínima duda en torno a que todos los actos de cualquier índole, que sean dictados por la Asamblea Nacional, mientras se mantenga la incorporación de los ciudadanos Nirma Guarulla, Julio Haron Ygarza y Romel Guzamana, fungiendo como Diputados de dicho órgano legislativo, resultan absolutamente nulos por la usurpación de autoridad de dichos ciudadanos [...]."

Y que, en consecuencia, tampoco quedaba duda de que por lo decidido por la Sala Electoral:

> "los actos que emanen de la Asamblea Nacional, cualquiera sea su tipo, que sean adoptados en contravención a lo dispuesto por las referidas sentencias emanadas de la Sala Electoral del Tribunal Supremo de Justicia, resultan absolutamente nulos y carentes de cualquier tipo de validez jurídica. Así se declara."

Para declarar esto, la Sala se refirió al principio constitucional de la tutela judicial efectiva, haciendo múltiples citas y copias de sentencias precedentes, para concluir señalando que no solo "comprende el derecho de acceso de los ciudadanos a los órganos jurisdiccionales" sino que "es extensivo a la ejecutoriedad de la sentencia" que resulte de los procesos judiciales; de manera que:

"todo acto que pretenda impedir o menoscabar la materialización de ese derecho a la ejecutoriedad y ejecución de una decisión judicial, se convierte abiertamente en una franca violación del prenombrado derecho a la tutela judicial efectiva."

Aplicando dichos principios al caso concreto de la evaluación de la constitucionalidad de la reforma de la Ley sobre las actividades relativas al Oro, la Sala Constitucional concluyó afirmando que la actuación desplegada por la Asamblea Nacional al juramentar a los mencionados diputados del Estado Amazonas "en contravención a la disposición expresa contenida en un fallo judicial," y "continuar desconociendo lo dispuesto en una sentencia emanada de este Máximo Tribunal en Sala Electoral, en el que claramente se determina la nulidad de cualquier acto emanado de dicho órgano parlamentario, en *contumacia y rebeldía* a lo dispuesto por dicha decisión, [...] se traduce en la *nulidad absoluta* de dichos actos así emanados, por la *contravención expresa a un mandato judicial*, [...] resultando, por ende, dichos *actos absolutamente nulos y sin ningún tipo de validez y eficacia jurídica*. Así se declara."

Como consecuencia de lo anterior, la Sala Constitucional consideró que la mencionada Ley sobre las actividades del Oro sancionada por la Asamblea Nacional el 9 de agosto de 2016, "en franco desacato de decisiones judiciales emanadas de la Sala Electoral del este Máximo Tribunal," era "*manifiestamente inconstitucional y por ende, absolutamente nula y carente de vigencia y eficacia jurídica*" concluyendo en general la sentencia, hacia futuro, con la decisión de que:

"resultan manifiestamente inconstitucionales y, por ende, absolutamente nulos y carentes de toda vigencia y eficacia jurídica, los actos emanados de la Asamblea Nacional, incluyendo las leyes que sean sancionadas, mientras se mantenga el desacato a la Sala Electoral del Tribunal Supremo de Justicia.

Finalmente, la Sala Constitucional se refirió a la "conducta desplegada por la mayoría parlamentaria de la Asamblea Nacional, en contravención al ordenamiento constitucional y en contumacia a las decisiones emanadas por los órganos jurisdiccionales del país," como lo destacó en sus anteriores decisiones N° 614 de 19 de julio de 2016, N° 460 de 9 de junio de 2016, y N° 797 del 19 de agosto de 2016 - transcribiendo en la sentencia extensas partes de las mismas - , considerando, para terminar, además, con lo expresado en la sentencia N° 259 del 31 de marzo de 2016, en el sentido de que las decisiones adoptadas por la Asamblea Nacional que pudieran "interferir con las acciones del Ejecutivo Nacional durante la vigencia de un Estado de Emergencia Económica válidamente declarado, pueden hacer nugatorias intencionalmente las funciones del Ejecutivo Nacional ,*evidenciándose una desviación de poder.*"

Y todo para terminar advirtiendo, o amenazando, a los diputados a la Asamblea Nacional que con sus decisiones – incluyendo la sanción de leyes – adoptadas:

> "en contravención al ordenamiento constitucional y en contumacia a las decisiones emanadas por los órganos jurisdiccionales del país, generará las correspondientes responsabilidades y sanciones constitucionales, penales, civiles, administrativas, disciplinarias, éticas, políticas y sociales en general necesarias para salvaguardar la eficacia del Texto Fundamental [...]."

Ello no tuvo otro propósito que no fuera comenzar a "preparar' la ejecución definitiva de la amenaza proferida de perseguir a los diputados por desacato, para lo cual la Sala Constitucional ordenó entonces pasar copia de su decisión al Consejo Moral Republicano, a pesar que dicho órgano solo tiene competencia para formular advertencias "a las autoridades, funcionarios de la Administración Pública" (art. 275), y en ningún caso a los legisladores; para sin duda tratar de involucrar a dicho órgano en su conspiración, como si fuera una especie de "tribunal de Inquisición," indicándole que la remisión era:

> "para en razón de los posibles ilícitos que pudieran haberse cometido y estar cometiéndose con ocasión de los hechos señalados en esta sentencia informe perentoriamente a esta Sala de las resultas de las actuaciones respectivas."

Igualmente la Sala Constitucional decidió remitir copia de su sentencia a la Contraloría General de la República y a la Procuraduría General de la República, "por los posibles ilícitos contra el patrimonio público y el correcto funcionamiento de la administración pública, que pudieran haberse cometido con ocasión de hechos señalados en esta sentencia," a pesar de que se trataba de hechos todos referidos al Poder Legislativo y no a la administración pública; pero igualmente indicándoles que la remisión era para que informasen "perentoriamente a esta Sala de las resultas de las actuaciones respectivas.

La Sala también ordenó remitir copia de la sentencia al Ministerio Público "en razón de los posibles *ilícitos penales que pudieran haberse cometido y estar cometiéndose* con ocasión de los hechos señalados en esta sentencia e informe perentoriamente a esta Sala de las resultas de las actuaciones respectivas. Así se decide."

Quedó así despejado el camino por la propia Sala Constitucional, para proceder judicialmente contra los diputados, sin tener que avocarse al conocimiento de causa alguna, sino en conocimiento de esta causa iniciada con ocasión de un control previo de constitucionalidad de una Ley a solicitud del Presidente de la República, y proceder a dar el "golpe de Estado judicial" que ha venido preparando desde enero de 2016.

CUARTA PARTE
EL DESCONOCIMIENTO JUDICIAL Y EJECUTIVO DE LOS PODERES DE CONTROL POLÍTICO DE LA ASAMBLEA NACIONAL

I. EL CONTROL POLÍTICO POR LA ASAMBLEA NACIONAL DE LOS DECRETOS DE ESTADO DE EXCEPCIÓN Y SU DESCONOCIMIENTO JUDICIAL

1. *El incongruente y tardío reconocimiento ejecutivo de la emergencia económica*

El día 15 de enero de 2016, al presentar su Mensaje anual ante la Asamblea Nacional, quien ejerce la Presidencia de la República, Nicolás Maduro, consignó, junto con el mismo, el texto del Decreto N° 2.184 de fecha 14 de enero de 2016,[1] mediante el cual había declarado el estado de emergencia económica en todo el territorio nacional durante un lapso de 60 días, motivado, según se lee en los Considerandos, no en las consecuencias desastrosas de las políticas económicas erradas que ha venido desarrollando el Estado, destruyendo tanto la producción y economía nacional como la calidad de vida de la población, sino en supuestos factores externos al gobierno e incluso al país, entre los cuales estaban:

(i) que sectores nacionales e internacionales habrían iniciado acciones tendientes a "desestabilizar la economía del país;"

(ii) que en el "marco de la guerra económica" iniciada contra el país, se ha dificultado el acceso a bienes y servicios esenciales;

---

1   Véase en *Gaceta Oficial* N° 6.214 Extra. de 14 de enero de 2016

(iii) que "ante la ofensiva económica y la disminución del ingreso petrolero," se requiere adoptar medidas urgentes para garantizar la sostenibilidad de la economía, Y

(iv) que dichas medidas son de "gran magnitud e impacto en la economía nacional."

La crisis económica del país, que definitivamente no se debe a factores externos al Estado, pues es producto de su error e ineficiencia, por supuesto, no se resolvía con decretos, y menos con decretos como el dictado el 14 de enero de 2016, sino con un cambio en la política económica del gobierno que al menos (i) restableciera la producción nacional, en un marco de libertad económica, restituyendo empresas y factores de producción confiscados y expropiados a sus dueños, (ii) desmantelase el enorme aparato burocrático estatal que ha gerenciado la economía nacional, con los más altos índices de ineficiencia de la historia del sector público; y (iii) desregulase la economía, permitiendo al sector privado desarrollar las iniciativas necesarias en materia de producción y empleo, con acceso a divisas en un marco real de valor de la moneda.

Pero no. En lugar de atacar el problema económico, el decreto de emergencia económica de enero de 2016, no fue más que el reconocimiento del fracaso del gobierno en materia económica, pero sin proponer solución alguna para resolver la crisis, y más bien con propuestas para agravarla, pero que en ningún caso requerían de un decreto de emergencia para ser dictado conforme a los artículos 337 y siguientes de la Constitución, pues todo lo que en el decreto se enunció con vaguedad lo podía realizar el Gobierno con el arsenal de leyes, decretos leyes y regulaciones diversas que se habían dictado en los últimos tres lustros. Ninguna nueva regulación era necesaria para enfrentar la crisis económica, la cual solo podría ser atacada por el propio gobierno desarrollando una política económica distinta a la que la originó.

El decreto de emergencia económica, en efecto, fue dictado por el Presidente de la República en uso de la atribución que le confería el artículo 236.7 de la Constitución para, en Consejo de Ministros "declarar los estados de excepción y decretar la restricción de garantías en los casos previstos en esta Constitución." Dichos estados de excepción se regulan en los artículos 337 y siguientes de la misma Constitución, donde se precisa que se pueden dictar cuando se trata de emergencia económica, en casos de *circunstancias económicas extraordinarias que afecten gravemente la vida económica* *de la Nación," (art. 337), en el marco general de circunstancias "que afecten gravemente la seguridad de la Nación, de las institu*ciones y de los ciudadanos, *a cuyo respecto resultan insuficientes las facultades de las cuales se disponen para hacer frente a tales hechos"* (art. 337).

En tal caso de emergencia económica, como en todos los otros, la Constitución autoriza al Presidente de la República para restringir temporalmente las garantías económicas consagradas en esta Constitución (art. 337), en cuyo caso está obligado en el texto mismo del decreto a "regular el ejercicio del derecho cuya garantía se restringe" (art. 339).

Ahora bien, del contenido del Decreto N° 2.184 de fecha 14 de enero de 2016, lo que se evidencia es que el mismo, en realidad, no fue un decreto de "emergencia económica" en los términos antes mencionados, porque todo lo que en el mismo se anunció y enunció pudo haberse ejecutado por el gobierno, el cual disponía de todas las leyes, decretos leyes y regulaciones imaginables, con facultades suficientes para hacer frente a los hechos que supuestamente habrían originado la crisis económica en el país. Es decir, si algo no podía afirmarse seriamente era que en el Estado centralista, socialista, totalitario y militarista que se desarrolló en los últimos lustros, supuestamente resultaban "insuficientes las facultades de las cuales se disponen para hacer frente a tales hechos." Esta fue la primera gran mentira del decreto de estado de emergencia económica, como fue la también mentira contenida en los diversos decretos de emergencia económica dictados en los Estados fronterizos durante 2015,[2] que no condujeron a nada ni resolvieron la crisis económica, sino impusieron un cierre de la frontera para los ciudadanos de a pie, violándoseles impunemente sus derechos y garantías constitucionales, tanto a los colombianos como a los venezolanos.

Fue en el marco de esa gran mentira que encajó, por ejemplo, el enunciado del artículo 1 del Decreto N° 2184 de enero de 2016, al afirmar que el estado de emergencia económica decretado, era para:

---

2   Véase Allan R. Brewer-Carías, "La masacre de la Constitución y la aniquilación de las garantías de los derechos fundamentales. Sobre la anómala, inefectiva e irregular decisión del Ejecutivo Nacional de decretar un Estado de Excepción en la frontera con Colombia en agosto de 2015, y la abstención del Juez Constitucional de controlar sus vicios de inconstitucionalidad," 29 de agosto de 2015, en *www.allanbrewer-carias.com*

(i) "que el Ejecutivo disponga de la atribución para adoptar las medidas oportunas que permitan atender eficazmente la situación excepcional, extraordinaria y coyuntural por la cual atraviesa la economía venezolana," de manera que: "permita asegurar a la población el disfrute pleno de sus derechos y el libre acceso a bienes y servicios fundamentales e igualmente, mitigar los efectos de la inflación inducida, de la especulación, del valor ficticio de la divisa, el sabotaje a los sistemas de distribución de bienes y servicios," y

(ii) "también contrarrestar las consecuencias de la guerra de los precios petroleros, que ha logrado germinar al calor de la volátil situación geopolítica internacional actual, generando una grave crisis económica."

Por supuesto, en cuanto a las segundas medidas, no era necesario ser economista ni especialista en comercio internacional para apreciar que con un decreto de estado de emergencia, ni con las decisiones que conforme al mismo podían adoptarse en el marco del Estado venezolano, se podía contrarrestar en forma alguna la baja de los "precios petroleros," cuya fijación depende exclusivamente del mercado internacional, que no controla nadie en particular, sino solo el mercado.

Y en cuanto a las primeras medidas, todas, absolutamente todas se podían enfrentar con un cambio de política económica, con todos los instrumentos de los cuales disponía el Estado para efectuar dicho cambio, de manera de por ejemplo aumentar la producción nacional, bajar la dependencia de importaciones, y sincerar el valor de la moneda, sin lo cual no podría haber decreto alguno capaz de asegurarle a la población su derecho de acceso a bienes y servicios fundamentales; ni poder mitigar los efectos de la "inflación inducida; de la especulación, del valor ficticio de la divisa, el sabotaje a los sistemas de distribución de bienes y servicios," todo lo cual había sido inducido por el propio gobierno y se debía a la errada política económica del Estado que se adoptó en el país.

Para reorientar la política económica, por supuesto, nadie podría argumentar que "resultan insuficientes las facultades de las cuales se disponen [en el seno del gobierno] para hacer frente a tales hechos" (art. 337). Y todo ello, se confirmó con los enunciados contenidos en el artículo 2 del Decreto, donde solo se "anunciaron" las medidas que se supuestamente se iban a tomar – es decir, no se tomó ninguna - , lo que confirmó que constitucionalmente no era un decreto de estado de emergencia económica, sino un anuncio de medidas que bien podía haber formulado el Presidente ante la

Asamblea Nacional, en su mensaje anual, que era donde correspondía.

Pero no. Se optó por decretar un estado de emergencia o de excepción, solo anunciándose "medidas" a ser adoptadas en el futuro, pero sin indicarse nada sobre el cambio de rumbo de la política económica que había originado las "circunstancias excepcionales," sino más bien, reafirmando la misma línea errada de intervencionismo estatal.

Ello se constata simplemente con analizar cuáles fueron las "medidas que considere convenientes" adoptar el Ejecutivo, y que se anunciaron en el artículo 2° del Decreto "como consecuencia de la declaratoria del estado de emergencia económica," que debían estar todas "orientadas a proteger y garantizar los derechos y el buen vivir de las familias, de los niños, niñas y adolescentes y de los adultos mayores":

1. En primer lugar "disponer los recursos provenientes de las economías presupuestarias del ejercicio económico financiero 2015," con determinadas finalidades, para lo cual bastaba hacer uso de las atribuciones previstas en Ley Orgánica de Administración Financiera del Sector Público.

2. En segundo lugar, asignar recursos extraordinarios a proyectos previstos o no en la Ley de Presupuesto a los órganos y entes de la Administración Pública, para determinados sectores de actividad y Misiones, para lo cual bastaba hacer uso de las atribuciones previstas en Ley Orgánica de Administración Financiera del Sector Público.

3. Diseñar e implementar medidas especiales, de aplicación inmediata, para la reducción de la evasión y la elusión fiscal, para lo cual bastaba aplicar las atribuciones de fiscalización y control establecidas en el Código Orgánico Tributario y en las normas que regulan el SENIAT.

4. Dispensar de las modalidades y requisitos propios del régimen de contrataciones públicas para agilizarlas, para lo cual bastaba aplicar las normas de excepción que son abundantísimas, previstas en la Ley de Contrataciones Públicas.

5. Dispensar de los trámites, procedimientos y requisitos para la importación y nacionalización de mercancías, cumpliendo con los requerimientos fitosanitarios pertinentes, para lo cual bastaba aplicar la Ley Orgánica de Aduanas y la Ley de Simplificación de Trámites Administrativos.

6. Implementar medidas especiales para agilizar el tránsito de mercancías por puertos y aeropuertos de todo el país, para lo cual también bastaba aplicar la Ley Orgánica de Aduanas y la Ley de Simplificación de Trámites Administrativos.

7. Dispensar de los trámites cambiarios establecidos por CEN-COEX y por el Banco Central de Venezuela, a órganos y entes del sector público o privado, para garantizar la importación, para lo cual bastaba aplicar la Ley de Ilícitos Cambiarios y reformular los Convenios Cambiarios entre el Banco Central de Venezuela y el Ejecutivo Nacional.

8.a. Requerir a empresas del sector público incrementar sus niveles de producción, para lo cual bastaba aplicar la Ley Orgánica de la Administración Pública, dando las instrucciones pertinentes a través de los diversos órganos de adscripción;

8.b. Requerir de las empresas del sector privado incrementar sus niveles de producción, para lo cual no valía decreto ni "orden" ejecutiva alguna, sino estímulo y fomento como política de Estado.

9.a Adoptar las medidas necesarias para asegurar el acceso oportuno de la población a bienes de primera necesidad, para lo cual bastaba estimular la producción nacional por el sector privado y permitirle el acceso a las divisas para importar, en un marco de sinceración del valor de la moneda, que solo un cambio de política económica podía provocar, sin necesidad de decreto alguno de emergencia.

9.b. Poder requerir "de las personas naturales y jurídicas propietarias o poseedoras, los medios de transporte, canales de distribución, centros de acopio, beneficiadoras, mataderos y demás establecimientos, bienes muebles y mercancías que resulten necesarios para garantizar el abastecimiento oportuno de alimentos a las venezolanas y los venezolanos, así como de otros bienes de primera necesidad," para lo cual no era necesario decreto alguno de emergencia, pudiendo aplicarse las muy inconvenientes medidas ya establecidas en todas las leyes limitativas de la libertad económica dictadas en los últimos años, entre las cuales estaba la Ley de Precios Justos. En todo caso, si se trataba de un requerimiento forzoao, en el decreto se tenía que haber regulado – no sólo anunciado – la limitación o restricción concreta de la libertad económico o del derecho de propiedad, lo que no ocurrió.

10. Adoptar las medidas necesarias para estimular la inversión extranjera "en beneficio del desarrollo del aparato productivo na-

cional, así como las exportaciones de rubros no tradicionales, como mecanismo para la generación de nuevas fuentes de empleo, divisas e ingresos," para lo cual bastaba aplicar por ejemplo, la Ley de Inversión Extranjera dictada en sustitución de la Ley de Promoción y Protección de la Inversión, así como la Ley de Promoción de la Inversión mediante Concesiones.

11. Desarrollar, fortalecer y proteger el Sistema de Misiones y Grandes Misiones Socialistas, para lo cual bastaba aplicar la Ley Orgánica de Misiones y Grandes Misiones.

Es decir, para dictar e implementar las medidas anunciadas, el Ejecutivo no carecía de las facultades necesarias para atender su implementación. Le bastaba aplicar las leyes dictadas, casi todas incluso reformadas recientemente, lo que evidenciaba que el decreto de emergencia económica, no fue tal, sino un simple anuncio de medidas que pudo el Ejecutivo dictar aplicando las leyes.

De resto, el Decreto, en el *artículo 3* simplemente "anunció" que con base en los mismos artículos 337 y siguientes de la Constitución podía dictar en el futuro otras medidas de excepción, para lo cual no era necesario anuncio alguno, pues son facultades constitucionales, pero que por supuesto requerían del mismo control político y jurídico establecido para los decretos de estados de excepción; en el *artículo 4* repitió lo que ya estaba en las leyes que regulan a la Administración Pública en materia de la necesaria coordinación entre órganos y entes públicos para implementar decisiones; en el *artículo 5*, se repitió lo que la Constitución establece sobre la obligación de los órganos de los Poderes Públicos de colaborar en el cumplimiento del decreto, con el incomprensible agregado de la "Fuerza Armada Nacional Bolivariana," como si fuese algo distinto que existiese fuera del Poder Público; y en el *artículo 6*, se convocó a la participación activa del pueblo en la "la consecución de los más altos objetivos de consolidación de la patria productiva y económicamente independiente," enumerándose órganos regulados legalmente como formando parte del llamado "Poder Popular," pero con el agregado, esta vez de uno que no existía como el denominado "Parlamento Comunal."

Y nada más, salvo repetir en el *artículo 7* lo que dice la Constitución sobre la remisión del decreto "a la Asamblea Nacional, a los fines de su consideración y aprobación, dentro de los ocho (8) días siguientes a su publicación" lo que ocurrió el 14 de enero de 2016, a los efectos del control político del decreto; y en el artículo 8 lo que también dice la Constitución sobre la remisión del decreto a "la Sala

Constitucional del Tribunal Supremo de Justicia, a los fines de que se pronuncie sobre su constitucionalidad, dentro de los ocho (8) días siguientes a su publicación en la Gaceta Oficial."

2. *Algunos principios sobre el control político de los decretos de estados de excepción*

El artículo 339 de la Constitución, en efecto, dispone que el decreto que declare el estado de excepción:

> "será presentado, *dentro de los ocho días siguientes de haberse dictado*, a la Asamblea Nacional o a la Comisión Delegada, para su consideración y aprobación, y a la Sala Constitucional del Tribunal Supremo de Justicia, para que se pronuncie sobre su constitucionalidad."

Se establece así, un doble régimen general de control parlamentario y judicial sobre los decretos de excepción, el cual se desarrolla en la Ley Orgánica de los Estados de Excepción, [3] estableciendo normas particulares en relación con el control por parte de la Asamblea Nacional, por parte de la Sala Constitucional del Tribunal Supremo y por parte de los jueces de amparo.[4] Además, respecto del control político, la norma prevé que el Decreto puede ser "revocado por [...] la Asamblea Nacional o por su Comisión Delegada," antes del término señalado para su duración, "al cesar las causas que lo motivaron."

En cuanto al control inicial de orden político debe notarse que la Constitución exige que el decreto se remita a la Asamblea, *"dentro de los ocho días siguientes de haberse dictado,"* fecha que no necesariamente es el da la publicación, que podría ocurrir posteriormente. Sin embargo, las leyes y actos normativos del Estado solo entran en vigencia a la fecha de su publicación, no de su emisión, lo que se aplica como regla también a los Decretos de estados de excepción a los cuales la Ley Orgánica les otorga el rango de decreto ley.

---

3   *G.O.* N° 37.261 del 15 de agosto de 2001.

4   Véase sobre ello lo que hemos expuesto en Allan R. Brewer-Carías, *La Constitución de 1999: Estado Democrático y Social de Derecho*, Colección Tratado de Derecho Constitucional, Tomo VII,. Fundación de Derecho Público, Editorial Jurídica Venezolana, Caracas 2014; y en "El régimen constitucional de los estados de excepción" en Víctor Bazan (Coordinador), *Derecho Público Contemporáneo. Libro en Reconocimiento al Dr. German Bidart Campos,* Ediar, Buenos Aires, 2003, pp. 1137-1149.

Los ocho días para la remisión del decreto a la Asamblea Nacional por el Presidente de la República, conforme lo precisó el artículo 31 de la Ley Orgánica de los Estados de Excepción, se cuentan como *"días continuos siguientes a aquel en que haya sido dictado,"* teniendo la remisión a la Asamblea por objeto "su consideración y aprobación," lo que corresponde hacer a la Asamblea incluso si el Presidente de la República no diere cumplimiento al mandato establecido durante el lapso mencionado, en cuyo caso, conforme a la Ley Orgánica, la Asamblea Nacional debe pronunciarse de oficio (art. 26).

La Constitución le atribuyó en esta forma al órgano parlamentario la potestad de control político sobre los decretos de estado de excepción, asignándole el poder de aprobarlos, y por supuesto de improbarlos. Cuando la Constitución dispone que el decreto se remita a la Asamblea "para su consideración y aprobación," es por supuesto para su consideración, y como derivado de ello, para su aprobación o improbación. De lo contrario no sería control alguno, sino una simple rúbrica.

En todo caso, la decisión de la Asamblea de aprobar o improbar el Decreto, conforme a la Ley Orgánica, debe adoptarse por la mayoría absoluta de los diputados presentes en sesión especial que se debe realizar sin previa convocatoria, dentro de las 48 horas de haberse hecho público el decreto (art. 27), es decir, de su publicación en *Gaceta Oficial*. Sin embargo, en forma evidentemente incongruente con este término legal perentorio que no se ajusta al constitucional de ocho días, la Ley Orgánica dispone que si por caso fortuito o causa de fuerza mayor la Asamblea Nacional no se pronunciare dentro de los ocho días "continuos siguientes" a la recepción del decreto, éste se debe entender aprobado. Se establece así, la figura del silencio parlamentario positivo con efectos aprobatorios tácitos, pero dando por sentado que la Asamblea debe pronunciarse aprobando o no el decreto en el término de ocho días, pasado el cual la Ley presume su tácita aprobación.

Por tanto, está fuera de toda duda que el decreto de estado de excepción puede ser rechazado por la Asamblea, negándole su aprobación; de eso se trata el control político; en cuyo caso el decreto cesa de tener vigencia ni puede producir efectos jurídicos. No tiene fundamento alguno, por tanto, lo afirmado sin argumentación por la Sala Constitucional en sentencia N° 7 dictada el 11 de febrero de 2016 con ocasión de resolver un recurso de interpretación de las normas relativas a los estados de excepción,[5] que se comenta más adelante, en el sentido de que el "control político de la Asamblea Nacional sobre los decretos que declaran estados de excepción no afecta la legitimidad, validez, vigencia y eficacia jurídica de los mismos." Si no lo afecta, de nada valdría entonces establecer el control político, el cual no se limita a la sola posibilidad que tiene la Asamblea de revocar la prórroga del decreto de estado de excepción, antes del término establecido, al cesar las causas que lo motivaron.

Este control político sobre los decretos de los estados de excepción, por supuesto, es completamente distinto al control jurídico constitucional automático y obligatorio que sobre los mismos ejerce la Sala Constitucional del Tribunal Supremo de Justicia, a la cual la Constitución le asignó competencia expresa para "revisar en todo caso, aún de oficio, la constitucionalidad de los decretos que declaren estados de excepción dictados por el Presidente de la República" (artículo 336,6), a cuyo efecto, como lo dice su artículo 339 y el artículo 31 de la Ley Orgánica, el Presidente de la República también debe remitir el decreto *dentro de los ocho días continuos siguientes de haberse dictado*, a "la Sala Constitucional del Tribunal Supremo de Justicia para que se pronuncie sobre su constitucionalidad." En el mismo término, el Presidente de la Asamblea Nacional debe enviar a la Sala Constitucional, el Acuerdo mediante el cual se apruebe o rechace el estado de excepción

En todo caso, si el Presidente de la República o el Presidente de la Asamblea Nacional, según el caso, no dieren cumplimiento al mandato establecido en la norma en el lapso previsto, la Sala Constitucional del Tribunal Supremo de Justicia se debe pronunciar de oficio (art. 31). El efecto jurídico de la decisión de la Sala Constitucional que declare la constitucionalidad del decreto, es que con posterioridad no podría intentarse una acción de inconstitucionalidad contra el mismo.

Se trata, por tanto de dos controles con dos efectos jurídicos distintos que deben efectuarse dentro del mismo lapso de ocho días, sin que haya orden alguno en el cual se pueden adoptar las decisiones, pudiendo ser cualquiera de ellas antes que la otra. Sin embargo, si la Asamblea Nacional o la Comisión, dentro del término mencionado, decidiere antes que la Sala Constitucional desaprobando el

---

5 Véase en http://historico.tsj.gob.ve/decisiones/scon/febrero/184885-07-11216-2016-16-0117.HTML

decreto de estado de excepción, la Sala Constitucional del Tribunal Supremo de Justicia debe omitir todo pronunciamiento, declarando extinguida la instancia (art. 33, Ley Orgánica);[6] de lo que resulta que el control político tiene primacía sobre el control jurídico.

El objeto del control jurídico por parte de la Sala Constitucional, como lo expresamos hace años, es "para revisar la constitucionalidad de los decretos de excepción, es decir, que en su emisión se hubieran cumplido los requisitos establecidos en la Constitución (constitucionalidad formal) y en la Ley Orgánica; y segundo, que el decreto no viole la normativa constitucional ni la establecida en la Ley Orgánica,"[7] como por ejemplo, que si en el decreto se restringe una garantía constitucional se dé cumplimiento a la exigencia de que el decreto debe "regular el ejercicio del derecho cuya garantía se restringe" (art. 339); es decir, que tiene que tener en sí mismo contenido normativo en relación con las restricciones al ejercicio del derecho constitucional respectivo.[8] Ello, por ejemplo, no existió en el decreto Nº 2.184 de 14 de enero de 2016.

---

6   Hemos considerado que esta norma legal es inconstitucional pues establece una limitación al ejercicio de sus poderes de revisión por la Sala, no autorizada en la Constitución, que puede efectuarse de oficio independientemente de que la Asamblea Nacional haya negado su aprobación. Véase, Allan R. Brewer-Carías, *Derecho Constitucional Venezolano. Constitución de 1999*, Editorial Jurídica Venezolana, Caracas 2016, Tomo I, pp. Igualmente en el trabajo: "El régimen constitucional de los estados de excepción" en Víctor Bazán (Coordinador), *Derecho Público Contemporáneo. Libro en Reconocimiento al Dr German Bidart Campos*, Ediar, Buenos Aires, 2003, pp. 1137-1149. La Sala Constitucional en su sentencia cita esta opinión mía, recogida en el trabajo: "Las Potestades Normativas del Presidente de la República: los Actos Ejecutivos de Orden Normativo" en *Tendencias Actuales del Derecho Constitucional, Homenaje a: Jesús María Casal Montbrun* (Coordinadores: Jesús María Casal - Alfredo Arismendi A. - Carlos Luis Carrillo), Tomo I, Caracas 2007, pp. 527-528. La Sala citó éste último trabajo, concordando con mi opinión de que la Sala al "revisar la constitucionalidad de los decretos que declaren estados de excepción dictados por el Presidente de la República, se trata de un control de la constitucionalidad automático y obligatorio que la Sala Constitucional debe ejercer incluso de oficio, lo cual puede hacer desde que se dicte y se publique en la Gaceta Oficial, y no sólo al final del lapso indicado ni sólo si no se le remite oficialmente al decreto." La sentencia, con base en ello, de paso declaró por control difuso la inaplicabilidad de dicha norma y ordenó abrir juicio de nulidad contra la misma.

7   *Idem.*

8   *Idem.*

3. El control político ejercido por la Asamblea Nacional en relación con el decreto de emergencia económica de enero de 2016

El Decreto N° 2184 de 14 de enero de 2016 antes comentado, en efecto, mediante el cual se decretó la emergencia económica en el país, fue presentado personalmente por el Presidente de la República a la Asamblea con ocasión de su comparecencia para presentar su Mensaje anual, dentro del término fijado en la Constitución, es decir, el día 15 de enero de 2016, que fue el día siguiente de su emisión. La decisión de control político que debía adoptar la Asamblea Nacional en el sentido de aprobar o improbar el decreto, e independientemente del control jurídico que correspondía ser ejercido por la Sala Constitucional, tenía que producirse entonces necesariamente dentro de los ocho días continuos siguientes a la emisión del decreto (que fue el 14 de enero), es decir, entre el 15 de enero y el 22 de enero de 2016 de manera que si en ese lapso no se producía la decisión expresa de la Asamblea, entonces conforme a la Ley debía considerarse que había sido aprobado tácitamente.

Y efectivamente, en sesión de la Asamblea Nacional del día 22 de enero de 2016 se discutió y aprobó un Acuerdo "con base en el Informe presentado por la Comisión Especial designada para examinar el Decreto N° 2184, del 14 de enero de 2016," en el cual, como lo afirmó la Sala Constitucional en la misma sentencia N° 7 de 11 de febrero de 2016, antes citada, el órgano de representación popular "desaprobó políticamente dicho Decreto." Dicho Acuerdo se tituló como:

> "Acuerdo mediante el cual se *desaprueba* el Decreto N° 2184, del 14 de enero de 2016, publicado en la *Gaceta Oficial* N° 6.214 Extraordinario del 14 de enero de 2016, en el que se declaró el Estado de Emergencia Económica en todo el Territorio Nacional."

Conforme al artículo 30 de la Ley Orgánica, dicho Acuerdo parlamentario "entró en vigencia inmediatamente," es decir, el mismo día 22 de enero de 2016, previendo dicha norma que debía ser publicado en la *Gaceta Oficial* y "difundido en el más breve plazo, por todos los medios de comunicación social, al día siguiente en que haya sido dictado, si fuere posible" (art. 30).

Ello significó, en derecho, que el Decreto N° 2184 de 14 de enero de 2016 mediante el cual el Presidente de la República había dictado un estado de excepción que como vimos de su contenido, en realidad no era tal, en todo caso había cesado de producir efectos jurídicos, a pesar incluso de que hubiese sido controlado jurídicamente por la Sala Constitucional y lo hubiese declarado conforme a la Constitución, lo que efectivamente la Sala Constitucional realizó mediante sentencia Nº 4 del 20 de enero de 2016, en la cual al decir de la propia Sala "declaró el carácter constitucional del referido Decreto Presidencial, y, por ende, garantizando la legitimidad, validez, vigencia y eficacia jurídica del mismo, dentro del marco constitucional."

La Sala, en efecto en dicha sentencia resolvió:

> "la constitucionalidad del Decreto sub examine, el cual fue dictado en cumplimiento de todos los parámetros que prevé la Constitución de la República Bolivariana de Venezuela y la Ley Orgánica sobre Estados de Excepción y demás normativas aplicables."

Sin embargo, la Sala no se quedó en el ejercicio de su control jurídico sino que en forma evidentemente inconstitucional, pasó a ejercer sobre el mimo un "control político" usurpando las funciones de la Asamblea Nacional, al declarar en el mismo párrafo que reconocía:

> "su pertinencia, proporcionalidad y adecuación, el cual viene a apuntalar con sólido basamento jurídico y con elevada significación popular, la salvaguarda del pueblo y su desarrollo armónico ante factores inéditos y extraordinarios adversos en nuestro país, de conformidad con la Constitución de la República Bolivariana de Venezuela; sin perjuicio del control posterior que pueda efectuar esta Sala de conformidad con sus atribuciones constitucionales."

4. El desconocimiento por la Sala Constitucional de la potestad de control político por parte de la Asamblea de los decretos de estado de excepción

Con posterioridad a la desaprobación del Decreto presidencial de emergencia económica por parte de la Asamblea Nacional, en fecha 3 de febrero de 2016, un grupo de ciudadanos que se identificaron como miembros de Consejos Comunales y de Comunas, acudieron ante la Sala Constitucional, para intentar un "recurso de interpretación de naturaleza constitucional," sobre el artículo 339 de la Constitución, y los artículos 27 y 33 de la Ley Orgánica sobre los Estados de Excepción, a cuyo efecto plantearon, entre otras, "*las siguientes dudas*" que en síntesis se refieren al ejercicio sobre las potestades de control político por parte de la Asamblea Nacional:

(i) que las normas mencionadas nada establecieron sobre "las consecuencias para el Decreto que declara el estado de excepción" de la desaprobación por parte de la Asamblea Nacional;

(ii) que una vez que el Decreto ha sido "declarado conforme a la Constitución" por la Sala Constitucional, "¿entonces en qué consiste la no aprobación de la Asamblea Nacional?"

(iii) que si la decisión del Presidente en una situación de emergencia, el decreto que se dicte puede quedar sujeta a "la potestad evaluativa ya discrecional de la Asamblea Nacional, aun cuando se ha declarado su constitucionalidad?;"

(iv) que si al establecerse la potestad de la Asamblea de revocar el decreto de estado de excepción, no debe considerarse que "es ese el control revocatorio?";

(v) que otorgada facultad de revocar el decreto a la Asamblea, no quiere decir esto que ese "es el control parlamentario político" no pudiendo la aprobación "tener ningún efecto modificatorio o suspensivo, sino más bien *prima facie* mantener intangible el Decreto, pese a su apreciación política?" y

(vi) que si el Presidente de la República, no es "el único Juez de Mérito de su acto de gobierno o Decreto?".

Todas esas "dudas" se plantearon para solicitar a la Sala finalmente que se pronunciase "sobre la vigencia del decreto 2.184 publicado en la *Gaceta Oficial* N° 6.214 Extraordinario de fecha 14 de enero de 2016."

Es decir, ni más ni menos, lo que se solicitó fue mediante un recurso de interpretación constitucional, cuya decisión fue adoptada en violación flagrante a la garantía del debido proceso y al derecho a la defensa, que la Sala se pronunciase sobre la vigencia del Acuerdo de la Asamblea Nacional, que ya había desaprobado el decreto de estado de excepción.

Y ello lo hizo la Sala mediante la indicada sentencia N° 7 del 11 de febrero de 2016,[9] en la cual básicamente lo que argumentó fue sobre el control judicial que ella debe hacer sobre los decretos de estados de excepción, que no era el tema planteado ni sobre el cual se le pedía decisión; de manera que luego de copiar citas de autores

---

9   Véase   en   http://historico.tsj.gob.ve/decisiones/scon/febrero/184885-07-11216-2016-16-0117.HTML.

a diestra y siniestra, considerando que lo planteado era de mero derecho, procedió a decidir sin trámite alguno, reconociendo primeramente que si bien en la Constitución no se indica expresamente que la Asamblea Nacional al ejercer el control político sobre los decretos de estados de excepción, puede improbarlos,

"por lógica jurídica, la referencia expresa a la aprobación, en la Constitución de 1999, apareja la posibilidad contraria, es decir, la de la desaprobación, tal como lo ha reconocido esta Sala."

Y de allí pasó la Sala a deducir una consecuencia también lógica, y que es que "la aprobación o desaprobación del decreto de estado de excepción, por parte de la Asamblea Nacional, lo afecta desde la perspectiva del control político y, por ende, lo condiciona políticamente, pero no desde la perspectiva jurídico-constitucional," lo que sin duda corresponde a la Sala Constitucional, sin que aquél control político invalide este, aun cuando si se produce con anterioridad, éste ya no procede.

Pero a pesar de estas premisas lógicas, de seguida la Sala Constitucional pasó a concluir, contradiciéndolas, usurpando la función del Poder Legislativo y contradiciendo la Constitución, que a ella le correspondía en exclusiva decidir sobre "legitimidad, validez y vigencia jurídico-constitucional," lo cual a su juicio "no le corresponde efectuar al Poder Legislativo Nacional," limitando el control político de este solo a poder "revocar" los decretos de excepción al cesar las causas que lo motivaron. Para ello, más adelante, en su sentencia, después de citar a Locke y a Montesquieu, la Sala agregó en su razonamiento limitativo sobre el control político que corresponde a la Asamblea, que

"el Texto Constitucional vigente sólo se refiriere al sometimiento del decreto que declara estado de excepción a la Asamblea Nacional para su consideración y aprobación, y sólo alude, en el contexto de la prórroga de ese estado, a la posibilidad de revocatoria *por el Ejecutivo Nacional o por la Asamblea Nacional o por su Comisión Delegada, antes del término señalado, al cesar las causas que lo motivaron.*"

Argumentando de paso y adicionalmente que, incluso, dicha revocación podría ser sometida a control de constitucionalidad ante la Sala Constitucional, reafirmando que a ella corresponde "el control supremo de los actos del Poder Público" para concluir, en definitiva que el control político por parte de la Asamblea Nacional es "un control relativo," que supuestamente está sometido al control constitucional. En cambio el control que ejerce la Sala Constitucional,

> "además de ser un control jurídico y rígido, es absoluto y vinculante, al incidir en la vigencia, validez, legitimidad y efectividad de los actos jurídicos, incluyendo los decretos mediante los cuales se establecen estados de excepción."

Y después de estos "razonamientos" con los cuales supuestamente la Sala habría dado respuesta "a las inquietudes interpretativas presentadas," sin más, terminó afirmando que:

> "el control político de la Asamblea Nacional sobre los decretos que declaran estados de excepción no afecta la legitimidad, validez, vigencia y eficacia jurídica de los mismos; y el Texto Fundamental prevé de forma expresa que la Asamblea Nacional puede revocar la prórroga del decreto de estado de excepción, antes del término señalado, al cesar las causas que lo motivaron."

O sea, la Sala simplemente desconoció la Constitución y el sentido del control político que tiene la Asamblea Nacional para poder aprobar o improbar el decreto de excepción, reduciendo dicho control político de la Asamblea pura simplemente, a solo poder revocar posteriormente el decreto de estado de excepción, pero incluso precisando que en dicho caso, podía ser objeto de control de la constitucionalidad por parte de la misma Sala; y de allí, a pesar de la ausencia de motivación jurídica, concluyó la Sala que el Decreto Nº 2.184 de 14 de enero de 2016, que declaró el estado de emergencia económica en todo el territorio nacional:

> "entró en vigencia desde que fue dictado y su legitimidad, validez, vigencia y eficacia jurídico-constitucional *se mantiene irrevocablemente incólume*, conforme a lo previsto en el Texto Fundamental."

Para terminar, la Sala Constitucional se refirió a los lapsos para decidir sobre el control político por parte de la Asamblea Nacional, y a pesar de que la decisión de improbar el decreto de emergencia económica lo adoptó la Asamblea mediante Acuerdo el día 22 de enero de 2016, es decir, dentro del lapso constitucional de 8 días continuos a partir del 14 de enero, incurrió en la insensatez de decir que como el artículo 27 hace referencia a una sesión especial que debe realizarse sin previa convocatoria dentro de las cuarenta y ocho horas de "haberse hecho público el decreto," y la Asamblea no decidió sino dentro del lapso constitucional de ocho días, entonces, además, la misma:

"vulneró la legalidad procesal, la seguridad jurídica y el debido proceso consagrado en el artículo 49 Constitucional, pilares fundamentales del Estado Constitucional de Derecho (*vid*. arts. 2, 7, 137, 334, 335 y 336 del Texto Fundamental), viciando de nulidad por inconstitucionalidad el proceso que culminó con el *constitucionalmente írrito* Acuerdo dictado por la máxima representación del Poder Legislativo Nacional, el 22 de enero de 2016."

Con ello, dijo la Sala, contra toda lógica, que la Asamblea Nacional habría omitido "una forma jurídica esencial contemplada en la ley," y desconociendo que efectivamente había decidido dentro del lapso constitucional, afirmó sin base alguna que se habría producido el "silencio positivo" lo cual era falso, pues solo está previsto cuando no se toma la decisión en el lapso de ocho días, concluyendo entonces con la afirmación de que "la Asamblea Nacional no cumplió oportunamente y, en fin, dentro de los límites constitucionales y legales, con el control político del referido decreto."

Agregó además la Sala que como la misma había realizado el control jurídico dentro del mismo lapso de ocho días continuos siguientes a aquel en que se dictó el Decreto:

"no existe objetivamente, además, controversia constitucional entre órganos del Poder Público que resolver con relación a esa situación fáctica, a pesar de la *írrita decisión* negativa de la Asamblea Nacional pronunciada el día 22 de enero de 2016, *que debe entenderse como inexistente y sin ningún efecto jurídico-constitucional.*"

Y todo ello, porque a juicio de la Sala:

"el Poder Ejecutivo ejerció su competencia de dictar el decreto de emergencia económica, el Poder Legislativo no cumplió con su obligación de considerarlo en sesión especial dentro de las 48 horas después de haberse hecho público el decreto y la Sala Constitucional ejerció su atribución de declarar la constitucionalidad del mismo de manera oportuna, mediante sentencia n.° 4 del 20 de enero de 2016."

Así, la Sala Constitucional, con ocasión de decidir un recurso de interpretación constitucional, terminó declarando "irrito," es decir, sin validez ni fuerza obligatoria, o en palabras de la propia Sala *"inexistente y sin ningún efecto jurídico-constitucional"* el Acuerdo de la Asamblea Nacional improbando el Decreto de Emergencia Económica, y todo ello, en un proceso en el cual no podía "anular" un acto de la Asamblea Nacional, sin seguir el procedimiento de los juicios de nulidad, por lo que, usando las propias palabras de la Sala

Constitucional en la sentencia: "vulneró la legalidad procesal, la seguridad jurídica y el debido proceso consagrado en el artículo 49 Constitucional, pilares fundamentales del Estado Constitucional de Derecho (*vid.* arts. 2, 7, 137, 334, 335 y 336 del Texto Fundamental)," viciando de nulidad por inconstitucionalidad el proceso que culminó con la "*constitucionalmente írrita*" sentencia de fecha 11 de enero de 2016.

Pero como la Sala Constitucional no tiene quien la controle, pudo cometer esta y las otras inconstitucionalidades que analizamos en este libro, impunemente.

Debe destacarse, finalmente, que la Sala Constitucional en ejercicio del control difuso de constitucionalidad, también resolvió en su sentencia, desaplicar el artículo 33 de la Ley Orgánica de Estados de Excepción que establece:

> *Artículo 33.* La Sala Constitucional del Tribunal Supremo de Justicia omitirá todo pronunciamiento, si la Asamblea Nacional o la Comisión Delegada desaprobare el decreto de estado de excepción o denegare su prórroga, declarando extinguida la instancia.

Para ello, la Sala se basó en una opinión del profesor Ramón José Duque Corredor y en otra opinión de quien esto escribe, que cita, en la cual consideré que esta norma podía considerarse inconstitucional:

> "pues establece una limitación al ejercicio de sus poderes de revisión por la Sala, no autorizada en la Constitución. La revisión, aún de oficio, del decreto de estado de excepción puede realizarse por la Sala Constitucional, independientemente de que la Asamblea Nacional haya negado su aprobación, máxime si el decreto, conforme a la Ley Orgánica al entrar en vigencia 'en forma inmediata' incluso antes de su publicación, ha surtido efectos."[10]

Con base en ello, para decidir que "lo ajustado al orden constitucional es desaplicar por control difuso de la Constitución" dicha norma del artículo 33 de la Ley Orgánica, la Sala Constitucional indicó que:

---

10   Véase Allan R. Brewer-Carias, "Las Potestades Normativas del Presidente de la República: Los Actos Ejecutivos de Orden Normativo" en *Tendencias Actuales del Derecho Constitucional.* tomo I, Universidad católica Andrés Bello, Caracas, 2007, pp. 527-528.

"Tal como concluye el referido autor, y con lo cual concuerda esta máxima instancia constitucional, revisar la constitucionalidad de los decretos que declaren estados de excepción dictados por el Presidente de la República, se trata de un control de la constitucionalidad automático y obligatorio que la Sala Constitucional debe ejercer incluso de oficio, lo cual puede hacer desde que se dicte y se publique en la *Gaceta Oficial*, y no sólo al final del lapso indicado ni sólo si no se le remite oficialmente al decreto. Por lo que afirma que el artículo 33 de la Ley Orgánica sobre Estados de Excepción, el cual señala que la Sala Constitucional del Tribunal Supremo de Justicia omitirá todo pronunciamiento si la Asamblea Nacional o la Comisión Delegada desaprobare el decreto de estado de excepción o denegare su prórroga, declarando extinguida la instancia, es, en efecto, inconstitucional, pues establece una limitación al ejercicio de sus poderes de revisión por la Sala, no autorizada en la Constitución y que quebranta la propia supremacía y protección última del Texto Fundamental."

Podía la Sala, sin duda, ejercer dicho control difuso de constitucionalidad sobre la primacía que la Ley otorgó al control político sobre el control jurídico, pero lo que no podía era restringir, violando la Constitución, el control político que correspondía a la Asamblea Nacional, y menos supuestamente basándose en una opinión de quien suscribe.

5. La declaración de constitucionalidad de la prórroga del Decreto de Emergencia Económica, y su obligatoriedad para el Poder Público (incluyendo la Asamblea Nacional) decretada por la Sala Constitucional

El mencionado Decreto estado de emergencia económica en todo el territorio nacional N° 2.184 de 14 enero de 2016, fue prorrogado por 60 días más, mediante el Decreto N° 2.270 del 11 de marzo de 2016,[11] y conforme a las mismas normas constitucionales antes mencionadas, fue sometido a la Sala Constitucional del Tribunal Supremo de Justicia para decidir sobre su constitucionalidad.

La Sala Constitucional mediante sentencia N° 184 de 17 de marzo de 2016,[12] procedió a declarar la constitucionalidad del decreto de prórroga, agregando que ello "motiva el respaldo orgánico de este cuerpo sentenciador de máximo nivel de la Jurisdicción Constitucional, hacia las medidas contenidas en el Decreto objeto

11   Véase *Gaceta Oficial* N° 6219 Extra de 11 de marzo de 2016.

12   Véase en http://historico.tsj.gob.ve/decisiones/scon/marzo/186437-184-17316-2016-16-0038.html.

de examen de constitucionalidad;" terminando con la declaración general de que dicho Decreto "deberá ser acatado y ejecutado por todo el Poder Público," lo que incluía por supuesto a la Asamblea Nacional, desconociendo así su competencia constitucional para efectuar el control político del decreto y poder improbarlo; y reafirmando para que no quedase duda, que "en su condición de máxima y última intérprete de la Constitución [...] sus decisiones sobre dichas normas y principios son estrictamente vinculantes en función de asegurar la protección y efectiva vigencia de la Carta Fundamental."

Con la sentencia, en definitiva, la Sala Constitucional vació totalmente a la Asamblea Nacional de su potestad de ejercer el control político sobre los estados de excepción, violando abierta y arteramente la Constitución.

II. LOS ATAQUES DE LA SALA CONSTITUCIONAL CONTRA LA ASAMBLEA NACIONAL CERCENÁNDOLE SUS PODERES DE CONTROL POLÍTICO SOBRE EL GOBIERNO Y DE LA ADMINISTRACIÓN PÚBLICA

1. *El intento fallido de la Asamblea de ejercer el control político sobre el gobierno y administración para estudiar el decreto de emergencia económica*

Durante los días siguientes al de la comparecencia del Presidente de la República ante la Asamblea Nacional para presentar su Mensaje anual (15 de enero de 2016), y con ocasión de la consignación ante la misma del Decreto de Estado de Emergencia Económica, la Asamblea Nacional, como le corresponde constitucionalmente, requirió la comparecencia de los Ministros del área económica ante sus Comisiones, precisamente a los efectos de considerar el decreto de estado de emergencia económica que se había dictado a los efectos de su aprobación o improbación.

La respuesta del gobierno fue ignorar los requerimientos de la Asamblea, por lo cual, el 21 de enero de 2016, que era el día anterior al vencimiento del lapso para que la Asamblea emitiese su Acuerdo aprobando o improbando el mencionado decreto, el Presidente de la Asamblea resumió la situación de desacato del Poder Ejecutivo, expresando según reseñaron los medios que:

"Es muy grave que se nieguen los ministros y el gobierno a esta comparecencia pública, que es constitucional y legal. Esto es muy grave, es un desacato. Debe ser que las informaciones que tienen que dar al país son muy graves y malas, pero no pueden negar la realidad de Venezuela", afirmó.

Ramos Allup indicó que el vicepresidente de la República, Aristóbulo Istúriz, fue quien le informó que los ministros no asistirían. El gobierno solicitaba que la comparecencia fuera a puerta cerrada. "Querían que se hiciera sin la presencia de los medios y nos negamos rotundamente a semejante petición. La AN es un espacio abierto para la presencia de todos los medios, nacionales e internacionales", dijo.

El presidente de la AN aclaró que no se trataba de un "reality show," como lo dijo Héctor Rodríguez: "Se trata de responder a preguntas escritas, de una manera muy seria y formal. Lamentamos muchísimo que se haya privado al país en directo, por parte de los propios ministros, de cuál es la realidad del país."

La Asamblea Nacional tiene hasta mañana a las 12:00 de la noche para aprobar o no el Decreto de Emergencia Económica, presentado por el presidente Nicolás Maduro.

Ante la falta de tiempo para convocar a una nueva comparecencia, Ramos Allup informó que la comisión tomará una decisión con la información que disponga.

"Nos reuniremos con la comisión, lo discutiremos en plenaria y tomaremos una decisión," dijo." [13]

El tema del evidente desacato de los Ministros ante los requerimientos de la Asamblea, sin embargo, fue decidido por la Sala Constitucional del Tribunal Supremo de Justicia, pero insólitamente, no garantizando lo que expresa la Constitución, sino en contra de ella, limitando y reglamentando inconstitucionalmente las potestades de control político de la Asamblea Nacional sobre el gobierno y la Administración Pública.

En efecto, la Sala Constitucional del Tribunal Supremo, mediante sentencia N° 9 del 1° de marzo de 2016 dictada con ocasión de un *"Recurso de interpretación"* abstracta de los artículos 136, 222, 223 y 265 la Constitución intentado por un grupo de ciudadanos,[14] en violación de las más elementales y universales principios

---

13 Véase   en   https://www.facebook.com/permalink.php?id=374440365912-712&story_fbid=999122600111149.

14 Véase en http://historico.tsj.gob.ve/decisiones/scon/marzo/185627-09-1316-2016-16-0153.HTML Véase los comentarios en Allan R. Brewer-Carías, "El

que rigen la administración de justicia, procedió a cercenar y restringir las potestades de control político de la Asamblea Nacional, sobre el Gobierno y la Administración Pública, materialmente liberando a los Ministros de su obligación de comparecer ante la Asamblea cuando se les requiera para investigaciones, preguntas e interpelaciones; y adicionalmente como se verá más adelante, negándole a la Asamblea su potestad de auto control sobre sus propios actos parlamentarios.

Y ello lo hizo, en primer lugar, utilizando de nuevo una forma procesal viciada para ejercer el control de constitucionalidad de los actos estatales como es el llamado "recurso de interpretación" abstracta de la Constitución, con el que ha terminado declarando nulos unos actos actuales y "futuros" de la Asamblea Nacional.

En segundo lugar, la decisión la dictó la Sala Constitucional, en contra de la Asamblea Nacional, sin siquiera haber oído previamente a la misma a través de sus representantes, violando el derecho al debido proceso y a la defensa, que son de carácter absoluto, en términos de la propia Sala.

En tercer lugar, al conocer del recurso y dictar sentencia, la Sala Constitucional actuó en el caso en violación del más elemental principio de justicia natural, actuando como juez y parte, pues precisamente a lo que se refirió el recurso era a la potestad de la Asamblea de revocar el inconstitucional nombramiento de algunos de los Magistrados que precisamente debían firmar la sentencia.

En cuarto lugar, al dictar normas sobre el funcionamiento de la Asamblea y el ejercicio de sus poderes de control sobre el Gobierno y la Administración Pública, lo que sólo puede hacer la propia Asamblea Nacional, usurpando así la función normativa de la Asamblea que solo puede materializarse en el reglamento interior y de debates, y de paso, declarar como inconstitucionales algunas previsiones del Reglamento Interior y de Debates de la Asamblea y de la Ley sobre el Régimen para la Comparecencia de Funcionarios

---

ataque de la Sala Constitucional contra la Asamblea Nacional y su necesaria e ineludible reacción. De cómo la Sala Constitucional del Tribunal Supremo pretendió privar a la Asamblea Nacional de sus poderes constitucionales para controlar sus propios actos, y reducir inconstitucionalmente sus potestades de control político sobre el gobierno y la administración pública; y la reacción de la Asamblea Nacional contra a la sentencia N° 9 de 1-3-2016," en http://www.allanbrewercarias.com/Con-tent/449725d9-f1cb-474b-8ab2-41efb849fea3/Content/Brewer.%20El%20ataque%20Sala%20Constitucional%20v.%20Asamblea%20Nacional.%20SentNo.%209%201-3-2016).pdf.

Públicos ante la Asamblea Nacional o sus Comisiones, todo con el objeto de encasillar y restringir las potestades de control político de la Asamblea sobre el Gobierno y la Administración Pública; y de cercenarle a la Asamblea la potestad de controlar y revisar sus propios actos cuando estén viciados de nulidad absoluta, y revocarlos en consecuencia.

2. El viciado uso del llamado recurso de interpretación constitucional para ejercer el control de constitucionalidad, violando además, la garantía del debido proceso

Desde que la Sala Constitucional inventó al margen de la Constitución el llamado "recurso de interpretación" abstracta de la Constitución mediante la sentencia Nº 1077 del 22 de septiembre de 2000 (caso: *Servio Tulio León*), el cual puede ser intentado por cualquier persona, incluso el Estado mismo a través de la Procuraduría General de la República, para buscar un pronunciamiento abstracto, es decir, sin referencia a caso concreto alguno y sin debate ni confrontación de opiniones de los que puedan estar interesados en la "interpretación," hemos criticado la institución, como un diabólico instrumento mediante el cual la Sala Constitucional bajo la excusa de la interpretación,[15] administra justicia "a la carta," según lo que les apetezca a los propios Magistrados de la Sala o lo que le provoque al propio Gobierno, usando para ello a veces peticiones prefabricadas formuladas por cualquier persona "amiga" siempre dispuesta a presentar un escrito ya elaborado para "litigar" sin litigar, o del propio representante del Estado.

Y eso es lo que ha ocurrido en este caso en el cual tres abogados, presumiblemente hermanos por llevar los mismos apellidos, actuando según la Sala "en su condición de integrantes del sistema de justicia, como ciudadanos interesados en el adecuado funciona-

---

15 Véase Allan R. Brewer-Carías, *"Quis Custodiet Ipsos Custodes*: De la interpretación constitucional a la inconstitucionalidad de la interpretación," en *Revista de Derecho Público*, Nº 105, Editorial Jurídica Venezolana, Caracas 2006, pp. 7-27. Véase además sobre ello, e trabajo "La ilegítima mutación de la Constitución por el juez constitucional: la inconstitucional ampliación y modificación de su propia competencia en materia de control de constitucionalidad," en *Libro Homenaje a Josefina Calcaño de Temeltas*, Fundación de Estudios de Derecho Administrativo (FUNEDA), Caracas 2009, pp. 319-362; Luis Alfonso Herrera Orellana, "El "recurso" de interpretación de la Constitución. Reflexiones críticas desde la argumentación jurídica y la teoría del discurso" en *Revista de derecho público*, Nº. 113, Editorial Jurídica Venezolana, Caracas, 2008, pp. 7-30.

miento de los poderes públicos," sólo argumentando que tenían "dudas" de lo que pudieran decir los artículos 136, 222, 223 y 265 de la Constitución. El recurso de interpretación lo intentaron el 17 de febrero, y ya el 23 de febrero la Sala había designado Ponente, desarrollándose entonces un "proceso constitucional clandestino" como "de mero derecho," del cual solo estuvieron enterados los recurrentes y el Ponente, y nadie más. El "proceso" tuvo por objeto nada más y nada menos que cercenarle a la Asamblea Nacional, es decir, a los representantes de un pueblo que se rebeló políticamente el 6 de diciembre de 2015 dándole a la oposición la mayoría califi-cada de la Asamblea, sus poderes parlamentarios de control sobre el Gobierno y la Administración Pública, y además, sobre sus propios actos.

Aun cuando en la "demanda," los demandantes también solici-taron interpretación sobre el alcance de las potestades de control político de la Asamblea Nacional en relación con los otros Poderes Públicos. A pesar de que el control político de la Administración Pública que la Asamblea tiene constitucionalmente asignado com-prende no sólo la que se encuentra en el ámbito del Poder Ejecutivo sino también en el de los otros Poderes del Estado,[16] en estas notas limitaremos nuestros comentarios, al aspecto medular del debate que nunca se dio, que es el relativo al control parlamentario de la Asamblea en relación con el Gobierno y la Administración Pública que conforman el Poder Ejecutivo Nacional, y sus propios actos.

Entre las normas cuya "interpretación" se solicitó fueron las que regulan las potestades de control político de la Asamblea Na-cional, que los solicitantes identificaron en los siguientes artículos constitucionales:

> **Artículo 222.** *La Asamblea Nacional podrá ejercer su función de control mediante los siguientes mecanismos: las interpelaciones, las investigaciones, las preguntas, las autorizaciones y las aprobaciones parlamentarias previstas en esta Constitución y en la ley, y mediante cualquier otro mecanismo que establezcan las leyes y su reglamento. En ejercicio del control parlamentario, podrán declarar la responsa-*

---

16   Véase sobre el ámbito de la Administración Pública en la Constitución y en la Ley Orgánica de Administración Pública, lo expuesto en Allan R. Brewer-Carías, Introducción General al régimen jurídico de la Administración Pública" en Allan R. Brewer Carías et al, *Ley Orgánica de la Administración Pública*, 4ª edición, Editorial Jurídica Venezolana, Caracas 2009, pp. 14-17.

bilidad política de los funcionarios públicos o funcionarias públicas y solicitar al Poder Ciudadano que intente las acciones a que haya lugar para hacer efectiva tal responsabilidad.

Artículo 223. *La Asamblea o sus Comisiones podrán realizar las investigaciones que juzguen convenientes en las materias de su competencia, de conformidad con el reglamento.*

Todos los funcionarios públicos o funcionarias públicas están obligados u obligadas, bajo las sanciones que establezcan las leyes, a comparecer ante dichas Comisiones y a suministrarles las informaciones y documentos que requieran para el cumplimiento de sus funciones.

Esta obligación comprende también a los y las particulares; a quienes se les respetarán los derechos y garantías que esta Constitución reconoce.

Las normas, por supuesto, nada tienen de ambiguo u oscuro, que pudiera ameritar "interpretación" alguna. Sin embargo, los "demandantes," respecto de la comparecencia de los Ministros ante la Asamblea Nacional para interpelaciones, investigaciones y preguntas conforme al artículo 222 y 223, argumentaron que como los mismos deben presentar anualmente una "memoria razonada y suficiente sobre la gestión del despacho en el año inmediatamente anterior" (art. 244), la citación a comparecer ante la Asamblea les planteaba una supuesta *"duda razonable"* respecto a si, con ello:

"la Asamblea Nacional se estaría adelantando en solicitar la comparecencia de estos funcionarios, cuando la misma Constitución, en su artículo 244, establece el lapso para que dichas autoridades rindan la memoria razonada y suficiente sobre la gestión de su despacho del año inmediatamente anterior.

El otro aspecto relevante reposa en la incertidumbre que surge con relación a si, puede la Asamblea Nacional, con fundamento en las funciones de control y vigilancia establecidas en la Carta Fundamental, exigir la comparecencia de tales funcionarios para discutir el futuro económico del país y diseñar las políticas públicas y líneas de acción administrativa a ser desarrolladas por el Poder Ejecutivo, funciones estas últimas que el Texto Constitucional, en sus artículos 226, 238, 239 y 242, le otorga, de manera exclusiva y excluyente, al Poder Ejecutivo cuando le asigna competencia para dirigir la acción de gobierno."

Agregaron los demandantes en relación con los artículos 222 y 223 de la Constitución que además:

"surgen grandes incertidumbres respecto a si, puede la Asamblea, dentro de su función de control y vigilancia, convocar a los altos funcionarios a fin de "diagnosticar y diseñar políticas públicas"[...] cuando pareciera que el mecanismo constitucional que ejerce la Asamblea va dirigido a interpelar e investigar a los funcionarios públicos para la determinación de sus responsabilidades políticas por actuaciones concretas en su gestión administrativa."

Y todo ello considerando, supuestamente, que "las investigaciones desarrolladas por el Poder Legislativo, deben propender a la revisión de actuaciones materiales desarrolladas por el Ejecutivo y la determinación de responsabilidades, políticas, administrativas, patrimoniales," y supuestamente nada más.

Los "demandantes" exigieron de la Sala en esta materia una "decisión urgente" a los efectos de establecer y determinar "de manera clara y precisa, el contenido y alcance de la función de control y vigilancia ejercida por el Poder Legislativo sobre el Poder Ejecutivo Nacional."

A pesar de que la "demanda" de interpretación constitucional claramente incidía sobre los poderes constitucionales de la Asamblea Nacional, la cual, además, es la representación popular en la organización del Estado, como se dijo, la Sala Constitucional se dio el lujo de dictar sentencia violando abiertamente la garantía del debido proceso y el derecho a la defensa de la Asamblea, garantizado en el artículo 49 de la Constitución, contrariando su propia doctrina, que la considera como una "garantía suprema dentro de un Estado de Derecho;"[17] que exige que "cualquiera sea la vía escogida para la defensa de los derechos o intereses legítimos, las leyes procesales deben garantizar la existencia de un procedimiento que asegure el derecho de defensa de la parte y la posibilidad de una tutela judicial

---

17   Véase sentencia N° 123 de la Sala Constitucional (Caso: *Sergio J. Meléndez*) de 17 de marzo de 2000, en *Revista de Derecho Público*, N° 81, (enero-marzo), Editorial Jurídica Venezolana, Caracas 2000, p. 143.

efectiva,"[18] al punto de que ni siquiera puede ser desconocido por el legislador. [19]

Ello hace dicha sentencia nula, por inconstitucional. No es posible concebir que en un "proceso constitucional" se "juzgue" sobre las potestades de control político que corresponden constitucionalmente a la Asamblea Nacional, y se anulen actos dictados por la misma, incluso actos "futuros," sin que siquiera se haya citado a sus representantes a argumentar ante la Sala, y a defender sus decisiones.

Así como la propia Sala dijo en su sentencia que el Poder Legislativo Nacional "está sometido a la Constitución," también la Sala Constitucional a pesar de ser la máxime intérprete de la Constitución, está sometido a ella y no puede violarla impunemente, y si bien no hay mecanismo para controlarla, ello no excluye que el pueblo no tenga el derecho de desconocer sus decisiones como ilegítimas, conforme al artículo 350 de la propia Constitución.

3. La potestad parlamentaria para controlar políticamente al gobierno y a la Administración Pública y su regulación restrictiva por la Sala Constitucional

La sentencia de la Sala Constitucional N° 184 de 17 de marzo de 2016, en primer lugar, incidió directamente en el control político que conforme a los artículos 222 y 223 de la Constitución, le corresponde ejercer a la *Asamblea Nacional sobre el Gobierno y la Administración Pública Nacional y*, por tanto, sobre los funcionarios públicos de los mismos. El Gobierno conforme a la Constitución, abarca a los niveles superiores del Poder Ejecutivo; y la Administración Pública, conforme a la propia Constitución, abarca a todos los órganos del Estado que ejerzan la función administrativa y desarrollen funciones administrativas, cualquiera que sea la rama del Poder Público en la cual se encuentran. Por ello fue absolutamente errada la afirmación de la Sala Constitucional, en el sentido de que la Administración Pública solo está reducida al Poder Ejecutivo Nacional, cuando la Administración Pública del Poder Ciuda-

18   Véase sentencia N° 97 de 15 de marzo de 2000 (Caso: *Agropecuaria Los Tres Rebeldes*), en *Revista de Derecho Público*, N° 81, (enero-marzo), Editorial Jurídica Venezolana, Caracas 2000, p. 148.

19   Véase sentencia N° 321 de 22 de febrero de 2002 (Caso: *Papeles Nacionales Flamingo, C.A. vs. Dirección de Hacienda del Municipio Guacara del Estado Carabobo*) en *Revista de Derecho Público*, N° 89-92, (enero-diciembre) Editorial Jurídica Venezolana, Caracas 2002.

dano, del Poder Electoral y del Poder Judicial (Dirección Ejecutiva de la Magistratura) son parte de la Administración Pública.[20]

Aparte de este grave error, en relación con el control parlamentario sobre los órganos del Poder Ejecutivo, la Sala destacó que una expresión principal de dicho control político-parlamentario en lo que se refiere al Jefe del Ejecutivo Nacional (artículo 226), es cuando se le exige en el artículo 237 presentar cada año personalmente a la Asamblea Nacional un mensaje en el que debe dar cuenta de los aspectos políticos, económicos, sociales y administrativos de su gestión durante el año inmediatamente anterior; ámbito al cual, según la Sala Constitucional, "se ajusta ese control en lo que respecta al Jefe del Estado y del Ejecutivo Nacional." Agregó la Sala Constitucional, que respecto del Vicepresidente Ejecutivo (artículo 238) "ese control se expresa en la moción de censura al mismo, dentro del marco Constitucional" (artículo 240); y respecto de los Ministros, el control parlamentario encuentra expresión esencial en el artículo 244, cuando dispone que los mismos "presentarán ante la Asamblea Nacional, dentro de los primeros sesenta días de cada año, una memoria razonada y suficiente sobre la gestión del despacho en el año inmediatamente anterior, de conformidad con la ley;" disponiendo además, el artículo 246 que los Ministros pueden ser objeto de una moción de censura por parte de la Asamblea.

En esto, lo que hizo la Sala Constitucional fue simplemente glosar los artículos pertinentes de la Constitución, lo que en cambio no hizo al analizar los artículos 222 y 223 respecto del control político parlamentario en relación con los demás funcionarios del Poder Ejecutivo Nacional, "distintos al Presidente de la República, Vicepresidente Ejecutivo, y Ministros," cuya interpretación fue la que se le había requerido. Procedió, así, sin ninguna fundamentación constitucional, a "legislar" en materia de control político parlamentario, supuestamente "para dar legitimidad y validez" a las actuaciones de la Asamblea, usurpando por supuesto su propia potestad normativa para ello, imponiéndole a la misma, como si fuera "legislador" por encima de la Asamblea, las siguientes normas o reglas de actuación, todas inconstitucionales por estar viciadas de usurpación de funcio-

---

20   Véase sobre el ámbito de la Administración Pública en la Constitución y en la Ley Orgánica de Administración Pública, lo expuesto en Allan R. Brewer-Carías, Introducción General al régimen jurídico de la Administración Pública" en Allan R. Brewer Carías et al, *Ley Orgánica de la Administración Pública*, 4ª edición, Editorial Jurídica Venezolana, Caracas 2009, pp. 14-17.

nes normativas que solo corresponden a la Asamblea ejercer al dictar su reglamento interior y de debates:

Primera regla, que el control político que ejerza la Asamblea, lo debe ejercer:

"conforme a las demás reglas, valores y principios que subyacen al mismo, especialmente, el axioma de colaboración entre poderes, así como los de utilidad, necesidad y proporcionalidad, para que logre su cometido constitucional."

Segunda regla, que el control no debe afectar "el adecuado funcionamiento del Ejecutivo Nacional," y, en consecuencia, debe evitarse "que el mismo termine vulnerando los derechos fundamentales."

Tercera regla: que para realizar el control parlamentario,

"debe observarse la debida coordinación de la Asamblea Nacional con el Vicepresidente Ejecutivo o Vicepresidenta Ejecutiva, tal como lo impone el artículo 239.5 Constitucional, para encausar la pretensión de ejercicio del referido control (canalización de comunicaciones, elaboración de cronograma de comparecencias, etc.), respecto de cualquier funcionario del Gobierno y la Administración Pública Nacional."

Cuarta regla, que dicha coordinación es a los efectos de que:

"la Vicepresidencia Ejecutiva de la República centralice y coordine todo lo relacionado con las comunicaciones que emita la Asamblea Nacional con el objeto de desplegar la atribución contenida en el artículo 187.3 Constitucional, desarrolladas en los artículos 222 al 224 eiusdem."

Quinta regla, que la Asamblea Nacional al ejercer sus funciones de control, debe sopesar que:

"la insistencia de peticiones dirigidas hacia el Poder Ejecutivo Nacional e, inclusive, hacia el resto de poderes públicos, pudiera obstaculizar gravemente el funcionamiento del Estado, en detrimento de la garantía cabal de los derechos de las ciudadanas y ciudadanos, así como también de los derechos irrenunciables de la Nación."

Sexta regla, que a tal efecto:

"las convocatorias que efectúe el Poder Legislativo Nacional, en ejercicio de las labores de control parlamentario previstas en los artículos 222 y 223, con el objeto de ceñirse a la juridicidad y evitar entorpecer el normal funcionamiento de los Poderes Públi-

cos, deben estar sustentadas en todo caso en el orden constitucio-
nal y jurídico en general. "

Séptima regla, *que a tales efectos, las referidas convocatorias*
"deben estar dirigidas justamente a los funcionarios y demás perso-
nas sometidas a ese control, " *indicando:*

(i)   *"La calificación y base jurídica que la sustenta;"*

(ii)   *"el motivo y alcance preciso y racional de la misma;"*

(iii) *"orientarse por los principios de utilidad, necesidad, razo-*
       nabilidad, proporcionalidad y colaboración entre poderes
       públicos;" y

(iv)   *"sin pretender subrogarse en el diseño e implementación*
       de las políticas públicas inherentes al ámbito competencial
       del Poder Ejecutivo Nacional. "

Octava regla: *que en el control político parlamentario sobre los*
funcionarios, debe realizarse:

"permitiendo a los funcionarios que comparecen, solicitar y
contestar, de ser posible, por escrito, las inquietudes que formule la
Asamblea Nacional o sus comisiones. "

Novena regla, *que en esos casos, inclusive, debe garantizarse a*
los funcionarios:

"si así lo solicitaren, ser oídos en la plenaria de la Asamblea
Nacional, en la oportunidad que ella disponga, para que el control
en cuestión sea expresión de las mayorías y minorías a lo interno
de ese órgano del Poder Público, las cuales han de representar a
todas y todos los ciudadanos, y no únicamente a un solo sector. "

Décima regla: *que conforme al artículo 224 de la Constitución:*

"el ejercicio de la facultad de investigación de la Asamblea
Nacional no afecta [y, por ende, no ha de afectar] las atribuciones
de los demás poderes públicos, pues obviamente la Constitución no
avala el abuso ni la desviación de poder, sino que, por el contrario,
plantea un uso racional y equilibrado del Poder Público, compati-
ble con la autonomía de cada órgano del mismo, con la debida
comprensión de la cardinal reserva de informaciones que pudieran
afectar la estabilidad y la seguridad de la República, y, en fin,
compatible con los fines del Estado. "

Décima primera regla: *que respecto de la Fuerza Armada Nacional Bolivariana, el único control político parlamentario posible respecto de la misma es "a través de su Comandante en Jefe y del control parlamentario mediante el control político que se ejerce sobre su Comandante en Jefe y autoridad jerárquica suprema" que es el Presidente de la República, solamente cuando presenta su mensaje anual ante la Asamblea para dar cuenta de los aspectos políticos, económicos, sociales y administrativos de su gestión durante el año inmediatamente anterior, a lo cual, dispuso la Sala, que "se limita el control previsto en el artículo 187.3 Constitucional -desarrollados en los artículos 222 y 223, en lo que respecta a dicha Fuerza."*

Por último, además, respecto de "las especificidades y a la forma en que deben desarrollarse las comparecencias ante la Asamblea Nacional, por parte del Ejecutivo Nacional y a la relación coordinada que debe existir entre ambas ramas del Poder Público," la Sala ordenó al Presidente de la República (al expresar que "tiene y debe") proceder a reglamentar la Ley sobre el Régimen para la Comparecencia de Funcionarios Públicos o los Particulares ante la Asamblea Nacional o sus Comisiones:

> *"con la finalidad de armonizar el normal desarrollo de las actuaciones enmarcadas en ese instrumento legal y demás ámbitos inherentes al mismo, siempre respetando su espíritu, propósito y razón."*

Es decir, que incluso, el propio Poder Ejecutivo está obligado por la Sala Constitucional a limitar aún más las funciones de la Asamblea, al reglamentar dicha Ley.

Todo esto, por supuesto fue y es absolutamente inconstitucional, pues la Sala Constitucional no solo no es legislador, sino que no puede restringir ni regular las funciones de la Asamblea Nacional, que ejerce la representación popular; ni puede excluir de control político parlamentario sobre la Fuerza Armada Nacional, que es parte de la Administración Pública Nacional, y menos cuando a la misma se han asignado áreas de importancia de la actividad administrativa como han sido, por ejemplo, recientemente, los servicios de la industria petrolera y gas, con la creación de la Compañía Anónima Militar de Industrias Mineras, Petrolíferas y de Gas (CAMIMPEG), cuyas actividades ni siquiera tienen que ver con la administración de los asuntos militares.

La secuela de todo ello, sin embargo, fue para la Sala Constitucional considerar y declarar, de oficio, mediante control difuso de constitucionalidad, la inconstitucionalidad de diversas normas del

Reglamento Interior y de Debates de la Asamblea Nacional, y de la Ley sobre el Régimen para la Comparecencia de Funcionarios Públicos y los particulares ante la Asamblea Nacional, procediendo a abrir también de oficio, sendos procesos de nulidad por inconstitucionalidad de dichas normas.

III. EL FIN DEL CONTROL POLÍTICO QUE DEBE EJERCER LA ASAMBLEA NACIONAL: LA INCONSTITUCIONAL "RESTRICCIÓN" IMPUESTA POR EL PRESIDENTE DE LA REPÚBLICA, RESPECTO DE SU POTESTAD DE APROBAR VOTOS DE CENSURA CONTRA LOS MINISTROS

No contento con la aniquilación de la Asamblea Nacional por obra del Juez Constitucional, el Presidente de la República, una vez más, también irrumpió contra la Constitución, y dio otro golpe de Estado contra la Asamblea Nacional, al dictar el Decreto N° 2.309 de 2 de mayo de 2016, [21] mediante el cual pretendió "restriñir y suspender" la potestad constitucional de la misma de aprobar votos de censura contra los Ministros, cuando lo juzgue políticamente oportuno y conveniente, a su exclusivo juicio.

Dicho acto presidencial es absolutamente nulo e ineficaz, en los términos del artículo 138 de la Constitución, por estar viciado de usurpación de autoridad. Con este acto, después de que el Tribunal Supremo como antes hemos analizado, le negó a la Asamblea Nacional el poder ejercer autónomamente el control político en relación con las actuaciones del Gobierno y de la Administración Pública, en este caso fue el Poder Ejecutivo Nacional el que directamente arremetió contra la Asamblea en forma totalmente inconstitucional.

En efecto, entre las competencias constitucionales de la Asamblea Nacional, que permiten considerar el sistema de gobierno en Venezuela, contrariamente a lo afirmado por la Sala Constitucional,

---

21   Véase en *Gaceta Oficial* Extra. N° 6225 de 2 de mayo de 2016. Véase los comentarios a dicho decreto en Allan R. Brewer-Carías, "La inconstitucional "restricción" impuesta por el Presidente de la República a la Asamblea Nacional para aprobar votos de censura contra los ministros." 8 de mayo de 2016, en http://www.allanbrewercarias.com/Content/449725d9-f1cb-474b-8ab2-41efb849fea3/Content/BREWER.%20INCONSTITUCIONAL%20RESTRICC I%C3%93N%20CENSURA%20ASAMBLEA%20A%20MINISTROS%208.5. 2016.pdf

como un sistema presidencial "con sujeción parlamentaria,"[22] está la atribución establecida en el artículo 187.10 de la Constitución que le asigna el poder de:

"10. Dar voto de censura al Vicepresidente Ejecutivo o Vicepresidenta Ejecutiva y a los Ministros o Ministras. La moción de censura sólo podrá ser discutida dos días después de presentada a la Asamblea, la cual podrá decidir, por las tres quintas partes de los diputados o diputadas, que el voto de censura implica la destitución del Vicepresidente Ejecutivo o Vicepresidenta Ejecutiva o del Ministro o Ministra."

La consecuencia de la aprobación de un voto de censura a los altos funcionarios del Poder Ejecutivo, como manifestación del control político que a la Asamblea corresponde ejercer sobre los mismos, está establecida en la misma Constitución según que la censura se apruebe en relación con el Vicepresidente Ejecutivo o con los Ministros, en la siguiente:

Artículo 240. La aprobación de una moción de censura al Vicepresidente Ejecutivo o Vicepresidenta Ejecutiva, por una votación no menor de las tres quintas partes de los integrantes de la Asamblea Nacional, implica su remoción. El funcionario removido o funcionaria removida no podrá optar al cargo de Vicepresidente Ejecutivo o Vicepresidenta Ejecutiva, o de Ministro o Ministra por el resto del período presidencial.

Artículo 246. La aprobación de una moción de censura a un Ministro o Ministra por una votación no menor de las tres quintas partes de los o las integrantes presentes de la Asamblea Nacional, implica su remoción. El funcionario removido o funcionaria removida no podrá optar al cargo de Ministro o Ministra, ni de Vicepresidente Ejecutivo o Vicepresidenta Ejecutiva por el resto del período presidencial.

---

22 Contrariamente a lo que recientemente comienza a afirmar la Sala Constitucional, en el sentido de que Venezuela tendría un sistema *"fundamentalmente presidencialista de gobierno"* o un *"sistema cardinalmente presidencial de gobierno."* Véase la sentencia N° 269 de 21 de abril de 2016, en http://historico.tsj.gob.ve/decisio-nes/scon/abril/187363-269-21416-2016-11-0373.HTML Véase sobre el sistema de gobierno en Venezuela, Allan R. Brewer-Carías, "El sistema presidencial de gobierno en la Constitución de Venezuela de 1999," en el libro: *Estudios sobre el Estado constitucional (2005-2006),* Cuadernos de la Cátedra Fundacional Allan R. Brewer Carías de Derecho Público, Universidad Católica del Táchira, N° 9, Editorial Jurídica Venezolana, Caracas, 2007, pp. 475-624

Y más nada dispone la Constitución. Estas son las normas que regulan esta competencia que es esencialmente de carácter político para ser ejercida por un órgano que es esencialmente político, y que pone en funcionamiento el ejercicio de un control político por parte de la mayoría que controla políticamente a la Asamblea Nacional en relación con la ejecución de las políticas públicas por parte del Poder Ejecutivo.

En uso de estas atribuciones, la Asamblea Nacional, luego de los debates correspondientes, aprobó un Acuerdo[23] mediante el cual dio un Voto de Censura al Ministro para la Alimentación, Marco Torres, por su incomparecencia ante la Asamblea para ser interpelado y oído, lo "que fue considerado por el órgano legislativo como una renuncia del Gobierno a explicar la situación de escasez de alimentos en el país." Como lo explicó el Presidente de la Asamblea Nacional: "hubiese sido preferido escuchar al ministro Marco Torres, quien había sido citado por la Cámara para que viniera a la sesión de este jueves, pero tampoco se presentó." Luego de explicar que la invitación al funcionario le fue enviada también al vicepresidente de la República, Aristóbulo Istúriz, dijo: "Hemos cumplido estrictamente con el dispositivo constitucional; hubiésemos querido escuchar la exposición del ministro Marco Torres sobre la crisis alimentaria."[24]

La reacción del Gobierno fue inmediata en contra de la Asamblea Nacional. El mismo día 28 de abril, el Presidente de la República expresó desconociendo la Constitución, que "al ministro de Alimentación no lo remueve nadie,"[25] rechazando el Voto de Censura contra el mismo,[26] expresando entre otras cosas que:

> "Esa decisión es írrita y nula, y como írrita y nula no existe, así de sencillo. Le digo al señor Ramos Allup, al ministro no lo remueve nadie. Acate la sentencia del TSJ," agregando además que:

---

23 Véase "Asamblea aprueba voto de censura al ministro de Alimentación Marco Torres," en *El Universal*, 28 de abril de 2016, en http://www.eluniversal.com/noticias/politica/asamblea-aprueba-voto-censura-ministro-alimentacion-marco-torres_307078 Véase igualmente en: http://m.panorama.com.ve/politicayeconomia/AN-debate-voto-de-censura-a-ministro-de-Alimentacion-Rodolfo-Marco-Torres-20160428-0027.html

24 *Idem.*

25 Véase en http://www.eluniversal.com/noticias/politica/maduro-rechaza-voto-censura-ministro-alimentacion-marco-torres_307192.

26 Véase en http://notiexpresscolor.com/maduro-ministro-no-lo-remueve-nadie/.

"La Asamblea Nacional debe acatar en todas sus partes, la sentencia del TSJ y sencillamente ellos han declarado abiertamente que no la van a acatar, y estamos en el marco de una emergencia económica, esos artículos de la Constitución, vamos a revisar para sacar un decreto en el marco del decreto vigente, constitucional, que emití desde el mes de enero, para dejar sin efecto constitucionalmente mientras dure la emergencia económica, cualquier sabotaje que haga la Asamblea Nacional contra cualquier ministro, institución u órgano del poder popular, vamos a sacar un decreto especial de emergencia, mañana mismo."[27]

Estas primeras apreciaciones sobre la supuesta incompatibilidad del ejercicio del control político por parte de la Asamblea Nacional, el supuesto "desacato" por la misma de la sentencia de la Sala Constitucional que había restringido" la forma de citar a los Ministros para interpelarlos,[28] fueron complementadas por el propio Presidente de la República al día siguiente 29 de abril, en particular en cuanto a su determinación de proceder a "revisar" [¿reformar? ¿reformular? ¿modificar?] los artículos de la Constitución y mediante decreto ejecutivo dejar "sin efecto las potestades constitucionales de la Asamblea Nacional.[29] Anunció, en efecto el Presidente de la República, que:

"promulgará un decreto para "dejar sin efecto" cualquier "sabotaje" que realice el Parlamento contra "cualquier ministro u órgano del poder popular" en referencia a la moción de censura aprobada contra el ministro de Alimentación.

"Esos artículos de la Constitución vamos a revisarlos para sacar un decreto para dejar sin efecto constitucionalmente, mientras dure la emergencia económica, cualquier sabotaje que haga la Asamblea contra cualquier ministro, institución u órgano del poder popular," dijo Maduro en un acto desde la Refinería de Puerto La Cruz, estado Anzoátegui.

"Mañana mismo vamos a sacarlo porque no nos podemos calar un sabotaje."[30]

27 *Idem.*

28 *Idem.*

29 Véase: "Maduro promulgará decreto para "dejar sin efecto" decisiones del Parlamento," en Diario Las Américas, 29 de abril de 2016, en http://www.diariolasame-ricas.com/4848_venezuela/3782331_maduro-promulgara-decreto-dejar-efecto-decisiones-del-parlamento.html.

30 *Idem.*

Y efectivamente en la prensa del 4 de mayo se reseñó en los medios de comunicación que el Presidente de la República había dictado un decreto que "resta poderes a la Asamblea Nacional de Venezuela,"[31] es decir, para:

"restringir y diferir las mociones de censura que se hagan desde el Parlamento de mayoría opositora contra sus ministros que tienen como consecuencia la remoción del cargo de los funcionarios, según la Constitución."

En el decreto hecho público se indica que esta decisión del Gobierno tendrá validez "hasta tanto cesen los efectos del Decreto de Emergencia Económica dictado por el presidente" con el objetivo de "garantizar la continuidad en la ejecución de las medidas económicas de emergencia."[32]

La decisión del Poder Ejecutivo se conoció el 5 de mayo de 2016, cuando apareció en *Gaceta Oficial Extraordinaria* N° 6225 del 2 de mayo de 2016, el Decreto N° 2309 de 2 de mayo de 2016,[33] en el cual el ejercicio de esta potestad constitucional de control político atribuida al órgano que ejerce la representación popular de poder declarar Voto de censura a los Ministros, simple e insólitamente fue *"restringida y suspendida"* por el Jefe del Poder Ejecutivo, que es el órgano controlado, es decir, por el Presidente de la República cuyos subalternos (Vicepresidente Ejecutivo y Ministros son los controlados y controlables por la Asamblea) violando descaradamente la Constitución y el principio de la separación de poderes que impone la autonomía e independencia de los Poderes Públicos que garantiza su artículo 136,[34] por supuesto, sin que el Presidente de la República tuviera competencia constitucional ni legal alguna para ello.

---

31   Véase "Decreto de Maduro resta poderes a la Asamblea Nacional de Venezuela," 4 de mayo de 2016, en http://noticias.terra.com/decreto-de-maduro-resta-poderes-a-la-asamblea-nacional-de-venezuela,b9ab08070bf18b140ca4e473ca4bbbaekpx40avv.html.

32   *Idem.*

33   Véase en *Gaceta Oficial* Extraordinaria N° 6225 de 2 de mayo de 2016.

34   *Artículo 136.* El Poder Público se distribuye entre el Poder Municipal, el Poder Estadal y el Poder Nacional. El Poder Público Nacional se divide en Legislativo, Ejecutivo, Judicial, Ciudadano y Electoral. / Cada una de las ramas del Poder Público tiene sus funciones propias, pero los órganos a los que incumbe su ejercicio colaborarán entre sí en la realización de los fines del Estado.

1. Un decreto ineficaz y nulo por estar viciado de incompetencia manifiesta por usurpación de autoridad y usurpación de funciones

El decreto Nº 2309 de 2 de mayo de 2016, en efecto, debe señalarse que de entrada fue dictado en violación de los artículos 137 y 236.24 de la Constitución. El primero dispone que la "Constitución y la ley definen las atribuciones de los órganos que ejercen el Poder Público, *a las cuales deben sujetarse las actividades que realicen,"*; y el segundo dispone que el Presidente de la República solo puede ejercer las competencias *"que le señalen esta Constitución y la ley."*

Basta leer la Constitución para constatar que ninguna norma constitucional autoriza al Presidente de la República para en forma alguna "restringir" las potestades constitucionales de la Asamblea Nacional y menos "suspenderlas." Por ello, como se dijo, el decreto, de entrada, es totalmente ineficaz y nulo por estar viciado de usurpación de autoridad conforme a lo establecido en el artículo 138 de la Constitución. Como lo ha observado José Ignacio Hernández al argumentar sobre las razones por las cuales el Presidente de la República no podía dictar el Decreto mencionado:

"La primera razón es muy obvia: el Presidente no puede, ni siquiera en un estado de excepción, restringir y diferir la aplicación de la Constitución. Así lo dispone el Artículo 7 de esa Constitución: los Poderes Públicos se someten a la Constitución, pero no lo contrario, que es lo que pretende el Decreto.

La segunda razón es que el Presidente de la República no puede prohibirle a la Asamblea Nacional el ejercicio de una competencia propia del Poder Legislativo. Para eso existe el principio de separación de poderes, que es una garantía básica de la libertad para prevenir el abuso de poder y el despotismo.

Por último, el Poder Ejecutivo no puede impedir que la Asamblea Nacional lo controle, incluso, acordando votos de censura. El sujeto controlado no puede limitar la conducta del sujeto que controla."[35]

---

35   Véase José Ignacio Hernández, "¿Ahora la AN no podrá dictar votos de censura?, en *Prodavinci*, 4 de mayo de 2016, en http://prodavinci.com/blogs/ahora-la-an-no-podra-dictar-votos-de-censura-por-jose-ignacio-hernandez-g/ En el mismo sentido la Organización Acceso a la Justicia explicó que "el decreto presidencial persigue prohibir el ejercicio legítimo de las competencias de la Asamblea Nacional previstas en la Carta Fundamental del país, con la excusa de la vigencia del estado de

El vicio de incompetencia manifiesta del Decreto, además, se evidenció de su propio texto, en particular de la supuesta "base legal" que se buscó para "fundamentarlo," es decir, las normas que se citaron en su propio texto y en cuyo supuesto ejercicio se dictó, que fueron por lo que respecta a normas constitucionales, los numerales 3,[36] 7,[37] 16[38] y 20[39] del artículo 236 de la Constitución que enumera las atribuciones del Presidente. Todo ello fue por supuesto descaradamente falso, pues ninguna de esas normas (basta leer su texto) asignan competencia alguna al Presidente de la República como Jefe del Poder Ejecutivo, para restringir o suspender las atribuciones constitucionales de la Asamblea Nacional.

La otra norma legal en la cual supuestamente se basó el Presidente para dictar el Decreto restringiendo y suspendiendo las atribuciones constitucionales de la Asamblea es el artículo 15 de la Ley Orgánica sobre los Estados de Excepción, en la cual se dispone que:

---

emergencia económica. / Es importante señalar que un estado de excepción no significa que el Presidente de la República pueda suspender las normas del texto constitucional y socavar los cimientos del Estado de derecho y democrático, y más aún cuando dicha emergencia económica (declarada en todo el territorio nacional) y su prórroga fueron dictadas sin cumplir con las exigencias para su procedencia, como ya fue advertido por Acceso a la justicia. / Por otro lado, interesa dejar claro que la declaratoria del estado de excepción no es aval para cometer arbitrariedades y actuar por encima de los preceptos de la Constitución, en este caso, interfiriendo de manera caprichosa en las competencias del Poder Legislativo, especialmente para impedir que dicte votos de censura contra los funcionarios que están sujetos a su control parlamentario, y de esta manera crear una inmunidad política al Vicepresidente Ejecutivo y a los ministros." Véase "El Presidente prohíbe que la AN dicte votos de censura: "Algo huele mal en Dinamarca," en *Acceso a la Justicia, Observatorio Venezolano de la Justicia*, 10 de mayo de 2016, en http://www.accesoalajus-ticia.org/wp/infojus-ticia/noticias/el-presidente-prohibe-que-la-an-dicte-votos-de-censura-algo-huele-mal-en-dinamar.

36 *Artículo 236.3:* "Nombrar y remover al Vicepresidente Ejecutivo o Vicepresidenta Ejecutiva, nombrar y remover los Ministros o Ministras."

37 *Artículo 236.7*: "Declarar los estados de excepción y decretar la restricción de garantías en los casos previstos en esta Constitución."

38 *Artículo 236.16:* "Nombrar y remover a aquellos funcionarios o aquellas funcionarias cuya designación le atribuyen esta Constitución y la ley."

39 *Artículo 236.20:* "Fijar el número, organización y competencia de los ministerios y otros organismos de la Administración Pública Nacional, así como también la organización y funcionamiento del Consejo de Ministros, dentro de los principios y lineamientos señalados por la correspondiente ley orgánica."

"*Artículo 15.* El Presidente de la República, en Consejo de Ministros, tendrá las siguientes facultades: a) Dictar todas las medidas que estime convenientes en aquellas circunstancias que afecten gravemente la seguridad de la Nación, de sus ciudadanos y ciudadanas o de sus instituciones, de conformidad con los artículos 337, 338 y 339 de la Constitución de la República Bolivariana de Venezuela. b) Dictar medidas de orden social, económico, político o ecológico cuando resulten insuficientes las facultades de las cuales disponen ordinariamente los órganos del Poder Público para hacer frente a tales hechos."

Dichas competencias solo pueden ejercerse dentro del marco de las atribuciones constitucionales, y deben estar expresadas en el decreto de estado de excepción mismo, sin que esta norma legal pueda considerarse como una carta en blanco para violar la Constitución.

2. Un decreto nulo por invadir y afectar el ejercicio por la Asamblea Nacional de sus facultades constitucionales

De acuerdo con el artículo 339 de la Constitución, la declaración del estado de excepción por parte del Presidente de la República "no interrumpe el funcionamiento de los órganos del Poder Público," de manera que más clara no pudo haber sido la intención del Constituyente al regularla, lo que implica que en ningún caso esa declaratoria podría interrumpir el cumplimiento de la función esencial de la Asamblea Nacional para legislar y controlar la acción política del gobierno y la actividad de la Administración Pública conforme se indica en el artículo 187 de la misma Constitución.

Por tanto, por más que el Presidente de la República hubiera dictado el Decreto N° 2.184 de fecha 14 de enero de 2016, mediante el cual declaró el Estado de Emergencia Económica en todo el Territorio Nacional, el cual fue prorrogado mediante Decreto N° 2.270 de fecha 11 de marzo de 2016, ello en ninguna forma pudo interrumpir el funcionamiento de la Asamblea Nacional.

En consecuencia, un decreto ejecutivo como el dictado con el N° 2039 de 2 de mayo de 2016, aparte de sus vicios de incompetencia manifiesta que lo afectan, es esencialmente inconstitucional al pretender, como lo dijo su propio texto, *restringir y diferir* el ejercicio de sus funciones por parte de la Asamblea Nacional.

En efecto, el artículo 1 del decreto dispuso:

Artículo 1°. Se restringe y difiere de acuerdo al artículo N° 236 numeral 7, de la Constitución de la República Bolivariana de Venezuela, las mociones de censura que pudiera acordar la Asamblea Nacional contra los Ministros y Ministras del Poder Popular, o contra el Vicepresidente Ejecutivo, en las cuales solicitaren su remoción, hasta tanto cesen los efectos del Decreto de Emergencia Económica dictado por el Presidente de la República en Consejo de Ministros; ello a fin de garantizar la continuidad en la ejecución de las medidas económicas de emergencia encomendadas al Gabinete Ejecutivo y de las cuales depende la estabilización de la economía nacional y la satisfacción oportuna y continua de las necesidades de los venezolanos y venezolanas en el orden económico."

O sea, de entrada, atropellando lo establecido en el citado artículo 339 de la Constitución conforme al cual el decreto de estado de excepción "no interrumpe el funcionamiento de los órganos del Poder Público," el Decreto precisamente buscó todo lo contrario para lo cual se basó precisamente en el artículo 267.7 constitucional que es el que solo atribuye al Presidente el poder de decretar dichos Estados de excepción.

Es decir, no puede un decreto de estado de excepción, interrumpir el funcionamiento de la Asamblea al "restringir y diferir" el ejercicio de su competencia para poder aprobar las mociones de censura que estime políticamente oportunas y convenientes contra los Ministros y el Vicepresidente Ejecutivo y solicitar incluso "su remoción." Sin embargo, al contrario, el Presidente procedió a dictar esa "restricción y suspensión" a la Asamblea, "hasta tanto cesen los efectos del Decreto de Emergencia Económica," a los efectos de supuestamente "garantizar la continuidad en la ejecución de las medidas económicas de emergencia," las que por lo visto sólo podían ejecutarse por personas individualizadas y no por funcionarios que ejercer un cargo.

Esta barbaridad jurídica fue dictada con base en un conjunto de motivaciones que se consignaron en los "considerandos" del Decreto, que - dejando aparte muchos lugares comunes floridos - lo que sirvieron fue para evidenciar el atropello cometido.

Lo primero que llama la atención es que el Presidente consideró que su propio Decreto de Estado de Emergencia Económica, supuestamente le daba "Poderes Especiales para defender y preservar la paz, la estabilidad y el derecho al desarrollo independiente de

Nuestra Patria," cuando ello no era cierto pues ese objetivo lo tenían que perseguir todos los órganos del Estado, de manera que lo
que le permitió el mencionado Decreto es solo lo que en él se estableció y no era una carta blanca para atropellar a los demás Poderes
Públicos.

Sin embargo, refiriéndonos ahora a las "motivaciones" sustanti-
vas del decreto de aniquilación de la función política de la Asamblea Nacional de controlar el Gobierno y la Administración Pública,
el segundo Considerando fue explícito, al considerar - dejando de
lado el sin sentido de que el Presidente calificara a la mayoría de la
oposición en la Asamblea resultante de la abrumadora elección del
6 de diciembre de 2015, como "una mayoría burguesa circunstancial," que actuaba en "acatamiento de órdenes de gobiernos extranjeros" por el hecho de que la Asamblea hubiera comenzado a ejercer sus funciones sin sujeción al Ejecutivo como ocurrió hasta diciembre de 2015; entonces considerase que ello era actuar en forma
"opuesta al orden constitucional [...], apartándose con su acción de
la naturaleza legisladora de dicho órgano legislativo, dedicándose al
plano de la confrontación política." Es decir, para el Presidente de
la República, todo acto legislativo motivado por el ejercicio de una
oposición al gobierno, era "inconstitucional," catalogándose a la
oposición en definitiva como un "enemigo interno" que había que
enfrentar con normas "no convencionales."

Luego pasó el Presidente en el Decreto a considerar lo que
podría ser la motivación central del mismo, que no fue otra que si el
Presidente tenía la competencia para nombrar sus Ministros, entonces nadie podría removerlos, ni siquiera cuando ello estuviese así
previsto en la Constitución; reclamando para sí "la garantía de autonomía en cuanto a la designación" de su equipo de gobierno, que
nadie le había negado, pero desconociendo el ejercicio autónomo de
las potestades de los otros órganos del Poder Público.

Con base en ello, consideró en forma absurda que el ejercicio
por parte de la Asamblea Nacional de su potestad de aprobar una
moción de censura a un Ministro, y removerlo a consecuencia de
ello, atentaría "contra la continuidad de la ejecución de políticas
públicas, acarreando una mora en las actividades de la Administración Pública." Consideró, además el Presidente que la Administración Pública no puede "ser sometida a constantes perturbaciones y
amenazas por parte de cualquier instancia del Poder Público," ignorando por supuesto el texto mismo de la Constitución, estimado los
actos de la Asamblea como de "aparente institucionalidad," pero

acusándola de pretender "subrogarse en funciones de otros Poderes, intentando ejercer la gestión de asuntos públicos que corresponden al Ejecutivo Nacional," pero sin decir, por supuesto, cuáles.

Luego el Presidente, en los Considerandos del Decreto, pasó a acusar a la Asamblea de supuestamente ejercer competencias no previstas en la Constitución, - sin decir por supuesto cuáles - indicando como si él mismo fuera "el pueblo" que:

> "cada una de las actuaciones que ha realizado desde su instalación y hasta la fecha, están claramente dirigidas a tomar el control absoluto, autoritario y despótico del poder que sólo el Pueblo detenta, apuntando para ello a la destrucción del Estado Venezolano."

Acusación ésta gravísima entre órganos del Estado; gravísima; formulada en general e irresponsablemente, sin mencionar hecho alguno que pudiera justificar tal aserto. En realidad, lo único que mencionó el Presidente sobre esto fue que la Asamblea Nacional, en uso de sus atribuciones constitucionales de control político, había aprobado una Moción de Censura contra el ciudadano Rodolfo Clemente Marco Torres, en su carácter de Ministro del Poder Popular para la Alimentación destacando que ello fue "con una indudable motivación política" u "obedeciendo a conveniencias políticas"'" - como si ello fuera un fraude, cuando una mención de censura no puede tener otra motivación que no sea política - que es la única que puede tener; alegando que la Asamblea Nacional quería imponer un "modelo económico rechazado por el pueblo hace más de 17 años," cuando ello no es cierto y basta leer la Constitución de 1999. En realidad, lo que en materia de modelos económicos el pueblo sí rechazó en 2007, fue el modelo presentado en la reforma constitucional propuesta por Chávez para la implementación de un Estado socialista, que sin embargo, en fraude a la voluntad popular, es el que ha sido aplicado y desarrollado por el Gobierno. [40]

En todo caso, el Presidente no era quién para juzgar si la aprobación de un voto de censura era o no justificada, como resultó de

---

40   Véase Allan R. Brewer-Carías, *La Reforma Constitucional de 2007 (Comentarios al Proyecto Inconstitucionalmente sancionado por la Asamblea Nacional el 2 de noviembre de 2007)*, Colección textos legislativos N° 43, Editorial Jurídica Venezolana. Caracas, 2007, 224 pp.; y "La reforma constitucional en Venezuela de 2007 y su rechazo por el poder constituyente originario," en José Ma. Serna de la Garza (Coordinador), *Procesos Constituyentes contemporáneos en América latina. Tendencias y perspectivas*, Universidad Nacional Autónoma de México, México 2009, pp. 407-449.

su afirmación en los Considerandos del decreto de que existía "fundado convencimiento en torno a la aplicación justificada de la moción de censura a los miembros del Gabinete Ejecutivo por parte de la Asamblea Nacional." El Presidente no tenía por qué presumir que todo voto de censura es una "vía de ejercicio político tendente a socavar la acción de Gobierno, hacer daño a la economía de la República y desestabilizar la sociedad venezolana, poniendo en riesgo la paz nacional," o que con ello se pretendiera realizar un "sabotaje inescrupuloso" para afectar "la organicidad del Poder Ejecutivo."

Con su decreto usurpador, en realidad, fue el Presidente de la República, no la Asamblea Nacional, el que buscó agravar "un conflicto de poderes, una confrontación para la inestabilidad de las instituciones republicanas, que en nada favorece a la situación que en los actuales momentos vive Venezuela," como lo expresó en el último de los considerandos de su decreto.

3. La restricción por parte del Poder Ejecutivo de las competencias constitucionales de la Asamblea Nacional

Con base en las motivaciones anteriores, el Presidente de la República procedió entonces a restringir en el marco del decreto sobre emergencia económica, sin tener competencia constitucional ni legal alguna para ello, las competencias constitucionales de la Asamblea Nacional en la siguiente forma:

En primer lugar, refiriéndose a su competencia para decretar estados de excepción (artículo 236.7, Constitución), decretó no sólo la restricción sino el diferimiento ("se restringe y difiere") "de las mociones de censura que pudiera acordar la Asamblea Nacional" contra los Ministros y el Vicepresidente Ejecutivo, "en las cuales solicitaren su remoción [...] hasta tanto cesen los efectos del Decreto de Emergencia Económica dictado por el Presidente de la República en Consejo de Ministros," todo con el objeto de "garantizar la continuidad en la ejecución de las medidas económicas de emergencia encomendadas al Gabinete Ejecutivo."

Ignoró el Presidente que el funcionamiento de la Administración Pública y la continuidad de la ejecución de las políticas públicas no depende de alguna persona en particular, como la que en un momento determinado pueda ejercer el cargo de Ministro, sino de la organización de la propia Administración Pública que tiene que funcionar, sea quien fuere el Ministro de turno. Por tanto, la moción de censura y remoción de un Ministro no puede por principio alterar

la continuidad de la Administración, no teniendo por tanto justificación alguna el inconstitucional decreto.

En segundo lugar, el Presidente instruyó a la Procuraduría General de la República para que, en el marco de sus competencias,
"realice los análisis jurídico constitucionales pertinentes y, de lucir
procedente, interponga el correspondiente Recurso por Controversia
Constitucional entre órganos del Poder Público ante la Sala Constitucional del Tribunal Supremo de Justicia, de conformidad con el
artículo 336, numeral 9, de la Constitución de la República Bolivariana de Venezuela, a fin de procurar el mantenimiento de los equilibrios de los poderes y la gobernabilidad."

Si ese recurso llegara a interponerse, y si en Venezuela existiese
una Sala Constitucional autónoma e independiente, sin duda que lo
que resultaría sería declararlo improcedente, por impertinente, porque no puede haber "controversia constitucional" alguna entre la
Asamblea Nacional y el Ejecutivo Nacional, como consecuencia de
que la primera dé un voto de censura a algún Ministro en ejercicio
del control político que le corresponde realizar conforme a la Constitución.

En todo caso, es difícil encontrar un ejemplo de acto estatal dictado con tanto abuso de poder, tanta arbitrariedad y tanto desconocimiento constitucional como este de la restricción por el Poder
Ejecutivo de las competencias constitucionales de la Asamblea Nacional, que si hubiese un Juez Constitucional autónomo e independiente, no dudaría en anularlo *in limine*.

QUINTA PARTE

EL DESCONOCIMIENTO JUDICIAL DE LA POTESTAD DE LA ASAMBLEA NACIONAL PARA REVISAR Y REVOCAR SUS PROPIOS ACTOS CUANDO SEAN INCONSTITUCIONALES: EL CASO DE LA REVOCACIÓN DE LOS ACTOS DE DESIGNACIÓN DE LOS MAGISTRADOS DEL TRIBUNAL SUPREMO

En el caso antes comentado de la decisión del *"Recurso de interpretación"* abstracta de los artículos 136, 222, 223 y 265 la Constitución relativos a la aprobación o improbación de los decretos de estado de excepción por parte de la Asamblea Nacional, que fue emitida por la Sala Constitucional mediante la sentencia N° 9 de la Sala Constitucional del 1° de marzo de 2016,[1] los recurrentes le indicaron a la Sala, entre sus "dudas" o "incertidumbres" sobre los poderes de la Asamblea de controlar sus propios actos, en particular los de la "designación" de los magistrados del Tribunal Supremo de Justicia en las sesiones extraordinarias de la anterior Asamblea,

---

1   Véase en http://historico.tsj.gob.ve/decisiones/scon/marzo/185627-09-1316-2016-16-0153.HTML Véase los comentarios en Allan R. Brewer-Carías, en "El ataque de la Sala Constitucional contra la Asamblea Nacional y su necesaria e ineludible reacción. De cómo la Sala Constitucional del Tribunal Supremo pretendió privar a la Asamblea Nacional de sus poderes constitucionales para controlar sus propios actos, y reducir inconstitucionalmente sus potestades de control político sobre el gobierno y la administración pública; y la reacción de la Asamblea Nacional contra a la sentencia N° 9 de 1-3-2016," en http://www.allanbrewercarias.com/Con-tent/449725d9-f1cb-474b-8ab2-41efb849fea3/Content/Brewer.%20El%20ataque%20Sala%20Constitucional%20v.%20Asamblea%20Nacional.%20SentNo.%209%201-3-2016).pdf

efectuadas el 23 de diciembre de 2015 violándose la Constitución, que:

> "la creación de una Comisión Especial encargada de revisar el nombramiento de Magistrados, Principales y Suplentes del Tribunal Supremo de Justicia y la posibilidad de "investigaciones" plantean también incertidumbre respecto a si estas convocatorias aplican igualmente al Poder Judicial en el marco o fuera de la Comisión Especial que podría burlar el contenido del artículo 265 de la Constitución y el procedimiento investigativo que de él se deriva concatenado con la audiencia previa a que se hace referencia en la misma.

> Insistimos, la creación de la citada Comisión Especial y la posibilidad cierta de órdenes de comparecencia contra los funcionarios del Poder Judicial, tal como se viene haciendo contra el Ejecutivo Nacional fuera del marco del artículo 265 Constitucional estaría conspirando contra el normal funcionamiento de la administración de justicia y el normal desarrollo de tan esencial función garantista de la paz social [...].

Con base en ello, además de la viciada interpretación restrictiva de los poderes de control político de la Asamblea nacional en relación con el Gobierno y la Administración Pública, la Sala en la misma sentencia N° 9 de la Sala Constitucional del 1° de marzo de 2016, desconociendo la garantía del debido proceso, al decidir sobre la interpretación de la potestad de la Asamblea de revisar el acto de "nombramiento" de los Magistrados del Tribunal de diciembre de 2015, incurrió además en violación del más elemental principio de la administración de justicia, que es la imparcialidad, que exige que el juez, en un Estado de derecho, no puede ser, a la vez, juez y parte.

Y eso es lo que ocurrió en ese caso en el cual lo que estuvo en el centro del "debate a la sombra" que debió haberse verificado entre los propios Magistrados de Sala Constitucional que debieron haber realizado entre sí, fue decidir, ellos mismos, como "jueces" en su propia causa, sin la participación de la Asamblea Nacional, sobre si la misma podía o no revisar el "nombramiento" de algunos de ellos mismos efectuados inconstitucionalmente por la anterior Asamblea al terminar su periodo constitucional en diciembre de 2015. Es decir, decidieron ellos mismos como jueces, en una causa en la cual ellos mismos tenían interés y en definitiva eran parte.[2]

---

2   En la página web del Tribunal Supremo de Justicia, al final de la sentencia aparecen los nombres de los magistrados de la Sala: *Gladys M. Gutiérrez*

Las Sala Constitucional, en efecto, en la sentencia N° 9 del 1° de marzo de 2016 destacó con razón, que en las normas de los artículos 222, 223 y 224 de la Constitución donde se regula la potestad de control parlamentario de carácter político sobre el Gobierno y la Administración Pública, no se menciona control alguno sobre el Poder Judicial, pero procedió a agregar algo que es completamente falso, y es que habría un:

> "control previo e interorgánico para elegir Magistrados y Magistradas (verificación por parte de la Asamblea Nacional, junto a otros órganos del Poder Público, concretamente, junto al Poder Judicial y al Poder Ciudadano, durante el proceso respectivo, referido el cumplimiento o no de los requisitos de elegibilidad), así como también a la remoción interinstitucional de los mismos, en el marco de lo previsto en el artículo 265 Constitucional, único supuesto de control posterior, por parte de esa Asamblea, sobre aquellos funcionarios que ostentan el periodo constitucional más amplio de todos: doce -12- años (art. 264 Constitucional)."

La potestad de la Asamblea Nacional para elegir, como Cuerpo Elector de segundo grado, a los Magistrados del Tribunal Supremo de Justicia conforme a lo dispuesto en el artículo 264 de la Constitución, no es ningún "control previo o interorgánico" respecto del "Poder Judicial," como erradamente lo calificó la Sala. Ello no tiene fundamento ni sentido alguno.

La Asamblea Nacional, al hacer tal elección popular indirecta, no "controla" al Poder Judicial; simplemente elige a los magistrados

---

Alvarado, Arcadio de Jesús Delgado Rosales, Carmen Zuleta de Merchán, Juan José Mendoza Jover, Calixto Ortega Ríos, Luis Fernando Damiani Bustillos, Lourdes Benicia Suárez Anderson, entre los cuales los tres últimos fueron electos en diciembre de 2015; elección que fue objeto del *Informe de la Comisión Especial* cuyo funcionamiento motivó la sentencia. En la publicación oficial de la sentencia, sin embargo, se agregó, al final, una nota en la cual se indica que "No firman la presente sentencia los magistrados Doctores Calixto Ortega Ríos, Luis Fernando Damiani Bustillos y Lourdes Benicia Suárez Anderson, quienes no asistieron por motivos justificados." Sin embargo, nada se indicó sobre que esos magistrados se hubieran inhibido como correspondía por el conflicto de intereses, ni sobre si se se hubiesen convocado a suplentes, por lo que hay que presumir que participaron en los debates y simplemente no firmaron por "motivos justificados." Véase el texto en http://historico.tsj.gob.ve/decisiones/scon/marzo/185627-09-1316-2016-16-0153.HTML.

del Tribunal Supremo en representación del pueblo,[3] en forma indirecta. La Asamblea Nacional, al realizar la elección popular indirecta de los Magistrados, por tanto, no realiza como erradamente lo califica la Sala Constitucional, ninguna "investigación parlamentaria referidas al Poder Judicial," y las "investigaciones" que realice sobre las personas postuladas o nominadas a los cargos, no son investigaciones "previas" algunas respecto del Poder Judicial.

Igualmente, la remoción de los Magistrados del Tribunal Supremo por la Asamblea Nacional conforme al artículo 265 de la Constitución, no es en sí misma un supuesto "control posterior" de la Asamblea sobre el Poder Judicial, y poco importa el período del mandato de los mismos. Se trata, en realidad, pura y simplemente, de una potestad que la Constitución asigna a quien la misma Constitución confiere la potestad política de elegir, en segundo grado y en representación del pueblo, a los magistrados, de también poder removerlos en caso de falta grave en el ejercicio de sus funciones.

Una vez electo un Magistrado del Tribunal Supremo de Justicia por la Asamblea Nacional, sin duda, el mismo tiene derecho a ejercer su cargo y a permanecer en el mismo por el período para el cual fue electo, tal y como quien esto escribe lo expresó hace unos años en un trabajo que citó la sentencia, sin estar:

> "sujeta a la decisión de los otros poderes del Estado, salvo por los que respecta a las competencias del Tribunal Supremo de enjuiciar a los altos funcionarios del Estado. Es decir, salvo estos supuestos de enjuiciamiento, los funcionarios públicos designados como titulares de órganos del Poder Público, solo deberían cesar en sus funciones cuando se les revoque su mandato mediante referendo; por lo que los titulares de los Poderes Públicos no electos, deberían tener derecho a permanecer en sus cargos durante todo el periodo de tiempo de su mandato." [4]

---

3   Véase Allan R. Brewer-Carías, "El golpe de Estado dado en diciembre de 2014, con la inconstitucional designación de las altas autoridades del Poder Público," en *Revista de Derecho Público*, N° 140 (Cuarto Trimestre 2014, Editorial Jurídica Venezolana, Caracas 2014, pp. 495-518.

4   Véase en el Prólogo: "Sobre la Asamblea Nacional y la deformación de la institución parlamentaria," al libro de Juan Miguel Matheus, *La Asamblea Nacional: cuatro perfiles para su reconstrucción constitucional*, Editorial Jurídica Venezolana, Caracas 2013; en http://www.allanbrewerca-rias.com/Content/449725d9-f1cb-474b-8ab2-41efb849fea9/Content/II.5.59%20PROLOGO%20LIBRO%20JUAN%20M.MATHEUS.pdf).

Sin embargo, ello no impide que si un funcionario cualquiera, que haya sido electo para un cargo electivo, en primer o segundo grado, se elige violándose normas constitucionales, dicha elección no pueda ser revocada.[5] Tal sería el caso, por ejemplo, de la elección que pudiera llegar a efectuarse de una persona como Presidente de la República en violación del artículo 227 que exige como condición ineludible que tiene que ser "venezolano por nacimiento y no poseer otra nacionalidad." En ese caso, si se llegase a elegir como Presidente de la República a una persona que no sea venezolana por nacimiento, o que siéndola tuviese otra nacionalidad para cuando fue electo, esa persona no podría en ningún caso pretender tener derecho "adquirido" a permanecer ejerciendo un cargo que constitucionalmente no puede ejercer.

Igualmente sucedería con los casos de elección popular indirecta: si una persona es electa por la Asamblea Nacional como Magistrado del Tribunal Supremo de Justicia, no reuniendo el electo las condiciones ineludibles que prevé el artículo 263 de la Constitución, ni efectuándose dicha elección como lo pauta el artículo 264 de la misma Constitución, en esos casos esa elección debe ser revocada. Tal sería el caso, por ejemplo, de la elección de un Magistrado del Tribunal Supremo que no sea "venezolano por nacimiento" o que siéndolo, tuviese otra nacionalidad para cuando fue electo, o que haya sido electo incumpliéndose las condiciones constitucionales para la elección. En esos casos, la persona electa no podría tampoco, en ningún caso, pretender tener derecho "adquirido" a permanecer ejerciendo un cargo que constitucionalmente no puede ejercer.

En esos casos, el órgano del Estado que efectuó la proclamación o la elección no sólo tiene la potestad, sino la obligación de

---

5   El Contralor General de la República, quien es uno de los funcionarios "designados" por la antigua Asamblea Nacional sin respetarse las normas constitucionales que regulan la elección popular indirecta de los titulares de los Poderes Judicial, Ciudadano y Electoral, y quien parece que no existiera por la abstención manifiesta que ha demostrado en el ejercicio de sus funciones de control, recientemente apareció argumentando, pero por supuesto, sin fundamento legal alguno, que "no es competencia de la AN" destituir o anular el acto mediante el cual se designe a un magistrado al TSJ." y que "la designación de magistrados en diciembre de 2015 está "total y absolutamente apegada al principio de legalidad y de supremacía constitucional del artículo 7 de la Carta Magna". En La patilla.com, 7 de marzo de 2016, en http://www.lapatilla.com/site/2016/03/07/contralor-general-dice-que-an-si-tiene-competencia-para-remover-magistrados-del-tsj-video/.

revocar el acto de proclamación o elección, no pudiendo alegar el electo en forma inconstitucional algún "derecho adquirido" a permanecer en un cargo que constitucionalmente no puede ejercer.

Sin embargo, la Sala Constitucional en la sentencia N° 9 de 1 de marzo de 2016, consideró en forma inconstitucional y en contra de los más elementales principios del derecho público, que la Asamblea Nacional no tiene poder alguno para controlar sobre sus propios actos y que no puede revocarlos cuando ellos sean inconstitucionales.

En efecto, la Sala Constitucional, al conocer del recurso de interpretación que se le presentó sobre los poderes de la Asamblea Nacional, entró a analizar el hecho de la designación por parte de la misma, a los dos días de haberse instalado, el 7 de enero de 2016, de una *Comisión Especial designada para evaluar el nombramiento de Magistrados,* "en particular de los 13 titulares y 21 suplentes que fueron designados por la Asamblea Nacional el 23 de diciembre de 2015," como lo dice uno de los documentos de la Asamblea, sobre "la forma como se realizó el proceso de postulaciones, preselección y designación final de los magistrados, calificado como inconstitucional e ilegal, por no haberse cumplido con todos los requisitos de este acto legislativo, establecidos en la Constitución y la Ley del Tribunal Supremo de Justicia," en el cual además se da cuenta de diversas opiniones entre ellas, del sector académico, planteando ante dicha Comisión que "el proceso de designación de los magistrados debe ser revocado por los graves vicios encontrados en el mismo."

Para hacer su análisis, la Sala Constitucional, aparte de incurrir en el error de reducir las investigaciones parlamentarias que puede realizar la Asamblea, exclusivamente a los casos destinados a determinar la responsabilidad de funcionarios públicos, al analizar el proceso de elección de los Magistrados del Tribunal Supremo de Justicia, que calificó solo como un proceso de "selección," ignorando la naturaleza de la intervención del órgano parlamentario en el caso, como Cuerpo Elector de segundo grado que lo que hace es una elección popular indirecta; indicó erradamente que en la materia, esa elección es:

> "el último y definitivo acto -parlamentario- en esta materia, luego del examen de las postulaciones por parte del Comité de Postulaciones Judiciales, el control del Poder Popular y la primera preselección que lleva a cabo el Poder Ciudadano (artículo 264 Constitucional)."

Aparte de que el Poder Popular no es una figura constitucional, ni su intervención está prevista en el proceso de elección de los Magistrados, la consecuencia que sacó la Sala de su afirmación fue que la remoción de cualquier Magistrado solo podría hacerse:

"por la Asamblea Nacional mediante una mayoría calificada de las dos terceras partes de sus integrantes, previa audiencia concedida al interesado o interesada, en casos de faltas graves ya calificadas por el Poder Ciudadano, en los términos que la ley establezca" (artículo 265 Constitucional)."

Pasó entonces la Sala Constitucional en su sentencia, a analizar el proceso de remoción de Magistrados regulado en la Ley Orgánica del Tribunal Supremo de Justicia, considerando, con razón, que la decisión pertinente que puede adoptarse en la materia por la Asamblea Nacional, "ni antes ni ahora" puede calificarse como "un acto administrativo," siendo más bien, "un acto parlamentario sin forma de ley," dictado "en ejecución directa e inmediata de la Constitución."

Pero ello, solo para entrar en una deliberada confusión, al querer calificar el objeto de la *Comisión Especial designada para evaluar el nombramiento de Magistrados,* como si su propósito hubiese sido proceder a "remover" los Magistrados conforme a lo previsto en el artículo 265 de la Constitución, cuando ello no era cierto. Por eso la errada conclusión a la que arribó la Sala, de entrada, afirmando erróneamente que la Comisión Especial, por consiguiente, supuestamente tenía un:

"objetivo claramente inconstitucional y/o ilegal, al pretender revisar designaciones de altos funcionarios de otro Poder, al margen del control que le asigna la Constitución a la Asamblea Nacional y del régimen previsto para su remoción o destitución, ella y cualquier decisión o recomendación que aquélla o cualquier comisión realice es absolutamente nula y, en consecuencia, inexistente, así como cualquier decisión en la materia por parte de la Asamblea Nacional, todo ello con base en los artículos 7, 137, 138 y 139 de la Carta Magna."

La Sala Constitucional, con estas afirmaciones quiso reducir la actuación de la Asamblea Nacional con posterioridad a la elección de los Magistrados al Tribunal Supremo, a la sola posibilidad de remoción de los mismos conforme a las previsiones constitucionales, ignorando sin embargo que la Asamblea Nacional como Cuerpo Elector, también tiene la potestad de revocar los actos parlamentarios de elección si se comprueba que al haberse adoptado se violaron las normas constitucionales establecidas para tal elección.

Por ello, dijo la Sala en su sentencia, que con la elección de los Magistrados por la Asamblea, supuestamente "culmina su rol en el equilibrio entre Poderes Públicos para viabilizar la función del Estado agregando en una forma distorsionante, sobre la posibilidad de todo órgano del Estado de controlar sus propias decisiones y revocarlas cuando están viciadas de nulidad absoluta por inconstitucionales," agregando que:

> "Crear una atribución distinta, como sería la revisión *ad infinitum* y nueva "decisión" sobre "decisiones" asumidas en los procesos anteriores de selección y designación de magistrados y magistradas, incluida la creación de una comisión o cualquier otro artificio para tal efecto, sería evidentemente inconstitucional, por atentar contra la autonomía del Poder Judicial y la supremacía constitucional, constituyendo un fraude hacia el orden fundamental que, siguiendo las más elementales pautas morales, no subordina la composición del Máximo Tribunal de la República al cambio en la correlación de las fuerzas político-partidistas a lo interno del Legislativo Nacional."

Desconoció así la Sala Constitucional, en un solo párrafo, la potestad de los órganos del Estado de controlar sus propios actos; que cuando la Asamblea revisa el acto de nombramiento de un Magistrado lo que está es controlando las propias actuaciones de la Asamblea Nacional, y no del Poder Judicial; y que es perfectamente legítimo que un cuerpo de representantes del pueblo, como resultado de una elección, pueda tener una correlación de fuerzas políticas distinta y decida actuar en consecuencia revisando los actos de la anterior legislatura, si los mismos fueron dictados en violación de la Constitución. Ello ni es un fraude a la Constitución ni viola ninguna pauta moral, y nada tiene que ver la duración de los diversos períodos de los órganos del Estado; y el que haya una Comisión parlamentaria que investigue las inconstitucionalidades realizadas durante el proceso de la elección de Magistrados, en forma alguna puede calificarse como "desviación jurídica y ética" ni como "desviación de poder" alguna.

La conclusión de todas estas erradas y desviadas afirmaciones de la Sala, fue proceder, sin más, a declarar, mediante la sentencia Nº 9 de 1 de marzo de 2016:

"la nulidad absoluta e irrevocable de los actos mediante los cuales la Asamblea Nacional pretende impulsar la revisión de procesos constitucionalmente precluidos de selección de magistrados y magistradas y, por ende, de las actuaciones mediante las cuales creó la comisión especial designada para evaluar tales nombramientos, así como de todas las actuaciones derivadas de ellas, las cuales son, jurídica y constitucionalmente, inexistentes."

Agregando que "no es inadvertido para esta Sala que una de las probables consecuencias de crear la referida 'Comisión Especial de la Asamblea Nacional para revisar el nombramiento de los Magistrados Principales y Suplentes designados en diciembre de 2015', sería la de pretender dejar sin efecto la designación de los Magistrados para los cuales fue creada la mencionada Comisión, en ejercicio de un manifiesto fraude constitucional a la luz del contenido del artículo 265 del Texto Fundamental," pero sin decir, la Sala, que entre los Magistrados cuya irregular designación estaba estudiando la Comisión de la Asamblea, estaban unos que eran los que estaban dictando la sentencia. Fueron jueces y parte en el proceso, sin que nadie en la Asamblea Nacional pudiese expresar siquiera una opinión adversa a lo que pretendían los demandantes, en evidente colusión con los magistrados sentenciadores, violando la garantía constitucional al debido proceso.

Desconoció, así, la Sala Constitucional, la competencia que tiene la Asamblea Nacional para revocar sus propias decisiones, como incluso se establece en el artículo 90 de su Reglamento Interior y de Debates, al disponer que "Las decisiones revocatorias de un acto de la Asamblea Nacional, en todo o en parte, requerirán del voto de la mayoría absoluta de los presentes," lo que de acuerdo con la norma, no sólo procede en caso de vicios de nulidad absoluta, como es la violación de formalidades esenciales, pudiendo procederse también a la revocación en casos de "error o por carencia de alguna formalidad no esencial" con el voto de la mayoría de los presentes.

La Sala Constitucional, en su razonamiento, sin embargo, mezcló deliberada y erradamente esta potestad de revocación de los actos de la Asamblea, con la revocación de los actos administrativos conforme al artículo 82 de la Ley Orgánica de Procedimientos Administrativos, ignorando que esa norma no se aplica cuando se trata de revocación de actos parlamentarios sin forma de ley, dictados en ejecución directa e inmediata de la Constitución, como es el caso de elección popular de segundo grado de Magistrados del Tribunal Supremo; y menos se puede argumentar en un Estado de derecho, que si la elección de un Magistrado por la Asamblea Nacional se hubiese realizado violando la Constitución, dicho Magistrado así inconstitucionalmente electo, tendría un inexistente "derecho adquirido" a permanecer inconstitucionalmente en un cargo para el cual no podía ser electo.

En fin, desconociendo la Constitución, confundiendo la posibilidad de legítima revocación por la Asamblea de su propio acto de elección de un Magistrado del Tribunal Supremo dictado en contra de la Constitución, con la "remoción" de Magistrados, la Sala Constitucional concluyó afirmando que:

> "la Asamblea Nacional no está legitimada para revisar, anular, revocar o de cualquier forma dejar sin efecto el proceso interinstitucional de designación de los magistrados y magistradas del Tribunal Supremo de Justicia, principales y suplentes, en el que también participan el Poder Ciudadano y el Poder Judicial (este último a través del comité de postulaciones judiciales que debe designar - art. 270 Constitucional -), pues además de no estar previsto en la Constitución y atentar contra el equilibrio entre Poderes, ello sería tanto como remover a los magistrados y magistradas sin tener la mayoría calificada de las dos terceras partes de sus integrantes, sin audiencia concedida al interesado o interesada, y en casos de -supuestas- faltas -graves- no calificadas por el Poder Ciudadano, al margen de la ley y de la Constitución (ver art. 265 Constitucional)."

Así, la Sala Constitucional simplemente, le cercenó a la Asamblea Nacional su potestad de revisar la constitucionalidad de sus propios actos y de revocarlos cuando determine que están viciados por violación a la Constitución.

Ello lo ratificó posteriormente la propia Sala Constitucional con otra sentencia, la N° 225 de 29 de marzo de 2016[6] dictada con motivo de un recurso de nulidad parcial intentado por un abogado, el 13 de enero de 2016, contra el Acuerdo de la Asamblea de 23 de diciembre de 2015, de designación de diversos Magistrados del Tribunal Supremo, alegando cuestiones relativas a falta de condición moral y la honorabilidad, así como de competencia para el ejercicio de dichas funciones en violación de la normativa constitucional que rige tales designaciones.

---

6   Véase en http://historico.tsj.gob.ve/decisiones/scon/marzo/186523-225-29316-2016-16-0042.HTML.

La Sala Constitucional, con motivo de declarar inadmisible el recurso intentado, por supuesta falta de fundamentación y de paso sancionar con multa al recurrente por haber "irrespetado" a los Magistrados del Tribunal Supremo, ratificó lo que ya había resuelto en la sentencia N° 9 de 1 de marzo de 2016 en el sentido de cercenarle a la Asamblea Nacional su potestad de auto tutela sobre sus propios actos, cuando estén viciados de nulidad, en particular, revocar las designaciones de los Magistrados del Tribunal Supremo hechos en violación de la Constitución.

La Sala, en efecto, en esa sentencia N° 255 de marzo de 2016, desvirtuó la función de la Asamblea Nacional como Cuerpo elector de segundo grado en la elección de los Magistrados del Tribunal Supremo, considerando que la misma solo participaba "en los procesos complejos e interinstitucionales de designación y remoción de magistrados y magistradas de este Máximo Tribunal, conforme lo pautan los artículos 264 y 265 Constitucional," y que "en lo que a ello respecta, allí culmina su rol en el equilibrio entre Poderes Públicos para viabilizar la función del Estado." Todo ello, para concluir indicando de nuevo, sin fundamentación constitucional alguna, lo expresado en la anterior sentencia N° 9 de 1 de marzo de 2016, sobre que "la Asamblea Nacional no está legitimada para revisar, anular, revocar o de cualquier forma dejar sin efecto el proceso interinstitucional de designación de los magistrados" del Tribunal Supremo de Justicia.

Ahora bien, a pesar de lo expresado en la antes comentada sentencia N° 9 de 1 de marzo de 2016, y de su ratificación mediante sentencia N° 225 de 29 de marzo de 2016, también comentada, la Asamblea Nacional ejerciendo autónomamente sus competencias constitucionales como titular de la representación popular, procedió a designar una nueva Comisión Especial para resolver el mismo tema de la inconstitucional designación de los Magistrados del Tribunal Supremo el día 23 de diciembre de 2015 por la anterior Asamblea, procediendo el 19 de julio de 2016 a aprobar el Informe de la nueva Comisión, habiendo con ello declarado dejar sin efectos aquellos actos de nombramientos.

Dicho acto parlamentario fue impugnado por un grupo de diputados del gobierno, y la Sala Constitucional del Tribunal Supremo de Justicia, ignorando el mandato constitucional de que "el proceso constituye un instrumento fundamental para la realización de la justicia" (art. 257), procedió a dictar una sentencia de nulidad del acto parlamentario impugnado *sin proceso*, es decir, sin siquiera molestarse en citar y oír a la autoridad autora del acto impugnado para conocer sus alegatos, violando así la garantía constitucional del debido proceso que exige garantizar el derecho a la defensa en todo estado y grado del proceso (art. 49.1). Algo realmente nunca visto en la historia de la justicia, y en particular, de la Justicia Constitucional en el mundo.

Eso, en efecto, fue lo que ocurrió con la sentencia de dicha Sala N° 614 el 19 de julio de 2016,[7] mediante la cual la misma "asumió la causa" resultado de la mencionada solicitud de nulidad, y sin llegar siquiera a "admitir" la demanda, *in limine* anuló el acto parlamentario impugnado que había dictado la Asamblea Nacional solo cinco días antes, como se dijo, el 14 de julio de 2016, mediante el cual se aprobó el Informe que había presentado la "Comisión Especial para el Rescate de la Institucionalidad del Tribunal Supremo de Justicia," recomendando dejar sin efectos el proceso de selección para el nombramiento de los magistrados del Tribunal Supremo y el acto de su juramentación desarrollados el 23 de diciembre de 2015.

Como el objeto de la solicitud de nulidad era un acto de la Asamblea Nacional, cuya "abolición" había sido decretada por la Sala Constitucional en sus múltiples sentencias dictadas después de la elección parlamentaria del 6 de diciembre de 2015 y durante el primer semestre de 2016, como resulta de los estudios insertos en este libro, ese "trámite" procesal obligatorio de tener que "admitir" la demanda para poder entrar a conocer de la causa, y tener que citar a los representantes de la entidad demandada para que puedan alegar sus argumentos en defensa del acto impugnado, por lo visto, para la Sala Constitucional en Venezuela no fue más que una "nimiedad" sin importancia.

Por ello, como lo dice la sentencia, la Sala sin más y sin trámite alguno "asumió" la causa y pasó a decidir, sin que los Magistrados cuyo nombramiento había sido dejados sin efecto por el Parlamento siquiera se hubiesen molestado en inhibirse de conocer del asunto.

---

7   Véase en http://historico.tsj.gob.ve/decisiones/scon/julio/189122-614-19716-2016-16-0153.HTML . Véase el comentario sobre la sentencia de José Ignacio Hernández, "El TSJ anuló decisión de la AN sobre los magistrados: ¿cuáles son las implicaciones?," en *Prodavinci*, 2 de julio de 2016, en http://prodavinci.com/blogs/el-tsj-anulo-decision-de-la-an-sobre-los-magistrados-cuales-son-las-implicaciones-por-jose-i-hernandez/r

Simplemente no firmaron la decisión porque no asistieron a la audiencia supuestamente "por motivos justificados."[8]

En cuanto a la información sobre la sentencia *express,* en la página web del Tribunal Supremo, en la información de decisiones del 19 de julio de 2016,[9] apareció la referencia a la sentencia, donde a pesar de que el número de la misma (614) y su contenido se identifican correctamente, como una decisión que "declara nulo el acto parlamentario" impugnado, sin embargo no sucedió lo mismo con la información sobre el "procedimiento" en el cual se dictó, pues se hizo referencia, no a una "demanda de nulidad" sino a un "procedimiento de interpretación" que nunca existió, y las "partes" que se identificaron fueron otras distintas a los diputados Héctor Rodríguez, Pedro Carreño, Gilberto Pinto, Francisco Torrealba y Ricardo Molina que fueron los impugnantes, identificándose las partes como "Gabriela Flores Ynserny, Daniel Augusto Flores Ynserny, Andrea Carolina Flores Ynserny."

En esta forma, con esta sentencia N° 614 de 19 de julio de 2016,[10] y la errada información oficial sobre la misma, dictada sin juicio o proceso alguno en una forma expedita como nunca antes se había visto en los anales de la "justicia constitucional" en Venezuela, en solo cuatro días, el Juez Constitucional declaró nulo el acto parlamentario dictado el 14 de julio de 2016 por la Asamblea Nacional, que fue impugnado el 15 de enero de 2016, mediante el cual, como se dijo, se aprobó el Informe presentado por la "Comisión Especial para el Rescate de la Institucionalidad del Tribunal Supremo de Justicia."

Al aprobar dicho Informe de la Comisión Especial, la Asamblea decidió declarar "dejar sin efectos" los actos de procedimiento de lo que consideró un "írrito proceso" de selección y designación de los

---

8   En la sentencia aparecen al final los nombres de todos los integrantes de la Sala,: Gladys M. Gutiérrez Alvarado (Ponente), Arcadio de Jesús Delgado Rosales, Carmen Zuleta de Merchán, Juan José Mendoza Jover, Calixto Ortega Ríos, Luis Fernando Damiani Bustillos, y Lourdes Benicia Suárez Anderson, con la inclusión al final de una nota que dice: " No firman la presente sentencia los magistrados *Doctores* Calixto Ortega Ríos, Luis Fernando Damiani Bustillos y Lourdes Benicia Suárez Anderson, quienes no asistieron por motivos justificados."

9   Véase en http://www.tsj.gob.ve/decisiones#1 (Última consulta el 24 de julio de 2016).

10   Véase en http://historico.tsj.gob.ve/decisiones/scon/julio/189122-614-19716-2016-16-0153.HTML

magistrados realizados en diciembre de 2015, así como del acto de designación y juramentación de los mismos, decidiendo en consecuencia proceder a la elección de los mismos conforme a la Constitución.[11]

Como se indicó, una Comisión parlamentaria había sido anulada por la Sala en su sentencia N° 9 de 1 de marzo de 2016,[12] y ello fue lo que motivó al grupo de diputados representantes del Gobierno a solicitar la nulidad de la decisión adoptada por la nueva Comisión designada con el mismo propósito de la anterior, alegando que la misma constituía un desacato a dicha sentencia, y violaba la Constitución. Este fue el único alegato que tuvo ante sí la Sala Constitucional para decidir, por lo visto considerando "innecesario" oír los alegatos de la Asamblea Nacional en violación a la garantía del debido proceso (art. 49.1), que con esta decisión formalmente dejo de ser una garantía constitucional, o quedó reducida a ser una mera formalidad según lo decida circunstancialmente la Sala.

La sentencia sin proceso, en todo caso, se dictó por la Sala Constitucional actuando como juez en su propia causa, después de transcribir la sentencia precedente antes mencionada No. 9 de 1 de marzo de 2016, en la cual había decidido que la Asamblea Nacional no podía revisar sus actos parlamentarios sin forma de ley como era el caso del acto de la elección de los magistrados del Tribunal Supremo de Justicia, declarando que incluso que:

> "la creación de una comisión o cualquier otro artificio para tal efecto, sería evidentemente inconstitucional, por atentar contra la autonomía del Poder Judicial y la supremacía constitucional, constitu-

---

11   Véase por ejemplo lo expuesto en "10 magistrados nombrados en diciembre no cumplen requisitos," en *Acceso a la Justicia. El observatorio venezolano de la justicia,* Caracas 22 de julio de 2016, en http://www.accesoalajusticia.org/wp/infojusticia/noticias/10-magistrados-nombrados-en-diciembre-no-cumplen-requisitos/

12   Véase los comentarios a esta sentencia en Allan R. Brewer-Carías, "El ataque de la Sala Constitucional contra la Asamblea Nacional y su necesaria e ineludible reacción. De cómo la Sala Constitucional del Tribunal Supremo pretendió privar a la Asamblea Nacional de sus poderes constitucionales para controlar sus propios actos, y reducir inconstitucionalmente sus potestades de control político sobre el gobierno y la administración pública; y la reacción de la Asamblea Nacional contra a la sentencia N° 9 de 1-3-2016, disponible en http://www.allanbrewercarias.com/Content/449725d9-f1cb-474b-8ab2-41efb849fea3/Content/Brewer.%20El%20ataque%20Sala%20Constitucional%20v.%20Asamblea%20Nacional.%20SentNo.%209%201-3-2016).pdf

yendo un fraude hacia el orden fundamental que, siguiendo las más elementales pautas morales, no subordina la composición del Máximo Tribunal de la República al cambio en la correlación de las fuerzas político-partidistas a lo interno del Legislativo Nacional."

En dicha sentencia N° 9 la Sala incluso decidió, como se ha señalada, que la Asamblea Nacional no estaba "legitimada para revisar, anular, revocar o de cualquier forma dejar sin efecto el proceso interinstitucional de designación de los magistrados" del Tribunal Supremo de Justicia. La Sala incluso, en la misma sentencia en una forma totalmente desusada, llegó a declarar "la *nulidad de los actos futuros que se sustentasen en esa Comisión y en los actos y fines que la fundamentan*, así como en los documentos emanados de la misma." Es decir, una sentencia que declaró la nulidad sobre actos que no existían y que pudieran llegar a dictarse con posterioridad.

Acatando sin embargo dicha decisión, en virtud de que lo que la misma había "anulado" era una específica Comisión y sus actos futuros, la Asamblea procedió a designar otra Comisión distinta que fue la que produjo el Informe que fue aprobado el 14 de julio de 2016, en el cual se constató, entre otros aspectos, que en el procedimiento de designación de Magistrados del Tribunal Supremo ocurrido en diciembre de 2015, durante unas sesiones extraordinarias, la Asamblea de entonces (i) había incumplido las normas constitucionales para la conformación y funcionamiento del Comité de Postulaciones Judiciales" (arts. 264 y 270); y (ii) había violado las disposiciones de la Ley Orgánica del Tribunal Supremo de Justicia (arts. 70, 71, 73 y 74) y del Reglamento Interno del Comité de Postulaciones Judiciales (arts. 19, 20, 21, 22, 23, 24, 25, 26, 27, 28, 29, 30 y 31), regulatorios del procedimiento para convocar, recibir, evaluar, seleccionar y postular candidatos elegibles para los cargos de Magistrados del Tribunal Supremo de Justicia.

Además, la Asamblea consideró que el Poder Ciudadano también había incumplido sus obligaciones constitucionales de verificación del cumplimiento por parte del Comité de Postulaciones Judiciales de las disposiciones antes mencionadas, en lo que respecta al proceso de convocatoria y selección inicial de postulados previos a la elaboración de la lista definitiva de los candidatos, habiendo examinado el listado de postulados sin que se hubiese efectuado un proceso de selección con base en dichas normas. Y por último, la Asamblea estimó que la Junta Directiva saliente de la Asamblea Nacional también había incumplido "las normas inherentes al proceso de juramentación de los candidatos," que habían sido "seleccionados en un "proceso completamente inconstitucional e ilegal."

Teniendo a su vista como "motivación" única y exclusiva la solicitud de nulidad que se había presentado, el texto del acto impugnado y la sentencia previa Nº 9 de 1 de marzo de 2016, la Sala sin siquiera iniciar el proceso procedió a dictar sentencia basándose sólo en que en la mencionada sentencia Nº 9 ya había declarado que "la Asamblea Nacional no está legitimada para revisar, anular, revocar o de cualquier forma dejar sin efecto el proceso interinstitucional de designación de los magistrados" del Tribunal Supremo de Justicia, agregando que:

> "además de no estar previsto en la Constitución y atentar contra el equilibrio entre Poderes, ello sería tanto como remover a los magistrados y magistradas sin tener la mayoría calificada de las dos terceras partes de sus integrantes, sin audiencia concedida al interesado o interesada, y en casos de -supuestas- faltas –graves- no calificadas por el Poder Ciudadano, al margen de la ley y de la Constitución (ver art. 265 Constitucional)", por lo que afirmó que "constituye un imperativo de esta Sala declarar, como en efecto lo hace a través de esta sentencia, la nulidad absoluta e irrevocable de los actos mediante los cuales la Asamblea Nacional pretende impulsar la revisión de procesos constitucionalmente precluídos de selección de magistrados y magistradas y, por ende, de las actuaciones mediante las cuales creó la comisión especial designada para evaluar tales nombramientos, así como de todas las actuaciones derivadas de ellas, las cuales son, jurídica y constitucionalmente, inexistentes."

Reconoció, sin embargo, la Sala, porque supuestamente era "público, notorio y comunicacional," que la Asamblea Nacional con posterioridad había creado una nueva Comisión denominada "*Comisión Especial para el Rescate de la Institucionalidad del Tribunal Supremo de Justicia,*" a la cual, a juicio de la Sala, le asignó básicamente el mismo objeto atribuido a la anulada "*Comisión Especial para el estudio y análisis del proceso de selección de magistrados principales y suplentes del Tribunal Supremo de Justicia,*" la cual emitió su Informe, también a juicio de la Sala, con "argumentos y recomendaciones similares al primero pero definiendo algunas acciones diferentes, pues en este caso sugirieron no revocar los actos aprobados por la mayoría de diputados y diputadas de la Asamblea Nacional que culminó funciones el pasado 4 de enero de 2016, sino que recomendó "dejar sin efecto" dichas actuaciones."

La Sala, en su sentencia, no dio importancia alguna a esta circunstancia, e insistió en que una vez designados los magistrados, incluso en las sesiones extraordinarias de diciembre de 2015 que la propia Sala avaló en su sentencia N° 1.758 del 22 de diciembre de 2015,[13] los Magistrados designados entre los cuales estaban miembros de la propia Sala que decidía, sólo podían ser "removidos" por las causales establecidas en la Constitución y la Ley, cuando la Asamblea a nadie había "removido," declarando:

> "que es nula de toda nulidad la "*Comisión especial para el rescate de la institucionalidad del Tribunal Supremo de Justicia*", así como el acto de su creación, acciones desplegadas por la misma e informes y demás instrumentos por ella producidos, los cuales carecen de validez, existencia y eficacia jurídica.

> Asimismo, debe señalarse que es nulo el acto parlamentario por medio del cual la mayoría de los diputados y diputadas de la Asamblea Nacional aprobaron el informe presentado por la "*Comisión Especial para el rescate de la institucionalidad del Tribunal Supremo de Justicia*", en la sesión ordinaria de fecha 14 de julio de 2016.

> También debe declarar esta Sala que cualquier comisión u otro artificio o acción que tenga el objeto de anular la designación de magistrados y magistradas, subvirtiendo el procedimiento constitucional para la remoción de magistrados y magistradas del Tribunal Supremo de Justicia y, en fin, contraviniendo el ordenamiento jurídico, sería írrito y nulo de toda nulidad, por ende, carente de validez, existencia y eficacia jurídica, y quienes participen en ellos están sujetos a la responsabilidad penal, civil y administrativa que corresponda."

La Asamblea Nacional en su decisión, por supuesto, no había "removido" a magistrado alguno, lo que solo puede ocurrir en la forma y conforme a las causales establecidas en la Constitución y en la Ley Orgánica, sino lo que hizo fue dejar sin efecto unos nombramientos írritos por haber sido hechos en violación a la Constitu-

---

13 Véanse los comentarios en Allan R. Brewer-Carías, " El irresponsable intento de "golpe judicial" electoral, y la necesaria revocación inmediata de la inconstitucional "designación" de los Magistrados de la Sala Electoral efectuada por la Asamblea Moribunda," 4 de enero de 2016, disponible en: http://www.allanbrewercarias.com/Content/449725d9-f1cb-474b-8ab2-41efb849fea3/Content/LA%20IRRESPONSABILIDAD%20EN%20EL%20GOL-PE%20JUDICIAL%20ELECTORAL%20Y%20LA%20REVOCACI%C3%93N%20DE%20LOS%20JUECES%2004-01-2016.pdf

ción y a la Ley Orgánica del Tribunal Supremo, no siendo ello "artificio" alguno para subvertir el procedimiento de remoción. La "remoción" de Magistrados es una cosa, y el ejercicio por la Asamblea de su poder de auto-tutela de sus actos írritos es una potestad constitucional de la Asamblea, que no le puede ser coartada como lo hizo la Sala Constitucional en estas sentencias N° 9 de 1 de marzo de 2016 y N° 614 de 19 de julio de 2016.

Pero aparte de estas declaratorias, adicionalmente, en la sentencia N° 614 de 19 de julio de 2016, la Sala Constitucional declaró la nulidad del acto parlamentario de aprobación del Informe de la Comisión Especial del día 14 de julio de 2016, por contener otros vicios de nulidad por inconstitucionalidad, porque la Asamblea, que es la única que puede regular su régimen interior y de debates, sin embargo, a juicio de la Sala, habría inobservado a través de su Junta Directiva "de manera flagrante" lo señalado por la Sala en la sentencia N° 269 del 21 de abril de 2016,[14] en la cual la Sala se había convertido inconstitucionalmente en órgano regulador del régimen interior y de debates de la Asamblea, pasando a establecerlo a su arbitrio.

La Sala, en efecto, consideró que la Junta Directiva, la Secretaría y los diputados de la Asamblea Nacional, al aprobar el Informe de la Comisión Especial "desacataron la sentencia N° 269 del 21 de abril de 2016, emanada de esta Sala, y quebrantaron el orden constitucional;" sentencia en la cual, al decir de la propia Sala por supuesto inconstitucionalmente, "amplió además el procedimiento jurídico para las convocatorias de las sesiones ordinarias de la Asamblea Nacional, extendiendo el lapso de convocatoria establecido en el Reglamento Interior y de Debates de la Asamblea Nacional," para lo cual, por supuesto la Sala no tenía competencia alguna.

Consideró así, la Sala, que como en el curso del procedimiento parlamentario se habían emitido "dos agendas del orden del día" para la sesión del 14 de julio de 2016, incorporándose en la segun-

---

14   Véase los comentarios a esta sentencia en Allan R. Brewer-Carías, "El fin del Poder Legislativo. La regulación por el Juez Constitucional del régimen interior y de debates de la Asamblea Nacional, y la sujeción de la función legislativa de la Asamblea a la aprobación previa por parte del Poder Ejecutivo," 3 de mayo de 2016, disponible en http://www.allanbrewerca-rias.com/Content/449725d9-f1cb-474b-8ab2-41efb849fea3/Content/Brewer.%20EL%20FIN%20DEL%20PODER%20LEGISLATIVO.%20SC.%20mayo%202016.pdf

da "de forma extemporánea" la presentación del Informe de la Comisión Especial," lo que a juicio de la Sala, "demuestra de forma incontrovertible la flagrante violación" por parte de la Junta Directiva y de la Secretaría de la sentencia de la Sala N° 269, con ello consideró que los diputados que aprobaron el Informe, habían cometido "semejante afrenta al orden constitucional y a la sentencia de esta Sala N° 269."

De ello, concluyó la Sala, que era su deber:

> "*anular* la convocatoria y la sesión ordinaria de la Asamblea Nacional del 14 de julio de 2016, junto a los actos producidos en ella, y *ordenar* a la Junta Directiva, al resto de diputados incursos en las irregularidades señaladas en esta sentencia y, en fin, a esa institución en general, que respete cabalmente el orden dispuesto en la Constitución de la República Bolivariana de Venezuela, cuya vigencia y eficacia, ante estos actos que constituyen en definitiva evidentes desviaciones de poder y fraudes constitucionales, será protegida de manera irrestricta por este Máximo Tribunal de la República, en tutela del Pueblo venezolano y de los intereses de la Nación. Así se decide."

No contenta con lo anterior, la Sala Constitucional continuó indicando, amenazando a los diputados con poner la justicia penal al servicio del Gobierno para perseguirlos, a pesar de que gozan del privilegio de la inmunidad parlamentaria,[15] que:

> "en razón de la *posible comisión de delitos* contra los Poderes Nacionales y contra la Administración de Justicia, entre otros bienes jurídicos tutelados y otras formas de responsabilidad jurídica, se ordena remitir copia certificada de esta sentencia al Ministerio Público, a los fines jurídicos consiguientes. Así se decide."

Y concluyó así la sentencia, con una decisión en la cual luego de expresar que la Sala "*es competente* para conocer y decidir la presente solicitud de nulidad del acto parlamentario sin forma de ley emanado de la Asamblea Nacional," que fue impugnado por un grupo de diputados, sin siquiera "admitir" la solicitud y antes de iniciar juico alguno, declaró:

---

15 Véase los comentarios de José Ignacio Hernández, en "El TSJ anuló decisión de la AN sobre los magistrados: ¿cuáles son las implicaciones?," en *Prodavinci*, 2 de julio de 2016, en http://prodavinci.com/blogs/el-tsj-anulo-decision-de-la-an-sobre-los-magistrados-cuales-son-las-implicaciones-por-jose-i-hernandez/

"que es nula de toda nulidad" la *"Comisión Especial para el rescate de la institucionalidad del Tribunal Supremo de Justicia"*, así como el acto de su creación, acciones desplegadas por la misma e informes y demás instrumentos por ella producidos, los cuales carecen de validez, existencia y eficacia jurídica."

Como consecuencia de ello, la sentencia repitió, hasta la saciedad, como si ello contribuiría a que la misma pudiera tener credibilidad, que lo decidido por el Parlamento era "nulo," de "nulidad absoluta," y que todos los actos que originaron el acto impugnado eran "írritos y nulos de toda nulidad y carentes de validez, existencia y eficacia jurídica;" para al final declarar que el acto parlamentario del 23 de diciembre de 2015, en el cual fueron designados y juramentados 34 magistrados del Tribunal Supremo de Justicia:

"conserva su total validez y, en consecuencia, permanecerán en sus cargos en el tribunal supremo de justicia para el periodo constitucional correspondiente."

O sea, la Sala Constitucional del Tribunal Supremo, actuando como juez en su propia causa, resolvió que los magistrados que la integraban, aun cuando no firmaron la sentencia solo por supuestas "razones justificadas," permanecerían en sus cargos siendo inamovibles por algo más de dos lustros hacia el futuro; ordenando a los diputados de la Asamblea Nacional, "ante estos actos que constituyen evidentes desviaciones de poder y fraudes constitucionales," a "acatar" lo decidido.

Así es como se imparte justicia en Venezuela, de forma extraordinariamente expedita, con una sentencia dictada en solo cuatro días después de presentada una solicitud, por un Juez juzgando en su propia causa, sin seguir proceso judicial alguno, y violando descaradamente la garantía del debido proceso. Pero como la Sala no tiene quien la controle, no pasa nada. *Quis custodiet ipsos custodes?*[16]

---

16   La frase es del poeta romano Juvenal (Siglo I y II), en sus *Sátiras* (Sátira VI 346–348), traducida como ¿Quién vigilará a los vigilantes?, ¿Quién guardará a los guardianes?, ¿Quién vigilará a los propios vigilantes? Véase la referencia   en https://es.wikipedia.org/wiki/Quis_custodiet_ipsos_custodes%3F#Origen   . Véase sobre el tema en relación con la Sala Constitucional, Allan R. Brewer-Carías, *"Quis Custodiet Ipsos Custodes*: De la interpretación constitucional a la inconstitucionalidad de la interpretación,"* en *Revista de Derecho Público*, No 105, Editorial Jurídica Venezolana, Caracas 2006, pp. 7-27.

SEXTA PARTE:

EL DESCONOCIMIENTO JUDICIAL DEL PODER DE LA ASAMBLEA NACIONAL PARA LEGISLAR

Desde que se instaló la Asamblea Nacional en Venezuela el 5 de enero de 2016, la misma no ha podido cumplir su función de legislador. Todas, absolutamente todas las leyes que ha sancionado han sido declaradas inconstitucionales por la Sala Constitucional del Tribunal Supremo al ejercer el control previo de constitucionalidad que regula el artículo 214 de la Constitución a solicitud del Presidente de la República, antes de promulgarlas. Como lo observó el Secretario General de la Organización de Estados Americanos, Luis Almagro en el *Informe* que con fecha 30 de mayo dirigió al Consejo Permanente de la Organización conforme al artículo 20 de la Carta Democrática Interamericana, "a pesar de que la oposición en Venezuela cuenta con una amplia mayoría en la Asamblea Nacional, las leyes que ésta aprueban encuentran trabas bajo el fundamento de que son 'inconstitucionales.'"[17]

Ello sucedió con las siguientes leyes: Ley de reforma parcial de la Ley del Banco Central de Venezuela, Ley de Amnistía y Reconciliación Nacional, Ley de Bono para Alimentación y Medicinas a Pensionados y Jubilados, Ley de Otorgamiento de Títulos de Propiedad a Beneficiarios de la Gran Misión Vivienda Venezuela y otros Programas Habitacionales del Sector Público, y Ley Especial para Atender la Crisis Nacional de Salud; que fueron consideradas todas como sancionadas sin seguirse la "reglamentación" hecha

---

17 Véase la comunicación del Secretario General de la OEA de 30 de mayo de 2016 con el *Informe sobre la situación en Venezuela en relación con el cumplimiento de la Carta Democrática Interamericana*, p. 54. Disponible en oas.org/documents/spa/press/OSG-243.es.pdf.

judicialmente del régimen interior y de debates de la propia Asamblea nacional "impuesto por la Sala a la Asamblea.

I. LA SENTENCIA DE MUERTE DEL PODER LEGISLATIVO EN VENEZUELA Y EL CONTROL POLÍTICO DE LA LEGISLACIÓN POR PARTE DEL JUEZ CONSTITUCIONAL: EL CASO DE LA REFORMA DE LA LEY DEN BANCO CENTRAL DE VENEZUELA

La Sala Constitucional del Tribunal Supremo de Justicia, mediante sentencia Nº 259 de 31 de marzo de 2016,[18] declaró inconstitucional la Ley de Reforma Parcial de la Ley del Banco Central de Venezuela sancionada por la Asamblea Nacional el 3 de marzo de 2016, con la cual definitivamente procedió a dictar la sentencia de muerte de la Asamblea Nacional, como Poder Legislativo.

Después de esta sentencia y de las que siguieron puede decirse que nunca más bajo el régimen actual, la Asamblea podrá ejercer libremente, como representante del pueblo, su función política de legislar, pues habrá siempre un órgano que se considera supra constitucional que es el que se ha arrogado la potestad de juzgar la política que aplique el órgano político del Estado por excelencia, que es el parlamento.

El tema es de primera importancia institucional en Venezuela, pues puso en una encrucijada al órgano legislativo, que siendo el único con legitimidad democrática renovada en diciembre de 2015, ha estado en situación de perderla si no impone la voluntad popular que representa, conforme a la Constitución, sobre los demás órganos del Estado.

La Ley del Banco Central de Venezuela, en efecto, dictada inicialmente en 2001, luego de varias reformas, la última de 2010, fue objeto de una precipitada reforma el 30 de diciembre de 2015 (como ocurrió con otras muchas leyes), efectuada mediante decreto ley por el Ejecutivo Nacional, luego de que por el voto popular del 6 de diciembre de 2015 cambió la orientación política de la Asamblea Nacional, la cual pasó a estar controlada por la oposición.

---

18 Véase en http://historico.tsj.gob.ve/decisiones/scon/marzo/186656-259-31316-2016-2016-0279.HTML Véanse los comentarios en Allan R. Brewer-Carías, "La sentencia de muerte de la Asamblea Nacional. El caso de la nulidad de la Ley de reforma del BCV. Marzo 2016," en http://www.allanbrewercarias.com/Content/449725d9-f1cb-474b-8ab2-41efb849fea3/Content/Brewer.%20La%20sentencia%20de%20muerte%20AN.%20Sentencia%20SC%20Ley%20BCV.pdf.

Con tal motivo, en las otras instancias del Estado Totalitario que quedaban controladas por el gobierno, como antes destacamos, se desplegó un inusitada labor legislativa, habiéndose dictado entre el 28 y el 29 de diciembre de 2015, varias decenas de leyes por la Asamblea Nacional y otro tanto de decretos leyes por el Presidente de la República, con base en una delegación legislativa que había sido aprobada mediante Ley habilitante para la defensa de la soberanía nacional en 6 de julio de 2015, [19] y cuyo término de vigencia era el 31 de diciembre. En ese desenfrenado proceso legislativo, la gran mayoría de dichas leyes en realidad fueron reformas de leyes que ya estaban en vigencia; y tuvieron por objeto, en vista del cambio político operado en la composición de la Asamblea Nacional, en varios casos el cercenarle las atribuciones que ésta última tenía asignadas mediante leyes. Es decir, como la Asamblea Nacional a partir de enero de 2016 comenzaba a estar controlada por la oposición, el Poder Ejecutivo estimó que había que quitarle todas las competencias que pudieran significar algún control por parte de la misma en relación con el gobierno.

Y así fue que entre las leyes reformadas el 30 de diciembre de 2015, en ese caso mediante decreto ley (N° 2.179) [20] dictado por el Presidente de la República, estuvo la mencionada Ley del Banco Central de Venezuela, que había sido inicialmente sancionada en 2001 y cuya última reforma se había producido en 2010, [21] que era la que había venido rigiendo dicha institución durante los cinco años precedentes, en particular, en lo que se refiere a las relaciones entre el banco Central y los Poderes Ejecutivo y Legislativo, en un todo conforme a lo que se dispuso en la Constitución de 1999.

1. El régimen de la participación de la Asamblea Nacional en el funcionamiento del Banco Central de Venezuela conforme a la Constitución a la legislación sancionada desde 2001

En efecto, en la Constitución de 1999 se incluyó en la Disposición Transitoria Cuarta, un numeral 8, en el cual se asignó a la Asamblea Nacional la competencia, relativa a la sanción de *"La ley a la cual se ajustará el Banco Central de Venezuela"* estableciéndose que:

---

19 Véase en *Gaceta Oficial* N° 40.701 del 13 de julio de 2015.
20 Véase en *Gaceta Oficial* N° 6.211 Extra. de 30 de diciembre de 2015.
21 Véase en *Gaceta Oficial* N° 39.419 de 7 de mayo de 2010.

"Dicha ley fijará, entre otros aspectos, el alcance de las funciones y forma de organización del instituto; el funcionamiento, período, *forma de elección, remoción, régimen de incompatibilidades y requisitos para la designación de su Presidente o Presidenta y Directores o Directoras*; las reglas contables para la constitución de sus reservas y el destino de sus utilidades; la auditoría externa anual de las cuentas y balances, a cargo de firmas especializadas, seleccionadas por el Ejecutivo Nacional; y el control posterior por parte de la Contraloría General de la República en lo que se refiere a la legalidad, sinceridad, oportunidad, eficacia y eficiencia de la gestión administrativa del Banco Central de Venezuela.

La ley establecerá que el Presidente o Presidenta y demás integrantes del Directorio del Banco Central de Venezuela representarán exclusivamente el interés de la Nación, *a cuyo efecto fijará un procedimiento público de evaluación de los méritos y credenciales de las personas postuladas a dichos cargos.*

La ley establecerá que al Poder Ejecutivo corresponderá *la designación del Presidente o Presidenta del Banco Central de Venezuela y, al menos, de la mitad de sus Directores o Directoras; y establecerá los términos de participación del Poder Legislativo Nacional en la designación y ratificación de estas autoridades.*"

En esta norma constitucional, en consecuencia, el Constituyente dejó exclusivamente en manos del Legislador el establecimiento del régimen legal del Banco Central de Venezuela, en lo que se refiere a sus relaciones con el Poder Ejecutivo y el Poder Legislativo, particularmente para la designación de sus altos funcionarios, así:

1. Establecer *la forma de elección, de remoción, el régimen de incompatibilidades y los requisitos para la designación* de su Presidente y Directores del Banco Central de Venezuela.

2. Establecer el *procedimiento público de evaluación de los méritos y credenciales de las personas postuladas* a los cargos de Presidente y Directores del Banco Central de Venezuela.

3. Establecer que al *Poder Ejecutivo le corresponderá designar al Presidente* del Banco Central de Venezuela.

4. Establecer que al *Poder Ejecutivo le corresponderá designar al menos, la mitad de sus Directores* del Banco Central de Venezuela.

5. Establecer *los términos de participación del Poder Legislativo Nacional en la designación y ratificación* de estas autoridades

Estas previsiones constitucionales fueron concebidas para asegurar, mediante la regulación de la participación de la Asamblea Nacional en relación con la designación de los altos funcionaros del Banco, la autonomía e independencia del Banco Central de manera de garantizar, como lo dispone el artículo 320, que el mismo "no estará subordinado a directivas del Poder Ejecutivo y no podrá convalidar o financiar políticas fiscales deficitarias;" y ello, asegurando el equilibrio necesario entre el Poder Legislativo y el Poder Ejecutivo.

Con base en estas previsiones, la Asamblea Nacional legisló sobre la materia desde 2001, con reformas posteriores de 2005 y 2009, siendo la última antes de 2015, la de mayo de 2010, que es la que estaba vigente para diciembre de 2015, asegurando siempre el régimen de la "participación" de la Asamblea Nacional en la designación y remoción del Presidente y miembros del Directorio del Banco Central, con las siguientes regulaciones:

1. En el artículo 9 se dispuso la participación de la Asamblea Nacional en la designación del Presidente del Banco Central por el Presidente de la República, al disponerse que dicho nombramiento debía ser "*ratificado por el voto de la mayoría de los miembros de la Asamblea Nacional.*" Se agregó además que si la Asamblea Nacional rechazase "sucesivamente a dos candidatos propuestos por el Presidente de la República," éste entonces debía designar al Presidente del Banco, designación *que la Asamblea Nacional debía ratificar.*"

2. En el artículo 14 se estableció que en los casos de nueva designación del Presidente del Banco Central por falta absoluta, el Presidente de la República debía someter "*a la consideración de la Asamblea Nacional la nueva designación en los términos previstos en esta Ley.*"

3. En el artículo 15 se dispuso que el Presidente de la República debía someter "*a la consideración de la Asamblea Nacional* la respectiva designación para el cargo de Presidente del Banco, *para lo cual se procederá* con arreglo a lo dispuesto en el artículo 9."

4. En el artículo 16 se ratificó la disposición que establecía desde 2001 que correspondía al Presidente de la República designar a cuatro de los seis directores del Directorio del Banco y que correspondía "*a la Asamblea Nacional la designación de dos Directores, mediante el voto de la mayoría de sus miembros.*" La norma agregaba que para el caso de *los Directores designados por la Asamblea Nacional,* el procedimiento debía contemplar "un registro de por lo menos el triple de los cargos vacantes que deban cubrirse."

5. En el artículo 17 se estableció que la *Asamblea Nacional* debía conformar "un comité de evaluación de méritos y credenciales, encargado de verificar y evaluar las credenciales y los requisitos de idoneidad de los candidatos al directorio." Dicho Comité *debía* "estar integrado por dos representantes electos por la *Asamblea Nacional,* dos representantes designados por el *Ejecutivo Nacional*, y un representante *escogido por la Academia Nacional de Ciencias Económicas."*

6. En el artículo 26 se dispuso que en el caso de que se formule una solicitud de remoción de los miembros del Directorio del Banco, la misma debía ser enviada al Directorio, el cual, debía remitir "las actuaciones *a la Asamblea Nacional* para su correspondiente decisión, agregando que *"La remoción debía adoptarse con el voto de las dos terceras partes de los integrantes presentes de la Asamblea Nacional."*

7. En el artículo 27 se dispuso que en los casos de "incumplimiento sin causa justificada del objetivo y las metas del Banco" ello daría "lugar a la remoción del Directorio, mediante *decisión adoptada por la Asamblea Nacional* con el voto de las dos terceras partes de sus integrantes, presentes."

2. *La precipitada reforma de la Ley del Banco Central mediante decreto ley de 30 de diciembre de 2015 para restarle competencias a la Asamblea Nacional, y su restablecimiento mediante reforma sancionada por la nueva Asamblea nacional en marzo de 2016*

Lo anteriormente indicado era el régimen que existía para diciembre de 2015, el cual luego de verificada la elección parlamentaria del 6 de diciembre de 2015 pasando la oposición al gobierno a controlar la mayoría de la Asamblea Nacional, fue reformado por el Presidente de la República mediante Decreto Ley N° 2.179 de 30 de diciembre de 2015,[22] para lo cual no tenía competencia alguna conforme a la Ley habilitante de marzo de 2015, antes comentada; reforma mediante la cual, pura y simplemente procedió a eliminar todo el régimen de la participación de la Asamblea Nacional en la designación de los altos funcionarios del Banco Central, conforme a la legislación vigente desde 2001, regulando en sustitución lo siguiente:

---

22 Véase en *Gaceta Oficial* N° 6.211 Extraordinario del 30 de diciembre de 2015.

1. En el artículo 9, se eliminó toda participación de la Asamblea Nacional en el proceso de designación del Presidente del Banco Central por el Presidente de la República, que consistía en su potestad de ratificar la designación, y se dispuso pura y simplemente que el Presidente de la República designa al Presidente del Banco Central de Venezuela, sin que la Asamblea Nacional tenga participación alguna en la designación.

2. En el artículo 14 se eliminó toda participación de la Asamblea en los casos de nueva designación del Presidente del Banco Central en los casos de falta absoluta, quedando el procedimiento totalmente en manos del Presidente de la República.

3. En el artículo 15 se eliminó la disposición que exigía al Presidente de la República someter a la consideración de la Asamblea Nacional la designación para el cargo de Presidente del Banco.

4. En el artículo 16 se eliminó la atribución de la Asamblea Nacional de designar dos de los seis Directores del Banco Central de Venezuela, atribuyéndose al Presidente de la República la potestad exclusiva de designar todos los Directores del Directorio del Banco.

5. En el artículo 17 se eliminó la previsión de que un representante del comité de evaluaciones de méritos y credenciales para la designación de los Directores del Banco fuera un representante escogido por la Academia Nacional de Ciencias Económicas, quedando en consecuencia integrado con mayoría designada por el Poder Ejecutivo.

6. En el artículo 26 se eliminó la participación de la Asamblea Nacional para decidir sobre la remoción de los miembros del Directorio del Banco, quedando el procedimiento exclusivamente en manos del Presidente de la República.

7. En el artículo 27 se eliminó la competencia asignada a la Asamblea Nacional, para decidir sobre la remoción del Directorio del Banco Central en los casos de incumplimiento sin causa justificada del objetivo y las metas del Banco, asignándose ello exclusivamente al Presidente de la República.

La reforma, por supuesto, tuvo una clara motivación política, derivada del control que con las elecciones del 6 de diciembre asumió la oposición respecto de la Asamblea Nacional, y un claro objetivo político, que fue quitarle, por ello, a la Asamblea Nacional toda participación en el proceso de designación y remoción de los miembros del Directorio del Banco Central de Venezuela. Y así fue.

En consecuencia, en virtud de que conforme al artículo 218 de la Constitución, las leyes se derogan por otras leyes, la Asamblea Nacional, una vez instalada el 5 de enero de 2015, procedió a discutir la Ley de reforma de la Ley del Banco Central de Venezuela, sancionada el 3 de marzo de 2016, *con el único y exclusivo propósito político, por supuesto, de restablecer sus atribuciones que le habían sido cercenadas por el Ejecutivo Nacional en diciembre de 2015, y que estaban en la legislación anterior a 2015*, conforme lo autoriza la Constitución.

La Asamblea Nacional, como órgano de representación popular, es el órgano político por excelencia dentro de la organización del Estado, teniendo, por tanto, la reforma de la Ley del Banco Central que sancionó, sin duda, una clara e inevitable motivación política, que fue la de restablecer las competencias constitucionales asignadas a la Asamblea en relación con el Banco Central de Venezuela las cuales habían sido desarrolladas mediante Ley desde 2001, y que le habían sido cercenadas por el Ejecutivo Nacional mediante el decreto ley de 30 de diciembre de 2015.

Dicha decisión ejecutiva, sin duda, también fue dictada con manifiesta motivación política, aun cuando en ese caso desconociendo la Constitución, al perder el gobierno las elecciones parlamentarias de diciembre de 2015. Y así, al pasar la Asamblea Nacional a estar conformada políticamente por mayoría de diputados de la oposición, buscar impedir que la misma pudiera participar en el proceso de designaciones de las autoridades del Banco Central para, en cambio, asegurar la actuación exclusiva del Ejecutivo en esos procesos, sin control político, y con ello, la subordinación del Banco al Ejecutivo Nacional que es lo que precisamente buscó evitar la Constitución, al asegurar la participación de la Asamblea en esos procesos.

3. ***La solicitud de "control de constitucionalidad" de la ley por haber sido dictada con motivación política o sea, por "desviación de poder"***

La Ley de reforma de la Ley del Banco Central de Venezuela de 3 de marzo de 2016, fue enviada al Poder Ejecutivo para su ejecútese y promulgación, con base en lo establecido en el artículo 214 de la Constitución, que regula el control preventivo de la constitucionalidad de las leyes antes de su promulgación, que permite al Presidente de la República remitir la Ley sancionada a la Sala Constitucional del Tribunal Supremo para solicitarle un pronunciamiento si considera que la misma o algunos de sus artículos son inconstitucionales.

Y así fue que el Presidente de la República el día 17 de marzo de 2016 remitió a la Sala Constitucional el asunto, y la Sala Constitucional mediante sentencia Nº 259 de 31 de marzo de 2016, [23] declaró inconstitucional la mencionada Ley de Reforma Parcial que sancionó la Asamblea Nacional en fecha 3 de marzo de 2016, declarando además, que "se preserva la vigencia del Decreto Ley de Reforma de la Ley del Banco Central de Venezuela," dictado por el propio Presidente el 30 de diciembre de 2015, que le había cercenado sus funciones a la Asamblea Nacional en relación con el Banco Central.

Tal como se reseña en la propia sentencia, la solicitud del Presidente de la República, básicamente lo que denunció fue que "el móvil político no puede ser *per se* un motivo para dictar una ley," y que "imponer desde el Poder Legislativo un dominio no contenido en el mandato de sus electores es, a todas luces, un fraude a la Constitución," agregando que "no cabe duda que la motivación de la reforma propuesta por la bancada opositora de la Asamblea Nacional es netamente política," motivada por "el cambio de orientación política de la Asamblea Nacional," buscando "dar control a la Asamblea Nacional en la designación de los miembros del Directorio del Banco Central de Venezuela." (BCV).

En fin, argumentó el solicitante que "no cabe duda [de] que los motivos del proyecto presentado son políticos y tienen que ver con la toma de poder de la Asamblea Nacional sobre todos los espacios de la vida económica."

El Presidente además argumentó, justificando la reforma que había hecho en diciembre de 2015 mediante decreto ley, que con ella supuestamente buscó mantener "la proporción exigida en la Constitución respecto de la participación de la Asamblea Nacional en la designación de las autoridades del Banco Central de Venezuela, corriendo (sic) el criterio establecido con anterioridad según el cual se cedió a la Asamblea Nacional la atribución para la designación de dos (02) miembros del Directorio," lo que estimó "excedía, a todas luces, la exigencia constitucional de dar participación al Poder Legislativo Nacional en la designación y ratificación de dicho Directorio." Para ello argumentó el Presidente ante la Sala, que la

---

23 Véase en http://historico.tsj.gob.ve/decisiones/scon/marzo/186656-259-31316-2016-2016-0279.HTML.

Constitución no confería a la Asamblea Nacional poder para "designar a una parte del Directorio, sino sólo que debe 'participar' en ello," y con ello, supuestamente contribuir "a la disminución de su autonomía [del Banco Central], al pretender la Asamblea Nacional incorporar nuevamente un esquema que demostró ser inoperante."

El Presidente, sin embargo, no indicó nada sobre inconstitucionalidad de la ley o de alguno de sus preceptos, sino en general lo que solicitó de la Sala Constitucional, a la cual calificó como "Tribunal Constitucional," fue que "evaluara los síntomas del distanciamiento de la actividad parlamentaria respecto a (sic) los preceptos finalistas de la Constitución, para evitar el peligro [de] que el Parlamento abuse del espacio que ella misma ha reservado o habilitado al Legislador como órgano central del proceso político," buscando que ejerciera un control de "desviación de poder" respecto de la actividad legislativa del parlamento, "que implica para su configuración que el acto haya sido dictado con un fin distinto al previsto por el Constituyente," en este caso, supuestamente:

> "desviando hacia el cumplimiento de ofertas electorales efectuadas en la campaña de la bancada opositora en diciembre de 2015, según las cuales la 'nueva' Asamblea Nacional vendría a 'gobernar'. Preocupa en gran manera al suscrito el afán del cuerpo legislativo nacional por crear ante la opinión pública la sensación de asumir por completo el ejercicio del Poder Público Nacional, pretendiendo generar la idea de un Poder Legislativo superior y condicionante fatal del ejercicio de las competencias del resto de los Poderes."

Para analizar la constitucionalidad de la Ley de reforma de la Ley Orgánica del Banco Central de Venezuela de 3 de marzo de 2016, la Sala en síntesis se refirió a las denuncias formuladas por el Presidente, que fueron, *primero*, la de que el Órgano Legislativo Nacional había actuado "con desviación de poder," supuestamente porque "la finalidad de la reforma es la de asegurar el control del Banco Central de Venezuela por parte del grupo parlamentario de la Asamblea Nacional que actualmente ostenta la mayoría de los diputados que la integran;" *segundo*, que "conferirle a la Asamblea Nacional atribución para designar las autoridades del Banco Central de Venezuela, excede la exigencia establecida" en la Constitución que solo habla de "participar" en la designación; *tercero*, que la reforma "menoscaba la autonomía del Banco Central de Venezuela, al pretender limitar sus funciones e impedir el logro de los objetivos de la política macroeconómica diseñada por el Gobierno Nacional;" y *cuarto,* que la reforma "quebranta el principio de separación de poderes."

4. El control distorsionado de constitucionalidad de la Ley

Luego de analizar la historia de las regulaciones sobre el Banco Central de Venezuela, y las normas que aseguran su autonomía en la Constitución y su no subordinación al Poder Ejecutivo Nacional, la Sala Constitucional planteó una premisa falsa e inconstitucional para su análisis y es que supuestamente por:

> "la autonomía que le consagra la Constitución, el Banco Central de *Venezuela está obligado a dirigir sus políticas en función del Plan Nacional de Desarrollo y coadyuvar con el Ejecutivo Nacional como organismo técnico en el diseño y ejecución de las políticas macroeconómicas, financieras y fiscales*" (destacado en el original).

Y ello es falso, pues en la Constitución no hay norma alguna que prevea que hay un Plan Nacional que sea obligatorio para el Banco Central de Venezuela, ni que el mismo sea un "organismo técnico" que tiene que "coadyuvar al Ejecutivo Nacional" en el "diseño y ejecución de las políticas macroeconómicas, financieras y fiscales."

A la Sala Constitucional en realidad como que se le olvidó leer la norma de la Constitución que le asigna al Banco Central el ejercicio exclusivo y obligatorio de "las competencias monetarias del Poder Nacional," siendo su "objetivo fundamental lograr la estabilidad de precios y preservar el valor interno y externo de la unidad monetaria;" (art. 318); siendo el Banco Central el que debe ejercer "sus funciones en coordinación con la política económica general, para alcanzar los objetivos superiores del Estado y la Nación," (art. 318), teniendo entre sus funciones "las de formular y ejecutar la política monetaria, participar en el diseño y ejecutar la política cambiaria, regular la moneda, el crédito y las tasas de interés, administrar las reservas internacionales," (art. 318), debiendo en todo caso "rendir cuenta de las actuaciones, metas y resultados de sus políticas ante la Asamblea Nacional" (art. 319).

Para ello, como se decidió en la sentencia N° 1.115 de 16 de noviembre de 2010 de la misma Sala Constitucional que se cita en la sentencia, "la opción del constituyente de dar rango constitucional a la autonomía del Banco Central, es el resultado necesario de las funciones atribuidas a los bancos centrales y de la experiencia histórica a nivel mundial al respecto, donde la eficiencia en el logro de los objetivos es inversamente proporcional a la posibilidad del Poder Ejecutivo de imponer sus políticas económicas de forma unilateral." Ello, por supuesto, no impide como lo indicó la Sala en la sentencia, que "entre el Poder Ejecutivo y el Banco Central de Venezuela, se desarrolle un funcionamiento armónico, de coordinación y colaboración sin que exista conflictos de intereses."

Nada más indicó la sentencia sobre el Banco, y después de analizar el régimen legal de los bancos centrales en muchos países, a lo que arribó fue a la conclusión de que "a nivel mundial corresponde fundamentalmente al Poder Ejecutivo el nombramiento de las autoridades de los Bancos Centrales y, que en mayor o menor medida, el Poder Legislativo participa de esa designación fundamentalmente controlando que los extremos, condiciones o requisitos legales establecidos en la legislación se cumplan a través de un acuerdo o ratificación de dichos nombramientos;" pero que "los integrantes de los directorios de los Bancos Centrales sean designados por los Ejecutivos Nacionales."

Luego del análisis de "derecho comparado" la Sala Constitucional pasó a considerar el proceso de elección popular indirecta de las altas autoridades de los Poderes Judicial, Electoral y Ciudadano, considerando que en esos casos, "la participación de la Asamblea Nacional no tiene carácter absoluto e incluso puede ser sustituida por la voluntad del popular;" de lo que concluyó la Sala, sin saberse cómo y porqué, y en contra del texto expreso de la Constitución, que "es incoherente con el Texto Constitucional que la Asamblea Nacional pueda nombrar miembros del directorio del Banco Central de Venezuela sin el concurso de otro Poder Público."

No captó la Sala Constitucional que el proceso de elección popular en segundo grado de los titulares de los Poderes Judicial, Electoral y Ciudadano, por la Asamblea Nacional como Cuerpo elector, fue dispuesto para garantizar la legitimidad democrática de dicha elección popular, y que nada tiene que ver con la designación de miembros del directorio del Banco Central; no teniendo fundamento constitucional alguno solo considerar "aceptable la participación de la Asamblea Nacional en el proceso de nombramientos [de los directores del Banco] (por ejemplo, a través de la integración del Comité de Evaluación de Credenciales de los Postulados)."

De todo lo anterior, la Sala concluyó pura y simplemente, desconociendo lo que establece la Constitución y lo que estuvo regulado durante quince años, que "la Asamblea Nacional ostenta la función contralora política del Banco Central de Venezuela," pero ahora considerando que con "la posibilidad de nombramiento de los miembros del directorio implicaría una intromisión en la administración activa del Banco y un conflicto de interés que no garantiza tales principios."

Por ello, al analizar el contenido de la reforma, la Sala apreció que la modificación de la ley:

> "se centró en el otorgamiento a la Asamblea Nacional de competencias para ratificar la designación del Presidente o Presidenta del Ente Emisor realizada por el Presidente de la República (Artículos 9, 14 y 15), así como conferirle facultad para la designación de dos Directores (Artículo 16). Incluir dentro de la funciones del Presidente del Banco Central comparecer ante la Asamblea Nacional para rendir cuentas de su gestión (Artículo 10). Otorgarle al Parlamento Nacional competencia para conformar el Comité de Evaluación de Méritos y Credenciales que verificará la idoneidad de los aspirantes a integrar el Directorio del Banco Central (Artículo 17). Atribuirle a la Asamblea Nacional competencia para remover a cualquiera de los miembros del Directorio del Instituto Emisor, con el voto favorable de las dos terceras partes de sus integrantes presentes (Artículos 26 y 27). Permitirle a la Asamblea Nacional o a sus Comisiones el acceso a información y documentos calificados como secretos o confidenciales por el Banco Central, así como, solicitar la comparecencia del Presidente del Banco (Artículos 42 y 92)."

Partiendo del principio de que si bien "el legislador goza de una amplia libertad de configuración normativa para desarrollar los preceptos constitucionales a través de las diversas leyes según los procedimientos y parámetros exigidos," la Sala sin embargo precisó que si "la Asamblea Nacional decide legislar sobre determinada materia, debe hacerlo de conformidad con los mandatos que la Constitución impone, ya que el Poder Legislativo, como el resto de los poderes públicos, se encuentra sujeto al Texto Fundamental;" y con base en ello pasó a determinar si la Ley de Reforma de la Ley del Banco Central de Venezuela, sancionada por la Asamblea Nacional en sesión ordinaria del 3 de marzo de 2016, resultaba "acorde con la normativa constitucional," entendiendo que la Constitución "con respecto a la designación del Presidente y los directores del Banco Central de Venezuela, [...] señala de manera clara que su designación corresponderá al Poder Ejecutivo (del Presidente o Presidenta y la mitad, al menos, de sus directores o Directoras) y que la Asamblea Nacional podrá participar en su designación y ratificación."

Y para ello recurrió la Sala a distinguir el término "designación," que consideró se refiere a "instituir a las personas que ejercerán los cargos mencionados," del término "participar" que entendió que se refiere a quien solo "colabora, coopera, ayuda, contribuye o interviene," deformando lo que indica el Diccionario de la Lengua Española de la Real Academia Española, que cita, donde participar es: *"Tomar uno parte en una cosa"* Y "ser parte de," es eso, al contrario, "ser parte de," y no "colaborar con," o "ayudar a" o "contribuir con" o "intervenir en," *que es otra cosa*. Y por eso, la errada interpretación constitucional que realizó la Sala, en el sentido de que:

> "La participación de la Asamblea Nacional en la designación y ratificación del Presidente y demás integrantes del Directorio del Banco Central de Venezuela no puede ser entendida como el ejercicio de una competencia compartida con el Poder Ejecutivo, ni que dicha participación implique una subrogación en el ejercicio de dichas competencias."

De ello, concluyó la Sala sin mayor argumentación, que los artículos 9, 14 y 15 de la Ley que establecen que el Órgano Legislativo Nacional debe ratificar la designación del Presidente del Banco Central realizada por el Jefe del Ejecutivo Nacional, así como designar a dos de sus directores, "contravienen lo establecido en el cardinal octavo de la Disposición Transitoria Cuarta del Texto Fundamental."

5. El control de la función legislativa por "desviación de poder" o el fin de la función de legislar con motivación política

Pero no se quedó allí la Sala, en pura cuestión de constitucionalidad, aún cuando con base y enfoque errado, sino que pasó a considerar el planteamiento del Presidente de la República, de que al sancionar la reforma:

> "la Asamblea Nacional actuó con desviación de poder, por cuanto la finalidad de la reforma es asegurar el control del Banco Central de Venezuela por parte del grupo parlamentario de la Asamblea Nacional que actualmente ostenta la mayoría de los diputados que la integran, más allá de las competencias que le confiere el Texto Constitucional, con el propósito de atentar en contra de las acciones de protección al Pueblo que el Ejecutivo Nacional adelanta en defensa del ataque económico que se perpetra en contra del País."

Para analizar este alegato, la Sala Constitucional, con todo el cinismo imaginable, procedió a hacer un "análisis comparativo" entre la reforma efectuada por el decreto ley del Presidente del República el 31 de diciembre de 2015 y la reforma efectuada por la Asamblea Nacional el 3 de marzo de 2016, pero sin decir, que con la reforma de 2016 lo que la Asamblea Nacional hizo fue simplemente volver al articulado de la Ley que estuvo vigente entre 2001 y 2015 (incluido en la última reforma anterior de 2010), y que el Poder Ejecutivo arbitrariamente cambió solamente para restarle poder a la Asamblea Nacional.

Esa regulación fue la que estableció la participación de la Asamblea Nacional en el proceso de designación del Presidente del Banco Central de Venezuela, a través de la figura de la ratificación, así como la posibilidad para la Asamblea Nacional de designar dos miembros del Directorio del Banco, de removerlos, y conformar el comité que evaluará los méritos y credenciales de los candidatos al Directorio; todo lo cual siempre estuvo vigente y nunca se consideró "contraria a lo previsto" en la Constitución.

Esas competencias fueron las que eliminó el Presidente de la República en su reforma mediante decreto ley de diciembre de 2015 al perder su gobierno el control de la Asamblea, y las que a su vez la nueva Asamblea restableció en la Ley sometida a la Sala Constitucional. Esas regulaciones fueron las que precisamente ahora, la Sala Constitucional consideró "contrarían a lo previsto" en la Constitución.

Adicionalmente la Sala destacó que la Asamblea había agregado un "nuevo numeral para establecer como función del Presidente del Banco, comparecer para rendir cuentas de su gestión ante la Asamblea Nacional cuando así sea requerido," disposición que recoge lo que dice el artículo 319 de la Constitución (el Banco "rendirá cuenta de las actuaciones, metas y resultados de sus políticas ante la Asamblea Nacional"), pero que la Sala, como si sus sentencias prevalecieran sobre la Constitución, es este caso dijo "que contraviene el criterio establecido por esta Sala Constitucional en sentencia N° 9 del 1 de marzo de 2016, mediante la cual se desaplicó por control difuso de la constitucionalidad, determinados artículos de la Ley Sobre el Régimen de Comparecencia de Funcionarios y Funcionarias Públicos o los y las particulares, ante la Asamblea Nacional y sus Comisiones, así como del Reglamento Interior y de Debates de la Asamblea Nacional, relacionados con la asistencia de los funcionarios ajenos al Ejecutivo Nacional."

Y luego de constatar cuáles fueron las reformas, que no fueron otras que adoptar los mismos principios y normas que estuvieron vigentes hasta 2015, la Sala simplemente concluyó juzgando al legislador por "desviación de poder," (la ley "está incursa en el vicio de desviación de poder") afirmando que:

> "del contenido de las normas reformadas, resulta evidente que el propósito de la Ley de Reforma Parcial del Decreto N° 2.179 con Rango, Valor y Fuerza de Ley de Reforma Parcial de la Ley del Banco Central de Venezuela, es la de asegurar, por parte de la mayoría parlamentaria de la Asamblea Nacional, el control político del Instituto Emisor, lo cual riñe con los fines constitucionalmente previstos en los artículos 318 y 319 del Texto Fundamental."

Y para rematar el cinismo, y pretender justificar aún más el juicio por "desviación de poder" del Legislador, la Sala agregó que "los actos legislativos que pueden interferir con las acciones del Ejecutivo Nacional durante la vigencia de un Estado de Emergencia Económica válidamente declarado, pueden hacer nugatorias intencionalmente las funciones del Ejecutivo Nacional, evidenciándose una desviación de poder, en los términos que se justifican en el presente fallo."

La Sala, concluyó su sentencia, declarando que "por razones de seguridad jurídica," le confería "pleno valor a las decisiones tomadas por el Directorio del Banco Central de Venezuela, *con anterioridad a la entrada en vigencia del Decreto N° 2.179 con Rango, Valor y Fuerza de Ley de Reforma Parcial de la Ley del Banco Central de Venezuela publicada en la Gaceta Oficial de la República Bolivariana de Venezuela N° 6.211 Extraordinario del 30 de diciembre de 2015*, el cual preserva su vigencia;" declaración incomprensible, pues nadie había impugnado algún acto jurídico del Directorio del Banco Central, y mucho menos dictado antes del 30 de diciembre de 2015; y el caso se refería solo a la constitucionalidad de una reforma de la Ley de marzo de 2016, que nunca entro en vigencia pues fue sometida a la revisión de la Sala antes de su promulgación.

Por supuesto, la Sala Constitucional, para dictar esta sentencia, ni siquiera se paseó por la idea de determinar en qué consistía el vicio de desviación de poder en el derecho venezolano, que solo afecta un acto cuando al dictarlo el órgano que lo dictó busca un fin distinto al establecido en la Constitución y la ley. El clásico ejemplo del policía, que teniendo el poder de arrestar personas por breves horas en casos de determinadas faltas al orden público, lo utiliza para privar de libertad a un enemigo, sin que medie falta alguna. En estos casos, lo más importante y complejo es la determinación de la intención de desviar el poder establecido en la ley, lo que exige una labor importante de prueba.

En este caso, nada de eso ocurrió, ni podía haber ocurrido. La función básica de la Asamblea Nacional es legislar sobre las materias de la competencia nacional, que es fundamentalmente una función política, de política de Estado, que ejerce dictando normas de carácter general; y esa función política solo puede tener una motivación política y perseguir fines políticos, que son los que la representación popular, conforme a la orientación de la mayoría de diputados, establezca.

Un Tribunal Constitucional, por tanto, nunca puede juzgar a un órgano legislativo por haber sancionado una legislación con motivación política, y porque al hacerlo persiga fines políticos, pues eso es lo que hace y tiene que hacer una Asamblea Nacional, representando a la voluntad popular. Si un Tribunal Constitucional, como la Sala Constitucional en este caso, ejerce control constitucional sobre la función política de un órgano legislativo, lo que está haciendo, además de apartarse de la Constitución porque no tiene competencia para ello, es sustituirse a la representación del pueblo, y decidir usurpando su voluntad, cuál debe ser la política de Estado a seguir.

Y esto es lo que ocurrió con la sentencia de la Sala Constitucional del Tribunal Supremo de Justicia, N° 259 de 31 de marzo de 2016,[24] que declaró inconstitucional la Ley de Reforma Parcial de la Ley del Banco Central de Venezuela, mediante la cual, ya definitivamente, lo que se dictó fue la sentencia de muerte de la Asamblea Nacional, como Poder Legislativo. Nunca más, mientras la sala Constitucional esté en manos de los magistrados que la manejan, y dependa del Poder Ejecutivo, la Asamblea podrá ejercer su función política de legislar, pues habrá siempre un órgano que se considera supra constitucional que es el que ahora dice qué y cómo es que se puede legislar.

Dicha sentencia, a pesar de todo lo engañoso de su argumento que no resiste análisis constitucional alguno ya que la Constitución faculta expresamente a la Asamblea Nacional para establecer su régimen de participación en la designación y remoción del Presi-

---

24 Véase en http://historico.tsj.gob.ve/decisiones/scon/marzo/186656-259-31316-2016-2016-0279.HTML.

dente y de los Directores del Banco Central de Venezuela, como antes se ha indicado y resulta de su propio texto, lo que ha hecho en definitiva es juzgar a la Asamblea, porque precisamente ejerció el Poder de legislar, tomando sus integrantes diputados electos una decisión política que fue la de restablecer la potestad de la Asamblea de participar en ese proceso, tal y como estaba regulada desde 2001 y que se le cercenó arbitrariamente en la reforma de la ley efectuada por Decreto ley (ejecutivo) el 30 de diciembre de 2016.

Es decir, lo que la Sala juzgó fue la función política de legislar, y consideró que al dictar una ley, la Asamblea Nacional incurrió en "desviación de poder," porque persiguió un fin político, con lo cual ya nunca más podrá libremente legislar, aplicando una política pública.

II. LA EJECUCIÓN DE LA SENTENCIA DE MUERTE DICTADA CONTRA LA ASAMBLEA: LA INCONSTITUCIONALIDAD DE LA LEY DE AMNISTÍA DECLARADA POR LA SALA CONSTITUCIONAL.

Después de la anterior decisión, la Sala Constitucional del Tribunal Supremo de Justicia, mediante sentencia N° 264 de 11 de abril de 2016,[25] declaró la inconstitucionalidad de la totalidad de otra Ley, la Ley de Amnistía y Reconciliación Nacional que había sancionado la Asamblea Nacional el día 29 de marzo de 2016; en este caso también conociendo del asunto a solicitud del Presidente de la República formulada como control previo de constitucionalidad, conforme al artículo 214 de la Constitución. En este caso, la Sala, simplemente cercenó todos los poderes de la Asamblea, invadiendo "ilegítimamente, la atribución privativa de la Asamblea Nacional para decretar amnistías." [26]

---

25   Véase en http://historico.tsj.gob.ve/decisiones/scon/abril/187018-264-11416-2016-16-0343.HTML. Véase los comentarios en Allan R/ Brewer-Carías, "La anulación de la Ley de Amnistía por la Sala Constitucional. O la ejecución de la sentencia de muerte dictada contra la Asamblea Nacional," 26 abril 2016, en   http://www.allanbrewercarias.com/Content/449725d9-f1cb-474b-8ab2-41efb849fea3/Content/BREWER.%20Anulaci%C3%B3n%20Ley%20de%20Amnist%C3%ADa%20%202016.pdf.

26   Véase en José Ignacio Hernández, "Sala constitucional del TSJ: el nuevo Superpoder vs. la Ley de amnistía," 12 abril de 2016, en http://parares-catarelporvenir.blogspot.com/2016/04/blog-de-jose-ignacio-hernandezi-sala.html.

Esta sentencia equivale, ni más ni menos, que a la "ejecución" del cuerpo legislativo, en cumplimiento de la sentencia de muerte que anteriormente le fue dictada por la misma Sala Constitucional.[27]

Es decir, con esta sentencia, el Juez Constitucional puso fin a la posibilidad del ejercicio de uno de los privilegios más exclusivos y tradicionales de cualquier órgano legislativo, que en Venezuela ejerció legítima y constitucionalmente la Asamblea Nacional, y que hizo, además, en ejecución de la oferta política que llevó a la oposición política al gobierno, a controlar a la Asamblea Nacional al obtener la contundente mayoría parlamentaria que resultó de la votación efectuada el 6 de diciembre de 2015. Esa elección fue, sin duda, como lo hemos expresado reiteradamente, una manifestación de rebelión popular contra el autoritarismo,[28] la cual la *Mesa de la Unidad Democrática* interpretó el 10 de diciembre de 2015, publicando una *Oferta Legislativa para el Cambio*, como compromiso de base de todos los diputados electos, en el cual se incluyó lo imperioso que era "procurar la liberación de los presos políticos con la finalidad de crear condiciones de paz y entendimiento nacional," para lo cual se propuso dictar una "Ley de Amnistía General"[29] cuyo objeto era:

---

27 Véase Allan R. Brewer-Carías, "La sentencia de muerte Poder Legislativo en Venezuela. El cinismo de la Sala Constitucional y la inconstitucional pretensión de controlar la actividad política de la Asamblea Nacional al reformar la Ley del Banco Central de Venezuela. 5 de abril 2016," en http://www.allanbrewercarias.com/Content/449725d9-f1cb-474b-8ab2-41efb849fea3/Content/Brewer.%20La%20sentencia%20de%20muerte%20AN.%20Sentencia%20SC%20Ley%20BCV.pdf.

28 Véase Allan R. Brewer-Carías, "El primer paso para la reconstrucción de la democracia: el restablecimiento de la legitimidad democrática de todos los Poderes Públicos. Sobre porqué la nueva Asamblea Nacional debe proceder a revocar los írritos actos de nombramiento de los titulares del Poder Ciudadano (Fiscal General, Contralor General, Defensor del Pueblo), del Poder Judicial (magistrados del Tribunal Supremo y del Poder Electoral (rectores del Consejo Nacional Electoral), y proceder a elegir como Cuerpo Electoral de segundo grado, a los titulares de dichos órganos de acuerdo con la Constitución," New York, 10 de diciembre 2015, en http://www.allanbrewercarias.com/Content/449725d9-f1cb-474b-8ab2-41efb849fea3/Content/Brewer.%20PRIMER%20PASO%20%20RECONSTRUCCI%C3%93N%20DE%20LA%20DEMOCRACIA.%20ELECCI%C3%93N%20DE%20LOS%20TITULARES%20DE%20LOS%20PODERES%20P%C3%9ABLICOS.%20dic%202015.pdf.

29 Véase Allan R. Brewer-carías, "Sobre el decreto de amnistía anunciado por la Mesa de la Unidad Democrática para ser dictado por la nueva Asamblea

"conferir Amnistía general y plena a favor de todos aquellos ciudadanos bajo investigación criminal, administrativa, disciplinaria o policial, y a procedimientos administrativos o penales con ocasión de protestas políticas y posiciones disidentes. Esta Amnistía supondría también la finalización de las inhabilitaciones políticas y los procedimientos relativos al allanamiento de la inmunidad parlamentaria."[30]

1. Sobre el decreto de amnistía como privilegio legislativo

Efectivamente, en la Constitución se atribuye a la Asamblea Nacional la potestad de decretar amnistías (art. 187.5); al igual que se asigna al Presidente la prerrogativa de conceder indultos (art. 236.19).

En ambos casos, se trata de competencias del Poder Legislativo y del Poder Ejecutivo, que se ejercen en ejecución directa de las respectivas normas constitucionales, sin que su ejercicio se pueda condicionar en forma alguna más allá de lo dispuesto en la Constitución. Por tanto, tratándose en ambos casos de prerrogativas exclusivas o atribución privativa de esos órganos del Estado, su ejercicio no puede verse interferido por ningún otro órgano del Estado, y las únicas limitaciones constitucionales que se establecen respecto del ejercicio de ambas prerrogativas y beneficios, es que ni la amnistía ni el indulto se pueden decretar ni conceder respecto de delitos de lesa humanidad, violaciones graves de los derechos humanos y los crímenes de guerra (art. 29), que es, por lo demás, lo único que podría ser sometido a control de constitucionalidad ante la Sala Constitucional del Tribunal Supremo de Justicia, cuando sea procedente.

Ningún otro aspecto de los actos que decreten amnistía o indulto puede ser controlado por el Juez Constitucional, excepto si con los mismos se dictan por otra autoridad o se viola alguna garantía constitucional como la de la igualad y no discriminación.

Este privilegio de la Asamblea Nacional de decretar amnistías, de carácter eminentemente político, implica en materia penal decre-

---

Nacional," 12 de Diciembre 2015, En http://www.allanbrewerca-rias.Com/Content/449725d9-F1cb-474b-8ab2-41efb849fea3/Content/A.%20Brewer.%20SOBRE%20EL%20DECRETO%20DE%20LA%20AMNIST%C3%8DA%20PRPUESTO%20PARA%20SER%20DICTADO%20POR%20LA%20NUEVA%20ASAMBLEA%20NACIONAL%20dic%20%202015.Pdf.

30 Véase en http://unidadvenezuela.org/2015/10/oferta-legislativa-para-el-cambio/.

tar la despenalización de determinados hechos, es decir, la remisión, el olvido o la abolición de los delitos derivados de los mismos, y de sus penas. Es decir mediante el decreto de amnistía ni se crean ni se derogan tipos delictivos, en el sentido el que con dicho decreto no se modifican ni se reforman leyes, ni se cambian los tipos delictivos que están en el Código Penal o en otras leyes. Una vez decretada la amnistía, los mismos siguen incólumes y vigentes. Por ello, la amnistía en sí misma, no es una materia que sea reservada a la "ley"; es, sí, una materia reservada al Parlamento como órgano de representación popular.

Por ello la amnistía solo despenaliza determinados hechos en beneficio de las personas que pudieron haberlos cometido, sin que ello implique derogación o reforma de leyes. Por eso no puede ni siquiera decirse que la amnistía excluya a determinados hechos como delictivos. Los hechos amnistiados siguen siendo delictivos y lo único que excluye la amnistía es la pena, es decir, despenaliza los hechos. Por eso se trata de un perdón general y nada más, mediante el cual el Estado renuncia a la persecución penal y al castigo por determinados hechos, quedando borrado el respectivo delito con todas sus huellas.

La amnistía, en consecuencia, se refiere a hechos considerados como punibles y no a personas individualizadas, de manera que si el hecho queda despenalizado y por tanto borrado o extinguido como hecho punible, la amnistía opera para todas las personas que pudieran haber sido investigados, imputados, acusados o condenados por los mismos. Por ello, por su naturaleza, un decreto de amnistía no puede hacer excepción de personas. Como lo dispone el artículo 104 del Código Penal: "La amnistía extingue la acción penal y hace cesar la ejecución de la condena y todas las consecuencias penales de la misma".

Por tanto, decretada una amnistía, todos los órganos del Estado (Poder Judicial, Poder Ejecutivo, Poder Ciudadano, Poder Electoral) están obligados a acatar la decisión legislativa y a dictar los actos que fueren necesarios para asegurar la ejecución del decreto de amnistía, de manera que el derecho o beneficio que otorga pueda ejercerse por las personas que se beneficien de la misma. Ellas no pueden quedar sujetas a juicio o apreciación de ninguna otra autoridad, y mucho menos de parte del Poder Ejecutivo, cuando en particular haya sido el artífice, por ejemplo, de una persecución política; o del Ministerio Público, cuando haya sido el brazo ejecutor de la misma como acusador en los procesos que se busca extinguir.

Fue un disparate constitucional, por tanto, que quien ejercía la Presidencia de la República, ante la iniciativa anunciada por la Mesa de la Unidad Democrática, y después de la abrumadora derrota que sufrió el gobierno y su partido en las elecciones del 6 de diciembre de 2015, hubiera declarado el 9 de diciembre de 2015 que: "No aceptaré ninguna ley de amnistía. Me podrán enviar mil leyes pero los asesinos de este pueblo tienen que pagar." [31]

Y más disparate constitucional e institucional fue la manifestación pública del Ministro de la Defensa en contra de la sanción de la Ley de Amnistía, llegando a afirmar que la misma "atenta contra la paz de la República, la democracia, la institucionalidad y contra la disciplina de la Fuerza Armada Nacional Bolivariana (FAN)," agregando que con la Ley "se legaliza la violación de los Derechos Humanos, favorece a los actores de delitos comunes, porque evidentemente hace una confesión de los delitos cometidos, es la relatoría de una confesión de partes, es una ley que busca el auto perdón." [32]

Como bien lo advirtió María Amparo Grau: al comentar este acto de "rebelión militar" contra la Asamblea Nacional:

> "No le corresponde a ningún Ministro del Ejecutivo, y mucho menos a un miembro de la Fuerza Armada Nacional, pronunciarse sobre la legitimidad y conveniencia de las leyes, pues carece de toda competencia para ello y subvierte el orden constitucional cuando las cuestiona. Su obligación es cumplirlas, nunca desconocerlas y menos aún, fuera de todo cauce legal, atacarlas.

> Es de reconocer que tal ataque en este caso conlleva otro gravísimo aspecto, no sólo el de la rebelión de un funcionario ante la ley, sino la de un militar […].

---

31 Véase "Maduro anuncia que vetará la Ley de Amnistía que prepara la oposición," *El Mundo*, 9 de diciembre de 2015, en http://www.bbc.com/mundo/noticias/2015/12/151208_venezuela_maduro_le y_amnistia_az Véase la critica a este anuncio presidencial formulada por Alberto Arteaga, en la entrevista "Arteaga: Maduro está irrespetando al Poder Legislativo al adelantarse a Ley de Amnistía, en *El Cooperante*, 11 diciembre 2015, en http://elcooperante.com/nicolas-maduro-esta-irrespetando-al-poder-legislativo-al-adelantarse-a-ley-de-amnistia/

32 Véase la reseña de lo declarado por el Ministro en: "Padrino López: Ley de Amnistía atenta contra el Estado de derecho," en *El Universal*, Caracas 6 de abril de 2016, en http://www.eluniversal.com/noticias/politica/padrino-lopez-ley-amnistia-atenta-contra-estado-derecho_248405.

Ante este plan de rebelión militar respecto de una la Ley, signado por el desconocimiento de lo que significa el Estado de Derecho, la separación de los poderes, las competencias y funciones del Estado y la independencia del juez; cualquier pronunciamiento de la Sala Constitucional podría considerarse, cuando menos, suspicaz."[33]

2. Sobre la forma del decreto legislativo de amnistía y la ilegítima mutación de la Constitución por la Sala Constitucional

La reacción del Presidente de la República contra el proyecto de amnistía, en todo caso, fue un disparate legal al desconocer la prerrogativa parlamentaria; la cual por lo demás, al ejercerse por la Asamblea conforme a la Constitución, no necesariamente debe revestir la forma de una "ley," para cuya sanción se siga el procedimiento de formación de las leyes establecido en la Constitución (arts. 202 ss.), que tenga que remitirse para su ejecútese al Presidente de la República, y éste pueda objetarlo. Siendo la decisión de decretar amnistías un privilegio de la Asamblea Nacional, a ésta le corresponde, única y exclusivamente, determinar en cada caso, cuándo, cómo, con cuál extensión y en qué forma va a decretarla.

Por ello, lo primero que hay que tener en cuenta es lo antes dicho de que no necesariamente el decreto legislativo de amnistía debe tener la forma de una "ley." [34] La Constitución al enumerar las atribuciones de la Asamblea Nacional lo que indica es que la misma tiene competencia para "decretar amnistías," (art. 187.5), sin exigir, como lo hace en otras normas, que el acto parlamentario tenga que ser necesariamente emitido con forma de "ley," como por ejemplo ocurre, en el mismo artículo 187, en materia de tratados o convenios internacionales que solo deben ser aprobados por ley (art. 187.18).

Esto significa que es potestad exclusiva de la Asamblea Nacional escoger la forma que ha de revestir el acto parlamentario con-

---

33   Véase María Amparo Grau, "La rebelión militar contra la fuerza de la ley," en *El Nacional*, Caracas 13 de abril de 2016.

34   Ello ha sido así, además, en el constitucionalismo histórico. Salvo la Constitución de 1961 que es la única que exigió que la amnistía se decretase mediante una "ley especial" (art. 139), ninguna otra Constitución estableció esa limitante, habiendo sido siempre una prerrogativa política del Congreso sin indicación en las Constituciones de la necesidad de tener forma de ley. Además, en algunas Constituciones de corte autoritario, incluso se reguló dicha facultad de decretar amnistías como una prerrogativa del propio Poder Ejecutivo (Constituciones de 1904, 1909, 1914, 1953). Véase Román José Duque Corredor, "Fuente de derecho de la amnistía," *Nota para el Foro Penal Venezolano*, 13 de diciembre de 2015.

tentivo del decreto de amnistía, que puede ser mediante ley o mediante un acto parlamentario sin forma de ley, que bien puede tener la denominación constitucional de "decreto" legislativo de amnistía. Por supuesto, si la Asamblea en el mismo decreto de amnistía, procede por ejemplo, a reformar alguna ley, o a derogar alguna disposición legal, tendría que darle la forma de ley pues las leyes solo se derogan por otras leyes (art. 218, Constitución).

Y en tal caso, si la Asamblea optase por emitir el decreto de amnistía mediante la forma de ley, la misma, por ser una decisión esencialmente privativa de orden político de la Asamblea, no podría considerarse como una ley ordinaria pues, por ejemplo, la misma no podría ser objeto de abrogación popular mediante referendo abrogatorio (art. 74, Constitución).

La Asamblea, por tanto, podía optar por emitir un decreto de amnistía mediante un acto parlamentario sin forma de ley, como lo autoriza la Constitución, en cuyo caso no estaba obligada a enviarle el texto al Poder Ejecutivo en forma alguna, y menos para su "ejecútese" o promulgación, que solo procede respecto de las leyes (art. 213). En ese caso, si la Asamblea Nacional optaba por emitir el decreto de amnistía como un acto parlamentario sin forma de ley, hubiera sido la propia Asamblea la que debía ordenar la publicación de su propio acto como sucede con todos los acuerdos que dicta, y la misma no podía ser objetada en forma alguna por los otros poderes del Estado, incluido el Presidente de la República.[35] En ese caso, el Presidente de la República no tenía competencia ni atribución constitucional alguna para aceptar o negar la decisión política privativa que podía adoptar la Asamblea Nacional como representante del pueblo en materia de amnistía.

Pero por supuesto, como se dijo, la Asamblea Nacional también podía decretar la amnistía actuando para ello como cuerpo legislador y utilizando la forma de "ley" (arts. 202, 212), como en efecto ocurrió con la sanción de la Ley de Amnistía y Reconciliación Nacional por la Asamblea Nacional el día 29 de marzo de 2016, la cual a pesar de que ello implicaba que la "ley" tenía que ser remitida para su promulgación al Poder Ejecutivo, la misma, consideramos

---

35 Por ello, en ese caso, el Poder Ejecutivo no tenía base constitucional alguna para lanzar la bravucona amenaza de que "no aceptará ninguna ley de amnistía," como la que expresó el Sr. Maduro en diciembre de 2015. Véase "Maduro anuncia que vetará la Ley de Amnistía que prepara la oposición," *El Mundo*, 9 de diciembre de 2015, en http://www.bbc.com/mundo/noticias/2015/12/151208_venezuela_maduro_ley_amnistia_az.

que "como Ley de carácter político, no podría ser vetada por el Presidente de la República." [36]

Y para el caso de que el Presidente decidiera cuestionar la ley de amnistía por motivos de constitucionalidad con base en la previsión del artículo 214 de la Constitución, tratándose como lo es de una decisión de carácter político, el mismo solo podía ejercer su facultad de objetar la ley por razones de inconstitucionalidad ante la Sala Constitucional del Tribunal Supremo, únicamente basado en consideraciones respecto de los únicos límites impuestos en la Constitución al decreto de amnistía, que es que con la misma no se puede despenalizar los hechos punibles correspondientes a delitos de lesa humanidad, a violaciones graves a los derechos humanos y a crímenes de guerra; únicos aspectos que la Sala podía controlar.

Sin embargo, en el caso de la Ley de Amnistía y Reconciliación Nacional que fue sancionado la Asamblea Nacional el día 29 de marzo de 2016, por una parte, la Sala Constitucional de una vez resolvió sobre la forma jurídica del decreto de amnistía, mutando la Constitución, imponiendo inconstitucionalmente la forma única de "ley" para el decreto de amnistía, limitando la potestad de la Asamblea para ejercer su prerrogativa constitucional sin limitación ni constreñimiento por parte de los otros Poderes Públicos. Sin mayor argumentación, en efecto, contrariamente a lo antes comentado, la Sala Constitucional advirtió en su sentencia,- aun cuando de paso -, que "las amnistías en Venezuela [...] son leyes que deben seguir el proceso de formación legislativa," agregando en otra parte que:

"al ser medidas de carácter general que se conceden por parte de la Asamblea Nacional, las amnistías *deben estar consagradas en leyes* que deben seguir [...] el proceso de formación legislativa."

Con ello, en definitiva, la Sala sentenció que donde la Constitución dice como competencia de la Asamblea Nacional "decretar amnistías" (art 187.5), a partir de la sentencia de la Sala Constitucional, ahora dice "decretar amnistías *mediante ley"* o "decretar

---

36 Véase Allan R. Brewer-Carías, "Sobre el decreto de amnistía anunciado por la Mesa de la Unidad Democrática para ser dictado por la nueva Asamblea Nacional," 12 de diciembre 2015, en http://www.allanbrewercarias.com/Content/449725d9-f1cb-474b-8ab2-41efb849fea3/Content/a.%20Brewer.%20SOBRE%20EL%20DECRETO%20DE%20LA%20AMNIST%C3%8DA%20PRPUESTO%20PARA%20SER%20DICTADO%20POR%20LA%20NUEVA%20ASAMBLEA%20NACIONAL%20dic%20%202015.pdf.

leyes de amnistía," lo que no es más que una mutación ilegítima de la Constitución.

Pero por otra parte, la Sala Constitucional, lejos de controlar los únicos aspectos que podían ser constitucionalmente controlables respecto del ejercicio de la potestad de decretar una amnistía por la Asamblea Nacional, que se refieren a las limitaciones a la prerrogativa parlamentaria en el sentido de que no puede nunca referirse a delitos de lesa humanidad, a violaciones graves a los derechos humanos y a crímenes de guerra; la Sala Constitucional pasó a controlar aspectos no controlables, cercenando definitivamente la potestad de la Asamblea de actuar, con motivación política, como órgano político que es por excelencia, y así declarar la totalidad del articulado de la Ley como inconstitucional.

3. *El desconocimiento de la potestad legislativa de decretar amnistía y la extralimitación del Juez Constitucional*

En efecto, la Sala Constitucional comenzó su sentencia precisando su propia competencia para controlar el ejercicio por la Asamblea Nacional de su potestad de decretar amnistía, incurriendo de entrada en una inconstitucionalidad al considerar que dicho control podía extenderse más allá de los antes mencionados límites constitucionales.

Para ello, la Sala Constitucional si bien admitió que "la naturaleza de la amnistía como 'derecho de gracia,' en sus manifestaciones más generales está signada por motivaciones netamente políticas" que se refieren a la " *oportunidad y conveniencia* [...]de la legislación," (Nº 1002 del 26 de mayo de 2004, caso: Federación Médica Venezolana), " lo que precisamente conforma el ámbito de la actuación parlamentaria excluido de control de constitucionalidad; la Sala, sin embargo, redujo ese ámbito al considerar que si bien el órgano legislativo puede "escoger las razones que mejor puedan justificar su elección; no obstante, tal desenvolvimiento debe producirse igualmente en el marco de las razones que concreta y racionalmente permita la norma que le sirva de fundamento jurídico (*v. gr.* la Constitución)," erigiéndose la Sala en el juez para evaluar tales razones, sin tener competencia para ello. Como lo expresó Laura Louza, la decisión de la Sala Constitucional:

> "viola la Constitución, por desconocer que la amnistía es una decisión política de exclusiva competencia del Poder Legislativo destinada a contribuir a la paz, y que solo puede estar sujeta al control de ese tribunal por razones jurídicas. En consecuencia la Sala Constitu-

cional solo es competente para determinar si el texto de la propuesta legal cumple con las reglas de la Constitución o no, sin que ese control pueda extenderse a la oportunidad o conveniencia del proyecto."[37]

Al contrario, según la Sala, "el legislador en el ejercicio de sus funciones debe actuar bajo el principio de racionalidad o de no arbitrariedad," debiendo toda medida que adopte:

> "responder o ser idónea a los fines y límites que el ordenamiento jurídico establece, lo cual, en el caso del otorgamiento de amnistías, encuentra -como se señaló supra- entre otras restricciones no sólo el cumplimiento del propio proceso de formación legislativa, sino además responde a distintas limitaciones de orden material vinculadas, por ejemplo, con el respeto a los derechos humanos (artículo 29 de la Constitución), el resguardo de la conformidad con el ordenamiento jurídico como expresión de la necesaria juridicidad de la actuación de Estado (*vid.* Sentencia número 570 del 2 de junio de 2014), el apego a las normas que desarrollan las distintas facultades legislativas y la debida correspondencia con la consecución de unos fines determinados, como son "la construcción de una sociedad justa y amante de la paz, la promoción de la prosperidad y bienestar del pueblo y la garantía del cumplimiento de los principios, derechos y deberes consagrados en esta Constitución" (artículo 3 constitucional)."

Esos principios ciertamente están en la Constitución, y por supuesto deben seguirse por todos los órganos del Estado, incluso la propia Sala Constitucional; pero en materia de amnistía, como lo reconoció la Sala, el Constituyente solo los desarrolló en los términos de las prohibiciones contenidas en los artículos 29 y 74 de la Constitución que prevén la imposibilidad de acordar amnistía respecto de hechos punibles vinculados a delitos de lesa humanidad, violaciones graves de los derechos humanos y crímenes de guerra, y de la previsión constitucional que impide someter una ley de amnistía a referendo abrogatorio, precisamente por su carácter de privilegio de la Asamblea.

---

37   Véase Laura Louza, "El TSJ le quita al país la paz de la Ley de Amnistía. Un Estado de Derecho sin paz ni justicia no es un Estado de Derecho." 16 abril 2016, en http://el-informe.com/16/04/2016/opinion/el-tsj-le-quita-al-pais-la-paz-de-la-ley-de-amnistia/.

Sin embargo, después de reconocer dichos únicos límites constitucionales que se aplican a la amnistía, en forma por demás incomprensible, la Sala agregó que:

"la legislación nacional ha omitido el desarrollo de la institución de la amnistía -a diferencia de lo que ocurre en derecho comparado respecto de las instituciones de gracia-, en cuanto al establecimiento de los parámetros que deben servir de base para su acuerdo y que la excluyan del marco de la completa discrecionalidad y arbitrariedad, por ejemplo, relacionados con la naturaleza de la amnistía, los tipos penales que pueden ser objeto de la misma (*v. gr.* delitos políticos), la expresión de quienes pueden ser destinatarios de la ley y quienes quedan excluidos de la posibilidad de beneficiarse de la amnistía (*v. gr.* bien por rebeldía y la no estadía a derecho, o la reincidencia en la comisión de los mismos delitos, o por pertenecer al órgano concedente, etc.), la participación en el proceso de amnistía de los órganos del Sistema de Justicia que se consideren pertinentes, la determinación de los límites temporales que le aplican a los casos a ser incluidos, el procedimiento relativo a la solicitud que debe plantear quien se considere beneficiado ante el respectivo órgano jurisdiccional penal, y los recursos que se podrán interponer contra la decisión dictada por el tribunal de la causa, entre otros aspectos de orden sustantivo y adjetivo cuyo cumplimiento deba ser requerido -aunado al procedimiento de formación de las leyes- y que sirva de base o marco de medición de la actuación del Poder Legislativo, en cuanto a su apego al ordenamiento constitucional y legal."

Al afirmar todo esto, sin duda, la Sala Constitucional se olvidó de que todo ello es competencia, precisamente, de la propia Asamblea Nacional, y únicamente de ella, que es la que dicta la legislación nacional, siendo la propia Asamblea Nacional la llamada a determinar todos esos aspectos, de ser aplicables, en cada decreto específico de amnistía. La Sala Constitucional, al argumentar así, pareció pensar que esa "legislación nacional reguladora de la amnistía" tendría que haber sido dictada por "otro órgano" distinto de la Asamblea Nacional, para que ésta, al ejercer la potestad, se sometiera a tales regulaciones, lo cual es un absurdo; llegando incluso a afirmar que:

"no se ha dictado tal norma que desarrolle y regule la amnistía a través de una ley, que delimite la facultad de decretar amnistías que le otorga el numeral 5 del artículo 187 de la Constitución de la República Bolivariana de Venezuela, y permita en el marco constitucional su debido ejercicio."

En tal sentido cabría preguntarle: ¿Y quién dicta la ley, si no es la misma Asamblea Nacional? Es decir, la Sala Constitucional, con lo afirmado, lo que pretendió fue el absurdo de que la Asamblea Nacional, para decretar amnistías, debió haber dictado previamente una legislación para auto-regularse y reglamentarse a sí misma cómo y cuándo decretar una amnistía, que en cambio tiene el privilegio de dictar con las solas limitaciones constitucionales. La afirmación de la Sala, por tanto, es totalmente incongruente, pues se le olvidó que es la propia Asamblea Nacional, con base en lo dispuesto en la Constitución, la llamada a regular esas materias – de ello ser aplicable - al dictar cada decreto de amnistía. Por tanto, no tiene sentido alguno la afirmación que parece hacer la Sala de que supuestamente, antes de decretar una amnistía, la Asamblea Nacional tendría que dictar una ley auto-limitativa - ¿"orgánica" quizás? - regulando en general su propia potestad para decretar la amnistía, lo que no tiene sentido constitucional alguno.

Esta insinuación solo puede explicarse como manifestación de un ejercicio que realizó la Sala Constitucional en su sentencia, para decir, que en virtud de que al no haberse dictado la ley auto-reguladora, entonces existiría un supuesto "vacío" legislativo por no haber la propia Asamblea regulado la forma de ejercer su propia prerrogativa de decretar amnistías; entonces la propia a Sala supuestamente era el órgano llamado a llenar el "vacío" normativo mediante el ejercicio de un proceso de "integración del derecho." Ello no fue más que una manipulación jurídica, con intenciones aviesas, pues en el caso de la amnistía, no existía ni existe vacío normativo alguno, ni habría que realizar ningún ejercicio de integrar el derecho como lo hizo la Sala para limitar las potestades de la Asamblea Nacional, más allá de lo prescrito en la Constitución.

Ni más ni menos, lo que la Sala Constitucional buscó fue establecer una "legislación" que el Constituyente no ordenó, y que la Asamblea Nacional no tiene porqué dictar, para desde el Poder Judicial limitar el poder de la Asamblea Nacional. Tan absurdo como eso.

Para materializar el absurdo, la Sala comenzó con varios lugares comunes plagados de citas de autores extranjeros, como señalar que la potestad de la Asamblea para decretar amnistías, "no significa, sin más, la atribución de una facultad ilimitada al legislador," debiendo al contrario, la amnistía, "estar sujeta a ciertas limitaciones propias del orden jurídico constitucional" pues de lo contrario se podría traducir "en la práctica de una especie de potestad arbitraria por parte del referido órgano legislativo," o "de ejercicio arbitrario del poder."

En fin, que la "facultad de otorgar amnistía no puede ser el resultado de la arbitrariedad en el ejercicio del poder." Ello es así, como también lo es la potestad de control de constitucionalidad atribuida a la Sala Constitucional que tampoco es ilimitada, y que tampoco puede ser arbitrario.

La Sala Constitucional, sin embargo, concluyó señalando que:

> "si bien la Asamblea Nacional tiene atribuida la competencia de decretar amnistías, y sin perjuicio de que no se han definido a nivel constitucional o legal mayores límites expresos al alcance de esta institución, esto no significa que el parlamento pueda vulnerar los principios que inspiran la Constitución contenidos en los artículos 2 y 3, y que se constituyen en mandatos obligatorios, efectivizados a través del ejercicio de los derechos fundamentales, y del cumplimiento de las funciones de las autoridades estatales.
>
> De allí que, esa facultad legislativa de la Asamblea Nacional no es ilimitada, ya que la soberanía del poder constituido que ejerce, no puede vulnerar los principios y valores en que se funda la obra del poder constituyente.
>
> Al respecto, la Sala reconoce que cada órgano que ejerce el Poder Público debe tener un fin superior que cumplir establecido por la Constitución, por lo cual, la Asamblea Nacional debe sancionar las leyes respetando tanto los derechos, garantías y competencias fundamentales allí reconocidos, con razonabilidad y justicia, lo cual constituye una función más allá de un trámite formal, sino fundamentalmente sustantivo, que se manifiesta a través de un proceso de realización y ejecución normativa con exclusión de abuso de derecho, reconocido incluso como principio general del derecho, y *la desviación de poder*" (*vid*. Sentencia número 259 del 31 de marzo de 2016).

Todo ello, de nuevo es aplicable a todos los órganos del Estado, incluyendo a la propia Sala Constitucional; pero la misma, considerándose fuera de esos límites, solo pensó en la Asamblea Nacional como un órgano donde por lo visto reina la posibilidad de la arbitrariedad, considerando entonces que tratándose la amnistía de una decisión política, que tiene "la capacidad de modificar un proceso penal o una pena establecida mediante sentencia firme," ello supuestamente:

"abre un amplio campo a la arbitrariedad y a la desigualdad en la aplicación de las leyes, motivo por el cual el ordenamiento jurídico debe establecer límites y cautelas para que la institución de la amnistía no resulte incoherente con los principios que informan un Estado democrático y social de derecho y de justicia. Lo contrario resultaría incompatible con los postulados constitucionales."

Sin embargo, ignoró la Sala Constitucional que en el caso específico de la amnistía, fue la Constitución la que estableció expresamente esos límites, los cuales sin embargo fueron considerados insuficientes por la Sala, pasando entonces en forma inconstitucional a imponerlos, usurpando el Poder Constituyente, en una sentencia que obedeció a un proceso que denominó como de "operación de integración del Derecho," con lo cual - dijo - al "no conseguir una norma en la cual subsumir la controversia planteada," [¿ Cuál controversia? No lo dijo] procedió entonces la Sala a la tarea de "elaborar la norma para dar una solución pacífica al conflicto" [¿Cuál conflicto? No lo dijo].

Es decir, supuestamente "ante la ausencia de una regulación expresa" que la Constitución no exigió, y que supuestamente la Asamblea debió haber dictado para auto-regularse, la Sala Constitucional se consideró compelida a "recurrir al propio ordenamiento constitucional y los valores que lo inspiran en busca de la solución correcta para el conflicto que le corresponde resolver" [¿Cuál conflicto? Tampoco lo dijo], estableciéndole inconstitucionalmente todo tipo de límites a la Asamblea Nacional para ejercer del privilegio que tiene de decretar amnistías, con lo cual dejó de ser tal privilegio, lo que se confirmó con la declaratoria de inconstitucionalidad de la totalidad de la Ley.

4. Sobre las limitaciones a la potestad de la Asamblea Nacional para decretar amnistías impuestas ilegítimamente por el Juez Constitucional

Con base en lo anterior, la Sala Constitucional pasó entonces, impunemente -pues no tiene a nadie que la controle-, a establecer las limitaciones a la Asamblea Nacional en el ejercicio de su potestad de decretar amnistías, por vía de "integración del derecho," en virtud de que la propia Asamblea no se había auto-limitado con una especie de ley reguladora de su propia potestad de decretar amnistías. Para ello, la Sala comenzó por indicar que la Constitución, al conferir al Poder Legislativo tal potestad, "no faculta a la mayoría parlamentaria a violentar el espíritu constitucional de rechazo a la injusticia, que supone consagrar la impunidad para los violadores de derechos fundamentales." Consideró además, la Sala que "las amnistías al ser medidas absolutamente excepcionales [...] deben, por tal motivo, ser excepcionales en su concesión," debiendo concederse teniendo presente dos valores fundamentales:

> "por un lado, la justicia, la sanción a la impunidad, la preeminencia de los derechos humanos, la ética, la dignidad de la persona, y la condena de hechos punibles, y, por otro, la coexistencia de instituciones de gracia como las amnistías (en resguardo de valores como la convivencia social), que llevan a la necesidad de una ponderación que considere ambos valores, evitando que uno de ellos colapse respecto del otro."

Para ir construyendo las limitaciones que se propuso, la Sala insistió en considerar que:

> "el fundamento de las leyes de amnistía se basa, por una parte, en la pacificación y reconciliación nacional como una condición necesaria para garantizar la continuidad del sistema democrático, mientras que, por otro lado, se cimienta en la justicia (artículos 1, 2 y 3 constitucionales) que conlleva a admitir una confrontación de valores que debe ser analizado mediante un test de ponderación en el cual se analice no solo el respeto de los derechos humanos ante la certera comisión de hechos punibles y su calificación como políticos o no, sino en igual medida respecto de la consagración constitucional de un Estado democrático y social de Derecho y de Justicia, previsto en el artículo 2 del Texto Constitucional."

Frente al "conflicto entre los referidos valores y principios constitucionales," la Sala pasó en su sentencia a analizar el principio de la "preeminencia de los derechos humanos como valor preponderante," haciendo referencia de nuevo a la norma del artículo 29 de la Constitución que establece límites a los beneficios procesales que puedan conllevar a la impunidad de delitos de lesa humanidad, violaciones graves cometidas contra los derechos humanos, y crímenes de guerra, considerando que "los derechos fundamentales, que constituyen la concretización de la opción garantista de la Constitución, se convierten en el parámetro de validez sustancial o límite de todos los actos del poder estatal." De allí, la Sala pasó a considerar que "la amnistía ha de cumplir con los principios de proporcionalidad y razonabilidad a los que debe someterse todo acto del poder público que incida en la vigencia de los derechos fundamentales," considerando que:

"una ley de amnistía no podría consagrar el perdón de hechos encuadrados en delitos que expresen un manifiesto desprecio por la vida, la integridad y la dignidad de las personas, ya que ello supondría desconocer la vigencia de tales derechos, utilizando la amnistía para sustraer de la acción de la justicia a determinadas personas, y afectando el derecho de acceso a la justicia de los perjudicados por los actos amnistiados."

Ello -que no era el caso de la Ley de Amnistía bajo análisis- , conforme a la Sala, significaría "un vaciamiento de los contenidos esenciales del Texto Constitucional, al legislarse en contra o fuera del marco de los valores, principios y garantías institucionales que contienen los derechos fundamentales," volviendo a afirmar que "la atribución que tiene la Asamblea Nacional de decretar amnistías, no significa que el parlamento pueda acordarla respecto a crímenes de lesa humanidad, crímenes de guerra y violaciones graves a los derechos humanos," que es lo que dice la Constitución.

Pero más allá de los límites constitucionales, que era donde la Sala Constitucional quería llegar, la misma planteó que:

"al otorgar la Constitución a los derechos humanos fundamentales una supremacía frente a la ley, se exige una autolimitación y no injerencia o intervención de los poderes públicos en la esfera individual, que es vulnerada por la amnistía cuando ordena al sistema de justicia a que no investigue, ni procese y libere a quienes han sido condenados por cometer delitos graves contra la vida, la integridad física, la libertad y el derecho a la justicia.

Por ello, afirmar que la intervención legislativa deba realizarse en el marco de la Constitución es sostener que la restricción de la defensa de la persona humana debe ser excepcional, como excepcionales son las leyes de amnistía. [...]

Por ende, la amnistía -de considerarse procedente en determinadas condiciones- debe suponer una expresión del respeto a la Constitución y a los valores, principios y derechos fundamentales por ella garantizados, en una relación de equilibrio balanceado que considere la fundamentalidad de la dignidad de la persona humana."

Luego la Sala se refirió al derecho a la vida considerando que las "leyes de amnistía, son la expresión de una acción omisiva del Estado que puede eventualmente llevar a desproteger el derecho a la vida;" y al principio según el cual "el análisis de la amnistía conlleva también a asumir una postura ética determinada en relación con los victimarios y perjudicados (víctimas) de los hechos punibles objeto de la misma, en la que sin lugar a dudas la opción moral por la reivindicación de las víctimas es la que se pone de parte del más débil en búsqueda del equilibrio social que se pretende reestablecer," considerando que existe en la materia una "prohibición de desconocer a las víctimas directamente vinculadas con la determinación de los autores."

Con base en todo lo anterior, formulando afirmaciones acompañadas de infinidad de citas, manipulando a veces la opinión de destacados autores, pasó la Sala a precisar su rol como "Máximo Árbitro de la República" en la "protección y garantía suprema de la Constitución, incluso frente a vulneraciones de la misma que incluso pudieran provenir del propio Poder Legislativo Nacional," lo que le permitía, - afirmó la Sala - "analizar la institución de amnistía y de su limitación a la arbitrariedad del legislador," considerando para ello el "principio de justicia," "el principio de proporcionalidad," y el principio de la "preeminencia de los derechos humanos." A esos principios, añadió la Sala el principio de que las amnistías pueden instituirse "como un medio jurídico para un proceso de reconciliación, normalización y equilibrada convivencia, erigiéndose en un 'pacto de paz', que sea capaz de establecer un nuevo orden que pretende impedir que se reediten los hechos que se pretenden excluir del *ius puniendi* y someterlos al olvido," lo que sin embargo no habilita "a una contribución de la impunidad ni a la legitimación de atropellos contra el Estado de Derecho." En fin, que "los derechos fundamentales como límites a la actuación del Poder Público, se constituyen también en límites a la potestad legislativa de otorgar amnistías."

Luego pasó la Sala a analizar la democracia "vinculada a la garantía de los derechos fundamentales" consagrados en la Constitución, afirmando no sólo que "no hay democracia sin limitación y no hay limitación sin control que lo haga efectivo," sino también afirmando que "no es posible afirmar o concluir que cualquier decisión de la mayoría en ejercicio de la democracia directa o indirecta al ser legítimas, sea necesariamente conformes a derecho."

Consideró además la Sala que "el concepto de soberanía" que reside en el pueblo, "prohíbe que sea usurpada por una persona o grupo de ellas, sean mayoritarias o no en alguna de las instituciones que como la Asamblea Nacional […] ya que la soberanía no pertenece a ningún hombre o sector de la sociedad distinto al pueblo entero." Se refirió luego la Sala a la "pretendida legitimación de la Asamblea Nacional para actuar en representación del 'pueblo,'" destacando que "existen prohibiciones materiales en cuanto al contenido de los actos decisorios, que se reflejan en la imposibilidad de legitimar por las mayorías, decisiones contrarias a los derechos fundamentales."

Todo ello lo afirmó la Sala, no para reafirmar la democracia o la soberanía, sino para romperla y usurparla y desconocer el sentido de la acción política cuando la mayoría de la representación popular en la Asamblea Nacional está controlada por la oposición al Gobierno, que es lo que para la Sala Constitucional motivó su decisión de cercenar la propia potestad de la Asamblea. Por ello, como lo ha expresado Carlos Reverón Boulton, para la Sala, "en lo sucesivo, jamás podrá dictarse una Ley de Amnistía, pues precisamente a través de esas leyes se perdona el delito, el cual siempre supondrá un agravio contra una víctima concreta que se ha visto perjudicada por quién ha sido perdonado por la amnistía." [38]

5. La inconstitucional declaración de inconstitucionalidad de la Ley de Amnistía y Reconciliación Nacional

Con base en todos los conceptos que hemos resumido anteriormente, la larga sentencia de la Sala pasó luego a ejercer el control de la constitucionalidad de la Ley de amnistía y Reconciliación Nacional sancionada por la Asamblea Nacional el 29 de marzo de 2016, declarando de plano su inconstitucionalidad total, después de haber hecho un ejercicio de declarar inconstitucionales determinadas normas de la Ley.

A. La supuesta inexistencia de los presupuestos para acordar la amnistía en el caso de la Ley de Amnistía y Reconciliación Nacional

La Sala comenzó declarando la inconstitucionalidad de la globalidad de la Ley por considerar que había en el caso, "inexistencia de los presupuestos para acordar amnistías." Para formular semejante afirmación, la Sala consideró una serie de principios y lugares comunes, tales como que "la impunidad es injusticia, pues no da al criminal el castigo que le corresponde; y el Estado no cumple con su misión fundamental de mantener el orden y de defender los derechos de los ciudadanos;" y que "no es posible sostener que se pueda

---

38 Véase Carlos Reverón Boulton, "Lo peor de la inconstitucionalidad de la ley de Amnistía," 24 abril 2016, en *Guayoyo en letras*, en http://guayoyoenletras.net/2016/04/24/lo-peor-la-inconstitucionalidad-la-ley-amnistia/.

atribuir una potestad arbitraria e irracional a ningún órgano que ejerza el Poder Público," afirmando que:

> "la amnistía no puede constituir una institución que niegue o desconozca, fuera de todo parámetro de razonabilidad los elementos cardinales que caracterizan y definen el ordenamiento jurídico venezolano, como un sistema de normas que limitan el ejercicio del poder y que tienen como presupuesto antropológico el respeto de los derechos fundamentales consagrados en el Texto Fundamental."

Consideró la Sala, en forma hipotética, que "la amnistía, en sentido general y abstracto, podría constituir un verdadero contrasentido al sistema de garantías que resguarda derechos fundamentales y la obligatoriedad del sometimiento al ordenamiento jurídico," pudiendo "desempeñar funciones contradictorias en la sociedad en la que se aplica," pues "puede representar un hito que arruine la esfera pública, debilite la institucionalidad democrática y destruya el Estado de Derecho y de Justicia consagrado en la Constitución."

Y como por arte de magia, después de realizar esas afirmaciones generales, la Sala limitó exclusivamente la posibilidad de decretar la amnistía, sin ninguna fundamentación, a situaciones en las cuales se manifiesta como "justicia transicional," referidas "a verdaderos momentos de ruptura y la necesidad de instaurar una comunidad política;" y entonces, considerando que como esas circunstancias "no se aprecian como presupuesto y contexto de la situación de autos," ello, de entrada, a juicio de la Sala, supuestamente:

> "invalida de conformidad con la Constitución la Ley bajo examen, tal como se evidencia del objeto de la misma (artículo 1) y el resto de sus normas. Así se decide."

Es decir, la Sala comenzó declarando la inconstitucionalidad de la Ley de Amnistía, por considerar que supuestamente no estaban dadas las condiciones para decretarla, cuando ello corresponde ser evaluado y considerado única y exclusivamente al órgano político de representación popular, en lo que la Sala no puede inmiscuirse. Como lo explicó José Ignacio Hernández, "con este razonamiento, en realidad, la Sala Constitucional está controlando la oportunidad y conveniencia de la amnistía, lo que según la doctrina anterior de la propia Sala, no puede ser control."[39]

---

39   Véase en José Ignacio Hernández, "Sala constitucional del TSJ: el nuevo Superpoder vs. la Ley de amnistía," 12 abril de 2016, en http://pararesca-

No contenta con esto, la Sala pasó luego a reforzar su declaratoria de inconstitucionalidad de la Ley, refiriéndose a diversas normas de la misma.

B. *La inconstitucionalidad con respecto a la calificación de los delitos políticos.*

En esta forma la Sala pasó a considerar la inconstitucionalidad de la Ley de Amnistía y Reconciliación Nacional, partiendo del supuesto también sin sentido, de que la misma no era otra cosa sino:

> "la consolidación de leyes de auto-amnistía o de impunidad, en el marco de la comisión de delitos comunes, bajo el manto de una pretendida protección manipulativa de salvaguarda de los derechos humanos."

Para justificar la afirmación, y después de argumentar sobre la diferencia entre delitos políticos y delitos comunes, y constatar que algunos países limitaban la amnistía a solo delitos políticos, reservando el indulto para los delitos comunes, consideró que de una supuesta revisión exhaustiva del texto de la Ley, se podía advertir la "pretensión de otorgar amnistía a favor de todas aquellas personas 'investigadas, imputadas, acusadas o condenadas como autores o partícipes' de delitos claramente comunes y no políticos" (citando los artículos 6, 9, 11, 12, 14, 16, 16, 17, 19 de la Ley), considerando que con ello "en nada conducen o colaboran a una reconciliación nacional sino a una impunidad escandalosa en detrimento de la moral pública, subvirtiendo el orden moral y jurídico del país, en los términos antes expuestos." La expresión de la Sala, de que la Asamblea Nacional lo que buscaba era lograr una "impunidad escandalosa," es incomprensible, pues ello no se deduce en forma alguna de la Ley sancionada.

Con ello, en todo caso, la Sala sustituyó a la propia Asamblea, procediendo a juzgar si la amnistía contribuía o no a la reconciliación nacional, lo que solo la Asamblea podía hacer, concluyendo sin que la Constitución haya establecido ningún límite al respecto, también como por arte de magia, que:

> "habiéndose incluido en la Ley en cuestión, delitos comunes ajenos a esta figura constitucional, esta Sala no puede impartir su conformidad constitucional; y así se declara."

---

tarelpor-venir.blogspot.com/2016/04/blog-de-jose-ignacio-hernandezi-sala.html.

Y ello, a pesar de la referencia expresa contenida en la Ley de Amnistía, de que se trataba de delitos derivados de "hechos realizados en ejercicio de libertades ciudadanas y con fines políticos," entendiéndose que "se persigue una finalidad política o un móvil político cuando las protestas, manifestaciones, o reuniones en lugares públicos o privados; las ideas o informaciones divulgadas; o los acuerdos o pronunciamientos hayan estado dirigidos a reclamar contra alguna medida o norma adoptada por el gobierno nacional u otras autoridades" (Artículo 8).

De esto, la Sala, también como por arte de magia, concluyó que se trataba de "un solapamiento de la justicia," en orden a la consecución de una supuesta "reconciliación nacional o paz pública" cuyas bases "no se sustentan en un desacuerdo social subyacente," constituyendo ello, a juicio de la Sala:

> "una invitación que sentaría un terrible precedente, que instiga a la rebelión del particular contra la voluntad de la ley, la cual exige una reparación que vuelva a ratificar la autoridad del Estado mediante la imposición de una pena como resultado del trámite de un debido proceso."

Y para que no quedara duda de la posición de la Sala de querer juzgar políticamente la decisión del órgano político, procedió a insistir en que el "ejercicio de las libertades ciudadanas y con fines políticos" a que hace referencia la Ley no es ilimitado, y, por tanto, "no cualquier protesta, manifestación, reclamo o llamado contra el orden institucional es admisible, toda vez que si bien el artículo 68 constitucional prevé el derecho a manifestar, establece como límite a esta posibilidad su necesaria realización de forma pacífica," además, de las limitaciones que la propia Sala impuso al punto de su eliminación en sentencia N° 276 del 24 de abril de 2014, (caso: *"Gerardo Sánchez Chacón"*).[40] De todo ello, concluyó la Sala, advirtiendo que

> "el articulado de la Ley de Amnistía y Reconciliación Nacional (cfr. Artículos 2, 5, 8, 11 y 16), desconoce tal mandato y supone una generalización (que no excluye la violencia y el uso de las armas) en cuanto a las manifestaciones de protestas como 'ejercicio de liberta-

---

40   Véase los comentarios en Allan R. Brewer-Carías, "Un atentado contra la democracia: el secuestro del derecho político a manifestar mediante una ilegítima "reforma" legal efectuada por la Sala Constitucional del Tribunal Supremo," en *Revista de Derecho Público,* N° 138 (Segundo Trimestre 2014, Editorial Jurídica Venezolana, Caracas 2014, pp. 157-169.

des ciudadanas y con fines políticos,' que no es admisible bajo el prisma constitucional porque implicaría desconocer que Venezuela es un Estado democrático y social de Derecho y de Justicia. Así se declara."

C. *De la inconstitucionalidad por violación de los principios de legalidad y tipicidad.*

Luego pasó la Sala Constitucional a declarar que la Ley de amnistía, aun cuando con ella no se creaba delito alguno sino se despenalizaban unos hechos, supuestamente violaba el artículo 49.6 de la Constitución que establece la garantía de que ninguna persona puede ser sancionada por actos u omisiones que no estuvieren previamente previstos como delitos, faltas o infracciones en leyes preexistentes, y que consagra el principio de tipicidad y legalidad penal (*nullum poena nullum crime sine legge*). Ello implica, como lo precisó la Sala Constitucional, "la prohibición al legislador de establecer lo que la doctrina ha calificado como las normas penales en blanco, por cuanto toda conducta que constituya delito, así como las sanciones correspondientes, deben estar claramente previstas en la ley."

No tienen sentido alguno, por tanto, aplicar siquiera el principio respecto de una Ley de amnistía que no crea delito ni establece penas, sino muy por el contrario, despenaliza hechos mediante el beneficio de la amnistía, otorgada de acuerdo con la valoración política que la Asamblea Nacional pueda hacer en un momento político dado.

Sin embargo, de nuevo, la Sala Constitucional, buscando a como diera lugar imponer límites al Legislador, inventó la peregrina tesis de que los mismos principios de legalidad y tipicidad para establecer delitos también debía aplicarse "para el establecimiento de normas que prevean una excepción a la penalización de ciertos supuestos de hecho," exigiendo que dicha despenalización "debe estar especificada y determinada de manera concreta," considerando entonces que ello no se cumplía en la Ley de Amnistía y Reconciliación Nacional.

La Sala consideró, en efecto, que en la Ley controlada, había "numerosas normas penales en blanco, que violan el principio de tipicidad de los delitos y de las penas y, por tanto, de las normas de gracia que puedan comprenderlos en virtud de la ausencia de concreción y falta de determinación expresa de que adolecen los textos referidos," cuando ello no era posible, pues la Ley de amnistía no creaba delitos.

Sin embargo, entre esas normas supuestamente con penas "en blanco," la Sala destacó la del artículo 2 de la Ley que se refería a hechos que se habían "producido en circunstancias que menoscaban la confiabilidad en la administración imparcial de la justicia o permiten concluir que aquellas obedecen a una persecución política." Sobre ello, la Sala estimó que en ese contexto:

"no es posible determinar a qué circunstancias concretas se refiere el legislador, menoscabando la administración imparcial de la justicia, ya que el mismo no se vincula con la persecución política, la cual constituye una opción disyuntiva en la estructura de la norma, quedando entonces bajo este supuesto cualquier comisión de delito como, por ejemplo, los vinculados a corrupción, narcotráfico, estafas inmobiliarias, delitos bancarios, entre otros, que la propia norma deja abiertos contrariando por tanto, las consideraciones antes expuestas respecto de la constitucionalidad de la amnistía. Así se declara."

A igual errada conclusión llegó la Sala respecto del artículo 16 de la Ley que se refería a "hechos considerados punibles, u otras infracciones, cometidos o supuestamente cometidos por abogados, activistas o defensores de derechos humanos," deduciendo - todo en hipótesis - que ello podría beneficiar a:

"los autores, determinadores, cooperadores inmediatos y cómplices de delitos vinculados a corrupción, narcotráfico, estafas inmobiliarias, delitos bancarios, señalados anteriormente, lo cual sería un medio para la impunidad y el desconocimiento absoluto del sistema jurídico penal y constitucional vigente."

Sin embargo, aún basada en hipótesis, la Sala de plano concluyó declarando "la inconstitucionalidad de los artículos 2, 16 y 17 de la Ley de Amnistía y Reconciliación Nacional, que contrarían y vulneran las garantías contenidas en el artículo 49 de la Constitución de la República Bolivariana de Venezuela; y así se declara," a pesar de que las mismas no creaban delitos por lo que nunca podrían haber sido "normas penales en blanco."

La afirmación de la Sala, en todo caso, fue esencialmente equivocada, porque la Ley de Amnistía no tenía por objeto establecer delitos y penas, a cuyo efecto es que se establece la garantía del principio de tipicidad y legalidad, sino que tenía por objeto despenalizar hechos, es decir, dar una gracia en favor de personas, operación en la cual no tiene cabida aplicar la garantía mencionada.

D. La inconstitucionalidad por la violación de los principios de justicia y responsabilidad.

La Sala Constitucional pasó luego en su sentencia a decidir que la Ley de Amnistía y Reconciliación Nacional supuestamente también violaba principios como justicia y responsabilidad, para lo cual se refirió, no a un principio de la Constitución venezolana, sino de otras Constituciones, que –dijo– "suelen *prever de manera expresa* la prohibición de aplicación de tal prerrogativa a los supuestos de responsabilidad penal cometidos por algún miembro del órgano concedente, excluyéndolos de los sujetos susceptibles de beneficiarse por tal medida (*v. gr.* artículo 3 de la Constitución Española)."

Sin embargo, a pesar de reconocer que tal limitación, para poder ser aplicada requiere de texto expreso en la Constitución, la Sala Constitucional pasó a considerar que en la Ley de Amnistía y Reconciliación Nacional la Asamblea se debió prever lo mismo, considerando sin embargo, que la Ley de Amnistía:

"no sólo omite la exclusión expresa de sus propios miembros actuales como posibles beneficiarios de la ley en cualquiera de sus disposiciones, sino que, además, en su artículo 14 establece que "se concede amnistía por los presuntos hechos punibles que hubieran sido denunciados después de que el supuesto responsable del delito o falta hubiera sido electo como Diputado o Diputada a la Asamblea Nacional el 26 de septiembre de 2010, (...) si ello condujo al allanamiento de la inmunidad y a la separación forzosa de la Asamblea Nacional e inhabilitación política del Diputado o Diputada, o a que éstos renunciaran a la investidura parlamentaria para impedir dicho allanamiento de inmunidad y así evitar los efectos jurídicos derivados de la misma..."

De ello la Sala consideró que se trataba de "una tipificación tan amplia que pudiera abarcar a Diputados o Diputadas reelectos o reelectas en las elecciones del 6 de diciembre de 2015, y que actualmente se encuentren en funciones," como si ello incuso fuera un "delito."

Aparte de que no se trata de "tipificación" alguna, pues con la amnistía no se están creando delitos o tipos delictivos, sino despenalizándose hechos, la Sala consideró que se trataba de un supuesto de "auto-amnistía," considerando - siempre hipotéticamente – que con ello se exponía a la amnistía "a ceder con relativa facilidad, a que su ejercicio esté gobernado por la indebida arbitrariedad y parcialidad que vulneran el principio constitucional de justicia, de ética y moral."

Por otro lado, consideró la Sala, de nuevo sin atender a las limitaciones establecidas en la Constitución que son las únicas aplicables a la decisión que pueda adoptar la Asamblea Nacional en la materia, que "un elemento adicional de exclusión que suele ser común respecto de las instituciones de gracia," aun cuando sin decir donde ello se ha establecido y citando solo un libro que se refiere al indulto, "es que el posible beneficiario de la amnistía se encuentre prófugo, evadido o fuera de la disposición del sistema de justicia," lo que sin embargo correspondía exclusivamente a la Asamblea Nacional determinar, de acuerdo con la valoración política que hizo al conceder la amnistías.

La Sala, sin embargo, no lo consideró así, e impuso otra limitación a la potestad de la Asamblea de decretar amnistía, exigiendo que una vez despenalizados los hechos, sin embargo, ese beneficio no abarcaba a algunas personas. Con ello, la Sala Constitucional misma incurrió en inconstitucionalidad, al discriminar a determinadas personas por la situación procesal en la que pudieran encontrarse, violando el principio de la igualdad.

Así, sin tener potestad alguna para ello, la Sala consideró que los artículos 20 y 22 de la Ley de Amnistía y Reconciliación Nacional eran inconstitucionales, al abarcar con la amnistía que se decretaba para despenalizar hechos, y no para beneficiar a determinadas personas, a todos aquellos que pudieran estar incursos en los hechos punibles despenalizados, independientemente de que estuviesen o no "a derecho en los procesos penales correspondientes," (art. 20) decretando la "extinción de la acción penal, o, de ser el caso, la extinción de la pena," independientemente de si el "imputado o acusado no está a derecho, o si el condenado se ha sustraído del cumplimiento de la pena" (art. 22), autorizando en este caso, que la solicitud de aplicación de la Ley se pueda presentar por su representante judicial, su cónyuge u otras personas allegadas.

Todo ello, sin razón alguna, fue considerado inconstitucional por la Sala Constitucional, cuando en realidad, inconstitucional fue la discriminación que la misma impuso, basándose para ello en el deber constitucional que tiene toda persona de cumplir y acatar la Constitución (art. 131), de lo cual dedujo, pura y simplemente, que "quienes no se encuentran a derecho, tienen sobre sí el deber de presentarse al proceso, y acatar una orden judicial," que ha sido "producto de un trámite en el cual dicho ciudadano tuvo oportunidad de defenderse y alegar razones contrarias a las sostenidas por la parte acusadora (vid. Decisión de la Sala Constitucional número 1.806/2008)."

Es decir, la Sala, reiterando lo que expuso en sentencias Nos. 1.511/2008; 840/2010; 578/2012 y 1.312/2014, sentó el criterio absoluto e inconstitucional, por discriminatorio, de que una vez despenalizados unos hechos, una persona beneficiada por la amnistía que se hubiera negado a entregarse a sus perseguidores, por ejemplo, permaneciendo fuera del país, quedaría excluido del beneficio de la amnistía. Para ello la Sala indicó que para que cualquier imputado, acusado o procesado pueda presentar cualquier solicitud en justicia "es imprescindible la estadía a derecho," considerando que:

> "resulta contradictorio que un procesado que no se encuentre a derecho pretenda llevar a cabo solicitudes o invocar derechos (...) cuando ni siquiera ha cumplido con su obligación procesal de acatar el mandamiento judicial devenido de una orden de aprehensión."

Confundió así la Sala Constitucional los requisitos procesales en los trámites ordinarios del proceso penal, que para determinados actos, como la realización de la audiencia preliminar, que por su carácter personalísimo, por ejemplo, el Código Orgánico Procesal Penal requieren la presencia personal del procesado; con el beneficio de la amnistía que deriva de la despenalización de los hechos, lo que de por sí, y en esencia, no puede conducir a "excluir" del beneficio a determinadas personas por consideraciones adjetivas o procesales, pues ello sería inconstitucional. Sin embargo, la Sala, al contrario, lo que le impuso a la Asamblea Nacional fue una limitación que no tiene base constitucional, y más bien viola la Constitución por discriminatoria, en el sentido de que si va a decretar una amnistía, por ejemplo, por delitos políticos, despenalizando determinados hechos punibles, esa amnistía no puede beneficiar sino a las personas que estén bajo rejas, en prisión, excluyendo a quienes están exiliadas precisamente para evitar ser encarceladas por delitos que por ejemplo estimen que no cometieron.

Para justificar la inconstitucional discriminación y exigir la pérdida de la libertad para que alguien se pueda beneficiar de la amnistía, la Sala concluyó con el absurdo de que como las órdenes judiciales como la detención de una persona deben ser cumplidas – dando primacía así a la pérdida de la libertad frente a la libertad misma –, entonces si se otorga una amnistía que beneficie a una persona que logró evadir la detención, o que estaba fuera del país cuando se ordenó la detención, entonces ello sería una forma de evadir la orden de detención "a través de mecanismos jurídicamente admitidos." Con ello, a juicio de la Sala, incluso se produciría "un fraude al principio de acatamiento a las órdenes de la autoridad, haciendo que opere una norma jurídica con la finalidad de evitar la aplicación de otra."[41]

De este nuevo absurdo, dedujo entonces la Sala Constitucional que la Asamblea Nacional, al incluir las normas citadas en la Ley de Amnistía y Reconciliación Nacional, había incurrido en "un fraude del orden constitucional" declarando la inconstitucionalidad de las normas, pero incurriendo en discriminación y violación del principio de igualdad y de la libertad ante un beneficio de orden constitucional como es la amnistía.

La Sala finalmente también consideró, sin base constitucional alguna, que la amnistía no podía beneficiar a los reincidentes, por lo que al no estar estos excluidos "de un posible beneficiario de la amnistía" en la ley sancionada, la Asamblea, a juicio de la Sala, ignoró - todo hipotéticamente – "la alta probabilidad de que recaiga en las conductas que llevaron a procesarla penalmente en diversas oportunidades por la comisión de hechos punibles." La Sala, dijo entonces, también sin fundamento alguno, que como algunas instituciones de gracia, como la conmutación, estaban excluidas respecto del reincidente en el Código Penal (art. 56), entonces la Asamblea Nacional también debió excluir a los reincidentes de la amnistía, cuando para ello no existe limitación constitucional alguna.

De todo lo expuesto, concluyó entonces la Sala, pura y simplemente, declarando en cuanto a las disposiciones citadas relativas "a la no exclusión de los miembros del órgano otorgante, del prófugo, evadido o no a disposición del sistema de justicia y del reincidente como posibles beneficiarios de la ley," que la misma no podía "declarar su constitucionalidad, de conformidad con los artículos 2 y 3 de la Constitución de la República Bolivariana de Venezuela; y así se decide," de lo que se deduce que lo que hizo fue declarar su inconstitucionalidad, pero expresada en forma oblicua, y basada a su

---

41   A tal efecto, citando a Messineo, destacado autor de derecho mercantil, la sala consideró que "el fraude a la ley se caracteriza por la circunstancia de que se respeta la letra de la ley, mientras que, de hecho, se trata de eludir su aplicación y de contravenir su finalidad con medios indirectos."La cita en la sentencia es: MESSINEO, F. *Manual de Derecho Civil y Comercial*. Trad: Santiago Sentís Melendo. Buenos Aires: EJEA, 1979, Tomo II, p. 480.

vez en una inconstitucionalidad en la cual incurrió, al establecer con ello una violación de la garantías de la igualdad y de la libertad personal, y de no discriminación que establece el artículo 19 de la Constitución.

6. *La inconstitucionalidad de la amnistía respecto de las infracciones administrativas.*

La Sala Constitucional, adicionalmente consideró inconstitucional que la Ley de Amnistía y Reconciliación Nacional regulara entre los supuestos comprendidos en la misma, a "situaciones o circunstancias relacionadas a infracciones administrativas enmarcadas en la defensa del patrimonio público y la lucha contra la corrupción," haciendo referencia a los artículos 15 y 19 de la Ley, que contemplaban la despenalización de hechos punibles, en los casos de: (i) "supuestos enriquecimientos ilícitos que hayan tenido como único sustento el procedimiento de verificación patrimonial efectuado por la Contraloría General de la República" (art. 15.b); (ii) de actos en los cuales "no haya habido recepción, apoderamiento o sustracción de bienes o fondos públicos en beneficio particular"(art. 19.a); y (iii) de "omisiones, inexactitudes o incumplimientos vinculados a la obligación de presentar, la declaración jurada de patrimonio" siempre que la declaración "haya sido presentada aunque luego del vencimiento del plazo legal."

De estas previsiones, la Sala Constitucional pura y simplemente dedujo que la Asamblea Nacional había hecho "un aprovechamiento arbitrario de la amnistía que la extiende a situaciones que rebasan la naturaleza excepcional de tal institución y que implican, además, un desconocimiento flagrante a la legalidad y constitucionalidad de las sanciones impuestas por la Contraloría General de la República," cuando la Constitución no regula ni excluye ningún ámbito de despenalización salvo los límites mencionados de delitos de lesa humanidad, delitos graves contra los derechos humanos, y crímenes de guerra.

Sin embargo, la Sala concluyó que al incluir la despenalización respecto de infracciones administrativas en la Ley, ello puso de manifiesto que la Asamblea se había desviado "ampliamente" del propósito especial y excepcional de la amnistía, concluyendo igualmente en este caso, que "no puede impartir la conformidad de la ley con la Constitución," lo que se entiende igualmente que es una declaración oblicua de inconstitucionalidad.

7. La inconstitucionalidad de la amnistía por violación al principio de soberanía

La Sala Constitucional también declaró la inconstitucionalidad del artículo 18 de la Ley de Amnistía y Reconciliación Nacional, nada menos que por violación al principio de la soberanía, por el hecho de que en la norma se previó que el juez competente para verificar las circunstancias relativas a la efectividad de la amnistía, debía tener en cuenta que el condenado hubiese sido "excluido de la lista o base de datos de personas requeridas" por la INTERPOL "al considerarse que la persecución penal se refiere a delitos políticos;" y además, que los Órganos de protección Internacional de los derechos humanos (Comisión o la Corte Interamericana de Derechos Humanos, Comité de Derechos Humanos previsto en el Pacto Internacional de Derechos Civiles y Políticos, o los Comités, Comisiones, Relatorías o Grupos de Trabajo del Sistema de Naciones Unidas), hubieran "declarado la violación de algún derecho del imputado, procesado o condenado durante el desarrollo del proceso penal correspondiente o que el presunto responsable se haya visto forzado a salir del territorio de la República Bolivariana de Venezuela y haya obtenido asilo o refugio."

El artículo 27 de la Ley, además, restableciendo la vigencia de los derechos humanos en la Constitución, estableció que:

> "los tribunales y demás órganos del poder público darán estricto cumplimiento a las sentencias, medidas u otras decisiones que hayan dictado los organismos internacionales encargados de la protección de los derechos humanos, relativas a las acciones u omisiones del Estado venezolano que se hayan traducido en la vulneración de tales derechos, de conformidad con lo dispuesto en los respectivos tratados, pactos o convenciones ratificados por el Estado venezolano y a las demás obligaciones internacionales de la República."

Ahora bien, disponer que el Estado venezolano debe tener alguna confianza en lo resuelto por organismos internacionales como elementos a tener en consideración por el juez, fue suficiente para que la Sala Constitucional considerase como violada la soberanía nacional, considerando las normas mencionadas como inconstitucionales, ratificando para ello todas las sentencias que desde 2003 había venido dictando, desconociendo la "prevalencia de las normas que conforman los Tratados, Pactos y Convenios Internacionales sobre Derechos Humanos, en el orden interno," y ratificando su inconstitucional e inconvencional tesis del "carácter no vinculante de las opiniones, declaraciones, dictámenes e informes de los organismos internacionales; así como la inejecutabilidad de los fallos emanados de la Corte Interamericana de Derechos Humanos." En particular, la Sala hizo referencia a su sentencia N° 1.942 del 15 de julio de 2003 (caso: *"Rafael Chavero Gazdik"*), ratificada recientemente en decisión número 1.175 del 10 de septiembre de 2015 (caso: *"Reinaldo Enrique Muñoz Pedroza y otros"*), donde desmontó lo previsto en el artículo 23 de la Constitución, mutando ilegítimamente su contenido.

La Sala Constitucional también "recordó," no sin disimular cierto absurdo orgullo, que a petición y exhortación suya, Venezuela denunció el 10 de septiembre de 2012 la Convención Americana sobre Derechos Humanos, por lo que en consecuencia, a partir del 10 de septiembre de 2013:

> "el Estado venezolano está desligado de las obligaciones contenidas en esta Convención en lo que concierne a todo hecho que, pudiendo constituir una violación de esas obligaciones, haya sido cumplido por él anteriormente a la fecha en la cual la denuncia produce efecto (*cfr.* Sentencia de esta Sala número 1.175 del 10 de septiembre de 2015)."

En consecuencia de ello, la Sala Constitucional declaró que los artículos 2, 18 y 27 de la Ley "vulneran los múltiples fallos dictados por esta Sala, en los cuales se ha declarado la *inejecutabilidad* de las sentencias emanadas de la Corte Interamericana de Derechos Humanos," citando las siguientes sentencias:

1. Sentencia N° 1.939 del 18 de diciembre de 2008, "que declaró *inejecutable* el fallo de la Corte Interamericana de Derechos Humanos, de fecha 5 de agosto de 2008, en el que se ordenó la reincorporación en el cargo de los ex-magistrados de la Corte Primera de lo Contencioso Administrativo Ana María Ruggeri Cova, Perkins Rocha Contreras y Juan Carlos Apitz B., se condenó a la República Bolivariana de Venezuela al pago de cantidades de dinero y a las publicaciones referidas al sistema disciplinario de los jueces."[42]

---

42 Véase los comentarios sobre esa sentencia en Allan R. Brewer-Carías, "La interrelación entre los Tribunales Constitucionales de América Latina y la Corte Interamericana de Derechos Humanos, y la cuestión de la inejecutabilidad de sus decisiones en Venezuela," en *Anuario Iberoamericano de Justicia Constitucional,* Centro de Estudios Políticos y Constitucionales, N° 13, Madrid 2009, pp. 99-136.

2. Sentencia de la Sala Constitucional N° 1.547 del 17 de octubre de 2011, en la cual "se declaró *inejecutable* el fallo de la Corte Interamericana de Derechos Humanos, de fecha 1 de septiembre de 2011, en el que se condenó al Estado Venezolano, a través de los órganos competentes, y particularmente del Consejo Nacional Electoral (CNE)," a asegurar "que las sanciones de inhabilitación no constituyan impedimento para la postulación del señor López Mendoza en el evento de que desee inscribirse como candidato en procesos electorales;" anuló las Resoluciones del 24 de agosto de 2005 y 26 de septiembre de 2005, dictadas por el Contralor General de la República, por las que inhabilitaron al referido ciudadano al ejercicio de funciones públicas por el período de 3 y 6 años, respectivamente; y se condenó a la República Bolivariana de Venezuela al pago de costas y a las adecuación del artículo 105 de la Ley Orgánica de la Contraloría General de la República y el Sistema Nacional de Control Fiscal."[43]

3. Y sentencia de esta Sala Constitucional número 1.175 del 10 de septiembre de 2015, en la que se declaró "que es inejecutable el fallo dictado por la Corte Interamericana de Derechos Humanos, de fecha 22 de junio de 2015, en el caso *Granier y otros (Radio Caracas Televisión) vs. Venezuela*, por constituir una grave afrenta a la Constitución de la República Bolivariana de Venezuela y al propio sistema de protección internacional de los derechos humanos; en consecuencia."[44]

---

43   Véase los comentarios sobre esa sentencia en Allan R. Brewer-Carías, "La incompetencia de la Administración Contralora para dictar actos administrativos de inhabilitación política restrictiva del derecho a ser electo y ocupar cargos públicos (La protección del derecho a ser electo por la Corte Interamericana de Derechos Humanos en 2012, y su violación por la Sala Constitucional del Tribunal Supremo al declarar la sentencia de la Corte Interamericana como "inejecutable"), en Alejandro Canónico Sarabia (Coord.), *El Control y la responsabilidad en la Administración Pública, IV Congreso Internacional de Derecho Administrativo, Margarita 2012*, Centro de Adiestramiento Jurídico, Editorial Jurídica Venezolana, Caracas 2012, pp. 293-371.

44   Véase los comentarios sobre esa sentencia en Allan R. Brewer-Carías, "La condena al Estado en el caso Granier y otros (RCTV) vs. Venezuela, por violación a la libertad de expresión y de diversas garantías judiciales. Y de cómo el Estado, ejerciendo una bizarra "acción de control de convencionalidad" ante su propio Tribunal Supremo, ha declarado inejecutable la sentencia en su contra," 14 de septiembre 2015, en http://www.allanbrewercarias.com/Content/449725d9-f1cb-474b-8ab2-41efb849fea3/Content/Brewer.%20La%20condena%20al%20Estado%20en

Luego de citar estos lamentables fallos, la Sala pasó entonces a repasar sus anteriores decisiones relativas a declarar que "la soberanía, independencia, autonomía y autodeterminación nacional, constituyen derechos irrenunciables del Estado Venezolano y, por tanto, son inherentes a las funciones que constitucional y legalmente tiene atribuido su Poder Judicial (artículo 2 constitucional), ratificando lo resuelto en la sentencia N° 100 del 20 de febrero de 2015, caso: (*"Reinaldo Enrique Muñoz Pedroza"*), dictada para dar una "opinión jurídica" sobre la Ley del 2014 del Senado de los Estados Unidos para la defensa de los derechos humanos y la sociedad civil de Venezuela, [45] declarando que con base en ello, "el Estado venezolano ha objetado enérgicamente el uso desmedido, arbitrario y antiético de la figura de los delitos políticos para invocar el derecho de asilo; así como su concesión bajo el amparo de dicha figura a individuos sujetos a procesos judiciales, con el único fin de evadir la justicia venezolana," citando en apoyo el "Acuerdo de la Asamblea Nacional en Rechazo al Asilo concedido por el Gobierno de la República del Perú al ciudadano Manuel Rosales."[46]

La Sala rechazó, en todo caso, que pudiera darse valor alguno al hecho de que algún imputado, procesado o condenado, hubiese sido excluido de la base de datos o listas de personas requeridas por la INTERPOL por persecución por delitos políticos, y que se pretenda conceder amnistía "con el solo fundamento de que algún funcionario o exfuncionario del sistema de administración de justicia haya reconocido la manipulación fraudulenta del expediente, la investigación o el proceso penal," [47] desconociendo que se pueda valorar

---

%20el%20caso%20CIDH%20Granier%20(RCTV)%20vs.%20Venezuela.%202014%20sep.%202015.pdf.

45 Véase los comentarios sobre esa sentencia en en Allan R. Brewer-Carías, "La inconstitucional confusión e inversión de roles en el Estado totalitario: el juez constitucional actuando como "consultor jurídico" dependiente del Poder Ejecutivo en la emisión de un "dictamen" sobre la "Ley del 2014 del senado de los Estados Unidos para la defensa de los derechos humanos y la sociedad civil de Venezuela," en *Revista de Derecho Público*, N° 141, (Primer semestre 2015, Editorial Jurídica Venezolana, Caracas 2015, pp. 191-202.

46 *Gaceta Oficial* N° 39.178 del 14 de mayo de 2009.

47 Como fue el caso por ejemplo del Fiscal en el caso de la condena de Leopoldo López. Véase los comentarios en Allan R. Brewer-Carías, "Lo que faltaba: la confesión del fiscal Franklin Nieves, acusador en el caso de Leopoldo López y otros estudiantes, condenados por los inexistentes "delitos" de "opinión" y de "manifestar," reconociendo la ausencia de independencia y de autonomía de los jueces y fiscales en Venezuela,". 25 de

que en la actividad jurisdiccional desplegada en procesos jurisdiccionales por razones políticas, puedan existir "circunstancias que menoscaban la confiabilidad en la administración imparcial de la justicia o permiten concluir que aquellas obedecen a una persecución política," pues ello, según la Sala, implicaría violar las garantías del debido proceso contenidas en el artículo 49, numerales 1, 2 y 5, de la Constitución.

De todo ello, la Sala Constitucional concluyó con su apreciación de que la inclusión de los artículos 2, 18 y 27 en la Ley, "resulta inaceptable" considerando que:

"la intención del legislador no es la de sentar las bases para la reconciliación nacional y la paz social, sino que ha pretendido explícitamente amparar la impunidad mediante la concesión de amnistía de los hechos considerados delitos, faltas o infracciones señalados en la misma, sobre la base de que el Poder Judicial de la República Bolivariana de Venezuela reconozca, tanto a nivel de la comunidad nacional como internacional, que en su actividad jurisdiccional que le es propia, no es autónomo, independiente e imparcial, sin que ello implique que el Estado venezolano no reconozca sus obligaciones internacionales en el marco del Derecho Internacional de los Derechos Humanos."

De todo ello, también, pura y simplemente, la Sala consideró "demostrado" que los artículos 2, 18 y 27 de la Ley de Amnistía y Reconciliación Nacional violan los artículos 2, 7, 23, 49.5, 253, 254, 256, 257, 334, 335 y 336 de la Constitución, "infringen flagrantemente los criterios jurisprudenciales con carácter vinculante y el ordenamiento jurídico" antes mencionados:

"y vulneran las sentencias dictadas por esta Sala en las cuales se ha declarado la inejecutabilidad de los fallos emanados de la Corte Interamericana de Derechos Humanos, esta Sala declara su inconstitucionalidad. Así se decide."

---

octubre 2015, en http://www.allanbrewercarias.com/Content/449725d9-f1cb-474b-8ab2-41efb849fea3/Content/LO%20QUE%20FALTABA.%20Confesi%C3%B3n%20Fiscal%20del%20caso%20Leopoldo%20L%C3%B3pez.%20Pruebas%20falsas,%20oct%202015.pdf.

8. *La inconstitucionalidad de la amnistía por violación del derecho a la protección del honor, vida privada, intimidad, propia imagen, confidencialidad y reputación.*

La Sala Constitucional, además, consideró que la Ley de Amnistía también era inconstitucional por violar el derecho a la protección del honor, vida privada, intimidad, propia imagen, confidencialidad y reputación, en los términos en los cuales la propia Sala en sentencias anteriores ha "delimitado el contenido del derecho a la libertad de expresión y a la información en cuanto a su forma de manifestación y los medios empleados," los cuales se encuentran restringidos por otros derechos que "pueden requerir una protección incluso mayor a los referidos derechos, como lo puede ser el derecho al honor, imbricado con la defensa de la dignidad humana," citando para reforzar su aserto lo resuelto en sentencia N° 571 del 27 de abril del 2001 (caso: *"Francisco Segundo Cabrera Bastardo"*), y N° 1.942 del 15 de julio de 2003 (caso: *"Rafael Chavero Gazdik"*).

Del contenido de esos fallos, dedujo la Sala que resultaba "claro que la persona afectada por la emisión de una opinión tiene el derecho de accionar judicialmente contra el sujeto que emitió el pensamiento y contra el medio (radio, prensa, televisión ó página de internet) a través del cual se produjo la divulgación del mismo, sin que la responsabilidad de una de las partes sea excluyente de la otra," excluyendo sin fundamento alguno de la gracia de la amnistía, los "hechos ofensivos que atenten contra el honor, vida privada, intimidad, propia imagen, confidencialidad y reputación de una persona," considerando que es esos casos, "los tribunales penales ostentan una competencia genérica y funcional para conocer de la violación de este derecho constitucional que se alega violado."

La consecuencia de ello fue, pura y simplemente que lo previsto en el artículo 9 de la Ley de Amnistía y Reconciliación Nacional, al conceder amnistía en casos de hecho punibles que tengan relación con delitos de opinión, a juicio de la Sala vulnera el artículo 60 del Texto Fundamental "así como lo dispuesto en el artículo 19 del Pacto Internacional de Derechos Civiles y Políticos y el artículo 29.2 de la Declaración Universal de Derechos Humanos:"

> "al pretender anular el derecho de acción que tienen los afectados de solicitar ante los tribunales de justicia el restablecimiento de la situación jurídica infringida, cuando han sido dañados en su honor y reputación, así como de obtener la decisión correspondiente en los

causas que se encuentren en curso; pretendiendo anular con ello unos de los rasgos fundamentales del estado de derecho, como lo es la justicia. Así se decide."

Igual consideración se extiende a los delitos de generación de zozobra, pues, como ya se expresó, si bien existe el derecho a la libertad de expresión, este no es absoluto, no pudiendo pretenderse amparar el uso delictual y malsano de dicho derecho en perjuicio de la paz social. Por lo que, definitivamente, lo que corresponde es el respeto a las decisiones que hayan sido tomadas por los tribunales en tales causas (evidentemente con el derecho a recurrir de las mismas con base en lo estipulado en la ley) o el correspondiente proceso judicial (si fuera el caso) en aquellas que no han iniciado, para que a través de un debido proceso se obtenga una decisión ajustada a derecho."

O sea, la Sala Constitucional, impunemente, agregó a la lista de limitaciones constitucionales para decretar amnistía que se refiere única y exclusivamente a los delitos de lesa humanidad, violaciones graves de los derechos humanos y los crímenes de guerra (art. 29), los delitos de opinión, mutando ilegítimamente la Constitución; delitos que por lo demás han sido declarados inconvencionales en el mundo latinoamericanos; declarando entonces inconstitucional la previsión del artículo 9 de la Ley de Amnistía y Reconciliación Nacional.

Con una decisión como esta, no sólo se eliminó la potestad de la Asamblea Nacional de decretar amnistías, sino que la Sala Constitucional de nuevo usurpó el poder constituyente y modificó la Constitución a su antojo.

9. *La inconstitucionalidad de la totalidad del articulado la Ley de Amnistía por sus "efectos en la sociedad y el ordenamiento jurídico," como acto final de "ejecución" de la Asamblea Nacional en cumplimiento de la sentencia de muerte que se le había decretado*

Por último, la Sala concluyó su sentencia formulando una declaración genérica de inconstitucionalidad de la Ley de Amnistía y Reconciliación Nacional por los efectos que según la Sala produce "en la sociedad y en el ordenamiento jurídico," considerando que con dicha Ley "se revela una actividad arbitraria del legislador, el cual no actúa en representación del interés general de la sociedad," pretendiendo:

"imponer una verdadera hegemonía de los intereses sectoriales ajenos a los principios constitucionales (justicia, paz y responsabilidad entre otros), presentando sus intereses particulares como valores generales, mediante un pretendido consenso social sustentado, no en un proceso de disensos y consensos propio del sistema democrático, sino aprovechándose de la legitimidad derivada de la representación indirecta que se ejerce en el marco de las competencias del Órgano Legislativo."

O sea, como la Asamblea Nacional a partir de diciembre de 2015 responde a una nueva mayoría democrática opuesta al Gobierno que controla a la Sala Constitucional, entonces por ello, la Sala considera que la misma, por tener un legítimo criterio político de oposición al gobierno, lo que supuestamente busca es "imponer y reproducir una realidad social en el marco de un proceso de establecimiento de una posición hegemónica" acusando a la Asamblea Nacional de:

"la imposición de antivalores como la impunidad y la desobediencia a la ley, a través de un marco jurídico institucional, en el cual no se garanticen eficazmente los principios de dignidad, igualdad, libertad, entre otros, que informan el Texto Fundamental."

Con base en ello, la Sala Constitucional, frente a una Ley de Amnistía que solo compete ser evaluada y dictada políticamente por la Asamblea Nacional, consideró que era "claro que bajo el principio de obediencia a la autoridad," la Asamblea lo que pretendía era "imponer una ley arbitraria que promueve la impunidad de los delitos fuera del marco constitucional," y que además resultaba claro que la ley tenía:

"por fin, no el ejercicio de una potestad conforme al marco constitucional, sino como una normativa que atenta y desconoce su articulado, pero que, además, genera consecuencias contrarias al propio fin de toda ley de amnistía, que es lograr la paz social en el marco de un estado de derecho, lo que implica el sometimiento de los individuos y la sociedad a los canales democráticos para la solución de sus desacuerdos (Sentencia de esta Sala número 24/03)."

Imposible encontrar en una sentencia un rechazo tan determinante contra el órgano que ostenta la representación popular, donde una abrumadora mayoría le dio el control a la oposición democrática, usando para ello, cínicamente, argumentos supuestamente "democráticos."

Por ello, sobre la motivación de una amnistía decretada por la Asamblea para reconciliar a la sociedad, la Sala negó de plano que "un proceso de diálogo político deba darse desde el olvido de los crímenes […], como si ningún delito se hubiera cometido," acusando a la Ley de Amnistía de desconocer a "las víctimas" considerando que "por ser las más directamente afectadas, son las que mayor interés tendrían en el juzgamiento de los delitos que hoy se presentan amnistiados," y en fin considerando que leyes como la de amnistía, contribuyen a crear una situación de anómica:

> "en la cual si bien existen las leyes y las costumbres, su respeto no está garantizado. Estas son poco observadas para la sociedad en su conjunto. La conducta anómica degenera en un caos social, por lo que constituye una real e importante amenaza para la sociedad."

Por ello, terminó la Sala afirmando que no podía "permitir otorgar la constitucionalidad de una Ley que propenda a la anomia de la sociedad venezolana, en franco desconocimiento de sus valores y los principios y garantías que informan el Texto Fundamental."

Con esta sentencia, en realidad, la Sala Constitucional se olvidó de lo que ella misma afirmó en la sentencia N° 794/2011 (caso: *Ricardo Fernández Barruecos y otros*), que citó al final de la misma, y que sin duda se le aplica a ella misma, en el sentido de que ella "no puede, en ejercicio de las competencias que le son atribuidas," como es el control de constitucionalidad de las leyes, "afirmar un grado tal de discrecionalidad que le permita aseverar que tiene la opción de actuar en contra de la Constitución, los derechos y las garantías que en ella se consagran y que reflejan un conjunto de principios y valores," como lo hizo en este caso, concluyendo con la absurda declaración de que:

> "*la totalidad del articulado* de la analizada Ley de Amnistía y Reconciliación Nacional desconoce que Venezuela es un Estado Democrático y Social de Derecho y de Justicia y se aparta de los fines constitucionalmente establecidos en los artículos 1, 2 y 3 de la Constitución de la República Bolivariana de Venezuela, motivo por el cual esta Sala Constitucional no puede impartir su conformidad con la Constitución; y así se declara."

O sea, la Ley de Amnistía y Reconciliación Nacional, en su totalidad, fue declarada inconstitucional por la Sala Constitucional del Tribunal Supremo, eliminando de la Constitución, materialmente, no solo toda posibilidad de que la Asamblea Nacional pueda en algún momento decretar una amnistía si el Tribunal Supremo está controlado por el gobierno, sino la simple posibilidad de que la Asamblea ejerza la representación popular y decida sobre asuntos políticos.

Es decir, el órgano político por excelente en la organización del Estado no puede tomar decisiones políticas, políticamente orientadas, si las mismas no están en la línea de acción del Poder Ejecutivo que controla a la Sala Constitucional. En consecuencia, la sentencia dictada declarando la inconstitucionalidad de la totalidad del articulado de la Ley de Amnistía y Reconciliación Nacional, equivale definitivamente a la ejecución de la Asamblea Nacional, en cumplimiento de la sentencia de muerte que la propia Sala ya había dictado.

Bajo otro ángulo, después de la oposición contra la Ley anunciada públicamente por el Ministro de la Defensa antes de dictarse la sentencia, como lo expresó Maria Amparo Grau:

> "perdió el Estado de Derecho y el poder civil. El militar, ganó su inconstitucional batalla. Los presos políticos siguen en sus celdas y los derechos humanos de estos seres y sus familias caen víctimas de esta desigual lucha."[48]

III. LA ANIQUILACIÓN DEFINITIVA DE LA POTESTAD DE LEGISLAR POR LA ASAMBLEA NACIONAL: EL CASO DE LA DECLARATORIA DE INCONSTITUCIONALIDAD DE LA LEY DE REFORMA DE LA LEY ORGÁNICA DEL TRIBUNAL SUPREMO DE JUSTICIA

Los dos casos antes comentados de declaración de inconstitucionalidad de la Ley del Banco Central y de la Ley de Amnistía, pusieron en evidencia la política de Estado fijada desde que se produjo la elección de los diputados a la Asamblea Nacional del 6 de diciembre de 2015 de no permitirle a la Asamblea Nacional ejercer su función de legislar. Ello en todo caso se confirmó cuando la Sala Constitucional, de nuevo, arremetió contra la Asamblea mediante sentencia Nº 341 de 5 de mayo de 2016,[49] en la cual, usurpando el

---

48 Véase María Amparo Grau, "La rebelión militar contra la fuerza de la ley," en *El Nacional*, Caracas 13 de abril de 2016.

49 Véase en http://historico.tsj.gob.ve/decisiones/scon/mayo/187589-341-5516-2016-16-0396.HTML Véase el comentario en Allan R. Brewer-Carías, "La aniquilación definitiva de la potestad de legislar de la Asamblea Nacional: el caso de la declaratoria de inconstitucionalidad de la Ley de Reforma de la Ley Orgánica del Tribunal Supremo de Justicia," 16 de mayo de 2016 , en

Poder Constituyente, por una parte mutó ilegítimamente el texto y sentido del artículo 214 de la Constitución en materia de iniciativa legislativa, quitándole paradójicamente a la propia Asamblea Nacional, que es precisamente el órgano que ejerce el Poder Legislativo, la iniciativa en ciertas materias de leyes; y por la otra, contrariando su propia jurisprudencia,[50] impuso, en contra de su propia interpretación del texto constitucional, la necesidad de una mayoría calificada para poder reformar leyes orgánicas así calificadas en la Constitución.

La Sala Constitucional además, sin competencia constitucional para ello, juzgó como no "razonable" la reforma de la Ley Orgánica del Tribunal Supremo de Justicia de 7 de abril de 2016, cercenándole a la Asamblea su potestad de legislar políticamente; y declaró "inconstitucional" una norma procedimental introducida en la reforma que buscaba garantizar el debido proceso en los casos de control previo de constitucionalidad a solicitud del Presidente de la República conforme al artículo 214 de la Constitución.

La sentencia, en contra de todos los principios que rigen en materia de control de constitucionalidad, terminó declarando "inconstitucionales," "inexistentes" y "sin ninguna aplicabilidad" todas las normas de la Ley de reforma mencionada. Con ello, la Asamblea Nacional, definitivamente quedó sin materia sobre la cual poder legislar por obra del Juez Constitucional.

Simplemente, con esta sentencia, el mundo de la justicia quedó al revés, o como lo diría Umberto Eco en boca de Adso de Melk, "marcha patas arriba," como cuando:

> "los ciegos guían a otros ciegos y los despeñan en los abismos, los pájaros se arrojan antes de haber echado a volar, los asnos tocan la lira, los bueyes bailan, los perros huyen de las liebres y los ciervos cazan leones."[51]

Es decir, en Venezuela tenemos un Juez Constitucional que en lugar de ser el guardián de la Constitución, y que como tal la garan-

---

http://www.allanbrewercarias.com/Content/449725d9-f1cb-474b-8ab2-41efb849fea3/Content/Brewer.%20Aniquilaci%C3%B3n%20%20Asamblea%20Nacional.%20Inconstituc.%20Ley%20TSJ%2015-5-2016.pdf.

50 Véase sentencia N°. 34 de 26 de enero de 2004 en http://historico.tsj.gob.ve/decisiones/scon/enero/34-260104-03-2109%20.HTM

51 Umberto Eco, *El nombre de la rosa*, Ed. Lumen, Barcelona 1987, pp. 22 y 98.

tiza, es el que la viola abierta e impunemente, ejerciendo lo que podría calificarse como una "injusticia" inconstitucional, que está fuera de todo control.

1. *La Sala Constitucional cercenando en forma inconstitucional la iniciativa legislativa del propio órgano legislativo.*

Así, ante una norma como es la del artículo 204.4 de la Constitución, que otorga la iniciativa en materia legislativa a las Comisiones de la Asamblea Nacional y a tres diputados al menos de la misma, y que reduce la iniciativa legislativa del Tribunal Supremo de Justicia a solo poder presentar proyectos de ley relativos a "la organización y procedimiento judiciales," excluyendo cualquier otra materia, la Sala Constitucional "interpretado" la Constitución, llegó al absurdo contrario, afirmando que la Asamblea, es decir, sus comisiones y diputados no tiene iniciativa legislativa en materia de leyes relativas a la organización y procedimiento judiciales, materia en la cual es el Tribunal Supremo el que tiene dicha iniciativa en forma exclusiva y excluyente.

La sentencia fue dictada con motivo de la remisión que le hizo el Presidente de la República conforme a lo previsto en el artículo 214 de la Constitución sobre control previo de la constitucionalidad de las leyes sancionadas y aún no promulgadas, y en la misma la Sala Constitucional procedió a declarar la inconstitucionalidad de la "Ley de Reforma Parcial de la Ley Orgánica del Tribunal Supremo de Justicia," que la Asamblea Nacional había sancionado el 7 de abril de 2016.

Para dictar esta sentencia, con el contenido mencionado, ya la Sala había preparado el camino al agregar una frase en su sentencia Nº 9 del 1 de marzo de 2016, al referirse a la Ley Orgánica del Tribunal Supremo de Justicia, indicando entre paréntesis: *"(cuya iniciativa legislativa corresponde al Poder Judicial de forma exclusiva y excluyente, de conformidad con el artículo 204 numeral 3 de la Constitución).* [52]

---

52 Véase en http://historico.tsj.gob.ve/decisiones/scon/marzo/185627-09-1316-2016-16-0153.HTML. Véase el comentario en Allan R. Brewer-Carías, "El ataque de la Sala Constitucional contra la Asamblea Nacional y su necesaria e ineludible reacción. De cómo la Sala Constitucional del Tribunal Supremo pretendió privar a la Asamblea Nacional de sus poderes constitucionales para controlar sus propios actos, y reducir inconstitucionalmente sus potestades de control político sobre el gobierno y la administración pública; y la reacción de la Asamblea Nacional contra a la sentencia Nº 9 de 1-3-2016," en

Con base en esa frase, en la remisión que hizo el Presidente de la República de la reforma de la Ley ante la Sala, planteó entonces ante la misma que tenía "serias dudas":

> "acerca de la competencia de los integrantes de la Asamblea Nacional para presentar proyectos de Ley al Parlamento y con ello dar inicio al procedimiento de elaboración de las leyes previsto en nuestra Constitución; toda vez que, a nuestro entender, tal competencia es exclusiva y excluyente del Tribunal Supremo de Justicia, de conformidad con lo dispuesto en el artículo 204 constitucional."

Es decir, ni más ni menos que la negación de la iniciativa legislativa del propio órgano constitucional al cual corresponde legislar. Recuérdese que conforme al artículo 187.1 de la Constitución, es una atribución de la Asamblea Nacional "legislar en las materias de la competencia nacional y sobre el funcionamiento de las distintas ramas del Poder Público," a cuyo efecto, el artículo 204 del mismo texto dispone que "la iniciativa de las leyes corresponde" en la forma más amplia posible:

"1. Al Poder Ejecutivo Nacional.

2. A la Comisión Delegada y a las Comisiones Permanentes.

3. A los y las integrantes de la Asamblea Nacional, en número no menor de tres.

4. Al Tribunal Supremo de Justicia, cuando se trate de leyes relativas a la organización y procedimientos judiciales.

5. Al Poder Ciudadano, cuando se trate de leyes relativas a los órganos que lo integran.

6. Al Poder Electoral, cuando se trate de leyes relativas a la materia electoral.

7. A los electores y electoras en un número no menor del cero coma uno por ciento de los inscritos e inscritas en el Registro Civil y Electoral.

8. Al Consejo Legislativo, cuando se trate de leyes relativas a los Estados."

Por supuesto, es elemental que con esta enumeración de iniciativas, además de la iniciativa popular de las leyes (ord. 7), por sobre

---

http://www.allanbrewer-carias.com/Content/449725d9-f1cb-474b-8ab2-41efb849fea3/Content/Brewer.%20El%20ataque%20Sala%20Constitucional%20v.%20Asamblea%20Nacional.%20SentNo.%209%201-3-2016).pdf.

todo, es el propio órgano legislativo a través de la Comisión Delegada, de las Comisiones Permanentes o de al menos tres diputados, el que tiene la iniciativa fundamental y más general para la presentación de proyectos de ley, cualquiera sea la materia de la ley.

En cuanto a la iniciativa otorgada a los otros órganos del Poder Público Nacional, salvo respecto del Poder Ejecutivo que puede tener la iniciativa de leyes en cualquier materia legal, en relación con los otros órganos del Poder Público la Constitución limita su poder de iniciativa de las leyes, única y exclusivamente respecto de aquellas que les conciernen. Es decir, el Tribunal Supremo de Justicia, puede tener iniciativa legislativa única y exclusivamente "cuando se trate de leyes relativas a la organización y procedimientos judiciales" (ord. 4); el Poder Ciudadano, puede tener iniciativa legislativa única y exclusivamente "cuando se trate de leyes relativas a los órganos que lo integran" (ord. 5); y el Poder Electoral, puede tener iniciativa legislativa única y exclusivamente "cuando se trate de leyes relativas a la materia electoral" (ord. 6).

Por tanto, dichos órganos del Poder Público nacional no tienen iniciativa alguna para presentar ante la Asamblea Nacional proyectos de ley sobre otras materias distintas a las mencionadas. Y lo mismo se aplica a la iniciativa otorgada a los Consejos Legislativos de los Estados, que única y exclusivamente pueden presentar ante la Asamblea Nacional proyectos "cuando se trate de leyes relativas a los Estados" (ord. 8).

Ese y no otro es el sentido de lo dispuesto en el artículo 204 de la Constitución, establecido para solo limitar la iniciativa legislativa de los órganos de los Poderes Judicial, Ciudadano y Electoral reduciéndola solo a las materias que les conciernen, pero en cambio sin limitar en forma alguna las materias de los proyectos de ley que pueden presentarse por iniciativa popular, por el Poder Ejecutivo y, por supuesto, por los propios órganos del órgano legislativo y sus diputados.

En este mismo sentido, como bien lo observó María Amparo Grau, en materia de iniciativa legislativa:

> "De forma amplia se le reconoce a la Asamblea y sus miembros, al Poder Ejecutivo nacional y a la acción popular, y de forma limitada a los otros órganos del Estado mencionados en la norma, Tribunal Supremo de Justicia, Poder Ciudadano, Poder Electoral y al consejo legislativo estadal, los cuales la tendrán solo en los supuestos previstos en el artículo 204 citado.

318 LA DICTADURA JUDICIAL Y LA PERVERSIÓN DEL ESTADO DE DERECHO

En ningún caso puede entenderse que la iniciativa excepcional de estos órganos excluye la general de a quienes se les confiere de forma no limitada. No es que el Tribunal Supremo de Justicia sea el único que tenga iniciativa en las leyes judiciales, o el Poder Electoral en las electorales ni los consejos legislativos en las que atañen a los estados, porque eso no es lo que dice la Constitución, tanto más cuanto que es competencia de la Asamblea "legislar en las materias de la competencia nacional y sobre el funcionamiento de las distintas ramas del poder nacional" (artículo 187, numeral 1)."[53]

A pesar de la claridad de la norma, sin embargo, el Presidente argumentó ante la Sala Constitucional en su escrito, y esa era su "seria duda," que supuestamente la norma del artículo 204 establecía lo contrario, para buscar limitar la función legislativa de la Asamblea, argumentando que más bien lo que la norma establecía era:

> "una verdadera reserva constitucional a los poderes allí señalados, para que presenten ante el Asamblea Nacional el proyecto de Ley, cuando éste se trate de leyes relativas a la organización y procedimientos judiciales, a los órganos que lo integran, y a la materia de su competencia según sea el Poder que lo presente."

O sea que de una norma limitativa de la iniciativa legislativa que pueden tener los órganos de los Poderes Judicial, Ciudadano y Electoral, el Presidente "interpretó" que de lo que se trataba era de todo lo contrario, es decir, de una norma limitativa de la iniciativa legislativa del órgano legislativo, en el sentido de que sólo el Tribunal Supremo de Justicia tendría la iniciativa de las leyes relativas a la organización y procedimiento judiciales; de que sólo el Poder Ciudadano tendría la iniciativa de las leyes relativas a los órganos que lo integran; y de que solo el Poder Electoral tendría la iniciativa de las leyes relativas a la materia electoral.

Todo ello, con carácter excluyente en el sentido de que el órgano que legisla, es decir, absurdamente, la Asamblea Nacional, no podría tener la iniciativa para legislar sobre esas materias, y solo podría discutir y debatir los proyectos que le presenten los Poderes Públicos, con lo que, a juicio del Presidente se garantizaría:

> "el ejercicio de la potestad legislativa de la Asamblea Nacional, en un equilibrio perfecto que impide que el Poder Legislativo se

---

53 Véase María Amparo Grau, "Fraude constitucional: mermar la iniciativa legislativa," en *El Nacional*, Caracas, 6 de abril de 2016.

apropie del resto de los Poderes Públicos, imponiendo desde allí posiciones políticas para favorecer a determinadas corrientes de la vida nacional."

Y ello fue lo que insensatamente acogió la Sala Constitucional en su sentencia, contra toda lógica y contra lo que la Constitución establece, considerando nada menos que inconstitucional la Ley de reforma, porque la Asamblea Nacional, que es el órgano que ejerce el Poder legislativo, se le ocurrió la idea de ejercer su iniciativa legislativa para reformar la Ley Orgánica del Tribunal Supremo de Justicia. El Presidente, y así lo acogió la Sala, consideró que con ello, no se había seguido "el procedimiento constitucionalmente establecido para la formación de las leyes," lo cual a su juicio viciaba "de nulidad absoluta todo el proceso y por ende el resultado del mismo."

La reforma sancionada, que la Asamblea Nacional justificó en la Exposición de motivos con base en el cúmulo de competencias en materia de Justicia Constitucional que tiene la Sala Constitucional conforme a la Constitución y la ley, básicamente tuvo por objeto aumentar el número de magistrados de la misma de cinco a quince magistrados (art. 8). A esa reforma se agregaron otras dos reformas sobre el procedimiento en los casos de causas que no requieren sustanciación (art. 147), y sobre el procedimiento en los casos de las solicitudes de control previo de constitucionalidad formuladas por el Presidente de la República conforme al artículo 214 de la Constitución (norma nueva en la reforma - artículo 146), incorporándose una Disposición Final sobre la elección de los nuevos magistrados de la Sala Constitucional por el aumento propuesto.

Para decidir, la Sala Constitucional, de entrada acogió lo expresado por el Presidente, mutando la Constitución, inventándose una "atribución exclusiva y excluyente del Tribunal Supremo de Justicia para la iniciativa legislativa en materia de organización y procedimientos judiciales."

Es decir, que de una norma restrictiva como es el artículo 204 de la Constitución que luego de regular en sentido amplio la iniciativa legislativa para las Comisiones de la Asamblea y para al menos tres diputados, dispuso que la iniciativa de las leyes corresponde *"4. Al Tribunal Supremo de Justicia, cuando se trate de leyes relativas a la organización y procedimientos judiciales"* (subrayado de la Sala); dedujo la Sala Constitucional que lo que la norma en realidad regulaba era una competencia exclusiva y excluyente del Tribunal Supremo que simplemente le quitaba toda iniciativa legislativa en la materia a la propia Asamblea Nacional a través de su Comisión Delegada o de las Comisiones especiales o de al menos tres diputados, lo cual siempre tuvo en Venezuela, desde que se constituyó el Estado en 1811. Y nada cambiaba el régimen constitucional por el hecho de que la iniciativa en la elaboración del proyecto de Ley del Tribunal de 2004 y de la reforma de 2010, en su momento hubiese partido del Tribunal Supremo de Justicia, como lo reseñó la sentencia.

La Sala Constitucional, además, advirtió que conforme al artículo 211 de la Constitución es "requisito imprescindible oír la opinión del Tribunal en el proceso de formación de la ley" cuando se refiera *a la organización y procedimientos judiciales;* y que en este caso, sin embargo, a juicio de la Sala la Asamblea procedió a sancionar la reforma "de forma desconsiderada, se pretendió cumplir con la previsión contenida en el artículo 211 constitucional de manera irregular, irrespetuosa y con evidente fraude a la Constitución," consultando al Tribunal "para que respondiera un cuestionario exiguo e irrelevante," lo que la Sala consideró que tal proceder no se compadecía "ni con la letra ni con el espíritu del artículo 211 constitucional." Todo ello lo consideró la Sala como una "conducta irrespetuosa y fraudulenta a la Constitución," concluyendo que "desde un punto de vista constitucional resulta totalmente írrita. Así se decide."

2. La Sala Constitucional imponiendo a la Asamblea Nacional una mayoría calificada para la reforma de las leyes orgánicas contrariando su propia jurisprudencia interpretativa

La Sala Constitucional, en la misma sentencia Nº 341 de 5 de mayo de 2016, por otra parte, pasó luego a decidir sin que siquiera ello se hubiese planteado en la solicitud formulada por el Presidente al remitir la Ley de reforma de la Ley Orgánica para su consideración, sobre un tema que ya había resuelto anteriormente – cuando el cuadro político en la Asamblea Nacional era otro, es decir, cuando el oficialismo contaba con mayoría – interpretando el artículo 203 de la Constitución, sobre la mayoría requerida para reformar leyes orgánicas así calificadas en la Constitución. Dicha norma, en efecto, sobre la reforma de las leyes orgánicas dispone que:

> "*Artículo 203.* [...] Todo proyecto de ley orgánica, *salvo aquél que esta Constitución califique como tal*, será previamente admitido por la Asamblea Nacional por el voto de las dos terceras partes de los o las integrantes presentes antes de iniciarse la discusión del respecti-

vo proyecto de ley. Esta votación calificada se aplicará también para la modificación de las leyes orgánicas."

Pues bien contra la lógica del texto constitucional, como lo advertimos en su momento,[54] la Sala Constitucional –porque se insiste en ese momento le interesaba políticamente justificar que la reforma de la Ley Orgánica del Tribunal Supremo se podía hacer con mayoría absoluta, es decir, la mitad más uno de los diputados presentes,– mediante sentencia N° 34 de 26 de enero de 2004 dictada precisamente para "interpretar el artículo 203 de la Constitución," resolvió lo siguiente:

> "esta Sala Constitucional reitera que, conforme al artículo 203 de la Constitución vigente, *no es necesario el voto favorable de las dos terceras partes de los integrantes de la Asamblea Nacional para dar inicio a la discusión de los proyectos de leyes orgánicas investidas de tal carácter por calificación constitucional que pretendan modificar leyes orgánicas vigentes, entre los que se encuentra el proyecto de Ley Orgánica del Tribunal Supremo* de Justicia, y, advertido el silencio en la norma contenida en el referido artículo 203, respecto de la mayoría parlamentaria requerida para la sanción de cualquier ley orgánica, esté o no investida con tal carácter por la Constitución de 1999, declara que, de acuerdo con lo establecido en los artículos 209 de la Norma Fundamental y 120 del Reglamento Interior y de Debates de la Asamblea Nacional, cuya última reforma fue publicada en Gaceta Oficial Extraordinario, n° 5.667, del 10.10.03, será necesaria *la mayoría absoluta de los integrantes de la Asamblea Nacional presentes en la respectiva sesión* para la sanción de las leyes orgánicas contempladas en el artículo 203 de la Constitución de la República Bolivariana de Venezuela, cualquiera sea su categoría. Así se decide."[55]

Sin embargo, doce años después, como la situación política era distinta a la de 2004, la Sala Constitucional varió radicalmente su interpretación del artículo 203 de la Constitución, por una totalmente opuesta a la antes establecida, decidiendo en cambio que para *modificar o reformar una ley orgánica así calificada en la Consti-*

---

54 Véase Allan R. Brewer-Carías, *La Constitución de 1999. Derecho Constitucional Venezolana*, Editorial Jurídica Venezolana, Caracas 2004, Tomo I, pág. 451.

55 Véase sentencia N° 34 de 26-01-04 (Caso: *Interpretación artículo 203 de la Constitución*). Véase en http://historico.tsj.gob.ve/decisiones/scon/enero/34-260104-03-2109%20.HTM.

tución (como orgánica), ahora se requiere que la misma si sea objeto de votación calificada de las dos terceras partes de los diputados presentes antes de iniciarse la discusión del respectivo proyecto de reforma, no bastando la mayoría absoluta que antes dispuso. Sobre la discrepancia de sus propias y cambiantes interpretaciones constitucionales, hechas a la medida de los vaivenes políticos, la Sala solo dijo que lo que había resuelto en 2004, estaba "acorde con la realidad constitucional que se planteaba para ese momento y en relación al aludido texto legal."

En realidad, la "realidad constitucional" no había cambiado, y lo que sí había cambiado era la "realidad política." Por eso, la interpretación constitucional que adoptó era válida en 2004, cuando los diputados oficialistas no lograban obtener una mayoría calificada para aprobar la reforma de la Ley Orgánica del Tribunal Supremo; pero no era válida cuando los diputados oficialistas eran minoría en la Asamblea, llegando la Sala a decidir en 2016, al contrario de lo resuelto en 2004, que:

> "En conclusión, esta Sala reitera que tal como lo exige el Constituyente, se requiere la mayoría calificada de las dos terceras partes de los integrantes presentes de la Asamblea Nacional, antes de la discusión del respectivo proyecto de ley, cuando se trate el mismo de una modificación de una ley orgánica, sea cual fuere su tipo o modalidad, según lo contemplado en el artículo 203 constitucional. Así se decide."

3. La Sala Constitucional juzgando sobre la "razonabilidad" de la reforma de leyes, cercenándole a la Asamblea su potestad de legislar políticamente

La sentencia de la Sala Constitucional, por último, y también sin que el Presidente de la República hubiese argumentado nada sobre ello, entró a juzgar sobre la "razonabilidad" de la reforma legal sancionada en el sentido de incrementar el número de magistrados de la Sala Constitucional, considerando que dicha reforma no tenía "justificación lógica." Con ello, de nuevo, la Sala le negó a la Asamblea Nacional como órgano legislativo, determinar políticamente, de acuerdo con la mayoría política que la compone, el sentido de la legislación que sancione; y ello, a pesar de que como la Sala lo reconoció en la sentencia, la Constitución en el artículo 262 dejó la determinación del número de magistrados que integran las Salas del Tribunal Supremo de Justicia, enteramente en manos del legislador. Y así fue cómo en las reformas de la Ley Orgánica de

2004 y 2010, se fijó en siete magistrados los integrantes de la Sala Constitucional y cinco magistrados para cada una de las otras Salas.

Mediante la reforma de abril de 2016, la Asamblea Nacional, dada la importancia de la Sala Constitucional en materia de Justicia Constitucional, decidió incrementar el número de magistrados de la misma a quince magistrados, y ello fue lo que la propia Sala Constitucional pasó a juzgar, con meros criterios de "racionalidad y de razonabilidad," quitándoselos al Legislador. Reconoció la Sala en efecto que "la integración de las Salas corresponde al legislador," pero se reservó para sí analizar "la racionalidad o razonabilidad de una prescripción normativa, de acuerdo a la lógica, espíritu o tendencia del ordenamiento jurídico," y considerando que "el legislador debe ser razonable," procedió a juzgar si había actuado "ajustado a la razón, moderado y racional, sin exageración ni abuso."

Bajo este nuevo criterio de juzgar la actuación de Poder Legislativo, esencialmente político, la Sala consideró que la reforma implicaba "aumentar de una manera desmesurada los magistrados" estimando el incremento de siete a quince magistrados "injustificado," supuestamente violando con ello, pero sin decir cómo ni por qué:

> "los principios de autonomía e independencia del Poder Judicial (artículos 136, 137, 253 y 267), de supremacía constitucional (artículo 7), de protección judicial del texto fundamental (artículo 335) y el principio democrático (artículo 2 y 6), todos expresamente contenidos en la Constitución vigente."

De nada valió toda la justificación expuesta por la Asamblea Nacional en la propia Exposición de Motivos de la reforma de la ley, en el hecho cierto de la expansión de las funciones de la Sala Constitucional en materia de justicia constitucional, de protección de los derechos humanos e incluso de control de convencionalidad; concluyendo en cambio con su propia apreciación que "con el número de magistrados que hoy la integran, tiene [...] claramente la suficiencia y capacidad de sus miembros para ejercer las atribuciones y competencias que constitucional, legal y jurisprudencialmente le han sido asignadas."

Y más nada; citando en la sentencia cuanta estadística se le ocurrió, la Sala Constitucional le negó a la Asamblea Nacional su potestad de legislar en materia de organización de Poder Judicial, y poder aumentar el número de magistrados del Tribunal Supremo, que consideró "impertinente" e "injustificada;" agregando además, que:

> "la justificación asomada en la Exposición de Motivos no está debidamente soportada ni económica ni racionalmente, no existiendo una estimación de la incidencia o impacto presupuestario debidamente sustentado, de conformidad con lo dispuesto en el artículo 103 del Reglamento Interior y de Debates de la Asamblea Nacional." ´

Artículo éste último del Reglamento, que por lo demás, no lo sancionó la Asamblea sino la propia Sala Constitucional en otra inconstitucional sentencia N° 269 de 21 de abril de 2016, que se analiza más adelante.

De todo ello, concluyó la Sala Constitucional, pura y simplemente que "ninguna Sala debe ser '*hipertrofiada*' sin fundamento lógico y sin tomar en cuenta las condiciones humanas y materiales para su efectiva implementación. Así se declara."

4. La Sala Constitucional declarando "inconstitucional" una norma procedimental en materia de control previo de constitucionalidad que buscaba garantizar el debido proceso

Con motivo de las decisiones adoptadas por la Sala Constitucional en materia de control previo de constitucionalidad, a solicitud del Presidente de la República, considerándose el asunto siempre como de mero derecho y sin posibilidad alguna de que las personas o funcionarios interesados puedan formular alegatos, en la reforma de la Ley Orgánica del Tribunal Supremo de Justicia, la Asamblea Nacional decidió excluir de las causas que no requieren sustanciación (artículo 145), precisamente los procedimientos de control previo de constitucionalidad, buscando garantizar el debido proceso.

Dicha modificación la consideró la Sala en su sentencia como abiertamente inconstitucional, pues agregó "un procedimiento no previsto por el Constituyente de 1999 (ni tampoco por el de 1961 -artículo 173 constitucional, último aparte-), en un asunto de mero derecho." El argumento, por supuesto, fue completamente errado, primero, porque es el Legislador el que precisamente regula los procedimientos judiciales que, por supuesto, no están ni pueden estar establecidos en la Constitución (de lo contrario la Asamblea ni siquiera podría sancionar el Código de Procedimiento Civil, o las normas procesales contenidas en la Ley Orgánica de la Jurisdicción Contencioso Administrativa); y segundo, que nada autoriza a considerar *per se*, que el procedimiento del control previo de constitucionalidad sea siempre de "mero derecho" y que deba desarrollarse siempre sin que las partes interesadas, como puede ser por ejemplo la propia Asamblea, puedan formular alegatos en defensa de la ley sancionada.

La Sala Constitucional en cambio, sin argumentación alguna, consideró que la creación del trámite procedimental para *"sustanciar"* la solicitud de declaración de inconstitucionalidad presentada por el Presidente de la República (artículo 214 constitucional), no perseguía "subsanar una insuficiencia del Texto Fundamental ni de la vigente Ley Orgánica en caso de controversia entre el Poder Ejecutivo y la Asamblea Nacional; sino introducir un trámite inconstitucional dentro de una modalidad de control previo que, por su naturaleza, es de mero derecho." Dicho trámite, que introducía elementos de garantía del debido proceso, concluyó la Sala Constitucional, también sin argumentación alguna:

> "no es solo *"contra natura,"* sino que persigue subliminalmente dificultar el pronunciamiento oportuno de la Sala para que transcurra el lapso perentorio que el Constituyente dispone, introduciendo el análisis de admisibilidad, una audiencia constitucional y hasta la posibilidad de *"presentar pruebas, según el tema de controversia."*

O sea que para la Sala Constitucional el garantizar el debido proceso en los procedimientos constitucionales, es simplemente "contra natura." Muy poco, por tanto, se puede esperar de este órgano que de garante de la supremacía e integridad de la Constitución, pasó a ser el instrumento para garantizar su violación impune.

5. *La Sala Constitucional declarando "inconstitucional" el ejercicio de la función de legislar por la Asamblea Nacional por "desviación de poder"*

Por último, la Sala Constitucional, como si no fuera poco lo que ya había hecho y logrado con su sentencia, castrando a la Asamblea Nacional de su potestad de legislar, terminó en la misma considerando que en la Ley de reforma de la Ley Orgánica del Tribunal Supremo que había sancionado la Asamblea, debía "advertirse con claridad un vicio, igualmente inconstitucional [que es] la desviación de poder."

Sobre dicho vicio, que se menciona en los artículos 139 y 259 de la Constitución y que en principio se aplica respecto de la actividad de la Administración Pública conforme a lo previsto en el artículo 12 de la Ley Orgánica de Procedimientos Administrativos, la Sala Constitucional lo generalizó, considerando que se manifiesta "cuando el funcionario u órgano que tiene competencia para tomar una decisión en una situación de hecho concreta, efectivamente decide, pero no para cumplir los fines previstos en la norma, sino para otros distintos." Para alegarse este vicio, por tanto, quien lo hace debe probar que efectivamente el funcionario hizo uso del poder que tiene, pero para lograr un fin distinto al establecido en la norma atributiva de competencia.

Y de allí, sin prueba alguna -que es la fase complicada y difícil del vicio de desviación de poder- la Sala Constitucional simplemente concluyó en que al aprobar la reforma de la Ley Orgánica incrementando el número de Magistrados de la Sala Constitucional, la Asamblea no persiguió

> "*optimizar*" el funcionamiento de la Sala en el ejercicio de sus múltiples atribuciones [...] sino copar de nuevos integrantes esta instancia judicial para entorpecer la labor de la máxima instancia de protección de la Constitución, con fines claramente políticos."

Y lo más cínico del argumento de la Sala Constitucional fue, en esta materia, el reconocimiento de que los requerimientos para la elección de los magistrados del Tribunal Supremo conforme a la Constitución, se establecieron "con el 'propósito de apartarlos de los eventuales cambios en la correlación de fuerzas políticas-partidistas en el seno de la Asamblea Nacional," buscando "no someter la integración del máximo Tribunal del Estado, a los vaivenes y cambios de los poderes intrínsecamente políticos." Es decir, como precisamente había sucedido en el caso de las designaciones de los magistrados efectuadas en diciembre de 2014 y diciembre de 2015, entre los cuales estaban los magistrados que estaban sentenciando. Es decir, como lo observó la organización *Acceso a la Justicia*:

> "En esta decisión, la Sala Constitucional se muestra muy preocupada por defender su independencia cuando es conocido que los magistrados en buena medida son activistas políticos o tienen importantes lazos con el gobierno de turno." [56]

---

56   Véase "La Sala Constitucional usurpa otra vez las atribuciones de la Asamblea Nacional," *Acceso a la Justicia, Observatorio Venezolano de la Justicia*, 12 de mayo de 2016, en http://www.accesoalajusti-cia.org/wp/info-justicia/noticias/la-sala-constitucional-usurpa-otra-vez-las-atribuciones-de-la-asamblea-nacional/.

O como lo constató el Secretario General de la Organización de Estados Americanos en su comunicación del 30 de mayo de 2016 sobre la activación de la Carta Democrática Interamericana respecto a Venezuela, la actual integración del Tribunal Supremo "está completamente viciada tanto en el procedimiento de designación como por la parcialidad política de prácticamente todos sus integrantes."[57]

En fin, para la Sala Constitucional, la desviación de poder que le atribuyó a la Asamblea Nacional derivaban de "las intenciones subyacentes al proyecto" de Ley de Reforma, sumándose así esta decisión a lo ya resuelto en otras de la Sala, en las cuales declaró el mismo vicio con el objeto de cercenarle a la Asamblea su potestad de legislar, como órgano político. Ese fue el caso de las sentencias N° 259 del 31 de marzo de 2016 (caso: *constitucionalidad de Ley de Reforma Parcial del Decreto N° 2.179 con Rango, Valor y Fuerza de la Ley de Reforma Parcial de la Ley del Banco Central de Venezuela)*, y N° 264 del 11 de abril de 2016 (caso: *Ley de Amnistía y Reconciliación Nacional)*, que la Sala no dejó de recordar expresamente; a la cual se suman la sentencia N° 343 de 6 de mayo de 2015 (caso: *Ley de Otorgamiento de Títulos de Propiedad a Beneficiarios de los Programas Habitacionales del sector público*), y la sentencia N° 460 de 16 de junio de 2016 (caso: *Ley Especial para Atender la Crisis Nacional de Salud*), que se analizan más adelante.

La conclusión fue también en este caso, la declaratoria por la Sala Constitucional de la inconstitucionalidad de la Ley de Reforma Parcial de la Ley Orgánica del Tribunal Supremo de Justicia, sancionada por la Asamblea Nacional en su sesión ordinaria del 7 de abril de 2016, declarando entonces que "se preserva la vigencia de la Ley Orgánica del Tribunal Supremo de Justicia publicada en la *Gaceta Oficial* de la República Bolivariana de Venezuela N° 39.522 del 1 de octubre de 2010."

---

57 Véase la comunicación del Secretario General de la OEA de 30 de mayo de 2016 con el Informe sobre la situación en Venezuela en relación con el cumplimiento de la Carta Democrática Interamericana, p. 127. Disponible en oas.org/documents/spa/press/OSG-243.es.pdf. En dicho Informe se afirma con precisión, que al menos cinco de los trece magistrados designados en 2015 "serían activistas político partidistas y ocuparon cargos dentro del gobierno nacional," *Idem*. p. 83.

Con esta sentencia, como lo observó María Amparo Grau, al:

"restar judicialmente las competencias constitucionales del Parlamento con una consideración totalmente contraria al derecho es "un fraude hacia el orden fundamental" y un golpe judicial al Estado constitucional de Derecho." [58]

Entonces, si con las anteriores sentencias dictadas en contra del Parlamento en los primeros meses de 2016, citadas por la misma Corte, se había sentenciado de muerte de la Asamblea Nacional, y se la había ejecutado, e incinerado sus despojos, lo que ahora ha ocurrido con esta sentencia, equivale a la dispersión de sus cenizas.

Ya nada más podrá hacer la Asamblea Nacional, como órgano constitucional respecto de sus funciones propias, por decisión precisamente de la Sala Constitucional, que debía haber sido, al contrario, el órgano que debía garantizarle el ejercicio de sus funciones.

IV. LA DECLARATORIA DE INCONSTITUCIONALIDAD DE LA LEY DE OTORGAMIENTO DE TÍTULOS DE PROPIEDAD A BENEFICIARIOS DE LOS PROGRAMAS HABITACIONALES DEL SECTOR PÚBLICO: DERECHO A LA VIVIENDA vs. DERECHO DE PROPIEDAD

El Presidente de la República también solicitó de la Sala Constitucional, conforme al 214 de la Constitución, el control previo de la constitucionalidad de la "Ley de Otorgamiento de Títulos de Propiedad a Beneficiarios de la Gran Misión Vivienda Venezuela y otros Programas Habitacionales del Sector Público," que había sido sancionada por la Asamblea Nacional el 13 de abril de 2016; y mediante la cual se legisló a los efectos de "regular el otorgamiento de la titularidad del derecho de propiedad plena a los beneficiarios de unidades de vivienda construidas" por el Estado (art. 1), estableciéndose la obligación de cumplir con ello a todos "órganos o entes públicos competentes encargado de la ejecución del proyecto habitacional de que se trate"(art. 2); y regulándose el derecho de los beneficiarios a cuyo favor se otorgue el correspondiente documento protocolizado "de poder *disponer libremente del bien conforme lo establecido en el artículo 545 del Código Civil.*

---

58   Véase María Amparo Grau, "Fraude constitucional: mermar la iniciativa legislativa," en *El Nacional*, Caracas, 6 de abril de 2016.

La Sala Constitucional, unas semanas después, declaró la inconstitucionalidad de la Ley mediante sentencia N° 343 de 6 mayo
2016. [59]

El fundamento para solicitar la declaratoria de inconstitucionalidad de la Ley expresado por el Presidente de la República, estuvo
en considerar que la Asamblea Nacional había inobservado:

> "el procedimiento de formación de la Ley, en particular, por no
> haberse cumplido con lo establecido en el Reglamento Interior y de
> Debates de la Asamblea Nacional, de conformidad con lo señalado
> por esta Sala en la sentencia n° 269 del 21 de abril de 2016, en la que
> se señaló la obligatoriedad del estudio de impacto económico para de-
> terminar la viabilidad de la legislación a ser aprobada, así como el
> proceso de consulta pública correspondiente,"

A ello agregó el Presidente para solicitar la declaración de inconstitucionalidad de la ley, en "los perjuicios que considera que
esta Ley tendría en la población por dársele propiedad al negocio
inmobiliario sobre el derecho a la vivienda de las familias," considerando que la Ley:

> "atenta contra ese derecho, al menos contra su sustancia de dere-
> cho humano, dando preminencia (como fuera tiempo atrás) a una dis-
> frazada esencia económica, más bien parecida al derecho de propie-
> dad privada."

La Sala en su sentencia, constató que a la Ley sancionada no se
acompañó "ninguna ponderación en cuanto a cómo afectaría la Ley
al sistema público de construcción de viviendas," y otros impactos
económicos de la misma, a fin de poder determinar la viabilidad
económica de la Ley. Por ello, con base en lo ya decidido por la
Sala Constitucional en la referida sentencia N° 269 del 21 de abril
de 2016, la Sala constató que en este caso:

> "no existe constancia de que se haya cumplido con las exigencias
> establecidas en los artículos 208, 311, 312, 313 y 314 de la Constitu-
> ción y en el Reglamento Interior y de Debates de la Asamblea Nacio-
> nal. Así se declara."

Pasó luego la Sala a considerar si el contenido de la Ley se
ajustaba a los principios establecidos en la Constitución, haciendo
una "ponderación y análisis de los derechos constitucionales regu-

---

59 Véase en http://historico.tsj.gob.ve/decisiones/scon/mayo/187591-343-6516-
    2016-16-0397.HTML.

lados por esta ley, cuales son el derecho a la vivienda, establecido en el artículo 82 del Texto Fundamental y el derecho a la propiedad, consagrado en el artículo 115 *eiusdem*," en particular, "a la luz de los cambios significativos que en materia social trajo la aprobación de la Constitución de 1999, que obligaron a una transformación en la cultura jurídica venezolana," considerando la gestación de "un nuevo régimen constitucional" en el cual todos los derechos previstos en la Constitución son fundamentales.

Con base en ello, pasó la Sala a argumentar sobre el rol pasivo que tenía la actuación del Estado en el "Estado de derecho liberal" que "fue circunscrito a la mínima participación […] a objeto de no comprometer la libertad e igualdad formal de sus ciudadanos," haciendo el contraste con el "desarrollo del Estado social de derecho, incorporándose, a partir de 1947 en las Constituciones venezolanas la cláusula de Estado social de derecho, propugnando la participación del Estado en condición de protagonista para equilibrar las diferencias sociales, proyectándose en el círculo de los derechos humanos en pos de su eficacia;" concepto recogido en la Constitución de 1999 (art. 2); respecto del cual la Sala en anterior sentencia que cita, Nº 85, del 24 de enero de 2002 (caso: ASODEVIPRILARA) puntualizó que tiene por objeto reforzar "la protección jurídico-constitucional de personas o grupos que se encuentren ante otras fuerzas sociales o económicas en una posición jurídico-económica o social de debilidad, y va a aminorar la protección de los fuertes. El Estado está obligado a proteger a los débiles, a tutelar sus intereses amparados por la Constitución."

Bajo estas premisas, la Sala pasó a analizar la inclusión en la Constitución del derecho a una vivienda, al establecer en su artículo 82, que:

> "*Artículo 82. "Toda persona tiene derecho a una vivienda adecuada, segura, cómoda, higiénica, con servicios básicos esenciales que incluyan un hábitat que humanice las relaciones familiares, vecinales y comunitarias. La satisfacción progresiva de este derecho es obligación compartida entre los ciudadanos y el Estado en todos sus ámbitos.*
>
> *El Estado dará prioridad a las familias y garantizará los medios para que éstas, y especialmente las de escasos recursos, puedan acceder a las políticas sociales y al crédito para la construcción, adquisición o ampliación de viviendas."*

La Sala consideró que dicho derecho, más formulado como política pública que como derecho exigible en los términos que se redactó la norma, [60] "se encuentra entre los llamados derechos prestacionales de interés social, cuya satisfacción progresiva debe ser garantizada por el Estado," el cual debe por ello, instrumentar "medidas que contribuyan al diseño y formulación de políticas sociales en aras de lograr el efectivo ejercicio de dicho derecho constitucional." Consideró incluso la Sala que la implementación de dicha política pública "por el Estado a través del Ejecutivo lo obligan, en

---

60 La Sala Constitucional, en su sentencia, recordó mi intervención en la Asamblea Constituyente, pero erradamente se refiere a "la concepción como derecho programático sostenida por el constituyente Allan Brewer-Carías." Yo no sostuve que se trataba de un "derecho programático." Lo que dije fue que dicha norma estaba mal redactada, pues tal como quedó "no respondía al principio de la alteridad. El derecho consagrado implica una obligación del Estado a proveer vivienda, y lo que debió preverse es el derecho de las personas de acceder a la vivienda y el deber del Estado a proveer los medios para garantizar ese acceso." Por ello en la sesión del 30 de octubre de 1999, primera discusión del proyecto, expuse lo siguiente: "La forma de redacción del artículo debe ser objeto de meditación por la Asamblea. Cada vez que se regula un derecho constitucional, tiene que tenerse en cuenta el llamado "principio de la alteridad", un derecho constitucional implica una obligación de alguien. Cuando consagramos pura y simplemente: "Toda persona tiene derecho a una vivienda digna, segura, cómoda de dimensiones apropiadas higiénicas, con acceso al disfrute de servicios básicos esenciales", que es una fórmula ideal, estamos estableciendo que el Estado está obligado a suministrar vivienda en estas condiciones a todos, a toda persona, inclusive al transeúnte que aparezca por este país." Frente a ello, expresé que "aquí lo que se tiene que garantizar es el derecho al acceso a los medios para poder obtener vivienda, y la obligación del Estado a garantizar la disposición de esos medios, a los efectos de vivienda, pero tal como está redactado el artículo, es una norma que establece una obligación pura y simplemente imposible de cumplir en cualquier parte del mundo." Por todo ello, al final de la sesión del día 30 de octubre de 1999, consigné mi Voto Salvado sobre la redacción de esta norma, con el siguiente texto: "Salvo mi voto, porque a pesar de la buena intención y del ideal que expresa, la forma como quedó redactada esta norma la hace completamente incumplible. En la consagración de cualquier derecho, y más los de orden constitucional, debe tenerse en cuenta el principio de alteridad, en el sentido de que si se prevé un titular de derechos (un sujeto de derecho o todos) necesariamente tiene que haber un obligado (uno a todos); no puede haber derecho sin obligación. [...] En realidad, la norma debió prever el derecho a acceder a la vivienda, lo que obliga al Estado a proveer los medios (urbanísticos, rurales, materiales, financieros) para garantizar tal acceso en condiciones de igualdad o dando prioridad a determinadas familias.". Véase en Allan R. Brewer-Carías, *Debate Constituyente*, Tomo III, Fundación de Derecho Público, Editorial Jurídica Venezolana, Caracas 1999.

aras de superar el asistencialismo, a reconocer que las personas beneficiarias de la misma resultan titulares de derechos."

La Sala, sin embargo, constató que "desde 1961 en Venezuela el derecho constitucional a la vivienda está ligado a la protección de las familias, por lo que su satisfacción por parte del Estado debe dirigirse primordialmente a tal fin, concepción esta que fue desarrollada con mayor profundidad en el artículo 82 de la Constitución de la República Bolivariana de Venezuela." Bajo este ángulo, la Sala entonces pasó a examinar:

> "el carácter prestacional del derecho social a la vivienda, frente al derecho de propiedad que atañe a las libertades puramente individuales con todos sus efectos, que implican el uso, goce, disfrute y disposición de un bien por parte del titular del mismo con exclusión del resto de la sociedad, debiendo el Estado abstenerse de perturbar dicho derecho y, además, garantizar que no sea menoscabado por terceros, pero no implica que el Estado deba proveer de bienes a los ciudadanos y ciudadanas, por lo que se trata de un derecho de libertad individual pero no de carácter prestacional.

Entonces la Sala pasó a referirse al derecho de propiedad consagrado en el artículo 115 de la Constitución sujeto las restricciones y obligaciones que establezca la ley con fines de utilidad pública o de interés general, "lo que implica que no tiene un carácter absoluto, sino que, como todos los derechos constitucionales, se encuentra limitado por su interacción con otros del mismo rango, siempre y cuando no se altere su núcleo esencial," de manera que –afirmó la Sala – "puede verse afectado en aras del interés social, sin que esto signifique vulneración a los principios y garantías previstas en la Constitución."

En cuanto al derecho a la vivienda, considerando la Sala que busca "la satisfacción de una necesidad básica de todas las familias de tener un lugar donde habitar," constató que "el mercado inmobiliario, al concebirla como una mercancía y su producción como un negocio solo permite su acceso a quienes tienen la capacidad económica para adquirirla y no como el derecho humano," considerando que:

> "la obligación que tiene el Estado de implementar políticas públicas eficaces de protección que permitan que todas las familias, independientemente de su capacidad económica, puedan acceder a una vivienda digna, mientras que el derecho de propiedad resguarda

la libertad de los ciudadanos de disponer de bienes materiales sin que se les perturbe en el ejercicio de dicha libertad.

En definitiva, de ello, la Sala Constitucional arguyó que

"la regulación que se haga de las unidades habitacionales dentro del marco de las políticas públicas para satisfacer el derecho a una vivienda digna no excluye el derecho a la propiedad, pero debe protegerse el acceso y mantenimiento del ejercicio del derecho social con adecuación a cada situación familiar, para que una vez cumplidas cada una de las fases de las obligaciones adquiridas, por una parte por el Estado y por la otra por los beneficiarios, esta propiedad se transfiera del Estado a la familia adjudicataria, evitando que ésta, en virtud de su vulnerabilidad económica, se vea presionada a ceder su derecho de propiedad para satisfacer otras necesidades materiales en menoscabo del derecho a la vivienda que el bien inmueble adjudicado por el Estado está llamado a cumplir en razón de su función social.

Después de esto, la Sala concluyó negando de plano la posibilidad de transferir la propiedad a los beneficiados con las viviendas del Estado indicando que "en el caso de las unidades habitacionales que el Estado ha destinado a garantizar el derecho a la vivienda de las familias la misma se circunscribe a cumplir con dicho fin, por lo que *debe excluirse la posibilidad de que los destinatarios de estos planes sociales puedan verse privados de su derecho a la vivienda por razones económicas que impliquen la transmisión de la tenencia del inmueble a través de los mecanismos especulativos del mercado.*"

La Sala además, consideró que ese derecho a la vivienda consecuencia de las políticas públicas,

"debe tener limitaciones que impidan que la disposición de la misma desnaturalice su función social, impidiendo que se trate como cualquier objeto del comercio que pueda negociarse libremente en el mercado sin una protección reforzada del derecho que está llamada a satisfacer; de lo contrario, el derecho constitucional a una vivienda digna podría ceder ante el ejercicio del derecho a la propiedad si no cuenta con una protección reforzada para la familia a la que se le adjudicó el inmueble, razón por la cual estos dos derechos en principio compatibles resultarían contrapuestos."

Es decir, conforme a la doctrina de la sentencia, "el otorgamiento de títulos de propiedad sobre las unidades de vivienda adjudicadas dentro del marco de las políticas sociales del Estado, solo puede darse mediante un sistema que rigurosamente garantice que las familias no puedan verse privadas del ejercicio del derecho a la vivienda por la disposición del derecho a la propiedad con fines distintos al que está ligado el bien inmueble, es decir su función social que garantizar una vivienda digna de interés social, razón por la cual esta finalidad se constituye en un límite intrínseco del derecho de propiedad sobre tales inmuebles."

Por todo lo anterior, consideró la Sala Constitucional que:

"una legislación que anteponga la libre disponibilidad del bien sobre la función social que tiene una unidad habitacional adjudicada por el Estado para garantizar el derecho de las familias de acceder a una vivienda digna, resulta contraria a los principios rectores del Estado venezolano constituido como Estado Democrático y Social de Derecho y de Justicia y por tanto deviene inconstitucional y como tal nula. Así se declara"

Por tanto, al pasar a analizar el articulado de la Ley, particularmente el artículo 23 que disponía que los beneficiarios en cuyo favor se otorgase el correspondiente documento protocolizado de propiedad podían en consecuencia disponer libremente del bien conforme lo establecido en el artículo 545 del Código Civil, la Sala consideró que ello se hacía "con la intención de desvincular la propiedad de las unidades habitacionales de las restricciones que tiene por su función social al servicio del interés general, de garantizar el acceso a otro derecho fundamental, como lo es el acceso a la vivienda de las familias con menos recursos económicos."

Al regularse en la Ley la posibilidad de traspaso de la propiedad, agregó la Sala, sin que se "imponga algún requisito adicional para el traspaso de un bien público del dominio privado a un particular, ni algún tipo de garantía que permita preservar la función social del mismo para que no ingrese al mercado inmobiliario bajo modalidad de venta o alquiler por parte del adjudicatario o al mercado secundario de hipotecas por parte de alguna entidad financiera en favor de la cual se haya constituido alguna garantía real," ello implicaría una "desviación de la función social para la cual fue concebida la unidad de vivienda adjudicada por el Estado" y "un enriquecimiento sin causa de quien comercie con dicho bien."

De todo ello, indicó la Sala que la normativa de la Ley en cuestión "resulta inconstitucional" porque:

"la transferencia de la propiedad de las unidades habitacionales adjudicadas por el Estado para satisfacer el derecho de las familias a una vivienda digna, de modo tal que estas puedan disponer de dichos inmuebles sin ninguna limitación que resguarde la función social de dicha propiedad, resulta contraria al interés general materializado a través de las políticas del Estado para satisfacer el derecho social de una vivienda digna para todas aquellas personas más débiles y vulnerables."

En ese mismo orden de ideas, la Sala también consideró a la Ley inconstitucional, por contrariar supuestamente el principio de la progresividad en materia de derechos humanos establecido en el artículo 19 de la Constitución al considerar que la misma planteaba "la "progresividad" del "derecho de propiedad" y la omitía en cuanto a la satisfacción del "derecho a la vivienda" y "la protección a la familia," respecto del cual estimó, sin razón, que la Ley era regresiva, al abandonar el "carácter social del derecho fundamental a la vivienda en favor del mercado lucrativo con base en *la libre disposición del inmueble* bajo el supuesto de constituirse en el *mecanismo de apalancamiento para la inclusión financiera y de emprendimiento.*"

A todo lo anterior se agrega, respecto de las previsiones de la Ley que establecían la condonación de las deudas que pudieran tener los beneficiarios de la adjudicación de viviendas con el Estado, que ello, en definitiva, el Poder Legislativo no lo podía hacer, siendo ello supuestamente una atribución exclusiva del Poder Ejecutivo, concluyendo insólitamente la Sala en que "la Asamblea Nacional incurrió en usurpación de funciones del Director de la Hacienda Pública Nacional -Presidente de la República- al condonar las deudas contraídas por los beneficiarios de esta política pública en menoscabo de los principios rectores de la seguridad social y de los deberes ciudadanos de solidaridad y contribución con las cargas públicas."

De todo lo anterior concluyó la Sala Constitucional indicando que siendo la finalidad de la Ley de Otorgamiento de Títulos de Propiedad a Beneficiarios de la Gran Misión Vivienda Venezuela y Otros Programas Habitacionales del Sector Público "otorgar gratuitamente la propiedad de las unidades habitacionales adjudicadas por el Estado a los beneficiarios de las políticas públicas realizadas para satisfacer el derecho de las familias a una vivienda digna, para que en el ejercicio de la propiedad plena de las unidades habitacionales puedan los adjudicatarios de las mismas disponer de ellas con el explícito fin de apalancar el patrimonio familiar y el emprendimiento, es decir, convertir el bien inmueble destinado a garantizar un derecho social en una mercancía susceptible de ingresar al mercado para ser transada," ello "implica que el gran esfuerzo que ha hecho la sociedad a través de las políticas estatales como la Gran Misión Vivienda Venezuela, en la cual todos los contribuyentes han aportado para que las familias con mayores necesidades materiales accedan al derecho constitucional a una vivienda digna se vea desvirtuado, por cuanto se estarían privatizando los bienes inmuebles destinados a tal fin sin ninguna contraprestación, en beneficio del mercado inmobiliario y el sector financiero que lo sustenta, ya que por las propias necesidades económicas de las personas con menores ingresos y por no prever esta ley ningún mecanismo que las proteja, podrían ceder o hipotecar las propiedades que se les adjudica sin ninguna limitación, engrosando así la apetencia del mercado inmobiliario y del mercado secundario de deuda."

Ello, a juicio de la Sala, "contraviene los fines del Estado Democrático y Social de Derecho y de Justicia al no garantizar que el ejercicio progresivo del derecho de las familias a una vivienda digna no ceda ante el derecho de propiedad, al propender que las unidades habitacionales ingresen al mercado especulativo, para favorecer a quienes ejercen el dominio del mismo en detrimento de quienes ameritan de una protección reforzada por parte del Estado," de lo que concluyó señalando que la Ley era inconstitucional por ser solo:

> "un subterfugio para colocar los inmuebles destinados por el Estado a la satisfacción de un derecho social como la vivienda en beneficio del mercado financiero y resulta contraria a los postulados constitucionales previstos en los artículos 2, 3, 75, 82, 86, 133 y 135 del Texto Fundamental, por lo que esta Sala debe declarar su inconstitucionalidad. Así se decide."

Como lo resumió *Acceso a la Justicia*, "sin ninguna razón jurídica" o "sin dar ningún argumento jurídico" la sentencia declaró "la inconstitucionalidad de una ley que otorga los títulos de propiedad a los beneficiarios" de las políticas de vivienda del gobierno, "restringiendo el derecho a la propiedad," reforzando "la sustitución de la propiedad privada por la social" y, en fin "convirtiendo al Estado en propietario en nombre del pueblo." [61]

---

61   Véase "Estado propietario en nombre del pueblo y pueblo sin propiedad. *Análisis de la sentencia de la Sala Constitucional de la ley sobre la GMVV,*" en

De nuevo con esta sentencia, la Sala Constitucional le negó a la Asamblea Nacional la potestad de legislar conforme a la definición política que formule la mayoría parlamentaria, en el marco de lo establecido en la Constitución, en la cual ninguna de las limitaciones enumeradas por la Sala Constitucional al derecho de propiedad están establecidas, como tampoco está establecida una regulación del derecho a la vivienda que excluya el derecho de propiedad cuando las viviendas sean el resultado de la ejecución de políticas públicas. No corresponde al Juez Constitucional ser el juez de la política pública: ello solo compete al órgano político representante del pueblo, electo por el mismo.

Acceso a la Justicia, 16 de mayo de 2016, en http://www.accesoalajusticia.org/wp/infojusticia/noticias/estado-propietario-en-nombre-del-pueblo-y-pueblo-sin-propiedad/.

SÉPTIMA PARTE

EL FIN DEL PODER LEGISLATIVO: LA REGULACIÓN POR EL JUEZ CONSTITUCIONAL DEL RÉGIMEN INTERIOR Y DE DEBATES DE LA ASAMBLEA NACIONAL, Y LA SUJECIÓN DE LA FUNCIÓN LEGISLATIVA DE LA ASAMBLEA A LA APROBACIÓN PREVIA POR PARTE DEL PODER EJECUTIVO

A las decisiones anteriormente comentadas de la Sala Constitucional, mediante las cuales decretó la sentencia de muerte del Poder legislativo, y ejecutó dicha sentencia, declarando inconstitucional materialmente todas las leyes sancionadas por la misma, la Sala Constitucional del Tribunal Supremo, mediante otra sentencia Nº 269 de 21 de abril de 2016, [1] en definitiva puso fin al Poder Legislativo en el país.

En esta sentencia, contentiva de medidas cautelares dictadas de oficio con ocasión de un juicio de nulidad que se había iniciado cinco años antes contra el Reglamento Interior y de Debates de la Asamblea Nacional, la Sala Constitucional, en efecto, le dio el golpe final a ésta, eliminando completamente su autonomía, y sujetan-

---

1 Véase en http://historico.tsj.gob.ve/decisiones/scon/abril/187363-269-21416-2016-11-0373.HTML. Véase los comentarios en Allan R. Brewer-Carías, "El fin del Poder Legislativo: La regulación por el Juez Constitucional del régimen interior y de debates de la Asamblea Nacional, y la sujeción de la función legislativa de la Asamblea a la aprobación previa por parte del Poder Ejecutivo, 3 de mayo de 2016, en http://www.allanbrewercarias.com/Content/449725d9-f1cb-474b-8ab2-41efb849fea3/Content/Brewer.%20EL%20FIN%20DEL%20PODER%20LEGI SLATIVO.%20SC.%20mayo%202016.pdf.

do el ejercicio de su función legislativa a la obtención del visto bueno de parte del Ejecutivo Nacional. Con la decisión, la Sala, usurpando funciones de la Asamblea, le "reguló" su propio funcionamiento y materialmente puso fin a su función esencial que es la de legislar, reafirmando lo que en su criterio consideró como característico del régimen constitucional en Venezuela, que supuestamente era *"fundamentalmente presidencialista de gobierno"* o el *"sistema cardinalmente presidencial de gobierno."* (Sentencia N° 327 de 28 de abril de 2016).

El juicio de nulidad que motivó las inconstitucionales medidas cautelares dictadas contra la Asamblea Nacional se había iniciado en 2011, cuando un grupo de diputados de la Asamblea Nacional en representación entonces de la minoría opositora al Gobierno en la Asamblea, demandaron la nulidad de diversas disposiciones de la Reforma Parcial del Reglamento Interior y de Debates de la misma,[2] denunciando la violación de diversos principios constitucionales como el principio democrático, el del pluralismo político, el del Estado de Derecho y el de progresividad, entre otros, y otras disposiciones constitucionales específicas, al considerar que el Reglamento había procedido a:

> "reducir las posibilidades de intervención de los Diputados en los debates; ampliar las potestades de la Presidencia de la Asamblea Nacional, en detrimento de la plenaria o de instancias de trabajo coordinado entre diversas fuerzas políticas; en dificultar el ejercicio de algunos mecanismos de control y, por último, en eliminar ciertas garantías de funcionamiento regular o continuo de la Asamblea Nacional y de sus Comisiones Permanentes durante las sesiones ordinarias."

En particular, los impugnantes solicitaron la declaratoria de inconstitucionalidad de los artículos 1; 25, penúltimo aparte; 27, numerales 3 y 6; 45, en su encabezamiento; 48, primer aparte; 56, último aparte; 57; 64, numeral 4; 73, último aparte; 76, único aparte; 105, último aparte; y 126 del Reglamento Interior y de Debates de la Asamblea Nacional, por violación de los artículos 49.1, 187, 208 y 219 de la Constitución.

La Sala Constitucional se demoró cinco años para solo "admitir" la demanda de nulidad - calculadamente después de que los impugnantes, entonces miembros de la minoría parlamentaria opo-

---

2   Véase *Gaceta Oficial* N° 6.014 Extraordinario del 23 de diciembre de 2010.

sitora al Gobierno, pasaron a ser en general parte de la mayoría parlamentaria opositora al Gobierno - , y solo lo hizo para pronunciarse sobre las medidas cautelares solicitadas, pero con el único y preciso objetivo de usurpar la competencia privativa de la Asamblea Nacional de dictar su Reglamento Interior y de Debates que como *interna corporis* y acto de ejecución directa de la Constitución, solo la Asamblea puede dictar; y proceder a establecer normas de obligatorio cumplimiento que acabaron con la autonomía del Parlamento en materia de legislación. Como lo indicó el Grupo de Profesores de Derecho Público de Venezuela:

> "las medidas dictadas *tienen contenido normativo*, de lo cual resulta que en definitiva, ha sido la Sala Constitucional la que reguló el funcionamiento interno de la Asamblea, usurpando el ejercicio de la atribución privativa de ésta de normar tal funcionamiento y regular el desarrollo del debate parlamentario." [3]

La Sala Constitucional, en efecto, "aprovechando" la solicitud de suspensión de "la aplicación de diversas normas impugnadas," [4] en lugar de suspender los efectos de las mismas, lo que en castellano no es otra cosa que eso: suspender los efectos o la aplicación de las mismas, en el mismo sentido de lo indicado por la Sala en una sentencia anterior (N° 1.181/2001, del 29 de junio, caso: *Ronald Blanco La Cruz,* citada, que indica que "la medida de inaplicación requerida *supone una interrupción temporal de la eficacia del contenido normativo de la disposición impugnada*"); lo que la Sala hizo en realidad fue dictar una sentencia de contenido "normativo," la N° 269 de 21 de abril de 2016, [5] estableciendo una serie de regulaciones de carácter general, que dispuso incluso *de oficio*, sobre el régimen interior y de debates que solo la Asamblea podía constitucionalmente sancionar; con ocasión de "acordar la medida cautelar de suspensión de los artículos 25; 57; 64, numerales 5, 6 y 8; 73; y

---

3   Véase Comunicado: Grupo de Profesores de Derecho Público: "La Nulidad e Ineficacia de la Sentencia N° 269/2016 de la Sala Constitucional," mayo 2016.

4   Los impugnantes habían solicitado solo *"la suspensión de la aplicación* de los artículos 1; 25, penúltimo aparte; 27, numerales 3 y 6; 45, en su encabezamiento; 48, primer aparte; 56, último aparte; 57; 64, numeral 4; 73, último aparte; 76, único aparte; 105, último aparte; y 126 del Reglamento Interior y de Debates de la Asamblea Nacional."

5   Véase en http://historico.tsj.gob.ve/decisiones/scon/abril/187363-269-21416-2016-11-0373.HTML.

105, último aparte del Reglamento de Interior y Debates de la Asamblea Nacional."

I RÉGIMEN DE LA CONSULTA PÚBLICA DE LOS PROYECTOS DE LEY: LA IMPOSICIÓN DE LA FÓRMULA DEL "PARLAMENTARISMO DE CALLE"

La primera medida cautelar dispuesta se refiere a la imposición a la Asamblea Nacional de obligatoriamente aplicar una modalidad de supuesta participación popular denominada de "parlamentarismo de calle," a cuyo efecto la Sala recurrió a lo dispuesto en el artículo 211 la Constitución que regula como método de participación ciudadana en el proceso de formación de las leyes, la figura de la consulta popular de los proyectos de ley, en la siguiente forma:

> *"Artículo 211.*   La Asamblea Nacional o las Comisiones Permanentes, durante el procedimiento de discusión y aprobación de los proyectos de leyes, consultarán a los otros órganos del Estado, a los ciudadanos y ciudadanas y a la sociedad organizada para oír su opinión sobre los mismos. Tendrán derecho de palabra en la discusión de las leyes los Ministros o Ministras en representación del Poder Ejecutivo; el magistrado o magistrada del Tribunal Supremo de Justicia a quien éste designe, en representación del Poder Judicial; el o la representante del Poder Ciudadano designado o designada por el Consejo Moral Republicano; los o las integrantes del Poder Electoral; los Estados a través de un o una representante designado o designada por el Consejo Legislativo y los o las representantes de la sociedad organizada, en los términos que establezca el reglamento de la Asamblea Nacional."

Conforme a esta norma, por tanto, corresponde única y exclusivamente a la Asamblea establecer en su Reglamento Interior y de Debates, la forma y manera cómo la misma debe consultar a los ciudadanos y a la sociedad organizada para oír su opinión sobre los proyectos de ley, y cómo sus representantes tendrán derecho de palabra en la discusión de las leyes.

Para regular estos aspectos, en el Reglamento Interior y de Debates se estableció lo siguiente:

> *"Artículo 45.* Las comisiones permanentes, de conformidad con los cronogramas aprobados por mayoría de sus miembros, realizarán las consultas públicas a las leyes y materias de sus competencias, a través del parlamentarismo social de calle, asambleas en las comunidades, foros, talleres y demás mecanismos de participación; en coor-

dinación con los consejos comunales y otras formas de organización del Poder Popular. Se reunirán por convocatoria de su Presidente o Presidenta, o en su ausencia por el Vicepresidente o Vicepresidenta, por lo menos dos veces al mes, en las sedes de las comisiones permanentes.

Las reuniones de las comisiones y subcomisiones serán públicas, salvo cuando por mayoría absoluta de sus miembros presentes se resuelva el carácter secreto de las mismas.

Los ciudadanos y ciudadanas, a título personal, o como voceros o voceras de organizaciones comunitarias podrán participar en las comisiones y subcomisiones en calidad de invitados o invitadas, observadores u observadoras, previa aprobación de la mayoría de los diputados y diputadas de la Comisión."

Esta norma fue impugnada por los diputados que solicitaron su declaratoria de nulidad particularmente por la limitación que en la misma se imponía, no ajustada a lo prescrito en el mencionado artículo 211 de la Constitución, reduciendo la acción del Parlamento al llamado "parlamentarismo de calle," razón por la cual solicitaron la suspensión de efectos de la misma.

La Sala Constitucional, al contrario, estimó que de la revisión de entrada de la norma no procedía que se acordase la suspensión del mismo, pero no se quedó allí, sino que estimó que debía "*aprovechar esta Sala la oportunidad*," para al contrario señalar que la norma estaba "plenamente vigente," de manera que "los actos del órgano legislativo nacional deben cumplir" con su contenido, estimando que la misma respondía a lo dispuesto en materia de participación ciudadana en los artículos 5, 70 y 211 de la Constitución. Para ello, la Sala solo recurrió a lo que ya había resuelto en sentencia Nº 1328 de 16 de diciembre de 2010, sobre la participación como derecho político, disponiendo entonces que la Asamblea debía:

> "dar efectivo cumplimiento a los procedimientos que garantizan el Poder Popular como expresión del mismo, esto es, aquellos en los que se incluye el parlamentarismo social de calle, que no es otra cosa que el ejercicio de la participación protagónica del pueblo en los asuntos públicos, y en especial, en la labor legislativa, lo que conforme a lo dispuesto en el artículo 70 del Texto Fundamental, se materializa en el conjunto de normas que en desarrollo de ésta, se encuentran dirigidas a la integración del pueblo a los órganos del Poder Público, para hacer efectiva que la soberanía reside en el pueblo conforme lo establece el artículo 5 *eiusdem*."

Pero no se quedó allí la Sala Constitucional, sino que procedió a regular normativamente el tema respecto de la elaboración de los informes de las comisiones respectivas previstos en el artículo 105 del Reglamento impugnado, disponiendo entonces:

> "con precisión que la consulta pública allí prevista no es una mera formalidad sino un requisito *sine qua non* para que tenga lugar la segunda discusión del proyecto de ley, por lo que para proceder a la misma deben ser consignados los resultados de las consultas públicas al pueblo soberano que se realicen a nivel nacional, como lo precept-úa el artículo 211 constitucional, respecto del contenido del proyecto de ley, toda vez que la participación protagónica del pueblo es lo que permite la consolidación del Poder Popular, y el ejercicio del control sobre la actuación de los parlamentarios electos en representación del pueblo, conforme lo disponen los artículos 66 y 197 del Texto Fundamental."

De manera que no sólo la Sala consideró que la reducción de la consulta popular de las leyes al llamado "parlamentarismo de calle" era lo ajustado a la Constitución (en otra parte de la sentencia se refirió la Sala a "la democracia participativa directa a través del parlamentarismo social de calle"), cercenando a la Asamblea de toda otra posibilidad de regular la forma de cumplir con el artículo 211 de la Constitución, imponiendo que todo proyecto de ley, para pasar a la segunda discusión, el informe respectivo de la comisión debe contener los resultados de las consultas al pueblo a nivel nacional; sino que la Sala Constitucional subordinó inconstitucionalmente el funcionamiento de un órgano representativo de la voluntad popular integrado por diputados electos mediante sufragio por el pueblo, a lo que indiquen los órganos del llamado "Poder Popular" que no tiene fundamento constitucional, y cuyos integrantes (voceros) no son electos por el pueblo.[6]

En relación con el mismo tema del "parlamentarismo de calle" como imposición hecha a la Asamblea, la Sala Constitucional también se pronunció al analizar la solicitud de suspensión de efectos del artículo 105 del Reglamento interior y de Debates, que establece un plazo máximo para que las Comisiones presenten los informes a la Asamblea, dejando a ésta la posibilidad de establecer un plazo menor, y previendo incluso la posibilidad de un plazo mayor "por necesidad de extender la consulta pública." Los impugnantes alega-

---

6   Véase sobre el tema Allan R. Brewer-Carías *et al.*, *Leyes Orgánicas del Poder Popular*, Editorial Jurídica Venezolana, Caracas 2011.

ron, sin embargo, que nada se indicaba en la norma respecto de "a quién corresponde adoptar la decisión de prolongar el tiempo disponible," pidiendo la suspensión de efectos de la norma.

La Sala, sin suspender dichos efectos, "vista la imprecisión" denunciada, a los efectos de que "se garantice el parlamentarismo social de calle como expresión del Poder Popular," procedió de oficio a establecer una norma de carácter general, regulando lo que solo puede establecerse en el *interna corporis* por la propia Asamblea, fijando:

> "que el lapso para las consultas públicas será como mínimo de veinte días, los cuales conforme a la complejidad y relevancia de la materia que trate el proyecto de ley presentado, puede ser *prorrogado* por un lapso similar, siempre que existan solicitudes de las organizaciones que conforman el Poder Popular para el ejercicio de la participación ciudadana. Así se decide."

De nuevo, la Sala Constitucional subordinó inconstitucionalmente el funcionamiento de un órgano representativo de la voluntad popular integrado por diputados electos mediante sufragio por el pueblo, a lo que indiquen los órganos del llamado Poder Popular cuyos integrantes (voceros) no son electos por el pueblo.

II. LA RATIFICACIÓN DE LA OBLIGACIÓN DE LA CONSULTA POPULAR Y A LOS ÓRGANOS DEL ESTADO EN EL PROCEDIMIENTO DE FORMACIÓN DE LAS LEYES

Resuelto lo anterior, sin que los recurrentes en el recurso hubiesen siquiera mencionado los artículos 101 y 102 del Reglamento Interior y de Debates, la Sala Constitucional procedió a:

> "ratificar la plena vigencia y eficacia de los artículos 101 y 102 del Reglamento Interior y de Debates, el primero que señala con claridad la obligación de la Asamblea Nacional, en el procedimiento de formación, discusión y aprobación de los proyectos de ley, de consultar a los otros órganos del Estado, a los ciudadanos y ciudadanas y a las comunidades organizadas para oír su opinión sobre los mismos; y el segundo, que establece la obligación de consultar a los Estados, a través de los Consejos Legislativos estadales, "...*cuando se legisle en materias relativas a los mismos, sin perjuicio de otras consultas que se acuerde realizar conjunta o separadamente, en los ámbitos regional, estadal o local sobre las mismas materias, a criterio de los grupos parlamentarios regionales y estadales, de los representantes de*

la Asamblea Nacional ante los consejos de planificación y coordinación de políticas públicas, o de la Comisión de la Asamblea Nacional encargada del estudio," los cuales responden a la obligación expresamente referida en el artículo 211 del Texto Fundamental, de que en la etapa de discusión y aprobación de los proyectos de ley, se abran los procesos de consulta a los otros órganos del Estado, a los ciudadanos y a las organizaciones populares como *expresión del Poder Popular."*

III. LA IMPOSICIÓN A LA ASAMBLEA NACIONAL DE LA OBLIGATORIA OBTENCIÓN DEL VISTO BUENO PREVIO DEL PODER EJECUTIVO PARA PODER DISCUTIR Y APROBAR PROYECTOS DE LEY

La Sala Constitucional, igualmente sin que se hubiese siquiera mencionado por los recurrentes el artículo 103 del Reglamento Interior y de Debates, en el cual se establecen los requisitos para la presentación y discusión de proyectos de ley, en la sentencia procedió a *reformar de oficio* dicha norma, que establece:

"Artículo 103. Todo proyecto de ley debe ser presentado ante la Secretaría y estará acompañado de una exposición de motivos que contendrá, al menos:

1. La identificación de quienes lo propongan.

2. Los objetivos que se espera alcanzar.

3. El impacto e incidencia presupuestaria y económica, o en todo caso, el informe de la Dirección de Asesoría Económica y Financiera de la Asamblea Nacional.

En caso que un proyecto no cumpla con los requisitos señalados, de acuerdo al criterio de la Junta Directiva, se devolverá a quien o quienes lo hubieran presentado a los efectos de su revisión, suspendiéndose mientras tanto el procedimiento correspondiente.

El proyecto que cumpla con los requisitos señalados se le dará Cuenta para ser incorporado al sistema automatizado.

En cada Sesión se dará Cuenta a la plenaria de los proyectos de ley recibidos por Secretaría. Para ser sometido a discusión, todo proyecto debe estar acompañado de la exposición de motivos y ser puesto a disposición de los diputados o diputadas por parte de la Secretaría."

Respecto a este artículo, la Sala recordó el contenido del artículo 207 de la Constitución que establece "una previsión sobre las reglas a seguir que todo proyecto de ley debe cumplir para que se convierta en ley," al disponer que "para convertirse en ley" todo proyecto debe recibir "dos discusiones, en días diferentes, siguiendo las reglas establecidas en esta Constitución y en los reglamentos respectivos," de manera que aprobado el proyecto, el Presidente de la Asamblea Nacional debe declarar sancionada la ley.

Frente a esta exigencia constitucional de que los proyectos deben "recibir dos discusiones en días diferentes," la Sala "encontró" que el Reglamento Interior y de Debates de la Asamblea Nacional "hace una exigencia muy estricta a la pretensión de ley cuya iniciativa está por presentarse para su primera discusión ante la cámara parlamentaria," considerando que:

> "No basta entonces la simple iniciativa, sino que debe tener una exposición de motivos y el acompañamiento del estudio del impacto e incidencia presupuestaria y económica, o en todo caso, el informe de la Oficina de Asesoría Económica y Financiera de la Asamblea Nacional, tal y como lo ordena el propio Reglamento Interior y de Debates de dicho órgano, inclusive con la sanción de devolución a sus proponentes de ley y suspensión del procedimiento de formación si no se cumplen con estos pasos previos."

La Sala entonces al formularse la pregunta de: "¿En razón a qué, toda iniciativa de ley debe llevar consigo una información técnica sobre el impacto e incidencia que en la economía y finanzas del Estado ha de tener dicha pretensión normativa?," la contestó de seguidas afirmando: "A que toda ley comporta para su ejecución y cumplimiento una erogación del Presupuesto Nacional." Y de ello dedujo que:

> "el aval económico que debe soportar todo proyecto de ley debe contar con la disponibilidad presupuestaria del Tesoro Nacional, de conformidad con el artículo 314 de la Constitución."

Todo ello no tendría mayor importancia si se tratase de reforzar el texto del Reglamento exigiendo el estudio económico del proyecto de ley, a través de la Oficina especializada en estudios económicos de la propia Asamblea Nacional. Sin embargo, esa no fue la intención de la Sala Constitucional al referirse incluso a las normas constitucionales que se refieren al "cuidado que deben tener las altas autoridades nacionales en el manejo de los recursos en este ámbito (artículos 287, 289 y 291)," y menos al referirse (i) a las atribuciones y obligaciones del Presidente de la República de "Administrar la Hacienda Pública Nacional;" de "decretar créditos adicionales al Presupuesto, previa autorización de la Asamblea Nacional o de la Comisión delegada" (arts. 236,11 y 236 13); y de cumplir con "las exigencias del Régimen Presupuestario" (art 311 ss.); (ii) a las previsiones constitucionales relativas a los límites del endeudamiento público (art. 312), y a la necesidad de que la economía se rija por un "un presupuesto de ley nacional presentado por el Ejecutivo Nacional anualmente y aprobado por la Asamblea Nacional" (art 313), de manera de asegurar que no se haga ningún tipo de gasto que no haya sido previsto en la Ley de Presupuesto, y que para decretar un crédito adicional al mismo debe contarse con recursos en la Tesorería Nacional para atender la respectiva erogación (art. 314); y (iii) a que existe una obligación constitucional de la Asamblea Nacional "de tomar en cuenta las limitaciones financieras del país cuando le corresponda acordar y ejecutar su propio presupuesto de gastos" (artículo 187.22).

La intención de la Sala Constitucional, al citar toda esta normativa, en realidad fue eliminar la autonomía de la Asamblea Nacional y construir de las citadas normas constitucionales, en combinación con otras (arts. 208 y 211) referidas a las consultas populares y a los diversos órganos del Estado de los proyectos de ley, una "normativa" que no existe en la Constitución, imponiendo una "*obligatoria concertación que debe existir entre la Asamblea Nacional y los otros Órganos del Estado durante la discusión y aprobación de las leyes,*" deduciendo de ello que "la viabilidad exigida en todo Proyecto de Ley tiene que ver no sólo con el impacto e incidencia económica y presupuestaria que tendría para el Estado venezolano *sino con la concertación obligatoria que entre ambos Poderes, Legislativo y Ejecutivo debe existir.*"

Y así, al referirse a la importancia del gasto público para dar cumplimiento a los objetivos de la política económica del Estado, la Sala Constitucional consideró, y así lo decidió, que para que se pudiera cumplir con el requisito establecido en el artículo 103,3 del Reglamento Interior y de Debates, sobre la necesidad para la discusión de los proyectos de ley del "impacto e incidencia presupuestaria y económica, o en todo caso, el informe de la Dirección de Asesoría Económica y Financiera de la Asamblea Nacional," resulta:

> "indiscutible que sin la aprobación del órgano público competente en materia de planificación, presupuesto y tesorería nacional, no

puede estimarse cumplida la exigencia a que se refiere el numeral 3 del artículo 103 del citado Reglamento."

O sea, que la Asamblea Nacional nada puede hacer por sí sola, no tiene autonomía alguna en el ejercicio de sus competencias, y cualquier proyecto de ley que pretenda discutir tiene que ser previamente aprobado por el Poder Ejecutivo. Ni más ni menos eso es lo que resolvió el Juez Constitucional, lo que es el fin *de facto* de la Asamblea como rama del Poder Público autónoma e independiente.

La Sala Constitucional, para resolver esto, de oficio, y "en aras de garantizar el principio constitucional de equilibrio fiscal" basándose en la "situación de excepcionalidad económica a nivel nacional," que declaró en su propia sentencia Nº 4 de fecha 20 de enero de 2016 mediante la cual decidió la constitucionalidad del Decreto Nº 2.184 de 14 de enero de 2016 sobre declaración del Estado de Emergencia Económica (prorrogado por Decreto Nº 2.270 del 11 de marzo de 2016), y considerándolo "necesario, para no generar expectativas irresponsables contrarias a la ética, a la transparencia y a la democracia" procedió a dictar la siguiente norma como parte del *interna corporis* del Parlamento, sin duda, usurpando sus poderes privativos:

> "que el informe sobre el impacto e incidencia presupuestaria y económica, o en todo caso, el informe de la Dirección de Asesoría Económica y Financiera de la Asamblea Nacional que debe acompañar a todo proyecto de ley, a que se refiere el numeral 3 del artículo 103 del Reglamento Interior y de Debates de la Asamblea Nacional, son requisitos esenciales y obligatorios sin los cuales no se puede discutir un proyecto de ley, y que los mismos, en previsión de los artículos 208, 311, 312, 313 y 314 de la Constitución, *deben consultarse con carácter obligatorio por la Asamblea Nacional -a través de su Directiva- al Ejecutivo Nacional- por vía del Vicepresidente Ejecutivo- a los fines de determinar su viabilidad económica, aun los sancionados para la fecha de publicación del presente fallo*, en aras de preservar los principios de eficiencia, solvencia, transparencia, responsabilidad y equilibrio fiscal del régimen fiscal de la República, tomando en consideración las limitaciones financieras del país, el nivel prudente del tamaño de la economía y la condición de excepcionalidad económica decretada por el Ejecutivo Nacional."

Para completar este inconstitucional régimen normativo impuesto a la Asamblea por la Sala Constitucional "en ejercicio de su potestad cautelar de oficio," estableció otra "medida cautelar positi-

va," esta vez dirigida al Presidente de la República, imponiéndole
que para que pueda promulgar una Ley conforme al artículo 215 de
la Constitución:

> "deberá, a través de las autoridades que la Constitución prevé
> (Ministros del ramo y Vicepresidente conforme a lo establecido en el
> artículo 239, numeral 5 constitucional) realizar la efectiva verifica-
> ción del cumplimiento de *la viabilidad* a que se refiere el artículo 208
> de la Constitución, sin lo cual no podrá dictarse el "Cúmplase" que
> establece el artículo 215 *eiusdem.*"

Al final de la sentencia, la Sala reiteró que:

> "por cuanto, la aplicación del instrumento normativo legal genera
> un impacto en el gasto público del Estado, de allí que sea imperioso
> que exista por parte del órgano del Poder Público competente para el
> diseño, manejo, y ejecución del Plan y del Presupuesto del Estado, el
> estudio especial sobre el impacto e incidencia económica y presu-
> puestario que la ley propuesta tendrá, pues los gastos que realiza el Es-
> tado deben estar balanceados con los ingresos fiscales. Así se decide."

O sea que todo proyecto de ley que se quiera discutir en la
Asamblea Nacional para llegar a ser aprobado, *tiene que tener el
visto bueno previo del Poder Ejecutivo* a través del Vicepresidente
Ejecutivo de la República, sin lo cual si llegase a ser sancionada una
ley sin cumplirse con las imposiciones dispuestas por la Sala Constitucional, ella misma dispuso, por encima de lo que prevé la Constitución, que la ley no puede ser aplicada, ni puede surtir efectos
jurídicos *erga omnes*.

Como lo resumió la misma sentencia, al declarar la Sala que lo
establecido en su fallo tiene:

> "carácter obligatorio, por cuanto todos los actos que emanen del
> órgano legislativo nacional están llamados al cumplimiento de la
> normativa vigente, en especial, la referida a la participación del pue-
> blo en los asuntos públicos de la Nación, así como la intervención del
> órgano público competente en materia de planificación y presupuesto
> sobre el impacto económico de la ley a proponerse, lo cual como ya
> se apuntó reviste cabal importancia para el Estado, toda vez que
> cuando se propone una ley, independientemente de su contenido, la
> misma debe ser factible de ser ejecutada en la realidad, pues de lo
> contrario no tendría sentido dictar una ley cuya ejecución es de impo-
> sible cumplimiento."

IV. LOS EFECTOS DE LA IMPOSICIÓN DE LAS NUEVAS "NORMAS" LIMITANTES A LA FUNCIÓN LEGISLATIVA DE LA ASAMBLEA NACIONAL, SU APLICACIÓN RETROACTIVA

La Sala Constitucional, no contenta con imponer normas para el funcionamiento interno de la Asamblea Nacional, sin duda inconstitucionales, pues la Asamblea es la única que puede dictar su reglamento interior y de debates, dispuso las consecuencias del incumplimiento, indicando primero, que:

> "El incumplimiento de este requisito constitucional que responde al respeto de los principios de equilibrio fiscal y legitimación del gasto por parte de los órganos del Poder Público, *pudiese comportar un vicio en el proceso de formación de la ley.*"

Y segundo, disponiendo en contra de la Constitución (art. 24), la aplicación retroactiva de la normativa impuesta en la sentencia, respecto de todos los proyectos de ley que la Asamblea Nacional ya había sancionado con anterioridad. La Sala al decidir esto no se percató que el mismo día en que estaba dictando la sentencia comentada Nº 269 de 21 de abril de 2016, también estaba siendo firmada la sentencia Nº 274 de 21 de abril de 2016, en la cual estableció que lo que el artículo 24 de la Constitución disponía era el principio de *"irretroactividad absoluta"* en el sentido de que *"ninguna disposición jurídica, sea de la jerarquía que fuese, puede tener efectos retroactivos,"* [7] lo que incluye por supuesto las "normas" dictadas por la Sala, así sean esencialmente inconstitucionales.

Para decidir aplicando retroactivamente sus propias "normas," como órgano que definitivamente se colocó por encima de la Constitución, la Sala, recurriendo de nuevo al subterfugio del "hecho público, notorio y comunicacional"[8] para eludir la actividad proba-

---

7   Se trató de la sentencia dictada con ocasión de resolver un recurso de interpretación del artículo 340 de la Constitución para declarar que "tratar de utilizar la figura de la enmienda constitucional con el fin de acortar de manera inmediata el ejercicio de un cargo de elección popular, como el de Presidente de la República, constituye a todas luces un fraude a la Constitución," y una violación al principio de la irretroactividad absoluta. Véase en http://historico.tsj.gob.ve/decisiones/scon/abril/187368-274-21416-2016-16-0271.HTML.

8   La sentencia citó lo siguiente: "véanse, entre otras, páginas web http://www.ultimasnoticias.com.ve/noticias/actualidad/politica/claves-estas-son-las-10-leyes-en-la-mira-de-la-n.aspx,

toria, constató que la Asamblea Nacional había "sancionado un conjunto de leyes sobre las cuales, ya en algunas de ellas esta Sala se ha pronunciado sobre su constitucionalidad y otras cuya petición de duda constitucional ha sido planteada por el Presidente de la República en aplicación del artículo 214 constitucional," resolviendo entonces respecto de los mismos aun cuando habían sido "sancionados para la fecha de publicación del presente fallo," que:

"*deben consultarse con carácter obligatorio* por la Asamblea Nacional -a través de su Directiva- *al Ejecutivo Nacional*- por vía del Vicepresidente Ejecutivo- a los fines de determinar su viabilidad económica."

En todo caso, en cumplimiento de la *orden de aplicación retroactiva* de la nueva "normativa" contenida en la sentencia, en evidente violación del artículo 24 de la Constitución, la Sala Constitucional decidió que la misma se debía aplicar a una ley que había sido sancionada casi un mes antes, el 30 de marzo de 2016.

V. LA SUSPENSIÓN DE LA POSIBILIDAD DE ENTRADA EN VIGENCIA DE LA LEY DE BONO PARA ALIMENTACIÓN Y MEDICINAS A PENSIONADOS Y JUBILADOS POR APLICACIÓN RETROACTIVA DE UNA "NORMATIVA JUDICIAL" INCONSTITUCIONAL

En efecto, al conocer de una solicitud de control previo de constitucionalidad por remisión que le hizo el Presidente de la República conforme al artículo 214 de la Constitución, respecto de la Ley de Bono para Alimentación y Medicinas a Pensionados y Jubilados, que había sido sancionada por la Asamblea Nacional 30 de marzo de 2016, la Sala Constitucional, mediante la sentencia N° 327 de 28 de abril de 2016,[9] declaró que la Ley era constitucional, pero:

"su entrada en vigencia está supeditada al cumplimiento, por parte de la Asamblea Nacional, del extremo necesario relativo a la viabilidad económica que permita garantizar el cumplimiento de la finalidad social que involucra tal ley."

El Presidente de la República, entre los aspectos que solicitó de la Sala Constitucional que considerara, se refirió a uno ajeno total-

---

    http://radiomundial.com.ve/article/conozca-las-10-leyes-que-la-bancada-opositora-en-la-asamblea-nacional-pretende-modificar)."

9   Véase en http://historico.tsj.gob.ve/decisiones/scon/abril/187498-327-28416-2016-16-0363.HTML.

mente al tema de la constitucionalidad de la Ley, que fue que se tomara

> *"en consideración la incorporación presupuestaria del gasto que se pretende, así como las disponibilidades financieras necesarias para su ejecución, para lo cual se debería coordinar con el Poder Ejecutivo que represento a través de los organismos competentes a fin de establecer la oportunidad temporal adecuada para la entrada en vigencia de la Ley en cuestión. En virtud de los argumentos precedentemente expuestos es que se tienen serias dudas acerca de la conformidad a derecho de la Ley de Bono para Alimentos y Medicinas a Pensionados y Jubilados."* (Subrayados del original).

Para considerar esos aspectos, y luego de analizar el régimen del Estado Social en la Constitución y la incidencia de la ley en materia de derechos y políticas sociales, la Sala asumió el rol de supremo decisor y supervisor de las políticas públicas, estimando "de manera positiva las iniciativas del Poder Público que profundicen la garantía de los derechos sociales," pero considerando que "esas iniciativas deben ser viables y eficaces," y:

> "no deben ser instrumentos para generar falsas expectativas, para agudizar la situación económica, para perjudicar a sectores sociales, para profundizar crisis con el mero fin de incrementar poder político a costa de los más débiles, para propiciar conflictos a lo interno de la comunidad y mucho menos para promover la desestabilización institucional y política del país, en perjuicio del desarrollo, del orden y de la paz social."

Con base en ello, y luego de afirmar que "al Presidente de la República, especialmente *en un sistema fundamentalmente presidencialista de gobierno*, como el que ha regido la historia constitucional patria, es a quien le corresponde dirigir la Administración Pública Nacional," estimó que para que la Ley sancionada pudiera "ser viable, aplicable y eficaz," era necesaria "la consulta y concertación con quien dirige la acción de gobierno y administra la Hacienda Pública Nacional," para verificar "el impacto y viabilidad económica del mismo," concluyendo en definitiva, que la sanción de la ley, por más plausible en teoría que pudiera ser, se hizo:

> "desconociendo las competencia insoslayables del rector de la Hacienda Pública Nacional y, en fin, negando una atribución elemental de un Poder Público cardinal, en cuya responsabilidad recae la dirección de la acción de gobierno, sin la determinación de la fuente de

financiamiento, sin soporte presupuestario para su ejecución inmediata dentro del presupuesto del año fiscal 2016, y sin existir recursos previstos en el Tesoro Nacional para tales fines, no sólo viola los principios de legalidad presupuestaria, transparencia, responsabilidad y equilibrio fiscal, además de los postulados de autonomía de poderes y supremacía constitucional."

De ello, concluyó la Sala, citando la sentencia N° 269 de 21 de marzo de 2016, antes comentada, observando que "la Constitución y el Reglamento Interior y de Debate de la Asamblea Nacional, junto [a la] Ley Orgánica de la Administración Financiera del Sector Público, tal como lo ha reconocido esta Sala, determinan el procedimiento que debe seguirse al momento de la aprobación de una Ley, dentro de las cuales está la determinación de la fuente de financiamiento, la viabilidad económica-presupuestaria y *la obligación del Parlamento de acordar con el Poder Ejecutivo antes de sancionar cualquier texto legal* por el impacto económico que en sí mismo tiene en el presupuesto fiscal."

La Sala además, en este caso, entró a conocer directamente el texto del "Informe del Impacto Económico y Presupuestario que efectivamente en el Parlamento se había efectuado al Proyecto de Ley de Bono para Alimentos y Medicinas a Pensionados y Jubilados," observando fallas en su contenido en el sentido de que "debió señalarse en el mismo la fuente de financiamiento, y la estimación de las personas que serían beneficiarias del bono de alimentos y medicinas," y "no previó la asignación de los recursos correspondientes ni garantizó la existencia de los mismos en la hacienda pública nacional." O sea, el Juez Constitucional, convertido en el órgano supremo del Estado, tomando en cuenta otros estudios económicos sobre el tema, concluyó refiriéndose a:

> "la necesidad de un análisis técnico-económico sustentado en fuentes de conocimiento sólidas, así como la necesaria previsión y concertación presupuestaría con el administrador de la Hacienda Pública Nacional -artículo 236.11 constitucional (Presidente de la República: Jefe del Estado y Jefe del Gobierno -artículo 226 *eiusdem*) que precisamente ha venido liderando *en este sistema cardinalmente presidencial de gobierno*, junto con el resto de Poderes Públicos, el desarrollo de los derechos fundamentales, con especial énfasis en los derechos sociales, para determinar que ese texto legal sancionado realmente pueda ser aplicado [...]."

La conclusión de la Sala Constitucional fue, en todo caso, que la vigencia de la Ley "está inexorablemente supeditada a la viabilidad económica sustentada que permita garantizar realmente el cumplimiento de la finalidad social que involucra la ley, de conformidad con el criterio de Derecho asentado por esta Sala en sentencia N° 269 del 21 de abril de 2016." Y por tanto, a pesar de que por dilación del Presidente de la República en promulgar la Ley de acuerdo con su obligación constitucional (art. 215), el Presidente de la Asamblea Nacional anunció el 22 de abril de 2016 "haber promulgado la Ley," la Sala, de paso, en su sentencia declaró "*inexistente* dicha actuación, toda vez que el Presidente de la República recibió de la Asamblea Nacional la presente ley (sancionada el 30 de marzo de 2016) el día 5 de abril de 2016, y la remitió a esta Sala el 14 de ese mismo mes y año, es decir, dentro de los diez días que tiene para promulgarla."

En definitiva, la Sala consideró que en el caso de esta Ley no se había cumplido "con las previsiones de los artículos 208, 311, 312, 313 y 314 constitucionales, en lo concerniente a la debida concertación entre el Poder Legislativo y el Poder Ejecutivo para obtener los recursos necesarios a los fines de que la ley pueda ser ejecutada y determinar si dicha ejecución puede hacerse de manera inmediata o progresiva," instando, en la sentencia, a "la Asamblea Nacional a que *proceda, de conformidad con lo dispuesto en la sentencia n° 269/2016, a la concertación con el Ejecutivo Nacional* a los efectos de estudiar las vías para el financiamiento del beneficio social acordado en el proyecto de ley sancionado."

Con base en ello, entonces la sentencia resolvió declarar la inconstitucionalidad de la Disposición Final Única de la ley que estableció la entrada en vigencia de la Ley, a partir de su publicación en la *Gaceta Oficial,* indicando en consecuencia, sin potestad alguna para ello, que:

> "su entrada en vigencia, está supeditada a la previsión y existencia de recursos en el Tesoro Nacional, así como también al debido análisis fáctico y económico, junto a la armonización de la propuesta legislativa, con los indicadores y variables que arrojan los sistemas integrados de la administración financiera del sector público, lo que se vincula de forma directa, inmediata e indisoluble con la competencia del Presidente de la República referida a la administración de la Hacienda Pública Nacional, contemplada en el artículo 236.11 de la Constitución de la República Bolivariana de Venezuela; circunstancia que hace evidente y necesaria la debida concertación con el Poder Ejecutivo Nacional [...]."

VI. LA PRECISIÓN, EN RESUMEN, DE UN NUEVO "PRO-CEDIMIENTO DE FORMACIÓN DE LAS LEYES" FI-JADO POR LA SALA CONSTITUCIONAL AL MARGEN DE LO PREVISTO EN LA CONSTITUCIÓN

Para finalizar su sentencia, la Sala Constitucional hizo un "resumen del recorrido adjetivo que debe llevar una propuesta de ley para convertirse en ley con fuerza constitucional," indicando en usurpación de los poderes de la Asamblea de regular su régimen interior y de debates, los siguientes pasos:

(i) "Todo proyecto de ley implica dos discusiones en días diferentes ante el Cuerpo Legislativo."

(ii) "La iniciativa de ley, antes de su presentación en primera discusión debe cumplir con las estrictas exigencias del Reglamento Interior y Debates de la Asamblea Nacional, el cual obliga a incluir no sólo su Exposición de Motivos (para evaluar su objetivo y alcance), sino su viabilidad a través de la presentación del estudio de impacto e incidencia presupuestaria y económica o en su defecto el informe de la Oficina de Asesoría Económica de la Asamblea Nacional."

(iii) "Cumplida ésta exigencia, la iniciativa de ley o proyecto pasa a su primera discusión en Cámara, en la cual se analiza su pertinencia (objetivo, alcance y viabilidad) en el debate parlamentario, y de aprobarse, pasaría a la Comisión Permanente respectiva para iniciar el procedimiento en segunda discusión, el cual incluye, no sólo el debate de artículo por artículo del proyecto de ley propuesto, sino que el mismo debe ser discutido conjuntamente con el Poder Popular y otros Órganos del Estado, todo esto a los fines de obtener un informe para segunda discusión en Cámara concertado con el pueblo soberano (Elemento Formativo de Estado) y otros Órganos del Estado para precisar la real y efectiva pertinencia de la ley."

(iv) "Ya en Cámara para su segunda discusión, el proyecto de ley se somete a la misma para la discusión artículo por artículo. Si dicho proyecto de ley, en la segunda discusión ante la Cámara no sufre modificaciones, nos da a entender que el mismo tiene la aprobación popular, tiene un fin útil para la sociedad y que es posible su cumplimiento y ejecución real en beneficio del pueblo con soporte en las Finanzas Públicas o Presupuesto Nacional."

(v) "Es sólo en ésta circunstancia cuando de manera responsable, el Cuerpo Legislativo puede Decretar la Sanción de la Ley y remitirla (ya con valor de ley) al Ejecutivo Nacional para su respectiva Promulgación y "Cúmplase" (fuerza de ley)."

De este resumen del procedimiento de formación de las leyes, construido por la Sala Constitucional, al margen de la Constitución, mutando y reescribiendo ilegítimamente lo que la misma dispone, la misma concluyó en su sentencia, que si el procedimiento prescrito:

"no se perfecciona así, tendríamos entonces una *ley viciada de nulidad* por carecer de los elementos de pertinencia necesarios para su existencia, independientemente, de haber cumplido con un procedimiento formal de discusión."

En particular, la Sala Constitucional destacó la exigencia respecto de "las respectivas consultas del poder popular y otros Órganos del Estado" concluyendo de ello que:

"No dar cumplimiento a estos pasos de concertación implicaría, de sancionarse y promulgarse la Ley, un serio compromiso, frente al pueblo venezolano, de los dos Poderes Nacionales relacionados directamente con la misma, a saber el Legislativo, quien sancionaría una ley sin haber cumplido con la exigencia de la viabilidad y consultas obligatorias en su proceso de formación al haberle dado valor de ley con su sanción; y al Poder Ejecutivo al promulgarla y darle el "cúmplase" para alcanzar la fuerza de ley."

Con esta sentencia, en todo caso, la Sala Constitucional de nuevo se colocó por encima de la Constitución, primero, estableciendo con evidente usurpación de funciones una normativa para el funcionamiento de la Asamblea Nacional que solo ésta puede dictar al aprobar su Reglamento Interior y de Debates; estableciendo obligaciones al Poder Ejecutivo que sólo la Asamblea Nacional puede sancionar mediante ley; y todo con el objetivo final de eliminar totalmente la función legislativa de la Asamblea Nacional, al someter inconstitucionalmente la sanción de las leyes a la obtención del visto bueno previo por parte del Ejecutivo Nacional.

Con esta sentencia se confirmó el fin de la Asamblea Nacional, que además de no poder ejercer sus funciones de control político en relación con el Poder Ejecutivo y la Administración Pública, a partir de la misma simplemente no puede legislar más, salvo que el Poder Ejecutivo se lo autorice. La Asamblea Nacional, así, quedó subordinada al Poder Ejecutivo, es decir, incinerada por obra del Juez Constitucional.

Lo único que le quedó, ante esta arremetida del Tribunal Supremo, era la ineludible obligación de desconocer la sentencia pues al estar viciada de usurpación de funciones, como lo expresó el Grupo de Profesores de Derecho Público de Venezuela, "no puede ser vinculante para la Asamblea ni mucho menos puede limitar su funcionamiento interno;" agregando respecto de la propia Sala Constitucional que "pretende desconocer *de facto* a esa Asamblea," que conforme a los artículos 333 y 350 de la Constitución, está "habilitada para restablecer la efectiva vigencia de la Constitución, no solo respecto a la sentencia N° 269/2016, sino respecto del resto de decisiones de la Sala Constitucional que solo pueden justificarse en el intento de ésta de desconocer, de hecho, la existencia de la Asamblea Nacional electa el pasado 6 de diciembre."[10]

La Asamblea, aparte de haber manifestado su rechazo a la sentencia a través de su Junta Directiva, lo que hizo a partir del 28 de abril de 2016, a partir de esa sentencia debió haber reformado de inmediato su Reglamento Interior y de Debates, para regular con toda la potestad que tiene el procedimiento de formación de las leyes, y eliminar toda la "normativa" dictada inconstitucionalmente por el Juez Constitucional.

VII. EL RECHAZO AL DESISTIMIENTO DE LA ACCIÓN DE NULIDAD INTENTADA CONTRA EL REGLAMENTO INTERIOR Y DE DEBATES, Y LA RATIFICACIÓN DE LAS INCONSTITUCIONALES MEDIDAS LIMITATIVAS DE LOS PODERES DE LA ASAMBLEA NACIONAL

En todo caso, para poner término a la anómala situación procesal, los diputados impugnantes de la normas del Reglamento Interior y de Debates de la Asamblea, que cinco años antes habían iniciado el juicio de nulidad en el cual la Sala Constitucional del Tribunal Supremo, dictó la inconstitucional sentencia N° 269 de 21 de abril de 2016 antes mencionada, cinco días después de su publicación, el 26 de abril de 2016 desistieron formalmente de la acción de nulidad que habían intentado. Adicionalmente, el 27 de mayo de

---

10   Véase Comunicado: Grupo de Profesores de Derecho Público: "La Nulidad e Ineficacia de la Sentencia N° 269/2016 de la Sala Constitucional," mayo 2016.

2016, el apoderado judicial de la Asamblea Nacional presentó por su parte un escrito de oposición a las medidas cautelares decretadas en la dicha sentencia, por estimarlas inconstitucionales.

En cuanto al desistimiento de la acción de nulidad, que es un derecho procesal de todo recurrente, denunciando particularmente, la clara desviación que existió entre la aspiración de tutela jurisdiccional que había sido reclamada por los recurrentes, y el contenido cautelar del fallo de la Sala Constitucional, particularmente porque en la acción aquellos jamás solicitaron "la intervención de un órgano ajeno a la actividad legislativa, como lo es la Vicepresidencia Ejecutiva de la República, en el proceso de formación de leyes" en particular para determinar el impacto económico de las mismas, lo que consideraron, con razón, violatorio de la Constitución.

La Sala Constitucional, en relación con estas peticiones, dictó la sentencia N° 473 de 14 de junio de 2016 mediante la cual negó la homologación del desistimiento planteado y ratificó las medidas cautelares acordadas por la Sala,[11] para lo cual sin embargo, comenzó por admitir que conforme a la Ley Orgánica del Tribunal Supremo (art. 98), y a las normas del Código de Procedimiento Civil (artículos 263 y 264), los demandantes tienen el derecho de "desistir de la demanda" en cualquier estado y grado de la causa, "siempre que no se encuentre involucrado el orden público o las buenas costumbres." Por esto último, en este caso, la Sala decidió que a pesar del desistimiento debía proceder a conocer de la demanda "como máxima garante del derecho positivo y custodia de los derechos fundamentales," pues siendo la acción incoada "de carácter objetivo pues responde a la determinación de la constitucionalidad o no de una norma dictada por un órgano del Poder Público, que regula sus funciones constitucionales," ello "evidencia el interés general en su resolución, más allá de los intereses particulares de la parte recurrente."

En consecuencia, citado una anterior decisión No 181 del 16 de febrero de 2006 que consideró que "la nulidad por inconstitucionalidad es de orden público, y en el proceso la Sala Constitucional puede suplir de oficio las deficiencias o falta de técnica del recurrente," y estimando que en el caso se trataba de un "control abstracto de las normas", resolvió que "al instarse al máximo órgano judicial de la jurisdicción constitucional, no puede homologarse el

---

11 Véase en http://historico.tsj.gob.ve/decisiones/scon/junio/188317-473-14616-2016-11-0373.HTML.

desistimiento de la acción que se formule, por no tratarse de un asunto que verse sobre derechos disponibles, sino sobre una causa que interesa a la colectividad en general."[12] Destacando además impropiamente el principio de que en materia de recursos de nulidad por inconstitucionalidad de leyes, conforme al artículo 32 de la Ley Orgánica del Tribunal Supremo de Justicia, "no priva el principio dispositivo" solo a los efectos de que la Sala pueda "suplir, de oficio, las deficiencias o técnicas del demandante por tratarse de un asunto de orden público," procedió a negar "la homologación del desistimiento planteado," no sin antes calificar la actuación de los impugnantes como "contradictoria, incongruente, y maliciosa," acordando continuar con la sustanciación de la causa,.

Como consecuencia, la Sala pasó entonces a decidir sobre la oposición a las medidas cautelares que había acordado en la sentencia Nº 269 de 21 de abril de 2016, en la cual, entre otras cosas, le impuso a la Asamblea obtener la autorización previa del Poder Ejecutivo para poder legislar, para lo cual comenzó por rechazar el poder que el Presidente de la Asamblea, quien tiene la representación de la Asamblea, le había otorgado un abogado para actuar en el juicio. La Sala consideró que la representación de la Asamblea que el Reglamento Interior y de Debates (art. 27.1) otorga a su Presidente, solo se refiere a "los asuntos propios de la función del Poder Legislativo, tales como reuniones, consultas públicas, coordinación con otros órganos del Poder Público, entre otras situaciones que requieran la representación del órgano legislativo, mas no así al otorgamiento de poder de representación judicial;" y que en cambio, la representación de la Asamblea Nacional para actuar en juicio supuesta y absurdamente solo correspondería a la Procuraduría General de la República, que además, es un órgano que forma parte del Poder Ejecutivo, dependiente de las instrucciones del Presidente del República. La Sala, en efecto, del texto del artículo 247 de la Cons-

---

12   La Sala, citó en apoyo de su apreciación diversos autores, y entre otros a quien escribe, refiriéndose a mi estudio sobre "El Juez Constitucional vs. La Supremacía Constitucional," que consultó en: http://www.allanbrewer-carias.com/Content/449725d9-f1cb-474b-8ab2-41efb849fea8/Content/567.pdf), en el cual la Sala destacó mi apreciación sobre "el principio de supremacía constitucional y el rol de los jueces constitucionales, que se concreta, conforme al principio de la separación de poderes, en un derecho fundamental a la tutela judicial efectiva de la supremacía constitucional, es decir, a la justicia constitucional."

titución[13] dedujo incorrectamente que "la representación judicial de los órganos de Poder Público la ejerce legal y constitucionalmente el Procurador General de la República y cualquier órgano que pretende ejercerla deberá contar con previa y expresa sustitución del Procurador o Procuradora General de la República, lo cual no ocurrió en el presente caso."

Tan absurdo como esto: que en un conflicto entre los Poderes Ejecutivo y Legislativo, el Poder Legislativo para defenderse tienen que hacerlo a través del abogado (Procurador General) que depende y está sujeto a las instrucciones del Poder Ejecutivo, todo lo cual fue denunciado por la Asamblea como contrario al orden constitucional y democrático.[14]

En todo caso, aparte de dejar a la Asamblea sin posibilidad de representarse a sí misma mediante apoderados designados por quien ejerce su representación, que es el Presidente, la Sala ratificó las medidas cautelares limitativas de la Asamblea que había dictado considerando que los hechos que las motivaron no habían cambiado, conminando al Presidente de la Asamblea, "a cumplir a cabalidad con lo decidido en la sentencia N° 269 del 21 de abril de 2016," advirtiéndole sobre las multas previstas en el artículo 122 de la Ley Orgánica del Tribunal Supremo para los casos de desacato a las decisiones del Tribunal, "sin perjuicio de las sanciones penales, civiles, administrativas o disciplinarias a que hubiere lugar;" y conminándolo a la Asamblea que remitiera a la Sala "la documentación donde se evidencie el cumplimiento de las medidas cautelares decretadas en el fallo N° 269 del 21 de abril de 2016, en el proceso de formación de las leyes, en un todo acorde con la Constitución," y

---

13 Artículo 247:*"La Procuraduría General de la República asesora, defiende y representa judicial y extrajudicialmente los intereses patrimoniales de la República, y será consultada para la aprobación de los contratos de interés público nacional""*

14 Mediante Comunicado la Asamblea Nacional rechazó la decisión No. 473 de la Sala Constitucional, como violatoria a la autonomía constitucional y al derecho a la defensa de la misma, considerando que la sentencia privaba a la Asamblea de la facultad de defender en juicio las leyes y demás actos parlamentarios por medio de apoderados escogidos por la misma, como siempre ha ocurrido en el país; quedando la representación conforme a la sentencia, en apoderados nombrados por el Procurador General que es un órgano del Poder Ejecutivo. En fin, la Asamblea denunció que la sentencia violaba el orden constitucional y democrático. Véase el Comunicado de 5 de julio de 2016 en http://www.asambleanacional.gob.ve/uploads/documentos/doc_1cce92be2c893e 0f0f266ac32f05e89d7ad28579.pdf

en particular ordenando al Presidente que en un lapso de 5 días informase "en forma específica, y consignase recaudos que lo apoyen" sobre dicho cumplimiento; en particular sobre la consulta de:

> "carácter obligatorio por la Asamblea Nacional -a través de su Directiva- al Ejecutivo Nacional por vía del Vicepresidente Ejecutivo- a los fines de determinar su viabilidad económica, aun los sancionados para la fecha de publicación del presente fallo, en aras de preservar los principios de eficiencia, solvencia, transparencia, responsabilidad y equilibrio del régimen fiscal de la República, tomando en consideración las limitaciones financieras del país, el nivel prudente del tamaño de la economía y la condición de excepcionalidad económica decretada por el Ejecutivo Nacional."

Con esta decisión, la Sala Constitucional dejó así abierta la posibilidad de reaccionar contra los diputados de la Asamblea por desacato, y por ello, enjuiciarlos.

VIII. EL RECHAZO POR PARTE DE LA ASAMBLEA NACIONAL DE LA INCONSTITUCIONAL REGULACIÓN DE SU PROCEDIMIENTO INTERIOR Y DE DEBATES POR LA SALA CONSTITUCIONAL, LA INCONSTITUCIONAL SUSPENSIÓN DE SESIONES Y ACTOS PARLAMENTARIOS POR PARTE DE LA SALA CONSTITUCIONAL Y EL INICIO DEL PROCEDIMIENTO PARA ENJUICIAR A LOS DIPUTADOS POR "DESACATO"

En efecto, los miembros de la Junta Directiva de la Asamblea Nacional, apenas se publicó la sentencia Nº 269 de 21 de abril de 2016 mediante la cual la Sala Constitucional "reformó" inconstitucionalmente el Reglamento Interior y de Debates de la Asamblea, como correspondía, rechazaron el contenido de la sentencia, expresando que la misma no se acataría,[15] de manera que efectivamente,

---

15 Así lo expresó el Presidente de la Asamblea como lo indicó la prensa el 28 de abril de 2016: "El presidente de la Asamblea Nacional, Henry Ramos Allup, aseguró este jueves 28 de abril que no acatarán la sentencia de la Sala Constitucional del Tribunal Supremo de Justicia (TSJ) sobre el Reglamento de Interior y de Debate del Parlamento luego de una petición hecha en 2011 por representantes de la oposición cuando el oficialismo era mayoría en el Parlamento. / Parte de lo establecido en la sentencia indica que las sesiones y el orden del día deberán ser dadas a conocer 48 horas antes como mínimo. La decisión ha sido cuestionada por el actual parlamento por considerarla a destiempo y de carácter política. / El Reglamento de interior y de debate fue

la Asamblea Nacional realizó sus sesiones sin acatar una inconstitucional regulación de su régimen interior y de debates, que sólo la
Asamblea puede regular:

Ello motivó que un grupo de diputados oficialistas acudieran
ante la Sala Constitucional el 9 de mayo de 2016 demandando "la
nulidad por inconstitucionalidad conjuntamente con solicitud de
amparo cautelar contra las sesiones de la Asamblea Nacional celebradas los días 26 y 28 de abril de 2016," a lo cual se sumó otra
solicitud de 19 de mayo de 2016, de otro diputado, formulada como
"alcance" a la demanda anterior, en relación con "las sesiones de
los días: 03, 05, 10, 12 y 17 de Mayo de este año 2016," por haberse
realizado sin seguirse la inconstitucional "reforma" del Reglamento
Interior y de Debates aprobadas por la Sala Constitucional.

La solicitud de medida de amparo cautelar que se formuló junto
con la demanda de nulidad, sin que siquiera los recurrentes hubieran
indicado cuál derecho fundamental habría sido violado, cual podría
haber sido su titular, ni quien supuestamente lo habría vulnerado,
fue sin más decidida por la Sala Constitucional mediante sentencia
No. 797 de 19 de agosto de 2016, [16] sin indicar en protección de
cuál derecho constitucional se dictó ni contra cual supuesto agraviante, la cual se decidió lo que sigue:

---

modificado por la decisión inconstitucional de la Sala Constitucional por
inconstitucional reavivando un recurso que tenía cinco años en la nevera
constitucional y nunca modificaron ese reglamento para no afectar el ejercicio de
la Asamblea Nacional que ustedes controlaban, pero en síntesis y en definitiva
esta Asamblea Nacional va a aplicar estrictamente la Constitución, no vamos a
acatar ninguna decisión de la Sala Constitucional que sea contraria a la
Constitución o que viole la norma elemental' (…)." Véase en
http://www.unbombazo.com/2016/04/28/cinicos-del-tsj-ramos-allup-no-
acataremos-recurso-5-anos/. Véase igualmente la reseña: "Rechazan nueva
sentencia del TSJ que suspende artículos del Reglamento de la Asamblea," en
https://www.lapatilla.com/site/2016/04/23/rechazan-nueva-sentencia-del-tsj-que-
suspende-articulos-del-reglamento-de-la-asamblea/

16   Véase en http://historico.tsj.gob.ve/decisiones/scon/agosto/190390-797-19816-
2016-16-0449.HTML Véase los comentarios en Allan R. Brewer-Carías, "La
Sala Constitucional ha dado inicio al procedimiento para la inconstitucional
revocación del mandato de los diputados a la Asamblea Nacional y para
proceder a su encarcelamiento aplicándoles la doctrina de los casos de los
alcaldes   Ceballos   y   Scanaro   de   2014,"   disponible   en
http://www.allanbrewercarias.com/Content/449725d9-f1cb-474b-8ab2-
41efb849fea3/Content/Brewer.%20INICIO%20DEL%20PROCEDIMIENTO%
20PARA%20LA%20INCONSTITUCIONAL%20REVOCACI%C3%93N%20
DE%20DIPUTADOS%20Y%20SU%20ENCARCELAMIENTO%20POR%20
LA%20SALA%20CONSTTIUCIONAL.pdf.

"*Suspende los efectos de las sesiones* celebradas los días 26 y 28 de abril, y 03, 05, 10, 12 y 17 de mayo de 2016, *junto a los actos producidos en ellas*; así como también, *ordena de manera cautelar* a la Asamblea Nacional, a través de su Presidente, en atención a lo dispuesto en el artículo 26, 49, y 257 constitucional, *que remita la documentación -en el lapso de cinco días continuos siguientes a su notificación- donde evidencie el cumplimiento de las medidas cautelares decretadas en el fallo No. 269 del 21 de abril de 2016*, en lo relativo a la convocatoria de las sesiones celebradas los días 26 y 28 de abril, y 03, 05, 10, 12 y 17 de mayo de 2016 y el orden del día fijado para cada una de ellas, *con la advertencia de que dicho mandamiento debe ser acatado de conformidad con lo dispuesto en el artículo 31 de la Ley Orgánica del Tribunal Supremo de Justicia.*"

Recuérdese que el artículo 31 de dicha Ley Orgánica de Amparo establece el delito de desacato de las sentencias de amparo al disponer que "quien incumpliere el mandamiento de amparo constitucional dictado por el Juez, será castigado con prisión de seis (6) a quince (15) meses."

Ahora bien, para adoptar esta decisión de tanta trascendencia como fue el inicio del procedimiento para proceder a sancionar a la mayoría de los diputados de la Asamblea Nacional por desacato, y consecuencialmente aplicando la doctrina que ya sentó en 2014 contra los Alcaldes de los Municipio os San Diego y san Cristóbal de los Estados Carabobo y Táchira, respectivamente, quizás proceder a revocar inconstitucionalmente el mandato de los diputados y decretar su encarcelamiento, la Sala explicó que los impugnantes habían alegado que en dichas sesiones de la Asamblea se habrían "aprobado inconstitucionalmente" diversos requerimientos de comparecencia de Ministros, votos de censura a Ministros, discusiones de proyectos de Ley y otros Acuerdos parlamentarios, habiendo sido convocadas las sesiones "24 horas antes y no 48 horas antes, tal como lo señaló esta Sala Constitucional en sentencia No. 269 del 21 de abril de 2016, al interpretar el artículo 57 del Reglamento de Interior y de Debates de la Asamblea Nacional;" y además, "con cambios efectuados en la agenda" después de la convocatoria, todo ello en supuesto "franco desacato" a dicha sentencia No. 269, a cuyo efecto citaron lo expresado en su momento por el Presidente de la Asamblea. [17]

Los impugnantes, en particular, denunciaron ante la Sala desacato a la sentencia N° 269

"en la convocatoria realizada al Ministro [Ministro del Poder Popular para la Alimentación] cuya moción de censura se aprobó de manera irregular y debía ser declarado nulo por cuanto incumplió la referida sentencia N° 269, ya que el Ministro es un General activo de la Fuerza Armada Nacional Bolivariana, cuya convocatoria debió ser por conducto del Comandante en Jefe de la Fuerza Armada Nacional Bolivariana, Presidente de la República Bolivariana de Venezuela."

Todo lo anterior se explicó por los demandantes, para solicitar a la Sala Constitucional que "evaluara iniciar el procedimiento que por desacato se estableció en las sentencias de los ex alcaldes Enzo Escarano y Daniel Ceballos," que resultaron despojados de su mandato popular por la Sala, habiendo sido detenidos y condenados a prisión, argumentando que:

"la Junta Directiva de la Asamblea Nacional y su mayoría relativa estarían atentando contra lo preceptuado en el artículo 31 de la Ley Orgánica de Amparo sobre Derechos y Garantías Constitucionales que señala: *"Quien incumpliere el mandamiento de amparo constitucional dictado por el Juez, será castigado con prisión de seis (6) a quince (15) meses."*

Para decidir la solicitud de amparo cautelar, la Sala Constitucional comenzó por "recordar" que en la sentencia N° 269 de 21 de abril de 2016, ella misma, de oficio, primero, había extendido "el lapso de convocatoria establecido en el Reglamento Interior y de Debates de la Asamblea Nacional, de 24 horas a 48 horas," y segundo, que al ser "incluido en el sistema automatizado el orden del día a ser debatido en la sesión de la Asamblea, éste debe mantenerse y no admitirá modificaciones de última hora."

Con base en ello, para dictar la sentencia y evaluar el supuesto desacato denunciado, la Sala estimó como "prueba" suficiente para dictarla, la supuesta existencia de un "hecho notorio comunicacio-

---

17 Véase en http://www.panorama.com.ve/politicayeconomia/Ramos-Allup-sobre-sentencia-del-TSJ-No-acataremos-un-recurso-de-hace-5-anos-que-sacaron-de-la-nevera--20160428-0038.html

nal" que tanto ha usado para dictar sentencia sin pruebas, afirmando sin embargo en este caso, falsamente, que supuestamente era:

> "público, notorio y comunicacional, según se evidencia de la página web de la Asamblea Nacional, que la Junta Directiva de la Asamblea Nacional ha tildado las medidas cautelares decretadas por esta Sala en la sentencia N° 269 del 21 de abril de 2016, como "absolutamente nulas", en comunicado del 5 de julio de 2016, que aparece en el siguiente enlace web(http://www.asambleanacional.gob.ve/uploads/documentos/doc_1cce92be2c893e0f0f266ac32f05e89d7ad28579.pdf)," donde se lee, lo siguiente:

>> "La sentencia señalada de la Sala Constitucional infringe gravemente el orden constitucional y democrático y cercena el derecho a la defensa en juicio de la Asamblea Nacional, y lo hace en una decisión en la cual también amenaza con sancionar al Presidente de la Asamblea Nacional ante el supuesto incumplimiento de unas medidas cautelares absolutamente nulas, entre otras razones por haber sido ratificadas sin permitir a la Asamblea Nacional el ejercicio del derecho a la defensa frente a ellas por medio de una representación judicial propia (…)."

Lo anterior era completamente falso porque en el mencionado y citado "Comunicado" de la Junta Directiva simplemente no hizo referencia y ni siquiera citó la sentencia N° 269 de 21 de abril de 2016, pues el mismo se emitió solo en relación con otra sentencia, la N° 473 de 14 de junio de 2016.

Sin embargo, la Sala Constitucional basándose en esa "prueba" falsa y en otras declaraciones de prensa que citó, con base en las denuncias formuladas sobre supuesto "quebrantamiento del orden constitucional que debe privar en las instituciones democráticas" de la República, pasó a ejercer su potestad cautelar

> "atendiendo a la presunta violación de lo dispuesto en la sentencia de esta Sala Constitucional N° 269, antes mencionada, por parte de la Junta Directiva y de la Secretaría de la Asamblea Nacional, así como también por parte de los diputados que conforman la mayoría parlamentaria, quienes respaldaron a través de sus votos las decisiones tomadas en las sesiones celebradas los días 26 y 28 de abril, y 03, 05, 10, 12 y 17 de mayo de 2016, acuerda amparo cautelar solicitado por los actores, y, en consecuencia, se suspenden los efectos de las sesiones celebradas los días 26 y 28 de abril, y 03, 05, 10, 12 y 17 de mayo de 2016, junto a los actos producidos en ellas; así como también, ordena de manera cautelar a la Asamblea Nacional, a través de

su Presidente, en atención a lo dispuesto en el artículo 26, 49, y 257 constitucional, que remita la documentación donde evidencie el cumplimiento de las medidas cautelares decretadas en el fallo n° 269 del 21 de abril de 2016, en lo relativo a la convocatoria de la sesiones antes señaladas y el orden del día fijado para cada una de ellas, con la advertencia de que dicho mandamiento debe ser acatado de conformidad con lo dispuesto en el artículo 31 de la Ley Orgánica del Tribunal Supremo de Justicia. Así se decide."

En esta forma quedó formalmente abierta la puerta por la propia Sala Constitucional, para efectivamente comenzar a "aplicar" la doctrina sentada en los casos de los Alcaldes Enzo Scarano y Daniel Ceballos de los Municipios San Diego del Estado Carabobo y San Cristóbal del Estado Táchira, quienes por "desacato" a una medida cautelar de amparo de la Sala, ella misma, mediante sentencias N° 245 el día 9 de abril de 2014,[18] y N° 263 el 11 de abril de 2014,[19] los despojó de sus cargos electivos, revocándoseles inconstitucionalmente su mandato popular que solo el pueblo puede hacer mediante un referendo revocatorio, habiendo la propia Sala dispuesto el encarcelamiento de los mismos usurpando la competencias de la Jurisdicción Penal.[20]

---

18 Véase en http://www.tsj.gov.ve/decisiones/scon/abril/162860-245-9414-2014-14-0205.HTML Véase también en *Gaceta Oficial* N° 40.391 de 10 de abril de 2014.

19 Véase en http://www.tsj.gov.ve/decisiones/scon/abril/162992-263-10414-2014-14-0194.HTML .

20 Véase los comentarios a esas sentencias en Allan R. Brewer-Carías, *El golpe a la democracia dado por la Sala Constitucional. De cómo la Sala Constitucional del Tribunal Supremo de Justicia de Venezuela impuso un gobierno sin legitimidad democrática, revocó mandatos populares de diputada y alcaldes, impidió el derecho a ser electo, restringió el derecho a manifestar, y eliminó el derecho a la participación política, todo en contra de la Constitución,* Editorial Jurídica Venezolana, Caracas 2014, pp. 115-170

OCTAVA PARTE
NUEVO GOLPE CONTRA LA REPRESENTACIÓN POPULAR: LA USURPACIÓN DEFINITIVA DE LA FUNCIÓN DE LEGISLAR POR EL EJECUTIVO NACIONAL Y LA SUSPENSIÓN DE LOS REMANENTES PODERES DE CONTROL DE LA ASAMBLEA CON MOTIVO DE LA DECLARATORIA DEL ESTADO DE EXCEPCIÓN Y EMERGENCIA ECONÓMICA

Mediante Decreto N° 2.323 de 13 de mayo de 2016,[1] el Presidente de la República, al decretar de nuevo un estado de excepción y de emergencia económica, le terminó de dar un golpe definitivo a la Constitución, al usurpar totalmente la potestad de legislar, despojando a la Asamblea Nacional de su función esencial – que ya le había impedido ejercer la Sala Constitucional – , al suspenderle a la misma los poderes de control que aún no le había cercenado la Sala Constitucional en materia de autorizaciones legislativas de créditos

---

1   Véase en *Gaceta Oficial* N° 6.227 Extraordinario del 13 de mayo de 2016, la cual sin embargo sólo circuló tres días después, el lunes 16 de mayo de 2018. Véanse los cometarios sobre este decreto en Allan R. Brewer-Carías, "Nuevo golpe contra la representación popular: la usurpación definitiva de la función de legislar por el Ejecutivo Nacional y la suspensión de los remanentes poderes de control de la Asamblea con motivo de la declaratoria del estado de excepción y emergencia económica," 19 de mayo de 2016, en http://www.allanbrewercarias.com/Content/449725d9-f1cb-474b-8ab2-41efb849fea3/Content/Brewer.%20Golpe%20final%20a%20la%20democracia.%20%20Edo%20excepci%C3%B3n%20%2019%20mayo%202016.pdf.

adicionales al presupuesto y para la celebración de contratos de interés nacional.[2]

A partir de este Decreto, ya nada le quedó por hacer a la Asamblea Nacional en Venezuela, salvo rebelarse constitucionalmente contra la usurpación de la voluntad popular que han ejecutado tanto el Poder Ejecutivo como el Poder Judicial a través de la Sala Constitucional del Tribunal Supremo.

Para dictar este inconstitucional Decreto, el Presidente de la República invocó su carácter de Jefe del Estado y Jefe del Ejecutivo (art. 226 de la Constitución), ejerciendo la atribución establecida en el artículo 236.7 de la Constitución, e invocó igualmente lo previsto en los artículos 337, 338 y 339 de la misma; normas que en forma alguna lo autorizan a autorizarse a sí mismo la función de legislar ni a coartar el funcionamiento de la Asamblea Nacional.

Al haberlo hecho en la forma absolutamente imprecisa como se dictó el Decreto, sin haber restringido ninguna garantía constitucional específica, podría resultar el absurdo de que el Presidente lo que pretendió fue *restringir todas las garantías constitucionales*, con grave riesgo a los derechos humanos en el país, lo no sólo sería inconstitucional, sino por supuesto, totalmente inadmisible en un Estado de derecho.[3]

---

2   Por ello, con razón, *Foro por la Vida* advierte que constituye "una ruptura del orden constitucional." Véase "Foro por la Vida: Decreto de Estado de excepción rompe el orden constitucional," 18 de mayo de 2016, en http://runrun.es/nacional/262345/foro-por-la-vida-decreto-de-estado-de-excepcion-rompe-el-orden-constitucional.html.

3   Por eso, con razón, el Comité de Familiares de las Víctimas de los Sucesos de Febrero-Marzo de 1989 (COFAVIC), expresó que: "El decreto de estado de excepción no establece de manera específica las garantías restringidas, lo cual deriva en una suspensión general e inconstitucional de todos los derechos humanos y las garantías previstas en nuestra Constitución, abriendo la posibilidad de una suspensión del Estado de Derecho no previsto en la Carta Magna y que coloca en graves riesgos a los derechos humanos y las libertades públicas, lo cual es absolutamente contrario al artículo 337 del texto constitucional." Véase: COFAVIC. "Comunicado Público: Los Estados de Excepción no pueden ser usados para coartar libertades públicas, perseguir o discriminar," Caracas 17 de mayo de 2016, en http://www.cofavic.org/co-municado-publico-los-estados-de-excepcion-no-pueden-ser-usados-para-coartar-libertades-publicas-perseguir-o-discriminar/6 .En sentido coincidente, Foro por la Vida sostiene que: El decreto por su ambigüedad y amplitud permite interpretaciones discrecionales y arbitrarias, lo que relativiza las obligaciones del Estado y posibilita la criminalización del ejercicio inderogable de estos derechos por parte de todas las personas." Véase "Foro por la

I. BASES DEL RÉGIMEN CONSTITUCIONAL DE LOS ESTADOS DE EXCEPCIÓN

Las normas que citó el Presidente como base constitucional del decreto, en efecto, regulan la atribución del mismo, en Consejo de Ministros, para decretar estados de excepción, considerándose como tales:

"las circunstancias de orden social, económico, político, natural o ecológico, que afecten gravemente la seguridad de la Nación, de las instituciones y de los ciudadanos y ciudadanas, a cuyo respecto resultan insuficientes las facultades de las cuales se disponen para hacer frente a tales hechos" (art. 337).

Tal declaratoria puede consistir en un "decreto del estado de emergencia económica cuando se susciten circunstancias económicas extraordinarias que afecten gravemente la vida económica de la Nación," (art, 338), lo cual por supuesto, en ningún caso "interrumpe el funcionamiento de los órganos del Poder Público," es decir, de los Poderes Legislativo, Judicial, Ciudadano y Electoral (art. 339).

La declaratoria de estado de estado de excepción y de emergencia económica puede implicar la restricción temporal de "las garantías consagradas en esta Constitución, salvo las referidas a los derechos a la vida, prohibición de incomunicación o tortura, el derecho al debido proceso, el derecho a la información y los demás derechos humanos intangibles," (art. 337); lo que en todo caso debe ser una decisión expresa y precisa, y en cuyo caso, *en el mismo* "decreto que declare el estado de excepción" dice la Constitución, "se regulará el ejercicio del derecho cuya garantía se restringe" (art. 339). El decreto, además, debe cumplir obligatoriamente por imposición de la Constitución "con las exigencias, principios y garantías establecidos en el Pacto Internacional de Derechos Civiles y Políticos y en la Convención Americana sobre Derechos Humanos" conforme al artículo 339 de la Constitución, el cual constitucionalizó dichos instrumentos internacionales, que por ello en particular la Convención Americana sigue vigente a pesar de la denuncia de la misma en 2012.

Vida: Decreto de Estado de excepción rompe el orden constitucional," 18 de mayo de 2016, en http://runrun.es/nacional/262345/foro-por-la-vida-decreto-de-estado-de-excepcion-rompe-el-orden-constitucional.html.

II. LA INCONSTITUCIONALIDAD DEL DECRETO DE EXCEPCIÓN Y DE EMERGENCIA ECONÓMICA POR PRETENDER EL EJECUTIVO NACIONAL DELEGARSE A SÍ MISMO LA POTESTAD DE LEGISLAR, USURPANDO LAS FUNCIONES DE LA ASAMBLEA NACIONAL

El anterior es fundamentalmente el régimen constitucional que rige la declaratoria de los estados de excepción, el cual fue abiertamente violado por el Presidente de la República, al dictar el Decreto Nº 2323 de 13 de mayo de 2016.

En efecto, con base en esas normas constitucionales, lo que el Presidente podía hacer al decretar el estado de excepción y emergencia económica, era proceder a dictar en el mismo decreto aquellas medidas para lo cual "resultan insuficientes las facultades de las cuales se disponen para hacer frente a tales hechos," o conforme al artículo 6 de la misma Ley Orgánica sobre los Estados de Excepción, [4] "en caso de *estricta necesidad para solventar la situación de anormalidad*, ampliando las facultades del Ejecutivo Nacional;" pero no está ni estaba autorizado en forma alguna como Jefe del Ejecutivo Nacional para "anunciar" que el propio Ejecutivo Nacional - como si quien dictaba el decreto fuera otro órgano del Estado distinto al Ejecutivo que lo iba a ejecutar- adoptaría "medidas" en el futuro, en particular:

"las medidas oportunas excepcionales y extraordinarias, para asegurar a la población el disfrute pleno de sus derechos, preservar el orden interno, el acceso oportuno a bienes y servicios fundamentales, e igualmente disminuir los efectos de las circunstancias de orden na-

---

4   Véase en *Gaceta Oficial* Nº 37.261 de 15-08-2001. Sobre dicha ley véanse los comentarios en Allan R. Brewer-Carías, "El régimen constitucional de los estados de excepción" en Víctor Bazán (Coordinador), *Derecho Público Contemporáneo*. Libro en Reconocimiento al Dr. German Bidart Campos, Ediar, Buenos Aires, 2003, pp. 1137-1149. Véase en general sobre los estados de excepción en la Constitución de 1961: Jesús M. Casal H., "Los estados de excepción en la Constitución de 1999", en *Revista de Derecho Constitucional*, Nº 1 (septiembre-diciembre), Editorial Sherwood, Caracas, 1999, pp. 45-54; Salvador Leal W., "Los estados de excepción en la Constitución", en *Revista del Tribunal Supremo de Justicia*, Nº 8, Caracas, 2003, pp. 335-359; María de los Ángeles Delfino, "El desarrollo de los Estados de Excepción en las Constituciones de América Latina", en *Constitución y Constitucionalismo Hoy*. Editorial Ex Libris, Caracas, 2000, pp. 507-532.

tural que han afectado la generación eléctrica, el acceso a los alimentos y otros productos esenciales para la vida" (art. 1).

El sentido de esta previsión, por lo demás, se repitió en el artículo 3 del Decreto, con el siguiente texto:

> "*Artículo 3*. El Presidente de la República podrá dictar otras medidas de orden social, ambiental, económico, político y jurídico que estime convenientes a las circunstancias, de conformidad con los artículos 337, 338 y 339 de la Constitución de la República Bolivariana de Venezuela, con la finalidad de resolver la situación extraordinaria y excepcional que constituye el objeto de este Decreto e impedir la extensión de sus efectos." [5]

Estas fórmulas, de entrada, fueron una burla a las potestades de control que tiene la Asamblea Nacional y la Sala Constitucional de los decretos de estado de excepción, órganos a los cuales debía remitirse dentro del lapso de ocho días para que la primera lo considerase y se pronunciase sobre su aprobación o no, y a la segunda para que se pronunciase sobre su constitucionalidad. Esos controles se burlaron, al ser el decreto una simple cascara, con solo enunciados, sin contenido, de manera que así fuera aprobado y evaluada su constitucionalidad, el control constitucional no se realizaría luego cuando se comenzasen a dictar "las medidas" *de verdad* que se anunciaban, las cuales serían las que supuestamente tendrían el contenido de la emergencia, escapando fraudulentamente a todo control, particularmente al control de la representación popular. Ello era inconstitucional, pues eliminó dicho control político del Parlamento y el control jurídico de la Sala Constitucional sobre las medidas de emergencia, que eran precisamente las que deben someterse a control.

---

5   Sobre esto, sin embargo, COFAVIC con razón advierte que en dicho "artículo 3 del decreto, el Ejecutivo se concede amplísimas facultades que exceden su ámbito de competencia, lo cual configura intromisiones en las atribuciones independientes del Poder Judicial y del Poder Legislativo. Nuestra Constitución establece de manera expresa en su artículo 339, que la declaración del estado excepción no interrumpe el funcionamiento de los órganos del Poder Público lo que significa que el Ejecutivo no podrá sustituir funciones de otros Poderes Públicos." Véase: COFAVIC. "Comunicado Público: Los Estados de Excepción no pueden ser usados para coartar libertades públicas, perseguir o discriminar," Caracas 17 de mayo de 2016, en http://www.cofavic.org/comunicado-publico-los-estados-de-excepcion-no-pueden-ser-usados-para-coartar-libertades-publicas-perseguir-o-discriminar/6.

Lo anterior evidencia que el decreto de estado de excepción que se reguló en la Constitución, no es un acto para que el Ejecutivo se pueda autorizar a sí mismo para dictar medidas diversas. El decreto de emergencia debe ser el que contenga las medidas a dictar; no puede ser un simple anuncio de medidas imprecisas y futuras. Su texto tiene que contener las medidas que se consideren necesarias; es decir, el decreto de estado de excepción "es" el acto que debe contener las medidas que se estime son necesarias para afrontar las circunstancias excepcionales, que no pueden atenderse con la facultades de las cuales se disponen para hacer frente a tales hechos, que se consideren insuficientes - lo que además, hay que argumentar - , y por ello es que conforme a las mismas normas constitucionales citadas, el decreto de estado de excepción debe someterse al control político por parte de la Asamblea Nacional (aprobación), y al control jurídico por parte del Tribunal Supremo de Justicia

No es admisible, por tanto, un decreto de estado de excepción como el dictado por el Presidente de la República que no contiene ninguna medida específica, y que pretendió sólo anunciar que habría medidas en el futuro, y que las mismas, por tanto, por ello escaparían a todo el control político y jurídico que exige la Constitución.

Y mucho menos el decreto de estado de excepción, puede ser concebido, como sucedió en este caso del Decreto 2.323, como una especie de "ley habilitante" que el Ejecutivo Nacional se dio a sí mismo; es decir, no puede ser un instrumento para que el Ejecutivo Nacional, que no ejerce el Poder legislativo, usurpando las funciones exclusivas de la Asamblea Nacional, pretenda "delegar" en el propio Poder Ejecutivo un conjunto de materias para regularlas mediante decretos leyes.

Y eso, y no otra cosa, es lo que se observa del contenido del Decreto de estado de excepción y emergencia económica No 2.323, que no fue otra cosa que una inconstitucional "autorización" que el Ejecutivo Nacional se dio a sí mismo para adoptar medidas "oportunas excepcionales y extraordinarias" pero sin especificar cuáles eran, ni por qué eran necesarias ni en qué forma resultaban insuficientes las facultades de las cuales se disponían al momento de ser dictado para hacer frente a tales hechos.

III. LA INCONSTITUCIONALIDAD DEL DECRETO DE ESTADO DE EXCEPCIÓN Y EMERGENCIA ECONÓMICA AL ANUNCIAR MEDIDAS IMPRECISAS, SIN INDICAR LA INSUFICIENCIA DE LAS FACULTADES REGULADAS PARA HACER FRENTE A LOS HECHOS, Y SIN QUE SE HUBIERAN RESTRINGIDO GARANTÍAS CONSTITUCIONALES

El régimen de un estado de excepción y emergencia económica, es un asunto serio constitucionalmente hablando, pudiendo justificarse su decreto, solo, única y exclusivamente porque para atender "las circunstancias de orden social, económico, político, natural o ecológico, que afecten gravemente la seguridad de la Nación, de las instituciones y de los ciudadanos y ciudadanas [...] *resultan insuficientes las facultades de las cuales se disponen para hacer frente a tales hechos"* (art. 337).

Este es el elemento clave y fundamental para justificar un estado de excepción, lo cual no solo debe fundamentarse en el decreto que lo dicte, sino que debe explicarse y motivarse en el mismo para demostrar su necesidad.

Además, si esas medidas que se pretende adoptar porque las facultades legales de los entes públicos no resultan suficientes para hacer frente a los hechos, para poder dictarlas, si exceden de lo que está previsto y regulado en las leyes, resulta ineludible e indispensable entonces, para poder dictarlas, hacer uso de la potestad de restringir las garantías constitucionales de los derechos, como lo indica el artículo 337 de la Constitución, particularmente la garantía de la reserva legal para regular las limitaciones y restricciones de los derechos. Sin embargo, en el Decreto Nº 2.323, no se restringió garantía constitucional alguna, por lo que las "medidas" que anunció solo podrían realizarse en el marco de la legislación vigente.

Es decir, mediante la peculiar excepción y emergencia prevista en el Decreto Nº 2.323, el Presidente de la República sin restringir garantía constitucional alguna, se asignó a sí mismo la potestad de dictar "las medidas que considere convenientes," aun cuando sin especificarse ninguna, particularmente relacionadas con los siguientes aspectos y sectores que se enumeran en el texto, pretendiendo con ello solamente dictar actos administrativos en ejecución de las leyes vigentes, no pudiendo dictar como sin duda fue la intención, previsiones que modifiquen las que están previstas en leyes.

Descartada la posibilidad constitucional de que el Presidente pueda entonces en este caso dictar actos con valor y rango de "ley," por la ausencia de decisión sobre la restricción de garantías constitucionales, en realidad con el decreto lo único que podría hacer eras ejecutar las competencias previstas y *regulados en la multitud de leyes dictadas durante la última década en las diversas materias*, que ya facultaban al Ejecutivo Nacional para poder adoptar las medidas necesarias, y que lo que tenía que hacer el Presidente era ejecutarlas, lo que confirmaba la innecesaridad del decreto. Esas medidas fueron:

1. Para que el sector público asegure el apoyo del sector productivo privado "en la producción, comercialización y sana distribución de insumos y bienes que permitan satisfacer las necesidades de la población" (art. 2.1).

2. Para que el sector público asegure el apoyo del sector productivo privado en el "combate de conductas económicas distorsivas como el "bachaqueo," el acaparamiento, la usura, el boicot, la alteración fraudulenta de precios, el contrabando de extracción y otros ilícitos económicos" (art. 2.1).

3. "El diseño e implementación de mecanismos excepcionales para el suministro de insumos, maquinaria, semillas, créditos y todo lo relacionado para el desarrollo agrícola y ganadero nacional" (art. 2.2).

4. "La garantía […] de la correcta distribución y comercialización de alimentos y productos de primera necesidad", "incluso mediante la intervención de la Fuerza Armada Nacional Bolivariana y los órganos de seguridad ciudadana, con la participación de los Comités Locales de Abastecimiento y Distribución (CLAP)" (2.3).

5. "El establecimiento de rubros prioritarios para las compras del Estado, o categorías de éstos, y la asignación directa de divisas para su adquisición, en aras de satisfacer las necesidades más urgentes de la población y la reactivación del aparato productivo nacional" (2.6).

6. "El establecimiento de políticas de evaluación, seguimiento y control de la producción, distribución y comercialización de productos de primera necesidad" (Art. 2.8).

7. "Atribuir funciones de vigilancia y organización a los Comités Locales de Abastecimiento y Distribución (CLAP), a los Consejos Comunales y demás organizaciones de base del Poder

Popular, conjuntamente con la Fuerza Armada Nacional Bolivariana, Policía Nacional Bolivariana, Cuerpos de Policía Estadal y Municipal, para mantener el orden público y garantizar la seguridad y soberanía en el país" (art. 2.9). [6]

8. "La autorización a los Ministros o Ministras competentes para dictar medidas que garanticen la venta de productos regulados según cronogramas de oportunidad que respondan a las particulares características de la zona o región, prevaleciendo el interés en el acceso a los bienes con el debido control y supervisión, y con el fin de lograr que los artículos de primera necesidad lleguen a toda la población, mediante una justa distribución de productos que desestimule el acaparamiento y reventa de éstos" (art. 2.10).

9. "La planificación, coordinación y ejecución de la procura nacional o internacional urgente de bienes o suministros esenciales para garantizar la salud, la alimentación y el sostenimiento de servicios básicos en todo el territorio nacional, en el marco de acuerdos comerciales o de cooperación que favorezcan a la República, mediante la aplicación excepcional de mecanismos

---

6   Sobre esto, sin embargo, COFAVIC con razón advirtió que "Contraviniendo de manera contundente el artículo 332 de nuestra Constitución, el decreto, en su artículo 2, numeral 9, otorga amplísimas facultades a la Fuerza Armada Nacional (FFAA) y grupos civiles para el control del orden público, la garantía de seguridad y la soberanía en el país."Véase: COFAVIC. "Comunicado Público: Los Estados de Excepción no pueden ser usados para coartar libertades públicas, perseguir o discriminar," Caracas 17 de mayo de 2016, en   http://www.cofavic.org/co-municado-publico-los-estados-de-excepcion-no-pueden-ser-usados-para-coartar-libertades-publicas-perseguir-o-discriminar/6. De acuerdo con Foro por la Vida, se trata en este caso, de la "Promoción de mecanismos ilegales para el control del orden público, mediante la atribución de funciones de vigilancia y control para garantizar "la seguridad y soberanía del país" a grupos de filiación político-partidista (Comités Locales de Abastecimiento y Distribución-CLAP). De acuerdo al decreto, estos grupos con el apoyo de las Fuerzas Armadas, servirían para enfrentar presuntas "acciones desestabilizadoras"./ Las labores de control de orden público corresponden estrictamente a los organismos de seguridad que deben ser de carácter civil. La intervención de militares, milicias y grupos civiles en el ejercicio de estas funciones, actuando bajo doctrina o adhesión político-partidista contra posibles "enemigos internos", genera condiciones para la violación sistemática y discriminatoria de derechos humanos." Véase "Foro por la Vida: Decreto de Estado de excepción rompe el orden constitucional," 18 de mayo de 2016, en http://runrun.es/nacional/262345/foro-por-la-vida-decreto-de-estado-de-excepcion-rompe-el-orden-constitucional.html.

de contratación expeditos que garanticen además la racionalidad y transparencia de tales contrataciones" (art. 2.11).

10. "La implementación de las medidas necesarias para contrarrestar los efectos de los fenómenos climáticos, tales como el ajuste de la jornada laboral, tanto en el sector público como en el privado, y la realización de estudios y contratación de asesoría internacional para la recuperación de los ecosistemas involucrados en la generación hidroeléctrica del país, la vigilancia especial de las cuencas hidrográficas por parte de la fuerza pública" (art. 2.12).

11. "Requerir de organismos nacionales e internacionales, así como del sector privado nacional, apoyo y asesoría técnica para la recuperación del parque de generación del Sistema Eléctrico Nacional" (art. 2.13).

12. "Adoptar las medidas necesarias y urgentes para el restablecimiento y mantenimiento de las fuentes de energía eléctrica del Estado" (art. 2.14).

13. "Dictar medidas de protección de zonas boscosas para evitar la deforestación, la tala y la quema que contribuyen a la disminución de las precipitaciones, alteran los ciclos hidrológicos e impactan de forma negativa amenazando los ciclos agroproductivos y cosechas, mermando los niveles de producción y afectando el acceso del pueblo venezolano a bienes y servicios, cuya vigilancia estará a cargo de la Fuerza Armada Nacional Bolivariana" (art. 2.15).

14. "Dictar medidas y ejecutar planes especiales de seguridad pública que garanticen el sostenimiento del orden público ante acciones desestabilizadoras que pretendan irrumpir en la vida interna del país o en las relaciones internacionales de éste y que permitan avances contundentes en la restitución de la paz de la ciudadanía, la seguridad personal y el control de la fuerza pública sobre la conducta delictiva" (art. 2.16). [7]

---

7   Sobre esto, sin embargo, COFAVIC con razón advierte que "El Decreto, en el artículo 2, numeral 16, por su ambigüedad e indeterminación, deja abierta la posibilidad de que el derecho a manifestar y la libertad de expresión sean considerados como acciones desestabilizadoras que pretendan irrumpir en la vida interna del país. Asimismo, no hace mención al uso proporcional de la fuerza pública en el restablecimiento del orden interno, refiere planes especiales en el delicado ámbito de la seguridad ciudadana, sin especificar el objetivo y alcance de los mismos." Véase: COFAVIC. "Comunicado Público: Los Estados de Excepción no pueden ser usados para coartar libertades

15. "La adopción de medidas especiales en el orden de la política exterior de la República que garanticen el absoluto ejercicio de la soberanía nacional e impidan la injerencia extranjera en los asuntos internos del Estado venezolano" (art. 2.17).

16. "El Ministerio del Poder Popular con competencia en materia de banca y finanzas podrá efectuar las coordinaciones necesarias con el Banco Central de Venezuela a los fines de establecer límites máximos de ingreso o egreso de moneda venezolana de curso legal en efectivo, así como restricciones a determinadas operaciones y transacciones comerciales o financieras, restringir dichas operaciones al uso de medios electrónicos debidamente autorizados en el país" (art. 4).

17. "Se podrá suspender de manera temporal el porte de armas en el territorio nacional, como parte de las medidas para garantizar la seguridad ciudadana y el resguardo de la integridad física de los ciudadanos y ciudadanas, preservando la paz y el orden público. Tal medida no será aplicable al porte de armas orgánicas dentro del ejercicio de sus funciones a los cuerpos de seguridad del Estado y la Fuerza Armada Nacional Bolivariana" (art. 5).

18. "A fin de fortalecer el mantenimiento y preservación de la paz social y el orden público, las autoridades competentes deberán coordinar y ejecutar las medidas que se adopten para garantizar la soberanía y defensa nacional, con estricta sujeción a la garantía de los derechos humanos" (art. 8).

Todas estas "medidas," que eran más bien definición de políticas públicas, si acaso pretendía el Presidente de la República con el decreto de excepción querer adoptarlas modificando la legislación vigente, ellas serían absolutamente inconstitucionales por violación del principio de la reserva legal prevista en la Constitución para regular el ejercicio de los derechos constitucionales (arts. 19 y siguientes), pues tal garantía no se restringió con el decreto.

Por ello, como no se restringió dicha garantía, las medidas anunciadas, como se dijo, estando reguladas en la multitud de leyes que se habían sancionado y reformado sucesivamente en los últimos lustros para regular todos los sectores de la economía, con previsio-

---

públicas, perseguir o discriminar," Caracas 17 de mayo de 2016, en http://www.cofavic.org/comunicado-publico-los-estados-de-excepcion-no-pueden-ser-usados-para-coartar-libertades-publicas-perseguir-o-discriminar/6.

nes incluso excesivas e inconstitucionales restrictivas de la libertad económica y de la propiedad privada, podían implementarse en ejecución de las mismas, las cuales por lo demás, habían permitido en el pasado a los órganos del Ejecutivo Nacional intervenir en todas las fases del proceso productivo nacional.

Lo único que tenía que hacer el Presidente de la República, era ejecutar las políticas públicas que considerase necesarias, y proceder a cumplir y ejecutar la legislación vigente para implementarlas. No era necesario, sino más bien redundante, un decreto de excepción y de emergencia económica, sin contenido, como el Decreto 2.323, dictado al margen de la Constitución y en fraude a la misma al pretender permitir que escapasen del control político y judicial los "actos" que eventualmente se dicten en su ejecución.

Por lo demás, en la misma línea de previsiones redundantes del decreto estaba la contenida en su artículo 7, indica que:

> "*Artículo 7*. Corresponde al Poder Judicial y al Ministerio Público realizar las actividades propias de su competencia a fin de garantizar la aplicación estricta de la Constitución y la ley para reforzar la lucha contra el delito e incrementar la celeridad procesal, así como las atribuciones que le correspondan en la ejecución del presente decreto."

El Poder Judicial y el Ministerio Público deben sin duda, cumplir sus funciones de acuerdo con la legislación que los rige, para lo cual el Presidente de la República nada tiene que decir ni agregar.

Por ello, el verdadero motivo del decreto de excepción, en realidad, fue otro distinto incluso a la implementación de dichas políticas públicas que podían realizarse ejecutando la legislación, y fue provocar, en contra de lo prescrito en la Constitución (art. 339), la interrupción indebida del funcionamiento de la Asamblea Nacional, eliminando sus competencias constitucionales.

IV. LA INCONSTITUCIONAL ELIMINACIÓN DE LA INTERVENCIÓN DE LA ASAMBLEA NACIONAL EN EL MANEJO DE LAS FINANZAS PÚBLICAS

En efecto, conforme a la Constitución, "la administración económica y financiera del Estado se regirá por un presupuesto aprobado anualmente por ley" (art. 313), de manera que "no se hará ningún tipo de gasto que no haya sido previsto en la Ley de Presupuesto" (art. 314).

La Constitución agrega, sin embargo que:

"Sólo podrán decretarse créditos adicionales al presupuesto para gastos necesarios no previstos o cuyas partidas resulten insuficientes, siempre que el Tesoro Nacional cuente con recursos para atender la respectiva erogación; a este efecto, se requerirá previamente el voto favorable del Consejo de Ministros y *la autorización de la Asamblea Nacional* o, en su defecto, de la Comisión Delegada" (art. 314).

A tal efecto, el artículo 236.13 de la Constitución dispone que el Presidente de la República solo puede "decretar créditos adicionales al Presupuesto, *previa autorización de la Asamblea Nacional* o de la Comisión Delegada," correspondiendo a la Asamblea Nacional no sólo "discutir y aprobar el presupuesto nacional y todo proyecto de ley concerniente al régimen tributario y al crédito público" (art. 187.6), sino "*autorizar los créditos adicionales* al presupuesto" (art. 187.7); y a la Comisión Delegada de la Asamblea, la atribución de "*autorizar* al Ejecutivo Nacional para decretar créditos adicionales" (art. 196.3).

Más claras, ciertamente, no pueden ser las disposiciones constitucionales en materia del manejo del gasto público y sobre la necesaria intervención mediante autorización previa por parte de la Asamblea Nacional, como manifestación concreta del régimen de control político que le corresponde a la representación popular en el manejo de las finanzas públicas.

Sin embargo, ignorando lo que disponen todas estas normas constitucionales en cuanto a la necesaria e imprescindible intervención autorizatoria de la Asamblea Nacional para decretar créditos adicionales al presupuesto, en el Decreto Nº 2.323 de estado de excepción y emergencia económica, el Presidente de la República, violando la Constitución, se autorizó a sí mismo a seguir violándola, al prever en el decreto la siguiente "medida" que él mismo puede dictar:

"4. La autorización por parte del Presidente de la República, en Consejo de Ministros, de erogaciones con cargo al Tesoro Nacional y otras fuentes de financiamiento que no estén previstas en la Ley de Presupuesto, para optimizar la atención de la situación excepcional. En cuyo caso, los órganos y entes receptores de recursos ajustarán los correspondientes presupuestos de ingresos" (art. 2.4).

Es decir, de un plumazo, pura y simplemente, lo que hizo el Presidente de la República fue eliminar la aplicación de cuatro normas constitucionales, los artículos 187.7, 196.3, 236.13 y 314, anulado los poderes de control de la Asamblea Nacional en materia de gastos públicos, lo que evidentemente violó directa y abiertamente la Constitución.

V. LA INCONSTITUCIONAL ELIMINACIÓN DE LA INTERVENCIÓN AUTORIZATORIA DE LA ASAMBLEA NACIONAL EN LA SUSCRIPCIÓN DE CONTRATOS DE INTERÉS NACIONAL

La Constitución atribuye al Presidente de la República, además, competencia para "celebrar los contratos de interés nacional conforme a esta Constitución y a la ley" (art. 236.14); indicándose sin embargo en el artículo 187.9, que es competencia de la Asamblea Nacional:

> "Autorizar al Ejecutivo Nacional para celebrar contratos de interés nacional, en los casos establecidos en la ley. Autorizar los contratos de interés público municipal, estadal o nacional con Estados o entidades oficiales extranjeros o con sociedades no domiciliadas en Venezuela."

Todo ello se ratifica y complementa en el artículo 150 de la Constitución, en el cual se dispone que:

> *Artículo 150.* La celebración de los contratos de interés público nacional requerirá la aprobación de la Asamblea Nacional en los casos que determine la ley.
>
> No podrá celebrarse contrato alguno de interés público municipal, estadal o nacional con Estados o entidades oficiales extranjeras o con sociedades no domiciliadas en Venezuela, ni traspasarse a ellos sin la aprobación de la Asamblea Nacional."

Sin embargo, en contra lo previsto en todas estas normas constitucionales, mediante el Decreto 2.323 de estado de excepción y emergencia económica, el Presidente eliminó el ejercicio del control político y administrativo por parte de la Asamblea Nacional para autorizar la celebración de contratos de interés público nacional, al atribuirse el Presidente de la República, a sí mismo, la "competencia para":

> "5. La aprobación y suscripción por parte del Ejecutivo Nacional de contratos de interés público para obtención de recursos financieros, asesorías técnicas o aprovechamiento de recursos estratégicos para el desarrollo económico del país, sin sometimiento a autorizaciones o aprobaciones de otros Poderes Públicos."

Es decir, de otro plumazo, pura y simplemente, lo que hizo el Presidente de la República fue eliminar la aplicación de otras tres normas constitucionales, los artículos 150, 187.9 y 263.14, anulado los poderes de control de la Asamblea Nacional en materia de celebración de contratos de interés nacional, lo que evidentemente también violó directa y abiertamente la Constitución.

VI. LA INCONSTITUCIONAL DECLARACIÓN DE UNA ESPECIE DE "IMPUNIDAD ANTICIPADA" PARA LOS FUNCIONARIOS DEL PODER EJECUTIVO FRENTE AL EJERCICIO DEL CONTROL POLÍTICO POR PARTE DE LA ASAMBLEA NACIONAL

En el Decreto Nº 2.323 de estado de excepción, se incluyó además, entre las "medidas" que el Presidente se autorizó a sí mismo para dictar, una bizarra previsión con el contenido siguiente:

"7. Decidir la suspensión temporal y excepcional de la ejecución de sanciones de carácter político contra las máximas autoridades del Poder Público y otros altos funcionarios, cuando dichas sanciones puedan obstaculizar la continuidad de la implementación de medidas económicas para la urgente reactivación de la economía nacional, el abastecimiento de bienes y servicios esenciales para el pueblo venezolano, o vulnerar la seguridad de la nación" (art. 2.7).

Con esta previsión, el Presidente de la República desconoció abiertamente la atribución constitucional de la Asamblea Nacional prevista en el artículo 187.10 de la Constitución, de "dar voto de censura al Vicepresidente Ejecutivo y a los Ministros" pudiendo decidir la Asamblea con voto calificado de las tres quintas partes de los diputados, la destitución del Vicepresidente Ejecutivo o del Ministro. Esta atribución de la Asamblea se ratifica y complementa en los artículos 240 y 246 de la Constitución.

Contrariamente a lo dispuesto en esas normas, con la previsión del artículo 2.7 del Decreto Nº 2.323, el Presidente decidió poner en sus propias y solas manos, "suspender" el ejercicio de la potestad constitucional de la Asamblea Nacional para poder aprobar votos de censura al Vicepresidente Ejecutivo y los ministros, desconociendo la Constitución, como ya había sido desconocida por el propio Poder Ejecutivo mediante Decreto Nº 2.309 de 2 de mayo de 2016.[8]

---

8   Véase en *Gaceta Oficial* Extra. Nº 6225 de 2 de mayo de 2016.

Es decir, también en este caso, de otro plumazo adicional, pura y simplemente, lo que hizo el Presidente de la República fue eliminar la aplicación de otras tres normas constitucionales, los artículos 150, 240 y 246, anulado los poderes de control político de la Asamblea Nacional en materia de aprobación de votos de censura contra Vicepresidente Ejecutivo y los Ministros, y la posibilidad de que se ordenase legislativamente la remoción de dichos funcionarios, lo que evidentemente también violó directa y abiertamente la Constitución.

VII. LA INCONSTITUCIONAL VIOLACIÓN DE DERECHOS GARANTIZADOS EN LA CONSTITUCIÓN SIN QUE SE HAYA RESTRINGIDO GARANTÍA ALGUNA DE DERECHOS CONSTITUCIONALES

Como hemos señalado, la Constitución establece que la declaratoria de estados de excepción y de emergencia económica puede implicar la restricción temporal de "las garantías consagradas en esta Constitución, salvo las referidas a los derechos a la vida, prohibición de incomunicación o tortura, el derecho al debido proceso, el derecho a la información y los demás derechos humanos intangibles," (art. 337); lo que en todo caso debe ser una decisión expresa y precisa, y en cuyo caso, *en el mismo* "decreto que declare el estado de excepción" dice la Constitución, "se regulará el ejercicio del derecho cuya garantía se restringe" (art. 339).

En el Decreto Nº 2.323 de 13 de mayo de 2016 no se restringió garantía constitucional alguna, por lo que en el mismo no podría establecerse medida alguna que significara restricción de la libertad personal o de la libertad económica, de que las personas pudieran libremente contratar con las entidades u organismos extranjeros que elijan libremente para la ejecución de proyectos en el país. Nada en la legislación impide ni restringe ese derecho, y el mismo no está constitucionalmente restringido.

Sin embargo, en violación a la Constitución, en particular al ejercicio del derecho al libre desenvolvimiento de la personalidad (art. 20), la libertad de asociación (art. 50), el derecho a la participación política (art. 62), el derecho de asociarse con fines políticos (art. 67) y a la libertad económica (art. 112), sin que las garantías de dichos derechos se hubieran restringido, y por tanto violando la obligación del Estado de garantizarlos (art. 19), en el Decreto Nº 2.323, el Presidente de la República se autorizó a sí mismo para:

"18. Instruir al Ministerio de Relaciones Exteriores la auditoría e inspección de convenios firmados por personas naturales o jurídicas nacionales con entidades u organismos extranjeros para la ejecución de proyectos en el país, y ordenar la suspensión de los financiamientos relacionados a dichos convenios cuando se presuma su utilización con fines políticos o de desestabilización de la República" (art. 2.18).[9]

Con ello, también de otro plumazo acumulado, pura y simplemente, lo que hizo el Presidente de la República fue violar las garantías establecidas en seis normas constitucionales, los artículos 19, 20, 50, 62, 67 y 112, violando la reserva legal que implica que las restricciones al ejercicio de tales derechos solo puede establecerse mediante ley. El Decreto 2.323, como se dijo, no restringió garantía constitucional alguna de derechos constitucionales, por lo que no puede el Presidente de la República someter la libertad de las personas de contratar con quienes quieran, en la forma que quieran y para los fines que quieran, a la "auditoría e inspección de los convenios" que hubiesen firmado por parte de autoridad alguna, ni podía el Presidente "ordenar la suspensión de los financiamientos relacionados a dichos convenios" en ningún caso.

Si alguna autoridad presume que algunas fuentes de financiamiento de cualquier naturaleza se puedan utilizar "con fines políticos o de desestabilización de la República," en realidad, lo que debe

---

9   Sobre esto, sin embargo, COFAVIC con razón advierte que "el artículo, 2 en los numerales 17 y 18 del decreto, constituyen una clara limitación y amenaza al derecho de asociación, al debido proceso y al accionar legítimo, independiente y libre de las organizaciones no gubernamentales y del sector académico." Véase: COFAVIC. "Comunicado Público: Los Estados de Excepción no pueden ser usados para coartar libertades públicas, perseguir o discriminar," Caracas 17 de mayo de 2016, en http://www.cofavic.org/comunicado-publico-los-estados-de-excepcion-no-pueden-ser-usados-para-coartar-libertades-publicas-perseguir-o-discriminar/6 Sobre esto mismo, Foro por la Vida ha advertido que se trata de una "Prohibición de la cooperación internacional para labores calificadas como de "fines políticos" o "desestabilización de la República", impidiendo el trabajo de las organizaciones de la sociedad civil autónomas e independientes. La medida puede ser aplicada, según el artículo 2, numeral 18, por la sola presunción del gobierno de que se realizan con la finalidad de desestabilizar el país. Ello afecta directamente el derecho a la asociación limitando las posibilidades de respuesta de la sociedad ante los graves problemas de inseguridad, alimentación y salud pública que enfrenta el país en este momento." Véase "Foro por la Vida: Decreto de Estado de excepción rompe el orden constitucional," 18 de mayo de 2016, en http://runrun.es/nacio-nal/262345/foro-por-la-vida-decreto-de-estado-de-excepcion-rompe-el-orden-constitucional.html.

ocurrir es denunciar el asunto ante el Ministerio Público para que inicie las averiguaciones para determinar la comisión de algún hecho punible de orden político.

VIII. LA INCONSTITUCIONAL MOTIVACIÓN DEL DE-CRETO DE ESTADO DE EXCEPCIÓN: LA CRIMI-NALIZACIÓN DE LA OPOSICIÓN Y EL INTENTO DE ACABAR CON LO QUE QUEDABA DE DEMO-CRACIA MEDIANTE "DECRETO"

Aparte de las inconstitucionalidades del contenido del Decreto de estado de excepción y de emergencia económica, N° 2.323 de 13 de mayo de 2016, lo que más llama la atención es la motivación del mismo, que se basó en acusaciones genéricas, sin identificar grupo alguno, a que las causas del colapso económico del país, que es úni-ca y exclusivamente consecuencia de las erradas políticas económi-cas del gobierno queriendo imponer un modelo socialista y comu-nista, destruyendo el aparato productivo del país; se debía a una supuesta alianza de "algunos sectores políticos nacionales, aliados con intereses particulares extranjeros," que habrían sido los que habrían atacado la economía venezolana, todo "con la finalidad de promover un descontento popular contra el Gobierno Nacional; cre-ando un clima de incertidumbre en la población, con la intención de desestabilizar las Instituciones del Estado."

Se agregó, además, que había sido "la oposición política vene-zolana" la que había aplicado "esquemas perversos de distorsión de la economía venezolana tales como el acaparamiento, el boicot, la usura, el desabastecimiento y la inflación inducida," cuando ello no ha sido otra cosa que consecuencia de las políticas económicas im-plementadas por el Gobierno que han alentado esas distorsiones, de las cuales no se puede acusar irresponsablemente a la "oposición política venezolana." Así como tampoco se puede acusar, a "secto-res privados de la economía y de políticos opuestos a la gestión de Gobierno" de "actitud hostil y desestabilizadora" y mucho menos de ser agentes económicos que:

> "auspiciados por intereses extranjeros, obstaculizan el acceso oportuno de los venezolanos a bienes y servicios indispensables para la vida digna de la familia venezolana, generando de manera delibe-rada malestar en la población a través de fenómenos distorsivos como el "bachaqueo", las colas inducidas y un clima de desasosiego e inci-tación a la violencia entre hermanos."

De todo ello, el único culpable es el propio Gobierno del Presidente de la República, consecuencia de sus políticas destructivas de la economía nacional, basada en un ingreso petrolero que se malgastó, despilfarró y saqueó, y al final resultó inexistente para pretender financiar la importación de todo lo que se dejó de producir en el país por obra del desmantelamiento y destrucción del aparato productivo del Estado, y aniquilación de la iniciativa privada.

En todo caso, lo grave de todo el contenido del decreto de estado de excepción y emergencia económica, es que a juicio del Presidente de la República, pura y simplemente en Venezuela no puede haber oposición a las políticas del Gobierno, acusándose a la oposición de todos los males del país, incluso de estar combinada con supuestos "grupos criminales armados y paramilitarismo extranjero." Esta fase de criminalización de la oposición, por ser oposición, es lo que se refleja en la denuncia que el Presidente hizo en los "Considerandos" del decreto, al expresar que fue a partir de 5 de enero de 2016, cuando se instaló la nueva Asamblea Nacional electa en diciembre de 2015, que la misma pasó a estar controlada por:

> "representantes políticos de la oposición a la Revolución Bolivariana, quienes desde su oferta electoral y hasta sus más recientes actuaciones con apariencia de formalidad, han pretendido el desconocimiento de todos los Poderes Públicos y promocionando particularmente la interrupción del período presidencial establecido en la Constitución por cualquier mecanismo a su alcance, fuera del orden constitucional, llegando incluso a las amenazas e injurias contra las máximas autoridades de todos los Poderes Públicos."

O sea, en Venezuela, con esta manifestación, a juicio del Presidente no puede haber oposición política al gobierno, y la que existe, hay que perseguirla, pues se la concibe como "enemiga," violándose con ello la Constitución, los principios democráticos, los tratados sobre derechos humanos y la Carta Democrática Interamericana.

El decreto, por ello, es en definitiva, un decreto mediante el cual el Jefe del Estado y del Ejecutivo Nacional decretó el fin de la democracia, la cual sin embargo, lamentablemente para él, no se termina mediante decretos.

IX. LA ELIMINACIÓN DEFINITIVA DE LA POTESTAD DE LEGISLAR DE LA ASAMBLEA DURANTE LOS ESTADOS DE EXCEPCIÓN: EL CASO DE LA DECLARATORIA DE INCONSTITUCIONALIDAD DE LA LEY ESPECIAL PARA ATENDER LA CRISIS NACIONAL DE SALUD

La decisión de la Sala Constitucional del Tribunal Supremo de eliminar definitivamente la potestad de legislar de la Asamblea Nacional durante la vigencia de los Estados de excepción, se concretó en relación con la Ley Especial para Atender la Crisis Nacional de Salud que la Asamblea Nacional sancionó el 3 de mayo de 2016, motivada por la *"crisis humanitaria"* que el Parlamento consideró existía en el país, y por la negativa del Poder Ejecutivo de autorizar la recepción de ayuda humanitaria del exterior.

En relación con dicha Ley, quien ejercía la Presidencia de la República, sometió la misma conforme al artículo 214 de la Constitución a la consideración de la Sala Constitucional, solicitándole un pronunciamiento sobre su constitucionalidad, dado las "dudas razonables" que sobre ello tenía, en virtud de que: *primero*, que una vez decretado el estado de excepción por emergencia económica, de acuerdo con el Presidente solicitante "debería quedar temporalmente suspendida la potestad legislativa relativa a los derechos y garantías de contenido económico que se han visto afectados por la declaratoria de estado de excepción;" *segundo*, que la Asamblea Nacional había evidenciado con esta legislación "la falta de visión política sobre la situación nacional" al dictar "una ley que pretende 'solucionar la crisis nacional de salud' y hablan sobre 'cooperación y ayuda internacional'" pero que "bloquea todas las iniciativas del Ejecutivo Nacional" en la materia; considerando que "la conducta e insensatez de los diputados de oposición y la directiva de la Asamblea Nacional en su forma de legislar, genera una *presunción de inconstitucionalidad* de la ley," que era lo más "parecido a la desviación de poder;" y *tercero* que para su sanción no se había seguido el criterio impuesto por dicha Sala mediante sentencia N° 269 de fecha 21 de abril de 2016, de que el Parlamento debía obtener previamente a la sanción, el visto bueno del Vicepresidente Ejecutivo sobre la viabilidad económica de la legislación aprobada.

La Sala Constitucional, sobre ello, ejerciendo el control preventivo de constitucionalidad de las leyes, dictó sentencia N° 460 de 16 de junio de 2016, [10] declarando la Ley inconstitucional, al considerar que la finalidad de la misma era:

"imponer al Gobierno Nacional a recibir de parte de la Organización Mundial de la Salud (OMS), por concepto de ayuda humanitaria, cierta cantidad de medicamentos calificados por el propio organismo especializado de la Naciones Unidas como "esenciales", con el propósito de atender la "crisis humanitaria" declarada por la propia Asamblea Nacional mediante acuerdo legislativo del 26 de enero de 2016."

Para decidir, la Sala Constitucional se basó en lo que resolvió en su sentencia N° 411 del 19 de mayo de 2016, que declaró la constitucionalidad del Decreto N° 2.323 de 13 de mayo de 2016 que decretó el Estado de Excepción y de la Emergencia Económica, considerando inconstitucionalmente que como el mismo tenía rango de ley, el Presidente de la República se había investido a si mismo de todos los poderes, "suspendiendo" para ello "temporalmente, en las leyes vigentes, los artículos incompatibles con las medidas dictadas en dicho Decreto"; y considerando además, que una vez decretado un estado de excepción, ello impedía "la concurrencia de competencias con cualquier otro órgano del Poder Público;" es decir, significaba en definitiva respecto de la Asamblea Nacional, la eliminación de su potestad de legislar.

De allí concluyó la Sala Constitucional, contrariamente a lo dispuesto en el artículo 339 de la Constitución según el cual "la declaración del estado de excepción no interrumpe el funcionamiento de los órganos del Poder Público," indicando que una vez decretado un estado de excepción, la Asamblea Nacional supuestamente solo "mantiene su competencia para legislar sobre materias *distintas* a las incluidas en el ámbito de circunstancias" contenidas en el decreto de Estado de Excepción y Emergencia Económica. Sobre la norma del artículo 339 de la Constitución, la Sala pura y simplemente le mutó y cambió su contenido al decidir que la misma "no implicaba" que la Asamblea pudiera:

"dictar normas o actos para atender la situación de emergencia, ya que la habilitación conferida al Ejecutivo Nacional en virtud del estado de excepción, no admite concurrencia y excluye temporalmente la capacidad normativa de otros órganos en el mismo ámbito material del régimen extraordinario, pues ello pudiera generar contradic-

---

10   Véase en http://historico.tsj.gob.ve/decisiones/scon/junio/188165-460-9616-2016-16-0500.HTML

ciones para la garantía de los derechos fundamentales y el orden constitucional."

De todo ello concluyó la Sala que decretado el estado de excepción, ello supuestamente implicaba, contrario a lo dispuesto en la Constitución, que las medidas que se dictasen para resolver la situación que lo originó "forman parte del ámbito material del régimen del estado de excepción [que] se encuentran *reservadas* al Presidente de la República en Consejo de Ministros." Siendo ello supuestamente así, entonces, consideró la Sala que los poderes públicos debían actuar sobre la base de "entendimiento, diálogo, tolerancia y respeto," concluyendo entonces en su sentencia que la Ley Especial para Atender la Crisis Nacional de Salud, que había sido sancionada por la Asamblea Nacional, atentaba "contra las competencias conferidas al Presidente de la República por el artículo 15 de la Ley Orgánica Sobre Estados de Excepción. Así se decide."

Ello, por supuesto era completamente falso, pues dicha norma de la Ley no establece otra cosa que la consecuencia constitucional de la potestad de decretar los estados de excepción, que no es otra que *en el mismo decreto* se adopten las medidas excepcionales requeridas. Pero deducir de ello que una vez decretado un Estado de excepción, el Presidente independientemente de las medidas contenidas en el mismo pueda de allí en adelante adoptar todas las que se le ocurra, quedando eliminada la potestad de la Asamblea Nacional de poder legislar, es absolutamente contrario a lo dispuesto al final del artículo 339 de la Constitución que precisamente dispone lo contrario, que "la declaración del estado de excepción *no interrumpe el funcionamiento de los órganos del Poder Público.*"

Adicionalmente, para declarar la inconstitucionalidad de la Ley sobre la crisis del sistema de salud, la Sala consideró que como la Asamblea Nacional había obviado solicitar el "visto bueno" previo del Vicepresidente Ejecutivo para sancionar las leyes, como inconstitucionalmente se lo había impuesto la propia Sala en sentencia Nº 269 de 21 de abril de 2016, antes comentada, la Asamblea entonces habría incurrido "en vicios procedimentales que acarrean su declaratoria de inconstitucionalidad. Así se declara."

Pero no quedó allí el pronunciamiento de la Sala, esencialmente inconstitucional, sino que la misma en su sentencia pasó a pronunciarse sobre el contenido mismo de la Ley especial, en particular sobre las normas que le imponían al Poder Ejecutivo la obligación de presentar informes a la propia Asamblea en relación con la ejecución de la Ley (art. 5; 14), lo que la Sala consideró inconstitucional y "totalmente irracional y desproporcionada" con base en su propia "doctrina vinculante de interpretación constitucional," establecida en relación a las normas constitucionales relativas a los estados de excepción en la sentencia Nº 9 del 1º de marzo de 2016, también comentada anteriormente; y en la inconstitucional declaratoria de inconstitucionalidad de las normas de los artículos 3, 11, 12 y 21 al 26 de la Ley sobre el Régimen para la Comparecencia de Funcionarios y Funcionarias Públicos o los y las Particulares ante la Asamblea Nacional o sus Comisiones, anulando toda posibilidad de ejercicio por parte de la Asamblea de sus poderes de control político y administrativo sobre el gobierno y la Administración Pública; también comentada anteriormente.

La Sala Constitucional, en definitiva, concluyó indicando, por supuesto inconstitucionalmente, que ninguna Ley puede establecer mecanismos de control parlamentario sobre la gestión del Poder Ejecutivo Nacional en términos distintos o adicionales a los previstos por los artículos 237 y 244 de la Constitución," es decir, a la "presentación de la memoria y cuenta anual."

La Sala, adicionalmente, consideró que la previsión de la Ley sobre la crisis del sector salud de permitir a la Asamblea Nacional el poder "servir de intermediario en la solicitud de Cooperación Internacional para atender la crisis nacional de salud," significaba conferir "a la Asamblea Nacional competencias para formular, dirigir y ejecutar las relaciones exteriores de la República," lo que a juicio de la Sala supuesta y adicionalmente violaba la disposición de los artículos 226 y 236.4 de la Constitución que asignan al Presidente de la República, como materia que le está reservada, el "dirigir las relaciones exteriores de la República;" considerando finalmente que al dictar la Ley examinada que declaró como inconstitucional, la Asamblea Nacional había "usurpado" las "competencias atribuidas al Presidente de la República en materia de dirección de la acción de gobierno en el ámbito de los estados de excepción, así como en materia de relaciones internacionales.

Es decir, en definitiva, con esta sentencia del Juez Constitucional, basta para interrumpir el ejercicio y funcionamiento de la Asamblea Nacional y eliminar su potestad de legislar, que el Presidente de la República decrete un estado de excepción, lo que obviamente es una interpretación contraria al texto de la Constitución que precisamente indica, al contrario, como se ha dicho, que "la declaración del estado de excepción no interrumpe el funcionamiento de los órganos del Poder Público."

NOVENA PARTE

EL DESCONOCIMIENTO JUDICIAL DEL PODER DE LA ASAMBLEA NACIONAL PARA EXPRESAR OPINIONES POLÍTICA SOBRE LOS ASUNTOS DE INTERÉS NACIONAL

El desmantelamiento progresivo de la Asamblea Nacional como órgano de representación popular por parte de la Sala Constitucional del Tribunal Supremo de Justicia, ha sido de tal naturaleza en Venezuela, que además de haberla despojado de sus competencias constitucionales para legislar, para controlar políticamente al Gobierno y la Administración Pública, y para revisar sus propios actos, también se la ha despejado de su competencia para expresar su voluntad política mediante Acuerdos, sobre asuntos de interés nacional.

I.   LA DISPARATADA "ACCIÓN DE AMPARO" CONSTITUCIONAL INTENTADA POR EL PROCURADOR GENERAL DE LA REPÚBLICA CONTRA LA ASAMBLEA NACIONAL, SU DIRECTIVA Y SUS DIPUTADOS, SIN INDICACIÓN DE PERSONA AGRAVIADA NI DE LOS DERECHOS FUNDAMENTALES VIOLADOS

En efecto, el 3 de junio de 2016, un grupo de abogados de la Procuraduría General de la República, intentaron ante la Sala Constitucional una acción de amparo constitucional, contra:

"las actuaciones, vías de hecho y amenazas de daño inminente emanadas del Presidente, de la Junta Directiva y de la mayoría de diputados que circunstancialmente conforman la Asamblea Nacional (…) con la finalidad de consumar un golpe de Estado con pretendidos y negados visos de legitimidad, asumiendo graves daños colaterales a la población, que han venido siendo contrarrestados por el Ejecutivo Nacional."

Es decir, ni más ni menos, una disparatada acción de amparo intentada por la República como supuesta parte "agraviada" contra unos diputados como supuesta parte "agraviante," pero sin que siquiera se identificase el derecho fundamental que se buscaba proteger. En ese marco absurdo, la esencia de la motivación expresada por la Procuraduría General de la República en el libelo de la acción, se fundamentó en el hecho de que:

> "a partir de su instalación el día 05 de enero de 2016, la actual mayoría de la Asamblea Nacional, circunstancial y opositora al Gobierno Nacional, encabezada por su presidente y demás miembros de la junta directiva, han venido desplegando una serie de actuaciones legislativas y no legislativas (como acuerdos parlamentarios sin forma de ley), incluso vías de hecho, que han tenido como objetivo destruir la credibilidad del gobierno nacional y entorpecer de forma evidentemente ilegítima e ilícita su gestión, con grave perjuicio y amenaza de daños al pueblo venezolano, especialmente a los sectores más vulnerables del Pueblo Venezolano. Esta actuación, cubierta de cierta "formalidad" ha sido apoyada por un incesante ataque mediático nacional e internacional y el apoyo parcializado de ciertas organizaciones internacionales que vienen criticando abiertamente el modelo político y económico de participación y protección preferente del pueblo venezolano"

Para reforzar su argumento, la Procuraduría General de la República destacó entre los hechos "agraviantes" de la Asamblea Nacional el haber procedido "en sus casi 150 primeros días de gestión," a "dictar leyes," a "convocar a los ministros del gabinete ejecutivo" para interpelaciones, a "adelantar juicios y sanciones políticas contra altos funcionarios del Gobierno Nacional," a "dictar acuerdos" sobre la crisis del país, a "insistir en la salida del Presidente de la República por cualquier medio, como única posibilidad de superación de la crisis económica y oportunidad de desarrollo nacional," a "invocar la renuncia forzada, el revocatorio del mandato, el pronunciamiento de fuerzas militares, la injerencia de estados y organismos internacionales, la revuelta popular, la inhabilitación política y, en general, otras fórmulas de dudosa juridicidad que apuntan a la ruptura del orden constitucional por vías de hecho," a "descalificar las actuaciones del resto de los poderes públicos," y a "desconocer las actuaciones del resto de los poderes a través del desacato directo o el cuestionamiento ofensivo de sus decisiones."

A lo anterior, para reforzar su argumento, la Procuraduría alegó ante la Sala que por su parte, el Poder Ejecutivo, "haciendo uso legítimo de sus competencias constitucional y legalmente otorgadas," había formulado las siguientes solicitudes en relación con esas "actuaciones de injerencia" en las funciones propias del Poder Ejecutivo:

1.   Solicitud de Declaratoria de constitucionalidad del Decreto de Emergencia Económica dictado por el Ejecutivo Nacional y desaprobado por la Asamblea Nacional.

2.   Solicitud de constitucionalidad de la prórroga del Decreto anterior.

3.   Solicitud de inconstitucionalidad de la Ley de Reforma Parcial de la Ley del Banco Central de Venezuela.

4.   Solicitud de inconstitucionalidad de la Ley de Amnistía y Reconciliación Nacional.

5.   Solicitud de inconstitucionalidad de la Ley de Bono para Alimentación y Medicinas a Pensionados y Jubilados.

6.   Solicitud de inconstitucionalidad de la Ley de Reforma Parcial de la Ley Orgánica del Tribunal Supremo de Justicia.

7.   Solicitud de inconstitucionalidad de la Ley Especial para Atender la Crisis Nacional de Salud.

8.   Solicitud de inconstitucionalidad de la Ley de Otorgamiento de Títulos de Propiedad a Beneficiarios de la Gran Misión Vivienda Venezuela. y

9.   Solicitud de Declaratoria de constitucionalidad del Decreto de Estados de Excepción y de Emergencia Económica".

Todo ello como reacción a la "inédita mayoría de la Asamblea Nacional, temporal y opositora al gobierno y al orden constitucional," que a juicio de la Procuraduría "no ha cesado ni cesará en ningún momento de intervenir en las competencias propias del Poder Ejecutivo" todo lo cual a juicio del Procurador:

"constituyen claros supuestos de inconstitucionalidad por usurpación de funciones, desviación de poder, vulneración de derechos fundamentales y violación al orden constitucional que pudieran generar graves daños a la estabilidad de la República, de la Región y del mundo en general a corto, mediano y largo plazo".

Con base en ello, el Procurador simplemente solicitó a la Sala Constitucional que admitiera y declarase "procedente la presente acción de amparo constitucional," y, en consecuencia, procediera a dictar:

> "aquellos actos que considere necesarios para restablecer la situación jurídica infringida y exhorte al Poder Legislativo Nacional para que cese en la usurpación de funciones del resto de los Poderes Públicos, cese en su intento de desestabilizar al Gobierno Nacional y en sus acciones contra la paz y la constitucionalidad de la República."

Ciertamente es difícil encontrar en un libelo de demanda de amparo, tanto disparate junto como el que se evidencia de lo antes expuesto, razón por la cual la Sala Constitucional al "admitir" la acción, mediante sentencia N° 478 de 14 de mayo de 2016[1] procedió a enmendar los errores del Procurador General de la República, observando con razón que la demanda no se sustentaba "de forma directa en la violación de derechos constitucionales, sino en la presunta vulneración de competencias y atribuciones constitucionales inherentes al Poder Ejecutivo Nacional ("usurpación de funciones")," procediendo entonces a "identificar" la acción como "una demanda de controversia constitucional" de las reguladas en el artículo 336.9 de la Constitución,[2] a la cual la recondujo la Sala.

II. LA MEDIDA CAUTELAR DE OFICIO SUSPENDIENDO LAS MANIFESTACIONES POLÍTICAS DE LA ASAMBLEA Y PROHIBIENDO SU EXPRESIÓN A FUTURO

En todo caso, a pesar de que en el deficiente y errado libelo de la "acción de amparo" intentado el Procurador recurrente no solicitó

---

1 Véase en http://historico.tsj.gob.ve/decisiones/scon/junio/188339-478-14616-2016-16-0524.HTML Véase los comentarios en Allan R. Brewer-Carías, "El desconocimiento por la sala constitucional del poder de la asamblea hasta para expresar opiniones políticas," 21 de junio de 2016, en http://www.allanbrewercarias.com/Content/449725d9-f1cb-474b-8ab2-41efb849fea3/Content/Brewer.%20El%20desconocimiento%20por%20SC%20poder%20AN%20expresar%20opiniones%20pol%C3%ADticas.%20junio%202016.pdf

2 *Artículo 336.*Son atribuciones de la Sala Constitucional del Tribunal Supremo de Justicia: [...] 9. Dirimir las controversias constitucionales que se susciten entre cualesquiera de los órganos del Poder Público".

de la Sala Constitucional que dictase medida cautelar alguna, la misma conforme al artículo 130 de la Ley Orgánica del Tribunal Supremo de Justicia, que le confiere poderes de oficio en la materia, procedió a fijarse en dos Acuerdos adoptados por la Asamblea Nacional "como vocera del pueblo soberano": *primero* el "Acuerdo exhortando al cumplimiento de la Constitución, y sobre la responsabilidad del Poder Ejecutivo Nacional, del Tribunal Supremo de Justicia y del Consejo Nacional Electoral para la preservación de la paz y ante el cambio democrático en Venezuela" de 10 de mayo de 2016,[3] ya mencionado; y *segundo*, el "Acuerdo que respalda el interés de la comunidad internacional acerca de G-7, OEA, UNASUR, MERCOSUR y Vaticano en la crisis venezolana" de 31 de mayo de 2016.[4]

Del contenido de dichos Acuerdos, la Sala Constitucional "sin pretender adelantar opinión sobre la decisión definitiva en el presente recurso de controversia constitucional," observó sin embargo:

> "que en los actos parlamentarios expuestos en los acuerdos precedentes, a simple vista se denota una acción desde la Asamblea Nacional, dirigida a actuar ante instancias internacionales en ejercicio de atribuciones que no le serían propias en el marco del orden constitucional vigente."

Todo ello lo "dedujo" la Sala del solo hecho de que en el Acuerdo de 10 de mayo de 2016, la Asamblea "instara" a diversos organismos internacionales respectivos a pronunciarse y adoptar "las medidas que corresponda, tendientes a exigir a los Poderes Públicos garantizar la vigencia efectiva de los derechos fundamentales en Venezuela;" y que en el acuerdo del 31 de mayo de 2016, la Asamblea Nacional "respaldara" la "decisión del Secretario General de la OEA, Luis Almagro, de solicitar una reunión extraordinaria del Consejo Permanente para examinar la situación y evitar que se agrave la crisis humanitaria" en el país. Igualmente, la Sala Constitucional destacó una comunicación de la Junta Directiva de la Asamblea Nacional de 16 de mayo de 2016 dirigida al Secretario General de la OEA, en la cual se refirió a la "vulneración a la democracia y al Estado de Derecho en Venezuela" alegando "un dete-

---

3 Véase en http://www.asambleanacional.gob.ve/uploads/actos_legislativos/-doc_4a8238c36cbfecbadcff3b7c3c435c192459d5f3.pdf. Véase el texto de este Acuerdo en el Apéndice de este libro.

4 Véase en http://www.asambleanacional.gob.ve/uploads/documentos/doc_-ee2994352ec045270e59b3859af4d375966a767b.pdf

rioro progresivo de la institucionalidad" y "la alteración del orden constitucional que afecta gravemente el orden democrático;" argumentando que ello "conducirá seguramente a un desmantelamiento de la institucionalidad democrática," urgiendo la actuación del Secretario General de la OEA "de acuerdo a lo dispuesto en el artículo 20 de la Carta Democrática interamericana."

Del texto de los Acuerdos, así como de diversas notas de prensa emanadas de la Asamblea Nacional, la Sala dedujo que la Asamblea Nacional habría solicitado "la intervención de organismos e instancias internacionales en asuntos internos de la República," actuaciones que consideró reñidas con lo dispuesto en el artículo 236.4 de la Constitución que le atribuye competencia al Presidente de la República, para "dirigir las relaciones exteriores;" de todo lo cual, tratando la acción intentada como una "acción de controversia constitucional," la Sala consideró que habrían "indicios de los cuales pudiera desprenderse que el órgano legislativo ha asumido atribuciones que constitucionalmente son propias del Poder Ejecutivo." O sea, de una simple manifestación de opinión política sobre la actuación de organismos internacionales, la Sala ya "dedujo" que había "indicios" de que la Asamblea Nacional estaba "dirigiendo" las relaciones exteriores del país.

Y entonces, pura y simplemente, de un plumazo, la Sala procedió no sólo a privar a la Asamblea Nacional como órgano de representación popular, de su poder de manifestar su opinión política sobre los asuntos que considere conveniente del acontecer nacional, suspendiendo "los efectos de los actos parlamentarios de fechas 10 y 31 de mayo de 2016," contentivos de los Acuerdos mencionados; sino a prohibir "a la Asamblea Nacional, a su Presidente, a su Junta Directiva y a sus miembros en general," de "pretender dirigir las relaciones exteriores de la República y, en general, desplegar actuaciones que no estén abarcadas por las competencias que les corresponden conforme al ordenamiento jurídico vigente, y que, por el contrario, constituyen competencias exclusivas y excluyentes de otras ramas del Poder Público; so pena de incurrir en las responsabilidades constitucionales a que haya lugar."

Esto último, sin duda, no había otra forma de interpretarlo sino como una amenaza de enjuiciamiento, por ejemplo, contra el Presidente de la Asamblea Nacional si concurría ante el Consejo Permanente de la OEA aceptando la invitación formulada por el Secretario General de la misma para exponer la situación institucional de Venezuela.

Y lo primero, lo de "suspender" los efectos de una declaración política, no fue más que una necedad de imposible ejecución, o al menos una galimatías, pues es bien difícil comprender cómo se puede "suspender" una expresión de opinión o "de pensamiento" formulada por un órgano político como la Asamblea Nacional mediante Acuerdo. Una vez que se expresa la opinión, expresada quedó, y no puede nadie "suspender" dicha expresión. La única forma de "suspenderla" podría ser revocando el Acuerdo, y nadie puede obligar a la Asamblea la cual opinó, a que se retracte. Solo en una dictadura ello podría lograrse a la fuerza y persecución; y eso fue precisamente lo que pretendió en este caso, con amenazas, el órgano que orquesta la conducción de la dictadura judicial en el país, incurriendo con su sentencia además en una violación de la libertad de expresión que garantiza la Constitución (art. 57).

UNA *REFLEXIÓN FINAL*:

LA SUPREMACÍA DE LA CONSTITUCIÓN Y EL PODER DE LA ASAMBLEA NACIONAL DE HACERLA PREVALECER, APELANDO A LA VOLUNTAD POPULAR

La Constitución, como lo expresa su propio artículo 7, es "la norma suprema y el fundamento del ordenamiento jurídico," por lo que "los órganos que ejercen el Poder Público están sujetos" a ella, entre los cuales por supuesto también está la Sala Constitucional del Tribunal Supremo; todo lo cual se ratifica el artículo 137 de la misma Constitución al indicar que la Constitución define las atribuciones de dicha Sala, como órgano del Poder Público, "a las cuales deben sujetarse las actividades que realice."

La Constitución, por tanto, no es una norma que rige para todos los órganos del Poder Público excepto para la Sala Constitucional del Tribunal Supremo, ni la misma tiene el texto y contenido que a dicha Sala le apetezca establecer.

La Sala, como Juez Constitucional, por sobre todo está sometida a la Constitución, y si bien no hay órgano alguno que pueda controlar las inconstitucionalidades que cometa, ello no implica que los otros órganos del Poder Público, conforme a su naturaleza y atribuciones, no tengan la potestad de imponer sus propias decisiones sobre la Sala Constitucional del Tribunal Supremo, y de rechazar formalmente las que esta dicte, y estimen son inconstitucionales.

La primera y más importante de las garantía objetiva de la Constitución contenida en la norma que encabeza el título de "la protección de la Constitución," es la establecida en el artículo 333 que proclama que la Constitución nunca pierde su vigencia si dejare de ser observada por acto de fuerza (física o institucional), o fuese derogada (en todo o en parte) por cualquier otro medio distinto al previsto en ella; es decir, si fuese modificada por otros procedimientos distintos a los establecidos en su propio texto (que son solo la Enmienda, la Reforma y la Asamblea Nacional Constituyente), como es el caso de las "mutaciones constitucionales" realizadas ilegítimamente por el Juez Constitucional,[1] como ha sido precisamente el caso de la mayoría de las sentencias antes comentadas.

Como sucede en esos supuestos, a pesar de que se trate de una sentencia dictada por una Sala del Tribunal Supremo, mediante ella no se puede cambiar ilegítimamente el texto de la Constitución, ni se pueden derogar sus normas, de manera que si ello ocurre, como ha sucedido con muchas de estas sentencias, como lo indica la misma norma constitucional, "todo ciudadano investido o no de autoridad, tendrá el deber de colaborar en el restablecimiento de su efectiva vigencia;" deber que tienen, ante todo y en primer lugar, los diputados electos por el pueblo que representan la soberanía popular que integran la Asamblea Nacional, y que en nombre del pueblo que los eligió deben rechazar las mutaciones y cambios ilegítimos a la Constitución, y hacer lo que está en sus manos conforme a sus propias atribuciones para restablecer su efectiva vigencia.

La Asamblea Nacional, por tanto, tiene el deber de enfrentar no sólo al Poder Ejecutivo sino a la Sala Constitucional del Tribunal Supremo, y no está obligada a acatar ninguna de sus decisiones que sean violatorias de la Constitución,[2] como la que despojó al Estado Amazonas de su representación en la Asamblea Nacional, ordenando la desincorporación de los mismos, razón por la cual, la Asamblea debe enfrentarse a la Sala y proceder a incorporar los diputados

---

1   Véase Allan R. Brewer-Carías, "¿Reforma constitucional o mutación constitucional?: La experiencia venezolana." en *Revista de Derecho Público,* N° 137 (Primer Trimestre 2014, Editorial Jurídica Venezolana, Caracas 2014, pp. 19-65; "El juez constitucional al servicio del autoritarismo y la ilegítima mutación de la Constitución: el caso de la Sala Constitucional del Tribunal Supremo de Justicia de Venezuela (1999-2009)," en *Revista de Administración Pública,* N° 180, Madrid 2009, pp. 383-418. Véase además lo expuesto en el libro, Allan R. Brewer-Carías, *La patología de la justicia constitucional,* tercera edición ampliada, Editorial Jurídica Venezolana, Caracas 2015.

2   Sobre ello véase el trabajo de José Amando Mejía, "El deber de la Asamblea Nacional de desconocer a la Sala Constitucional," en *Primer Poder AC,* 19 de abril de 2016, en http://archivoprimepoder-ac.blogspot.com/2016/04/el-deber-de-la-asamblea-nacional-de.html

proclamados. Igual debe proceder con la que despojó a la Asamblea de sus poderes de auto-tutela para revisar y revocar las designaciones de magistrados del Tribunal Supremo que se hicieron en violación de la Constitución en diciembre de 2015, razón por la cual, la Asamblea debe enfrentarse a la Sala Constitucional y proceder a revocar dichas designaciones y proceder elegir como Cuerpo elector de segundo grado a dichos magistrados conforme a la Constitución. También debe proceder igualmente con la sentencia que restringió hasta la extinción los poderes de control político parlamentario sobre el Gobierno y la Administración Pública, haciéndolo depender de la sola voluntad del propio Gobierno a través del Vicepresidente Ejecutivo. Y por último, también debe ocurrir con la sentencia que excluyó completamente del ámbito del control político parlamentario a componentes importantes de la Administración Pública, como es la administración militar que además controla áreas de actividad administrativa del Estado que no tienen relación con los asuntos militares, razón por la cual, la Asamblea debe enfrentarse a la Sala Constitucional y proceder a ejercer el dicho control e incluso adoptar votos de censura contra los Ministros cuando ello proceda.

En la estructura de la Constitución no hay otro órgano del Estado que le asegure a la Asamblea Nacional poder ejecutar e imponer sus propias decisiones adoptadas de acuerdo con la Constitución y en representación de la voluntad popular, que no sea sino la propia Asamblea Nacional, a cuyo efecto, está obligada a declarar formalmente, como ya lo ha hecho, que las sentencias inconstitucionales de la Sala Constitucional y las decisiones inconstitucionales del Poder Ejecutivo, no tienen ni pueden tener efectos jurídicos alguno.[3] Así ocurrió, por ejemplo con la sentencia de la Sala Constitu-

---

3   Es ineludible citar, como precedente, el Acuerdo de la Asamblea Nacional de 22 de marzo de 2007 (*Gaceta Oficial* N° 38.635 de 23 de marzo de 2007 mediante el cual se dejó *sin ningún efecto jurídico* una inconstitucional sentencia de la Sala Constitucional N° 301 de 27 de febrero de 2007 (Caso: *Adriana Vigilanza y Carlos A. Vecchio*), El Acuerdo estuvo precedido de los siguientes Considerandos: "Que, tal como lo establece el artículo 187 de la Constitución de la República Bolivariana de Venezuela, "Corresponde a la Asamblea Nacional legislar en las materias de la competencia nacional y sobre el funcionamiento de las distintas ramas del Poder Nacional", salvo la excepción establecida en el artículo 203 ejusdem; // Que corresponde a la Asamblea Nacional ejercer funciones de control sobre el Gobierno y la Administración Pública Nacional en los términos consagrados en la Constitución y en las leyes; // Que "Todo acto dictado en el ejercicio del Poder Público que viole o menoscabe los derechos garantizados por esta Constitución y la Ley es nulo...", tal como lo establece el artículo 25 de

cional que modificó ilegítimamente la Constitución, limitando los poderes de control de la Asamblea Nacional, razón por la cual, con razón, la misma la rechazó. [4]

nuestra Carta Magna; // Que "Toda autoridad usurpada es ineficaz y sus actos son nulos", de conformidad con el artículo 138 de nuestro texto constitucional; // Que del contenido de dicha sentencia se observa un análisis y decisión que, excediéndose en sus funciones invadiendo competencias privativas de la Asamblea Nacional "interpreta constitucionalmente el sentido y alcance de la proposición contenida en el artículo 31 de la Ley de Impuesto sobre la Renta..." modificando sustancialmente el contenido del mismo, sus alcances y consecuencias jurídicas, aun cuando la nulidad del referido artículo no fue denunciada y declarándolo así expresamente en el numeral 2 de la decisión." Basado en esos Considerando, la Asamblea acordó: *Primero*: Considerar nulo el numeral 2, del dispositivo de la sentencia de la Sala Constitucional del Tribunal Supremo de Justicia número 01-2862, de fecha 27 de febrero de 2007 y publicada en la Gaceta Oficial de la República Bolivariana de Venezuela número 38.635 de fecha jueves 01 de marzo de 2007, así como la motivación con que se sustentó y, en consecuencia, sin ningún efecto jurídico. // *Segundo*: Exhortar al pueblo venezolano y en especial a los contribuyentes, así como al Servicio Nacional Integrado de Administración Aduanera y Tributaria (Seniat), a no aplicar el numeral 2 de la parte dispositiva del referido fallo, por considerarlo acto violatorio de la Constitución de la República Bolivariana de Venezuela." Véase sobre dicha sentencia N° 301 de 27 de febrero de 2007, mis comentarios en Allan R. Brewer-Carías, "El juez constitucional en Venezuela como legislador positivo de oficio en materia tributaria", en *Revista de Derecho Público*, N° 109 (enero –marzo 2007), Editorial Jurídica Venezolana, Caracas 2007, pp. 193-212; y en *Homenaje a Tomás Enrique Carrillo Batalla*, (Coordinador Asdrúbal Grillet Correa), Tomo I, Universidad Central de Venezuela, Caracas 2009, pp. 163-189. Dicho estudio fue recogido en mi libro: *Crónica sobre la "In" Justicia Constitucional. La Sala Constitucional y el autoritarismo en Venezuela*, Colección Instituto de Derecho Público. Universidad Central de Venezuela, N° 2, Editorial Jurídica Venezolana, Caracas 2007, pp. 565-592.

4   Según se informó en los medios, el día 3 de marzo de 2016, la Asamblea Nacional a través de un Acuerdo, "rechazó, la sentencia de la Sala Constitucional que pone límites a sus competencias," destacando que "el diputado por la MUD Omar Barboza empezó la discusión desde la tribuna de oradores, donde dijo que los parlamentarios de la oposición llegaron al Palacio Legislativo para no defraudar la confianza de los venezolanos y para defender plenamente sus atribuciones constitucionales. / Barboza aseguró que la Sala Constitucional del TSJ fue más allá de lo que fue solicitado y enmendó la Constitución para tratar de limitar y crear un vacío en las facultades de la AN. / Indicó que la Sala desconoció el artículo 90 del Reglamento de Interior y Debate para que no se revisaran las designaciones del TSJ. / Barboza leyó un precedente y las palabras al respecto de la diputada Iris Varela sobre la usurpación de funciones por parte del TSJ y que la AN es la instancia competente para legislar sobre el funcionamiento de los

Por supuesto, tal rechazo no solo fue por razones formales,[5] sino por el contenido inconstitucional de la sentencia. Para ello la Asamblea tenía todo el poder político necesario que deriva de ser el órgano por excelencia que representa la voluntad popular; y que además tiene el carácter de Cuerpo Electoral de segundo grado a los efectos de la elección de los titulares de los órganos de los Poderes Ciudadano, Electoral y Judicial, entre los cuales están precisamente dichos Magistrados de la Sala Constitucional.

El Acuerdo de la Asamblea Nacional de rechazo por ejemplo de la sentencia Nº 9 de la Sala Constitucional del Tribunal Supremo de Justicia de 1 de marzo de 2016 "que pretendió limitar las atribuciones constitucionales de la Asamblea Nacional," [6] comenzó indican-

---

poderes públicos. / El representante de la MUD señaló que el objetivo de esta sentencia es negar el derecho a un poder legislativo que haga uso de sus atribuciones y el "macabro" propósito de garantizar la impunidad a la corrupción. / Barboza calificó la sentencia como un intento de golpe a la soberanía popular y entregó un proyecto de acuerdo para "defender los valores democráticos y humanos" de la AN y el ejercicio pleno de sus atribuciones." Véase la información en *Nueva prensa de Oriente*, 3 de marzo de 2016, en http://nuevaprensa.web.ve/an-rechazo-sentencia-de-la-sala-constitucional/.

5   El Presidente de la Asamblea Nacional, Henry Ramos Allup, además, al rechazar la sentencia Nº 9 de 1 de marzo de 2016, destacó el hecho de que "El TSJ invalidó su propia sentencia por falta de firmas de los magistrados", precisó Ramos Allup en el debate de la plenaria legislativa./ El presidente de la Asamblea Nacional (AN) destacó que el fallo fue firmado por cuatro magistrados de la Sala Constitucional, en vez de al menos cinco de los siete jueces que integran la sala./ "Por lo tanto, esta sentencia no existe", agregó Ramos Allup, quien advirtió que "el país no aceptará" que ahora, viendo el error, el TSJ publique una corrección del fallo con las firmas requeridas para su validez." Véase en Grupo Fórmula, 3 de marzo de 2016, en http://www.radioformula.com.mx/no-tas.asp?Idn=575332&idFC=2016.
Véase también: Henry Ramos: "La sentencia número 9 del TSJ no existe," en http://www.eluniversal.com/nacional-y-politica/. En realidad, lo importante es que el hecho de que aparezcan en la página web del Tribunal Supremo, los nombres de todos los siete magistrados (*Gladys M. Gutiérrez Alvarado, Arcadio de Jesús Delgado Rosales, Carmen Zuleta de Merchán, Juan José Mendoza Jover, Calixto Ortega Ríos, Luis Fernando Damiani Bustillos, Lourdes Benicia Suárez Anderson*) al final de la sentencia, sin indicación alguna de si algunos de ellos se inhibió o no, y solo una indicación de que los tres últimos no acudieron a firmar, hace presumir que participaron en el debate y consideración de la sentencia, lo que era inadmisible. Véase en http://historico.tsj.gob.ve/decisiones/scon/marzo/185627-09-1316-2016-16-0153.HTML

6   Véase en "Asamblea Nacional aprobó acuerdo de rechazo contra sentencia del TSJ, en *Infome 21.com*. 1º de marzo de 2016, en http://infor-

do que "el control político que ejerce la Asamblea Nacional es esencial en un sistema democrático, y su negación o menoscabo implica socavar la democracia y el Estado de Derecho," agregando:

(i)   Que "dicha sentencia confunde la facultad de control político sobre el Gobierno y la Administración Pública Nacional con la potestad de investigación de la Asamblea Nacional y sus Comisiones," que son "atribuciones vinculadas pero diferenciadas en la Constitución de la República Bolivariana de Venezuela."[7]

(ii)   Que la Asamblea Nacional "está facultada para activar sus poderes de investigación o información respecto de cualquier funcionario público, aun distintos a los que pertenecen al Gobierno o la Administración Pública Nacional, tal como lo dispone el artículo 223 de la Constitución y el Reglamento Interior y de Debates de la Asamblea Nacional, por remisión expresa de la norma constitucional."

(iii)   Que la sentencia N° 9 de la Sala Constitucional "invocando erróneamente el numeral 5 del artículo 239 de la Constitución, la vulnera cuando establece que las comparecencias de funcionarios del Gobierno o la Administración Pública Nacional deberán coordinarse con el Vicepresidente Ejecutivo, ya que la coordinación es una relación que se establece entre órganos con paridad institucional y ha de basarse en los acuerdos que libremente puedan alcanzarse, no en una imposición mediante sentencia que menoscaba el ejercicio de las atribuciones de la Asamblea Nacional, al supeditarlas a la voluntad del órgano objeto de control."

(iv)   Que "la sentencia mencionada incurre en extralimitación cuando excluye a la Fuerza Armada Nacional de las funciones de control político de la Asamblea Nacional. La Fuerza

---

me21.com/politica/asamblea-nacional-aprobo-acuerdo-de-rechazo-contra-sentencia-del-tsj

7   Precisó la Asamblea en el Acuerdo que (ii) que el artículo 187.3 de la Constitución "consagra el control político que recae sobre el Gobierno y la Administración Pública Nacional, pero al mismo tiempo reconoce, en su artículo 223, la facultad parlamentaria de investigación, que es un instrumento al servicio de las distintas competencias que la Constitución atribuye a la Asamblea Nacional, incluyendo las referidas a ámbitos específicos, como el del control financiero y presupuestario o la designación o remoción de altos funcionarios de órganos constitucionales, la recepción de los respectivos informes anuales o la solicitud de informes adicionales.

Armada Nacional no es una rama separada del Poder Público Nacional sino que, como organización ministerial, está sujeta a los mismos controles parlamentarios de todo el Gobierno y la Administración Pública Nacional. Sostener, como lo hace la sentencia, que este control se circunscribe a la presentación del Informe Anual del Presidente de la República que pudiera no hacer referencia a dicho tema, implica favorecer espacios de opacidad contrarios a las exigencias del control democrático."

(v) Que "la sentencia deja entrever, aunque no lo recoge en el dispositivo del fallo ni en su interpretación vinculante, que los Ministros no podrían ser interpelados cuando la Asamblea Nacional lo estime conveniente. Este es un exabrupto y una negación del sentido histórico en Venezuela y en el mundo de la figura de la interpelación, la cual recae principalmente sobre los Ministros. Cuando el artículo 222 de la Constitución se refiere a la interpelación obviamente está comprendiendo a los Ministros."

(vi) Que "la Sala Constitucional reconoce una amplia discreción a los funcionarios ejecutivos para plantear que las preguntas formuladas en una comparecencia sean respondidas por escrito o que la comparecencia se produzca ante la plenaria y no ante una Comisión, lo cual es francamente inconstitucional. La posibilidad de responder preguntas por escrito no puede quedar a discreción del funcionario, por un lado, y no puede vulnerarse, por otro lado, la autonomía de la Asamblea Nacional de decidir si una comparecencia será ante las Comisiones o ante la plenaria, como tampoco puede desconocerse la facultad que el artículo 223 confiere a las Comisiones de ordenar comparecencias. Es igualmente excesivo el margen que deja la sentencia para omitir la entrega de información con base a la reserva de informaciones que pudieran afectar la estabilidad y la seguridad de la República."

(vii) Que "la sentencia en varios pasajes pone de manifiesto una visión ejecutivista sobre el funcionamiento de los poderes en el Estado venezolano y sobre las relaciones entre los órganos constitucionales, llevando esta visión al extremo de poner en entredicho los equilibrios democráticos. La sentencia denota además una concepción según la cual los controles sobre el ejercicio del poder gubernamental son dañinos y deben reducirse al mínimo. Esto también es evidentemente inconstitucional."

(viii) Que "la sentencia intenta limitar la facultad de control de la Asamblea Nacional con el argumento adicional de que en un estado de excepción no debe abusarse del mecanismo de las comparecencias. Tal abuso no ha existido, sino el incumplimiento injustificado de los funcionarios citados. Pero, en todo caso, un estado de excepción, ratificado por la Sala Constitucional al margen de la Asamblea Nacional, no puede ser invocado para comprimir la facultad de control político de la Asamblea Nacional. La Constitución es categórica al señalar que "La declaración del estado de excepción no interrumpe el funcionamiento de los órganos del Poder Público" (art. 339);

(ix) Que "la Sala Constitucional afirma en su sentencia que la Asamblea Nacional no podía crear una Comisión especial de estudio sobre el procedimiento de designación de los Magistrados del Tribunal Supremo de Justicia que se llevó a cabo en diciembre de 2015, lo cual desconoce que la Asamblea Nacional no podía ni puede ser indiferente ante las graves denuncias presentadas en relación con dicho procedimiento. Al contrario, estaba obligada a investigar tales hechos para luego emitir las declaraciones o adoptar las medidas que estime necesarias en el marco de la Constitución."

(x) Que "la mayoría oficialista de la Asamblea Nacional no tuvo reparo alguno en el año 2002 cuando creó una "Comisión Especial que Investiga la Crisis del Poder Judicial sobre las presuntas Irregularidades cometidas por Magistrados del Tribunal Supremo de Justicia" y pretendió declarar la nulidad de la designación de uno de los Magistrados del Tribunal Supremo de Justicia (Franklin Arrieche), ni tampoco lo tuvo cuando finalmente lo hizo en el año 2004. Asimismo, la holgada mayoría que ostentaba el oficialismo en la Asamblea Nacional durante el período 2005-2010 se consideró ampliamente facultada para "Rechazar de la manera más categórica" una sentencia de la Sala Constitucional del Tribunal Supremo de Justicia, así como para "exhortar al pueblo venezolano y en especial a los contribuyentes…a continuar el proceso de declaración y recaudación del impuesto sobre la renta tal como lo establece nuestra legislación". Designó incluso una Comisión "a los efectos de investigar y determinar las responsabilidades a que hubiere lugar."

(xi)   Que "la sentencia N° 9, del 1 de marzo del 2016, de la Sala Constitucional, al intentar cercenar las atribuciones constitucionales del parlamento a causa del cambio que democráticamente se ha producido en la mayoría parlamentaria, representa un golpe a la soberanía popular."

(xii)   Que "esta sentencia forma parte de una secuencia de decisiones del Tribunal Supremo de Justicia destinada a cercenar la integridad y funcionamiento de la Asamblea Nacional, así como a desconocer las consecuencias institucionales del resultado de las elecciones celebradas el 6 de diciembre de 2016."

(xiii)   Que "la Sala Constitucional pretende asegurar la inmovilidad en el seno del Tribunal Supremo de Justicia, para consolidar situaciones incluso contrarias a Derecho, mediante la invocación de una exclusividad en la iniciativa legislativa para aprobar o modificar la Ley Orgánica del Tribunal Supremo de Justicia que no está prevista en la Constitución y que no se corresponde con la iniciativa parlamentaria que condujo a la aprobación de esa Ley en el 2004."

Con fundamento en los anteriores considerando en el Acuerdo, la Asamblea Nacional decidió:

"*Primero*: Rechazar categóricamente la supuesta sentencia N° 9, del 1 de marzo de 2016, de la Sala Constitucional del Tribunal Supremo de Justicia, por ser inexistente al violar el Artículo 40 de la Ley Orgánica del Tribunal Supremo de Justicia.

Segundo: Ratificar sus atribuciones constitucionales de control e investigación, así como su facultad para la iniciativa legislativa en todas las materias previstas en el artículo 187, numeral 1, de la Constitución;

Tercero: Solicitar que se activen los mecanismos internacionales de garantía de la democracia y de la institucionalidad parlamentaria, ante el intento de socavamiento de las atribuciones constitucionales de la Asamblea Nacional;

Cuarto: Denunciar ante la Organización de Estados Americanos la situación descrita y solicitar que se considere la aplicación del artículo 20 de la Carta Democrática Interamericana, al haberse cometido una alteración del orden constitucional que afecta gravemente a la democracia, por lo cual se insta al Secretario General de la Organización de los Estados Americanos a hacer uso de las atribuciones que le otorga la mencionada disposición.

Quinto: Requerir la actuación de la Unión Interparlamentaria mundial, ante el pretendido menoscabo de facultades fundamentales de los parlamentos en una democracia.

Sexto: Solidarizarse con los funcionarios del Tribunal Supremo de Justicia que están en desacuerdo con las sentencias contrarias al Estado de Derecho emanadas de ese Tribunal y que trabajan con buena fe en el apoyo a las funciones jurisdiccionales.

Séptimo: Exhortar al pueblo venezolano a que se mantenga alerta y activo de manera democrática y pacífica, para exigir el respeto a la soberanía popular expresada el pasado 6 de diciembre de 2015."Como consecuencia de ese rechazo y desconocimiento formal por inconstitucional de la sentencia dictada, lo que adicionalmente tenía que hacer la Asamblea, y de inmediato, era proceder a aprobar el Informe de la *"Comisión Especial de la Asamblea Nacional para revisar el nombramiento de los Magistrados Principales y Suplentes designados en diciembre de 2015,"* revocando los nombramientos de Magistrados realizados en forma inconstitucional, que aparecen incluso en el sitio web oficial al final del texto de la sentencia rechazada; y proceder de inmediato a hacer la elección respectiva conforme a la Constitución."

Ante una sentencia como la dictada por la Sala Constitucional, que privó a la Asamblea de sus funciones constitucionales, al igual que en relación con todas las otras sentencias inconstitucionales que han lesionado la democracia y el Estado de derecho, lo cierto en todo caso, es que ningún otro órgano del Estado va a acudir en su auxilio para garantizarle el ejercicio de las mismas, ni el conflicto tiene posibilidades de resolverse solo con "diálogo" pues para cumplir con la Constitución el Poder Ejecutivo no necesita sentarse a dialogar. Sólo tiene que decidir acatarla. Como acertadamente lo destacó el Secretario General de la Organización de Estados Americanos, Luis Almagro, en su Informe presentado al Consejo Permanente de la Organización el 30 de mayo de 2016 sobre la situación de la democracia en Venezuela:

"Al presente, Venezuela necesita el más pleno respeto y absoluto compromiso del Poder Ejecutivo de cumplir con la Constitución y con sus compromisos internacionales en materia de democracia.

Esto constituye un imperativo unilateral para el Poder Ejecutivo, que no necesita de una mesa de diálogo para hacerlo, solamente necesita asumir el respeto al Estado de Derecho y el imperio de la ley. Los elementos están allí y son muy claros pero no creemos que el Gobierno lo desconozca pues los mismos han sido expresados en claridad y en forma pública en reiteradas ocasiones. Solamente falta el compromiso al respecto."[8]

Si el Poder Ejecutivo y su apéndice, la Sala Constitucional, se resisten en cumplir con la Constitución, en acatar sus principios, en desconocer la voluntad popular expresada mediante sufragio en diciembre de 2016, como lo han hecho, y además pretenden impedir las nuevas manifestaciones de voluntad popular de acuerdo con la Constitución, como a través del referendo revocatorio cuyo trámite se ha iniciado, y al cual se le han puesto todo tipo de trabas,[9] pues no tendrá más camino la Asamblea Nacional que asumir con más fuerzas su propio poder constitucional como representante del pueblo para imponer sus decisiones, y rechazar las que considere inconstitucionales; y acudir al poder del pueblo que representa, pues la Asamblea conforme al artículo 5 de la Constitución "emana de la soberanía popular y a ella está sometida," para poder apelar al propio pueblo en defensa de su propia soberanía y del órgano que la representa.

En tal sentido, la Asamblea Nacional, debe decidir, no solo exhortar al pueblo para que esté vigilante y exigir respeto del resultado electoral del 6 de diciembre de 2015, sino decidir efectivamente apelar al pueblo, recordando con toda legitimidad el texto del artículo 350 de la Constitución como instrumento de defensa de la Constitución, y por ejemplo requerirlo para que "fiel a su tradición republicana, a su lucha por la independencia, la paz y la libertad," para que se pronunciase frente al intento de silenciar a sus represen-

---

8   Véase la comunicación del Secretario General de la OEA de 30 de mayo de 2016 con el Informe sobre la situación en Venezuela en relación con el cumplimiento de la Carta Democrática Interamericana, p. 129. Disponible en oas.org/documents/spa/press/OSG-243.es.pdf.

9   Véase acceso a la Justicia: "El CNE juega con la democracia al estar cambiando las reglas constantemente," 18 de mayo de 2016, en https://revocalo.com/index.php/2016/05/18/acceso-la-justicia-cne-juega-la-democracia-al-cambiar-las-reglas-constantemente/; "El CNE insiste en debilitar la democracia", 21 de junio de 2016, en https://www.lapatilla.com/site/2016/06/21/cne-insiste-en-debilitar-la-democracia-de-venezuela/

tantes recién electos en la rebelión popular expresada mediante el sufragio el 6 de diciembre de 2016; y para que también se rebele -sí, se rebele- conforme lo autoriza la Constitución, y nuevamente desconozca mediante votación popular al actual régimen político totalitario que usa la Sala Constitucional del Tribunal Supremo y a los otros poderes constituidos para contrariar los valores, principios y garantías democráticos, y menoscabar los derechos humanos.

Sin duda, una forma de convocar al pueblo para que se rebele de nuevo mediante el sufragio, es requiriéndole decididamente para participar en el proceso de realización del referendo revocatorio contra el Presidente de la República que ya se ha iniciado, enfrentando todas las restricciones dilatorias que el Consejo Nacional Electoral está y seguirá implementando. Como bien lo observó el Secretario General de la Organización de Estados Americanos, Luis Almagro, en su comunicación al Consejo Permanente de la Organización, el 30 de mayo de 2016:

> *"Las soluciones pacíficas a la hora de la verdad las da el pueblo en las urnas.* El hecho de llamar a un revocatorio conforme a la Constitución no es ser golpista; ser golpista es anular esa posibilidad constitucional de que el pueblo se exprese. O diferirla. O ponerle obstáculos. O proponer fórmulas insanas políticamente como la del diputado Diosdado Cabello: que se haga el revocatorio en marzo de 2017, Maduro lo pierde. Se nombra Presidente al Vicepresidente y a Maduro vicepresidente, el nuevo Presidente renuncia y queda Maduro de Presidente.
>
> Esa declaración constituye un absurdo mecanismo de violencia que se puede perpetrar sobre la voluntad popular." [10]

Esa declaración, por lo demás, lo que demuestra es que en el gobierno no hay disposición alguna para dialogar con la oposición democrática, de ningún tipo, lo que adicionalmente está demostrado, precisamente, por la actuación constante y sistemática del Tribunal Supremo de Justicia de anular la representación popular que encarna la Asamblea Nacional, y de impedir que la oposición política al gobierno que es la mayoría del país, se manifieste institucionalmente.

---

10   Véase la comunicación del Secretario General de la OEA de 30 de mayo de 2016 con el Informe sobre la situación en Venezuela en relación con el cumplimiento de la Carta Democrática Interamericana, p. 88. Disponible en oas.org/documents/spa/press/OSG-243.es.pdf.

Para que pueda haber diálogo, el régimen tiene que comenzar por reconocer que lo que sus huestes representan es a una minoría y que con quien tiene que dialogar es con la oposición democrática que representa la mayoría del país. Por ello, en la situación actual, después del triunfo electoral del 6 de diciembre de 2016, y después de la multitudinaria manifestación de rechazo al Gobierno de Maduro ocurrida con ocasión de la llamada "Toma de Caracas" el 1 de septiembre de 2016, la única forma en que pueda haber diálogo es que el pueblo se manifieste de nuevo, conforme a lo dispuesto en la Constitución, mediante el referendo revocatorio del mandato del Presidente de la República, de manera que la solución pacífica a la crisis política del país en definitiva las dé el pueblo mediante las urnas, como lo expresó el Secretario General de la Organización de Estados Americanos.

Para tal fin, fue importante lo expresado por la *Mesa de la Unidad Democrática*, MUD, luego de la extraordinaria y multitudinaria manifestación popular del 1 de septiembre de 2016, de rechazo al Gobierno, anunciando la Agenda de acciones futuras:

> *"En una Venezuela en la que sólo abunda la violencia y la muerte, es nuestro deber rescatar la convivencia y la esperanza.* Y esa es tarea de todo un pueblo. Por eso exigimos nuestro derecho a expresarnos, y que sea la voz del pueblo la que señale el camino para vencer la crisis y transformarla en oportunidad. Para que la Nación pueda decir su palabra es preciso convocar una consulta electoral adelantada, y tal consulta tiene nombre y apellido en nuestra Constitución: Su nombre es *referendo* y su apellido es *revocatorio*. Eso es lo que estamos exigiendo.
>
> Al régimen le decimos: Cada vez que - para aferrarse al poder - se opone a que el pueblo sea consultado, está reconociendo y agravando su ausencia de respaldo popular, *su falta de legitimidad*; Cada vez que reprime al pueblo y pone presos a dirigentes democráticos sólo demuestra que no tienen ni ideas ni votos con que enfrentarnos; Cada vez que amenaza a humildes ciudadanos con botarlos de su trabajo o con no venderles una bolsa de comida por pensar distinto, solo revela que no conoce a un pueblo que no puede ser reducido ni por hambre ni por miedo.
>
> A la Fuerza Armada Nacional le reiteramos: Luchamos por una Venezuela en que la FAN, apegada a su misión constitucional y a su condición de institución sin militancia partidista, sea respetada y querida por *todo* el país, y no sólo por una facción o grupo.

A la comunidad internacional le expresamos: La Venezuela que quiere cambio es inmensamente mayoritaria, y tiene con qué liderar una transición pacífica a la democracia y un proceso de reconstrucción nacional solidario e inclusivo. Que eso se logre *en paz y por la paz* depende en buena medida de que recibamos hoy la solidaridad que la Venezuela democrática y civilista siempre supo dar a otras naciones, cuando atravesaron horas oscuras como las que hoy la patria de Bolívar quiere superar.

Hoy es el inicio de la etapa definitiva de esta lucha, y todos los venezolanos movilizados juramos ejercer nuestro derecho constitucional a la protesta pacífica hasta lograr el cambio constitucional, electoral, pacífico y democrático."[11]

Pero el régimen autoritario, sin embargo, lamentablemente se resiste en permitir que el pueblo se manifieste mediante las urnas y le dé la solución pacífica a la crisis institucional del país, que solo el pueblo puede dar.

---

11 Véase "Este es el manifiesto de la MUD y las próximas acciones," en *Sumarium.com*, 1 de septiembre de 2016, disponible en http://sumarium.com/este-es-el-manifiesto-de-la-mud-y-las-proximas-acciones/

POST SCRIPTUM
LA CONSTITUCIÓN COMO PROMESA INCUMPLIDA: EL CASO DE VENEZUELA*

Antes de mi salida de Nueva York, hace un par de días, leí un reportaje recién publicado en el *The Washington Post*, referido a Venezuela, con el sugestivo título de: "Nunca ha habido un país que debió haber sido tan rico pero terminó siendo tan pobre," narrando cosas realmente terribles sobre mi país, que luego de más de quince años de una supuesta "revolución bonita" ha quedado convertido a juicio del periodista en un "Estado fallido," en "un Estado gansteril que no sabe cómo hacer nada salvo vender drogas o robarse dinero a sí mismo," o "en la respuesta de lo que sucedería cuando un cartel de drogas iletrado se apodera de un país."

En el reportaje, citando al Fondo Monetario Internacional y a Transparencia Internacional, además, se resumió la situación del país describiéndolo con la "economía con peor crecimiento en el mundo y con la peor rata de inflación, el segundo país con la peor rata de crímenes y de mortalidad infantil en hospitales públicos y cuya moneda ha perdido desde 2012, el 90% de su valor;" ubicándose al país además, como el noveno más corrupto del mundo, solo superado por Somalia, Corea del Norte, Afganistán, Sudan, Angola, Libia e Iraq. Es lo que se llama, conforme al periodista "un completo colapso económico y social" que sucede en el país que tiene "las más grandes reservas petroleras del mundo." Para explicarlo, sin embargo, concluye el reportaje, no hay "misterio alguno, pues a

---

* Texto ampliado de la conferencia dictada en la *Real Academia de Jurisprudencia y Legislación* de Madrid, el 23 de mayo 2016.

quien hay que culpar es al gobierno," siendo por tanto Venezuela "un desastre hecho por el hombre."[1]

Eso fue a mi salida de Nueva York, pero sólo para encontrarme ayer a mi llegada a Madrid, con la edición dominical del diario *La Razón*, dedicada a analizar, como lo explica el Editorial del mismo, "la catastrófica situación política, social y económica que atraviesa Venezuela," refiriéndose – cito – al:

> "largo e insidioso proceso que ha llevado a la principal potencia petrolera americana a convertirse en una caricatura fiel de las dictaduras bananeras. Porque, y es importante recalcarlo, Venezuela no ha llegado a donde está de la noche a la mañana. Décadas de demagogia y populismo, de políticas clientelares regadas con las divisas del petróleo, de retórica izquierdista y estatización de la economía, de militarismo y exclusión del discrepante, de aferrarse al voluntarismo frente a la realidad han dejado un país en el que toda desgracia encuentra asiento. Venezuela es hoy un lugar en el que la gente sin mayores recursos pasa literalmente hambre, en el que la violencia y los homicidios alcanzan tasas de un país en guerra civil, cada vez más corrompido por el narcotráfico, con las instituciones del Estado cooptadas por el partido en el poder, las estructuras productivas hundidas y gobernados por un trasunto orwelliano que ve conspiraciones, complots magnicidas y amenazas extranjera donde sólo hay hartazgo de tanta mentira, reclamos de libertad y exigencia de una política económica y monetaria basada en la ciencia del mercado y no en la ideología redentorista. Los venezolanos padecen las consecuencias de la colusión de la ineficacia de sus gobernantes, la corrupción de la nomenclatura del régimen y el colapso de las instituciones."[2]

---

1   Véase Matt. O'Brein, "There has never been a country that should have been so rich but ended up this poor," *The Washington Post*, Washington, May 19, 2016, en https://www.washingtonpost.com/news/wonk/wp/2016/05/19/-there-has-never-been-a-country-that-should-have-been-so-rich-but-ended-up-this-poor/ En la misma orientación, el Editorial de *El Tiempo*, Bogotá, del 22 de mayo de 2016, "Una tragedia que no da espera.", dice: "La que en épocas pasadas fuera la nación con el segundo nivel de desarrollo más alto de América Latina es hoy un lugar donde reina la desesperanza. Resulta increíble constatar cómo en un territorio que cuenta con las mayores reservas de petróleo del mundo no solo hay que hacer filas para adquirir bienes esenciales, sino que en muchos casos la espera es infructuosa porque los artículos nunca llegan a los anaqueles", en http://www.eltiempo.com/opinion/editorial/una-tragedia-que-no-da-espera-editorial-el-tiempo/16599526.

2   Véase "Editorial," *La Razón*, Madrid, 22 de mayo de 2016, p. 3.

Si, el colapso de las instituciones, y es ello lo que nosotros hombres del mundo del derecho, de la jurisprudencia y legislación, estamos obligados a estudiar, particularmente cuando tenemos la oportunidad de reunirnos en Reales y destacadas Corporaciones como esta, ante la cual tengo esta noche el gran honor de poder hablar.

Y en efecto, a la catastrófica situación política, económica y social que atraviesa Venezuela, que ciertamente no se ha producido de la noche a la mañana, se agrega la trágica situación de las instituciones del país que comenzaron a ser demolidas desde el mismo momento en el cual se aprobó la Constitución de 1999, habiendo resultado la misma en no ser más que una promesa incumplida, es decir, en una gran mentira, cuyo librito tanto han blandido los gobernantes, pero no para aplicarla, sino cada vez que la han violado.

Una Constitución, conforme a los principios del constitucionalismo moderno, para ser tal, ante todo debe ser un pacto de una sociedad formulada por el pueblo como promesa para ser cumplida por los gobernantes.[3] Por ello las Constituciones hablan de sí mismas como "norma suprema,"[4] significando con ello que lo que se está consagrando en realidad es el principal derecho del ciudadano en una sociedad democrática que es el derecho a la Constitución y a su supremacía,[5] es decir, el derecho a que la promesa que contiene no pierda vigencia, ni sea violada; a que no sea modificada o refor-

---

3   Véase Allan R. Brewer-Carías, *Reflexiones sobre la Revolución Americana (1776), la Revolución Francesa (1789) y la Revolución Hispanoamericana (1810-1830) y sus aportes al constitucionalismo moderno*, Colección Derecho Administrativo N° 2, Universidad Externado de Colombia, Bogotá 2008.

4   Como se expresa en el artículo 7 de la Constitución de Venezuela de 1999. Me correspondió proponer en la Asamblea Nacional Constituyente de 1999 la consagración expresa del principio de supremacía en los artículos 7 y 334. Véase Allan R. Brewer-Carías, *Debate Constituyente, (Aportes a la Asamblea Nacional Constituyente)*, Tomo II, (9 septiembre-17 octubre 1999), Fundación de Derecho Público-Editorial Jurídica Venezolana, Caracas, 1999, p. 24.

5   Al tema me he referido en diversos trabajos, y entre ellos, en el libro Allan R. Brewer-Carías, *Mecanismos nacionales de protección de los derechos humanos (Garantías judiciales de los derechos humanos en el derecho constitucional comparado latinoamericano)*, Instituto Interamericano de Derechos Humanos, San José, 2005, pp. 74 ss.; y "Sobre las nuevas tendencias del derecho constitucional: del reconocimiento del derecho a la Constitución y del derecho a la democracia", en *VNIVERSITAS, Revista de Ciencias Jurídicas (Homenaje a Luis Carlos Galán Sarmiento)*, Pontificia Universidad Javeriana, facultad de Ciencias Jurídicas, N° 119, Bogotá 2009, pp. 93-111.

mada sino mediante los procedimientos previstos en la propia Constitución; y el derecho, además, a poder controlar la constitucionalidad de todos los actos del Estado que sean contrarios a la promesa constitucional.[6]

En Venezuela, conforme a esos principios, en 1999 y como consecuencia de un proceso constituyente que llevó a cabo una Asamblea Nacional Constituyente mal conformada y peor estructurada,[7] –quizás el origen remoto de todo el colapso posterior–, se sancionó una Constitución con la promesa de conformar un "Estado democrático y social de derecho y de Justicia, con forma federal y descentralizada,[8] sobre la base de tres pilares político-constitucionales, ninguno de los cuales se ha estructurado realmente: *primero*, un sistema de control del poder mediante su separación horizontal y su distribución vertical; *segundo*, un sistema político de gobierno democrático, de democracia representativa y participativa, que asegure la legitimidad democrática de la elección de los titulares de los órganos del Poder Público; y *tercero*, un sistema económico de economía mixta conforme a principios de justicia social, basado en el principio de la libertad como opuesto al de economía dirigida,[9]

---

6   Como lo visualizó Alexander Hamilton en *El Federalista* (1788) en los inicios del constitucionalismo moderno: "Una Constitución es, de hecho, y así debe ser vista por los jueces, como ley fundamental, por tanto, corresponde a ellos establecer su significado así como el de cualquier acto proveniente del cuerpo legislativo Si se produce una situación irreconocible entre los dos, por supuesto, aquel que tiene una superior validez es el que debe prevalecer; en otras palabras, la Constitución debe prevalecer sobre las leyes, *así como la intención del pueblo debe prevalecer sobre la intención de sus agentes,*" en *The Federalist* (ed. por B.F. Wrigth), Cambridge, Mass. 1961, pp. 491-493.

7   Véase Allan R. Brewer-Carías, *Golpe de Estado y proceso constituyente en Venezuela*, Universidad nacional Autónoma de México, México 2002.

8   Véase el estudio de la Constitución en cuanto a la regulación de este modelo de Estado Constitucional en Allan R. Brewer-Carías, *La Constitución de 1999. Derecho Constitucional venezolano*, 2 tomos, Caracas 2004.

9   Véase sobre la Constitución Económica, lo que hemos expuesto en Allan R. Brewer-Carías, *La Constitución de 1999. Derecho Constitucional Venezolano*, Tomo II, Editorial Jurídica venezolana, Caracas 2004 pp. 53 ss; y en "Reflexiones sobre la Constitución Económica" en *Estudios sobre la Constitución Española. Homenaje al Profesor Eduardo García de Enterría*, Madrid, 1991, pp. 3.839 a 3.853. Véase, además, Henrique Meier, "La Constitución económica", en *Revista de Derecho Corporativo*, Vol. 1, N° 1. Caracas, 2001, pp. 9-74; Dagmar Albornoz, "Constitución económica, régimen tributario y tutela judicial efectiva", en *Revista de Derecho Constitucional*, N° 5 (julio-diciembre), Editorial Sherwood, Caracas, 2001, pp. 7-20; Ana C.

con la participación de la iniciativa privada y del propio Estado como promotor del desarrollo económico y regulador de la actividad económica.

Yo mismo contribuí a la redacción de aquella Constitución como miembro independiente que fui de la Asamblea, –formando junto con otros tres constituyentes la exigua minoría opositora de cuatro constituyentes en una Asamblea de 161 miembros, totalmente dominada por los seguidores del entonces Presidente Hugo Chávez–; y sé que transcurridos ya más de tres lustros desde que se sancionó, nada de lo que se prometió en su texto se ha cumplido, pudiendo considerársela como la muestra más vívida en el constitucionalismo contemporáneo, de una Constitución que ha sido violada y vulnerada desde antes incluso de que fuera publicada.

La Constitución en efecto, se aprobó mediante referendo el 20 de diciembre de 1999, pero no pasó una semana cuando ya comenzó a ser violada, antes incluso de su publicación, al decretarse por la propia Asamblea que ya había concluido sus funciones, un supuesto "Régimen Transitorio" no aprobado por el pueblo que en muchos aspectos duró varios lustros, violando de entrada lo que se había prometido, para que no se pudiera cumplir, en lo que entonces califiqué como un golpe de Estado.[10]

Núñez Machado, "Los principios económicos de la Constitución de 1999", en *Revista de Derecho Constitucional,* N° 6 (enero-diciembre), Editorial Sherwood, Caracas, 2002, pp. 129-140; Claudia Briceño Aranguren y Ana C. Núñez Machado, "Aspectos económicos de la nueva Constitución", en *Comentarios a la Constitución de la República Bolivariana de Venezuela,* Vadell Hermanos, Editores, Caracas, 2000, pp. 177 y ss.; Jesús María Alvarado Andrade, "La 'Constitución económica' y el sistema económico comunal *(*Reflexiones Críticas a propósito de la Ley Orgánica del Sistema Económico Comunal)," en Allan R. Brewer-Carías (Coordinador), Claudia Nikken, Luis A. Herrera Orellana, Jesús María Alvarado Andrade, José Ignacio Hernández y Adriana Vigilanza, *Leyes Orgánicas sobre el Poder Popular y el Estado Comunal (Los Consejos Comunales, las Comunas, la Sociedad Socialista y el Sistema Económico Comunal)*, Editorial Jurídica Venezolana, Caracas 2011, pp. 377-456

10 Véase Allan R. Brewer-Carías, *Golpe de Estado y proceso constituyente en Venezuela*, Universidad nacional Autónoma de México, México 2002. A ello se sumaron diversas "modificaciones" o "reformas" al texto introducidas con ocasión de "correcciones de estilo" para su publicación lo que ocurrió el 30 de diciembre de 1999. Véase Allan R. Brewer-Carías, "Comentarios sobre la ilegítima "Exposición de Motivos" de la Constitución de 1999 relativa al sistema de justicia constitucional", en la *Revista de Derecho Constitucional,* N° 2, Enero-Junio 2000, Caracas 2000, pp. 47-59.

Ese fue el origen de un régimen constitucional que en definitiva fue establecido para no ser cumplido, que fue una gran mentira desde su inicio, en particular por lo que se refiere al establecimiento de un régimen político democrático representativo y participativo, que no ocurrió; al establecimiento de un Estado democrático de derecho y de justicia, lo cual no sucedió; a la consolidación de un Estado federal descentralizado, que al contrario fue una forma estatal que se abandonó; y al establecimiento de un Estado social, que no pasó de ser una vana ilusión propagandista, habiendo solo adquirido la deformada faz de un Estado populista, para en definitiva empobrecer y hacer dependiente de una burocracia gigante e ineficiente a las personas de menos recursos, que hoy ya son casi todos los habitantes del país, que sufren las mismas carestías.

I. EL INCUMPLIMIENTO DE LA PROMESA CONSTITUCIONAL POR EL ESTABLECIMIENTO DE UN RÉGIMEN POLÍTICO DEMOCRÁTICO, ALTERNATIVO Y PARTICIPATIVO: UNA GRAN MENTIRA

Lo primero que se incumplió desde el inicio de la vigencia de la Constitución de 1999, fue la promesa fundamental de que el Estado se iba a configurar como un Estado democrático, con un gobierno que además de representativo y alternativo, iba a ser participativo (art. 6).

El sistema de división del Poder Público que se configuró en la Constitución, no solo fue entre los tres Poderes tradicionales (Ejecutivo, Legislativo y Judicial), sino entre cinco poderes, agregándose a esos, el Poder Electoral, con la autoridad electoral, y el Poder Ciudadano, con los órganos de control; cuyos titulares todos deben ser electos en forma directa o indirecta conforme a los principios de la democracia representativa.

En tal sentido, si bien por lo que se refiere a la elección directa de los órganos del Poder Ejecutivo y del Poder Legislativo por sufragio universal directo y secreto, la misma se ha realizado en el país durante los últimos años, aún con altibajos; en cambio, en materia de elección popular indirecta de los titulares de los Poderes Judicial, Ciudadano y Electoral, que debía realizarse por la Asamblea Nacional como Cuerpo elector de segundo grado, esa elección se ha hecho violando la Constitución, sin la mayoría calificada exigida para el voto de los diputados y sin asegurarse la participación ciudadana en la postulación de los nominados.[11]

La promesa constitucional en este campo se violó desde el inicio, y con ello, se sembró el virus que afectó la separación de poderes, al incluirse el antes mencionado " régimen transitorio" para-constitucional de 1999, conforme al cual se comenzó a designar a esos altos funcionarios apartándose de lo exigido en la Constitución, cuyas normas en la materia siguieron violándose sucesivamente mediante leyes dictadas en 2000,[12] en 2001 y 2004, respecto del Poder Ciudadano y Electoral[13] y a partir de 2004 respecto del Tribunal Supremo de Justicia. [14] Esta deformación legislativa que el Tribunal Supremo se negó a controlar, incluso condujo a la inconstitucional designación desde 2004, de los titulares del Consejo Nacional Electoral, no por la Asamblea Nacional como lo prometió la Constitución, sino por el propio Tribunal Supremo ya controlado por el Poder Ejecutivo. Posteriormente, las inconstitucionales designaciones se repitieron en 2014[15] y más recientemente en diciem-

---

11 Véase los comentarios sobre la inconstitucional práctica legislativa reguladora de los Comités de Postulaciones integradas, cada uno, con una mayoría de diputados, convirtiéndolas en simples "comisiones parlamentarias ampliadas, en Allan R. Brewer-Carías, "La participación ciudadana en la designación de los titulares de los órganos no electos de los Poderes públicos en Venezuela y sus vicisitudes políticas, en la *Revista Iberoamericana de Derecho Público y Administrativo,* Año 5, Nº 5-205, San José, Costa Rica, 2005, pp. 76-95.

12 Ley Especial para la designación de los Titulares de los Poderes Públicos. *Gaceta Oficial* Nº 37.077 de 14 de noviembre de 2000. La impugnación por inconstitucional de dicha Ley en 2000, hay que recordarlo, le costó el cargo a la primera Defensora del Pueblo que había electo la Asamblea Constituyente en 1999.

13 Ley Orgánica del Poder Ciudadano, *Gaceta Oficial* Nº 37.310 de 25 de octubre de 2001; y Ley Orgánica del Poder Electoral, *Gaceta Oficial* Nº 37.573 de 19 de noviembre de 2002.

14 Ley Orgánica del Tribunal Supremo de Justicia, *Gaceta Oficial* Nº 37.942 del 19 de mayo de 2004.

15 Véase Allan R. Brewer-Carías, "El golpe de Estado dado en diciembre de 2014 en Venezuela con la inconstitucional designación de las altas autoridades del Poder Público," en *El Cronista del Estado Social y Democrático de Derecho*, Nº 52, Madrid 2015, pp. 18-33; José Ignacio Hernández, "La designación del Poder Ciudadano: fraude a la Constitución en 6 actos;" en *Prodavinci,* 22 de diciembre, 2014, en http://prodavinci.com/blogs/la-designacion-del-poder-ciudadano-fraude-a-la-constitucion-en-6-actos-por-jose-i-hernandez/

bre de 2015,[16] con la designación por ejemplo, de los Magistrados del Tribunal Supremo por parte de la anterior Asamblea Nacional pero sin la mayoría calificada que es la garantía de su representatividad, y sin asegurarse la participación de los diversos sectores de la sociedad como lo exigía la Constitución.[17]

Por ello, además de incumplirse la promesa de asegurar la representatividad democrática, se violó también la exigencia constitucional de asegurar la participación ciudadana, lo que se ha ratificado, con la violación de la obligación impuesta a los órganos del Estado de someter a consulta popular, los proyectos de ley (art. 211).

La Asamblea Nacional, en efecto, hasta 2015 no hizo consulta popular efectiva alguna sobre los proyectos de ley dictados en los últimos lustros,[18] y en todo caso, la posibilidad de participación popular se disipó totalmente en virtud de que en ese período la Asamblea simplemente dejó de legislar y delegó en el Poder Ejecutivo la legislación básica del país, al punto de que más del 90% de las leyes vigentes fueron dictadas mediante decretos leyes que, por supuesto, nunca fueron consultados al pueblo. Y lo peor de ello, es que fue la Sala Constitucional del Tribunal Supremo, es decir, el Juez Constitucional, completamente bajo control del Poder Ejecuti-

---

16   Véase Allan R. Brewer-Carías, "El golpe de Estado dado en diciembre de 2014, con la inconstitucional designación de las altas autoridades del Poder Público," en *Revista de Derecho Público,* N° 140 (Cuarto Trimestre 2014, Editorial Jurídica Venezolana, Caracas 2014, pp. 495-518.

17   Como se dijo, los mecanismos de participación ciudadana directamente previstos en la Constitución le fueron arrebatados al pueblo, al distorsionarse en la legislación la integración de los Comités de Postulaciones Judiciales, Electorales y del Poder Ciudadano, que quedaron bajo el control político de la mayoría oficialista de la Asamblea Nacional sin que el ciudadano y sus organizaciones pueda participar Véase Allan R. Brewer-Carías, "La participación ciudadana en la designación de los titulares de los órganos no electos de los Poderes Públicos en Venezuela y sus vicisitudes políticas", en *Revista Iberoamericana de Derecho Público y Administrativo*, Año 5, N° 5-2005, San José, Costa Rica 2005, pp. 76-95.

18   Véase por ejemplo, "Apreciación general sobre los vicios de inconstitucionalidad que afectan los Decretos Leyes Habilitados" en *Ley Habilitante del 13-11-2000 y sus Decretos Leyes*, Academia de Ciencias Políticas y Sociales, Serie Eventos N° 17, Caracas 2002, pp. 63-103; y "El derecho ciudadano a la participación popular y la inconstitucionalidad generalizada de los decretos leyes 2010-2012, por su carácter inconsulto," en *Revista de Derecho Público,* N° 130, (abril-junio 2012), Editorial Jurídica Venezolana, Caracas 2012, pp. 85-88.

vo, el que en 2014 cohonestó, en fraude a la Constitución,[19] el incumplimiento de la promesa constitucional de participación popular, estableciendo que la obligación de la consulta popular de las leyes solo existía cuando la Asamblea legislara pero no cuando el Ejecutivo lo hiciera.[20] Tal es el descaro de violación de la Constitución en esta materia, que en solo dos días de diciembre de 2015, entre el 28 y 29, y en plenas fiestas navideñas, la Asamblea que terminaba su período y el Presidente de la República, con el objeto de privar de poderes a la nueva Asamblea que tomaba posesión el 5 de enero de 2016, dictaron más de 40 leyes – en sólo dos días – que solo fue cuando salieron publicadas que el país se enteró de su contenido y propósito.[21]

---

19 La Sala Constitucional del Tribunal Supremo de Justicia en la sentencia No. 74 de 25-01-2006 señaló que un *fraude a la Constitución* ocurre cuando se destruyen las teorías democráticas "mediante el procedimiento de cambio en las instituciones existentes aparentando respetar las formas y procedimientos constitucionales", o cuando se utiliza "del procedimiento de reforma constitucional para proceder a la creación de un nuevo régimen político, de un nuevo ordenamiento constitucional, sin alterar el sistema de legalidad establecido, como ocurrió con el *uso fraudulento de los poderes* conferidos por la ley marcial en la Alemania de la Constitución de *Weimar*, forzando al Parlamento a conceder a los líderes fascistas, en términos de dudosa legitimidad, la plenitud del poder constituyente, otorgando un poder legislativo ilimitado"; y que un *falseamiento de la Constitución* ocurre cuando se otorga "a las normas constitucionales una interpretación y un sentido distinto del que realmente tienen, que es en realidad una modificación no formal de la Constitución misma", concluyendo con la afirmación de que "*Una reforma constitucional sin ningún tipo de límites, constituiría un fraude constitucional*". Véase en *Revista de Derecho Público,* Editorial Jurídica Venezolana, N° 105, Caracas 2006, pp. 76 ss. Véase Néstor Pedro Sagües, *La interpretación judicial de la Constitución*, Buenos Aires 2006, pp. 56-59, 80-81, 165 ss.

20 Véase sentencia N° 203 de 25 de marzo de 2014. Caso *Síndica Procuradora Municipal del Municipio Chacao del Estado Miranda, impugnación del Decreto Ley de Ley Orgánica de la Administración Pública de 2008,* en http://www.tsj.gov.ve/decisiones/scon/marzo/162349-203-25314-2014-09-0456.HTML La Ley impugnada fue publicada en *Gaceta Oficial* N° 5.890 Extra. de 31 de julio de 2008. Véase Allan. Brewer-Carías, "El fin de la llamada "democracia participativa y protagónica" dispuesto por la Sala Constitucional en fraude a la Constitución, al justificar la emisión de legislación inconsulta en violación al derecho a la participación política," en *Revista de Derecho Público,* N° 137 (Primer Trimestre 2014, Editorial Jurídica Venezolana, Caracas 2014, pp. 157-164.

21 Además finalmente, basta solo constatar que durante las sesiones extraordinarias celebradas entre el 23 y el 30 de diciembre de 2015, en plena fiestas navideñas, la Asamblea "discutió" y sancionó 20 leyes, sin que se hubiese

Así, las dos promesas de democracia participativa directamente establecidas en la Constitución, la participación ciudadana para el proceso de nominación de los altos funcionarios de los Poderes Públicos, y la consulta popular de las leyes, fueron olvidadas y la Constitución violada.

Y a ello se suma la resistencia del régimen a aceptar que el pueblo active los mecanismos de democracia directa que se previeron en la Constitución, en especial, la figura del referendo revocatorio del mandato presidencial, que si bien es poco común en el constitucionalismo comparado, fue insertado en la Constitución como respuesta a la extensión de hasta seis años del período del Presidente de la República, pudiendo convocarse por iniciativa popular una vez cumplido a la mitad del mismo. Pero todo ello no ha sido más que otra mentira. El referendo revocatorio ya se experimentó en 2004, con su convocatoria para revocar el mandato del Presidente Chávez, que el Poder Electoral entrabó hasta la saciedad mediante el cuestionamiento de las más de tres millones y medio de firma que en dos oportunidades lo peticionaron, [22] de manera que para cuando se pudo realizar finalmente, a pesar de que el mandato del Presidente fue revocado constitucionalmente (votaron más electores por revocarlo que los que votaron por elegirlo), el Consejo Nacional Electoral, ya controlado por el Poder Ejecutivo, en combinación con el Juez Constitucional, convirtieron el referendo revocatorio en un inexistente referendo "ratificatorio;" pasando luego, el gobierno a desarrollar el proceso de discriminación política más masivo de la historia, al publicar la lista ("lista Tascón") de los peticionantes –más de tres millones– quienes quedaron excluidos de toda posibilidad de entrar en contacto con la Administración del Estado, hasta incluso para poder sacar el documento de identidad.

Igual situación está ocurriendo en estos momentos: luego de que hace escasas semanas se presentó una petición popular para

hecho consulta popular alguna. Véase por ejemplo *Gaceta Oficial* N° 40.819 de diciembre de 2015.

22 Véase Allan R. Brewer-Carías, *La Sala Constitucional versus el Estado democrático de derecho. El secuestro del Poder Electoral y de la Sala Electoral del Tribunal Supremo y la confiscación del derecho a la participación política*, Los Libros de El Nacional, Colección Ares, Caracas 2004; "El secuestro del Poder Electoral y la confiscación del derecho a la participación política mediante el referendo revocatorio presidencial: Venezuela 2000-2004", en *Boletín Mexicano de Derecho Comparado*, Instituto de Investigaciones Jurídicas, Universidad Nacional Autónoma de México, N° 112. México, enero-abril 2005 pp. 11-73.

iniciar ahora el proceso de convocatoria del referendo revocatorio del Presidente Nicolás Maduro, respaldada por más de dos millones de firmas, respecto de lo cual ya el Consejo Nacional Electoral ha iniciado el proceso de entrabamiento, siguiendo las órdenes del Poder Ejecutivo que se resiste a aceptar que carece de respaldo popular.

Por último, otra promesa constitucional incumplida respecto del gobierno democrático aparte de las violaciones a los principios de representatividad y participación antes referidas, ha sido el abandono al principio pétreo y más que bicentenario de la alternabilidad republicana, para impedir la reelección sucesiva e ilimitada de los gobernantes. Para apartarse de lo prometido en la Constitución, Hugo Chávez propuso su reforma en 2007 para establecer la posibilidad de reelección indefinida, lo cual sin embargo, fue rechazado popularmente mediante referendo. En fraude a la voluntad popular, dos años después, Chávez logró la aprobación de una Enmienda Constitucional, y desde entonces Venezuela está inmersa en la misma corriente continuista en la cual andan otros países de América Hispana, precisa y contradictoriamente con lo que sostuvo quien supuestamente (aun cuando erradamente, pues es otra mentira) sería el mentor del régimen autoritario, Simón Bolívar. Sobre esto, en 1819, en realidad Bolívar sostuvo que "las repetidas elecciones son esenciales en los sistemas populares, porque nada es tan peligroso como dejar permanecer largo tiempo en un mismo ciudadano el poder. El pueblo se acostumbra a obedecerle y él se acostumbra a mandarlo."[23]

Y lo más grave en este cambio de un principio que se expresó como promesa en la Constitución de 1999 al decir que el gobierno "es y será siempre alternativo," (art. 6), fue que de nuevo, correspondió al Juez Constitucional proceder muy diligentemente a "mutar" ilegítimamente la Constitución,[24] confundiendo deliberada y

---

23 Véase en Simón Bolívar, *Escritos Fundamentales*, Caracas, 1982.

24 Una mutación constitucional ocurre cuando se modifica el contenido de una norma constitucional de tal forma que aún cuando la misma conserva su contenido, recibe una significación diferente. Véase Salvador O. Nava Gomar, "Interpretación, mutación y reforma de la Constitución. Tres extractos" en Eduardo Ferrer Mac-Gregor (coordinador), Interpretación Constitucional, Tomo II, Ed. Porrúa, Universidad Nacional Autónoma de México, México 2005, pp. 804 ss. Véase en general sobre el tema, Konrad Hesse, "Límites a la mutación constitucional", en *Escritos de derecho constitucional*, Centro de Estudios Constitucionales, Madrid 1992.

maliciosamente "gobierno alternativo" con "gobierno electivo,"[25] con lo cual se abrió el camino para una Enmienda Constitucional antes mencionada.

O sea, lo prometido en la Constitución no fue más que otra mentira, habiendo sido a base de mentiras que el régimen se apoderó de todas las instituciones del Estado,[26] y destruyó el principio de la separación de poderes.

II. EL INCUMPLIMIENTO DE LA PROMESA CONSTITU-CIONAL POR EL ESTABLECIMIENTO DE UN ESTADO DEMOCRÁTICO DE DERECHO Y DE JUSTICIA: LA DESTRUCCIÓN DE LA SEPARACIÓN DE PODERES

Y en efecto, la segunda promesa incumplida de la Constitución de 1999 fue la de la configuración de un "Estado democrático y social de derecho y de justicia" como lo define la Constitución, montado sobre la base de un sistema de separación de poderes y de control recíproco entre los mismos, todo lo cual no fue más que una máscara para el establecimiento, en su lugar, de un Estado Totalitario, de concentración y centralización total del poder, donde por supuesto ninguno de los elementos esenciales y de los componentes fundamentales de la democracia se ha asegurado.[27]

Para que exista un Estado democrático, por sobre todo, y hay que recordarlo una y otra vez, el mismo tiene que estar montado sobre el principio de siempre de la separación e independencia de los poderes públicos, que asegure que el ejercicio del poder esté sometido a control, particularmente a cargo de una Justicia autónoma e independiente. Solo así se puede llegar a hablar de un "Estado de justicia" como el que prometió la Constitución; y de un sistema de equilibro entre los poderes y prerrogativas de la Administración

---

25 Véase sentencia de N° 53 de 3 de febrero de 2009. Véase los comentarios en Allan R. Brewer-Carías, "El Juez Constitucional vs. La alternabilidad republicana (La reelección continua e indefinida), en *Revista de Derecho Público*, N° 117, (enero-marzo 2009), Caracas 2009, pp. 205-211.

26 Véase Allan R. Brewer-Carías, *La mentira como política de Estado, Crónica de una crisis política permanente. Venezuela 1999-2015*, Editorial Jurídica Venezolana International, Caracas 2015.

27 Véase Allan R. Brewer-Carías, *Estado totalitario y desprecio a la ley. La desconstitucionalización, desjuridificación, desjudicialización y desdemocratización de Venezuela,* Fundación de Derecho Público, Editorial Jurídica Venezolana, 2014.

del Estado y los derechos de los ciudadanos, que está a la base del derecho administrativo mismo.[28]

Es decir, sin separación de poderes y sin un sistema de control del poder, simplemente no pueden realizarse verdaderas elecciones libres, justas y confiables; no puede haber pluralismo político, ni acceso al poder conforme a la Constitución; no puede haber efectiva participación en la gestión de los asuntos públicos, ni transparencia administrativa en el ejercicio del gobierno, ni rendición de cuentas por parte de los gobernantes; en fin, no puede haber sumisión efectiva del gobierno a la Constitución y las leyes, así como subordinación de los militares al gobierno civil; no puede haber efectivo acceso a la justicia; y real y efectiva garantía de respeto a los derechos humanos, incluyendo la libertad de expresión y los derechos sociales.[29]

Nada de ello se ha podido lograr en Venezuela, a pesar de todas las promesas de la Constitución, al haberse concentrado en las manos del Poder Ejecutivo el control sobre los otros Poderes Públicos, particularmente sobre el Tribunal Supremo de Justicia y del órgano electoral, al punto de que a pesar de que en diciembre de 2015 se eligió una nueva Asamblea Nacional mayoritariamente controlada en forma incluso calificada por la oposición al gobierno autoritario, la misma ha sido progresivamente privada por el Juez Constitucional en los últimos meses de sus competencias. El Tribunal Supremo en efecto, ha despojado a la Asamblea de sus potestades de legislación, imponiendo hasta una inconstitucional autorización previa por parte del Ejecutivo para poder poner en vigencia las leyes; [30] y de

---

28 Véase sobre el tema Gustavo Tarre Briceño, *Solo el poder detiene al poder, La teoría de la separación de los poderes y su aplicación en Venezuela*, Colección Estudios Jurídicos N° 102, Editorial Jurídica Venezolana, Caracas 2014; y Jesús María Alvarado Andrade, "División del Poder y Principio de Subsidiariedad. El Ideal Político del Estado de Derecho como base para la Libertad y prosperidad material" en Luis Alfonso Herrera Orellana (Coord.), *Enfoques Actuales sobre Derecho y Libertad en Venezuela*, Academia de Ciencias Políticas y Sociales, Caracas, 2013, pp. 131-185.

29 Véase Allan R. Brewer-Carías, "Prólogo" al libro de Gustavo Tarre Briceño, *Solo el poder detiene al poder, La teoría de la separación de los poderes y su aplicación en Venezuela*, Colección Estudios Jurídicos N° 102, Editorial Jurídica Venezolana, Caracas 2014, pp. 13-49.

30 Véase.los comentarios en Allan R. Brewer-Carías, "El fin del Poder Legislativo: La regulación por el Juez Constitucional del régimen interior y de debates de la Asamblea Nacional, y la sujeción de la función legislativa de la Asamblea a la aprobación previa por parte del Poder Ejecutivo, 3 de mayo de 2016, disponible en http://www.allanbrewercarias.com/Con-

sus potestades de control político y administrativo, imponiendo el visto bueno previo del Vicepresidente ejecutivo para poder interpelar a un Ministro, con preguntas solo formuladas por escrito, [31] incluso barriendo las potestades de la Asamblea para aprobar votos de censura a los Ministros o para improbar los estados de excepción que se decreten.[32] Es decir, el Poder Legislativo representado por la Asamblea ha sido totalmente neutralizado, al punto de que todas, absolutamente todas las leyes que ha sancionado desde enero de 2016 han sido declaradas inconstitucionales. [33]

---

tent/449725d9-f1cb-474b-8ab2-
41efb849fea3/Content/Brewer.%20EL%20FIN%20DEL%20PODER%20LE
GISLATIVO.%20SC.%20mayo%202016.pdf

31 Véase.los comentarios en Allan R. Brewer-Carías, "la inconstitucional "restricción" impuesta por el Presidente de la República a la Asamblea Nacional para aprobar votos de censura contra los ministros." 8 de mayo de 2016, disponible en http://www.allanbrewercarias.com/Content/449725d9-f1cb-474b-8ab2-41efb849fea3/Content/BREWER.%20INCONSTITUCIONAL%20RESTRI
CCI%C3%93N%20CENSURA%20ASAMBLEA%20A%20MINISTROS%
208.5.2016.pdf

32 Véase los comentarios en Allan R. Brewer-Carías, "El ataque de la Sala Constitucional contra la Asamblea Nacional y su necesaria e ineludible reacción. De cómo la Sala Constitucional del Tribunal Supremo pretendió privar a la Asamblea Nacional de sus poderes constitucionales para controlar sus propios actos, y reducir inconstitucionalmente sus potestades de control político sobre el gobierno y la administración pública; y la reacción de la Asamblea Nacional contra a la sentencia Nº 9 de 1-3-2016, disponible en http://www.allanbrewercarias.com/Content/449725d9-f1cb-474b-8ab2-41efb849fea3/Content/Brewer.%20El%20ataque%20Sala%20Constitucional
%20v.%20Asamblea%20Nacional.%20SentNo.%209%201-3-2016).pdf ; y "Nuevo golpe contra la representación popular: la usurpación definitiva de la función de legislar por el Ejecutivo Nacional y la suspensión de los remanentes poderes de control de la Asamblea con motivo de la declaratoria del estado de excepción y emergencia económica," 19 de mayo de 2016 >>http://www.allanbrewercarias.com/Content/449725d9-f1cb-474b-8ab2-41efb849fea3/Content/Brewer.%20Golpe%20final%20a%20la%20democra
cia.%20%20Edo%20excepci%C3%B3n%20%2019%20mayo%202016.pdf .

33 Véase los comentarios en Allan R. Brewer-Carías, "La aniquilación definitiva de la potestad de legislar de la Asamblea Nacional: el caso de la declaratoria de inconstitucionalidad de la Ley de reforma de la Ley Orgánica del Tribunal Supremo de Justicia," 16 de mayo de 2016, disponible en http://www.allanbrewercarias.com/Content/449725d9-f1cb-474b-8ab2-41efb849fea3/Content/Brewer.%20Aniquilaci%C3%B3n%20%20Asamblea
%20Nacional.%20Inconstituc.%20Ley%20TSJ%2015-5-2016.pdf.

Es decir, de los cinco poderes públicos que debían estar separados, si bien el único con autonomía frente al Poder Ejecutivo desde enero de 2016 es la Asamblea Nacional, por el golpe de Estado que el Poder Ejecutivo le ha dado en colusión con el Poder Judicial, hoy está materialmente paralizado; y en cambio, los otros Poderes Públicos, cuyos titulares fueron designados por la antigua Asamblea sin cumplir con la Constitución, quedaron todos como dependientes de Ejecutivo habiendo abandonado sus poderes de control.

Así durante 17 años, por ejemplo, la Contraloría General de la República dejó de ejercer control fiscal alguno de la Administración Pública, razón por la cual, entre otros factores el país está ubicado en el primer lugar del índice de corrupción en el mundo, según las cifras a que antes me referí difundidas por Transparencia Internacional.[34] El Defensor del Pueblo, desde cuando la primera persona designada para ocupar el cargo en 2000 fue removida del mismo por haber intentado un recurso judicial contra la Ley que violaba el derecho colectivo a la participación política para la nominación de los altos titulares de los Poderes Públicos,[35] dicho órgano abandonó toda idea de defensa de derechos humanos, convirtiéndose en el órgano oficial para avalar la violación de los mismos por parte de las autoridades del Estado.[36] El Ministerio Público que ejerce la

---

34   Véase el Informe de la ONG alemana, Transparencia Internacional de 2013, en el reportaje: "Aseguran que Venezuela es el país más corrupto de Latinoamérica," en *El Universal*, Caracas 3 de diciembre de 2013, en http://www.eluniversal.com/nacional-y-politica/131203/aseguran-que-venezuela-es-el-pais-mas-corrupto-de-latinoamerica. Igualmente véase el reportaje en BBC Mundo, "Transparencia Internacional: Venezuela y Haití, los que se ven más corruptos de A. Latina," 3 de diciembre de 2013, en http://www.bbc.co.uk/mundo/ultimas_noticias/2013/12/131203_ultnot_transparencia_corrupcion_lp.shtml. Véase al respecto, Román José Duque Corredor, "Corrupción y democracia en América Latina. Casos emblemáticos de corrupción en Venezuela," en *Revista Electrónica de Derecho Administrativo*, Universidad Monteávila, 2014.

35   Véase los comentarios en Allan R. Brewer-Carías, "La participación ciudadana en la designación de los titulares de los órganos no electos de los Poderes Públicos en Venezuela y sus vicisitudes políticas", en *Revista Iberoamericana de Derecho Público y Administrativo*, Año 5, N° 5-2005, San José, Costa Rica 2005, pp. 76-95.

36   Por ejemplo, ante la crisis de la salud denunciada por la Academia Nacional de Medicina en agosto de 2014, reclamando la declaratoria de emergencia del sector, la respuesta de la Defensora del Pueblo fue simplemente que en Venezuela no había tal crisis. Véase el reportaje: "Defensora del Pueblo Gabriela Ramírez afirma que en Venezuela no existe ninguna crisis en el sector salud," en *Noticias Venezuela*, 20 agosto de 2014, en http://noticiasvene-

Fiscalía General de la República, en lugar de haber sido la parte de buena fe necesaria del proceso penal, ha asumido el rol de ser el principal instrumento para asegurar la impunidad en el país, y la persecución política.[37] Además está el Poder Electoral, a cargo del Consejo Nacional Electoral, que ha terminado de ser una especie de agente electoral del gobierno, integrado por militantes del partido oficial en violación abierta de la Constitución, habiendo dejado de ser el árbitro independiente en las elecciones. En todo caso, desde 2004 quedó totalmente secuestrado por el Poder Ejecutivo, al ser sus jerarcas nombrados por el Tribunal Supremo de Justicia y ni siquiera por la Asamblea Nacional como correspondía.[38]

En ese marco de incumplimiento de la promesa de establecer un Estado democrático sometido a control, en todo caso, lo más grave en Venezuela ha sido el efecto devastador que ha tenido para las instituciones, el control político que se ejerce sobre el Poder Judicial. Si un Poder Judicial está controlado por el Ejecutivo o el Legislativo, por más separados que incluso éstos puedan estar, no existe el principio de la separación de poderes, y en consecuencia, no se puede hablar de Estado de derecho.

---

zuela.info/2014/08/defensora-del-pueblo-gabriela-ramirez-afirma-que-en-venezuela-no-existe-ninguna-crisis-en-el-sector-salud/; y el reportaje: "Gabriela Ramírez, Defensora del Pueblo: Es desproporcionada petición de emergencia humanitaria en el sector salud," en El Universal, Caracas 20 de agosto de 2014, en http://m.eluniversal.com/nacional-y-politica/140820/es-desproporcionada-peticion-de-emergencia-humanitaria-en-el-sector-sa. Por ello, con razón, el Editorial del diario El Nacional del 22 de agosto de 2014, se tituló: "A quien defiende la defensora?" Véase en http://www.el-nacional.com/opinion/editorial/defiende-defensora_19_46874-3123.html.

37   Como se destacó en el Informe de la Comisión Internacional de Juristas sobre Fortalecimiento del Estado de Derecho en Venezuela, publicado en Ginebra en marzo de 2014, el "Ministerio Público sin garantías de independencia e imparcialidad de los demás poderes públicos y de los actores políticos," quedando los fiscales "vulnerables a presiones externas y sujetos órdenes superiores." Véase en http://icj.wpengine.netdna-cdn.com/wp-content/uploads/2014/06/VENEZUELA-Informe-A4-elec.pdf

38   Véase Allan R. Brewer–Carías, "El secuestro del Poder Electoral y la confiscación del derecho a la participación política mediante el referendo revocatorio presidencial: Venezuela 2000–2004," en Boletín Mexicano de Derecho Comparado, Instituto de Investigaciones Jurídicas, Universidad Nacional Autónoma de México, Nº 112. México, enero–abril 2005 pp. 11–73; La Sala Constitucional versus el Estado Democrático de Derecho. El secuestro del poder electoral y de la Sala Electoral del Tribunal Supremo y la confiscación del derecho a la participación política, Los Libros de El Nacional, Colección Ares, Caracas, 2004, 172 pp.

Y esa es la situación en Venezuela, donde desde 1999, por obra de la misma Asamblea Nacional Constituyente se comenzó a establecer una composición del Tribunal Supremo de Justicia para asegurar su control por parte del Ejecutivo; y como al Tribunal se le atribuyó el gobierno y administración de la Justicia (que antes estaba en manos de un Consejo de la Judicatura que se eliminó), a través del mismo se ha politizado toda la Judicatura. Las promesas constitucionales sobre la independencia y autonomía del Poder Judicial, todas han sido violadas: Durante quince años, no se han respetado las condiciones para la elección de los Magistrados del Tribunal Supremo, ni la mayoría calificada de votos en la Asamblea requerida para ello, ni la participación ciudadana requerida en la nominación de candidatos. Jamás se han celebrado los concursos públicos de oposición para la elección de los jueces como lo prevé la Constitución para que ingresen a la carrera judicial, que materialmente no existe.[39] Además, como desde 1999 la Asamblea Nacional Constituyente intervino el Poder Judicial, [40] ratificada luego con el régimen transitorio emitido después de la aprobación popular de la Constitución, que aún no concluye, los jueces han sido destituidos a mansalva y masivamente, sin garantías al debido proceso, con la consecuencia de que la Judicatura se llenó de jueces temporales y provisionales,[41] sin garantía de estabilidad; quedando la desti-

---

39 Como lo destacó la misma Comisión Internacional de Juristas, en un *Informe* de marzo de 2014, que resume todo lo que en el país se ha venido denunciando en la materia, al dar "cuenta de la falta de independencia de la justicia en Venezuela," se destaca que "el Poder Judicial ha sido integrado desde el Tribunal Supremo de Justicia (TSJ) con criterios predominantemente políticos en su designación. La mayoría de los jueces son "provisionales" y vulnerables a presiones políticas externas, ya que son de libre nombramiento y de remoción discrecional por una Comisión Judicial del propio Tribunal Supremo, la cual, a su vez, tiene una marcada tendencia partidista." Véase en http://icj.wpengine.netdna-cdn.com/wp-content/uploads/2014/06/VENEZUELA-Informe-A4-elec.pdf

40 Véase nuestro voto salvado a la intervención del Poder Judicial por la Asamblea Nacional Constituyente en Allan R. Brewer–Carías, *Debate Constituyente, (Aportes a la Asamblea Nacional Constituyente)*, Tomo I, (8 agosto–8 septiembre), Caracas 1999; y las críticas formuladas a ese proceso en Allan R. Brewer–Carías, *Golpe de Estado y proceso constituyente en Venezuela*, Universidad Nacional Autónoma de México, México, 2002.

41 En el *Informe Especial* de la Comisión sobre Venezuela correspondiente al año 2003, la misma también expresó, que "un aspecto vinculado a la autonomía e independencia del Poder Judicial es el relativo al carácter provisorio de los jueces en el sistema judicial de Venezuela. Actualmente, la información proporcionada por las distintas fuentes indica que más del 80% de los

tución de los mismos al arbitrio de una Comisión ad hoc del Tribunal Supremo de Justicia, todo ello con el aval del mismo. Y en cuanto a la Jurisdicción Disciplinaria Judicial prevista en la Constitución, la misma no fue sino otra mentira, al punto de que la que se creó en 2011 se conformó como dependiente de la Asamblea Nacional, es decir, sujeta al control político.[42]

La verdad es que es ciertamente imposible conseguir en Constitución alguna en el mundo contemporáneo un conjunto de promesas constitucionales como las insertas en la Constitución venezolana de 1999 para asegurar la independencia judicial. Lamentablemente, sin embargo, fueron todas declaraciones formuladas para no ser cumplidas, dando como resultado la trágica dependencia del Poder Judicial que quedó sometido en su conjunto a los designios y control político por parte del Poder Ejecutivo,[43] funcionando al servicio del gobierno del Estado y de su política autoritaria.

Como lo observó la Comisión Internacional de Juristas de Ginebra en 2014:

"Un sistema de justicia que carece de independencia, como lo es el venezolano, es comprobadamente ineficiente para cumplir con sus funciones propias. En este sentido en Venezuela, […] el poder judicial, precisamente por estar sujeto a presiones externas, no cumple su

---

jueces venezolanos son "provisionales". *Informe sobre la Situación de los Derechos Humanos en Venezuela 2003, cit.* párr. 161.

42   Solo fue, luego de que el gobierno perdió la mayoría en la Asamblea Nacional, que la saliente Asamblea en unas ilegítimas sesiones extraordinarias celebradas en diciembre de 2015, reformó la Ley del Código de Ética del Juez, pero para quitarle a la nueva Asamblea la competencia para nombrar dichos jueces (que por supuesto nunca debió tener), y pasarlos al Tribunal Supremo. Véase en *Gaceta Oficial* N° 6204 Extra de 30 de diciembre de 2015.

43   Véase Allan R. Brewer–Carías, "La progresiva y sistemática demolición de la autonomía en independencia del Poder Judicial en Venezuela (1999–2004)", en *XXX Jornadas J.M Domínguez Escovar, Estado de derecho, Administración de justicia y derechos humanos,* Instituto de Estudios Jurídicos del Estado Lara, Barquisimeto, 2005, pp. 33–174; y "La justicia sometida al poder [La ausencia de independencia y autonomía de los jueces en Venezuela por la interminable emergencia del Poder Judicial (1999–2006)]" en *Cuestiones Internacionales. Anuario Jurídico Villanueva 2007,* Centro Universitario Villanueva, Marcial Pons, Madrid, 2007, pp. 25–57; "La demolición de las instituciones judiciales y la destrucción de la democracia: La experiencia venezolana," en *Instituciones Judiciales y Democracia. Reflexiones con ocasión del Bicentenario de la Independencia y del Centenario del Acto Legislativo 3 de 1910,* Consejo de Estado, Sala de Consulta y Servicio Civil, Bogotá 2012, pp. 230-254.

función de proteger a las personas frente a los abusos del poder sino que por el contrario, en no pocos casos es utilizado como mecanismo de persecución contra opositores y disidentes o simples críticos del proceso político, incluidos dirigentes de partidos, defensores de derechos humanos, dirigentes campesinos y sindicales, y estudiantes."[44]

Con todo esto, la promesa constitucional de la separación de poderes y sobre todo de la autonomía e independencia del Poder Judicial, quedó incumplida, siendo por tanto las previsiones constitucionales una gran mentira, habiendo el Poder Judicial abandonado su función fundamental de servir de instrumento de control y de balance respecto de las actividades de los otros órganos del Estado para asegurar su sometimiento a la Constitución y a la ley; y a la vez, habiendo materialmente desaparecido el derecho ciudadano a la tutela judicial efectiva y a controlar el poder. Lo que se ha producido ha sido una desjusticiabilidad del Estado, siendo inconcebible que el Poder Judicial en Venezuela hoy pueda llegar a decidir y enjuiciar la conducta de la Administración y frente a ella, garantizar los derechos ciudadanos.

III. EL INCUMPLIMIENTO DE LA PROMESA CONSTITUCIONAL PARA ESTABLECIMIENTO UN ESTADO FEDERAL DESCENTRALIZADO, Y LA CONSOLIDACIÓN DE UN ESTADO TOTALITARIO CENTRALIZADO USANDO LA MASCARA DE LA "PARTICIPACIÓN"

La tercera gran promesa de la Constitución venezolana de 1999, también totalmente incumplida fue la del reforzamiento de un "Estado federal descentralizado," que debía responder a la tradición histórica que se remonta a la Constitución Federal de los Estados de Venezuela de 1811, y que debía haber asegurado la prometida política, también definida constitucionalmente, de la descentralización política para "profundizar la democracia, acercando el poder a la población y creando las mejores condiciones, tanto para el ejercicio de la democracia como para la prestación eficaz y eficiente de los cometidos estatales" (art. 158); para lo cual lo que debió haberse hecho era el reforzamiento de las instancias regionales y locales de

---

44 Véase en http://icj.wpengine.netdna-cdn.com/wpcontent/uploads/2014/06/-VENEZUELA-Informe-A4-elec.pdf

gobierno, federalizándose y municipalizándose todos los rincones del país.[45]

De nuevo, mentira y vanas ilusiones, o promesa deliberadamente incumplida, al haberse desarrollado en su lugar, en los últimos tres lustros, una política para lograr todo lo contrario, es decir, para centralizar completamente el Estado, eliminando todo vestigio de descentralización política, de autonomía territorial y de democracia representativa a nivel local, particularmente en el municipio que al contrario a la promesa constitucional que lo declara como la unidad política primaria en la organización nacional, (art. 168) ha sido vaciado de contenido.[46] La realidad es que lo que se ha producido en Venezuela ha sido un lamentable proceso de desmunicipalización,[47] y con ello, de ausencia efectiva de posibilidad de participación, pues ésta solo puede materializarse en sistemas políticos descentralizados.[48]

---

45   Véase Allan R. Brewer-Carías, "La descentralización política en la Constitución de 1999: Federalismo y Municipalismo (una reforma insuficiente y regresiva" en *Boletín de la Academia de Ciencias Políticas y Sociales*, N° 138, Año LXVIII, Enero-Diciembre 2001, Caracas 2002, pp. 313-359.

46   Ello incluso se dispuso así en la reforma de la Ley Orgánica del Poder Público Municipal de 2010, para privar al Municipio de su carácter constitucional de "unidad política primaria de la organización nacional," sustituyéndoselo por comunas; eliminándose de paso en carácter representativo de las "parroquias" que como entidades locales están en la Constitución (art. 173) Véase en *Gaceta Oficial* N° 6.015 Extraordinario del 28 de diciembre de 2010.

47   Véase Allan R. Brewer-Carías, "El inicio de la desmunicipalización en Venezuela: La organización del Poder Popular para eliminar la descentralización, la democracia representativa y la participación a nivel local", en *AIDA, Opera Prima de Derecho Administrativo. Revista de la Asociación Internacional de Derecho Administrativo*, Universidad Nacional Autónoma de México, Facultad de Estudios Superiores de Acatlán, Coordinación de Postgrado, Instituto Internacional de Derecho Administrativo "Agustín Gordillo", Asociación Internacional de Derecho Administrativo, México, 2007, pp. 49 a 67.

48   Véase por ejemplo, Allan R. Brewer-Carías, "Democracia participativa, descentralización política y régimen municipal", en Miguel Alejandro López Olvera y Luis Gerardo Rodríguez Lozano (Coordinadores), *Tendencias actuales del derecho público en Iberoamérica*, Editorial Porrúa, México 2006, pp. 1-23; Allan R. Brewer-Carías, "La descentralización del poder en el Estado democrático contemporáneo", en Antonio María Hernández (Director) José Manuel Belisle y Paulina Chiacchiera Castro (Coordinadores), *La descentralización del poder en el Estado Contemporáneo*, Asociación Argentina de derecho constitucional, Instituto Italiano de Cultura de Córdoba,

Para lograr desmontar lo que quedaba de Estado federal, minimizar el Municipio y eliminar la participación política, el Estado totalitario utilizó en forma falaz y engañosa la creación de instancias comunales, prometiendo una "participación política protagónica," pero que resultó para lo contrario, para establecer estructuras más centralistas, controladas por el Poder Ejecutivo y el partido de gobierno, en lo que denominó el Estado del Poder Popular o Estado Comunal. En el mismo se estructuraron unos Consejos Comunales carentes de pluralismo político y sin dirigentes electos mediante sufragio, sino más bien impuestos y controlados directamente por el Poder Central,[49] configurándose en una falacia engañosa de participación.[50]

Ese esquema centralista se pretendió formalizar en 2007 con la rechazada reforma constitucional que el Presidente Chávez propuso ese año,[51] tratando de sustituir el Estado Constitucional por el llamado Estado del Poder Popular socialista,[52] pero ello fue rechazado por el pueblo. Sin embargo, violando la promesa constitucional de la rigidez, el Estado Totalitario en fraude a la voluntad popular y a

---

Instituto de derecho constitucional y derecho público provincial y municipal Joaquín V. González, Facultad de Derecho y Ciencias Sociales Universidad nacional de Córdoba, Córdoba Argentina, 2005, pp.75-89.

49   Véase Allan R. Brewer-Carías, *Ley Orgánica de Consejos Comunales,* Colección Textos Legislativos, N° 46, Editorial Jurídica Venezolana, Caracas 2010.

50   Véase sobre esto Allan R. Brewer-Carías, "La necesaria revalorización de la democracia representativa ante los peligros del discurso autoritario sobre una supuesta "democracia participativa" sin representación," en *Derecho Electoral de Latinoamérica. Memoria del II Congreso Iberoamericano de Derecho,* Bogotá, 31 agosto-1 septiembre 2011, Consejo Superior de la Judicatura, ISBN 978-958-8331-93-5, Bogotá 2013, pp. 457-482. Véase además, el texto de la Ponencia: "La democracia representativa y la falacia de la llamada "democracia participativa," *Congreso Iberoamericano de Derecho Electoral,* Universidad de Nuevo León, Monterrey, 27 de noviembre 2010.

51   Véase Allan R. Brewer-Carías, *La reforma constitucional de 2007 (Comentarios al proyecto inconstitucionalmente sancionado por la Asamblea Nacional el 2 de noviembre de 2007),* Colección Textos Legislativos, N° 43, Editorial Jurídica Venezolana, Caracas 2007; y *Hacia la consolidación de un Estado socialista, centralizado, policial y militarista. Comentarios sobre el sentido y alcance de las propuestas de reforma constitucional 2007,* Colección Textos Legislativos, N° 42, Editorial Jurídica Venezolana, Caracas 2007.

52   Véase *Discurso del Presidente Chávez de Presentación del Anteproyecto de Constitución ante la Asamblea Nacional,* Caracas 2007.

la propia Constitución, procedió a implementar mediante leyes las reformas constitucionales rechazadas. Así, en 2010, la Asamblea sancionó un conjunto de leyes orgánicas,[53] estableciendo el mencionado Estado Comunal, pero en paralelo al Estado Constitucional, desconstitucionalizándolo,[54] violando expresamente la promesa constitucional de la democracia representativa al disponer sin ambages que estas instancias comunales "no nacen del sufragio ni de elección alguna," es decir, no responden a la promesa constitucional. Y violándose la Constitución se llegó en dichas leyes, a imponerle la obligación a los titulares electos de los órganos del Estado Constitucional de tener que "gobernar obedeciendo"[55] precisamente a los

---

53   Véase Leyes Orgánicas del Poder Popular, de las Comunas, de los Consejos Comunales, del Sistema Económico Comunal, de Planificación Pública y Comunal y de Contraloría Social, en *Gaceta Oficial* N° 6.011 Extra. de 21-12-2010. Véase en general sobre estas leyes, Allan R. Brewer-Carías, Claudia Nikken, Luis A. Herrera Orellana, Jesús María Alvarado Andrade, José Ignacio Hernández y Adriana Vigilanza, *Leyes Orgánicas sobre el Poder Popular y el Estado Comunal (Los consejos comunales, las comunas, la sociedad socialista y el sistema económico comunal)* Colección Textos Legislativos N° 50, Editorial Jurídica Venezolana, Caracas 2011; Allan R. Brewer-Carías, "La Ley Orgánica del Poder Popular y la desconstitucionalización del Estado de derecho en Venezuela," en *Revista de Derecho Público*, N° 124, Editorial Jurídica Venezolana, Caracas 2010, pp. 81-101.

54   Véase en general sobre este proceso de desconstitucionalización del Estado, Allan R. Brewer-Carías, "La desconstitucionalización del Estado de derecho en Venezuela: del Estado Democrático y Social de derecho al Estado Comunal Socialista, sin reformar la Constitución," *en Libro Homenaje al profesor Alfredo Morles Hernández, Diversas Disciplinas Jurídicas,* (Coordinación y Compilación Astrid Uzcátegui Angulo y Julio Rodríguez Berrizbeitia), Universidad Católica Andrés Bello, Universidad de Los Andes, Universidad Monteávila, Universidad Central de Venezuela, Academia de Ciencias Políticas y Sociales, Vol. V, Caracas 2012, pp. 51-82; en Carlos Tablante y Mariela Morales Antonorzzi (Coord.), *Descentralización, autonomía e inclusión social. El desafío actual de la democracia*, Anuario 2010-2012, Observatorio Internacional para la democracia y descentralización, En Cambio, Caracas 2011, pp. 37-84; y en *Estado Constitucional*, Año 1, N° 2, Editorial Adrus, Lima, junio 2011, pp. 217-236.

55   El artículo 24 de la Ley Orgánica del Poder Popular, en efecto, dispone sobre las "Actuaciones de los órganos y entes del Poder Público" que "Todos los órganos, entes e instancias del Poder Público guiarán sus actuaciones por el principio de gobernar obedeciendo, en relación con los mandatos de los ciudadanos, ciudadanas y de las organizaciones del Poder Popular, de acuerdo a lo establecido en la Constitución de la República y las leyes." Ello, por supuesto, se configura como una limitación inconstitucional a la autonomía política de los órganos del Estado Constitucional, particularmente de los electos, como la Asamblea Nacional, los Gobernadores y Consejos

órganos del supuesto Estado del Poder Popular, que no son electos popularmente.

Además, la formal desmunicipalización del país se decretó en otra Ley Orgánica para la Transferencia al Poder Popular de la Gestión y Administración Comunitaria de Servicios de 2012, produciéndose así la desmunicipalización del país,[56] con el objeto de vaciar de competencias a los Estados y Municipios, para transferirlas a los Consejos Comunales, que como antes dije quedaron integrados por "voceros" no electos y sin representatividad democrática, dependientes del Poder central.[57]

Legislativos de los Estados y los Alcaldes y Concejos Municipales, confiscándose la soberanía popular trasladándola de sus representantes electros a unas asambleas que no lo representan.

56 Para vaciar a los Municipios de toda competencia se dictó en 2012 una Ley Orgánica para la Gestión Comunitaria de Competencias, Servicios y Otras Atribuciones (Decreto Ley N° 9.043, Véase en *Gaceta Oficial* N° 6.097 Extra. de 15 de junio de 2012), transformada en 2014, en la Ley Orgánica para la Transferencia al Poder Popular de la Gestión y Administración Comunitaria de Servicios (Véase en *Gaceta Oficial* N° 40.540 de13 de noviembre de 2014.

57 Como observó Cecilia Sosa Gómez, para entender esta normativa hay que "aceptar la desaparición de las instancias representativas, estadales y municipales, y su existencia se justicia en la medida que año a año transfiera sus competencias hasta que desaparezcan de hecho, aunque sigan sus nombres (Poderes Públicos Estadal y Municipal) apareciendo en la Constitución. El control de estas empresas, las tiene el Poder Público Nacional, específicamente el Poder Ejecutivo, en la cabeza de un Ministerio." Véase Cecilia Sosa G., "El carácter orgánico de un Decreto con fuerza de Ley (no habilitado) para la gestión comunitaria que arrasa lentamente con los Poderes estadales y municipales de la Constitución," en *Revista de Derecho Público*, N° 130, Editorial Jurídica Venezolana, Caracas 2012, p. 152. Véase sobre la Ley Orgánica de 2012, los comentarios de: José Luis Villegas Moreno, "Hacia la instauración del Estado Comunal en Venezuela: Comentario al Decreto Ley Orgánica de la Gestión Comunitaria de Competencia, Servicios y otras Atribuciones, en el contexto del Primer Plan Socialista-Proyecto Nacional Simón Bolívar 2007-2013"; de Juan Cristóbal Carmona Borjas, "Decreto con rango, valor y fuerza de Ley Orgánica para la Gestión Comunitaria de Competencias, Servicios y otras atribuciones;" de Cecilia Sosa G., "El carácter orgánico de un Decreto con fuerza de Ley (no habilitado) para la gestión comunitaria que arrasa lentamente con los Poderes estadales y municipales de la Constitución;" de José Ignacio Hernández, "Reflexiones sobre el nuevo régimen para la Gestión Comunitaria de Competencias, Servicios y otras Atribuciones;" de Alfredo Romero Mendoza, "Comentarios sobre el Decreto con rango, valor y fuerza de Ley Orgánica para la Gestión Comunitaria de Competencias, Servicios y otras Atribuciones;," y de Enrique J. Sánchez Falcón, "El Decreto con Rango, Valor y Fuerza de Ley Orgánica para la

A todo lo anterior, en la carrera de incumplir promesas constitucionales, en 2009 se despojó de la autonomía política requerida al Distrito Capital, dictándose una Ley para crear un "gobierno" de la ciudad capital (Caracas) no electo democráticamente, dependiente del Poder Ejecutivo, en paralelo al gobierno democrático del Alcalde del Área Metropolitana de Caracas, con el objeto de minimizarlo y ahogarlo.[58]

A lo anterior se agrega el proceso de desmantelamiento de la autonomía de los Estados de la Federación, al haberse regulado durante los últimos lustros, diversas estructuras en la Administración Central nacional denominadas Regiones, dependientes del Vicepresidente Ejecutivo de la República, pero creadas en forma paralela y superpuesta a la Administración de los Estados, para terminar de ahogarlas.[59]

En esta forma, al fraude a la Constitución, que ha sido la técnica constantemente aplicada por el gobierno autoritario en Venezuela desde 1999 para imponer sus decisiones a los venezolanos al margen de la Constitución,[60] olvidándose de las promesas constitucio-

---

Gestión Comunitaria de Competencias, Servicios y otras Atribuciones o la negación del federalismo cooperativo y descentralizado," en *Revista de Derecho Público*, N° 130, Editorial Jurídica Venezolana, Caracas 2012, pp. 127 ss.

58   Véase en *Gaceta Oficial* N° 39.156, de 13 de abril de 2009. Véase en general, Allan R. Brewer-Carías et al., *Leyes sobre el Distrito Capital y el Área Metropolitana de Caracas*, Editorial Jurídica Venezolana, Caracas 2009. El Alcalde Antonio Ledezma, incluso fue detenido por motivos políticos fútiles, situación en la que ha estado ya por varios años.

59   Son los denominados "Órganos Desconcentrados de las Regiones Estratégicas de Desarrollo Integral (REDI),"a cargo de funcionarios denominados "Autoridades Regionales," o "Jefes de Gobierno" según la denominación de la Ley Orgánica de la Administración Pública Nacional de 2014 (art. 34.41), como integrantes de "los órganos superiores de dirección del Nivel Central de la Administración Pública nacional" (art. 44, 71); con "Dependencias" en cada Estado de la República, que están a cargo de Delegaciones Estadales, todos del libre nombramiento del Vicepresidente de la República. Véase Resolución N° 031 de la Vicepresidencia de la República, mediante la cual se establece la Estructura y Normas de Funcionamiento de los órganos Desconcentrados de las Regiones Estratégicas de Desarrollo Integral (REDI), en *Gaceta Oficial* N° 40.193 de 20-6-2013.

60   Véase Allan R. Brewer-Carías, *Reforma constitucional y fraude a la Constitución (1999-2009)*, Academia de Ciencias Políticas y Sociales, Caracas 2009; *Dismantling Democracy. The Chávez Authoritarian Experiment*, Cambridge University Press, New York 2010.

nales, se ha sumado posteriormente el fraude a la voluntad popular, al imponerle a los venezolanos mediante leyes orgánicas un modelo de Estado por el cual nadie nunca ha votado y que más bien el pueblo rechazó, que cambia radical e inconstitucionalmente el texto de la Constitución de 1999, y que el Juez Constitucional se niega a controlar.

IV. EL INCUMPLIMIENTO DE LA PROMESA CONSTITU-CIONAL PARA EL ESTABLECIMIENTO DE UN ESTA-DO SOCIAL DE SISTEMA ECONÓMICO DE ECO-NOMÍA MIXTA

Pero además de las tres promesas constitucionales básicas incumplidas por el gobierno autoritario, antes mencionadas, hay que agregar una cuarta gran promesa formulada en la Constitución de 1999 que ha sido incumplida en sus año de vigencia, que es el establecimiento de un Estado Social, montado en un esquema de Constitución económica de economía mixta,[61] en el cual la iniciativa privada debía tener un rol tan importante como la del propio Estado. En los términos de la promesa constitucional (art. 299), ese Estado debía velar por la satisfacción de las necesidades colectivas de la población, de manera de asegurar la justicia social,[62] mediante una justa distribución de la riqueza[63] y la elevación del nivel de vida de

---

61 Véase Allan R. Brewer-Carías, "Reflexiones sobre la Constitución económica" en *Estudios sobre la Constitución Española. Homenaje al Profesor Eduardo García de Enterría*, Editorial Civitas, Madrid, 1991, Tomo V, pp. 3.839-3.853; y lo expuesto en relación con la Constitución de 1999 en Alan R. Brewer-Carías, "Sobre el régimen constitucional del sistema económico," en *Debate Constituyente (Aportes a la Asamblea Nacional Constituyente), Tomo III (18 octubre-30 noviembre 1999)*, Fundación de Derecho Público-Editorial Jurídica Venezolana, Caracas 1999, pp. 15-52.

62 En términos de la jurisprudencia de la Sala Constitucional del Tribunal Supremo de Justicia expresada en 2004, "el Estado Social de Derecho es el Estado de la *procura existencial*, su meta es satisfacer las necesidades básicas de los individuos distribuyendo bienes y servicios que permitan el logro de un *standard* de vida elevado, colocando en permanente realización y perfeccionamiento el desenvolvimiento económico y social de sus ciudadanos." Véase sentencia N° 1002 de 26 de mayo de 2004 (caso: Federación Médica Venezolana vs. Ministra de Salud y Desarrollo Social y el Presidente del Instituto Venezolano de los Seguros Sociales), en *Revista de Derecho Público*, N° 97-98, Editorial Jurídica Venezolana, Caracas 2004, pp. 143 ss.

63 La Sala Constitucional del Tribunal Supremo en sentencia N° 85 del 24 de enero de 2002 (Caso *Asociación Civil Deudores Hipotecarios de Vivienda Principal (Asodeviprilara)*, precisó en cuanto a "la protección que brinda el Estado Social de Derecho," no sólo que la misma está vinculada al "interés

la población, por supuesto en un marco democrático[64] "en forma opuesta al autoritarismo,"[65] pues está montado sobre el reconoci-

---

social" que se declara como "un valor que persigue equilibrar en sus relaciones a personas o grupos que son, en alguna forma, reconocidos por la propia ley como débiles jurídicos, o que se encuentran en una situación de inferioridad con otros grupos o personas, que por la naturaleza de sus relaciones, están en una posición dominante con relación a ellas;" sino que dicha protección "varía desde la defensa de intereses económicos de las clases o grupos que la ley considera se encuentran en una situación de desequilibrio que los perjudica, hasta la defensa de valores espirituales de esas personas o grupos, tales como la educación (que es deber social fundamental conforme al artículo 102 constitucional), o la salud (derecho social fundamental según el artículo 83 constitucional), o la protección del trabajo, la seguridad social y el derecho a la vivienda (artículos 82, 86 y 87 constitucionales), por lo que el interés social gravita sobre actividades tanto del Estado como de los particulares, porque con él se trata de evitar un desequilibrio que atente contra el orden público, la dignidad humana y la justicia social.". Véase en http://www.tsj.gov.ve/decisiones/scon/enero/85-240102-01-1274%20.htm.

64   Véase la sentencia N° 1158 de 18 de agosto de 2014 (Caso: amparo en protección de intereses difusos, Rómulo Plata, contra el Ministro del Poder Popular para el Comercio y Superintendente Nacional para la Defensa de los Derechos Socio Económicos), en http://www.tsj.gov.ve/decisiones/scon/agosto/168705-1158-18814-2014-14-0599.HTML. Véase en general, sobre el tema del Estado Social y el sistema de economía mixta: José Ignacio Hernández G. "Estado Social y Libertad de Empresa en Venezuela: Consecuencias Prácticas de un Debate Teórico" en *Seminario de Profesores de Derecho Público*, Caracas, 2010, en http://www.uma.edu.ve/admini/ckfinder/userfiles/files/Libertad_economica_seminario.pdf ; y "Estado social y ordenación constitucional del sistema económico venezolano," Biblioteca Jurídica Virtual del Instituto de Investigaciones Jurídicas de la UNAM, en http://www.juridicas.unam.mx/publica/librev/rev/dconstla/cont/2006.1/pr/pr14.pdf; José Valentín González P, "Las Tendencias Totalitarias del Estado Social y Democrático de Derecho y el carácter iliberal del Derecho Administrativo", CEDICE-Libertad, 2012. http://cedice.org.ve/wpcontent/uploads/2012/12/-Tendencias-Totalitarias-del-Edo-Social-y-Democr%C3%A1tico-de-Derecho-Administrativo.pdf; y José Valentín González P, "Nuevo Enfoque sobre la Constitución Económica de 1999," en el libro *Enfoques sobre Derecho y Libertad*, Academia de Ciencias Políticas y Sociales, Serie Eventos, Caracas 2013.

65   La Sala Constitucional del Tribunal Supremo en sentencia N° 117 de 6 de febrero de 2001, reiterando expresamente un fallo anterior de la antigua Corte Suprema de 15 de diciembre de 1998, expresó: "Los valores aludidos se desarrollan mediante el concepto de libertad de empresa, que encierra, tanto la noción de un derecho subjetivo "a dedicarse libremente a la actividad económica de su preferencia", como un principio de ordenación económica dentro del cual se manifiesta la voluntad de la empresa de decidir sobre sus objetivos. En este contexto, los Poderes Públicos, cumplen un rol de inter-

miento constitucional de los derechos económicos de los individuos. [66]

_____

vención, la cual puede ser directa (a través de empresas) o indirecta (como
ente regulador del mercado) [...] A la luz de todos los principios de ordenación económica contenidos en la Constitución de la República Bolivariana
de Venezuela, se patentiza el carácter mixto de la economía venezolana, esto
es, un sistema socioeconómico intermedio entre la economía de libre mercado (en el que el Estado funge como simple programador de la economía, de-
pendiendo ésta de la oferta y la demanda de bienes y servicios) y la economía interventora (en la que el Estado interviene activamente como el "empresario mayor"). Véase en *Revista de Derecho Público, N° 85-88*, Editorial
Jurídica Venezolana, Caracas, 2001. Véase José Ignacio Hernández, "Constitución económica y privatización (Comentarios a la sentencia de la Sala
Constitucional del 6 de febrero de 2001)", en *Revista de Derecho Constitucional, N° 5*, julio-diciembre-2001, Editorial Sherwood, Caracas, 2002, pp.
327 a 342.

66   En ese sistema de economía mixta, la Constitución, en efecto, regula los
derechos económicos, en particular, siguiendo la tradición del constitucionalismo venezolano, la libertad económica como el derecho de todos de dedicarse libremente a la actividad económica de su preferencia, sin más limitaciones que las previstas en la Constitución y las que establezcan las leyes,
por razones de desarrollo humano, seguridad, sanidad, protección del ambiente u otras de interés social (art. 112), y el derecho de propiedad; y la garantía de la expropiación (art. 115) y prohibición de la confiscación (art.
116). La Constitución, además, regula el derecho de todas las personas a
disponer de bienes y servicios de calidad, así como a una información adecuada y no engañosa sobre el contenido y características de los productos y
servicios que consumen, a la libertad de elección y a un trato equitativo y
digno. (art. 117). Por la otra, en el texto constitucional se regulan las diferentes facetas de la intervención del Estado en la economía, como Estado promotor, es decir, que no sustituye a la iniciativa privada, sino que fomenta y
ordena la economía para asegurar su desarrollo, en materia de promoción del
desarrollo económico (art. 299); de promoción de la iniciativa privada (art.
112); de promoción de la agricultura para la seguridad alimentaria (art. 305);
de promoción de la industria (art. 302); de promoción del desarrollo rural integrado (art. 306); de promoción de la pequeña y mediana industria (art.
308); de promoción de la artesanía popular (art. 309); y de promoción del tu-
rismo (art. 310).Además, se establecen normas sobre el Estado Regulador,
por ejemplo en materia de prohibición de los monopolios (art. 113), y de restricción del abuso de las posiciones de dominio en la economía con la finalidad de proteger al público consumidor y los productores y asegurar condiciones efectivas de competencia en la economía. Además, en materia de
concesiones estatales (art. 113); protección a los consumidores o usuarios
(art. 117); política comercial (art. 301); y persecución de los ilícitos económicos (art. 114).Igualmente la Constitución prevé normas sobre la intervención del Estado en la economía, como Estado empresario, (art. 300); con especial previsión del régimen de la nacionalización petrolera y el régimen de
la reserva de actividades económicas al Estado (art. 302 y 303).

Esa promesa constitucional de la estructuración de un Estado social en Venezuela, a pesar de toda la propaganda oficial desarrollada por el gobierno, también ha sido sin duda palmariamente incumplida durante los últimos tres lustros, habiéndose estructurado, al contrario, un Estado totalitario montado sobre un sistema de economía socialista que no está en la Constitución, con el cual, violándosela, se ha excluido y perseguido la iniciativa privada y la libertad económica; incluso implementándoselo después del rechazo popular a la reforma constitucional de 2007 que buscaba establecerlo.[67] De nuevo aquí, violándose la promesa de la rigidez constitucional, en abierta violación a la Constitución, en 2010 se dictó la Ley Orgánica del Sistema Económico Comunal,[68] que al contrario de lo definido en la Constitución, se lo definió exclusivamente conforme a "principios y valores socialistas," incluso comunistas,[69]

---

[67]   Véase los comentarios a la reforma constitucional de 2007 aprobada por la Asamblea Nacional en Allan R. Brewer-Carías, *La reforma constitucional de 2007 (Comentarios al proyecto inconstitucionalmente sancionado por la Asamblea Nacional el 2 de noviembre de 2007)*, Colección Textos Legislativos, N° 43, Editorial Jurídica Venezolana, Caracas 2007.

[68]   Véase en *Gaceta Oficial* N° 6.011 Extraordinario del 21 de diciembre de 2010. Véase mis comentarios sobre esta Ley Orgánica, en Allan R. Brewer-Carías, "Sobre la Ley Orgánica del Sistema Económico Comunal o de cómo se implanta en Venezuela un sistema económico comunista sin reformar la Constitución," en *Revista de Derecho Público*, N° 124, (octubre-diciembre 2010), Editorial Jurídica Venezolana, Caracas 2010, pp. 102-109; y Allan R. Brewer-Carías, "La reforma de la Constitución económica para implantar un sistema económico comunista (o de cómo se reforma la Constitución pisoteando el principio de la rigidez constitucional), en Jesús María Casal y María Gabriela Cuevas (Coordinadores), *Homenaje al Dr. José Guillermo Andueza. Desafíos de la República en la Venezuela de hoy. Memoria del XI Congreso Venezolano de Derecho Constitucional*, Universidad Católica Andrés Bello, Caracas 2013, Tomo I, pp. 247-296. Véase además el libro Allan R. Brewer-Carías et al., *Leyes Orgánicas sobre el Poder Popular y el Estado Comunal (Los Consejos Comunales, Las Comunas, La Sociedad Socialista y el Sistema Económico Comunal)*, Colección Textos Legislativos N° 50, Editorial Jurídica Venezolana, Caracas 2011. Véase igualmente, Allan R. Brewer-Carías, "La reforma de la Constitución económica para implantar un sistema económico comunista (o de cómo se reforma la Constitución pisoteando el principio de la rigidez constitucional), en Jesús María Casal y María Gabriela Cuevas (Coordinadores), *Homenaje al Dr. José Guillermo Andueza. Desafíos de la República en la Venezuela de hoy. Memoria del XI Congreso Venezolano de Derecho Constitucional*, Universidad Católica Andrés Bello, Caracas 2013, Tomo I, pp. 247-296.

[69]   Ello, incluso deriva del texto expreso de la Ley Orgánica del Sistema Económico Comunal de 2010, a la que antes hemos mencionado, que define el "modelo productivo socialista" que se ha dispuesto para el país, como el

"modelo de producción basado en la *propiedad social* [de los medios de producción], orientado hacia la *eliminación de la división social del trabajo* propio del modelo capitalista," y "dirigido a la satisfacción de necesidades crecientes de la población, a través de nuevas formas de generación y apropiación así como de la *reinversión social del excedente*" (art. 6.12). Basta destacar de esta definición legal, sus tres componentes fundamentales para entender de qué se trata, y que son: *la propiedad social, la eliminación de la división social del trabajo y la reinversión social del excedente*; que los redactores de la norma, sin duda, se copiaron de algún Manual vetusto de revoluciones comunistas fracasadas, parafraseando en el texto de una Ley, lo que Carlos Marx y Federico Engels escribieron hace más de 150 años, en 1845 y 1846, en su conocido libro *La Ideología Alemana* al definir la sociedad comunista. Por ejemplo, Marx y Engels, después de afirmar que la propiedad es "el derecho de suponer de la fuerza de trabajo de otros" y declarar que la "división del trabajo y la propiedad privada" eran "términos idénticos: uno de ellos, referido a la esclavitud, lo mismo que el otro, referido al producto de ésta," escribieron que: "la división del trabajo nos brinda ya el primer ejemplo de cómo, mientras los hombres viven en una sociedad natural, mientras se da, por tanto, una separación entre el interés particular y el interés común, mientras las actividades, por consiguientes no aparecen divididas voluntariamente, sino por modo natural [que se daba según Marx y Engels "en atención a las dotes físicas, por ejemplo, la fuerza corporal, a las necesidades, las coincidencias fortuitas, etc.] los actos propios del hombres se erigen ante él en un poder hostil y ajeno, que lo sojuzga, en vez de ser él quien los domine. En efecto, a partir del momento en que comienza a dividirse el trabajo, cada cual se mueve en un determinado circulo exclusivo de actividad, que le es impuesto y del cual no puede salirse; el hombre es cazador, pescador, pastor o crítico, y no tiene más remedio que seguirlo siendo, si no quiere verse privado de los medios de vida; al paso que en la sociedad comunista, donde cada individuo no tiene acotado un círculo exclusivo de actividades, sino que puede desarrollar sus aptitudes en la rama que mejor le parezca, la sociedad se encarga de regular la producción general, con lo que hace cabalmente posible que yo pueda por la mañana cazar, por la tarde pescar y por la noche apacentar ganado, y después de comer, si me place, dedicarme a criticar, sin necesidad de ser exclusivamente cazador, pescador, pastor o crítico, según los casos." Véase en Karl Marx and Friedrich Engels, "The German Ideology," en *Collective Works*, Vol. 5, International Publishers, New York 1976, p. 47. Véanse además los textos pertinentes en http://www.educa.madrid.org/cmstools/files/0a24636f-764c-4e03-9c1d-6722e2ee60d7/Texto%20Marx%20y%20Engels.pdf. Véase sobre el tema Jesús María Alvarado Andrade, "La 'Constitución económica' y el sistema económico comunal *(*Reflexiones Críticas a propósito de la Ley Orgánica del Sistema Económico Comunal)," en Allan R. Brewer-Carías (Coordinador), Claudia Nikken, Luis A. Herrera Orellana, Jesús María Alvarado Andrade, José Ignacio Hernández y Adriana Vigilanza, *Leyes Orgánicas sobre el Poder Popular y el Estado Comunal (Los Consejos Comunales, las Comunas, la Sociedad Socialista y el Sistema Económico Comunal)*, Editorial Jurídica Venezolana, Caracas 2011, pp. 377-456.

buscando la eliminación de la propiedad privada[70] en nombre de un fracasado e impreciso "socialismo del siglo XXI,"[71] que no es nada distinto a todos los populismos fracasados de la historia.

Esa Ley se complementó con otras, como la Ley Orgánica de Precios Justos,[72] con la cual inconstitucionalmente se reforzó la destrucción de la iniciativa privada en Venezuela, sin que se haya logrado en forma alguna "alcanzar la mayor suma de felicidad posible" como dice la Ley; habiendo la misma más bien conspirado contra la protección del salario, el ingreso digno de las familias, la propiedad privada y la productividad. Y así, destruido el aparato productivo del país, nada se ha podido hacer para garantizar "el

---

70 Véase por ejemplo lo expresado en el Voto Salvado del Magistrado Jesús Eduardo Cabrera a la sentencia N° 2042 de la Sala Constitucional del Tribunal Supremo de 2 de noviembre de 2007, en el cual expresó sobre el proyecto de reforma constitucional de 2007 sobre el régimen de la propiedad, que: "El artículo 113 del Proyecto, plantea un concepto de propiedad, que se adapta a la propiedad socialista, y que es válido, incluso dentro del Estado Social; pero al limitar la propiedad privada solo sobre bienes de uso, es decir aquellos que una persona utiliza (sin especificarse en cual forma); o de consumo, que no es otra cosa que los fungibles, surge un cambio en la estructura de este derecho que dada su importancia, conduce a una transformación de la estructura del Estado. Los alcances del Derecho de propiedad dentro del Estado Social, ya fueron reconocidos en fallo de esta Sala de 20 de noviembre de 2002, con ponencia del Magistrado Antonio García García."

71 Pompeyo Márquez, conocido dirigente de la izquierda venezolana ha expresado lo siguiente al contestar a una pregunta de un periodista sobre si "¿Existe "el socialismo bolivariano", tal como se define el Partido Socialista Unido de Venezuela (Psuv) en su declaración doctrinaria?" Dijo: "-No existe. Esto no tiene nada que ver con el socialismo. Después del XX Congreso del Partido Comunista de la Unión Soviética, donde Nikita Jrouschov denunció los crímenes de Stalin, se produjo un gran debate a escala internacional sobre las características del socialismo, y las definiciones, que se han esgrimido: Felipe González, Norberto Bobbio, para mencionar a un español y a un italiano son contestatarias a lo que se está haciendo aquí. // -Esto es una dictadura militar, que desconoce la Constitución, y la que reza en su artículo 6: "Venezuela es y será siempre una República democrática". Además, en el artículo 4 habla de un estado de derecho social. Habla del pluralismo y de una serie de valores, que han sido desconocidos por completo durante este régimen chavomadurista, que no es otra cosa que una dictadura. // -Esto se ve plasmado en la tendencia totalitaria, todos los poderes en manos del Ejecutivo. No hay independencia de poderes. No hay justicia. Aquí no hay donde acudir, porque no hay justicia. Cada vez más se acentúa la hegemonía comunicacional." Véase en *La Razón,* 31 julio, 2014, en http://www.larazon.net/2014/07/31/pompeyo-marquez-no-podemos-esperar-hasta-el-2019/.

72 Véase *Gaceta Oficial* N° 5156 extra de 19-11-2014.

acceso de las personas a los bienes y servicios para la satisfacción de sus necesidades" como reza la Ley.

En definitiva, lo que resultó de toda esta normativa fue un régimen de terror económico que puso a las empresas a la merced de la burocracia estatal y lamentablemente, en manos de la corrupción que tal poder genera; siendo ella la negación más paladina de las promesas y los principios más elementales que se configuraron en la Constitución para garantizar la libertad económica y el derecho de propiedad, y por tanto, el modelo de Estado Social de economía mixta.

El resultado ha sido, como ya lo constata el mundo entero, la minimización hasta llegar a la casi inexistencia del sector privado, mediante ocupaciones y confiscaciones masivas de empresas, fincas y medios de producción, sin garantía de justa indemnización, y que luego han sido abandonadas o desmanteladas, acabando con el aparato productivo del país.[73]

---

73 El que fue Ministro de Economía del país, Alí Rodríguez Araque, y artífice de la política económica en los últimos lustros ha explicado la situación así: "Hay que hacer ciertas definiciones estratégicas que no están claras. ¿Qué es lo que va a desarrollar el Estado?, porque la revolución venezolana no es la soviética, donde los trabajadores armados en medio de una enorme crisis asaltan el poder, destruyen el viejo Estado y construyen uno nuevo. Ni es la revolución cubana, donde un proceso armado asalta el poder y construye uno nuevo. Aquí se llegó al Gobierno a través del proceso electoral. La estructura del Estado es básicamente la misma. Yo viví la experiencia de la pesadez de la democracia. Una revolución difícilmente puede avanzar exitosamente con un Estado de esas características. Eso va a implicar un proceso tan largo como el desarrollo de las comunas. Un nuevo Estado tiene que basarse en el poder del pueblo. Mientras, durante un muy largo periodo, se van a combinar las acciones del Estado con las del sector privado. Tiene que haber una definición en ese orden, los roles que va a cumplir ese sector privado, estableciendo las regulaciones para evitar la formación de monopolios. Está demostrado que el Estado no puede asumir todas las actividades económicas. ¿Qué vamos a hacer con la siderúrgica? Yo no estoy proponiendo que se privatice, pero ¿vamos a continuar pasando más actividades al Estado cuando su eficacia es muy limitada?. ¿Qué vamos a hacer con un conjunto de actividades en las cuales se ha venido metiendo el Estado y que están francamente mal y no lo podemos ocultar? Esto no es problema del proceso revolucionario, su raíz es histórica". Véase "Ali Rodríguez Araque: El Estado no puede asumirlo todo.", en *Reporte Confidencial*, 10 de agosto de 2014, en http://www.reporteconfiden-cial.info/noticia/3223366/ali-rodriguez-araque-el-estado-no-puede-asumirlo-todo/ Véase igualmente lo expuesto por quien fue el ideólogo del régimen, y a quien se debe la denominación de "socialismo del siglo XXI", que ha expresado: que "El modelo del socialismo impulsado por Chávez fracasó:, siendo "El gran error del gobierno de Maduro

De todo ello lo que ha resultado es que lejos de haberse desarrollado un Estado Social, ante el desempleo rampante, lo que se ha producido es un descomunal proceso de burocratización mediante el aumento del empleo público a niveles nunca antes vistos, por supuesto bien lejos de la meritocracia que prescribe también como promesa incumplida la Constitución, conforme a la cual el ingreso a la función pública debería ser sólo mediante concurso público (art. 146), provocando por ejemplo, que después de quince años de estatizaciones y populismo, el número de empleados públicos civiles en Venezuela sea el mismo que por ejemplo existe en toda la Administración Federal de los Estados Unidos.[74]

Ahora, en cuanto a calidad de vida, lo que resultó en el país fue la implantación de la escasez de todos los productos básicos que afecta a todos por igual, pero que golpea a los que tienen menos recursos, pues sus ingresos resultaron cada vez menores por la galopante inflación que ha padecido el país, que es, como dije al inicio, no sólo la mayor de toda América Latina, sino ahora la mayor del mundo,[75] habiéndose llegado a implementar desde hace meses, sistemas de racionamientos para los bienes de consumo, sólo vistos en Cuba,[76] y en Corea del Norte.[77]

---

es seguir con la idea de Chávez, insostenible, de que el gobierno puede sustituir a la empresa privada. El gobierno usará su monopolio de importaciones y exportaciones para repartir las atribuciones en las empresas," en *El Nacional*, Caracas 19 de abril de 2014, en http://www.el-nacional.com/politica/Heinz-Dieterich-Venezuela-surgimiento-republica_0_394160741.html.

74   Véase la información de la Office of Personal Management, en http://www.opm.gov/policy-data-oversight/data-analysis-documentation/federal-employment-reports/historical-tables/total-government-employment-since-1962/.

75   Véase la información en http://www.infobae.com/2014/04/24/1559615-en-un-ano-la-inflacion-oficial-venezuela-llego-al-60-ciento

76   El 23 de agosto de 2014: "El Superintendente de Precios en Venezuela, Andrés Eloy Méndez, informó que todo establecimiento comercial estará controlado por las máquinas captahuellas. El control será extendido más allá de los alimentos y las medicinas. Méndez dijo que antes del 30 de noviembre deberá estar instalado en todo el país el sistema que contempla máquinas captahuellas para registrar el control de las compras que hacen los consumidores. Adelantó cuáles serán algunos de los rubros que serán controlados." Véase el reportaje "Gobierno de Venezuela impone racionamiento de productos," en *Queen's Latino*, 23 de agosto de 2014, en http://www.queenslatino.com/racionamiento-de-todo-en-venezuela/." Información ratificada por el Presidente de la República. Véase la información: "Captahuellas' para hacer mercado en Venezuela comenzaría en 2015," en El Tiempo, Bogotá,

Con la destrucción del aparato productivo y la material eliminación de las exportaciones, lo poco que se produce no alcanza para el
mercado interno, y lo que en buena parte sale del país es mediante
contrabando. La consecuencia de la acentuación de la dependencia
del país del ingreso petrolero, ha sido entonces que el único que
puede obtener divisas es el propio Estado, por las exportaciones de
la empresa petrolera estatal, PDVSA, cada vez más mermada, com-
prometida,[78] y ahogada en toda suerte de corruptelas. Y para agravar el panorama, para controlar el acceso de los privados a la adquisición de divisas, el Estado ha montado todo tipo de sistemas de
control de cambios, constituyéndose en una de las principales fuentes de corrupción administrativa, y de tráfico de influencias, quedando en definitiva la posibilidad real de importación de bienes sólo
a cargo del propio Estado, o basada en la decisión de la burocracia.[79]

---

23 de agosto de 2014, en http://www.eltiempo.com/mun-do/latinoame-
rica/captahuellas-para-hacer-mercado-en-venezuela-comenzaria-en-
2015/14419076. Sobre esto, la Nota de Opinión del diario *Tal Cual* del 22 de
agosto de 2014, con el título "Racionamiento," expresa: "Si se entiende bien
lo que nos ha avisado el superintendente de precios justos, por ahí viene ro-
dando el establecimiento de cupos para la adquisición de artículos de primera necesidad, alimentos en particular.[...] Es, pues, un sistema de racionamiento, pero en lugar de una cartilla, como en Cuba, los avances tecnológi-
cos (y los dólares) permiten apelar a mecanismos tan sofisticados como el
del sistema biométrico." Véase en *Tal Cual,* 22-8-2014, en http://www.tal-
cualdigital.com/Movil/visor.aspx?id=106710. La propuesta ya se había
anunciado desde junio de 2013., "Venezuela instaurará en Venezuela la cartilla de razonamiento al mejor estilo cubano," en ABC.es Internacional, 4 de
junio de-2013, en http://www.abc.es/internacio-nal/20130603/abci-maduro-
cartilla-racionamiento-201306032115.html.

77 Por ello, en el *The Wall Street Jornal* del 23 de octubre de 2014, se indicaba
que "Entre el agravamiento de la escasez, Venezuela recientemente recibió
una extraordinaria y dudosa distinción, y es que alcanzó el rango de Corea
del Norte y de Cuba en el racionamiento de comida para sus ciudadanos,"
refiriéndose a la imposición del sistema de "capta-huellas" digitales en ciertos establecimientos, para el control de la venta de productos. Véase el
reportaje de Sara Schaffer Muñoz, "Despite Riches, Venezuela Starts Food
rations," en *The Wall Street Journal*, New York, 23 de octubre de 2014, p.
A15.

78 Véase los datos en "1999 versus 2013: Gestión del Desgobierno en núme-
ros,", en https://twitter.com/sushidavid/status/451006280061046784

79 El Ministro de Planificación y Economía durante los últimos años, Jorge
Gordani, al renunciar a su cargo en 2014 calificó esas entidades como "focos
de corrupción," pero sin que durante su gestión se hubiese hecho nada para
extirparlo. Véase el texto de la Carta Pública, "Testimonio y responsabilidad

Simplemente, en Venezuela se pensó que la bonanza petrolera de la última década sería para siempre, y que no era necesario para un país petrolero tener que producir nada, porque todo se podía importar, y todo se podía repartir. Todo ello originó en el marco interno una economía social basada en el subsidio directo a las personas, recibiendo beneficios sin enfrentar sacrificios o esfuerzos, con lo que además se destruyó el valor del trabajo productivo como fuente de ingreso, que materialmente se ha eliminado, sustituido por el antivalor de que es preferible recibir sin trabajar. Ello trastocó lo que debió ser un Estado social en un Estado Populista, con una organización destinada a dar dadivas a los sectores pobres y garantizar así su adhesión a las políticas autoritarias,[80] provocado más miseria y control de conciencia sobre una población de menos recursos, totalmente dependiente de la burocracia estatal y sus dádivas, en las que muchos creyeron encontrar la solución definitiva para su existencia,[81] pero a costa del deterioro ostensible y trágico de los

---

ante la historia," 17-8-2014, en http://www.lapatilla.com/site/2014/06/18/giordani-da-la-version-de-su-salida-y-arremete-contramaduro/. Según esas denuncias, "a través de los mecanismos de cambio de divisas "desaparecieron alrededor de 20.000.000.000 de dólares." Véase César Miguel Rondón, "Cada vez menos país," en *Confirmado*, 16-8-2014, en http://confirmado.com.ve/opinan/cada-vez-menos-pais/. Por todo ello, con razón en un editorial del diario *Le Monde* de París, titulado "Los venezolanos en el callejón sin salida del chavismo", se afirmaba que con todo eso *"Se ha creado una economía paralela, un mercado de tráfico interno y externo que beneficia a una pequeña nomenklatura sin escrúpulos."* Véase Editorial de *Le Monde,* 30- marzo 2014, en http://www.eluniversal.com/nacional-y-politica/140330/le-monde-dedico-un-editorial-a-venezuela.

80   Véase Heinz Sonntag "¿Cuántas Revoluciones más?" en El *Nacional*, Caracas 7 de octubre de 2014, en http://www.el-nacional.com/heinz_sonntag/Cuantas-Revoluciones_0_496150483.html

81   Como el mismo Area lo ha descrito en lenguaje común y gráfico, pero tremendamente trágico: "Vivimos pues "boqueando" y de paso corrompiéndonos por las condiciones impuestas por y desde el poder que nos obligan a vivir como "lateros", "balseros", "abasteros" mejor dicho, que al estar "pelando" por lo que buscamos y no encontramos, tenemos que andar en gerundio, ladrando, mamando, haciendo cola, bajándonos de la mula, haciéndonos los bolsas o locos, llevándonos de caleta algo, caribeando o de chupa medias, pagando peaje, tracaleando, empujándonos los unos contra los otros, en suma, degradándonos, envileciéndonos, para satisfacer nuestras necesidades básicas de consumo. Es asfixia gradual y calculada, material y moral. Desde el papel toilette hasta la honestidad. ¡Pero tenemos Patria! Falta el orgullo, la dignidad, el respeto, el amor a uno mismo." Véase en "El 'Estado Misional'

servicios públicos más elementales como los servicios de salud y atención médica.

La consecuencia de todo este esquema de ausencia de Estado Social de economía mixta, y el establecimiento en su lugar de un Estado comunista, burocratizado, populista y clientelar, ha sido que en nombre del "socialismo," Venezuela hoy tiene el record de ser el país que ocupa el primer lugar en el índice de miseria del mundo,[82] y la sociedad con el más alto riesgo de América Latina.[83] Esa es la hazaña o el milagro de la política económica del gobierno durante los pasados quince años, que tanto va a costar superar en el futuro,[84] lo que se suma el indicado primer lugar en criminalidad, falta de transparencia e inflación. Por eso se ha hablado, con razón, de que la política de Estado en Venezuela ha sido la de "una fábrica de pobres,"[85] conducida además, por un "Estado inepto, secuestrado

---

en Venezuela," en *Analítica.com*, 14 de febrero de 2014, en http://analitica.com/opinion/opinion-nacional/el-estado-misional-en-venezuela/

82   Venezuela tiene el "ignominioso" primer lugar en el Índice de miseria del mundo. Véase el Informe de Steve H. Hanke, "Measury Misery arround the World," publicado en mayo 2104, en *Global Asia*, en http://www.cato.org/publications/commentary/measuring-misery-around-world Véase igualmente *Índice Mundial de Miseria*, 2014, en http://www.razon.com.mx/spip.php?article215150; y en http://vallartaopina.net/2014/05/23/en-indice-mundial-de-miseria-venezuela-ocupa-primer-lugar/

83   Véase en http://www.elmundo.com.ve/noticias/actualidad/noticias/infografia-riesgo-pais-de-venezuela-cerro-el-201.aspx

84   Pedro Carmona Estanga resumió la hazaña económica del régimen explicando que: "Por desgracia para el país, a lo largo de estos 16 años se han dilapidado unos US\$ 1,5 billones que no volverán, de los cuales no quedan sino la destrucción del aparato productivo, el deterioro de la calidad de vida, de la infraestructura, de la institucionalidad, y distorsiones macroeconómicas y actitudinales en la población de una profundidad tal, que costará sudor y sangre superar a las generaciones venideras. Esa es la hazaña histórica lograda y cacareada por el régimen." Véase Pedro Carmona Estanga, "La destrucción de Venezuela: hazaña histórica," 19 de octubre de 2014, en http://pcarmonae.blogspot.com/2014/10/la-destruccion-de-venezuela-hazana.html.

85   En tal sentido, Brian Fincheltub, destacó que "Las misiones se convirtieron en fábrica de personas dependientes, sin ninguna estabilidad, que confiaban su subsistencia exclusivamente al Estado. Nunca hubo interés de sacar a la gente de la pobreza porque como reconoció el propio ministro Héctor Rodriguez, se "volverían escuálidos". Es decir, se volverían independientes y eso es peligrosísimo para un sistema cuya principal estrategia es el control." Véase Brian Fincheltub, "Fabrica de pobres," en *El Nacional*, Caracas, 5 de

por la élite de la burocracia corrupta gubernamental, que niega todos los derechos sociales y económicos constitucionales, y que manipula la ignorancia y pobreza de las clases sociales menos favorecidas."[86]

En fin, como lo destacó el Editorial del diario *El Tiempo* de Bogotá también ayer domingo 22 de mayo, en definitiva:

> "Pensar que en Venezuela la gente iba a pasar hambre era una idea inconcebible hasta hace unos años. Pero es así. Al otro lado de la frontera se gesta una crisis humanitaria de inmensas proporciones, sin precedentes en el hemisferio americano y que solo tiene trazas de empeorar. Aparte de la falta de alimentos para abastecer adecuadamente a una población de 30 millones, son notorias las carencias de medicamentos y otros productos que componen la canasta básica. Una enfermedad sería casi equivale a una sentencia de muerte, dada la inoperancia del sistema de salud, que está sumido en el desabastecimiento."[87]

---

junio   de   2014,   en   http://www.el-nacional.com/opinion/Fa-brica-pobres_0_421757946.html.

86   Por ello, con razón se ha dicho que "Si Venezuela fuera un Estado Social, no habría neonatos fallecidos por condiciones infecciosas en hospitales públicos. Si Venezuela fuera un Estado Social, toda persona tendría un empleo asegurado o se ejerce-ría plenamente la libertad de empresa y de comercio. Si Venezuela fuera un Estado Social no exhibiríamos deshonrosamente las tasas de homicidios más altas del mundo. Si Venezuela fuera un Estado Social no estaría desaparecida la cabilla y el cemento y las cementeras intervenidas estarían produciendo al máximo de su capacidad instalada. Si Venezuela fuera un Estado Social todos los establecimientos de víveres y artículos de primera necesidad estarían abarrotados en sus anaqueles. Si Venezuela fuera un Estado Social las escuelas no tendrían los techos llenos de filtraciones, estarían dotadas de materiales suficientes para la enseñanza-aprendizaje y los maestros y profesores serían el mejor personal pagado del país. Si Venezuela fuera un Estado Social no habría discriminación por razones políticas e ideológicas para tener acceso a cualquier servicio, beneficios y auxilios públicos y bienes de primera necesidad. Si Venezuela fuera un Estado Social el problema de la basura permanente en las grandes ciudades ya estaría resuelto con los métodos más modernos, actualizados y pertinentes a la protección ambiental." Véase Isaac Villamizar, "Cuál Estado Social?," en *La Nación*, San Cristóbal, 7 de octubre de 2014, en http://www.lanacion.com.ve/columnas/opinion/cual-estado-social/

87   Véase en "Una tragedia que no da espera.", dice: "La que en épocas pasadas fuera la nación con el segundo nivel de desarrollo más alto de América Latina es hoy un lugar donde reina la desesperanza. Resulta increíble constatar cómo en un territorio que cuenta con las mayores reservas de petróleo del mundo no solo hay que hacer filas para adquirir bienes esenciales, sino que en muchos casos la espera es infructuosa porque los artículos nunca llegan a

***

De todo ello, en consecuencia, no queda otra conclusión institucional a la que podamos llegar, que no sea que diecisiete años después de haberse convocado la Asamblea Nacional Constituyente de 1999 supuestamente para refundar la República, la misma fue un soberano fracaso; Asamblea en la cual como les dije, fui parte activa pero para oponerme al designio autoritario que la conducía.

La crisis política que en ese momento existía, particularmente por el deterioro que mostraba el sistema de partidos tradicionales, sin duda condujo a que el país se encandilase con el primer aprendiz de mago que apareció por el lugar, como una especie degradada de un Melquíades de los *Cien Años de Soledad* de Gabriel García Márquez, prometiendo que todo iba a cambiar, cuando todos querían que todo cambiase, y que para ello debía acabarse con la vieja política.

Sin embargo, como suele ocurrir con los deslumbramientos, no pasó lo que se quería que ocurriera, la Asamblea Nacional Constituyente que comenzó removiendo las viejas estructuras, al final como lo denuncié al concluir sus sesiones en 2000, terminó legando junto con la intervención antidemocrática de los poderes constituidos, nada más que un florido texto de una Constitución que no se iba a aplicar, que era de mentira, como en efecto ocurrió, pero que prometía estructurar un Estado democrático y social de derecho y de justicia que era lo que los venezolanos esperaban; dejando además sembradas, aquí y allá, en ciertos artículos, semillas autoritarias.

El resultado de aquél proceso político tan importante en el cual el país fijó todas sus esperanzas de cambio, visto ahora retrospectivamente, fue que seducido por cantos de sirena, el país cayó inmisericordemente en manos de una secta antidemocrática que asaltó el poder a mansalva, a la vista de todos, cumpliendo sí con la promesa de acabar con la vieja política de los partidos tradicionales, pero no para edificar una nueva democracia sino para acabar con la misma, en fraude a la Constitución, utilizando sus propios instrumentos, y con ello demoler y machacar institucionalmente el país. [88]

---

los anaqueles", en Editorial de *El Tiempo*, Bogotá, del 22 de mayo de 2016, http://www.eltiempo.com/opinion/editorial/una-tragedia-que-no-da-espera-editorial-el-tiempo/16599526.

88   Véase. Allan R. Brewer-Carías, *La ruina de la democracia. Algunas consecuencias. Venezuela 2015*, Editorial Jurídica Venezolana, Caracas 2015.

En ese contexto, lamentablemente, la Constitución se convirtió en un conjunto normativo maleable por absolutamente todos los poderes públicos, cuyas normas, abandonada su rigidez, han tenido en la práctica la vigencia y el alcance que dichos órganos han dispuesto, mediante leyes ordinarias y decretos leyes que el Tribunal Supremo se niega a juzgar y controlar, e incluso, para mayor tragedia, con la participación activa del mismo mediante sentencias de la Jurisdicción Constitucional, todas hechas a la medida, dictadas "a la carta" mediante interpretaciones abstractas de la Constitución conforme se lo haya solicitado el Poder Ejecutivo, y con la "garantía" de que dichas actuaciones inconstitucionales no serán controladas no sólo porque el guardián de la Constitución no tiene a nadie que lo controle, [89] sino precisamente por la sujeción política de la Jurisdicción Constitucional al control del Ejecutivo.

Contra todas esas prácticas autoritarias, y contra un Juez Constitucional que dejó de ser el instrumento de control de la inconstitucionalidad, renunciando a ser el sustituto la rebelión del pueblo para proteger su Constitución, fue que entre otras razones, el pueblo venezolano, de nuevo, efectivamente se rebeló el 6 de diciembre de 2015, aun cuando por los momentos solo votando en las elecciones parlamentarias mayoritariamente en contra del gobierno autoritario y sus prácticas.

La nueva Asamblea Nacional que resultó electa, en la cual se han fijado todas las esperanzas para completar la implementación de la manifestación de la voluntad popular, y que más temprano que tarde tendrá que renovar los poderes constituidos, y devolverle al Tribunal Supremo la autonomía e independencia, sin embargo ahora enfrenta la conspiración montada por el Poder Ejecutivo y el propio Tribunal Supremo por minimizarla, incluso mediante la instauración de un estado de excepción – esto está ocurriendo ahora –, mediante el cual ambos poderes han barrido a la Asamblea Nacional. Pero como con la voluntad popular en definitiva no podrán acabar, no renuncio a la esperanza de que pronto podamos ser testigos de otras manifestaciones que harán florecer la democracia en Venezue-

---

89   Véase Allan R. Brewer-Carías, "*Quis Custodiet Ipsos Custodes*: De la interpretación constitucional a la inconstitucionalidad de la interpretación", en *Revista de Derecho Público*, N° 105, Editorial Jurídica Venezolana, Caracas 2006, pp. 7-27. Publicado en *Crónica sobre la "In" Justicia Constitucional. La Sala Constitucional y el autoritarismo en Venezuela*, Colección Instituto de Derecho Público. Universidad Central de Venezuela, N° 2, Editorial Jurídica Venezolana, Caracas 2007, pp. 47-79.

la, y que permitirán a la representación de la voluntad popular rescatar su rol constitucional. En esos logros es que todos los demócratas tenemos que estar comprometidos, para lo cual, sin duda, necesitamos el apoyo de tantos, personas e instituciones en el mundo democrático, como en estos últimos tiempos afortunadamente comienzan a manifestarse.

Por ello, gracias de nuevo a esta Real Academia de Jurisprudencia y Legislación por haberme dado la ocasión de compartir con Ustedes estas reflexiones.

Madrid, 23 de mayo de 2016.

APÉNDICE 1

ACUERDO DE LA ASAMBLEA NACIONAL EXHORTANDO AL CUMPLIMIENTO DE LA CONSTITUCIÓN, Y SOBRE LA RESPONSABILIDAD DEL PODER EJECUTIVO NACIONAL, DEL TRIBUNAL SUPREMO DE JUSTICIA Y DEL CONSEJO NACIONAL ELECTORAL PARA LA PRESERVACIÓN DE LA PAZ Y ANTE EL CAMBIO DEMOCRÁTICO EN VENEZUELA*

CONSIDERANDO

Que la democracia exige ética y responsabilidad en el ejercicio del Poder Público; que la separación de poderes constituye un principio fundamental de funcionamiento del Estado y que las reglas del buen gobierno democrático imponen al Poder Ejecutivo y a los demás Poderes Públicos la obligación de respetar las decisiones que la Asamblea Nacional adopte en el ámbito de sus competencias.

CONSIDERANDO

Que el desconocimiento por el Ejecutivo Nacional y por el Tribunal Supremo de Justicia, de la autoridad de la Asamblea Nacional, cuerpo representativo del pueblo venezolano, cuya legitimidad

---

* Los "efectos" de este importante Acuerdo de la Asamblea Nacional, que no es sino una manifestación de opinión política, sin embargo, también fueron insólitamente "suspendidos" por la Sala Constitucional del Tribunal Supremo de Justicia, mediante sentencia No. 478 de 14 de junio de 2016, antes comentada. Véase en http://historico.tsj.gob.ve/decisiones/scon/junio/188339-478-14616-2016-16-0524.HTML.

deriva de la expresión mayoritaria del electorado y de la soberanía popular promueve un ambiente de conflictividad política que atenta contra la estabilidad institucional y contra las posibilidades de paz del pueblo Venezolano.

CONSIDERANDO

Que actualmente Venezuela atraviesa la peor crisis de su historia republicana, debido a la grave situación de carencia de alimentos y medicamentos, los altos índices de violencia e inseguridad; y que ante esa grave crisis social y de pobreza el Poder Ejecutivo Nacional no da muestras de buena voluntad para generar políticas públicas dirigidas a superar las inaceptables condiciones de pobreza moral y material que merman cada día más la calidad de vida de la población.

CONSIDERANDO

Que ante las graves condiciones sociales, el Ejecutivo Nacional mantiene un discurso de conflictividad institucional, promueve y desarrolla acciones de persecución política contra los diputados a la Asamblea Nacional y dirigentes de la oposición, amenazando con acciones judiciales al calificar de traición a la patria la legítima denuncia ante la comunidad internacional de las violaciones a los principios fundamentales del Estado de Derecho y de la democracia en nuestro país.

CONSIDERANDO

Que el Presidente de la República ha incurrido en una grave violación del orden constitucional y democrático al dictar el Decreto N° 2.309, publicado en la Gaceta Oficial Extraordinaria N° 6.225 de fecha 2 de mayo de 2016, mediante el cual, infringiendo los artículos 246 y 339, último aparte, de la Constitución, pretende diferir los efectos de la moción de censura aprobada por esta Asamblea Nacional a un ministro, hasta tanto cesen los efectos de un Decreto de Emergencia Económica que no está vigente, por no haber aprobado esta Asamblea Nacional su prórroga, como lo dispone el último aparte del artículo 338 de la Constitución; además de estar dicha medida completamente al margen de las facultades que tendría el Presidente de la República durante un estado de excepción que sí hubiese sido declarado o prorrogado válidamente.

CONSIDERANDO

Que el Tribunal Supremo de Justicia ha abandonado la función primordial que le asigna la Constitución de ser el último garante de la supremacía y efectividad de las normas y principios constitucionales, y actúa sistemáticamente como una instancia partidista e ideologizada, lo cual representa un grave riesgo para la estabilidad institucional, porque al realizar interpretaciones de normas constitucionales desvirtuando su verdadero contenido, y al adoptar decisiones acomodaticias que sirven a un objetivo partidista, incumple los artículos 7 y 335 del Texto Fundamental y compromete la vigencia del Estado de Derecho, la democracia y la paz social.

CONSIDERANDO

Que la Sala Constitucional ha suspendido ilícitamente los efectos de la proclamación de diputados electos, impidiendo su incorporación a la Asamblea Nacional, como ocurrió con los diputados electos por el Estado Amazonas y la Región Indígena Sur. Que otros diputados electos y proclamados por el Poder Electoral se mantienen privados de libertad, cercenando su inmunidad. Que se ha autorizado inconstitucionalmente al Presidente de la República para gobernar bajo un pretendido estado de emergencia económica, en contravención a disposición constitucional expresa que consagra como una atribución privativa y exclusiva de la Asamblea Nacional la aprobación de los estado de excepción y de su prórroga, que debe ser de ineludible acatamiento, conforme a los artículos 338 y 339 de la Constitución. Que se le ha impedido a la Asamblea Nacional ejercer la atribución conferida en el artículo 187, numeral 5, de la Constitución de decretar amnistías. Que se ha desconocido, bajo fraudulentos alegatos de inconstitucionalidad y argumentos de claro carácter político partidista, la potestad de la Asamblea Nacional de sancionar leyes, declarando las sancionadas como inconstitucionales u obstaculizando inconstitucionalmente su promulgación.

CONSIDERANDO

Que la inmunidad parlamentaria es una garantía fundamental para la preservación de la autonomía de la Asamblea Nacional y el cumplimiento de las funciones de sus integrantes.

CONSIDERANDO

Que todos los Poderes Públicos, en particular el Ejecutivo Nacional y el Consejo Nacional Electoral, están en la obligación constitucional de garantizar, en su ámbito de actuación, los derechos fundamentales de todos los venezolanos, siendo responsables de generar las condiciones más favorables para el ejercicio de la participación política, conforme lo dispone el artículo 62 de la Constitución.

CONSIDERANDO

Que el referendo revocatorio promovido por algunas agrupaciones políticas es un mecanismo democrático expresamente previsto en el artículo 72 de la Constitución, y es manifestación de un derecho fundamental, por lo que no puede ser calificado, como lo ha hecho el discurso oficialista, de golpe de Estado o de subversión del orden institucional.

CONSIDERANDO

Que el Consejo Nacional Electoral está en el deber constitucional de garantizar la participación ciudadana y la eficiencia de los procesos electorales y referendarios, conforme lo dispone el aparte único del artículo 293 de la Constitución.

CONSIDERANDO

Que la Convención Americana sobre Derechos Humanos, Pacto de San José de Costa Rica, y el Pacto Internacional de Derechos Civiles y Políticos, reconocen el derecho a votar en elecciones auténticas y en procesos refrendarios que garanticen la libre expresión de la voluntad de los electores; teniendo en cuenta que la consolidación y la defensa de la democracia trasciende los intereses nacionales, como lo evidencia la adopción de la Carta Democrática Interamericana por la Asamblea General de la Organización de Estados Americanos, cuyo artículo 4 enumera entre los componentes fundamentales del ejercicio de la democracia la transparencia, la probidad y la responsabilidad de los gestores públicos, así como el respeto de los derechos y libertades fundamentales y la subordinación constitucional a la autoridad civil de todas las instituciones del Estado.

CONSIDERANDO

Que la Carta Democrática Interamericana, como guía de buen comportamiento de las autoridades del Poder Público de cada Nación, declara en su artículo 23 que los Estados son responsables de organizar, llevar a cabo y garantizar procesos electorales libres y justos, y que la situación política actual de Venezuela exige de todas las instituciones públicas el respeto de los mecanismos democráticos e impone al Consejo Nacional Electoral objetividad e imparcialidad.

CONSIDERANDO

Que la falta de respuesta adecuada del Consejo Nacional Electoral, así como la exigencia de condiciones y formalidades no previstas en la Constitución, vulneran el ejercicio de los derechos políticos de los ciudadanos a que se organice el referendo y comprometen la responsabilidad personal de los rectores del Consejo Nacional Electoral, por no ajustar su actuación al mandato constitucional de despartidización, imparcialidad y promoción de la participación ciudadana con transparencia y celeridad.

CONSIDERANDO

Que el Consejo Nacional Electoral, al no generar las condiciones favorables para la realización del referendo revocatorio solicitado por la Mesa de la Unidad Democrática, pone en riesgo la estabilidad política de Venezuela, atenta contra la paz de un pueblo que busca soluciones a la crisis de gobernabilidad y acentúa el enfrentamiento institucional fomentado desde el Poder Ejecutivo Nacional.

CONSIDERANDO

PRIMERO: Denunciar la ruptura del orden constitucional y democrático en Venezuela, materializado en la violación a las disposiciones constitucionales por parte del Poder Ejecutivo Nacional, del Tribunal Supremo de Justicia y del Consejo Nacional Electoral.

SEGUNDO: Instar al Poder Ejecutivo, en la persona del Presidente de la República, ciudadano Nicolás Maduro Moros, a remover los obstáculos que impiden el dialogo y pretenden reducirlo a una herramienta propagandística, asumiendo una actitud irresponsable de querer permanecer en el poder a costa de la paz del país.

TERCERO: Exigir al Presidente de la República, Nicolás Maduro Moros, que dé muestras claras de su responsabilidad en la conducción del gobierno y asegure la paz en el país, y en consecuencia: (i) derogue el Decreto N° 2.309, publicado en la Gaceta Oficial Extraordinaria N° 6.225 de fecha 2 de mayo de 2016 (ii) active los mecanismos de liberación de los presos políticos, (iii) acepte la ayuda humanitaria en materia de alimentos y medicamentos, (iv) abandone el discurso de la ofensa y de odio, (v) construya una agenda común con todos los sectores del país para la producción nacional, la lucha contra la corrupción y la impunidad, y la reivindicación de los derechos humanos. De manera especial, exigimos a Nicolás Maduro Moros que respete irrestrictamente el mandato de cambio democrático y constitucional que expresó el pueblo de Venezuela el 6 de diciembre de 2015 y, por lo tanto, que no utilice a los demás Poderes Públicos para impedir u obstaculizar las acciones que adelante constitucionalmente esta Asamblea Nacional para resolver la crisis económica y para solucionar los problemas de gobernabilidad que aquejan al país.

CUARTO: Rechazar el activismo político partidista de los magistrados de la Sala Constitucional del Tribunal Supremo de Justicia, quienes con el pretexto de la interpretación y control previo de la constitucionalidad de las leyes sancionadas por la Asamblea Nacional han pretendido desconocer la autoridad del Poder Legislativo, limitar y condicionar el ejercicio de las funciones de control e investigación que le confiere expresamente la Constitución, así como someter a requisitos no previstos en la Carta Magna el ejercicio de la función legislativa, llegando incluso a negar su iniciativa legislativa en materia de organización y procedimientos judiciales, en abierta contradicción a lo dispuesto en los artículo 187, numeral 1, y artículo 204 de la Constitución.

QUINTO: Exigir a los magistrados de la Sala Constitucional del Tribunal Supremo de Justicia que sean intérpretes estrictos del texto constitucional; que no incurran en abusos en el ejercicio de la función jurisdiccional y a que hagan valer la independencia del Poder Judicial frente a los intereses de Nicolás Maduro Moros y del partido de Gobierno.

SEXTO: Rechazar públicamente las amenazas de acciones penales ante el Tribunal Supremo de Justicia contra los diputados de esta Asamblea Nacional, quienes responsablemente han asumido su compromiso con la democracia venezolana, acudiendo ante las organizaciones internacionales a denunciar las violaciones al estado de derecho en nuestro país.

SÉPTIMO: Exigir al Consejo Nacional Electoral, en particular a su Presidenta, Tibisay Lucena, que asuma responsablemente su obligación constitucional de generar condiciones favorables para el ejercicio del derecho fundamental a la participación política de los venezolanos, a través de los mecanismos constitucionales del referendo, consulta popular y revocatoria de mandato, todo de conformidad con lo dispuesto en los artículos 62, 70 y 293, último aparte, de la Constitución. En este sentido, se conmina al Poder Electoral para que actúe como un órgano imparcial de modo que en los próximos meses, dentro del año 2016, el pueblo de Venezuela pueda expresar libremente su voluntad de cambio democrático a través de un referéndum revocatorio al ciudadano Nicolás Maduro Moros, Presidente de la República Bolivariana de Venezuela.

OCTAVO: Instar a la Defensoría del Pueblo para que, en ejercicio de las atribuciones que le confiere el artículo 281, numerales 1 y 4, de la Constitución, vele por el efectivo respeto y garantía de los derechos políticos reconocidos en los artículos 62, 70 y 72 de la Constitución, 23 de la Convención Americana Sobre Derechos Humanos, "Pacto de San José", 25 del Pacto Internacional de Derechos Civiles y Políticos y 3 al 6 de la Carta Democrática Interamericana, e intente las acciones y recursos que correspondan contra la Presidenta del Consejo Nacional Electoral, responsable de la actual violación y menoscabo de los mencionados derechos políticos.

NOVENO: Instar a la Comisión Interamericana de Derechos Humanos, al Alto Comisionado de la Organización de Naciones Unidas (ONU) para los Derechos Humanos; al Secretario General y al Consejo Permanente de la Organización de Estados Americanos (OEA), así como a los órganos del Mercado Común del Sur (MERCOSUR) y de la Unión de Naciones Suramericanas (UNASUR) para que en ejercicio de sus competencias emitan pronunciamiento y adopten las medidas que corresponda, tendientes a exigir a los Poderes Públicos garantizar la vigencia efectiva de los derechos fundamentales en Venezuela, con particular vigilancia sobre la Presidenta del Consejo Nacional Electoral, para que esta garantice el ejercicio y goce efectivo de los derechos políticos de los venezolanos, entre ellos el derecho al referéndum revocatorio.

DÉCIMO: Instar al Parlamento Latinoamericano y al Parlamento del Mercosur para que en ejercicio de sus atribuciones se pronuncien y adopten las medidas conducentes al ejercicio de la democracia representativa en Venezuela y a coadyuvar con la Asamblea Nacional en los esfuerzos para garantizar que se respeten los derechos políticos de los venezolanos.

UNDÉCIMO: Notificar del contenido del presente acuerdo a cada uno de los representantes de los Poderes Públicos Nacionales, a la Fuerza Armada Nacional, Comisión Interamericana de Derechos Humanos, al Alto Comisionado de la Organización de Naciones Unidas (ONU) para los Derechos Humanos; al Secretario General y al Consejo Permanente de la Organización de Estados Americanos (OEA), al Mercado Común del Sur (MERCOSUR), a la

Unión de Naciones Suramericanas (UNASUR), al Parlamento Latinoamericano, al Parlamento del Mercosur, al la Unión Interparlamentaria Mundial, al Nuncio Apostólico de su Santidad el Papa Francisco, a la Conferencia Episcopal Venezolana, a los representantes de los embajadores pertenecientes al cuerpo diplomático debidamente acreditados en el país, a las Academias Nacionales, a los Rectores de las Universidades, a los Gobernadores y Alcaldes, a las organizaciones sindicales, a la Federación de Cámaras y Asociaciones de Comercio y Producción de Venezuela.

DUODÉCIMO: Exhortar a la Sala Electoral del Tribunal Supremo de Justicia a dejar sin efecto las medidas cautelares que impiden la incorporación de los diputados del estado Amazonas, y el diputado indígena del circuito Sur; respetando la decisión soberana del Pueblo amazonense y los pueblos indígenas del estado Amazonas y Apure.

DÉCIMO TERCERO: Dar publicidad al presente Acuerdo mediante su publicación en la Gaceta Oficial de la República Bolivariana de Venezuela y a través de los medios de difusión de la Asamblea Nacional.

Dado, firmado y sellado en el Palacio Federal Legislativo, sede de la Asamblea Nacional de la República Bolivariana de Venezuela, en Caracas, a los diez días del mes de mayo de dos mil dieciséis. Años 205° de la Independencia y 157° de la Federación.

HENRY RAMOS ALLUP
Presidente de la Asamblea Nacional

ENRIQUE MÁRQUEZ PÉREZ   JOSÉ SIMÓN CALZADILLA
Primer Vicepresidente   Segundo Vicepresidente

ROBERTO EUGENIO MARRERO BORJAS
Secretario

JOSÉ LUIS CARTAYA
Subsecretario

APÉNDICE 2

PRESENTACIÓN DEL SECRETARIO GENERAL DE LA ORGANIZACIÓN DE ESTADOS AMERICANOS, LUIS ALMAGRO, ANTE EL CONSEJO PERMANENTE SOLICITANDO LA APLICACIÓN DE LA CARTA DEMOCRÁTICA INTERAMERICANA*

Señor Presidente, Embajadores, Representantes, Colegas:

Conforme al artículo 20 de la Carta Democrática Interamericana y en mi calidad de Secretario General, solicito al Consejo Permanente que realice "una apreciación colectiva de la situación" en Venezuela y adopte "las decisiones que estime conveniente".

En este sentido, me permito presentarles las razones por las cuales estimo que existe una grave alteración del orden constitucional en ese país. Una buena parte de la información que presentaré, ya con anterioridad incluí en mi carta al Presidente del Consejo Permanente el 30 de mayo. Hoy presentaré un informe actualizado, dado el rápido deterioro de la crisis en Venezuela.

La defensa de la democracia es uno de los principales mandatos de la OEA y la base fundamental de las relaciones internacionales en las Américas.

Estos principios están claramente plasmados: En la Carta de la Organización de Estados Americanos, En la Convención Americana sobre Derechos Humanos, En la resolución de la Asamblea General AG/RES. 1080, "Democracia representativa", Y en la Carta De-

---

*   Véase el texto en http://www.elnuevoherald.com/noticias/mundo/america-latina/venezuela-es/article85720037.html

mocrática Interamericana que es la verdadera Constitución de las Américas.

Estos no son documentos que nos hayan sido impuestos. Como Estados Miembros hemos elegido firmarlos, unirnos al consenso sobre los principios que definen quiénes somos, en qué creemos y cómo interactuamos unos con otros.

Las libertades fundamentales, los derechos humanos y la democracia no existen solo cuando es conveniente. Si estamos comprometidos con la protección de los principios y la práctica de la democracia en el continente, debemos estar dispuestos a actuar. Si existen claras violaciones, nuestra obligación es señalarlas, En particular cuando se enfrenta una situación difícil.

Los temas que vamos a debatir hoy día están claramente delineados en la Carta Democrática Interamericana.

Es conforme a estas normas que consideramos que se ha alterado el orden democrático en Venezuela.

En el artículo 3 de la Carta se enumeran los elementos esenciales de la democracia: El "respeto a los derechos humanos y libertades fundamentales; el acceso al poder y su ejercicio con sujeción al Estado de derecho; la celebración de elecciones periódicas, libres, justas y basadas en el sufragio universal y secreto[...]; el régimen plural de partidos y organizaciones políticas; y la separación e independencia de los poderes públicos".

En el artículo 4 se delinean los componentes esenciales para el ejercicio de la democracia: "la transparencia de las actividades gubernamentales, la probidad, la responsabilidad de los Gobiernos en la gestión pública, el respeto por los derechos sociales y la libertad de expresión y de prensa".

En mi Informe del 30 de mayo se exponen claramente los argumentos de que ha ocurrido una alteración del orden constitucional que trastoca el orden democrático en un Estado Miembro. Hoy, les pido que consideren las vidas, la salud y la seguridad del pueblo venezolano a la luz de estos compromisos.

El Consejo Permanente debería tomar las medidas necesarias para atender a la crisis humanitaria sin precedentes e innecesaria que sufre Venezuela.

El Consejo debería expresarse claramente sobre los prisioneros políticos y los informes persistentes de tortura.

El Consejo debería apoyar la voluntad del pueblo venezolano en su llamado a un referendo revocatorio

Es conforme a estos principios que debemos decidir actuar o no.

Como decía Desmond Tutu: "si eres neutral en situaciones de injusticia, has elegido el lado del opresor".

La democracia es el gobierno del pueblo.

Aquellos que han elegido representar al pueblo, lo hacen para encauzar la voz de los ciudadanos en los procesos decisorios del Estado. El Gobierno lo hace a través de la legitimidad que le ha conferido el pueblo, los ciudadanos. Es un servicio al público; una vocación de servicio para el bien común. No es un negocio en donde las personas buscan un beneficio o el poder. La ética política nos conmina a ser coherentes con nuestras palabras y nuestras acciones. Es mucha la tensión entre la ética y la política como para ensalzar a los líderes sin abusar del poder que se les confiere.

Cuando los Gobiernos y los políticos no cumplen con estas normas, vemos que los ciudadanos se frustran con sus líderes políticos. Al perder la confianza en sus representantes electos, los ciudadanos harán que sus voces sean escuchadas.

Lo que hemos atestiguado en Venezuela es la pérdida del propósito moral y ético de la política. El Gobierno se ha olvidado defender el bien mayor, el bien colectivo.

Venezuela tiene una de las más grandes reservas de petróleo del planeta, así como vastas tierras fértiles y una gran cantidad de recursos minerales. El que debería ser uno de los países más ricos de la región se encuentra más bien enfrentando niveles de pobreza sin precedentes, una severa crisis humanitaria y uno de los más altos índices de delincuencia en el mundo.

El enfrentamiento entre las ramas de Gobierno ha ocasionado el fracaso del sistema político y una ruptura de la gobernabilidad, lo que a su vez ha agravado las condiciones económicas, sociales y humanitarias del país.

La inflación ha llegado a 720%. El PIB disminuirá un 8% más en 2016. La deuda externa ha alcanzado los 130.000 millones de dólares; es decir, el equivalente de casi seis años de exportaciones de petróleo. Venezuela ocupa el noveno lugar mundial con la peor tasa de desempleo. El 73% de los hogares y el 76% de los venezolanos vivieron en la pobreza en 2015. Después de lo que fue el 12° aumento desde que el Gobierno fue electo en 2013, el salario mínimo equivale aproximadamente a 13,75 dólares al mes. Eso es menos de 50 centavos de dólar por día. La falla sistemática del tipo de cambio controlado ha ocasionado que la moneda haya perdido el 99% de su valor desde 2013. Las empresas internacionales han cerrado sus puertas porque nadie puede pagar. La población enfrenta una escasez de alimentos y medicamentos sin precedente en todo el país. Esta crisis está alcanzando un punto crucial. Estos problemas no los causan fuerzas externas.

La situación que enfrenta Venezuela hoy día es el resultado de las acciones que han emprendido y siguen emprendiendo quienes están en el poder. Venezuela podría y debería ser uno de los países más prósperos e influyentes en la región. Pero más bien es un Estado plagado de corrupción, pobreza y violencia La población sufre las consecuencias. Es mucho más redituable para los negocios vender dólares subsidiados en el mercado negro que reabastecer los anaqueles de las tiendas.

La escasez de alimentos e insumos alcanzó el 82,8% en enero de este año. Desde 2003, más de 150 productos alimenticios han sido puestos en la lista de precios fijos que ha establecido unilateralmente el Poder Ejecutivo. En principio, los aumentos en los precios iban a la par de la inflación. Sin embargo, desde 2007 la brecha entre costos de producción y precios fijos ha crecido exponencialmente y, en consecuencia, muchos negocios han cerrado sus puertas.

A fin de responder a esta escasez creada, el Estado ha intervenido cada vez más en la producción de alimentos, incluyendo a través de la expropiación o nacionalización: De productores de café, De ingenios azucareros, De productores de arroz y pasta, De Agriozlena, la principal compañía distribuidora de semillas, De Lácteos Los Andes, el principal productor de lácteos, De más de 10,000 hectáreas de ranchos ganaderos y lecheros De por lo menos 5 productores de harina de maíz, De dos fabricantes de aceites y De la empresa Polar, la principal cadena de supermercados de Venezuela.

Esta escasez provocada por el Gobierno también ha dado lugar a una economía de mercado informal o "negro" de productos regulados. Las comunidades más pobres fuera de la capital son las más afectadas. El 87% de los venezolanos declaran que no tiene el suficiente dinero para comprar los alimentos que necesitan. Se requerirían 16 salarios mínimos para alimentar debidamente a una familia. Un cuarto de la población vive con menos de dos comidas al día. La desnutrición afecta a los más vulnerables. Y las tasas de mortalidad infantil están aumentando a la par que los problemas de crecimiento entre los niños. La falta de agua y electricidad se ha tornado común. La única presa hidroeléctrica del país ha alcanzado niveles críticos, pues el agua apenas llega a cinco pies arriba del nivel en el que las turbinas simple y sencillamente dejaría de funcionar. Ante esta falta de energía, las oficinas de Gobierno e instituciones públicas solo abren tres días a la semana. La falta de insumos básicos y sustancias químicas, como el cloro para tratamiento de agua, ha dado lugar a un aumento de las enfermedades transmitidas por el agua.

El sistema de salud en Venezuela enfrenta serios problemas al no haber equipo, ni doctores, ni medicinas. Los servicios médicos se encuentran debilitados por el deterioro de la infraestructura, la falta de mantenimiento y actualización de los recursos y equipo técnico, lo que agrava todavía más la escasez de medicinas e insumos. Los pacientes que requieren tratamiento deben aportar todo: desde papel higiénico, jeringas, medicinas y hasta frazadas. Y cuando se les acaban estos insumos se interrumpe su tratamiento. La inestabilidad ha dado lugar a la emigración en masa de profesionales de la salud. Incluso ha cerrado la mayoría de los hospitales cuyo personal era de origen cubano. En enero de 2016, la Cámara de la Industria Farmacéutica reconoció una deuda de 6.000 millones de dólares con proveedores internacionales. Las farmacias solo pueden surtir 7 de cada 100 medicamentos solicitados. El 27 de enero de 2016, la Asamblea Nacional de Venezuela declaró una emergencia nacional en el sistema de salud. El 5 de abril de 2016, la Asamblea Nacional promulgó una ley especial para "atender la crisis humanitaria en salud". Con esta legislación se permitiría al Gobierno venezolano buscar asistencia internacional para responder a la crisis de salud. El 9 de junio la Corte Suprema la declaró inconstitucional.

La situación ha pasado de ser desesperada. La violencia ha estado aumentando en las últimas semanas a medida que la escasez se hace intolerable. Se han reportado más de 250 casos de saqueo este año en todo el país. Los transportes de alimentos o bebidas fueron el blanco en el 81% de los casos de saqueo en sus rutas de distribución. El 19% restante ocurrió en centros comerciales y almacenes. Los embarques de alimentos ahora van acompañados de guardias armados, leales al Ejecutivo, protegiendo así las limitadas raciones de ciudadanos hambrientos. El martes pasado, mientras nos encontrábamos reunidos en la Asamblea General en República Dominicana, en Cumana, más de 100 tiendas fueron saqueadas y destruidas, y se reportaron por lo menos 3 muertes. En el estado de Trujillo, las manifestaciones ocurren todos los días pues la gente protesta por la falta de servicios básicos del Gobierno. Esto incluye la trágica muerte de una niña de cuatro años en un tiroteo afuera de un mercado en Guatire; son estos daños irreparables del aumento de la violencia.

La falta completa de confianza en el aparato de seguridad estatal sirve de incentivo para que las comunidades tomen la justicia en sus manos. La fiscalía ha abierto investigaciones en torno a 74 asesinatos presuntamente cometidos por tales grupos en los primeros cuatro meses de este año. Los índices de violencia y delincuencia han alcanzado niveles históricos. Las estadísticas oficiales del Gobierno, que no son publicadas con regularidad, indican que en 2015 ocurrieron 58,1 homicidios por cada 100,000 personas. La sociedad civil cuenta 90 homicidios por cada 100,000 personas. En 2015, el número de muertes violentas fue superior en Venezuela que el registrado en Afganistán. El 66,7% de la población se siente muy insegura o en cierta forma insegura. La escala de la victimización también ha aumentado drásticamente. En 2013, 54,2% de la población decía que ni ellos ni ningún familiar habían sido víctimas de un delito. En 2015, esa cifra bajó a 10,6%.

La penalización del Estado también es motivo de preocupación creciente. Tres de cada cuatro venezolanos dijeron en una encuesta nacional que no creían que la policía podía protegerlos. La policía, la Guardia Nacional, los jueces, los fiscales y el personal carcelario están involucrados de manera tácita o expresa en la delincuencia organizada, incluso en secuestros, asesinatos, robos o narcotráfico. La fuerza paramilitar establecida por el Gobierno para reprimir la delincuencia organizada, ha sido acusada de ejecuciones sumarias. No hay datos oficiales sobre las personas que mueren a manos de las fuerzas de seguridad. En los últimos cuatro años murieron 1320 integrantes de fuerzas policiales y militares; de ellos, 75% no estaban de servicio en el momento de su muerte. Este año ya se han notificado más de 109 muertes de integrantes de fuerzas policiales y de seguridad desde el 1 de enero. Venezuela está en un estado perpetuo de lucha civil.

El colapso de una gestión de gobierno responsable y efectiva se ve exacerbado por la corrupción endémica que plaga al Gobierno. Un estudio reciente de la Comisión Permanente de Contraloría de la Asamblea Nacional suscitó preocupación en torno a gastos del Gobierno, que ascienden a 69.000 millones de dólares por presunta corrupción. Dos ex integrantes del gabinete del difunto presidente Hugo Chávez han presentado quejas por la desaparición de ingresos derivados del petróleo del orden de los 300.000 millones de dólares. Transparencia International clasifica a Venezuela en el lugar 158 entre 168 países evaluados en lo que se refiere a la corrupción. Esta es la posición más baja en el continente americano. Los países que están por debajo, es decir, Somalia, Corea del Norte, Afganistán, Sudán e Iraq, son regímenes ilegítimos o países devastados por guerras prolongadas. El Gobierno ha perdido la confianza del público, con 75% de los venezolanos consideran que hay corrupción generalizada.

Los derechos civiles y políticos son una clase de derechos que protegen las libertades individuales. Garantizan la participación de las personas en los procesos de adopción de decisiones que las afectan, sin discriminación y sin represión.

El gobierno venezolano ha creado un esquema de persecución política en contra de quienes expresan opiniones contrarias. Hay prensa libre cuando la prensa realiza una sana cobertura de las noticias políticas, se garantiza la seguridad de los periodistas y la prensa está protegida de presiones jurídicas o económicas indebidas. En Venezuela, los medios de comunicación son sujetos regularmente a procedimientos penales y administrativos, a la prohibición de viajar, a censura indirecta y al acoso. Los persiguen por publicar noticias o artículos con una óptica crítica del Gobierno. Disposiciones poco precisas relacionadas con la "incitación al odio", la "intolerancia" o la "incitación a la violencia" que se han usado de manera discrecional para iniciar procedimientos administrativos contra medios de comunicación que cuestionan o impugnan la propaganda del Gobierno, crean un ambiente de autocensura. Las licencias de difusión están controladas por medio de un proceso opaco y discrecional, y con frecuencia se las suspende o no se las renueva. La empresa estatal Corporación Maneiro controla el acceso al papel periódico. Se acusa a empresarios supuestamente vinculados al Gobierno de comprar medios de comunicación, dándole a la cobertura periodística un tono favorable al Gobierno.

A las personas que han acudido a declarar ante esta institución que representamos sobre los retos que enfrentan en Venezuela, su Gobierno las llama "traidores de la patria". Una persona que no está de acuerdo con las medidas tomadas por un Gobierno elegido democráticamente no es un traidor.

La política es una discusión de ideas en busca del bien común. Cuando el hombre que te acusa de ser traidor a la patria también controla las fuerzas armadas, los órganos de inteligencia, la policía nacional y el poder judicial, se trata de un acto abierto de intimidación.

La falta de un auténtico diálogo político ha llevado a los ciudadanos a salir a la calle a protestar para hacerse oír. La penalización de protestas para acallar las críticas es la acción de un Estado autoritario. Las tendencias en Venezuela han sido perturbadoras, a la vez que se está usando a los tribunales y a los juicios penales en medida creciente como arma de persecución política. En Venezuela, las protestas públicas suelen ser reprimidas con fuerza excesiva. El enero de 2015, autoriza explícitamente el uso de armas de fuego para controlar encuentros públicos y protestas pacíficas. Esto contradice directamente la propia Constitución de Venezuela. En 2013, cuando el Presidente Nicolás Maduro asumió el cargo, según el Foro Penal Venezolano había 11 presos políticos. Entre enero de 2014 y el 31 de mayo de 2016 se denunciaron al Foro 4253 detenciones, arrestos o encarcelamientos. Todos ellos vinculados a diversas protestas y críticas contra el Gobierno de Venezuela. Actualmente hay 1986 personas a quienes se les aplican medidas restrictivas. Otras 94 están en la cárcel. Son Leopoldo López y Antonio Ledezma, entre otros.

También son las personas utilizadas para hacer propaganda, los chivos expiatorios de los fracasos de la política del Gobierno. Ese es el caso de Manny, un hombre de 54 años, con dos hijos. También era Director General de la cadena de supermercados Día Día. El 2 de febrero de 2015, Manny fue arrestado, sin orden de arresto, afuera del Palacio de Miraflores, cuando salía de una reunión con el Vicepresidente de Seguridad Alimentaria. Al cabo de 51 días de detención en la sede del Servicio Bolivariano de Inteligencia Nacional, en El Helicoide, Manny fue acusado de delitos tales como acaparamiento, agravación de la escasez de alimentos e intentos de desestabilizar la economía. El día de su arresto, las fuerzas de seguridad del Gobierno ocuparon los supermercados Día Día. En noviembre de 2015, Manny fue liberado del centro de detención y se le siguen aplicando medidas restrictivas.

Este domingo pasado, Francisco Marquez Lara y Gabriel San Miguel fueron detenidos arbitrariamente por la Guardia Nacional mientras viajaban al Estado de Portuguesa para apoyar el proceso de referendo revocatorio. Han sido interrogados extensivamente por la policía y por el servicio de inteligencia, sin la presencia de sus abogados.

El Grupo de Trabajo de las Naciones Unidas sobre la Detención Arbitraria ha encontrado más de 300 casos de detención arbitraria en Venezuela. Desde 2014 se han denunciado al Foro Penal Venezolano 145 casos de castigo cruel e inhumano, incluida la tortura. Gerardo es uno de los 120 estudiantes que fueron arrestados por la Guardia Nacional Bolivariana, sin orden de arresto, el 8 de mayo de 2014, en Chacao, Caracas. Formaba parte de un grupo de estudiantes que hicieron un campamento como medio de protesta pacífica junto a la sede del PNUD en Chacao. El 21 de agosto 2014, varios oficiales sacaron a Gerardo de su celda. Lo esposaron a un caño, colgando del techo, donde lo dejaron más de 12 horas, con las muñecas envueltas con periódicos y cinta adhesiva para reducir al mínimo las marcas. Fue golpeado violentamente, sufriendo serias lesiones en las piernas y en la espalda. Lo acusaron de delitos menores de narcotráfico pero nunca se presentaron pruebas de su delito. Gerardo fue detenido durante 17 meses, permaneciendo bajo la custodia del Servicio Bolivariano de Inteligencia Nacional.

En agosto de 2015, Joselyn, de 23 años, fue arrestada en el estado Falcón y permaneció detenida en una cárcel de máxima seguridad en Corco, donde compartía una celda con otros nueve presos. Debido a la temperatura agobiante, los presos solían dormir desnudos, y de comer les daban solamente alimentos podridos. Durante su permanencia en la cárcel, Joselyn sufrió violaciones sexuales y graves golpizas, tanto en el momento de su arresto como durante su detención. Un mes más tarde le avisaron a la familia de Joselyn que la estaban poniendo en libertad a fin de que recibiera atención médica adecuada para sus graves lesiones.

Daniel tiene 18 años. El 18 de mayo, fue arrestado por el SEBIN, alegándose que había participado en protestas a favor del referéndum. Durante el período en que estuvo encarcelado, a Daniel le propinaron duras golpizas y le aplicaron la picana eléctrica. Otras seis personas que fueron arrestadas junto con Daniel declararon que se les aplicó un trato similar, con golpizas, amenazas de violación y picana eléctrica. Daniel sigue incomunicado en El Helicoide, sede del SEBIN.

Debemos recordar que, cuando hablamos de presos políticos, no son simplemente cifras y estadísticas. Son personas... Tienen un rostro, un nombre y una historia... Son madres, padres, hermanas, hermanos, hijos, hijas y cónyuges... Son ciudadanos a quienes les importa el futuro de su país... Tener presos políticos es claramente un acto de un régimen autoritario...

No puede haber diálogo cuando un gobierno detiene y encarcela arbitrariamente a quienes se expresan en su contra. Eso no es democracia. Estos relatos son solo unos pocos de los miles de relatos de ciudadanos venezolanos que han sido detenidos arbitrariamente debido a sus ideas.

No sus actos, sino sus ideas. No basta con que no haya alimentos. No basta con que no haya hospitales ni medicamentos. No basta con que el nivel de delitos violentos se encuentre entre los más altos del mundo. Cuando los ciudadanos se organizan para expresar su preocupación, los reprimen implacablemente.

El pueblo venezolano se enfrenta a un Gobierno que ya no le rinde cuentas. Un Gobierno que ya no protege los derechos de los ciudadanos. Un Gobierno que ya no es democrático. ...

La función misma del Gobierno se ha incumplido. La separación de poderes es uno de los elementos más fundamentales de una democracia. Los poderes legislativo, ejecutivo y judicial tienen cada uno su propio conjunto de responsabilidades y atribuciones, para prevenir la concentración del poder y disponer de mecanismos de control y equilibrio.

En Venezuela hemos sido testigos de un esfuerzo constante por parte de los poderes ejecutivo y judicial para impedir e incluso invalidar el funcionamiento normal de la Asamblea Nacional. El ejecutivo repetidamente ha empleado intervenciones inconstitucionales en contra de la legislatura, con la connivencia de la Sala Constitucional del Tribunal Supremo de Justicia. Las evidencias son claras.

Después de los comicios del 6 de diciembre y antes de la instalación del período de sesiones de la nueva legislatura, 13 de los 32 magistrados y 21 suplentes del Tribunal Supremo prestaron juramento mediante nombramientos partidistas. Como resultado, una cadena de decisiones posteriores del Tribunal Supremo ha adoptado un modelo de bloquear cada una de las leyes promulgadas por la Asamblea Nacional.

Estas resoluciones han incluido una serie de decisiones para impedir que tres diputados ocupen sus escaños y así reducir la mayoría calificada de la oposición a una mayoría simple. Invalidando la legislatura, el Tribunal Supremo aprobó dos decretos ejecutivos que declararon un estado de emergencia y un estado de emergencia económica, lo que concentró el poder en manos del ejecutivo y estableció límites arbitrarios a la autoridad de la legislatura sobre los contratos públicos, los altos funcionarios y el presupuesto. Estos decretos ejecutivos también se han prorrogado dos veces.

El Tribunal Supremo ha determinado, además: Limitar las funciones de auditoría de la legislatura, con lo cual se elimina la rendición de cuentas externa del Gobierno. Eliminar la facultad de la legislatura para revocar los nombramientos de magistrados del Tribunal Supremo. Impedir que cualquier enmienda constitucional sea aplicable al actual Presidente. Declarar inconstitucionales y por ende inválidas las leyes para reformar el Banco Central, el Tribunal Supremo, enmendar el Reglamento Interior y de Debates del Congreso y la Ley de Otorgamiento de Títulos de Propiedad. Bloquear la liberación de presos políticos detenidos por el Gobierno y Prohibir las protestas no autorizadas en los alrededores del Consejo Nacional Electoral y ordenar que la Guardia Nacional y la Policía Nacional repriman "las protestas violentas". Por último, el Tribunal Supremo expidió un fallo oficial el 14 de junio para restringir las facultades de la Asamblea Nacional, pues afirma que se está extralimitando al pretender usurpar funciones del Ejecutivo.

El activismo del Tribunal Supremo se ha disparado con el número de fallos en el período de febrero a marzo de 2016, al pasar de dos a 252. Entre el 5 de enero y el 24 de mayo se registraron nueve apelaciones. Todas las decisiones se han dispuesto a favor del poder ejecutivo.

Estos ejemplos demuestran claramente la falta de independencia del poder judicial. El sistema tripartito de la democracia ha fracasado y el poder judicial ha sido cooptado por el ejecutivo.

Más del 60% de los jueces de los tribunales de primera instancia pueden ser destituidos de sus cargos, sin el debido proceso, si una comisión del Tribunal Supremo así lo decide. La provisionalidad y la temporalidad de jueces y fiscales debilita aún más la independencia judicial y las posibilidades de imparcialidad. A su vez, la falta misma de credibilidad en el poder judicial desalienta a los candidatos calificados de intentar obtener puestos en la judicatura. La falta de independencia del poder judicial socava el acceso de los ciudadanos a la justicia. En una encuesta reciente, solamente el 31% de las personas que respondieron aseveraron tener confianza en su sistema nacional de justicia. …

La legitimidad de un Gobierno requiere la confianza de su ciudadanía. En 1999, el entonces Presidente Hugo Chávez consagró la figura del referendo revocatorio en la Constitución de Venezuela como un vehículo para asegurar la "democracia participativa y protagonista". Este proceso está previsto en la Constitución. En Venezuela, todos los cargos y magistraturas de elección popular son revocables. El artículo 72 señala que se puede convocar a un referendo revocatorio "transcurrida la mitad del período para el cual fue elegido el funcionario o funcionaria". Si el referendo da como resultado la revocación del Presidente durante los primeros cuatro años, entonces "se procederá a una nueva elección universal y directa dentro de los treinta días consecutivos siguientes". Si el plebiscito se lleva a cabo después de los primeros cuatro años, el Vicepresidente Ejecutivo asumirá la presidencia durante el período restante. Debido a la falta de claridad en el proceso, incluso es imposible confirmar estas fechas. Para activar el proceso revocatorio se requieren las firmas del 1% de electores que soliciten un referendo. Luego esa activación tiene que ser apoyada por al menos el 20% del público elector. Si la Junta Nacional Electoral puede verificar los resultados, el Consejo Nacional Electoral convoca el referendo presidencial. Para revocar el mandato presidencial la tasa de participación electoral debe ser superior al 25% y el número votos válidos debe ser igual o mayor al número de votos con los cuales se eligió al Presidente. Nadie está por encima de la Constitución. En agosto de 2004, cuando el Presidente Hugo Chávez enfrentó un referendo revocatorio el 59,1% del público votó en contra de su destitución.

Es responsabilidad del Presidente y del Consejo Nacional Electoral implementar este proceso, de conformidad con sus deberes legislativos y constitucionales. Seguir un procedimiento previsto en la Constitución no es un golpe de Estado; Por el contrario, negar, postergar u obstruir este proceso por cualquier vía es un abuso de poder y un trastorno patente del orden democrático.

El Consejo Electoral no ha proporcionado las garantías necesarias para la celebración del referendo revocatorio. Se han expresado numerosas quejas sobre intentos deliberados de demorar activamente el proceso, entre ellas: demoras en la entrega de las planillas requeridas para reunir el 1% de firmas; retrasos en la verificación y validación del 1% de firmas; creación de cuatro requisitos nuevos de digitalización, verificación, transcripción y auditoría, y amenazas de difundir públicamente los nombres de quienes firmen en favor del referendo.

La coalición de la oposición ha presentado más de diez veces la cantidad de firmas que se requieren para iniciar el primer paso en el proceso. Tras varios meses de retraso, el proceso de validación se inició apenas esta semana. A través de un proceso opaco, el Consejo repetidamente ha incumplido sus propios plazos y ha actuado en violación de sus propias reglas. Adicionalmente, cuatro de los cinco miembros del Consejo Electoral están vinculados con el partido en el poder, el PSUV. Estos vínculos ponen en entredicho la capacidad de la mayoría de los miembros para decidir de manera independiente e imparcial.

Bajo estas circunstancias excepcionales, es imperativo que el proceso sea implementado de manera oportuna y transparente por una institución neutral que mantenga la confianza pública. Los grupos que abogan por un referendo revocatorio han cumplido hasta ahora sus responsabilidades en este proceso. El Gobierno y el Consejo Electoral no lo han hecho. La celebración del referendo revocatorio en 2016 es la única manera constitucional de resolver la crisis política en Venezuela. ...

Como miembros del sistema interamericano, todos queremos lo mismo: Una solución pacífica a la crisis en Venezuela. La vuelta al orden democrático. El fin de la crisis humanitaria. Estabilidad, alimentación, salud y seguridad adecuadas.

El objetivo hoy es no castigar ni sancionar a Venezuela. Estamos aquí para apoyar a un Estado miembro y ayudarlo a volver al camino de la democracia – en ese sentido apoyo la idea de que se constituya un grupo de países amigos de la OEA.

Así pues, hoy les solicito a ustedes, miembros del Consejo Permanente, que consideren las recomendaciones que les he planteado: Que se lleve a cabo antes del final de 2016 el referendo revocatorio previsto en la Constitución. Que se libere de inmediato a todos los presos políticos. Que los poderes ejecutivo y legislativo del Gobierno venezolano hagan a un lado sus diferencias y empiecen a trabajar juntos de inmediato para responder a la crisis humanitaria. Que todos los poderes del Gobierno trabajen juntos para recuperar la estabilidad y la seguridad en el país. Que el poder ejecutivo cese de inmediato sus esfuerzos por desconocer a la Asamblea Nacional elegida democráticamente y que se implementen y apliquen todas las leyes que han sido aprobadas por la Asamblea Nacional. Que se nombre a un nuevo Tribunal Supremo de Justicia a través de un proceso transparente acordado conjuntamente por los poderes ejecutivo y legislativo del Gobierno. Que se establezca un ente independiente para combatir la corrupción, compuesto por expertos internacionales, facultado para hacer frente a la situación financiera en Venezuela.

Y, por último, ofrecemos apoyo técnico a la Comisión de la Verdad y solicitamos que se asegure la representación del Alto Comisionado de las Naciones Unidas para los Derechos Humanos.

Sí, la democracia requiere diálogo. Pero para que este diálogo sea eficaz, debe ir acompañado de acciones. La democracia no tiene nacionalidad La democracia es más que una elección; es más que contar votos en las urnas. Es libertad. Libertad de expresión, de asociación, de reunión. Una ciudadanía empoderada. Una judicatura independiente. Una estructura de seguridad que tenga la confianza del pueblo y que le rinda cuentas. Es el ejercicio legítimo del poder dentro del Estado de derecho.

Los Gobiernos democráticos tienen una responsabilidad hacia sus ciudadanos. La responsabilidad de proveer seguridad, dar acceso a las necesidades básicas, proteger los derechos humanos. Y rendir cuentas.

Así que les pido considerar las vidas, la salud y la seguridad del pueblo venezolano. El Consejo Permanente debería adoptar las medidas necesarias para abordar la crisis humanitaria inédita e innecesaria en Venezuela. Debería expresarse respecto a los presos políticos y los persistentes informes de tortura. Debería apoyar la voluntad del pueblo venezolano en su solicitud de un referendo revocatorio.

El Consejo Permanente debe mantenerse del lado correcto de la historia y defender a un pueblo que necesita voz. Solo volviendo a un ejercicio legítimo y responsable del poder, podrá Venezuela volver a la senda de la paz y de la prosperidad.

Washington 23 de junio de 2016

ÍNDICE GENERAL

www.ingramcontent.com/pod-product-compliance
Lightning Source LLC
Chambersburg PA
CBHW022344280326
41935CB00007B/72